神頌 契丹古伝

浜名寛祐

明治神宮宮司一戸大將題字

日韓正宗溯源

全

祖光濱名寛祐著

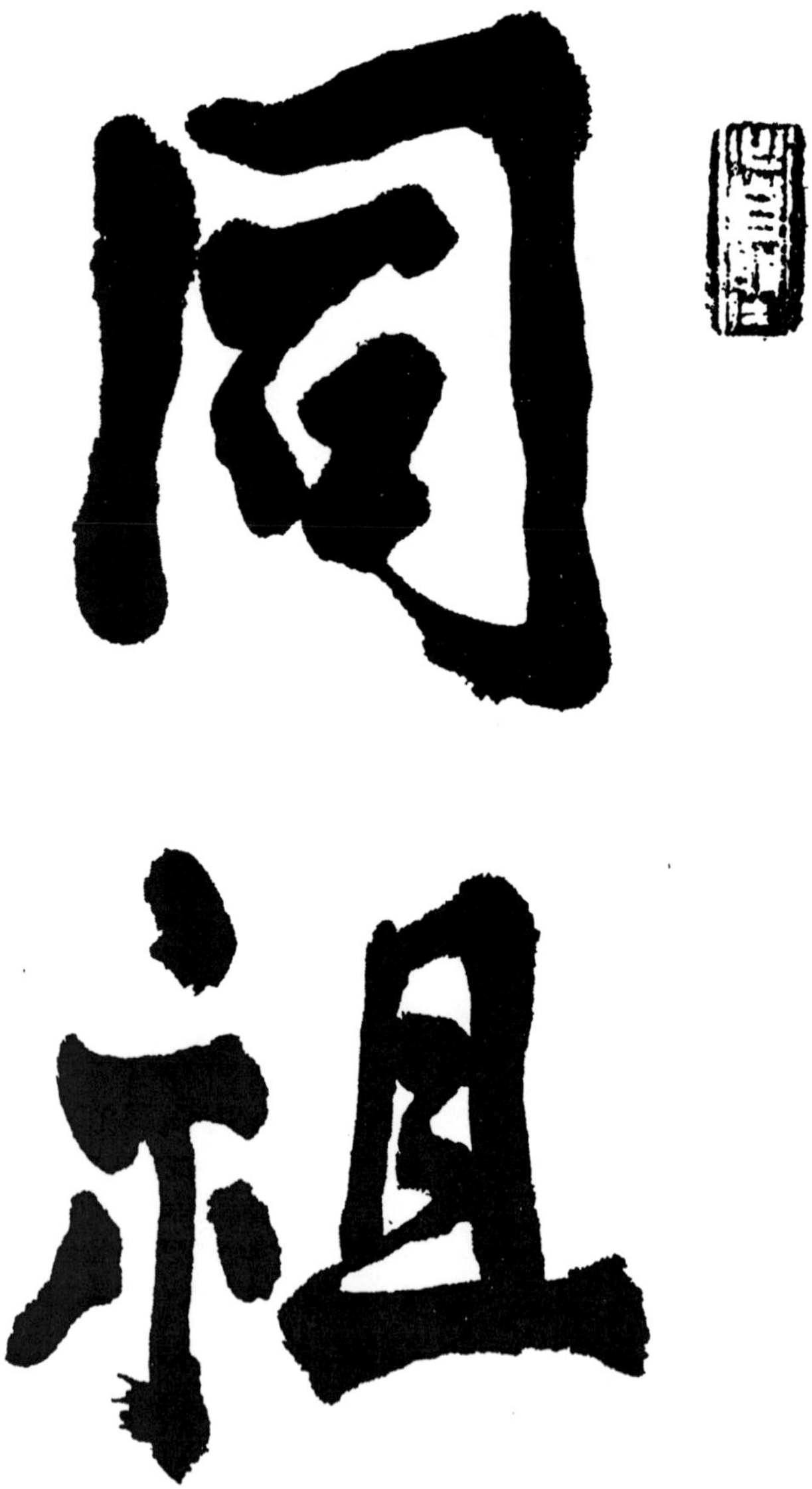
同祖

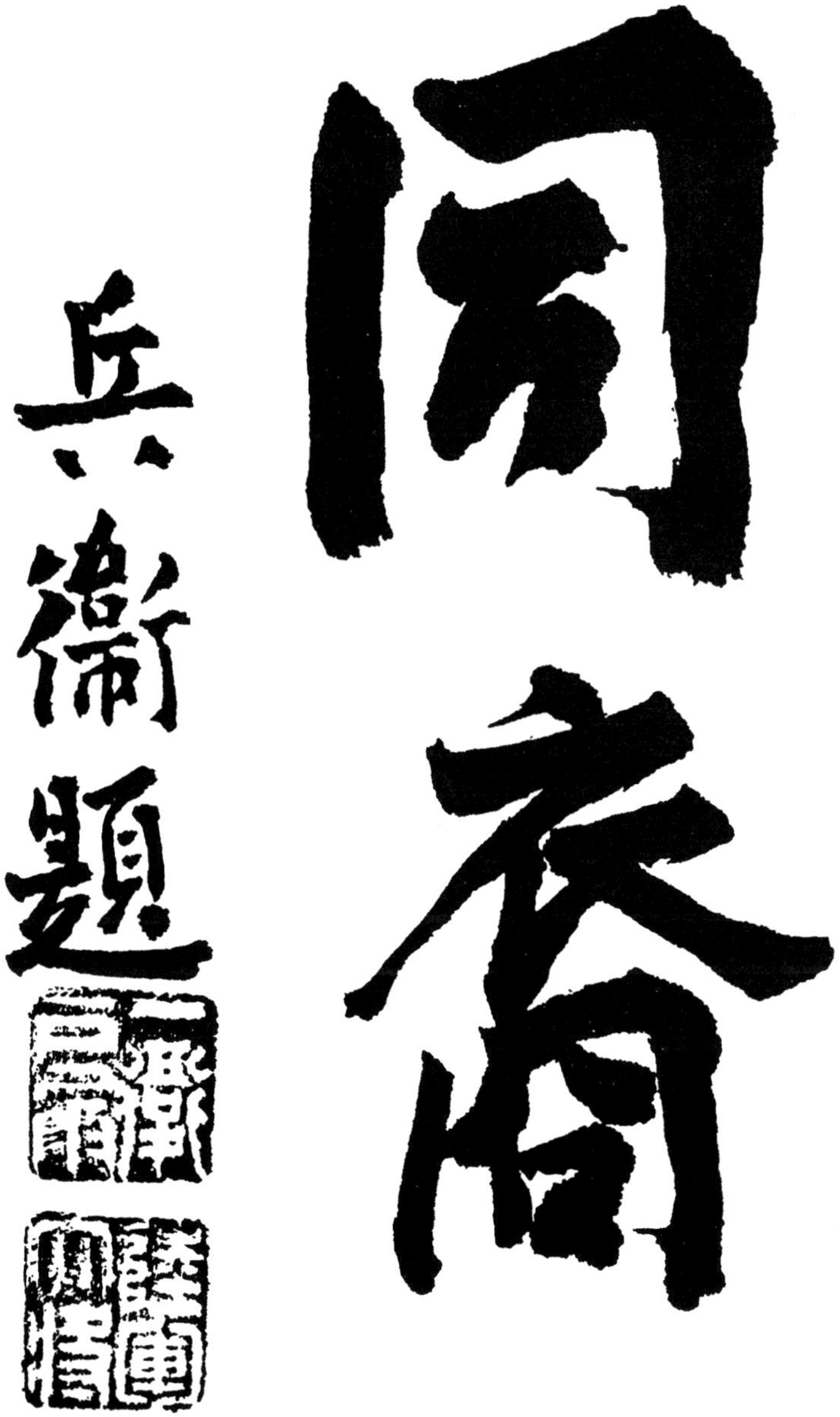
兵衛題

總序

凡そ宇宙の物理に絶對獨尊の者なく、すべては雙對依倚の上に存するを、誰家の子ぞ濫に學問者獨立也といひ初《そ》めたる、誤らば則、國は以て學問の犧牲たるべし、學問は以て國の犧牲たる可からずと謂ふに墮ちん。 謂はゆるの學問が、夏の晝寢の夢のやうに、夢みる其の人だけの味ふ甜きものならば、傍人は其の味に與らないのであるから、確にそれは國の羈縻の外に脱越してもゐやうが、かりそめにも學問の道理と銘打たば、理は想を生み、想は志を生み、志は行動を生む、既にそれが行動であるからは、國といふ洪爐の中に在つて其の陶鎔に殉《したが》はねばならぬ。 抑も吾人は現在に立脚して未來に改進すべき過去約束に繫がれ居る者、乃過去に忠に現在に順に未來に實なるを吾人の學とする。 蓋未來への眞の改進は現在に不順なる上にはない、過去に不忠なる所にもない、然るに魔と倶に居て其の命に奔るの徒は、過去の約束を蒙昧桎梏の承傳とし、現在の依倚を不平等罪惡の形體とし、之を仇とし呪ふ口實をば、謂はゆるの學問に假らんとする。輒ち學問も亦之に苟合する。知らずや吾人の祖先は當昔《そのかみ》かつて民族あつて國を有《も》たざりき、それが長き間の犧牲に依りて國を有《も》つに至りしを。繰返し繰返されたる歷史の華、國民の譽、其の陰には犧牲の塚穴が列んでゐる、吾人が祖先よりの遺傳に由りて內にもてる此の犧牲心理こそは、吾人を繫げる約束である。此の約束の遺傳される限り、民は以て國の犧牲たるべし國は以て民の犧牲たる可からず。今の厥の國を逐ふて世界を迎へんと言ふ者の如き、假令それが學問ちふ者の新らしき道理なるにせよ、我が尊き過去の約束を呪ふ大魔のうめきと聞く、知らず此のうめきは、如何なる部面の者の心理を最も多く魅し去るべき。

　鮮人二千萬、その中の或者は必謂ふであらう、我等の祖先は日人の有する過去約束に與かれることなしと、學者に望むに有知であつて欲しいのは、此等二千萬が諸先生がたから此等の道理を聽くべく蹲《うづくま》つて居るに由る、この二千萬の者の七千萬中に占むる積は、七貫目の人に於ける二貫目の骨肉量である、何かのはづみに若もこれが癌に爲りもしたら十四貫の人が四貫目の癌をもつてゐると同じわけにならずや。予は數年このかた、爲めに三問を提して敎を乞ひ歩《ある》いた。

三　提　問

一、日韓は歴史を殊にする異民族なりや。

一、日韓は同祖同裔にあらざるなきか。

一、現狀の果を得せしめたる先天の因如何。

然れども明確なる答は一も得られなかつた、若もこれが得られない筈の無明現相ならば、內鮮融和を議する資格は何人の上にも現成しない結論になる。畏れ多くはあれど敎育勅語捧讀その事も、式日の典禮に止め、卷いて藏めて置く外ないであらう。嘗て一鮮人の提問に弱らせられた事がある。

曰はく、敎育勅語に「國ヲ肇ムルコト宏遠ニ」とあるを、日本の學者はさうでないと言つてゐる、私ども鮮人は皇紀を國奠の如く二千五百八十年と信じたいのであるが、日本の學者は之を容れないで、否そんなに古いことではない、少くとも五百五十年乃至六百年、後の世に引下げて見るべきものと敎へてゐる祖光曰ふ鮮人某の此の言ひごとは、日韓古史斷又は對外日本歴史などの、私考紀年に據れるのである。そして天孫の降下を其の引下げた皇紀の百年以前と證してもゐる、して見ると教育勅語の肇國宏遠は、朝鮮の方がさうなのであつて日本の方に在るのではない、壇君が初めて國を朝鮮と號したのは日本の國土創成より二千有餘年の古であり、箕子の來封も神武天皇實際の即位時より一千年以上古である、學問獨立の權威をもてる日本の學者が、國奠を超越して斯くいふのであれば、鮮人はそれを信じないわけにいかない、前年騷動の際謂はゆる萬歲騷動獨立宣言に、半萬年歷史之權威といふ文句のあつたのも、この自尊が鮮人にあるからである、今教育勅語に從つて日本の宏達に歸依せんとせば、鮮族は自己に有する更にそれ以上の宏遠を拋棄せねばならぬことにならう、是は民族として耐え得ることでなく甚だ適從に惑ふ所にはあれど、既に今日に爲つたのであれば、復た彼我の差別を言はないで、勅語の肇國宏遠をば、朝鮮の宏遠を意義された事とし解したい、若も此の解釋が容れられるならば、壇君を日本の皇祖に、箕子を日本の皇宗に、同じく共に併合して祭祀し得ることになしたい、內鮮の眞の融和はそれからである、啻に國土及び民籍の併合をして貰つたのみで、

歴史と民族の自尊を併合して戴かなければ、如何に强ひられても一つには
なりにくい云云
げに難案である、しかし之を難案として寄らず觸《さは》らずに措いては、いつまで經《た》
つても融和を哲理の上に据ゑることは出來ない、是に於て頽老自ら已をはから
ず、身を挺したのであるが、凡そ此等の問題は、日韓兩域の上代に溯つて、其の源委
を審かにした上でなければ、何とも言へない事柄である、因つて之に溯るに努め、
途すがら五つの事を知り得た。
第一、日韓雙方の言語は古に溯れば溯るほど相近づいて來て、次第に距離の無
い者になる。
第二、既に言語が同一であつたとすれば、その雙方の國土に、同一の地名が無け
ればならぬ、果せるかな日韓の古地名に尠からずその遺稱あるを見る。
第三、雙方ともに同一の言語を操り相通地名の上に居たとすれば、間に海はあ
つても、隔意なき往投來歸が行はれたに相違ない、この相違なしとされる所
のものは、古き文獻の上に事實と爲つて明證されて居る。

第四、右雙方が隔意をもたなかつたのは、言語の同一・地名の相通に由るばかりでなく、主としては宗教的觀念の一致からと思へる、果せるかな韓の諸神は我が國神として尠からず祀られてあり、中には當時の韓語そのまゝの神名で傳つてゐるのもある、また日神と韓神との結婚傳説も遺つてゐて、韓鄕よりせる屢次多數の來住者が、各自其の祖神を奉じ到れるに對し、我が在來の民衆が嘗て一度も扞格を起さなかつたのは、是れやがて雙方の神話傳説及び其の信仰の對象物が、共通であつた證明にならう。

第五、現存韓史は韓鄕古代の神話傳説を一も取らないで、蒙昧荒誕の一言下に一切を棄却し去つた爲め、國神地祇すべて亡はれて一もあるものなきに、壇君神話だけが微《かすか》にも古光を放てるは、奇しくも神《あや》しと見た。

右第一乃至第五に屬する考證を一卷に取纏め、題して正宗汎議と曰ふ、是れ主として兩域有史以後の事に屬するも、亦以て有史以前を窺知すべき望遠鏡たるべしと思ふ。されど彼には辰の古稱あり又韓の號あつて、而して我には倭の通稱存す、其の由來と其の相互の係屬を明にせざれば、それを越へて濫に其の古に溯ることは出來ない、因つて姑くそこに歩を駐めて之を明にするに勉め、而して獲たる所の者を編して第二卷に置き、題して倭韓通證と爲す。

正宗汎議・倭韓通證、早已に此の上に日韓の同祖同裔を見證し得るも、猶是れ中流に棹して其の水質を掬し味ふに過ぎざれば、更に其の上源に溯つて中流水質の由つて來る所を遠く探るを要する、然らざれば日韓共通の祖神が東大陸諸族の中に在つて、如何なる地位を占め、如何なる稜威をもてるかを明辨し難い。是れ此の上源は日韓有史以前の幽遠界に在つて、在來文獻に徵し能はざる所の者、たゞ賴むべきは東大諸族の遺せる神話なれども、韓土にすら全然喪失して僅にその一碎鱗なる壇君ものがたりを殘せるのみの寂寞なれば、要するにすべては絕望なるを免れない、絕望にはあつたれど、幸にも逝ける東族の枯魄の中より一脈搏の存在を發見した、それは契丹の古書一卷である。この一卷の古書は、東大族を籠罩する神傳と史傳とより成り、神傳は祖神が東に發祥して西に皇張せるを言ひ、史傳は神裔が西に窘蹙して東に遷徙せるを敍す。

これをこの諸族の上に見るに、民族移轉の旅次經路と、神話經路とは自ら別であつて、必しも一致しないやうである、蓋し日を拜するを以て虔仰隨一の方式とする種族に在つては、其のあこがれの彼岸に、祖先を想思慕するは情である、故にその實在的祖先は西にあるにしても、神話上の祖先發祥は東に置かるべき道理がある。

これを其の神傳に見れば、謂はゆるの東夷は、いづれも支那本土に在つて漢民族以前の先住者であつた、これを其の史傳に見れば、此等の諸族は概ね皆西に頽れて東に遷つた者である、其の西に皇張せる神傳と東に展開せる史傳との交錯に、日韓有史以前の關係が觀られる。因つて竝に之を考證疏釋して、神傳を第三卷に顯はし題して神頌叙傳神話編と爲し、史傳を第四卷に收めて神頌叙傳歷史編と爲した。

以上四卷これを總稱して日韓正宗溯源と曰ふ、反つて而して自ら之を讀むに、經緯の中におのづから十二證・五辨妥の存するを見る。

十二證

一、日韓古言の同一を證す。

一、我が神話と大陸神話の共通を證す。

一、古代大陸の我が同族は、漢族以前の支那先住者なるを證す。

一、堯舜は支那に在りたる我か同族の君靈にして其の誇を漢族に奪はれたるを證す。

一、天孫の高千穗天降は、大陸同族の崩潰を救援せん爲めの征途駐蹕なるを證す。

一、辰《し》沄《う》殷《いん》八百有餘年の王國の滿洲に存在せしを證す。

一、箕子朝鮮の不存在を證す。

一、三韓以前の古號辰《し》沄《う》繾《く》辰國に五王統の存在せしを證す。

一、古朝鮮は遼東に在りたる短壽八十年王國の稱なるを證す。

一、辰沄殷王國及び匈奴王統に天孫神血の流れゐたるを證す。

一、日韓一域たりし上代の最古姓稱が彼我同一なるを證す。

一、我か闕史時代に於ける日韓の親善を證す。

五　辨妄

一、我が國奠たる皇紀を後世に引下げて古を測るは妄なり。

一、倭は大天地に於ける共同族稱なり、之を我事にのみ思ふは陋なり。

一、倭の女王卑彌呼は韓に在り、之を筑紫に在りとするは幻なり。

一、漢の四郡・魏の帶方は遼土なり、之を韓内とするは錯覺なり。

一、馬韓は滿韓に跨れる大邦なり、之を南韓の編小國と爲せるは韓史の地經自壞なり。

初め予は神頌叙傳を以て、漢族に敵愾する者の、故意に企める反感掀飜ならむと思ひたるも、考證幾回、東大族の上代眞相こゝに存すと悟つて、半生徒らに漢族史書に魅せられゐたるを慙悔した。 日韓の關係に就ても初め其の智識なく、同祖同裔とも知らずに、反つて歷史を殊にする異民族ではなからうかと疑つて、悶えたのであつたが、今や其の上古の關係を左の數言下に歸納せしむるまでに進むだ。

日韓は當昔《そのかみ》かつて一域であつて、共通神話の上に同一の祖神を有し、相ともに之を宏遠の古に置いて、同じく倶に崇めて居た。

この祖神をば有史以後の人文に於て皇祖と申すのであれば、溯れば溯るほど、皇祖の更に其の古に在《ましま》すを發見するであらう。 本是れ日韓上古の共通心理にゐましたのであれば、親んで近きに在りとするも可、崇めて遠きに在りとするも可、之を近きに在りとするも、また遠きに在りとするも、臣民との距離には萬古變りはない。譬へば虹を逐ふが如し、何ほど逐ふて近づいても虹と我との距離は同じであり、何ほど去つて遠ざかり見ても其の距離は一である。されば心こゝに在らざる者の一家言に過ぎざる紀年などを楯に、皇祖の遠近を横議すべきでない、若能くこの道理を覺らば、教育勅語は日韓共通の宏遠を最も初に讃美《たゝへ》させたまへる曠古の大御《おほみ》言《こと》なりと拜戴されるであらう。惜むらくは今の内鮮を説く者、國を説くに專にして族を説くに龐なるを。ひとへに國を以て説かば、日韓は有史以來異域であつて一國ではない、然し國としての今日までの歴史は雙方ともに短いものであつて、恩怨の結ぼれも亦淺い。若夫れ族を以て説かんか、其の宏遠は有史以前に在つて、その幽契たるや、遠くして且深く又甚だ大であつた。故に有史以來の相互國史に卽して、短かく且つ淺い聲影に囚はれゐては、共に其の以前の大を語れない。若よく族を以て握手せんか、宏遠の太古より今日に貫ける同族の幽契が、不易の道理を成して延長されつゝありと知れやう、これ之を大觀といふ、この大觀を以てせば、馬韓の漢を禦いで阿利那禮《ありなれ》江《鴨綠》を渡らしめざる、高勾麗の隋軍百萬を潰亂せしめたる、其の世世の濟美は、乃亦同族たる日人の誇であらねばならぬ、近くは日清日露の役の如き、乃亦其の大勝は鮮人の譽であらねばならぬ、故に偕に厥の世世の美を着飾つて其の誇を一にしてゐるのであれば、仇に國に即して枉げて解してはならぬ。

學者動もすれば、鮮人の民族的固恃を以て、過去に於ける未開習俗の殘滓と爲し、之を脱殼して人生の新面目に生きよと敎ゆれど、角のある所に牛の牛たる所以があらう、角を除かば牛の面目も共に亡《うせ》やう。今鮮人に貴い所の者は其の民族に對する强き犧牲心である、是れ其の彼等に於ける過去約束の存在を證する者、即亦吾人の有する過去約束と共通なるを認む。確に是れ共通である、されど其の發露の方向には異る所がある、今吾人は國のため其の犧牲に就くに勇なるも、鮮人はいさゝか趣を殊にして之に怯である、之に怯なるに代へて其の民族のためには勇である。彼等が國の興亡に赴くに怯にして、却つて民族の榮辱に趨るに勇なるは、其の古來の特質とも稱すべきもの、支那の大同化力に降らずして能く其の命を保ちしも、内に此の特質の存するあるに由る。蓋吾人は民族と國家との一致に育てられたれば、義勇奉公は惟壹不岐にして一途あるのみなれど、朝鮮は古來その一致を缺き、國策のためには民族の自負をも名譽をも舊紀古傳をも蹂躪するに忍んだ。例せば今の鮮人が名乘る漢姓の如きも亦その結果である、元來これは鮮人の本姓でないのを、時の國家の對支政策から、百僚臣庶の祖先を盡く支那の出自とし、其の本來の自己祖先を漢族枯骨の謚なる聖賢ちふ者の後影に棄て去つた。換言すれば家の祖先の祀を絕つて隣の亡者を祭ることに改めたのであるが、しかし韓民族は依然として韓民族であつて、誰とて己を降して支那の放浪族と思ふ者は莫い。是れ國はみづから己の眞格を晦まして支那に佞するに務め、民は其の眞を守つて敢て支那に降らず、即ち民族と國との背馳を雄辯に自證する者にあらずして何ぞ。其他亦知るべきであるから、國に赴くに怯なるも其所であり、民族の義に趨るに勇なるも其道である。此の兩間に嚮背を二三にし來つて、それがおのづからなる習俗を成せるのであれば、今遽に國を以て之に臨むは難い。如かず族を以て族を迎へ、我が厥の族の誇を開いて、彼の其の族の誇を納れんには。是れ我が先王の大道にして史上に實績の存する所、いつかは輙ち同族大義の上に、相互の譽、相互の誇、相互の自負、相互の犧牲、自ら相一致して戻らざるに到るを疑はぬ。義は肺腑の親に在り、和は寒暄の問に在らず、哲理こゝに存す。

要するに中古以來波濤の洶湧に隔てられて日韓と分れたるも、其の本源は同祖であり其の正宗は同裔である、日韓併合の先天的大因は兩者に共通せる過去幽契の中に存す、されば之を併合といふは形而下の時代相に由つて唱へられたる非哲學的の言であつて、實は還元である。其の先天の大因幽契の眞に至つては、不學余の如きの未だ與り聞くを得ざる所、しかも但だ其の庶幾《ちかし》とする所の者は載せて本書の中に在る。拙著みづから鹵莽を愧づ、切に大方の指敎を仰ぐと云ふ。

大正十五年三月十一日

神奈川縣浦賀大津臥瓢山醉松園に於て

曹洞禪行者　濱名祖光序す

日韓正宗溯源目次

巻之一

正宗汎議

第一章　日韓は有史以前に大なる歴史を共有す……一

有史以前の史……日韓上古の概觀

第二章　大震に現はれたる千古の奇幻……四

鮮人自ら寃と倶に居る……震火の慘……鮮人來……何故の錯覺幻覺……十五年來の呪詛……呪詛の感受……幻影の主體は對馬以北……天の豫誡

第三章　日韓兩語の異同……一〇

日韓の語類……日韓兩語の同系……語言の轉訛……蒙古語の韓內侵入……日韓數詞の今古……日韓古言の一致……赫居世は和訓大國主……居世干は奇シ神……南解は巫……昔脫解……尼師今は主神……麻立干は眞杙神……新羅の三寶爵は代神副神齋長の義……和白は奉齋の義

第四章　日韓古地名の相通……一三

高千穗のクシ……駕洛のクシ……新羅の筑紫……我が筑紫……クシの
神……高志人……韓國の古志……コシの洲……曾戸茂梨……秦率母理
……熊成峯

第五章　韓の王統は概ね日本に存す……三七

第一節　日檜族多遲摩氏……三八

日檜系但馬氏の族譜……神功皇后の御母……皇后の御祖母……日檜歸
化の年代……播磨風土記の日檜……兵略要地に日檜族配置……前津耳
氏……大和朝廷の軍港……宍粟の爭奪戰……日子坐王

第二節　日檜族五十《い》迹《と》手《て》氏……四八

伊覩縣……委奴は果して叛國なりや……五十迹手の解……委奴國……
伊蘇志……倭國王帥升……五十迹手氏韓地に移る……皇后の御妹玉妃
……三宅氏……屯倉……日檜は古韓の王統安晃氏

第三節　百濟氏族……五九

百濟王統の後裔……高野皇太后の御生家……武寧王……日神の降靈……
……皇太后の諡……百濟氏一門の光榮……百濟族榮達の由來……百濟
郡……百濟川……百濟河成……大內氏……琳聖太子……多多良氏……
三善淸行

第四節　高勾麗氏族……七一
貊の一族……高倉福信……勾麗の五族……新羅の六部……勾麗の色彩名と我が國訓……五部族の歸化姓氏……國號を氏とする者……國姓を氏とする者……勾麗族の配置……姓氏錄は珍書
第五節　新羅氏族……七九
金氏
第六節　任那氏族……八一
日御君太宰……任那の存在……任那十氏……韓國連……甕兒
第七節　朝鮮の姓氏……八七
歸化諸族の氏數……鮮姓の出自……韓の天降姓・土姓・來姓……百濟は固有氏族の稱を保守して漢姓に降らず……眞興王古碑に漢姓を見ず……漢姓作爲の最始……我が姓氏錄の韓族は漢姓を齎來せず……降人よりの借用姓氏に即する勿れ
第六章　韓の諸神は多く日本に祀らる……九五
第一節　我か神話と大陸神話の共通……九五
我が神話の三貴子……月夜見命と須佐之男命……大倭神話本來の構成

……神話の離合……神話和合上の相互諒解……大陸神話は今や只我に存す……大地主神と大年神……神話各自の擅著……共通の靈……古韓神話の所在……神話の成立

第二節　大年御歳神社……一〇五
大年神の子に韓の諸神多し……伊怒比賣……神活須毘……伏見稻荷……一の大なる大年神

第三節　鹿春神社……一〇八
韓來の三神……日韓神の嫁娶……淀姫神社

第四節　牛頭天王……一一二
梅檀香……祇園社……八王子……津島神社……蘇民將來……韓神渡來して牛頭天王と稱さる

第五節　平野神社……一一六
平野神社の主神は韓神なり……平野の神歌……平野の今木神は百濟の祖神……久度・古開・比賣三神

第六節　新羅明神……一三三
我是新羅國之神也……白髭明神……新羅・白髭の二神は日槍族の齎來……越前に於ける新羅名稱……淺草觀音と漢韓族……信濃善光寺と百

濟族
第七節　韓の百神と其の氏族の來歸……一二八
日韓の間に嘗て宗教的扞格を見ず……韓の諸族の氏神……神話共通の一例……丹塗矢……古韓の言詞コソ……山城松尾神社と漢族
第七章　壇君神話を彰奬す……一三四
二神を誤つて三神と爲す……壇君に對する大家の所見……古韓神話の徵光……古韓の天神地祇……神傳の地名……平壤は聖宮の義……史家私に壇君を南に徙す……壇君王儉の名の解……日韓神話の係屬……壇君王儉と遼東の亶唫和颻……古韓の廟所……一然和尚の苦節……現存韓史に古代の眞傳なし……自己喪失の史書……箕子を朝鮮に封じたるは韓史の舞文なり……三國遺事の著者知己を千載の下に期す……虎王……壇君祭祀の提議を愼め……かみいそし……現在鮮語を以て古韓を解するは危險……平壤は樂浪に非ず
卷之二
倭韓通證
第一章　阿藝……一五七

秋津島の原義如何……やまとの原義如何……日本國號の由來

第二章　央委……一六五

倭を以て我に限れりとする古來學界の過誤……山海經の所謂倭の所在……蓋國……列陽……思幽國……後漢書に韓を倭とす……檀石槐……馬韓の別號倭韓……樂浪海中の倭人は韓を稱す

第三章　韓……一八〇

第一節　辰國……一八〇

辰の表裏……辰の意義……辰王の優呼……韓の名は何時に始まる……眞番は即辰なり又韓なり

第二節　韓の疆域……一八六

韓の原義……帶方郡を韓内に擬定せる無妄……韓史不信の例……三韓の所在……樂浪帶方二郡の本地

第三節　辰王……一九四

辰王の首都……韓土の秦族……馬韓王統を箕子の裔とするは妄也

第四節　古韓の言語……一九八

州胡……韓遼間の植民……戸來降件……蘇馬諟……加羅臣智……韓の

古官名……貢蕃

第五節　遼東の公孫氏……………………………………………………二〇四

隋書の故意曲筆………公孫度遼東に王を稱す………公孫氏以前遼東の慘憺………公孫康帶方郡を開く………公孫淵簒立………吳に負き使を斬る………司馬懿遼東を平ぐ………公孫氏三世にして亡ぶ………公孫氏に於ける帶方郡の價値………樂浪帶方の滅亡………韓濊一體の强勇………女王卑彌呼の疑問ここに起る

第四章　親魏倭王卑彌呼……………………………………………………二一三

卑彌呼の年代………卑彌呼の風貌………熊襲の女酋と誤る………神功皇后と誤る………我が國史の死活に關す………卑彌呼は馬韓王統貢彌氏を表す………卑彌弓呼素………狗奴國………狗奴を伊豫の河野と誤る………魏に使せる者皆是れ韓の職名………卑彌呼と魏との關係………宗女壹與の嗣立………倭人傳の性格吟味………大倭王………狗邪韓………對馬………壹岐………末盧國………伊都國………奴國不彌國………投馬國………彌彌………那馬臺國………魏文に不合の考定………古來我國の地名と僞せる者是れ韓の國名………奴國より那馬臺へ一千四百里………使者の稱大夫………女王國以北の大帥………神功紀光華の復古………卑彌呼の生涯は神功の御代に終始す………韓の渠帥皆倭を稱す

第五章　瓊州の倭……二六〇
日本を江蘇浙江の東とす……越委の所屬……越委の位置及風俗……倭人傳の蕪雜……裸國黑齒國……東鯷人……宛委族……魏の郡使は我が筑紫に來りしことなし

第六章　九夷考……二六九
第一節　夷の音義……二六九
九は多の義……九韓……夷は柢なり……夷は漢人種の根柢……竹書の夷名……宋儒の新九夷……九夷の所在……半體人……四海……息愼之陵……東海郡……北海郡……勃海郡

第二節　九夷の目……二七六
畎夷……槃瓠……白犬……犬をイヌ……于夷……方夷黄夷……白夷赤夷……玄夷……風夷……陽夷

第三節　委と干の辨……二八一
倭を大天地の上に覩ぜよ……朱崖儋耳の位置……蘭干……干獠……干將……干遮……舞をマヒ……古の干國……倭の定義及其稱呼の濫觴……宛委山

卷之三

神頌叙傳前序……二八七

神話期と歷史期との分界……千古の驚異……前史未聞の言……內に省みて十有一大事の新知……外に觀て二十二大事の發見……三韓以前を照す皎月……珍籍寫取の次第

神頌叙傳神話編……二九四

第一章　鏡の本義……二九四

鏡をカカミ……可汗の原義……天神伊毗訶……大加那王伊珍阿豉……羅摩船……女眞と鏡……シャーマンと鏡

第二章　日祖東大海に禊して日孫を生む……二九九

天照大神の尊名顯現……原始神の修禊……我が神話と大陸神話との連鎖

第三章　日孫の天降……三〇三

日孫の名……東大國君靈……高天使鷄……須佐之男命の名の原義……

三貴子生成に對する諸説……素尊と鼻……我が神話は大陸族との共同信仰の餘韻……我が上代人に對する批評の謬妄

第四章　東大神族……三一一

太靈……鞮珂洛……東大國君靈の解……韓土をコマと稱する所以……高麗の原義……高靈縣……拓跋の解……庫莫奚……烏孫の王號昆莫

第五章　辰沄氏の起源……三二一

日孫の別名……常世帝……日韓兩語共通の神話傳説……日孫の初めて天降せる處……辰沄氏の二宗及東冥の一大宗……我天孫と阿辰沄須氏……開闢神話は神話的藝術の最後の者……神代史本系以外の重要事……日本民族の素地……天神と國祇との區別……日本民族は天孫以前よりの古民族……日本民族最古の自稱

第六章　東大神族の傳統稱呼……三三〇

馬韓靺鞨渤海同聲……珠申肅愼女眞同音……三韓は何の區分ぞ……忽汗州の意義……我が古典の件跛及び變……肅愼及女眞の原義……古肅愼は支那本土に在り……滿洲の原義……史家が肅愼を北滿に想定せる因由

第七章　東族振興の四大要道……三四九

耶摩駘……古事記と渤海國……阿其氏末……東族振興の實範

第八章　七聯族の名稱原義……三五一

秦率且……神の二元魂……七族の稱呼皆一音の轉訛……濆弭族と鍔……黄國……伯弭族と隼人……潘耶族と扶餘……淮委は濊……族稱の原義……東大神族の存する者唯日韓の七千萬

第九章　日孫浥妻族を降す……三五九

ヤオロチ族……ヤオロチ族と出雲大蛇……都牟刈の太刀……大蛇を越の賊とする說……大蛇を河流の形容とする說

第十章　鴨綠江の古今……三六四

神族加入の三要件……挹婁と蝦夷

第一節　からの原義……三六六

天孫國祝のカラクニの義……古典の破壞……東亞民族古代史上の大昌言

第二節　神功紀阿利那禮河の謎を解く……三六九

貊族の大同江修禊……奄利大水……阿利那禮河に對する諸說……阿利は修禊立誓の義

第三節　鴨綠江の古名を其の正しきに挽回せよ……………………三七二
鴨綠江名の由緒………隋唐の遼略先づ江名を紊す………馬訾水を移して鴨綠江と欺く………唐書の地經攪亂………遼河の安市を鴨綠江の海口と詐る………西安平は遼西………漢史家の苦計………鴨綠の古名を淸川江に引下ぐ………鴨綠の古名を大同江に移す………漢武の史蹟一も韓內に存せざる證左
第十一章　八千國主及び平壤……………………三八〇
日孫の太子………方忽山は火發山………今彌達は神田又君田………月支國と阿斯達………大同江の前名月支江………新羅の月城
第十二章　神子シラヒキ阿解と新羅……………………三八四
迎日灣………日韓に涉る三體のシラヒ神………新羅の天降說………天降思想は海より來る………新羅の卵生說………新羅の眞古傳は本頌叙の所傳に一致する者の如し………平壤と出雲との仲京………辰韓及び新羅國名の起因………迎烏細烏………都祈野
第十三章　神女アタカシ媛と薩摩……………………三九二
吾田鹿葦………天孫妃の御名大陸神話に顯る………鹿兒島
第十四章　神女ウサハミ媛と撫期範紀……………………三九五

海北道中の三女神……于山島……稻羽の素菟……比禮宮……武庫荻……齋京……古代日韓の交通線……馬關海峽は仲哀天皇の開鑿……豐浦の宮址……隼人族の開鑿功績……工事六年竣成祝賀……神功以前に海峽の存在なし……新羅征討は仲哀天皇の宿謀

第十五章　神子キリコエ阿解と長白山……四〇四

吉林……契丹語の王……東扶餘王金蛙……圖們江……長白山の古稱不成山……長白の古稱芝辣漫……秦率母理……外宮……双角をもてる神子……牛頭天王は此の神子……蘇民將來の謂れ……夜叉王居丹

第十六章　東大神族の西征……四一二

前古未聞の珍史……神子ウシアケと大東溝及び金州……東施縣……介盟奈敦……營口の古名アシナト……神子サカアケと沙河及び營口……神子ユキアケと秦皇島……東方をヒガシ西方をニシ……高遠理想の賽日意義……嵎夷及び郁夷……斐伊絢倭……日齋杙……東大古族の齋杙

第十七章　日孫の支那古五原開拓……四二三

五神子の支那分治……五原名と堯典の四方名……漢字音裏に東語潜在す

第十八章　五原以前の支那原住種族……四二七

本頌叙のため宜しく燒くべきの章
第一節　原住種に對する後代の地名推考……四三〇
楛盟舒と孟舒國
第二節　熊襲族の新羅侵入……四三三
熊襲の來路去蹤……新羅三姓交立の奇怪……多婆那國……龍城國及び晥夏國……神秘的老翁蘇伐公……新羅三姓祖の逐次顯現……閼智居西干の三大奇義……奇幻的倭人瓠公……襲族三次に渡來す……赫居世・蘇伐公・瓠公は本一個の形影……籍族……冶匠の奇義……金閼智の出現……昔姓に對する朴金二姓の連和……新羅は三色旗族か……三韓古傳の滅亡……新羅國史の故造改叛……神功親征の確徵……襲族の新羅侵入年代……韓史不信の一根礎……我が國史の正確を證す……神功の征韓は襲族征討
第十九章　日孫高天原に歸る……四五五
日孫國祝の詞……日孫在世の年數……稻花神洲……トホカミヱミタメ……大陸族の冠詞……靈異籠罩之峰……筑紫高千穗……支那の泰山は千穗八重の靈峰……支那てう稱呼の原義……豐葦芽榮……常世長日久日……豐葦原の本義……亞細亞の原義……常世の國……高天原の稱大陸神話に存す……堯の姓稱名號は凡て東族語……日孫の出現は皇紀前

三千五百年

第二十章　夷の族稱及び由來……四七〇

東大諸族の族稱起原……夷は神の稜威を原義とす

卷之四

神頌叙傳歷史編

第二十一章　東西兩族の雜擾……四七三

しうかがみ……海漠象變……日韓を繋げる舊大陸ノコロ……出雲國引の謎を解く……洚火の災……蛇身牛首はもと西族の異形神……東族神子の名を變造……舜の名重華は東族の語言……夏禹は西族より出て東化したる者

第二十二章　東西兩族の爭闘ここに開かる……四八〇

周族夏を猾す……妖女妲己の眞相……膠鬲……咋人の刑……文王其子を食へりとの說……鬼侯を醢にして諸侯を饗す……子路食はる……齊の桓公臣下の子を食ふ……晉の文公從臣の肉を食ふ……漢民族中に食

日韓正宗溯源目次終

日韓正宗溯源巻之一

祖光　濱名寛祐著

正宗汎議

第一章　日韓は有史以前に大なる歴史を共有す

日韓は有史以前に於て、雄大なる歴史を共有し居た。現存韓史は箕子を以て朝鮮の太宗と爲し、至聖周武の封する所なりといふを誇顔にして居れども、その謂はゆる箕子は、夕刻にチラリ姿を見せた三日月よりも影の淡いもので、そして其の謂はゆる朝鮮は、爾來約一千年、月の無い黑き深夜のさまであつて、闇空の一星をも其の間に認めないのであれば、之を稱して歴史ありとは言へない。之と共に我が日本も亦、神武天皇即位元年を以て有史の始としてあれば、則亦其の以前を無史の世と爲さねばならぬ、其の天空に燦然たる者の見ゆるは、謂ゆる神話の世界である、されば日域に在

有史以前の史

つては橿原奠都以前を、韓郷に在つては漢武置郡以前を、無史なりとされるのであるが、是れ韓史を將つて韓郷を觀る上の無史であつて、韓史ならざる他の者の裏に、古韓の有史は現證されてある。日本も亦然りで、日史を將つて日域を觀る上に、日域の無史が觀じられるのであつて、日史ならざる他の者の上には、明かに日の有史が顯彰されてゐて、我が神話の中にましします天孫の天降《あまも》りが、大陸東族古傳には歷史後半の廻轉期に於ける樞軸に置かれてある。それは遼（契丹）の特進奏表（官名）左次相（同じく官名）耶律羽之（氏名）が、醫巫閭山（遼西）に珍藏されたる古書數萬卷（契丹太祖の長子東丹王の蒐集する所）の中より索出して撰輯せる一卷の書である。（後卷に全文を掲げ毎章に釋明を附す）

右卷書の上に、韓をカラと呼び高麗をコマと稱する所以の王統的關係、新羅をシラキと讀む所以の神話的起原、扶餘をアクリと訓む所以の歷史的因由など、自ら存するのであれば、學界の討尋こゝに及ばずして、徒に現存韓史に據り古韓を究めんとするは、蓋し亦難し矣であらう。我が神話の討尋も亦さうであつて、大陸神話と共通なる所以を明にせずんば、焉んぞ其の眞を得べき。何はあれ右卷書の上に、日韓が有史以前齊しく共に同姓であり同稱であり一域であつたことが立證されて居り、而して相與に神話歷史を共有し居たことが昭明されてある。

凡そ因は緣を成し、緣は果を成し、果復た因と爲り緣と爲つて、遂に進化又は退化の現狀そのまゝ、其の緣を其の因に還元するは自然の大法則である。日韓が嘗て一域であつた所の大因は、歲月不明の長き期間、限りなき因果の小車を循環させて、還元の大果に到達せしめ、日韓をして復た本の一域に立戻らしめた、之を世に日韓併合といへど、予は之を日韓還元といふ。

日韓上古共有の神話は、辰沄固朗《しうから》（東大神族の義）全體に共通せる神話であつた、又その辰沄固朗は漢民族以前に於ける支那の先住民であつて、今の支那本部・滿洲・韓半島及び我が大八洲に亘れる大民族の汎稱であつた、されど此の大民族が一の主權の統帥下に在つたとは認め得ぬ。しかし當代の各個人が、その各自にもてる精神の基礎に、更に共通の精神があつて、それが個々の氏族を形成し居たとは認め得る、又その氏族各自のもてる精神の基礎に、共通の精神が存して、それが大辰沄固朗と爲つて纏つて居たとはされる。この大辰沄固朗の全體に渉れる共通的基礎精神の上に、常に顯現して全辰沄固朗の統治大權を總攬し居た者は、大陸に在つては日祖及び日孫であつた。日祖の名を阿乃《あめ》沄翅報云戞靈明《うしふうかろめ》と曰ひ、日孫の名を阿珉美辰沄繾翅報須瑳檀彌固《あめみしうくしふすさなみこ》と曰ふ、これ等の詳かなる釋明は後にすべきも、其の所謂日祖は大八洲に於ての天祖であり、日孫は出雲神話に於ての素戔嗚《すさのを》である乃ち韓は當代に於ける大辰沄固朗《しうから》の一部族であつて、其の共通的基礎精神の上に、此の日祖と日孫とを有して、我と一なる者であつた。加ふるに韓の上古には、日孫の後と稱する辰沄謨率《しうむす》氏といふがあつて、本と東表（日本）の阿辰牟斯《あしむす》氏（或は阿辰沄須氏に作る）と一なりと考證されてある、この古韓の辰沄謨率氏は歳月不明の遠き後世にまで、猶その末裔に辰沄《しう》の號を傳へ、漢魏の史に。三韓古之辰國也。と書かれてある、また東表の阿辰卆斯氏は産靈神《むすひのかみ》の稱に於て我が神話の冒頭に置かれてある、又韓の王統に安冕《あめ》氏と云ふがあつて本と東表の卆須《むす》氏より出づとしてある、想ふに安冕氏は天目槍《あめのひほこ》のアメと同じものなるべく、而して姓氏錄に日槍をムスビノカミの後としてあるは、大陸古傳との契合が認められ、愈以て日韓の同姓一域なりしことが立證される、予は今より日韓の正宗を討尋して溯つてそこに到らんと期する者であるが、今よりといふ「今」は、如何なる事相の上にその今を据うるべきか、今猶ほ昨の感ある帝都大震災の中に示現せし千古の奇變に「今」を据ゑ、而して日韓有史以前の太古に溯るであらう、其の道すがら幾多の荊棘を排除し行かねばならぬので、事はなかなかの多難である、謂はゆる荊棘とは。我が古典に對する懷疑派の破壞的妄斷と。現存韓史の史實曲詐と。隋唐以降に於ける漢史の韓半島地經紊亂と。現朝鮮人の有する民族的謬想等である。

第二章　大震に現はれたる千古の奇幻

日韓併合の日韓還元なること既にいへる通なるも、鮮人の或者等は、斯く悟らうにも餘りに距離のある所から、只その眼前の事相に心を捕はれて、優勝劣敗の結果と思惟し、內竊に之に憤恚す、彼等はこれを優劣の果と觀ずる上に興奮し、歷史を殊にする異民族と思惟する上に發熱し、病魔をそ

鮮人自ら魔と倶に居る

こに現成して、己れ自ら其の魔と倶に居る、此の魔に使嗾され其の命に奔る者を不逞鮮人と稱すれど、熟ら診するに寒熱の差こそあれ、苟も鮮人と名のつく者で、此の魔に冒されずある者果して幾何ありや、凡そ魔の性情として常には形なく亦聲もない、乃ち小魔にささやき無く大魔にうめき無き處に、無聲無形の呪詛が潜伏するを常とする。

震火の慘

大正十二年九月一日午前十一時五十八分、突如として起つた關東の大震は、蓋空前のものであらう、東京市の世帶數四十八萬三千のうち三十萬九千は倒潰燒失し、その人口二百三十一萬のうち十四萬三千は死者傷者行衞不明者と算へられ、横濱市は世帶數九萬八千九百のうち九萬三千八百四十まで倒潰燒失したのであれば殆ど全滅であつた、されば其の際に起れる叫喚錯愕は震と火とに因ること勿論なるも、只それればかりでなく、之に加ふるに又一つの者があつたではないか、其の一つの者は何であつたらう。無の呪詛が有の聲象を現成したものではなかつたか。平素鮮人の帝都に寄居

鮮人來

する者、之を都人二百三十餘萬の大衆に比すれば、其の寥寥なること晨星のまばらなるにも似つらんに、天一たび災を降すや「鮮人來」の一叫に幾甸震駭し、朝野錯愕し、智者も度を失ひ、勇者も魂を奪はれ、牛肉の罐詰にも爆彈と驚かされ、握飯の包にも炸藥と戰《をのの》かされ、癲叫狂躁、誤つて同閭の父兄を斬斫し、故なく隣街の子弟を殺傷し、血をふむの修羅を演じたるは、前代未聞の奇變なりき、さて相率ひて己れに立返り見れば、鮮人とて大震を豫知したわけでなく、屋壁の倒壞に魂を消

し膽を落して僅に逃げ出し、火に追はれて助を叫べる者、それが何の豫定計畫をもつ可き、それを此方で騷いだのは一體どうした事であつたのか、さつぱり譯の分らぬことで、恰も夢幻の尋ぬ可からざるが如く、事のその由に來路もなく去蹤もなく、只魘《おそは》れて居たと云ふより外なきは、亦前代未聞の奇異である、知らず是れ何に原因して現はれたる事相なりや。

何故の錯覺幻覺

今の科學は、有形を有形に察して、其の原因を有形の存在現場に探るだけの發明をしかもたぬ、乃亦帝都奇慘の原因を帝都の內に尋ねるだけの働きをしかなさぬ、曰はく。帝都の奇慘は絕對恐怖の際に於ける群衆心理的偶發現象にして、錯覺と幻覺との致す所に外ならずと。吁亦淺矣《ああまたあさし》ではあるまいか、勿論その奇變は謂はゆる群衆心理的事相に相違なからう、しかし群衆をして爾かく錯覺に狂はしめ、爾かく幻覺に走らしめた者は何であらうか、それは震と火であると謂ふであらうが、震火と鮮人とにどういふ關係の伏在があつて「鮮人來」なる大騷動が起つたのであらうか、聞く所に由れば予はこの時東京に在らずして支那間島に在り罹災の市民は、地動き焰漲る間に其の常を失ひながらも、己の死すべきは己の命として之に死し、人の生くべきを奪つて之に生きたる者あらずと云ふ、己の飢餓は己の分として之に耐え、人の食ふべきを奪つて己の飢餓を醫したる者なしと云ふ、また人の繃帶せるを剝いで己の創痍を包める者あらずと云ふ、猶太の婦人が飢餓に其の兒を喰ひ、支那の敗將が取縋る士卒の指を切落して自分獨り其の舟で助かつたことなどに比すれば、我が民族殊勝の程度が占はれて、生死の巷《ちまた》にも猶能く自制の保たれたことが判る、それに鮮人來と聞いて滿都横濱は勿論一府五縣に渉つて錯愕し官民ともに股栗したるは何事ぞ、古來幾多の大災にもまだ聞かぬ怪事ではあるまいか、若もそれが平素から鮮人を恐しい者に思つて居たのなら、そこに聞える道理もあれど、誰一人そのやうな考をもつて居た者なく、却つて全然念頭になかつたのであれば、自制に克ち擧措を保てる市民の對鮮驚愕ほど道理のない者はない、然しこれを道理なしといふは、帝都及び四邊罹災地の境内に其の道理がないと云ふのであつて、朝鮮の十三道及び滿洲・西伯利等には其の道理が重疊してゐたのであつた、それは日韓併合を以て優勝劣敗の結果と爲しての怨、歷史を殊にする異民族より服從を強ひらるゝことかなとの憤である、その怨その憤は、十五年來晝夜不斷の呪詛であつた。

杉の木間《このま》の夜の丑滿に、藁人形に釘うちするも呪詛なれど、若もそれが一千八百萬乃至二千萬大衆の、日韓併合以來十有五年、晝夜不斷の心の呪であつたとしたら、無線電話の感應理法から察《み》ても、何等かの機會にそれを感受せずには居られまい、凡そ如何なる事相も、其の旋渦の動機は感應に因る、人心に齎らす感應そのものは、無線電話のそれの如くにして、而も距離の遠近に由つて能否を異にするものではない、蓋吾人は吾人各個にもてる精神の基礎に、或る共通の精神ありと自悟される、佛敎哲理の如きも恐らくは此の上に存するものなるべく、其の所謂感應は、この共通の基礎的精神に起る衝動の感受であらう、まだ科學上の證明を得るまでには達してゐないが、古來人の

呪詛の感受

靈が、これに由つて取かはされた例は隨分ある、されば鮮人不斷の呪詛は吾人夙に之を感受すべきであつたが、平素自我の蔽ふ所と爲り、靈感を鈍らし居た爲めに、何の覺る所もなかつたが、突如空前の大災に遭遇したるその刹那、生死關頭に偶爾無我の心境を現じ、それに感受されたものと思はれる、乃ち聲なきに聲を聞いて以て突喊の叫と爲し、形なきに形を見て以て襲來の群と爲したのであらう。

幻影の主體は對馬以北

當時戒嚴司令部に詰めて居た將官某の話に、騎兵大尉の軍裝したる或者が、馬を駈けつけて、只今優勢なる或る一團の者、鶯谷《上野の下》に推寄せ來り、方に交戰中なりとのことに、さういふことのあるべきわけなしと言へば、否々銃砲の音現にこゝからも盛に聞え居るにあらずやと、復た馬を駈らし去つたので、其の場合捨ても置けずと考へたのであつたが、何の事とも更に判らず、その騎兵大尉は軍刀を着けてゐなかつたとも云ひ、それが何者であつたかも終にわからないのであるが、警視廳あたりへも、今から思へばそんな事がと思はれるやうなことが、當時眞面目に報告されたらしい、云々、

そこで啼と爲り、躁と爲り、錯愕となり、幻惑となり、而して自警と爲つて、拔身の槍や白刄の交叉と爲つたのであるが、其の錯覺や幻覺の原因主體は、帝都の内にあつたのでなく、そこに現はれた影の主體は、遠く對馬海峽以北にあつたと信じて可なる理由がある。

天の豫誡

予が訪問したる限りの學者宗教家は、震火中の奇變を以て、群集心理上の偶發現象とし、他に原因なしとするに一致してゐた、されどそれは單に現象その者の批判であつて、地震を語つて震源を調べざると同じではあるまいか、今後もし關西に大災の降下があつたならば、復た同じ現象の自警騷動が繰返されはしまいか、鮮人勞働者は日に月に增しつゝある、若も内鮮人間に黨を分つて相爭ふことの起りもしたら、それに緣つて演じられる爭は、頗る殺伐のものではあるまいか、其のたび每に學者宗教家が、只その現象を批判するに止まらば、恐らくは更に大なる者が其の後に來るであらう、

兎も角も鮮人界に呪詛の潛在するは確かな事實でもあり、自警團の操つた戰鬪隊形も現實の事なれば、兩者の雙對關係を、帝都とせず朝鮮といはず、距離を取去つた一つ處の事相としたら、鮮人の呪詛が罷まざる限り、自警團も其の姿勢を撤廢するわけにゆかぬ道理のものであらう、此の道理が圖らずも帝都震災の中に顯現したのは、是ぞ天警であらう、知らず天は吾人に、今後の何事を豫誡したのであるか。

第三章　日韓兩語の異同

日韓の語類

遠く日韓の上古に溯る其の道筋に於て、是非一顧の勞を執つて置かねばならぬことは、日韓兩語の關係が、如何に學界に取沙汰されて居るかである、今や韓語の研究は、其の道の學界に持てはやされ、專門學殖の人これが切磋に努め居れば、日韓有史以前の史實も、いつかは此の間より發見さるべき乎。神功皇后の御代の頃には、日韓兩國とも通譯を介するなくして言靈《ことたま》自ら相通ひたりけんとの說、いかにもと肯《うなづ》かれ、谷川士清の書紀通證に見ても、日本紀の處々に散見する韓語は、其の時代、國語と同一に取扱はれたかの感がする、それが今日では、雙方の言語に不容易《なかなか》の距離があつて、語學に拙き予の如きは、二十餘年の交はありながら、人を介せざれば何の話も出來ぬ、されど英人ロッス著高麗史日韓古史斷所引に曰ふ。肅愼・朝鮮・蒙古の三族は、言語その法式を同くし、謂はゆるツラニアン語是れ也、今朝鮮は支那と同文と稱すと雖、其の實際はポリシレーブルの古法を失ふなく、全く漢語と異なりとす云云。又グリフス著朝鮮史同上に曰ふ。朝鮮には固有の國語ありて、支那と全然その性質組織を異にす、本來朝鮮は日本と同じく、ポリシラビックにして、その親密類似は、自餘の外國言語中此の二者の如く相近きはなし云云。明治二十二年三月東京人類學界雜誌に掲載され

日韓兩語の同系

たる大矢透氏論文日本語と朝鮮語との類似には、兩語を比較して。(一)言葉續き同樣なり。(二)言葉の形と義と相似たる多し。(三)良行音《ラリルレロ》を語頭に置かず。(四)濁音稀なり。の四條目を擧げ以て日韓兩語の同系なるを首唱された、これより先き明治十二年、英國雜誌大英王立亞細亞協會雜誌に、日鮮語の比較研究と題する論文東京駐劄英國公使舘附通譯官アストン稿掲載され、日韓語を文法及び音韻組織の兩方面より觀て相互一致の者と論證されたこともあつた、されど我國の學界では、大矢氏を以て日韓語同系論の嚆矢とされやう、二十五年六月赤峰瀨一郎氏のものされた日韓言語の關係史海所載には。兩國の言語を比較するに、形情の類似するもの意想外に置く。第一には同音の詞多きこと。第二には句をなすに目的格にある名詞と動詞とが保つ位置の同一なること。第三には形容詞と動詞とが同一の規則によつて變化すること。第四にはテニヲハの種類と用法とが全く同じきこと。等を數へ、朝鮮民族を以て我が大和民族の最近親族なりと論證されてある、また四十三年一月には金澤博士の日韓兩國語同系論刋行され、今や兩語の同系なるは、將に學界の定說たらんとするまでに進んだ。

德川氏の世にも、新井白石・谷川士淸・伊藤東涯・藤井貞幹など、それぞれ韓語に意を注ぎ、國語との比較研究を試み、就中雨森芳洲は通譯を介せずに善く說話したれば、韓客嘗て戲れて、君能く諸邦の音に通ず而して殊に日本に熟すと曰へりとか、從つて朝鮮略說・隣好始末物語・鷄林聘事錄等の著もあつた、或は其れ等人々の中には、謂はゆる儒者の通癖がこれにも亦揷まれて、我が國語の基

語言の轉訛

礎を、聖賢國なる漢韓に置かんとする或る希望意思が、潜んで居たかのやうに思はれるのもあつた、それは姑く措き、白石は其の著東雅に於て

古を去る事やゝ遠くして海外の人のゆきかふ事ありしより此かた、夫等の語言相交はれりと見えし事ありて云云。六經の學の相傳れるより後、百濟の博士等おの〳〵其學をもて來りつかふまつる代々に絶えず、秦漢隷楷の書體を取用ひ、我國の古文廢せしに至ては、古語の如きも、或は其言廢れ、或は其義隱れて、我東方の語言大きに變ぜし事の始とこそ見えたれ云云此の間の語ひとり漢字の音の轉ぜしのみもあらず、韓地の方言の轉ぜしも少からず、たとへば太古の時よりいひ嗣て海を呼びてアマといひしを、また韓地の方言によりてワタともいひけり、日本紀の釋訓に、海を讀てホタイといふ事の見えし即此なり、猶今も朝鮮東南の俗、海を呼でパタイといふなり、今によりて古を推すに、日本紀釋訓にホタイと見えしは、或はポタイ或は又ワタイの字訛りてホタイとなりしも知るべからず、ポといひパといふ音の如きは、此國にはなき所なりければ、其の音轉じてワタとならざる事を得ず、是れみな其の音を轉じて呼びしにはあらねど、其の音の自ら轉じたりけるなり大意抄錄

と曰ひ。又荻生徂徠も其の著南留別志に於て。虎をとらといふ、羊をひつじといふ、此國になき物なれば、和名あるべきやうなし、とらは朝鮮語なりといふ、さもあるべし、ひつじも異國の詞なる

にや。又さらは盞なり朝鮮語なるべし祖光云ふ契丹語にても酒瓶を札羅といふ又曰はく、倭語の始は漢語朝鮮語の轉ぜるものの多かるべしと。徂徠白石等が、我が古言の韓語漢音の輸入に由りて變化したるを云へる所、まことに其の道理なれど、日韓兩語の相似は、必しも彼れよりの輸入によりて然か成れるにあらず、其の本に溯らば彼我ともに嘗て同じであつたことの發見されるに至るかも知れない、爾後雙方ともに語言に變訛を生じたるは著しきことで、我よりは彼のかた、更に多く變訛したりと思はれる史實なかなかに多い、例へば高麗朝の時であるが、

高麗の元宗王、その世子のために元蒙古の世祖に請ひ、世祖の女・大長公主を妃としたるを始とし、忠烈王より以下七代、世子はかならず燕京に質となり、かならず元の公主を妃とするを要し、燕京に質たらず公主を妃とせざる者は、王位を嗣くを得ざる情態に落ちた、斯くして高麗は七世一貫、蒙古と結婚したのであれば、其の王統の蒙古血脈に變じたるを知るべく、同時に宮中が一切蒙古語を操ることに爲つたばかりでなく、忠烈四年全國に令して蒙古服に變らしめ、八年通文館を置いて蒙古語を奬勵した、是に於て宰相以下屬僚に至るまで、擧げて開剃蒙古風の頭の姿し、七十五年間風俗全く蒙古に變じた、加ふるに之より先き、高宗三十八年より四十六年に至る間、前後五回蒙古大軍の侵入を受け、其の駐軍八九年に及び、而して海・鹽・白三州に分駐せる蠻子軍元が遠く數千里外より徵募せし兵種のため、婦女を强要されて、毎に其の供給を爲した、時の大府卿の上疏

に。我國男少くして女多し、而も尊卑一妻に止まる、子なき者も亦敢て妾を畜はず、然るに異國の人來つて妻を娶る定限なし、人物皆將に北流せんとす。とあるは以て當時雜婚の如何に盛にして且如何に慘なりしかを知るに足る、從つて韓の言語の變化蓋意想の外にあらう、

是等は可なり著しい例であるが、之に類する小史實に至つては歷朝あらざるなしであれば、現在の韓語には、如何なる分子が含蓄されてあるやら容易くは分らない、徂徠曰はく

古の詞は、多く田舍に殘れり、都會の地には、時代のはやり詞といふ物、ひた物に出來て、ふるきは、みなかはりゆくに、田舍の人は、かたくなにて、むかしをあらためぬなり、此比《ごろ》は、田舍人も、都に來りて、時の詞を習ひつゝゆきて、田舍の詞も、よきにかはりたりといふは、あしきにかはりたるなるべし、

日韓は田舍と都會とではないが、日本は古よりの原詞を、韓とは比較にならぬほど保有し居る道理ありとされやう、されど日韓兩語の比較は、古に溯れば溯るほど相近く、まだ古韓が他の異民族の蹂躪を受けざる無垢の時代に在つては、我が上古の言靈《ことたま》に一致し居たりと想はれもする程なるに、雙方とも世と共に轉訛し、今と爲つては鮮人の操る數詞の如き、我とは似もつかぬものに變つてしまつた、この數詞の似もつかぬは、日韓同系論の前に横はる一難關であるが、幸にも新村文學博士の藝文誌上に於ける考證國語および朝鮮語の數詞についてに由つて、朝鮮の古代は、我が國語同樣の數詞を有つて居た

日韓數詞の今古

ことが知れ、同系論を賛する者爲めに意を强うするに至つた、喜田博士は日鮮民族同源論に之を引いて曰ふ、

たゞに其の語系を一にするといふばかりでなく、千三百年前に滅亡した高勾麗の古語の如きは、單語までも我が言語に類似したのが可なり多かつたらしいのである、中にも今日他に毫も似よりがないと言はれて居る我が國語の數詞と殆ど同一の數詞が、此の國人によつて用ひられて居たことは、最も興味ある問題であらねばならぬ、嘗て新村博士の藝文誌上で指摘せられた如く、高勾麗の古い地名を漢字で書いた三國史記の地理誌の記事を見ると、

三峴をミハエ（密波兮）　五谷をイツタニ（于次呑）

七重をナナヘ（難隱）　十谷をトタニ（德頓）

に近い語を以て呼んで居たのである、列擧されたる地名の中に現はれた四つの數詞が、悉く我が國語の數詞と同一若くは類似のものであつたとしたならば、他の數詞も暫く是から類推して似たものであつたと假定し得べく、殊にそれが單に數詞ばかりでなく、それを連續した語までが全然邦語と同一若くは類似のものであつたことは、一層注意せねばならぬ事實である、其の外單語の類似の多かるべきは言ふまでもあるまい、少からず其の後を承けた筈の現在の朝鮮語は、一つ一つの單語に於ては、日本語とは甚しく相違し、特に我が數詞に似た語の如きは、久

しい以前から彼の地では絶滅して居るが、千數百年前に溯つて之を觀ると、右の如く類似の甚しいものであつた事が知られるのである云云

現在朝鮮人の數詞は、いつの世にか本來の數詞に代ゆるに、關係事項に緣由する言詞を以てしたものであらう、譬へば邦語にても。一をカズ。二をツグ。三をミツ。四をモロ。五をトモ。といふ類のことあれば、現在鮮語の數詞はさういふやうなわけの事から、我と相遠くなつたのではあるまいか。予も神頌叙傳に於て

漾《や》緻《ち》遣《く》翅《し》雲《う》競《く》阿《あ》解《け》神名を八《ヤ》千《チ》國《ク》主《シ》享《ウ》嗣《ク》別《ワ》王《ケ》と訓み。珍《ち》芳《ほ》漾《や》匾《へ》墜《ち》球《く》淄《し》盍《こ》麰《む》之峰（今の山東省泰山と推斷す）を千《チ》穗《ホ》八《ヤ》重《へ》の異《ク》靈《シ》籠《コ》罩《ム》之峰と訓むで。我か大陸族の古代數詞が、八《ヤ》千《チ》・千《チ》穗《ホ》・八《ヤ》重《へ》に於て、我か古訓と同一、

日韓古言の一致

なるを覺つた、猶詳しくは後卷に述ぶるであらう、又魏志の上からも、馬韓王の美稱中に

安《あ》邪《や》踧《し》支《き》濆《ひ》臣《し》離《り》（神《アヤ》シキ聖《ヒジリ》）。支《し》廉《ら》（治《シラ》ス）。

等の語あるを覺つて、益以て我か古言と韓の古言との一致に確信をもつに至つた、其他後卷第三第四の古傳には、古代大陸族と我が祖族との言詞一致を以て、神話及史實が經緯されてあれば、詳かなるはそれに就て看られたい、故に此の所信を以てすれば、新羅の始祖・赫居世居西干の名義の如きも我が古言を以て容易く了解されるやうである、

赫居世は和訓大國主

三國遺事に據れば、新羅の始祖は、卵生の童男にして、東川に浴せしめたるに、身に光を生じたとの事で、乃ち遺事には。因名二赫居世王一。蓋郷言也。或作二弗矩内王一。言二光明理世一也。位號曰二居瑟邯一。或作二居西干一。としてある、其の赫は音カクなるも、古音ハクに通じ、又ホクと音せらる、内はセイの音あつて洒《セイ》と同義に用ゐられるのであれば、乃ち内と世とは同音のセイと知れ、赫《ホ》居《ク》世《セ》・弗《ホ》矩《ク》内《セ》は、ともに同聲同音で、單に譯字を異にするに過ぎずとされる、それを光明理世の義と謂へるは「赫として世を居《オサ》む」と訓むでのことであるが、それは漢字輸入後のことで、漢字のまだ無い時代に出來ることでない、强ひてさうといはゞ、然らば弗《ホ》矩《ク》内《セ》は之をどう訓まば漢字の上から光明理世の義になるかと問ひたくなる、想ふに原語弗矩内に同音の漢字を塡めて赫《ホ》居《ク》世《セ》と作し「居世を赫《てら》す」の義に訓むだのであれば、原義を探るには字義を離れて原音をたどるを要する、その原音は東音であつて、弗《ホ》は東音の火《ホ》に通ずれば、光明の意ともされやう、矩《く》は國《く》東語のクニなり字音にあらず内《せ》は主《せ》背の君のせにも取れるであるから火《ほ》國《く》主《せ》と讀むで光明理世の原解に合はせ得られもする、されど頗る附會に類する嫌あれば、姑く之を措き、別に之を他の義に求むるに。弗《ホ》は、意《オ》富《ホ》大の義の略言で、大陸神話の沄《ウ》大の義に一致せる大の意であらう。矩《ク》は同神話の纉《ク》國の義に。内《シ》セイの反シも同神話の翅《シ》君の義に一致し、弗《ホ》矩《ク》内《シ》・赫《ホ》居《ク》世《シ》はともに大《ホ》國《ク》君《シ》であつて我か古訓とも一致し、出雲神話の大《は》國《く》主《し》と、其の稱を共通にしてゐるものとされやう大國主をオホクニヌシと訓むは頗る

居世干は奇シ神

南解は巫

通俗的で他の神名の奇古なるに似ぬ、恐くは通俗的に訓み替えたもので、原稱はホクシ或はウクセでなかつた歟蓋出雲と韓土とが、古代に共有せる神話上の偉神を新羅の始祖に當て冒稱せしめたものと解される、又彼れの王號居瑟邯《クシカム》一に居西干《クシカム》は紛ふ方なき異靈神《くしかむ》（奇し神）である、即彼は大國主《ほくし》異靈神《くしかむ》と稱した者であるが、想ふに此の稱は古韓神話中の神名であつたのを、新羅始祖の名とし當嵌めたに違いない此説長ければ略す次に始祖の姓は朴《ホク》だと云ふ、蓋し是も弗矩《ホク》（大國）を取義して姓に作つたのであらう、朴の字音はハク又はホクであるから、赫の字音のハク・ホクにも一致する、それを始祖の化生した卵の形が匏に似てゐて、匏を方言で朴といふ所から、姓としたと遺事に書いてあるは、人を茶にした話である、但し當時其の地方の鄕音に、匏をハク或はホク又はフクと言つて居たとは信じられる、それは我が國語でも匏をフクベといふから、方言にはハクベ或はホクベといひもしたらう、是は古語の彼我一致なる上に首肯されるが、弗矩の音にあはして朴字を撰むだは、唐代になつてからのことで、當時唐の巨姓なる朴氏に似せたものである、

次に立てる南解居西干は、三國遺事に。亦云二次次雄一。是尊長之稱。唯此王稱レ之。とあり又三國史記に。次次雄或作二慈充一。金大問云。方言謂レ巫也。世人巫二事鬼神一。尙二祭祀一。故畏二敬之一。遂稱二尊長者一。爲二慈充一。云云。

此の金大問の解釋に、巫を謂つて慈充と爲すとあるは、シシヲの原音に漢文字慈充《シシウ》を充てゝか

らのことで、巫その者を稱する古言を忘れてのことである、巫は古言にナキと言ふ、神巫《カンナギ》と稱するもそれである、されば其の古言は、南解《ナキ》の上に存してゐて、次次雄《シシチ》の稱には存してゐない、故に金大問たる者巫を釋かんと要せば、須らく南解の字音上に於てすべきである、但し次次雄《シシチ》を尊長の稱といへるはいかにもと思へる、雄は男子の美稱であり、次次は馬韓の巨帥號臣智《シチ》と同語であつて、當時に於ける尊長の稱なりとうなづかれる、近音ではシとチを距離ある音とし分けて扱へど、古音では同音に扱つたものである、例せば紂《チウ》の名を受《シウ》といふ如き、もと二名あつたのではなく、紂《シウ》と受《シウ》とは一音の異譯なのである、又今音では鄒《チュ》と鄹《スウ》を別音に扱へど孟子時代には鄒鄹《シウシウ》同音であつた、是れ先儒の定説である、知るべしチとシとの通音なりしことを、故に漢魏の史に在つても、臣智《シチ》を斯鍿《シシ》又は辰鍿《シシ》或は載斯《シシ》に異譯した所もある、因つて以て次次《シシ》も臣智の異譯なりと推知されやう、故に南解次次雄《ナキシシチ》は神巫臣智雄《ナキシチチ》なりと知れる、疑問なるは當時巫は女によりて尊かつたのであれば、新羅に限り男王が巫の畏敬を受けたとは信じられぬ、恐らくは亦神話中の者で女性の神であつたのであらう、それを支那かぶれして男を偏重することに爲つてから、男性の者にして第二世に當てたのではないか、若し之が女神の名であつたのなら其の名の下の一字を隱してはゐなからうか、蓋本の名は「南解次次雄母《ナキチチウメ》」であつて、其の義は巫乳大母《ナキチチウメ》であつたらうと思へる、それならば、金大問の云ふ巫《ナキ》も慈充（神母の愛）も其の義

昔脫解

解皆善く叶へども、男性とすれば臣智雄《シシチ》であらねばならない。

新羅第二王統の祖昔脫解は、櫝中の卵生兒にして、その櫝が海潮に流されて來る時、一鵲あり飛鳴して之に隨ふ、故に其の祥に因り、鵲字の鳥を省き昔を以て姓と爲し、其の櫝を解き卵より脫出したところから、脫解と名つけたとあるも、是れも亦漢字のまだ無い時代に、行はれた事でない、果して鵲の祥に因つて姓を昔と爲したのであらば、それは鵲の邦訓カササキなるに緣り、其のサキを取つて姓と爲し、漢字輸入後昔《サキ》の字音を之に當てたのであらう、是も韓史のいふ所を活かして解釋したので、此の脫解《タキ》も亦巫《ナキ》の義ではないかと疑はれる、それは韓の巫を漢魏の史に天君《タキ》といひ、東族古傳に納祇米《ナキメ》とあるに由る、納祇は亦タキと訓むべく、天君《タキ》・納祇《キ》ともに脫解《タキ》と同義に解せられる、

尼師今は主神

右の如く我が古言を取つて釋けば、釋けざるもの無きさまなるは、其の時代まで日韓古言の同一が猶存在した證明ともされやう、東族古傳に從へば、新羅の赫居世・昔脫解・金閼智（之を三姓の祖と爲す）は熊襲族の三姓にて、我が筑紫より轉徙した者としてある、從つて其の姓稱の釋義も別にあるのであるが、こゝでは只現存韓史の言ふ所に追隨して釋し、委曲は後卷に於て辨することにする、

東國通鑑に曰ふ。新羅本紀に、其の君、居西干と稱する者一、次次雄といふ者一、尼師今といふ者十六、麻立干といふ者四云云。ついでに尼師今と麻立干をも和訓せんに、今をキンと音して尼師今《ニシキン》

麻立干は眞杙神

新羅の三貴爵は代神副神齋長の義

と讀めば主君《ニシキム》に訓め、コンならば主神《ニシコム》に訓める、つまり孰も同義で、神を以て自ら居た號であらう、

麻立干は眞杙神《マクヒカミ》の義である。金大問の言ふ所を聞けば、麻立は方言で橛《くひ》のことを謂ひ、准位を標表する物である、即ち木標を立て位次の序列を定むることで、其の木標を麻立と云ふたのであるが、是は我か國語の杙《くひ》のことである、神を我か古には一柱二柱と數へ、馬韓では大木を立て鈴鼓をかけ、滿洲には立桿祭天の儀といふがあつた、桿は即亦柱である、柱といひ桿といひ大木といふも、其の意は同じことにて、早く言へば神の位牌を据ゑることであり、我が古言に「眞杙《まくひ》を打つ」といふことのあるのも、同じ心にて神に事ふる勤《いそし》であつた、金大問の言ひしは其の杙のことで、東國通鑑には橛表とある、偶然であらうが此の二字は其の音の上でもクヒと讀めてゐる、麻立は卽眞杙で、韓語ではクのリに轄ずる場合が屢ある、例へば角を鮮語でパリといふのも、本は角の字音カクがハクに轉じハクのクがリに轉じ、そして字音を離れて詞と爲つたのである、是れは入聲尾韻の變訛に多く、忽をコル、伐をバルと云ふ類亦同じである、此の音則に於て、マクヒのクは、マに屬する入聲尾韻の如く發音されて、マルヒと爲り、ルヒが又リルヒの反リに約《つゞ》まつて麻立《マリ》と爲つたのであれば、原義は我が古言の眞杙《まくひ》なのである、當時祭政一致であつて、君王は眞杙の神、大臣大將も亦神、そこで大臣には伊伐飡《イハソム》・舒弗邯《ソフルカム》、大將には角干《カカム》などの爵位があつた。角干《カカム》は代神《カハリカム》にて御手代《みてしろ》の義。舒弗干《ソフルカム》は副神《ソフカム》にて補弼の義。伊伐飡《イハソム》は齋勤《いはいそみ》にて祭祀の長なれば、爵位第一級の高に居つた、此の伊伐飡《イハソム》のイハ

和白は奉齋の義

を反切すればアとなつて我が朝臣《アツム》の稱に一致する、されば此の神達の會議を和白と稱したのであるが、和白は「齋《いは》はく」にて神に對する奉齋の義である、イハの反アなれば「齋《いは》はく」はアハクとつゞまり和白ワとアは當時同用と塡字されたものと思へる。是にて大概は知了せらるべく、今の鮮語は日語と距離を相隔て居れど、古に溯れば溯るほど言語ばかりでなく、總ての風貌の一致が認め得られるのである。

第四章　日韓古地名の相通

高千穂のクシ

已に日韓古言の同一を概想し得るに於ては、兩域古地名の相通が發見されねばならぬ。

日本書紀によれば、天孫の初めて天降《あまもり》ましたは、日《ひ》向襲之《むかのその》高千穂峰《たかちほのたけ》とあり、また其後の御遊行の狀には「槵日二上天浮橋《くしひのふたかむのあまのうきはし》より浮渚在平處《うきにまりたひら》に立たして」とある、天浮橋を船と解する說に從はば、この御遊行の狀は船を出て御上陸になつたことに取れる一書には高千穂峯を筑紫日向の高千穂槵觸之峰《たかちほのくしふるのみね》としてある、乃この槵日《くしひ》・槵觸《くしふる》のクシてう詞は、我が神代史の重要なる靈語である、此の靈語が韓土にも亦山の名とされてあつたことは、日韓古地名の相通を稽へる者、先づ第一に古代關係の奇異を感せずには居られない、東國通鑑に曰はく、

駕洛のクシ

春三月漢の建武十八年なり、但しこの紀年には頗る議すべきもの多し駕洛國《カラ》の始祖金首露立つ、初め駕洛に九干あり、各其衆を總べて酋長となり、山野に聚居し、君臣の位號なし、九干干は酋長の稱禊事を修せるに三國史記金庾信傳には壬寅三月禊洛之日とあり、

洛は洛東江なり、九村の人民が江に入つてミソギする意義、我が古俗と相同じきを證す　適《タマタマ》龜峰に異氣あるを見、三國遺事には龜旨峯と作す、金海の北、洛東江の東岸に在りて、其の北峰に今猶金井山城の故趾あり　且つ空中の語を聞く、就て金盒を得、開いて之を視るに六つの金卵あり、不日にして皆化して男と爲り、奇偉長大、衆皆驚異し、始に生れし者を主と爲す、金卵に因りて金氏を姓とし、始て見はれたるを以て首露と名け、國を大駕洛と號す、

右に謂ふ金首露《キンシロ》は、當時我が朝より差遣はされた潮乘津彦命《しはのりつひこのみこと》を彼の地にて君潮乘《きみしはのり》と稱し、其の音の訛《なま》れるに因るならんとは、近時學界の或部面に存する說である、而して其の謂はゆる龜旨峰《クシ》は、高千穗のクシフル峰のクシと同名同義なりと考へられ、喜田博士も、クシフルは朝鮮古語のクシ村《ブル》で、加羅の祖先が天から降つたといふ龜旨《クシ》の名と關係ありげに解せらる云々日鮮兩民族同源論と言はれた。

新羅本紀裟婆王の條に。二十三年秋八月、音汁伐國《ウシバル》と悉直谷國《シチク》と疆を爭ふ音汁伐は三國遺事に音質伐とす　王に詣り決を請ふ、王之を難んず、謂へらく金官國首露王は年老ひ智識多しと、召して之を問ふ金官國は即加羅國とあるを。西川權氏その地理的關係に就て說いて云ふ、

音汁伐は地理志に云。今合ニ屬ス安康縣一ニと。迎日灣の北岸一帶は即ち其の故地なり、悉直谷は後世の三陟即ち溟州にして竹邊灣北方一帶の地方を有し、此の二國の西は大山脈近世地圖上に朝鮮東海岸山脈と記すもの之を限りて、其の南端山脚は高く迎日灣に枕《のぞ》むもの之を倭頂山名と云ふ、此の倭頂より一大山脈の屈折して遠く西北に走るもの卽ち竹嶺の險に達す、而して此の竹嶺は古名を竹旨嶺といへり竹旨

は即ち筑紫なり云々

我が筑紫

我が筑紫の名は、古く神代史の初に見えてあれど、其の原義は今に至り猶詳かでなく、ツクシは盡《ツクル》にて西方の果《はて》を意味すと云ひ、或は云ふツクシは築石《ツクシ》なり、上世異國の賊兵しばしば我が西邊に來侵す、これを以て筑前北海の濱に石壘を築き以て之を防ぐ、故に其の地を名づけて築石《ツクシ》と曰ふとあるも書紀通證此の說を載す頗る信《う》け難い、何にせよ新羅にも竹旨嶺《ツクシ》といふがあつて、それが我が筑紫と同音で且つ同義なりとせば、其の義は雙方に通ずるものであらねばなるまい、やはり高千穗クシフル峯のクシが原義を成してゐるのではあるまいか、即ちクシの原義にツの一音が接頭詞となつて附いたものが筑紫なのであらう、クシは異靈《くし》、フルは振ふの活言であらう、或は韓語の伐《ブル》にも取れる、それだとクシフルは神の坐《ゐま》す都會といふことであつて、檀君神話の神市も此の古言の漢譯されたものとされる、我が神代史の上に見れば、出雲と韓土との間には諸神の往來が頻に行はれたやうであつて、

クシの神

韓土より來り韓土へ還つたと思はれる神に少彥名《すくなひこな》といふがあつて、一にクシの神と稱した。所がこのクシの稱が、近頃アイヌ族の方へ引附けられつつある、それはクシとコシ(越)とが叶音なるに依り、出雲の大國主神が越《こし》の八國《やくに》を平げ、又古志《こし》の沼河比賣《ぬなかはひめ》を妃とされたと云ふ傳說などに思ひ合はされ、又伊弉册神《いざなみ》が古志人《こしびと》を率ゐて出雲の日淵川堤防工事に使役された話や、素盞嗚尊《すさのをのみこと》が高志《こし》の八岐大蛇《やまたのおろち》を退治された事などに合はされて、古志人《こしびと》とはアイヌ系統の民族なりとされるやうになつ

高志人

た、喜田博士も亦左の如く言はれてゐる、

アイヌ系統の民族は、我が古傳說に高志人《こしびと》の名を以て現はれてゐるものである、是はもと專ら北陸方面の住民のことを呼んだ名稱であらうが、歷史上には一般にそれをカイ(蝦夷)と云つて居る、蓋し今も樺太アイヌをクイと云ひ、千島アイヌをクシと云ふ樣に、コシも、カイも、もと同じ語から起つたもので、同一の民族を示したのであらう………尙我が神話には少彥名神が大國主の國土經營に協力したことを云つて居るが、其の少彥名神を一にクシの神と呼んだ事又此の神の出處進退の極めて奇怪なる事、或は當初此の神を見露はしたものが久延毘古《くえひこ》即ちクエの男子であるといふ事などから、此の神の傳說はアイヌ族が大國主神の國土經營に與つた事を示したものだと解せられるのであつて、所謂出雲民族の中にも既に早く此の民族が少からず混じて居たことを示したものと思はれる（日鮮兩民族同源論）

右博士の言に異議あるわけではないが、韓土にも亦クシ又はコシの地名が、廣き部面に多くあつたことを考慮せねばならぬ、日韓上古史裏面が三國史記地理志より指摘せる所を見るに左の如し（節錄して大意を抄す）

韓國の古志

○居知火縣《コシパル》　高麗梁州の屬縣にして古の歃良州

○居深山郡《コシ》　東萊郡の前稱にして古の居柴(コシ)山國

是れ釜山一帶の原地名コシたりしなり高麗の梁州は今の梁山にして釜山の北十數里。又東萊郡は釜山・機張・東萊を兼ねたり

○屈自《クシ》郡今の昌原府。高麗義安郡の前名

○古自《コシ》郡今の固城にして鎭海灣内に在り。高麗固城郡の前名

○巨濟《コシ》郡海中の島なり。高麗文武王初めて裳郡を置く、敬德王改めて巨濟郡と爲す、蓋古稱に復せるなり

是れ金海・馬山浦一帶の地方も亦コシてう原稱を有せり

○居戸《コシ》州高麗晋州の前稱なり、領縣二つ、曰く嘉壽(カシ)縣は本の加主火(カシバル)縣。曰く屈材(クシ)縣。蓋加主、屈材共にコシの轉音

○加陁《コシ》兮縣本と大加耶國の地。高麗之を高麗郡の新復縣となす

○居昌《コシ》郡本の居烈郡、或は云ふ居陁(コシ)。領縣の咸陰縣は本の加召(カシ)縣

○古陁耶《コシヤ》郡尙州古昌郡の前稱

○古戸《コシ》山郡管城郡の前稱

○闕支《クシ》郡闕城郡の前稱

○仇自《クシ》部曲獐山郡餘糧縣

以上はコシが新羅否な任那・加羅の舊都に在りしものなり、更に百濟の舊版圖に入れば此の地名は益多し、

○古戸《コシ》伊縣　○古眇《コシ》夫里夫里は火(ハル)と同く原(ハラ)の義なり古沙夫里とも書す、今の古阜　○加知奈《カシナ》縣

○古西伊《コシイ》縣　○黄述《コシ》縣　○居知《コシ》山縣居一に屈に作る　○仇次禮《クシ》縣
○菓支《カシ》縣　○屈支《クシ》縣

又其の大木岳郡の仇知《クシ》縣今の全義に至っては、忠清道公州以北に位置す、是れ殆ど百濟任那の舊地擧てコシと謂ふも可なり、日本紀繼體天皇の卷に、毛野臣《けねのおみ》が久斯牟羅に邸宅を起せりといふは安羅國にして今の馬山浦西方咸安郡附近に在り、此のクシは即コシと同音なり云云

是の如くなれば、出雲神話を讀む者、高志《こし》の名を取って、どれもこれも北陸の越《こし》に引寄せ、考を狹くしてはならぬ、倘ほ魏志に見れば、馬韓に伯濟《クシ》國・狗素《クシ》國・臼斯烏旦《クシウト》國あり、辰韓に勤耆《クシ》國あり、弁辰に古資彌凍《コシミト》國・古淳是《コシセ》國等がある、されば我か北陸を汎稱的にコシと呼べることの漠然なるに似ず、韓土の方は國郡的に且つ具體的に其名が顯然し居たのであれば、更に其の古に溯れば、一様にコシと概稱されて居たとされる、從って諸冊二尊《いざなぎいざなみ》が越洲《こしのしま》を生めりと云ふ我が神代史の奥には京畿忠清以南の全半島を掩へるコシの稱呼が反映し居たとされやう、是れ怪むに足らぬことで、日韓上古地名相通の上より然かあらねばならぬことである、

諸冊二尊の生める越洲《こしのしま》を、我が北陸の越《こし》とするは、理窟に合はぬことのあって、古來學者の惑ふ所である、通證に曰く○今按するに、夫れ水の其の外を繞る之を洲と謂ふ、則八洲は各應に別の島なるべく、恐くは陸續きの地を分って二洲と爲さざるべきなり、今や越洲は既に秋津洲

本州の中に接す越が本州の中に在つて別島ならざるをいふ且つ角鹿《つぬか》敦賀の阪を踰ゆるを以て名と爲すとは越をコシと云ふは、行人必此の阪を踰て入る故に斯く名づけたりとの說あり倶に疑ふ可しと爲す、或は謂ふ北越地方は山嶽重阻にして其初め通ひ難かりしかば、故に堺限を立て亦此の名を得たるなりと本州の內にはあれど別に越州と名けたるなりと蓋し蝦夷は初めて景行紀に見え而して齊明紀に之を渡島と謂ふ、此島は古より我邦に屬して外國ならざるも、或は內附し或は背叛すること固に其の常なれば、紀中紀は日本書紀動《やや》もすれば隼人・蝦夷と並稱す、蓋し國の西戎東夷を謂ふなり、是に因りて之を觀れば、北陸五國は則ち固より秋津洲の中なれば、ここに越洲と謂ふ所のものは、疑ふらくは今の毛人《えぞ》島ならん歟、渡島の名義亦相近しヲシとコシと名義相近し蓋奥羽三越は其の往來して以て用を取る所蝦人の往來し貿易する所故に後世三越の地も亦此の名コシの名を得たるもの、猶ほ安房の阿波より出たるがごとく然るのみ原漢文

故に二尊の生める越州を今の北陸道とするは理に於て叶はざる所あり、されば云つて今の北海道とするは、我が上代人の見聞範圍よくそこに及べるや否やを疑はしむ、韓士ならば當に其の見聞範圍內に在つたとされ易い、而して其の名義の因を山越《やまこし》のコシとするは固より信《う》け難く、大八洲圖說序には、

西方に筑紫《つくし》あるは陽光の盡《つく》る意なり、北東隅に越《こし》あるは春陽の來《こ》す義なり原漢文

とあつて、流石に一家の言なれど、ツクシとコシとにそれ程の距離があるわけでもない、想ふに

高千穗のクシフル。九州のツクシ。加羅のクシ峯。新羅のチクシ嶺。古韓のコシ及びクシ。北陸のコシ等總て是れ同語で、日韓古地名共通の表現と見て然るべきであらう、出雲風土記の高志之都都《こしのつつ》之三崎《のみさき》亦それであらねばならぬ。

北海道の釧路《くしろ》・クシンコタン等、アイヌ語にクシあるは知れたことなれど、之を考へる者は、其の思辨の幹を上來所說の間に置いて而して審かに稽查するを要する、アイヌ族に其の語あればとて、直にそれを本としては、或は恐る一寸の差遂に千里の謬を致さんことを。

高千穗のクシフル峯は、一に高千穗の添山峯《そほりのやまたけ》とあつて、一つの山に二つの名ある如くとれるが喜田博士の考證に從へば、クシフル峯は久住山となつて今も其名を有し、ソホリ山は祖母嶽となつて亦其の名を留めて居る、乃ち二山の名で一山の名でないとされる、其の久住《くし》と韓の古地名との關係は既に述べた通であるが、祖母《そほり》も亦韓と相通の詞であつて、考古學上頗る興味のそそられるものである、これと共に素盞嗚尊の降りゐましたと云ふ曾尸茂梨《そしもり》が、亦興味濃かな研究事である。

日本書紀の一書に曰く、是時素盞嗚尊。帥二其子五十猛《いたき》神一。降二到於新羅國一。居二曾尸茂梨《そしもり》之處一新羅は後世の稱を。古に反用せるなり書紀通證に正通曰く、曾尸茂梨之處とは荒芒之地にして猶ほ膂宍之空國《そしじのむなくに》と言ふが如き也。兼良曰く、新羅に在るの地名、或は曰ふ人の名と未だ詳かならず。荒井氏謂ふ、茂梨は神祉の謂ひ也。見林曰く、高麗の曲に蘇志摩利あり、蓋素盞嗚尊の作る所の樂なり、遺音載せて仁智要錄に在り、今按するに、曾て其の舞圖を閲せしに、蓑笠を着けて以て屈折す、蓋し素尊の流離辛苦の體を模せるなり云云

舊說概ねかくの如くであつたが、八坂社舊記集錄建内繁繼著に。韓語に牛をソシと呼び原註に云ふ又約めてソイとも云頭をモリと云ふ、ソシモリは韓國樂浪にある地名にて、其の山より出でたる地の名なり。と出でてから、學者之に同ずる者頗る多く、爾後殆ど定說の如くなつて、東國輿地勝覽江原道の條に。春川都護府距㆓京都㆒二百五里本《もと》貊國。新羅善德王六年。爲㆓牛首州㆒首一作㆑頭。置㆓郡主㆒。牛頭山在㆓府北㆒十三里。とあるに合はせて曾尸茂梨を其處なりとするに畧一致したが、しかし吉田東伍氏は慶尙道の牛頭山とし、星野博士は江原道春川とする如き相違はある、又ソシモリの釋義に就ても多少の相違があつて、普通ソシモリの四音を牛頭とすれど、皇大神宮史中村德五郎氏著大正十年發刊には。曾尸の二音を牛頭とし、茂梨を邦語の村に同じとしてある、處へ近頃刊行された朝鮮史話に左の如き新說が著はれた。

我が古語の研究の外には頭に何もなかつた時代の人は、ソシモリは脊肉守《ソシシモリ》の義で、瘠土の一守疆をいふなどゝ、無理な解釋をする向もあつたが、朝鮮の言葉に着目するやうになつてから、その解釋が巧みになつた。ソといふのは朝鮮の言葉に牛のこと、モリといふのは頭のことである。そこでソモリは牛頭といふ地名で、牛頭山は樂浪にあるといひ出した。故星野博士は、牛頭は新羅の牛頭州、即ち今の春川府であるといはれ、張志淵は春川を樂浪郡の屬縣の昭明縣で

あると斷じ、昭明か即ち牛頭であると説いてゐる、かやうにして、ソシモリは春川であるといふのが、殆ど定説にならうとした、自分は初めからこれを疑つた。さうして第一に奇と思つたのは、曾尸茂梨之處とある「之處」の二字である。もし純然たる地名ならば、ソシモリ山といふか、または單にソシモリだけでもよいではないか。それに「之處」といふ二字が附けてあるのはどういふ譯かと思つていろ〳〵に考へて見た。そうして結局ソシモリは都府をさしたので、曾尸茂梨之處とは、都會のある處といふ意味に相違ないと斷定してこの説を發表するに至つた。

博士はかく前提して。ソシモリのシを助字なりと言はれ（曰はく、日本の本土でも、昔からシの助字を用ひて居るが、朝鮮でも其の通りで、それに漢字の叱の字をあてて、助字だと斷つてあるのは、龍飛御天歌に證據がある、叱の字でも尸の字でも、どの字をあててもよい云云）新羅の徐羅伐國または徐伐國は。蘇伐も徐伐も同じことで、共にソボルと發音したるもの。またブルとも、モルともいひ、我が國語のムラと同語で、人の集つてゐる處であることは既に定説となつてゐると説かれ。今日京城をソウルと言ふもソボルの轉訛なりとされ。而して曰ふ

日本書記の一書に高千穗《タカチホノ》添山《ソホリノヤマ》峯《タケ》と記るし、註に添山、此云曾褒里能耶麻《ソホリノヤマ》。とわざ〳〵ことわつてある、なるほどこのソホリは都で、尊《みこと》が高千穗にお降りになつたのを、萬民が慕ひ奉り遠近から子のやうに集つて來て、こゝを都とあがめたことが想像せられる、さてそれが古事記には、日向之高千穗之久士布流多氣《クシフルタケ》となつて居る、シは相變らず助字である、クはコと同じく

大の義フルはブルともボルともホルともモルともなつて、ムラと同語源であるから、クフルは大聚落即ち都の意味で、ソホリと全然同義であつたことがわかる、高千穂もまたその都のことを尊んで申上げた地名と恐察される、何となれば、穂は火と同音で、ホともホルともブルともなる、これを聚落の意味に當てゝあるのは朝鮮にも普通なことである。して見ると千穂は大聚落の義で、それに猶ほ高といふ尊稱を冠してあるから、まさしく都城をあがめ奉つた意義と推定せられるからである（大意抄錄）

博士の所說はいかにも新論で敬聽に値するが、要するに韓語ソボル（人の集つて居る處ムラ、京城等の義）を取つて素尊の曾尸茂梨《ソシモリ》をも、高千穂の添山《ソホリノヤマ》をも、久士布流《クシフル》嶽《タケ》をも、千穂をも、一貫して解說せられ、總べてを都城の義とされたのである、クシフルのシが助詞なるは、予も場合に依つてはしか思ふ、されどクシフルのクシは前に擧げた如く、古韓に廣く分布されてゐたクシ又はコシの地名に相關するものありとする考から、そのシを悉く助詞とするに從ひ難い（高千穂の解釋にも亦不幸にして從ひ得ぬ）ソシモリに就ては別に一の考を有し居る。

東族古傳に長白山を語つて秦率母理《スサモリ》之京と言つて居る（第三卷第十五章に見てよ）それは古代大陸族が神祖とあがめた順瑳檀彌固《すさなみこ》の天降之處といふわけで此の名があつたのである、乃ち秦率《スサ》は須瑳《すさ》にて神名。母理《モリ》は天降《あもり》のモリ。と解される、此の古傳は實に不思議なもので、其の謂はゆる秦率母理《スサモリ》は曾《ソ》

秦率母理《スサモリ》

尸茂梨《シモリ》の同語の如く訓める、即ちスサとソシとは佐行音中の叶轉なのである、恐くは我が古典の謂はゆるソシモリ之處は、大陸族の謂はゆるスサモリ之京に一致した思辨のものであつたのであらう、するとソシモリのソシは素盞《すさ》の叶轉であつて、其のモリは舊說の如き頭の義でなく又新說の如きソボルの義でなく、我が古言天降《もり》の義とされやう、然らざればソシモリは齋勤《いそし》杜《もり》の義であらう、杜は神社の義である、此等の釋義は古代神話が日韓に共通であつたことが確められて後始めて得られるのであつて、單に言詞の類似のみを將つて判じ得られることでない、猶稽ふべきも姑く此の解を支持して大方の敎を希はんと欲するのである。

右いづれにしても博士の新說に従へば尙更 地名・山名及び聚落の稱が、日韓の間に相通じ居たことを證明するものである、又書紀一書に

素盞嗚尊。居㆓熊成峯《くまなりのみね》㆒。而遂入《いり》㆓於根國《ねのくに》㆒者矣《ましき》。

とあるを、書紀通證には熊成峯を出雲に在りと爲し、杵築と松江との間に高く聳ゆる鰐淵山をそれなりと謂へるも、靖方溯源には

熊成峯は久麻那利と訓し。又熊川書紀繼體紀に毛野臣次㆓于熊川㆒熊津と稱し、東國輿地勝覽に。公州牧。本百濟熊川。文周王自㆓北漢山㆒徙都㆑之。唐與㆓新羅㆒。攻滅㆓百濟㆒。置㆓熊津都督府㆒。とあり、本居宣長は紀伊熊野山と爲せども、其徵據明證ならず云云

とあるが、朝鮮史話には左の如くある。

故星野博士は任那の熊川峰であると主張された、任那の熊川峯は後ち百濟に賜つて遂に都となつたところで、今日の忠清道の公州である。いかにも川のことを朝鮮でナルといふから、熊川をクマナリにあてられたことは一理がある、然し自分は、また別の意見を持つてゐる。

薺浦鎭海灣内の東北に能神峴といふ阪があつて、こゝを越えると直ちに熊川府に着く、この間僅に半里に過ぎない。そこで自分は、この熊川府こそ素盞嗚尊のおいでになつたところであると思ふ。東國輿地勝覽によると、この李朝の熊川縣は、新羅のむかし熊只縣といひ、新羅の景德王の時、熊神縣に改めたとある、何れにしても熊の字は古今一貫してゐる。むかし熊川と書いてないから、クマナルといふ筈がないと論ずることは出來ない、ナルは必しも川の意ばかりでなく船着き場をもいふから、クマナルを熊の津といふ意味に解しても差支ない、クマとは何のことかと云ふに、クは大の義で、マはマルのつづまつた音であるから、やはりコマと同じく人の多く集つてゐるところを指したのである。金海が任那の都府となる前には、恐らく熊川がこの邊の大都會で素盞嗚尊も、ここを目當てに御出でになつたのであらう云云大意節錄

いかにも明解にて敬服されるが、但コマは大陸族の太古神話に淵源した名で神に緣故ある稱と思へども、其の説明は後卷に讓り、而して考ふるに、古韓の熊川と相通ずる名は、筑紫に球磨郡あり

球磨川あり、また熊本の市もある、また出雲にも紀伊にも熊野の神域があり。兵庫縣に神代《クマシロ》村・神《クマ》稻《シネ》鄕。長野縣に神稻《クマシロ》村などあつて、クマは多く神を意義し居る、其の他熊の字のつく山名地名等を日韓の雙方から搜し出したら幾何あるか分らぬ、是れ亦地名の相通を語るものであらう、其他新羅の吐含《タカム》山は日本に多くある高見《たかみ》山と同じ稱呼なるべく、斯かることをここに詮索しはじめては、限りのないことなれば姑く措き章を更へることにする。

因に云ふ、東族古傳に日孫を傳し、その號を辰沄繾翅《しうくし》報《ふ》と爲し、その義を東大國皇《しうくしふ》と疏解し、且つ神子神孫四方に國する者國を辰沄繾《しうく》東大國と稱したとある、幷に神統を嗣いで東溟に顯はるゝ者を阿辰沄須《あしむす》氏と爲すと言ひ、我が日本をも籠めた傳の如く讀める第三卷第三章乃至五章に見てよ果して我國をも籠めての大陸上代の古傳ならば、之に就ての何等かの徵證が我に現はれなくてはならぬ、尤も阿辰沄須《あしむす》氏に就ては產靈《むすひ》の神に思ひ合はされる事のありもすれど後卷に述ぶ辰沄繾翅報《しうくしふ》といふ成語に就ては、未だこれぞとの思ひ當りもなく、數年來あれかこれかと探りたれど、今だに猶徒勞のみである、この頃に至り始て右シウクシフのシをチにかへて讀むで見た、シとチとは古代叶音なるに由る前章に略說し置いた乃ち辰《シ》字をチ音に讀むで見ると辰沄繾翅報《チウクシフ》の中に自ら筑紫《チクシ》（辰《チ》繾翅《シ》）の音が浮びて聞ゆる、そして其の義は東國皇の意に解され、古代共通神話の所有者が、西方大陸より我が筑紫を想望して、擬定したる神靈の尊稱とされる、またその辰《チ》を報《ホ》につけてホ《フ》は叶音と讀む時は其の音千穗《チホ》に叶ふ、其の義は東大靈である、假に之に從へば高千《たかち》穗《ほ》之《の》槵觸《くしふる》之《の》峯《たけ》は高《タカ》無上の尊位辰報《チホ》東大靈の繾翅《クシ》國君振るの峯《タケ》と訓める、そして其のクシは國君の義なるも其の義は異靈《クシ》の意にかよふ、但し東をシ或はチと呼ぶこと我が古訓に見えず、只東族の大陸古傳にのみ辰沄《しう》を東大《シウ》としてゐるのであれば、遽に我が古言中に挿入して其の義とは爲し難く、東風をコチとは言へど、それとこれとは別なれば、以て東の方位稱とはされない、これ等の憾はあれど、更に猶よく考證を費すだけの價値はあらう、又千穗《ちほ》は群峯の秀でたるさま嘉禾の穗のやうなるに比しての稱へなりとは、よく聞えた解なれば、之を辰報《チホ》(東大靈)の義と謂つても容らるべきではないが、千穗を嘉禾の穗の狀《さま》と言つてしまへば只是れ形容詞で、實格のありがた味はそれ程に覺えぬ、東大靈とすれば尊格の實威なるを考へて欲しい、若單に我が神話を我れだけの事に狹く守つて濟してゐるのには、從來の解き方で不足はない、されど廣く大陸に渉つて古代神話の彼我共通を味はんとならば、亦それだけの考を要しやう、假令へば筑紫の音義の如き、夙に上代から聞えてゐる名なるに、今に至るまで何の義とも終に判らぬのは、上代の傳を失つたからであらう、蓋それは韓土のチクシ或はクシ・コシと本と同義であつたに違ひない、想ふに韓土のは大陸神話の辰繾翅《チクシ》東大國君靈又は繾翅《クシ》國君の遺稱なるべく、信仰からは神の坐《ゐま》す處の義、實觀からは國君の坐《ゐま》す地と言つたのが、後世に許多の地名となつて長く保存されたものと思ふ、日韓地名相通の中には、深邃にして且偉大なる者猶も潛み居るらしい。而して辰繾翅《チクシ》のチを本に反してシ音に讀めば肅愼《シクシン》に叶ふ、肅愼といへば後世の挹婁族を以て考へらるることに爲つたが本來はその樣な野蠻の稱でなく、東族宗家の美號であつたのである、即ち東大族神話の辰沄翅《しうし》報《ふ》東大君靈の義を體した肅愼《シウシフ》である、されば其の稱呼が我にもあつて、筑紫《シウシ》の名下シチ相通クウ同叶にそれが潛在すと思惟さるべき理由がある。韓土も本は肅愼（神話の辰沄翅《しうし》報《ふ》）であつて、古代に於けるシチの通音を以てせば、肅愼《シウシン》・朝鮮《シウシン》は本と同稱である。

第五章　韓の王統は概ね日本に存す

既に古代に於ける日韓言語の同一と其の地名の相通とが、今も猶能く吾人に意識される以上、この同一言語をもてる古代人は、必其の相通の地名上に隔意なき親交をもつて居たとされやう、この相互の親交は明かに我が出雲神話の上に現はれてあれど、凡そ神話として取扱はれる古傳は、それが眞正の史實であつたにしても、看る人、聞く人の心の向けやうで、荒誕とも不稽とも取られ易いのであれば、成らば有史以後に於ける事實の下より推して、其の古を立證するの捷徑なるに如かぬ、それには天日槍《あめのひほこ》族と我が大和族との情意投合、若くは反撥を觀るのが、有史以後に於ける隨一の立證であらう。

第一節　日《ひ》槍《ほこ》族多《た》遲《ぢ》摩《ま》氏

日槍族の本系なる多遲摩氏は、神功皇后の御母公にわたらせらるゝ高額姫《たかぬかひめ》の實家《おさと》である、此の姫《ひめ》命《みこと》は息長宿禰《おきながすくね》王（開化天皇の曾孫）に嫁せられて王妃となり、而して生みたまへるは、息長足姫《おきながたらしひめ》にて、仲哀天皇の皇后に冊立せられ、遂に天位を攝したまふに至り、謚して神功皇后と申すのである、古事記によるに日槍族の本系は

日槍系但馬氏の族譜

○第一世　天日槍

但馬國に居て、多遲摩之俣尾《たぢまのまたを》が女、前津見《さきつみ》を娶り多遲摩母呂須玖《たぢまもろすく》を生む

○第二世　多遲摩母呂須玖《たぢまもろすく》（書紀には但馬諸助とある、神名帳の但馬國出石郡諸杉神社は、これを祭つた社である）

○第三世　多遲摩斐泥《たぢまひね》（母呂須玖の子）

○第四世　多遲摩比那良岐《たぢまひならき》（斐泥の子なり一に日楢杵（ヒナラギ）に作る）

○第五世　多遲摩毛理《たぢまもり》（比那良岐の子なり、書紀には田道間守（タヂマモリ）に作り、淸彥の子と爲す）

毛理は垂仁天皇の朝に常世國《とこよのくに》へ非時香菓《ときじくのかくのこのみ》を取りに赴き、天皇の崩後に歸朝して、陵前に叫《お》哭《らび》て死す。

神功皇后の御母

○第六世　多遲摩比多訶《たぢまひたか》比那良岐の子毛理の弟
姪由良度美《ゆらどみ》を娶りて葛城之高額比賣命《かつらきのたかねかひめのみこと》神功皇后の御母を生む

○第七世　淸日子《すがひこ》比那良岐の子、比多訶の弟
當摩《たぎま》大和國の咩斐《めひ》を娶りて酢鹿之諸男《すがのもろを》及び菅竈由良度美《すがまゆらどみ》度美は度賣（トメ）又は斗辨（トベ）にて女性の稱とすこの由良度美は第六世比多訶の姪にして其の妻と爲り而して神功皇后の御母を生むだのであれば、皇后の外祖母に當るのである

○第八世　酢賀之諸男《すかのもろを》

神功皇后の御實家を天日槍の家筋といふは、右の血緣關係からであるが、實は皇后の御母の實家がさうなのであつて、皇后は開化天皇の曾孫息長宿禰王の三女である、しかし母君が日槍家から出られたのであれば、其の家筋には特に優偓な覺召を加へさせ給へるやに見受けられる、一例は古事記に

かれ建内宿禰命《たけしうちのすくねのみこと》其の太子應神天皇を率ゐて禊《みそぎ》せむとして、淡海《あふみ》及若狹國を經歷し時に、高志前《こしのさき》の角鹿《つねが》敦賀に假宮を造りて座《ま》す、爾《かれ》そこに座す伊奢沙和氣大神之命《いささわけおほかみのみこと》夜の夢に見《み》えて。吾が名を御子の御名に易《かへ》まく欲《ほ》し。と云《の》りたまひき、云々、

皇后の御祖母

伴信友の考證に依れば、右イササワケの神といふは、皇后の御祖母にして、太子には外戚の御曾祖母に當る菅竈由良度美《すがまゆらとみ》姫前出淸日子の女なるべし、とのことである、其の說に曰ふ。

然か思はるゝ由は、其遠祖天日槍はじめ當國若狹に逗住《とどまり》たりつる所縁《ゆかり》にて、由良度美姫この菅濱わたりに住て、地名をもて菅竈と名にも負給たりけむ、さるは上に擧たる如く、日槍が子多遲《タヂ》摩母呂須玖《マモロスク》より、其住處の但馬の地名を名に負て、世々多遲摩某と稱《イ》ひ、多遲摩毛理が三男を淸日子、其子を酢鹿之諸男、次に妹菅竈由良度美と稱ひて、皆須賀といふ言を名に負ひたるを准《かんが》へ按《おも》ふに、須賀は菅濱のもとよりの地名にて、菅濱はその海邊をいへるが、後に里の名をも菅濱と呼べるなるべし、淸彥《スガヒコ》その須賀に住たりしが、又由ありて名にも負ひ、その男女の子の名にも負ひたるなるべし、但し由良度美の名に冠《カケ》たる菅竈《スガマ》は菅濱の約まれなるべし、云云。かの御禊《ミソギ》しに、皇后の由縁《ミユカリ》に依れる、この菅濱を撰び御禊し給ひて、さて敦賀の假宮には入ませるなるべし、云云

日槍が住《トドマ》りし近江若狹の跡處につけたる御由縁《ミユカリ》を、おもほしめす由ありて、當國にしては、御母かたの菅竈由良度美姫を祭り給ひけむと察《オモ》ひ奉らるるなり、さらば御祖母よりも近き高額比賣《タカヌカヒメ》をこそ祭り給ふべけれとも云はむか、其は御母ノ命、いまだ世に座《マ》したるにもあるべく、さらでも故ありて、殊さらに御祖母を祭り給ふべくおもほせる由ありての御事なるべし云々大意抄錄

是にて皇后と日槍族との御親しみの大概《おほむね》は推し測られ、御祖母を神とし祭り給へる由も知らるゝ、

日槍歸化の年代

さて日槍の歸化年代に就ては諸說紛々であるが、日本書紀には、垂仁天皇三年春三月の條に、

新羅王之子。天日槍來朝焉。

とありて、其もち來れる七物《ななくさ》を、但馬國に藏めて常に神物《かむだから》と爲したる由を記し、又同天皇八十八年秋七月の條に

群卿に詔して曰。朕聞く新羅の王子天日槍初めて來れるの時に、將《モ》ち來れる寶物、今在二但馬國一、元《モト》國人に貴はれて、則ち神寶と爲れるなり、朕其の寶物を見まく欲すと。即日使者を遣はし天日槍の曾孫淸彥《スガヒコ》に詔して、獻せしむ。昔一人あり艇に乘りて但馬國に泊す、因つて問ふて曰く、汝は何國の人なりや、對へて曰く、新羅の王子にして名を天日槍と曰ふと、則但馬國に留り其の國の前津耳《サキツミミ》の女麻拖能烏《マタノヲ》を娶りて但馬諸助を生む、是淸房の祖父なり云云

乃ち天皇は御一代であるのに、日槍家はこの御一代のうちに早くも四世の曾孫となつてゐる、又同天皇九十九年の條に秋七月天皇崩ずと書し、翌年春三月田道間守《たぢまもり》常世國より還り、天皇の陵に向ひ叫哭して自ら死すと記してある、この田道間守は古事記によれば日槍の玄孫なれば、日槍は垂仁天皇朝よりも遙に古い時代の人であらねばならぬとは、學界の所見である、然るに日韓上古史裏面の著者は之に抗して左の如く辨じてゐる。

帝垂仁天皇の十二年又は其の明年諸助《モロスク》日槍の子出生とし、諸助二十五歲にして日楢杵《ヒナラキ》を生み、日楢杵又二十五歲にして淸房《スカヒコ》を生むとせば、帝の八十八年には淸彥既に二十七歲原註に云ふ帝の十三年に諸助出生としてに達すべ

播摩風土記の日槍

し、帝の一世に彼等曾孫に至る又何をか怪まんや云々

これも亦聞えなくは無い、只不審なるは播摩風土記にして、日槍の來朝を以て出雲神政の初期に於ける大國主國造《くにつくり》の時に在りと爲してあるのである、之に就き本居宣長〔和歌の浦鶴〕の曰ふ

天日槍のこと、神代大國主の御時のことなるべし、それをこゝに〔書紀垂仁天皇の八十八年の條を指す〕その曾孫清彦といひ、昔云々といひて日矛《ヒボコ》のことをいへるに、此の御世の三年三月に來朝とかけるはあはず、三年よりことしまで八十六年なり、此の地へ來りて子をなせるに、早く曾孫にいたれるは、かたへの世繼とあひがたし、又此の記三年にもこゝにも、神寶の名をかさねて記せるはいかがなり、もしは三年の文は後人のさかしらに加へたるかともおぼし、とにかくに、此の日矛のつたへはいにしへより早くまぎらはしく、その來たれる世をしりがたけらし云々〔大意抄録〕

近頃の學界は概して神代説に傾き居れるが、播摩風土記も亦荒誕なるを免れぬ、該記揖保郡の條に曰はく

天日槍命。從《ヨリ》二韓國《カラクニ》一渡來《ワタリキテ》。到リ二於宇頭《ウヅ》川ノ底《カワホトリニ》一（而《テ》乞《コフヲ》二宿處《ヤドリ》於《ヲ》葦原志擧乎命《アシハラノシコヲノミコトニ》一〔大國主の別命〕曰《マヲサク》。汝爲《イマシタリ》二國王一。欲レ得二吾所宿之處一。志擧《シコ》〔貶して單にシコと云ふ留意を要す〕即許二海中一。爾時《ソノトキ》客神以レ劍攪《カキ》二海水《ウシホヲ》一而宿之《テヤドリマシキ》。主神即畏《カシコミ》二客神之盛行《ミイヅヲ》一〔即稜威なり〕而先欲《ス》レ占《アタヘント》レ國《ヲ》。

右謂ふ宇頭《ウヅ》川は今の揖保《イイホ》川にて上流を宍粟《シサハ》川といふ。その宍粟郡の條に曰ふ、

奪谷《ウバヒタニ》。葦原志許乎命《アシハラシコヲノミコト》與ニ天日槍一。二神相ニ奪此谷一。故曰ニ奪谷一。

又神崎郡の部に曰ふ。

糠岡《ヌカオカ》者。伊和大神《イワノオホカミ》與ニ日槍命一。二神各發レ軍相戰。爾時大神之軍。集而舂稻之《イネヲツクトキ》。其糠聚爲レ丘。

伊和大神は是亦大國主の異名

天日槍命ノ軍在《イノサ》ニ八千《ヤチチ》一。故曰ニ八千軍野《ヤチクサヌ》一。

右戰の結果は同風土記に云ふ

葦原志許乎命與ニ天日槍命一。各以ニ黑葛《ツヅラ》三條一。著足投之《アシニツケテナゲキ》。天日槍命之黑葛《ツヅラ》。皆落ニ於但馬國一。故占《シメテ》ニ但馬伊都志地《イツシチ》一。而居レ之。

兵略要地に日槍族配置

かくの如く播磨風土記は荒誕のものであるが、この荒誕のうちより、大和朝廷の兵要配備に關する或る重大意義の史實が發見される、つまり日槍の來歸が神代に非ざる事と、我が大和朝廷の經綸とが此のうちより證明されるのであるのに、古來學界の諸先達が絶えて之に心づかざりしは、どうしたことか、なぜと申すに、日槍族を但馬若狹近江に配置したのは、當代の大和朝廷が出雲族と古志族との勢力中斷を行へる極めて有意義の事なるに由る、珍らしくも近頃大正十四年三月刊行の日本國誌資料叢書太田亮著に、

出雲族について、此地方但馬に入つた氏族は日槍族であらう、もと新羅から歸化したと傳へられ

るが、早く九州に移住し、朝命をうけて（原註にいふ當時朝廷は九州にあつた）出雲神族の勢力を中斷する爲に播摩を經て但馬に入り、また山城を經て近江などの地に勢力を得たらしく觀察される。此國にも（丹波を指す）勢力を及ぼした事は書紀垂仁卷一書に。天日槍云々、自二近江一經二若狹國一西到二但馬國一則定二住處一也。とある事から推測する事が出來る、桑田郡・加佐郡等の三宅神社は、此族なる三宅連と關係があらうか。

とあるは蓋當代の眞相を得たものであらう、（當時朝廷を九州にあつたとするは從ひ難しとするも日槍族を以て出雲勢力の中斷と爲せるは卓見である）之と相待つて闡明を要するは、日槍の妻麻拕烏《またを》の實家前津耳《さきつみみ》氏の家系である、この氏族の舊跡はほゞ左の如く推定される

但馬國養父《やぶ》郡の佐伎都比古阿流知命《さきつひこあるじのみこと》神社（延喜式神名卷の下に見ゆ）は、先鋒將軍主人命《サキツヒコアルジのみこと》と訓め、先鋒上將軍の義に取れる、蓋前津耳《さきつみみ》氏が負へる大任の名であらう、又その氏族稱を著はせる舊蹟としては、同國城崎郡に耳井《みみゐ》神社（耳居の義にて耳氏鎭守の處）あり、また若狹國三方郡に彌美《みみ》神社がある、蓋し耳は御體《ミミ》の義で、俗に御前樣と云ふやうな敬稱であつたらう、なほ出石郡（但馬）に佐佐伎《さゝき》神社あり、蒲生郡（近江）に沙沙貴《さゝき》神社あるも亦前津耳氏に由緣《ゆかり》あるべしと思はれる。

なにしても大豪族である、この豪族が當該地方に占據した最始は、容易に知り難きも、神武天皇の朝に內物部《うちもののべ》（近衞兵）を掌れる宇麻志麻治命《うましまぢのみこと》から緣をひいて居るのではなからうか、舊事紀に依れば、

大和朝廷の軍港

其の家系中から左のミコト等を知ることを得、

○弟彦湯支命《をとひこゆきのみこと》亦の名木開足尼《きはるきのすくね》　この命は綏靖天皇の御宇に足尼《すくね》の職を奉じて居た者で、其の婦淡海《あふみ》川枯《かはかる》姫は、實家の門地が近江越中に涉つて擴がつて居たものらしく、近江國甲賀郡に川枯神社（神名式に見ゆ）の名を留め、越中國新川郡にも亦川枯の地名（和名抄）を殘して居る。

○弟出石心大使主命《いづしおほみのみこと》　淡海の川枯姫の生める命にて、孝昭天皇の時に著はれ、新河小楯姫を妻とす、この新河は即亦前掲和名抄の越中國新川郡川枯であらう。

想ふに此の出石心大使主命が即但馬の前津耳氏の祖で佐伎都比古阿流知命《さきつひこあるじのみこと》のことであらう、（日韓上古史裏面に據る）而してこの兵略要地の占領は、内治的には出雲と古志の聯絡を斷てるものにして出雲勢力の中斷であり、外征的には大和朝廷の日本海に於ける軍港（若狹敦賀）の確保である、是れ日槍族歸化以前の世の事に屬し、後その歸化を見るや、乃ち其の族をその要地に配置して、以て勢力の充實にあてたのであらうと考へられる、書紀に

天日槍啓して曰ふ、臣が將に住はんとする處、若天恩を垂れて、臣が情願の地を聽したまはゞ臣親しく諸國を經て則ち臣が心に合へるを、欲《ねがは》くは給はらんと、乃之を聽す、是に於て天日槍菟道《うぢ》河より泝り、北のかた近江國吾名《あな》邑に入つて住まり、復更に近江國より若狹國を經（この經は單に通過の意味ならず、暫住の義を存す同國三方郡須可麻神社は日槍の一族を祭ると云）西のかた但馬國に到り則住處を定む、是を以て近江國鏡村谷《はさまの》

陶人《すゑびと》は則天日槍の從人《つかひびと》なり、云々、

宍粟の爭奪戰

右に依れば、但馬に住處を定めたは、任意撰定のやうにあれど、其の時代といへども、各地にはそれぞれ氏族の勢藩があつたのであれば、さういふことの許さるべき道理はない、日槍自ら其の族を率ゐて出雲のおさへを爲さんとの殊勝なる申出を爲し、因つて前津耳氏の勢藩に容れられたとすべきであらう。之と共に考究を要するは、播摩の宍粟《しざは》である。宍粟は但馬・因幡・播摩三國の境上に在る山地にして、大和の皇京より出雲に通ずる街道の一つでもあれば、出雲と勢力を爭ふ當代の場面に在つては、是非之を自己に收める必要がある、それかあらぬか、日槍の傳に此の宍粟がさまざまに物語られてある、就中播摩風土記前出には、出雲の大國主と日槍とが、此の地の爭奪戰を行つたことを記してゐる、談頗る荒誕のやうであるが、或はさういふ事が眞にあつたかも知れぬ、それをあつたとしても決して不自然でない、且つ日槍子孫の顯榮は、大和朝廷を背景にして其の優遇の上に大を爲したのであれば、何かこれには朝廷の優遇を博するだけの大功を樹てたことがあつて、子孫をその大功の基礎の上に据ゑたとしなければならぬ、或はそれが播摩風土記のいふやうな事ではなかつたか、勿論大國主と日槍とを同時代の者と思惟することは出來ないが、該風土記の大國主は出雲族の神であり、日槍は日槍族の神であれば、この兩族の有形若くは心的對抗が即二神の爭である、日槍の方が優つて見ゆるのは、恐らく該風土記所載の傳説が日槍族の口碑より脫胎した爲めであらう。

大和と出雲との其の間柄は、書紀崇神天皇の巻六十年の條に。吉備津《きびつ》彦と武渟《たけね》名《な》河別《かわわけ》とを遣し、出雲《いつも》振根《ふるね》を誅すとある、この時は日槍族既に歸化の後にして但馬に居つたのであれば、蓋亦從軍したであらうと思はれる、古事記同天皇の巻には、

日子坐王《ひこます》をば、旦波國（いまだ丹波丹後の區別あらず）に遣し、玖賀耳之御笠《くがみみのみかさ》を殺さしむ。

といふことがある、この玖賀耳之御笠（古事記原註に此れ人名也とある）日槍の妻の實家なる前津耳本系の者か、或は分家の者か、或は出雲族か判らぬが、大日本地名辭書に據れば、

因幡國岩美郡に陸上《クガミ》（原註にいふ今の東村）がある、玖賀耳は即ち國神の義で、因幡は丹波に連接し、日子坐王の子孫の管治する國である、國神御笠が此の地に住んでゐたので、後世クガミの名が殘つてゐるのであらう 云云

果してさうならば因幡の事に屬するから、出雲族と見た方が近いやうであるが、古事記によれば之を討伐された日子坐王《ひこます》の御子なる室毘古王《むろひこ》を、若狹之耳別《わかさのみみわけ》之祖としてあるので、新なる耳氏が舊の前津耳氏に代つたやうにもある、日槍の子孫が多遲摩《たぢま》を姓として諸助《もろすく》・妻泥《ひね》・比那良岐《ひならぎ》・毛理《もり》・比多《ひた》訶《か》と聯綿相繼ぎ、而して其の次から淸日子《すがひこ》・酢鹿之諸男《すがのもろを》・菅竈由良度美《すがまゆらとみ》（神功皇后の御祖母）など皆須賀《すが》（若狹）を姓とせるは、但馬より若狹へ移轉したやうにあつて、此の移轉は日子坐王の子孫が若狹之耳別に爲られ

たのに聯繫する所あるかと思はれる、そして此の聯繫は、日槍族に於ける不幸なる聯繫では無く、仕合せよき聯繫であつた。と申すは日子坐王は開化天皇の皇子であつて、其の血脈をつがせられた息長宿禰《おきながすくね》王のもとへ。日槍の後裔なる比多訶《ひたか》の女高額媛《むすめたかぬかひめ》があがつて妃となり、そして神功皇后を生みまへらせたるに由る。

第二節　日槍族五十迹手《いとて》氏

日槍の子孫は諸國に繁榮したが、其うちで一異彩を放てるは、筑紫の五十迹手《いとて》である、彼は神功皇后御傳記に

筑紫の伊覩《いと》縣主《あがたぬし》が祖、五十迹手といへるもの、天皇仲哀の幸《いで》ませりと承りて、五百枝賢木《いほえのさかき》を根こしにこじ取り、船の舳艫《ともへ》に立て、上ッ枝に八尺瓊を掛け、中ッ枝に白銅鏡《ますみ》をかけ、下ッ枝に十《と》握劍を掛けて、穴門の引島《ひく》まで參迎《まゐへ》奉りてぞ、これを獻《たてまつ》りける、伊覩は筑前國の怡土郡。宗像郡にも怡土鄕あり、天平勝寳六年怡土城を築かれしこと亦見ゆ

魏志倭傳に伊都國。世有《ヨヨ》レ王。皆統二屬女王國一。とあるを本居宣長解いて曰はく

伊都國は筑前國の怡土郡をいひ、世有レ王とは、仲哀紀に見えたる筑紫の伊覩縣主なるべければ、これさるともがらをも、王といひし證《しるし》也、近き世のからぶみには、今の島津氏をも薩摩王とい

ひ、毛利氏を安藝王、大友氏を豐後王といへるたぐひをも思ふべし（馭戎概言）

後漢書光武本紀に。中元二年春三月○東夷倭奴國王○遣レ使奉獻○とあり、東夷傳に亦。中元二年倭奴國奉レ貢朝賀。使人自稱ニ大夫一。倭國之極南界也。とあるを、神功皇后御傳記に之を解いて曰ふ

天明四年、筑前國那珂郡志賀島人、田を堀りて、漢委《イ》奴《ト》國王と云ふ文ある金印を得たり、委奴國王とは、此の伊都縣主が祖にて、彼の中元二年、我が垂仁天皇八十六年に、皇朝に叛き奉りて竊に漢國に使譯を通はして、此の印をば得たるにぞ有りける（節錄）

この漢に通じて王印を受けたる伊覩縣主の祖とは、仲哀天皇を奉迎した五十《い》迹《と》手《て》の先祖である、五十迹手の奉迎は天皇の八年にあれば、光武中元二年は、百四十三年の昔であつて、其の昔に彼の祖先が、漢の印璽を受けたとされるのである、書記通證に曰ふ

五十迹手。筑前風土記曰。五十迹手奏曰。高麗國意呂山ニ○自レ天降リ來レル日《ヒ》桙《ホコ》之苗裔五十迹手是也。今按。新羅王子天日槍來歸。見ニ崇神紀一。而所ニ將來《モチキタル》一是三種。則五十迹手之所レ奏。蓋有レ所ニ由來一矣。

古今要覽その他の書亦皆以て日槍の裔と爲す、その謂はゆる意《オ》呂《ロ》山は慶尙道蔚山のことならんとの說あり、東國輿地勝覽に、蔚山郡。新羅時。號ニ屈阿火《クアパル》村一。有ニ于弗《ウフル》山祠一。云々と見ゆ、只怪む、播磨・淡路・但馬・若狹・近江等に住居せる日槍の裔は、すべて我が朝に忠勤なるに、獨り筑紫に居住

委奴は果して叛國なりや

せる其の族の者のみ、我が朝に叛きて漢に通じたるはいかに、果して叛いたのかどうか、之を足利義滿の例に看るに、義滿が明の封冊を受けたは、敢て我が朝に叛いて明に附いたと云ふ次第でなく、明をして吾が門地を王と尊ばしめたと誇つた位の程度で、要するに己の誇りにあこがれて名分の辨へを踏みはづしたと評する外なき者である、まして五十迹手《いとて》の時代に於ては、後の漢學者のいふやうな名分の辨へは更になかつたと思ふ、（水戸の學者は安部仲麻呂が唐に在つて名を更へたのを國賊と稱したる程なれば、當時の漢學思想を以てせば、今の外國勳章も亦さう見えやう）譬へば今の外國勳章を胸に掛けると同じやうな考であつたのであらう。故に委奴國王印を受領した一事を以て、我が朝に叛いたとはされない、されどまた藝苑日涉等の所説によれば、

崇神天皇の時、越國の笥飯《ケヒ》浦に意富加羅《おほから》國王の子、船にのり來着して云ふ、嚮に穴戸國に至れるに、國人伊都都比古といふ者、自ら國王といひしが、其のさまを見るに眞の國王と思へず、因つて轉じて此に來れりとあるは、伊都は即伊覩で、下の都の讀は津と同じ語辭（伊都都は伊覩津なりと言ふ意）比古は此に云ふ彥にて男子の美稱。蓋當時伊覩縣主、窃に異心を懷ける歟、其の答ふる所、以て併はせ見る可し。

と論じ居れど、穴門はいふまでもなく長門なれば、當時なほ出雲族の勢藩と知られる、其の勢藩の者が、其の勢藩に王あるを言へるは、怪むに足らぬことであらう、それをなぜ筑紫の五十迹手と爲して見なければならぬか、偶その伊都都比古《イトツヒコ》と五十迹手彥《イトテヒコ》との名が酷似するに由るとする外他に

五十迹手の解

何の徴證もない、五十迹手の爲に千古の寃を哀む。

按ずるに素盞嗚尊の子五十猛《イタキ》命の社を延喜式に韓國伊太氏《カラクニイタテ》神社とし、出雲國意宇郡玉作湯神社と同社に坐すと云ふてある、紀伊國名草・熊野諸郡にも亦伊太氏神社があつて、紀伊續風土記にも素盞嗚尊の御子と爲し、其の韓地より渡來したまへる由を述べてある、即此の伊太氏《イタテ》といふ稱は、五十猛《イタキ》と本と同號なのであらう、これに猛字をあてた爲め、タキ或はタケと讀むことになつたのかも知れない、その社號の伊太氏《イタチ》と筑紫五十迹手《イトテ》とは、其の名の上に、只トとタの轉訛が認められるだけであるから、若しや五十迹手といふ稱號の裡には、韓國より還り筑紫に下り植林されたと云ふ五十猛命即伊太氏神の名が籠つてゐるのではあるまいか、筑紫には必この神の名蹟が存在したに違ひなければ、筑前の怡土郡及び宗像郡の怡土鄕など、其のイトはイタテのタがトに訛《なま》つて傳つたとされもしやう、因つてそれ等の土地を領せる五十迹手《イトテ》氏は、伊太氏神を奉じて神稱を氏とし、テをトと訛つて、それを世々繼承し相傳へたものではあるまいか、其の名の由來を稽へんと欲する者は、上古日本も倭であり、韓も倭であつたことを識らねばならぬ、倭は決して日本だけのことでなく、日韓に共通した上代の族稱なのである、倭を以て日本だけのこととする者、或は筑紫に居た或る種族の名とする者、皆誤れり、其の由は後卷に詳說す、因つて想ふに、五十猛《イタキ》は倭國君《イタキ》タはアガタ(縣)のタと同じで田のこと、大にせば國の義伊太氏《イタテ》は倭國父《イタテ》である、其のテはチの轉音にして、其のチは祖父《オチ》・父《チチ》などのチで、尊敬を意義する詞で

委奴國

伊蘇志

あれば、從つて神名にも多くそれがある、このチがテに轉ずるは父をテテと云ふのでも知れやう、家に在つてはテは父の義であり、國に在つては君のことなれば、伊太氏を倭國君《イタテ》(父)と訓むを、杜撰とのみはされまい。五十迹手《イトテ》も亦さうであつて、タがトに訛つたのであれば、其の義は同じく亦倭國父《イタテ》と思はれるが、トをタの訛にあらずとして訓めば、倭人君《イトテ》(父)であらう、されば委奴《イト》國王とは、倭人君といふことであらうから、必しも伊覩・怡土などの地名に拘泥して解すべきでなからう、近代になつて委奴國を「倭の奴《ナ》の國」と解し、奴《ナ》は儺《ナ》即ち那津《なのつ》今の博多のことなりと謂ひ、殆ど學界の定說とまでなつたやうであるが、元來五十迹手の領域は、怡土郡も宗像の怡土鄉も那津も皆包有して其の上に倭人國《イト》を稱したのであれば、委奴を以て怡土のこととし、或は怡土に非ず儺なりと論ずるは、蓋いづれも淺くはあるまいか、又舊くから五十迹手の手を主の誤とする說もあつて、吉田東伍博士等これに隨ひ、五十迹主《イトヌシ》と訓むでであるが義に於ては結局同じとするも、手をテと訓む上に父・君《テキ》の義があるのであれば、誤とするには及ぶまい、それよりは、書紀仲哀卷に。天皇即美《ホメテ》二。五十迹手二曰二伊蘇志《イソシ》一。故時人號《ナヅケテ》二五十迹手之本土《モトクニヲ》一。曰二伊蘇國《イソクニ》一。今謂二伊覩《イト》一者。訛《ナマレルナリ》也。とあるを詮議して見たい、伊覩は倭人《イト》の義を體せる地名で、文字は違へど支那の文獻にも存する古稱なれば、伊蘇が訛つて伊覩と爲つたといふは、慮の深くない後人の附會なること勿論である、されど天皇が五十迹手をほめて曰はれたと

倭國王帥升

いふ伊蘇志の語は、不思議な處に映現して居る、後漢書倭傳に。安帝永初元年倭國王帥升等、獻二生口百六十人。と見えてあるのがそれであつて、それが倭師升《イソシ》と訓めるのが不思議ではないか、この心づきから、五十迹手《イトテ》を反讀すると五十迹《イソシ》セキの反シとなるも妙、五十《イ》猛命《タキミコト》も亦五十《イソ》を有し居られるも妙、杜氏通典には、帥升を倭面土地《イノミトテ》王師升《ワウソシ》としてあるが、面《ミ》を御《ミ》の美稱として見る時は、倭土地《イトテ》(五十迹手)倭師升《イソシ》(伊蘇志)の併稱に、この美稱がついたものゝやうに取れる、或は五十迹手てふ稱號には倭之御人父《ミトテ》(君)と云つたやうな、美稱がついて居たのではなからうか、伊蘇志をイソシムの義に訓めば彼等が大和朝廷に對して己を稱する遜愼の辭と解されるであらう。

日槍の一族なる五十迹手《イトテ》氏以下伊都氏と略稱すは、日槍が但馬若狹に在つて出雲勢力を中斷し、幷に播磨に在つて宍粟《シサハ》の山地を扼せしと同じ意味に於て、筑前に蟠踞し、出雲勢力を壓したのであらう、我が神代史には、天孫降下の際、出雲をして國讓《くにゆづり》を爲さしめたやうになつて居るが、それは神武東征の際の事後巻に詳述すであつて、天皇が出雲の事代主《ことしろねし》の女五十鈴《いすず》姫を納れて皇后にあそばされたも、その結果と察し奉る所なるも、しかし出雲とは心を許せぬ仲であつた、若も其の勢力が再び三越及信濃を連ねることにもなり、又筑紫に汎濫することともならば、それこそ天下の大事である、景行天皇の朝になつてからも、倭建命《やまとたけのみこと》が出雲建《いづもたける》を討滅されたことなどのあるに思ひ合せなば、それまでの出雲は容易《ただ》ならぬ者と知れやう、之に對する筑紫の戍《まもり》は伊都氏であつた。

伊都氏を叛國扱ひにする學者の頭の中には、卑彌呼《ひみこ》筑紫の大女酋と思惟さるるが存在する、而して其の勢力の掩ふ所、伊都氏の如き皆其の下風に立てりと爲され、大和朝廷の勢力嘗てそこに達せずとの結論を構成しある、古來學者が其の腦裏にしかく畫かける卑彌呼は、筑紫には居ないで、馬韓に居たのである、故に伊都氏を稽へるには、頭の中から卑彌呼を取去るを要す、景行天皇及び日本武尊の筑紫掃清を懷疑する學者も悉く皆その頭のうちに、遠き馬韓の卑彌呼を筑紫に描いてそして國史を妄評し居るのである。

仲哀天皇の八年二年始て豐浦宮に行幸し爾來六年馬關地峽の開鑿に宸襟を勞せられ八年に竣工盛儀を盡して天皇の懿績を慶賀し、天皇の崩後、乃ち皇后の遠征に翼賛せる伊都氏が、皇后の凱旋と共に、寂然聞えざる者となつたは、大なる不思議であらねばならぬ、吉田東伍博士曰く。

鎭西考久米邦武に韓種の伊都と海童國とは同國なりと論斷せり、予はおもへらく、神功征韓の後、いつの頃にや伊都國は亡びて跡絶え、從前その國にて司れる臨津檢察の務も、みな筑紫國造の手に歸せりと思はる云云初め崇神仲哀の際に、さしも强大なる縣主にして、後に聞えずとは快《ト》く亡びたるなり云々日韓古史斷。大意

伊都氏は、神功皇后の外戚なる日槍氏の一族なれば、皇后は特に厚き親みを加へさせたことゝ思

五十迹手氏韓地に移る

皇后の御妹玉妃

ふ、伊都氏も亦その親みに縋り、挺身以て軍に從ひ、大功を樹てたこと丶思ふ、それが聞えずなつたのは、亡びたのではなく、從軍と共に韓地に止り、皇后が置かせられた宮家《みやけ》任那の直接藩屛となつたのであらう、皇后軍を纒めて、凱旋の際何はあれ、彼地に有力なる氏族を是非とも止め置かねばならぬ、伊都氏は此の大任を負ふた者とされる、史書闕けたれば、詳かなる立證は出來がたきも、伴信友の記せる左の文の如きは、推して以て古を知る好資料であらう。

神社私考須賀麻神社の記に曰ふ。かくて其の日槍が七代の裔の高額比賣命《タカヌカヒメノミコト》の腹に神功皇后生《ナリ》給ひ、女子の御身として、大みづから御妹玉妃命《タマヒメ》を率ひ、其遠御祖《トチツミオヤ》の日槍が本國の新羅に渡りて、言《コト》むけ歸順《マツロ》へ給へるに始りて、高麗百濟をはじめ、御世御世に戎國人《カラクニビト》の參渡り來る事となりぬる大御《オホミ》功業《ワザ》を立給へるは、悉く女子《ヲミナ》に關係《カカ》りて、いともいとも妙《タヘ》なる幽契《フカキユヱ》ありげなり云々。

同常神社の記に曰ふ。舊記に玉妃命《タマヒメ》一名空津《ソラツ》媛又名淀媛《ヨドヒメ》命皇后《ノ》妹也とある。此姫命は古事記に皇后同母の妹に虛津比賣《ソラツヒメノ》命と記せるのみにて、一名《マタノナ》も何の傳も記されず、他《ホカ》の古書には、此姫命の事はすべて見えたる事なし、然るを式に、肥前國佐嘉郡與止女《ヨトヒメ》神社とあるぞ、此の媛命にはおはし在《マ》しける。そは神名頭注に、風土記云、人皇三十代欽明十五年甲申、冬十一月朔日甲子、肥前國佐嘉郡與止姫《ヨトヒメ》神有二鎮座一、一名豐姫、一名淀姫《ヨドヒメトアリ》。乾元二年記《ニ》云、淀姫大明神者、八幡宗廟之叔母、神功皇后之妹也、三韓征伐《ノ》昔者、得《テ》二干滿《ノ》兩顆《ヲ》一而沒《シ》二異域之凶徒《ヲ》於海底《ニ》一文永弘安之今者、施《シ》二風雨之神變《ヲ》一而摧《ク》二幾多之賊船《ヲ》於波濤《ニ》一云云、河上《ノ》大明神是也と注し。又豐前國田川郡豐比咩《トヨヒメ》命神社、筑後國三井郡豐比咩神社をも同姫命を祀れる由注されたり。さてこの姫命の御上《ウヘ》の事は、氣比の舊記、また件《クダン》の風土記、乾元記どもの傳を考合するに、與止姫命・皇后とともに、角鹿津《ツヌガノ》より海路を豐浦津へ渡り給ふ御船中にて、海神を祭り給ふ神主となり給ひ、新羅國を征伐《ミコトムケ》の時も、皇后と共に同じ狀《サマ》にものして渡り給ひ、又潮滿珠《シホミツタマ》・潮干珠《シホヒルタマ》を得て、大功をたて給ひしなり、中略。氣比舊記に玉妃命《タマヒメ》と申せるは、この大功を稱《タタ》へたる御名とぞきこえたる、又豐前國に豐比咩《トヨヒメ》命と稱して祀れる事は、皇后韓國より歸り給ひて後、此姫命に豐國を任《ヨサ》して韓國の戍《オサヘ》とし給へるによりて、國名を負せて豐姫とも稱申《タタヘ》したりけむ。

すなはち豐前は神功皇后の同母妹なる玉妃命《たまひめみこと》又の名豐媛命《とよひめみこと》の領國となり、而して媛の社が肥前國佐賀にもあることから考へると、故の伊都氏の領土は、媛の管領になつたと思へる、更に筑後の高良韓（カラ）と同語には武內宿禰の社もあつて、神功凱旋後に於ける筑紫の配備かれこれ相待つて知られる。

伴信友曰く、田川郡豐前に辛國息長大姫大目命《カラクニオキナガオホヒメオホメノミコト》神社、豐比咩《トヨヒメ》命神社、筑後國三井郡にも豐比咩神社坐し、又高良玉垂命神社あり、この神社は建內宿禰《タケシウチ》を祀れり、韓國征伐の度《トキ》の事につき、並に祀らるべき由ありてなるべし。

此等の新配備に當り、皇后の外戚に連る伊都氏が、故なく亡びるわけのないのであれば、豐媛に國を讓り韓地に徙つたとするは當代の事情に適した觀察であらう、その國讓も同じ姻戚關係の間柄

三宅氏

屯倉

なれば圓《つぶら》かに行はれ、皇后の御處理いと〱自然の情に適へりと知られる、日槍の後裔に三宅《みやけ》氏のあるのは、任那の宮家《みやけ》に因める氏號で、もと伊都氏の系統より出でたのではあるまいか。是迄の所傳に據れば、書紀に。田道間守《たぢまもり》ハ是レ三宅連《みやけむらじ》ノ始祖也。とあり又姓氏錄右京諸蕃新羅部に。三宅連ハ新羅國王ノ子、天日桙命《あめのひほこみこと》之後也。としてあれば、三宅氏は但馬系統と知られ、桑田郡加佐郡等に三宅神社あるは、その由緣《ゆかり》かと一應は思はるれど、後世になつてから日槍系統を溯り尋ねたら但馬に落着くは知れたことである、して何故にミヤケと云つたかといふ段になると、屯食《みやけ》に仕へたので起つた氏名だと言はれて居る、屯倉は諸國に置かれてあつたもので、地名となつて諸國に遺り、攝津國三島郡三宅村もと三宅莊と稱す大字藏垣内（クラカイト）は古の屯倉の遺稱なるべく三所明神あり尾張國中島郡三宅村和名抄、三宅郷の遺稱にして安閑帝紀の間敷屯倉の在りし處筑前國筑紫郡三宅村宣化天皇の時宮家を置き齊明天皇西幸の時行宮に充てさせらる等の如く、其他なほ諸國に多くその名を留めたれば、之に因る氏號必尠くはなからうから、日槍系の三宅氏を屯倉より得た名とすれば、何の特異もない事である、若夫れ伊都氏韓地に徙り、任那の宮家《みやけ》にちなみて、後世に三宅氏を遺したとすれば、其の三宅氏は日槍族の特異を傳へた家柄で、伊都縣主の歷史の末を顯せる者となるが、いかゞの者にや、猶稽へて見たい。

日槍歸化の年代に就ては、前にいへる通り諸說紛紛であるが、日本書紀に因つて垂仁天皇の三年とするには從ひ難い、實《げ》に本居宣長の言ふ通り、同天皇の紀に、日槍を稱して昔有二一人一といへる

日槍は古韓の王統安冕氏

のは、天皇の時にあらざる證である、されど是を神代の事とするにはなほ從ひ難い、古事記傳をはじめ、有名の著書、概ね神代説に一致し居れど、其の基礎となれる播磨風土記の言ひごとは、日槍族の對出雲族觀念が古に反映して繪となつたもので、つまり出雲の祖神大國主を凹ましたといふ傳説の描寫に過ぎぬ、伴信友中外經緯傳草稿が孝靈天皇の頃ならむと推測せるは、我が國史上だけではさうも思へる、若夫れ東族古傳に從つて、天日槍を古韓の王統安冕《アメ》氏と識り、而して國を次の王統に讓つた事から推して、我が國への歸化年代を測算すると開化天皇四十八年頃に當り、我が國史の言ふ所より八十餘年の昔、歸化したことになる、委細は後卷に讓つて述べる。

上來叙する所に由つて觀るに、當時日韓の間には歷史を殊にする異民族などいふ考の毛頭なかつたことが分る、日槍の率ひ來れる其の族人は、可なりの多數であつて、播磨風土記に宍粟《しさは》の山地を爭つた軍勢を八千とも注し居れば、若し一毫の微なりとも異民族の觀念があつたなら、我が朝廷が決して之を容るる筈はない、日槍の方も心を傾けて忠勤を勵むことは出來ない、然るに叙上の如く一家骨肉の好みを以て肺腑の親みを表はせるは、必その以前より彼我の間に深き契かあつた爲であらう、說いて後卷に至らば、それ等の宿契も皆露はれ來るのであれば、茲には復た說く必要はないのであるが、彼我の親密餘りに濃厚なるため、日槍を以て韓國よりの歸化とするを怪むまでになつた、靖方溯源に日槍を叙し而して曰ふ。

但其の世系に至りては、或は韓人の出とし、或は本邦人の胤とし、其説一定せず、之を姓氏錄古本に見るに、三宅連は新羅國王子天日槍の後なりとあるも、而も或る記には、伊久米入彦命を以て祖と爲すとある、按ずるに伊久米入彦命は則垂仁帝なり、蓋日槍は垂仁朝の投化なるを以て、故に或る説誤つて帝の後と爲せる乎。

かくも本邦の胤か、韓人の裔かを明かにするに辯を費して居る、なほ日槍を以て神魂命《かみむすびのみこと》の後裔ともしてある（姓氏錄）。これは日韓古代神話の共通より來れるもの（後巻に於て併はせ說くべし）以て相互の間に何等の隔てもなかつた事が知れる。

第三節　百濟氏族

新撰姓氏錄（弘仁六年七月中務卿四品萬多親王撰上）に載する所、百濟族實に百十九氏、蓋皆當代の名門である、その中に於て明かに百濟王統の後裔と知られたる者

和朝臣《やまとのあそみ》　百濟國都慕王十八世の孫武寧王の後
百濟朝臣《くたらのあそみ》　同王三十世の孫惠王の後
百濟公《くたらのきみ》　同汝淵王の後
沙田史《ますたのふひと》　百濟國人意保尼王の後

大丘造《おほをかのみやつこ》　同速古王十二世の孫恩率高難延子の後
百濟王《くだらのこにきし》　同義慈王の後
菅野朝臣《すがねのあそみ》　同都慕王十世の孫貴首王の後
三善宿禰《みよしのすくね》　同速古大王の後
安勅連《あちきのむらじ》　同魯王（昆有）王の後
市往公《いちきのきみ》　同明王の後
百濟伎《くだらのてひと》　同都慕王の孫德佐王の後
岡原連《をかはらのむらじ》　同辰斯王の子知宗の後
飛鳥戸造《あすかべのみやつこ》　同比有王の男混伎王の後

右は只その一例を示さんために擧げたもので、十が一に過ぎないのであるが、亦以て其の概を知るに足らう、此の外百濟王統の末裔と證されたる者、頗る多くあれど茲には一一擧げ難い、かほどに多く名門を列ね居たのであれば、歴史に名を留めた者も尠からずあつて、大日本史にも酒君《さけのきみ》百濟王某の孫にして仁德帝の朝に仕ふ　百濟敬福百濟義慈王の玄孫にして、聖武帝の寵遇を蒙り陸奥守となり、勝寶年中宮內卿となり、後また外衛大將となり刑部卿に任ぜらるる等榮職に歷仕す　國中連公麻呂《くになかのむらじきみまろ》其の先は百濟の人奈良の大佛鑄造の際技術上の殊勳を成す　百濟王俊哲坂上田村麻呂の蝦夷征討に從ひ征夷副使となり陸奥鎭守將軍を兼ぬなど見えて居り、文德實錄には百濟河成の畫に優れた事が載つて居る、猶その外にも功を樹て名を著はした者多くあれど、本書はそれ等の諸傳を列叙するを目的とする者にあらざれば之を略し、彼等百濟族の最も誇とし譽とする高野皇后御生家の系譜に就て聊か述ぶる所あるであらう。

高野皇太后の御生家

高野皇后と申すは、光仁天皇の皇后にましまし、桓武天皇の御生母にあらせらる、大日本史（后妃傳）に曰はく、諱は新笠《にひかさ》本姓は和氏《やまとうじ》・乙繼《おとつぐ》が女なり、其の先は百濟武寧王の子純陀太子より出づと、乃ち皇后の御生家なる和氏は、姓氏錄（前掲）にもある通、百濟武寧王の後である。

武寧王

武寧王は百濟第二十四世の王（東國通鑑）にして、立つて位に即くや、初めに父王（東城王と稱す名は牟大）を弑せる賊臣苩加を誅す、其の元年は、我が武烈天皇の三年（皇紀一一六一年）に當る。

日本書紀に據れば、武烈天皇七年夏四月、百濟の武寧王、その孫（伴信友の考證に因る）斯我君《しがきし》を遣し調《みつき》を進む其の時の表に曰く。謹遣二斯我一。奉二事於朝一云云。斯我乃ち朝に奉事し遂に子あり、法師君《はうしきし》といふ、是れを倭君《やまとぎみ》の祖と爲す、即ち高野皇后の御生家なる和氏《やまとし》はそれである。

伴信友の蕃神考に云ふ、其の和といへる氏は、和名抄大和國城下郡の鄕に、大和於保夜末止《オホヤマト》とある處にて、古書どもに倭と見えたる一區ときこゆ、斯我を其處に居《オラ》しめ給ひ、子の法師君も相繼て居《ス》みたるによりて、其地名をもて、子孫の氏となしたるなるべし云云

右和氏より出てたる皇后を高野氏と申すは、大日本史に「寶龜中、姓を改めて高野朝臣となす」とあれば、和といふ姓を高野に改められたに由ると知らる。

伴信友曰く、また其和氏を改賜ひたる高野は、續紀の神護景雲三年八月の下に、大和の添上郡佐貫郷高野と見えたる地にて、乙繼公は和《ヤマト》より其處へ移り住ひたりしにか、いづれにも、その地に由ありての事なるべし云云

なほ稽ふるに、皇后は光仁天皇がまだ皇位に卽かせられずして、皇子にましませる時、早く聘せられて寵を得、桓武帝及び崇道天皇早良并に能登內親王・酒人內親王を生み給へるも、正妃ではなかつたのである、之を紀に見れば、天皇年六十二にして位に卽かせらるゝや、妃井上內親王を立て皇后と爲し、皇子他戶《をさべ》親王を立て皇太子となし給ふたのであつた、然るに寶龜三年三月、皇后井上內親王巫蠱《ふこ》の事に坐して廢せられ、五月また皇太子廢せらるゝに及むで、翌年正月皇子光仁天皇の皇長子中務卿山部親王立たせられて皇太子となり、天應元年四月三日、禪を受けて位に卽かせられ、桓武天皇とならせ給ふたのである、因つて所生夫人高野氏を尊びて皇太夫人となし、延曆八年十二月皇太夫人病革りて崩ずるや、明年正月追尊して皇太后と曰ひ、諡して天高知日之子姫尊《あめたかしらすひのみこひめのみこと》と申された、この諡は韓の本土に由緖のある極めてかしこきものである。

舊史皆百濟の始祖溫祚と高句麗の始祖朱蒙との出自を一なりとし、齊しく倶に扶餘より岐れたる者と曰ふ、我が國史にも延曆九年七月辛巳、津速眞道等の上表に「眞道等の本系は、百濟國貴須王より出づ、貴須王は百濟始めて興れるより第十六世の王なり、夫れ百濟の太祖都慕大王

は、日神の降靈、扶餘を掩ひ國を開き、諸韓を總べて王と稱す、降つて近肖古王に及び、遙に聖化を慕ひ、始めて貴國に聘す、是則神功皇后攝政の年なり」とある、之に就き本居宣長は古事記傳に於てこの表文に近肖古王とあるを、肖古王の誤なるべしといひ、其の他兎角の議論あれど、我に歸化せる百濟族が、其の王統の太祖を都慕王と爲せるは、是に由つて能く知られる、都慕は即朱蒙のことで、又東明王と號し、高句麗の始祖である、都慕・朱蒙・東明は蓋皆同音の異譯之を東國通鑑に見るに百濟の始祖溫祚が、その元年夏五月に、東明王の廟を立てたことを記し、また朝鮮史略には、百濟王立㆓東明王廟及國母廟㆒と記して居る、國母とは東明王の母謂はゆる河伯の女柳花のことである、之に由つて觀れば百濟は溫祚を以て始祖とし、次を第二世とし、以下世數を算へて三十世義慈王に至つて居るが、東明をば太祖として廟祭しゐたものであることが知れる、要するに高勾麗は東明が先妃禮氏の生む所なる類利の系を傳へ、百濟は東明が後妃卒本扶餘氏の生む所なる溫祚の統を襲いだ者であつて、二國は同父異母の兄弟國である。

その東明をば「日神降靈」と謂ふわけは、東明の母柳花、室中に在つて日の爲に炤《てら》され、身を引いて之を避くれば、日影又逐ふて之を炤し、因つて娠みて一卵を生む、之を棄てゝ犬豕に與へたれども食はす、之を路に棄てたるも牛馬之を避け、之を野に棄てたるも鳥之を覆翼す、母裹むで暖處に置きけるに、男子殼を破つて出づ、骨表英奇、年甫めて七歳自ら弓矢を作りて射るに、發して中らざるなし、扶餘の俗善射を謂ひて朱蒙と爲す、故に之を名とすとは、東國通鑑のいふ所である。漢魏の史によれば、北夷に槖離國あり、國王の出行せる留守の間に侍兒姙身す、王還つて之を殺さんとせるに、侍兒の曰はく、さきに天上に氣あるを見る、大さ雞子の如く、來り降つて相感じ、因つて身《はら》めるなりと、後遂に男を生み、名けて東明と曰ふとある。

伴信友いはく、其はもとより彼國の正しき古傳にして、かけまくも畏き天照坐日大御神の殊さらに大御靈を託《ツケ》て奇しく生せ給へるなるべし云云

皇太后の諡

高野皇太后の諡を、天高日《あめたかひ》知之子姫尊《しらすのみこひめみこと》と申すは、大日本史に「百濟の遠祖都慕王は、河伯の女が日精に感じて生める所、皇太皇は即其の後なり、故に諡を奉ること此の如し」とあるに由りて其の義甚明かである。これにつけても、我が皇室に於かせられては、韓の故事を以て異國の故事と見そなはさず、遠き古の幽契を思召して、彼我の嫌なく、彼の故事をとつて御生母の諡に用ゐたまへることの、いとも有がたきを窺ひ知られる、上下二千年、支那が常に韓を夷狄と貶《けな》せるに比し如何ぞや。

延暦九年二月、百濟王玄鏡に從四位下を、百濟王仁貞に從五位上を、百濟王鏡仁に從五位下を授け。百濟王等は朕の外戚なり、擢いて爵位を加ふる所以。と詔らせられ、其の歳十二月皇太后の一週忌また外祖父高野朝臣・外祖母土師《はし》宿禰《のすくね》に並に正一位を賜ひ、土師氏を改めて大枝《おほえ》朝臣《のあそみ》と爲すと詔らせらる。

百濟氏一門の光榮

大同元年更に追尊して太皇太后と曰ふ。百濟一門の光榮極れりと謂ふべく、なほ大日本史に見るに、

女御百濟教法を從四位下に叙せらる

百濟敎仁は從五位上武鏡が女なり、從五位下に叙せらる、太田親王を生む

百濟貞香は從四位下敎德が女なり、從五位下に叙せらる、駿河内親王を生む。

百濟永繼は正五位上飛鳥部《べの》奈止丸《なとまろ》が女なり、(飛鳥部氏は百濟の一族)初め藤原朝臣内麻呂に適《ゆ》き、眞夏《まなつ》・冬嗣《ふゆつぐ》を生めり、後ち宮に入り女孺と爲り、良峰朝臣安世を生む、從七位下を授けらる。

百濟一門の女性が、宮中に恩を承け華を列ねたるさま、是を以て窺はれる、是れ延暦朝の事なるが、嵯峨天皇の朝になつても、

女御百濟貴命《きみやう》は鎭守府將軍百濟俊哲の女なり、資質姝麗にして女工に閑《なら》へり、女御となりて基良親王・忠良親王・基子内親王を生み、弘仁十年從五位上に叙せられ、從四位下に進む。

尚侍百濟慶命《きやうみやう》は鎭守府將軍百濟敎俊の女なり、動くに禮則ありて帝甚だ貴重す、源朝臣定《さだむ》・源朝臣鎭《しづむ》を生み、從三位に進み、天長七年特に封五十戶を賜る。

等の事が史に見えて居て、百濟氏一門の女性が、其の名を皇胤系圖・皇胤紹運錄等に載せられたるは、まことに芽出度し、かくも其族が我朝の殊遇を受くるに至れる所以の者は、桓武天皇(延暦十二年夏五月)の詔に

百濟王等曾て遠く皇化を慕ひ、海に航し、山に梯し、欵を輸すること久し、其間方物を獻じ、才士を獻じ、文教蔚興し、儒教闡揚す、更に今日に於て盛なりと爲す、旣にして新羅の虐に遇ひ、乃ち族を擧げて仁に歸し、我が士庶と爲り、夙夜公に奉ず、朕其忠誠を嘉し、情《こころ》に深く矜愍す、百濟王の課弁に租税を永く蠲除すべし。

とあつて其の由來の要を盡されてある、斯かる由來を以て仁に歸せる其の族は、五畿七道の諸國に住むで榮達したのであれば、我が地文の上に其の色彩を留めたること亦尠しとしない、例へば攝津國の百濟郡（今はなし）百濟川（今の平野川）の如きそれである、其の餘にも稽へ得たる所のもの若干あれど、玆には省きて只例に就てのみ述べんに、畿内の一國なる攝津は、今七郡なるも、明治二十九年までは十二郡であつた、又それが德川氏初代までは十三郡であつて、中に百濟郡といふがあつた、（足利時代のものと言はるゝ節用集には明に百濟郡見ゆ）

百濟郡

帝國地名辭典（太田爲三郎編）に曰く、明治四年廢藩のとき、武庫・菟原《ウバラ》・八部《ヤタベ》・有馬・川邊《カワノベ》の五郡は兵庫縣に、東成・西成・住吉・島上《シマカミ》・島下《シマジモ》・豐島《テジマ》・能勢《ノセ》の七郡は大阪府に屬す、二十九年住吉郡を東成郡に合せ、島上・島下を合せて三島郡を、豐島・能勢を併せて豐能郡を置き、八部・菟原二郡を武庫郡に合し七郡とす、是に於て兵庫縣管轄は三郡、大阪府所管は四郡となる云云

他山石に曰く、上古は攝津國に百濟郡といふ有りて、東生郡と住吉郡との間に在りて、十三郡

にて有りしが、いつの頃にか東生と住吉との兩郡に分併せられて今は百濟郡なくして、十二郡となれり、按ふに足利家の天文繩の記錄、豊臣氏の天正總檢地の記錄には、共に攝津國十三郡と記されたれば百濟郡の廢《すた》りたる事は、文祿より以後の事にして遠からぬ世の事なり云云

百濟川

むかし其の郡内を流るゝ水を百濟川と云ひしを、今は平野川といふ由また他山石に見ゆ、曰はく今の平野川これなり、桓武天皇の延曆七年に、和氣朝臣清麻呂これを開く、此の流の末、古は天王寺の西を經、木津の鄕を經て海に入りしと云ふ、これ百濟郡の川なるが故に百濟川と稱せしなり、六帖人麻呂の詠に「百濟川・川瀨をはやみ・あが駒の・あしの浦まに・ぬれにけるかも」

畿内の郡名にまで其の族稱を著はせるは百濟族の譽とや謂ふべく、更に技術の方面に優秀の譽を博せる者に百濟河成といふがある。

百濟河成

萬寶全書に曰く、百濟河成、本姓は餘と稱す、元は百濟の人なり、由つて姓を百濟と改む、武勇に長じて强弓を引く、大同三年に左兵衛（祖光云ふ文德實錄及び大和志には左近衛）となる、又よく圖畫をなす、寫す所の人物山川草木等みな自ら生けるが如し、むかし宮中にて武人をまねき從者を呼ばしむ、其の人從者の顏を見しらず、河成一紙をとりて其の從者のかたちをゑかきて見せければ、則ちその繪をもつて其の人を見しり得たりとなん、後世の畫者たちは規矩を河成にとる物也（祖云ふ文德實錄に曰く、今

之言レ書者、成取レ則焉、從五位下に任じ諸國の介となる祖云ふ實錄に曰く。弘仁十四年。拜二美作權少目一。天長十年。授二從五位下一。累遷。承和年中。爲二備中介一。次爲二播磨介一。時人榮レ之。木工匠の長飛驒の內匠と知友たり、時時たがひにわが技藝をあらそへり、祖云實錄に曰く、卒時年七十二、

大內氏

河成の畫に秀でたるは古より聞え高く、飛驒の內匠《たくみ》と技を爭ひしこと又喧傳されて面白き物語に作られてある、其の外なほ著名の者尠からずあれど、降つて封建の世になつてからは、山陰山陽の棟梁と稱へらるる大內氏が、百濟族として武門の誇を揚げた、大內系圖等によつて其の概を叙せんに、

琳聖太子

琳聖太子。太子は百濟人なり、姓は餘氏、晉の義熙十二年丙辰皇紀一〇七六年允恭天皇五年百濟王餘映、好むで信を中華に通ず宋書に云ふ、義熙十二年百濟王餘映を以て使持節都督百濟諸軍事鎭東將軍百濟王と爲す云云、高祖踐祚し號を鎭東大將軍に進む云云、少帝景平二年、映長史張威を遣し闕に詣り貢獻す云云映の子を昆と曰ひ、昆の子を度と曰ひ、度の子を牟都と曰ひ、牟都の子を牟大と曰ひ、牟大の子を隆と曰ひ、隆の子を明と曰ひ、明の子を淹と曰ひ、淹の子を昌と曰ひ、昌の子を璋と曰ふ、推古帝十九年辛未皇紀一二七一年百濟王餘璋の子琳聖、本朝に來り、船を周防國佐渡郡多多良濱に繫く、琳聖の子を正恒と曰ふ、帝之に多々良の姓を賜ふ、是れ大內氏の祖なり云云。正恒より藤根・宗範・茂村・保盛・弘眞・眞長・貞成・盛房・弘盛を經て滿盛に至り始めて大內介と稱す壽永四年また弘成・弘貞・弘家・重弘・弘幸を經て弘世に至り、周防長門石見の守護と爲り、その子義弘繼いて立ち、周防長門石見豐前和泉紀伊六國の守護を兼ね持世・教弘・政弘を經て義興に至り、周防長門豐前安藝石見山城の守護を領し、義隆嗣いで周防長門豐前筑前石見

安藝備後の守護を兼ね、その世々の勢力眞に想見すべきである。

大日本史大内義弘の傳に曰く、義弘は孫太郎と稱し周防の人なり、姓は多々良氏、其の先正恒、大内を以て氏となし、十世の祖盛房より世世周防權介に任ぜらる、父弘世は從五位上を授けられ、元弘・建武の間、亂に乘じて周防長門の地を攻取し、以て王師に勤む、義弘は驍勇絶倫、和歌を好み、年十六にして今川貞世と筑紫を略し、前後二十餘戰遂に鎭西を平ぐ云云子孫世《よよ》數州を領し西土に雄たり云云

多多良氏

大内氏の本姓が多々良なるは、大日本史もこれを認めたれど、其の多々良が、果して百濟なりや若くは任那なりやは、世に論議のあることで、姓氏家系辭書太田亮著には「蓋任那を百濟に誤り且家系を飾らん爲に琳聖太子の後と稱するなるべし」と謂ふてある、かく懷疑されるわけは、姓氏錄に

多々良公《タタラノキミ》は御間名國主《ミマナノコニキシ》爾利久牟《ニリクム》王の後なり、欽明天皇の御世に投化して、金多々利《コガネノタタリ》・金平居《コガネノチケ》等を獻ず、天皇之を譽め多々良公姓《タタラノキミノカバネ》を賜ふ

とあるに因る、多々利といふは木を三股にして麻を卷く物のことである、和訓栞に由る平《チ》房《ケ》は一に牟《ホ》居《コ》に作る、此等の物を獻じたるに因みて、多多良の姓を賜つたことも、正しき説であらうから、それは任那から投化した多々良氏の姓の由緒であつて、大内氏の多々良とは別であるとすべきであらう、同じ姓を必同一の者とはされない例へば相模の多々良氏は三浦郡多々良より起れる三浦の氏族であり、但馬の多々良岐

氏は日下部氏の流を酌める者の、朝來郡多々羅岐より起つて、それを氏と爲した者、此の類なほ多し、されば大內氏の本姓多々良は

扶桑記勝益軒全集に、多々良は三田尻の東十町餘にあり、湊なり、大內氏の元祖琳聖太子といふ百濟國の王子、日本に來り、はじめて此所にあがられしによりて、其の子孫多々良を姓とす

又曰はく、和訓栞に、たたら氏は百濟聖明王之後也といへり、周防佐波郡多々良濱に初めて來りたるに據れりとぞ、山口とも大內とも稱するは、海東諸國記に世居二州大內縣山口一と見えたり。

などあるに從ひ、なほ大內義隆記・中國治亂記等のいへる所を諒として、百濟王統の裔ととすべきである、抑もタタラといふは、百濟任那に亘つてあつた地名で、神功紀には、蹈鞴津《タタラノツ》とあり、敏達紀推古紀には多々羅城・多々良邑とある、それと同名なるが周防にもあり、筑前にもあり菊地武敏が足利尊氏と戰ひし處また相模にも但馬にもあるは、さきに言へる日韓古地名の相通を轉た亦證するものである。

三善清行

なほ百濟族より出でたる偉人のうちには、三善清行の如き大文學士もある、清行の子に淨藏といふがあつて、大法師淨藏傳に。釋淨藏俗姓は三善、右京三坊の人なり、其先は百濟國速古王なり、父は參議從四位上宮內卿兼播磨權守清行卿なり。と見ゆ姓氏家系辭書に依る原漢文要するに百濟氏族は、朝に野に、文に武に貢獻甚だ大なる者があつて、而して能く國と合體し、彼我の差別觀が毫もなかつたのは、

彼等自身にも知れざる日韓上古同族の幽契が、おのづから斯くなしたものであらう。

第四節　高勾麗氏族

高勾麗族は、支那本土に在つて九貊と稱され、詩の韓奕の章に、其追其貊と歌はれたる追貊も、亦其の族である、或は匈奴の强と爲り、或は東胡の悍と爲り、更に其のうちの者が、漠南より轉じて鴨綠江畔に徙り、遂に國を建てたのが、即高勾麗なのである後巻に詳か也彼は隋の百萬軍を破り、又唐の三十萬軍を破つた雄國であつて、且つ其の以前に在つては、我とも平壤附近に於て大血戰を行ひ、百餘年に涉る長期戰を爲した此の長期戰は、日韓とも現存の史に見えず只好大王古碑に依つてのみ知ることを得されど講和の後は、我と頗る親善であつて、我が舊史に彼の朝貢が頻々記されてある、高勾麗の朝貢は其の亡ぶるに至るまで斷えざりき是れ啻に國際的利害の打算のみでなく、民族上の精神的融和からと察しられる、それは言語の同一であつた上からもさう思はれるのであつて、風尚氣慨の自らなる投合と觀られるのである、言語のことは前に略說し置いた

高倉福信

姓氏錄の上に見ゆる高麗族は四十有八氏なるも、これは專ら畿內に居つた名門のみの事であれば餘の諸國には猶多くあつたと思へる、これが一例を尋ぬるに續日本紀延曆八年十月の條に曰く。

散位從三位高倉《たかくら》朝臣福信薨す、福信は武藏國高麗《こま》郡の人なり、本姓は背奈、其祖福德は唐將李勣が平壤城を拔けるに屬してこの屬は從屬の屬でなくそれに就てといふ意味國家《みかど》に來歸し、武藏に居れり、福信は即福德

の孫、小年のとき伯父背奈行文に隨つて都に入る、時に同輩と晩頭に石上《いそかみ》の衢に往き、遊戯して相撲するに、巧に其力を用て能く其敵に勝つ、遂に内裏に聞え、召されて內竪所に侍せしめられ、是より名を著はす、初め右衛士の大志に任ぜられ、稍く遷つて天平中に外從五位下を授けられ、春宮亮に任ぜらる、聖武皇帝甚だ恩幸を加へたまひ、勝寶の初に從四位紫微少弼に至り、本姓を改めて、高麗朝臣《こまのあそみ》を賜はり、信部大輔に遷る、神護元年從三位を授かり、造營卿を拜し、兼ねて武藏近江の守《かみ》を歷。寶龜十年上書して言はく、臣聖化に投してより、年歲巳に深し、但だ新姓の榮たる朝臣は、分に過ぐと雖、而も舊俗の號高麗未だ除かれず、伏して乞ふ高麗を改めて以て高倉と爲さんと。詔して之を許さる、天應元年彈正尹兼武藏守に遷る、延曆四年上表して身を乞ひ、散位を以て第に歸る、薨する時年八十一、

右福信の本姓が背奈《せな》なるを稽ふるに、後漢書高勾麗傳に

勾麗の五族

凡有二五族一。有二消奴部・絕奴部・順奴部・灌奴部・桂婁部一。本消奴部爲レ王。稍微弱。後桂婁部代レ之。

とあつて、其の絕奴部《セナ》こそ福信の本姓背奈《せな》なれと知られる、唐の章懷太子の註に云ふ

按するに今高麗の五部。一を內部と曰ふ一名は黃部即桂婁部なり。二を北部と曰ふ、一名は後部即絕奴部なり。三を東部と曰ふ、一名は左部即順奴部なり。四を南部と曰ふ、一名は前部即

新羅の六部

灌奴部なり。五を西部と曰ふ、一名は右部即消奴部なり。

乃ち之に見ても、後部《セナ》即絶奴部《セナ》は、背奈《せな》と義相通ずるを知る、學者往々右の五部制を以て支那の五行說より出でたりと爲し、內部一名黃部は五行說に中央黃土とある所からの命名であると謂ふも、其の字音クワウ(黃)に依らずに桂婁《キロ》（我が國訓に同じ黃の色彩名）といへるに注意を要す、熟ら高勾麗の終始を考ふるに、此の部制は初より其の種族に在つたもので、韓滿の間に建國した時に始つたのでない、されば支那かぶれしてからの命名とする說には從ひ難ひ。殊に後漢書の本文には、消奴部が本と王であつたのを、桂婁部が之に代つたのだとあれば、以前は消奴が內部であつて、桂婁が外に居つたのである、乃ち中央黃土の說に合はないではないか、而して之を新羅の六部にあはせ見ると頗る妙である（但し六部中の本彼部は左記對照に要なければ省く）

高勾麗の桂婁《キロ》部。	新羅の及梁《キロ》部。
同　絶奴《セナ》部。	同　漸梁《セロ》部。
同　順奴《サナ》部。	同　沙梁《サロ》部。
同　灌奴《ハナ》部。	同　漢岐《ハキ》部。
同　消奴《シナ》部。	同　習比《シヒ》部。

頗る善く合ふ、蓋現存韓史には、新羅を以て最も早く始祖を有せし者に作りあれど、實は高勾麗

勾麗の色彩名と我が國訓

より遥に後れて建國したのであれば、麗の部名を取り用ゐた者とされるが、若し偶然の一致ならば、其の一致を起さしめた何者かの原因力がなければならぬ、夫れは後のこととして、三國遺事に見れば、沙涿・漸涿の註に。羅人の方言に涿《タク》を讀むで音を道と爲す、故に今或は沙梁に作る、梁も亦道と讀む。とありて梁《ロ》を道《ド》と發音せしことが分る、即我が地方人の中に羅行《ラリルレロ》を陀行《ダヂヅデド》に發音すると同じである、然らば麗の奴《ド》も本來は婁《ロ》なのであらう、因つて今羅行音に從つて讀み替えると

麗の桂婁《キロ》。　羅の及梁《キロ》………黄色《きろ》
麗の絶奴《セロ》。　羅の漸梁《セロ》………黒色《くろ》
麗の順奴《サロ》。　羅の沙梁《サロ》………青色《そらいろ》（ソラの反サ）
麗の灌奴《ハニロ》。　羅の漢岐《ハニ》………丹色《はにろ》（漢岐をカキと音せば赤きのアが略されたものとされる）
麗の消奴《シロ》。　羅の習比《シヒ》（シヒの反シ）：白色《しろ》

皆色彩の名となり、其の黒《く》を絶《せ》と爲せるを除き、餘は皆我が國語にも一致する、兎に角麗羅ともに部稱に色彩の名を以てせるは、其の淵源に深いものがあるやう考へられる、それは東族古代の神頌に。黄を圭《キ》といひ、黒を絶《セ》といひ、青を奄《ア》といひ、白を資《シ》といひ、赤を絆《ハ》といひ、以て旗の色と爲してゐるので、さう思へるのである。

さて我が國史の上に立戻つて、歸化族の上に之を稽ふるに、日本後紀延曆十八年十二月の條に曰

く。

又信濃の國人、外從六位下卦婁眞老・後部黒足・前部黒麻呂・前部佐根人・下部奈弖麻呂・前部秋足・小縣郡の人、無位上部豊人・下部文代・高麗家繼・高麗繼楯・前部貞麻呂・上部色布知等言《まを》す、己等の先は高麗の人なり、小治田（推古天皇）飛鳥（舒明天皇）二朝庭の時節に歸化來朝せり云云

右は高勾麗に於ける五部稱の桂婁・前・後・上・下を氏と爲せる人々なりと知られるが、渉獵の足らざる爲か、未だ東西南北の方位名を氏とした者あるを見ない、但僅に弘仁二年八月紀に、山城國人正六位上高麗人東部黒麻呂に姓を廣宗連《ひろむねのむらじ》と賜ふといふことが見えて居れど、只その一事だけで、他に似寄りの事を發見せぬ、拾芥抄に東部宿禰といふ人が見えてあれど、高麗族なりや否審かにしがたい、之に反し、桂婁部・後部・前部・上部・下部を氏とする者は頗る多く發見される、例せば桂婁部の歸化人は姓氏錄に大和の黄文連《きふみのむらじ》と云ふが載つてゐて高麗國人久斯那王（那一に祈に作る）の後と註されてある、また絶奴部即ち後部の歸化人と思はれる者には。

○長背連《ながせのむらじ》　高麗國主鄒牟王（一名朱蒙）の後なり、欽明天皇の御世に衆を率ゐて歸化す、貌美しく體大にして其の背間長かりき、仍て名を長背王と賜ふとあるも、高倉福信の本姓背奈《セナ》と同じく絶奴《セナ》部を意味したものであらう。

○後部《しとりべ》王　高麗國長王周の後なり云々、又後部高《しとりべのかう》をといふもある、後部高千金の後なりと見ゆ、

この高は高勾麗の國姓高を稱したものであらう、そして後を「シトリ」と讀むは國訓でも後を「シリ」と云ふのであれば訓み方に不思議はないが、齋來語とせば消奴《シト》かも知れない、消奴は右部のことゝあるから後部といふのに合はないが、必しも拘泥すべきではなからう。

天武紀五年の條に、後部王博河于。また寶龜七年五月紀に正六位上後部石島等六人に姓出水連《いつみむらじ》を賜ふと見ゆるも亦その一例である。後部王といふは王も亦姓であつて、神龜二年の紀に後部王越と云ふ者見え、天平寶字五年三月の紀に、高麗人後部王安成等に姓を高里連と賜ふなど見ゆ。此等になると、夫の五部族の稱は、色彩名でなく、懷太子の註のやうに後部・前部等のことに見える、想ふに五族稱は、もと色彩を名としたものであつたのが、其の名を負へる者、また前後上下等の方面に攻守任務を配當されて居たので、それで其の攻守任務の方面稱が、我が國の姓氏と爲つて著はれたものと考へられる。

國號を氏とする者

また其の國號を氏とする者には

高麗朝臣《こまのあそみ》　高勾麗王好台七世の孫延興王の後

狛首《こまのおびと》　高麗國人安岳上王の(後岳一に岡に作る)

狛造《こまのみやつこ》　高麗國主夫連王の後

大狛連《おほこまのむらじ》　同國溢士福貴王の後

國姓を氏とする者

勾麗族の配置

頭霧唎は齋來語にて頭上の義、夫の鄒牟朱蒙都慕等もこの義よりせる尊稱詞ならん、

狛染部《こまそめべ》 同國、須牟祈王の後、或は云ふ大武神王の後なり

また高勾麗の國姓高を氏とする者には

高史《たかのふひと》 高麗人、元羅那杵王九世の孫、延拏王の後なり。天平十四年の古市鄕計帳に高史加太寶と云ふ人見ゆ

高《たか》 同、高金藏（法名信成）の後なり。大寶元年八月紀に、僧信成に勅し還俗して本姓に復せしむ、信成姓は高、名は金藏と見ゆ

高井造《たかゐのみやつこ》 鄒牟王二十世の孫汝安祈王の後

等がある、この高氏の中には、後部・前部の稱を合せて複式の氏を形成した者もあつて、天平寶字元年九月の紀に、高麗人後部高笠麻呂といふが見え、また同五年三月の紀に高麗人後部高呉野に姓を大井連と賜ひ、高麗人前部高久信に姓を福《ふ》當連《たきひらじ》と賜ふなど見えてゐる、其の餘の詳しきことは爰に掲げ難きを以て略し、其の族の分布に就て少しく述べんに、畿內の諸國に居た者に就ては、姓氏錄に四十八氏を數へてある、是れ皆朝廷より姓氏を賜つた人々で、いづれも其の氏族の主幹であるが、其の中には仁を慕ひて自ら投歸したのもあれば、亦捕虜と爲つて來たのもある、例せば

一、山城の高勾麗族は。欽明紀二十六年の條に、高麗人頭霧唎耶陛《ツムリヤヘ》等筑紫に投化す、山背國《やましろ》に置く、今の畝原《うねはら》・奈良・山村の高麗人の先祖なりとある。また貞觀三年八月の紀に、狹手彥復た大將軍と爲り高麗を伐つ、敏達天皇の世還り來りて、高麗の囚を獻ず、今の山城國狛人《コマビト》是なり云々 相樂郡に大狛鄕下狛鄕あり

一、武藏の高勾麗族は。靈龜二年五月の紀に、駿河甲斐相模上總下總常陸下野七國の高麗人千七百九十九人を武藏國に遷し高麗郡を置くと見ゆ。帝國地名辭典に云ふ、高麗郡は武藏國に在りし郡。秩父郡の東、入間郡の西に當り、入間川及高麗川上流の地を占めたり、明治二十九年廢して入間郡に合す云云。

一、常陸國の者は。持統紀元年の條に、投化高麗人五十六人を以て常陸國に居らしめ、生業に安んぜしむ云云。

姓氏錄は珍書

此の外紀伊國岩代國等にもあれど一一擧げ難い、信濃國に在りしは、前に出せる卦婁眞老等の上表により明かである、因つて想ふに、我が姓氏錄に高勾麗の始祖朱蒙を鄒牟王と記せるは極めて珍しいことである、この鄒牟といふ文字は韓漢の史書に全く見えない文字であつて、唯獨り好大王古碑と我が姓氏錄だけに存するのみである、韓史に雛牟とはあれど、鄒とはない、該古碑は高勾麗亡後絕て知る者なく、僅に近世に至り發見されたのであれば、姓氏錄編纂時代には勿論誰も識る者はなかつたのであつた、これによつて見ると、姓氏錄は、高麗族の齎らし來つたものを、其の上表等によりて登錄したもので、韓漢の史書に據つて作爲したものでないことは明かである、同時に外來諸族の齎らせる所のものも、當代に於ける極めて眞面目のものなることが分る、世の學者動もすれば我が舊記を貶して、韓漢の史書に據り作爲せる者のやうに言ふは淺慮であらう。我が舊記にいへる諸韓の王名が、現存韓史と往々異る所あるも、亦是れ却つて珍とすべきもので、變造の餘に成れる現存韓史の信僞を照破する眞材料は、一に我に在りとの自信をもつを要す。

第五節　新羅氏族

新羅氏族は元正天皇紀に、美濃に七十四家を置いて廣田郡を立て、聖武天皇紀に、武藏國の新羅人に金姓を賜ひ新羅郡を置かれたなど見えてゐるが、姓氏錄に顯彰されたるは、十有七氏にして百濟氏よりは甚だ尠い、姓氏家系辭書には三十氏を數へ居れるが、それでも比較にならない、姓氏錄は賜姓の榮を荷へる門地を擧げたのであれば、百濟氏の多いわけであつて、其の榮を蒙らざる者が他に幾何あるか分らない、新羅氏の少く見ゆるは其の故であらう、今其の新羅氏に就て若干の者を示さんに、姓氏錄は天日槍の後裔をすべて新羅族とし數へ、近江の橘守《たちばなもり》氏天日槍の後なる田道間守の裔右京及攝津の三宅連《みやけのむらじ》天日槍の裔大和の糸井造《いとゐのみやつこ》同上などを、其の系統の者としてゐるが、姓氏錄の此の記載以外、越中の三宅氏正倉院天平勝寶四年十月十八日文書に越中國射水郡寒江鄕戶主三宅黑人見ゆ越後の三宅氏大同方に越後人三宅笠麻呂と云ふ者見ゆ三河の三宅氏寛政系譜に日槍七代の孫、但遲麻守の裔と記るす備前の三宅氏など多くある、但し備前の三宅氏を日槍の裔とするは採り難きも暫く論ぜずに措く又筑前の伊覩《いと》氏讃岐の伊都《いと》氏などあるが、此等日槍族は古代三韓の全稱なる辰國王統の裔なれば、後の三韓の一國なる新羅の族とするは妥當でない。

日檜族以外の新羅族は
壹禮比《いろひ》氏また壹呂比氏とも書く、延暦元年四月紀に右京人少初位下壹禮比福麻呂等一十五人に姓を豐原連と賜ふと見え、姓氏錄に豐原連は新羅國人壹呂比麻呂の後なりとある
海原造《うなはらのみやつこ》　新羅國人進廣肆、金加志毛禮の後なり
日根造《ひねのみやつこ》　同國億斯富使王の後
宇奴連《うぬのむらじ》新羅王子、金庭興の後
竹原連《たけはらのむらじ》　同國阿羅羅國王の弟伊賀津君の後
京師の金氏　大寶三年紀に、僧隆觀還俗す、本姓は金、名は財とあり。延暦二年七月紀に右京人散位從六位上、金肆順に姓を海原連（ウナバラノムラジ）と賜ふと見え。神龜元年五月紀に從六位上金宅良・金元吉に並に姓を國看連と賜ふとある
武藏の金氏天平五年紀に、武藏國埼玉郡新羅人德師等男女五十三人に、請に依り金姓を賜ふ云云、
陸中の金《コン》氏　姓氏家系辭書に曰く、陸奥說話に、遣二氣仙郡司金爲時等一攻二賴時一、賴時以二舍弟僧良昭等一令レ拒レ之、また歸降者の内に金爲行、金則行、金經永等見ゆ、金氏にて新羅歸化族か、子孫金野また紺野と云ふ
山城の金城史《きんきのふひと》　寶龜六年七月紀に山背國紀伊郡人從八位上金城史山守等十四人に姓を眞城史と賜ふ

是れ單にその一斑を示したのであるが、新羅三姓の一なる金氏に就ては右の如く若干の形跡を認め得れど、それも姓氏錄の上にはなく、それより後の世のことである、朴氏昔氏は後の世に就ても未だ何の發見もなし得ぬ、只承和三年紀に朴氏といふがあつて、姓を貞宗連と賜ふ由見えてゐるが其先百濟國人也とあつて新羅とはされて居らぬ、新羅族の割合に少なきは、或は百濟族歷代優遇を受くに假

托して新羅族なるを隱せるためではなからうか。

日御君大宰

第六節　任那氏族

任那《みまな》は嘗て南韓の雄邦にして、本は新羅に優る威勢の國なりしも、現存韓史のいづれにも、此の名見えずして、古るいところでは、魏志後漢書に倭とのみ見えてゐる、蓋任那は我朝より加羅の地に舊く置かれた鎭臺の府名るなべく、其の府名は崇神天皇の御名御間城《みまき》を負へるとするを、由緒最も明かなりとする、故に漢魏の史にも狗奴《カラ》國男王卑彌弓呼素《ヒミキコシ》と見えてゐる、是れ任那の事で、卑彌弓は日御神《ひみき》或は日御君《ひみき》。呼素は國主《コシ》或は太主《コシ》。即「日《ひ》の御君《おほきみ》の大宰《おほこともち》」といふことを、當時の韓語でヒミキコシと謂ふたのであつた。

之に就て想ふに、其の當時の事なれば、加羅に置かれたる任那の府では、必我が日神を廟祀したに違ひない、されば卑彌弓呼素は日御神社《ひみきこそ》と訓みたく、其の義亦よく當代に叶ふのであるが之を傳へた漢魏の史に王名としてあるので本文の如く訓むだのである、其の訓み方に於て、弓をキと讀まずクと讀むでも、韓語に君をクミと云ひたれば、亦君の義に叶ひまた國王をコシといふに合せて呼素《コシ》を其の義に訓むも亦相叶ふ、しかしまた韓語に大をコといひもすれば、呼素を大主《こし》宰（即大宰）と解するに無理はあるまい、いづれにしても我國と加羅との相互繫屬を證するもの

任那の存在

であるが、しかし我が學界の諸先達は擧げて皆この釋義を容れぬであらう、何となれば、月支國平壤に居た女王卑彌呼を筑紫に擬定し、狗奴《カラ》駕洛に同じに居た男王卑彌弓呼素を四國伊豫あたりに想定し、以て學界古今の定說として居るからである、因に女王卑彌呼の卑彌は日《ひ》御の義にあらずして、馬韓王統の姓稱なる賁彌《ヒミ》氏を謂ひ、呼《コ》は骨族《かばね》の義、卑彌呼とは猶賁彌氏と言ふに同じなのである、後卷に詳しく考證すべし

現存韓史のいづれにも任那の名は見えてゐないが、高勾麗好大王古碑には明かに讀め、眞鏡大師の碑文新羅の末に書ける中にも亦讀め、支那史書の上では宋書に見えて居る、それが現存韓史にないのは、韓史それ自身の不信を表白せるものにて、日韓古代の關係を一切抹殺し去り、獨り善がりの怪しげなる國史を編し、野郎自大の癡を演じたるに由る、其の結果として、自己民族の起原を何處にも托しやうなく、枉けて支那を祖國としなければならぬ事になつた、爲に國史の最始を記するに、東方初無二君長一と書き出し、只有二九種夷一と註するに至つた、そして箕子を以て民族唯一の誇としなければ成らなくなつた、さもあらばあれ、任那の事は、日本書紀崇神天皇六十五年の條に、

秋七月。任那國遣二蘇那曷叱知《ソナカシチ》一朝貢。任那者去二筑紫國一二千餘里。北阻レ海。以在二鷄林《シラキ》之西南一。

とあり、又垂仁天皇二年の條に、

是歲任那人蘇那曷叱知請之《マウサク》。欲レ歸二于國一。蓋先皇之世來朝一未レ還歟。故敦賞《アツクタマヒ》二蘇那曷叱知一。

仍賚《モタセテ》二赤絹一百匹一。賜二任那王一。然新羅人遮二之於道一而奪焉。其二國之怨。始起二於是時一也。

と見え、又一書には、

意富加羅《オホカラ》國王之子。名都怒我阿羅斯等《ツヌカアラシト》。亦名曰二于斯岐阿利叱智于岐《ウシキアリシチカムキ》一。天皇垂仁問二都怒我阿羅斯等一曰。欲レ歸二汝國一耶。對諮《コタヘテマウサク》甚望也。天皇詔二阿羅斯等一曰。汝不レ迷レ道《バ》。必速詣《ハヤクイタリテ》之。遇二先皇一而仕《ツカヘシナラム》歟。是以改二汝本國名一。追二負御間城《ミマキ》天皇崇神御名一。便爲《スナハチセヨ》二汝國名一。仍以二赤織絹一。給二阿羅斯等一。返《カヘラシム》二于本土一。故號二其國一謂二彌摩那《ミマナ》國一。其是之緣也。

とあつて、任那《ミマナ》の國號は崇神天皇の御名御間城《ミマキ》を負へるなりと傳へられて居る、去れど學界に懷疑の人あつて之を穿ち過ぎた說と斥け、これはやはりニムナをニマナといひ、更にミマナといふに至つたとすべきであらう（朝鮮史話）と謂ふてゐるが、ニムナにせよミマナにせよ、まだ漢字の入來らざる以前の稱呼なれば、字音を以て議し難かるべく、別に其の名の由つて來れる所以を明證し得るまでは、我が舊紀を破るわけにはゆくまい、或は又我が舊記を全然否定する學者もあれど沙汰の限である。

姓氏錄に登載されたる任那族は僅に十氏に止り、百濟の百十九氏に比すれば甚だ小數である、蓋任那は新羅に滅され百濟に併せられたのであれば、其の族人は百濟族となつて歸化した者多かるべく、前に述べた大內氏の如き、百濟王統と稱すと雖、任那族と思はれるふしのあるのは、即その例

證である、是れ姓氏錄に百濟族の多くして任那族の尠い所以かと思はれる、其の十氏は

多《た》多《た》良公《らのきみ》　三間名國王（ミマナコニキシ）爾利久牟王（ニリクム王）の後なり、

道田連《みちたのむらじ》　任那國賀室王の後（一に賀羅賀羅王に作り又賀羅室年に作る）寳龜元年五月紀に三田毘登家麻呂等四人に姓を道田連と賜ふと見ゆ、

大市首《おほいちのおびと》　任那國人都怒賀阿羅斯止の後なり、大市といふは、大和國城上郡大市郷の名を負へる者なるべく、推古記二十年の條に、百濟人味摩之歸化す、是に於て眞野首弟子、新漢人齊文、二人之に習ひ其の舞を傳ふ、此れ今の大市首、辟田首等の祖なりとあり、此の外に大和に大市部氏あり、出雲にも同一の氏あり備中に大市氏あるなど、皆任那族と稱せらる、

辟田首《ひらたのおびと》　任那國主都怒加阿羅志止の後

清水首《しみづのおびと》　同前

大伴造《おほとものみやつこ》　任那國主龍主王の孫佐利王の後

豊津造《とよつのみやつこ》　任那國人左李金の後なり、寳龜十一年五月紀に、攝津國豊島郡人韓人稻持等一十八人に姓を豊津造と賜ふとあり、

韓人《からびと》　豊津造と同祖

荒々公《あららのきみ》　任那國富貴王の後

三《み》間《ま》名公《なのきみ》　彌摩奈（任那）國王牟留知王の後

等であるが、此の以外に加羅《カラ》氏族が少からずある、太田亮氏は韓人《カラ》に就て廣義に云へば韓半島より歸化したる者を云ふ譯なれど、事實は加羅國即任那より歸化したる者を指せしが如し、尤も新羅人又は百濟人裔と云ふもあれど、仔細に調査する時は、任那滅亡後

　其等の國籍に移りしにて、根源は任那人なるが如し、加《か》と言はれたるは、如何にもさう想へる、而して其のカラてう稱呼を氏族號となせる者のうち、加羅國主《らのこにきし》と稱せし一族の如きは、意富加羅《おほから》國王牟留知《むるち》王の後とあれば、任那族なること明かなるも、備前の韓部《からべ》氏天長十三年紀に、備前國人直講博士正六位上韓部廣公に、姓を眞野宿禰と賜ふ、廣公の先は百濟國の人なり云云、美濃の加羅氏弘仁五年八月紀に、化來新羅人加羅布古伊等六人を美濃國に配す云云、河内の賀良《から》姓姓氏錄に、新羅國郞子王の後なり云云、京師の加羅氏百濟國人都玖君の後云云、陸奥の辛良《から》氏類聚國史に、天長元年五月巳未、新羅人辛良金貴・賀良水白等五十四人を陸奥國に安置す云云、の如き或は百濟と稱し或は新羅といふも、其の實は任那族であるらしい、其他信濃の辛犬甘《からいぬかひ》氏攝津の韓海部《からあま》・韓白水部《からあま》・武藏の辛子《からこ》氏などさうであらう、されば姓氏錄に載せられたは只十氏であるが、決してそれに止まつたことではない、これと共に併せ稽へねばならぬことは、

寳龜十年紀に見えてゐる韓國 連《からくにのむらじ》源といふ者である、彼は延曆九年十一月紀に。外從五位下韓國連源等言《まを》さく、己等は是れ物部大 連《もののべのおほむらじ》の苗裔なり、夫れ物部連等は、各の居地行事に因り、別れて百八十氏と爲れるもの、是《こ》こに以《おもんみ》るに、源等の先祖鹽兒は父祖が使を奉せる國名を以て故に物部連を改め韓國連と爲る、然らば則大連の苗裔にして是れ日本の舊民、今韓國と號するは、還《また》三韓の新來《イマキ》に似て唱導に至る每に人聽を驚かす、地に因り姓を賜ふは古今の通典、伏して望むらくは、韓國の二字を改めて高原を賜はることを蒙らんと、請に依り之を許す云々。これを姓氏錄に照せば、和泉神別の部に。韓國連は采女臣《うねめのおみ》と同祖、武烈天皇の御世に韓國に遣はされ

復命の日、韓國連を賜はる。と云へるに符合す

斯る例は他にもまだあるであらう、即ち加羅國に使したとか、或は新羅を伐ちに赴いたとか、又は百濟を助けに往いたとかいふ行事に因りて、使命さきの國號や地名を姓とし賜つたことは少くあるまい、只それが、其の時代に在つては一門の譽れであつたものが、後になつては人聽を驚かすことになり、不名譽のやうに想はれることになつたのは、時代の變化と云ふものであらう、それは日韓と相別れてからの思想變化で、上代に於ける日韓一域の信孚が世と共に亡《う》せたに由らう、夫の高勾麗から歸化した高麗福信が、高麗を改めて高倉と爲さんと請へるも同じわけである。

福信が姓を高倉と改めたのは、其のタカクラのタをとれば高勾麗《カクラ》と爲り、そして其の高倉の高は、高勾麗の國姓高氏を保存するわけにもなり、頗る巧な唱である、又韓國連が韓國を改めて高原と爲したのも、其のタカハラの中には韓《から》が保存されてある。

想ふに任那族とか、新羅族とかいふやうに、中外の區別を立つることになつたのは、歷史に由りて日韓と分けられてからのことで、上代只民族を認め居た際には、族中に何等の隔てもなかつたのである、乃ち前に掲げた三間名公《みまなのきみ》は、任那國主牟留知王の後とあるも、姓氏錄未定雜姓に記された三間名公は、中臣雷大臣命《なかとみいかづちおほみのみこと》の後とあつて、神の系統に屬して居る、また山田造《やまだのみやつこ》は新羅國人とあつて、そして天佐疑利命《あめのさぎりのみこと》の後とされて居る、是れ天日槍《あめのひぼこ》を我が神裔と認めたるに同じく此のわけ前に出づ相待

鹽兒

つて共に、日韓上古神人一體なりしを證する。

爰に料らずも一の注意をひけるは、韓國連《からくにむらじ》の上表中に見えたる鹽兒である、これはシホコと訓むのであらうが、鹽兒《シホル》と假名づけられもする、姓氏錄に看れば、此の鹽兒は武烈天皇の時に韓國に遣はされ、歸朝復命の日、姓を韓國連と賜つたことになつてゐるが、世の誇なる物部《もののべ》の族姓を改めて韓國とされたるは、韓國に餘程の緣故があつたからと思はれる、そこで鹽兒《シホル》の名であるが、加羅國始祖の稱首露《シウコ》と、國訓全く相同じく聞える、此の首露は天降の金卵から生れた者と韓史に書かれてゐるが、卵生は船から露はれて上陸した義に取れもするので、崇神天皇の朝に鎭臺として遣はされた潮乘津彥《シホノリツ》が即首露であるとされる、(潮乘と首露と國訓相近し)其の潮乘津は潮路《シホヂ》に乘つて遠く渡る意義の名なれば鹽兒《シホジ》と潮路《シホヂ》。鹽兒《シホル》と首露《シウロ》。どう訓むでも意義の契合が認められさうである、然らば鹽兒といふは加羅の始祖首露の稱を傳へたる名ならんか、其の本姓物部《もののべ》氏を稱するは日本の舊族を證し、韓國《からくに》氏を稱するは加羅の王族を證す、本と其の間に日韓の差別は無つたのであらうが、後世日韓と分れてから韓國氏を稱するを快しとせぬことになつたと思はれる。

第七節　朝鮮の姓氏

我が姓氏錄は、嵯峨天皇光仁六年(皇紀一四七五年)七月二十日、中務卿萬多親王・右大臣藤原園人等の撰上

する所にして、既に是れ一千一百有餘年前の古書。之を朝鮮文獻の最も古るき三國史記皇紀一八〇七年編に比すれば、それよりも猶三百三十餘年前の珍籍、されど此の珍籍も、惜いかな其の全書亡びて傳はらず、今存する所の者は其の抄錄の幸に殘れるものに過ぎざるも、猶能く當昔《そのかみ》の概《あらまし》を窺ふに足る、

歸化諸族の氏數

之に由れば歸化諸族の此書に登錄されたる者、

漢百七十九氏。百濟百十九氏。任那十氏。高麗四十八氏。新羅十七氏。

計　三百七十三氏

是れ皆當時に聞えたる名族、概して朝廷より姓を賜ひ優遇を與へられたる者なれば、之に漏れて私に姓を稱へるたる者、此餘なほ幾何の多きに居つたかは計り得られぬ、以上三百七十三氏の中、漢族は別として、其の餘の者に嘗て其の本土より漢姓をもつて來た者のないのは、何としたことか。武藏に居た新羅人に金姓を賜つたことはあれど、それは姓氏錄より後年の事である、其の他前第五節に擧げたる諸の金氏も皆後の世のことで、姓氏錄に著はれた韓の歸化族には漢姓の者がゐない、是れ古の韓人には漢姓がなかつたからであらう、乃ち今の鮮人の漢姓に就て一應の智識を得置くは溯源途上必須の事柄である。

今の鮮人は盡く漢姓である、當昔《そのかみ》漢の姓氏を將つて自己の姓氏と爲す際の事大風潮は、自己の祖先を將つて漢種としなければ收りのつかない勢に在つたのであらう。我が國にも一字の姓は少から

ずある、されど濱はハマ、林はハヤシ、關はセキと訓み、ヒン・リン・クワンとは讀まず、關は鈴鹿の關《せき》のセキだと云ふやうな由緒から名乘つてゐる。鮮人のはさうでなく、字音そのものを姓としてヒン・リン・クワンと稱したのであれば、其の祖先の出所を字音の母國たる支那に置かなければ、何とも姓の說明の仕やうがない、故に支那の姓譜を手にすれば鮮人祖先の出自はそれで判じられる、例へば現在朝鮮の禹氏孔氏孟氏閔氏琴氏吳氏呂氏の如き、禹氏は夏の禹王の後、孔氏は大聖孔子の後、孟氏は魯の孟孫氏の後で亞聖孟子の同姓なるは問ふに及ばず、閔氏は孔門の賢哲閔子騫の後なるべく、琴氏は同じ孔門の弟子琴牢の後なるを疑はぬ、吳氏は無論吳の太伯の後、呂氏は必太公望呂尙の裔であらう、此の判斷は洒落に墮せずして李朝の宣撰宣撰は勅撰と云ふ如しに成れる姓譜の書に聢《しか》とさうあるに驚く。そこで孔子の裔がどうして朝鮮へはと、心をつけて讀むで見ると、先聖五十二世の孫孔紹といふが始て東來したとある。卞氏といふがある、是ぞ古の弁韓に由緒ある姓なるかと見れば「周文王の第六子なる曹叔振鐸の後、卞に食釆す、仍て邑を以て氏と爲す」とあつた、田氏といふがある、古韓の地名に達《タ》と稱するのが多くあつて田《タ》と義を同うし居るので、或はそれかと讀めば「陳の公子田完の後」とあつて、漢の高祖の時海島に據つて五百人が殉死した田橫の同姓と知れた、吉氏といふがある、古韓に吉士《キシ》國主の義といふ語があつたので、若しやそれかと探れば、「周の尹吉甫の後、吉を以て氏と爲す」とあるに、且呆れ且うなづいた、かういふ風で、秦氏といふはあれど、古の秦

韓の天降姓・土姓・來姓

韓に何の關係なく、堯代に名を著はせる伯益の後であり、馬氏といふがあつても馬韓に些の緣由なく、趙の馬服君の後といひ、余氏と云ふがあつても百濟の扶餘氏には緣故なくして、考の及びもつかぬ先秦の余由の後だとある。余由は秦がまだ諸侯で大きくなり得ない時代に、西戎より使に來て、後遂に臣となれる者、されば余由は西戎の呼名なるに、それが朝鮮の姓になつてゐるとは珍しいことである、現在二百九十八姓、皆亦推して知るべく、我が姓氏の歷史及地理的なると其の風格を異にし、朝鮮のは自國に由緒を有たずして、支那に出自を有つてゐるのであれば、姓氏によつて新羅以前の古韓を徵證せんは、望みのないばかりでなく、此等漢姓を有する者を概ね漢人種の子孫と見なければならぬが、それは言語學が承認しない。

されど亡びたりと雖猶殘つてゐる或るものがある、それは文獻上に稀に見ることで、天降姓及び土姓幷に來姓といふ言葉である、天降姓は天神《あまつかみ》・土姓は國神《くにつかみ》・來姓は外來の氏族なれば、言ひ換れば、神族、地祇族、歸化族である。蓋し古韓の上代に於ける姓族は、此の言葉によつて代表されたる心理の中に、渾てが支配されてゐたのであらう、即我が上代と全然一致なのであつた、然るに新羅が唐の援軍を籍りて百濟を滅ぼしたる其の前後の頃より、唐の强盛と其の文物に志を奪はれて之に醉ひ、引續き高麗朝になつて醉は遂に事大の痼と爲り、自國本來の天降姓及び土姓を擧げて、支那の聖賢姓に投化せしめた。醉は猶醒ますべし、痼は終に療すべからず、痛いかな天神・地祇兩姓の祖神は、其の祀を奪はれて支那聖賢の後影に投げ棄てられた、是に於て其の後昆は八域に渉つて總べて皆支那からの渡來姓に爲つてしまつた。請ふ看よ。李朝の世宗實錄に附したる地理志慶州の條に土姓六李・崔・鄭・孫・裴・薛天降姓三朴・昔・金來姓一康とあるを、是れ韓の上代に於ける心樞の辛くも傳へられたものである。史に據れば新羅朴氏の祖は天降の大卵より生れ、昔氏も同じ卵生であり、金氏の祖は天降の金櫝より出て、それのみならず世宗實錄に土姓とある慶州六村の祖も皆天降である。又加羅の金氏も天降の金盒より出で、高勾麗の高氏も日神の降靈に依つて生れてゐる。支那の聖賢主義に心醉してからは、天降神話に唾することになつて、彝尊錄にも、三國の事蹟は玄遠にして徵し難く、俗說は荒誕にして信ず可からずとある。新羅統一の元勳金春秋の如きは、天降の金姓であらねばならぬに、其の碑には。軒轅之裔、少昊之胤。と書いて支那の金天氏の後なるを强調したと云ふ。されば天降姓の亡びたるや久矣と謂ふべきであるのに、李朝世宗の實錄に於て、猶それを語れるは、得がたき古傳の殘魂と珍重される、抑も韓土に漢姓を稱へ出したのは唐代からである、それには稻葉君山氏が能く穿つて居られるので、左に其の大意を借りて抄出する、

是れ儒理尼師今の時代に於て、新羅は完全なる漢姓を採用したといふことになるのである、三國史記の示す年表でいふと、後漢の光武帝建武九年祖光云ふ皇紀六九三年に相當する。この問題を解決するには、下の疑問を述べねばならない、

百濟は固有氏族の稱を保守して漢姓に降らす

眞興王古碑に漢姓を見ず

第一は新羅に隣接してゐた百濟に漢姓の現はれしや否やの疑である、私の記臆では百濟が漢姓に擬したやうになつたのは、六朝時代であり、それより上に溯ることは出來がたい、しかも其の姓氏は形式こそ漢字ではあるが、それは百濟氏族の略稱であつた。漢姓には模倣したといふもの丶、尙固有氏族に對する執着力熾烈であつたから、容易に漢姓に降伏することは出來なかつた。新羅の漢姓はこれらの解釋を適用して果して矛盾がなからうか。

第二は第一に關聯して考へるのであるが、もともと新羅の文化の由來とその程度とを見るに半島の三國中で最も後れてゐた、支那文化を攝取するの機會を地理的に與へられずに居た、いつでも百濟を通じてのことであつた。私の想像では、新羅が直接に支那交通を開始した時代は眞興王代からである、（祖光云ふ東國通鑑によるに、眞興王は梁の大同六年（皇紀一二〇〇年）即位陳の大建八年（皇紀一二三六年）殂す）眞興王は今の漢江流域を百濟より奪取したので、漢山州を創造し、北齊に使聘を通じた、王の境土開拓碑は、京城に近かい高陽郡の山中に殘存してゐる、

王の建碑は、慶南の昌寧にも、咸南の咸興にも及んでゐる。新羅の古記錄として、右の三碑は最も大切のものなのである、しかしあれを讀んで見るに漢姓を有する人名は、何程の發見もされてゐない、沙門道人、法藏慧忍の二人の名がある、それ以外は擧げて新羅固有の姓氏であつて、天降姓（朴昔金）すらも發見されずにある、六村の一たる沙喙（沙梁）はあるが、崔と

漢姓作爲の最始

も鄭とも見當らない。私はこれやがて當代の眞相であると言ひたいのである、

新羅は半島の他の部分に比して一番文化が遲れて居た、それだのに儒理王代に漢姓の命名が行はれたとは信ぜられる筈がない。六村の漢姓李・崔・鄭・孫・裴・薛は……唐代の著姓であることに注意するのが一番捷徑であると思ふ。唐代支那社會の名門大族は、淸河・博陵の兩崔氏、范陽の盧氏、隴西の李氏、滎陽の鄭氏、瑯琊の王氏、河東の裴氏・薛氏、樂安の孫氏等である。今新羅の六姓を見るに、一個として唐代の第一流を占めた大族でないものがない。それが私をして六村賜姓の記事は、新羅統一後に於て、支那大姓を國史にとりこむことが、鮮支關係を圓滑にするものであるとした學者の考察によりて成立したものと想像せしむる理由の一である……いかに引上けても唐初を溯ることは出來ない。六朝にてありしならば、王謝の二姓が働いてゐなければならない。こゝまで論及した私は六村賜姓の記事をもつて、元和姓纂が出來上つた後のものであると判斷したいのである、元和姓纂は唐の林寶が、元和壬辰に起草した。祖光云ふ元和壬辰は皇紀一四七二年にして我が姓氏録撰上の僅か四年前なり羅末の學者崔致遠はこの書によりて改作したのではないかと思ふ。姓纂は崔盧李鄭の順序を改め、李は國姓であるからとして之を卷首に置いてゐるが、六村の首亦李氏である。何よりの證據であるまいか朝鮮文化史研究

實に周到なる考證である、之によれば萬多親王が我朝の姓氏録を編纂する際には、まだ半島には

我が姓氏録の韓族は漢姓を齎來せず

漢姓の作爲が始まらなかつたのであつた、半島より投化せる諸韓族が漢姓を齎らし來なかつたのは、もつて來べき漢姓がなかつたからであると知れた。然るにも關はらず、東國文獻考などによると、檀君の時に既に余守己といふ姓名の者がゐたり、箕子の時に王受兢といふ人が見えたりして居る、韓人の祖先とせずに支那人とすれば論のないことであらう、そんな事よりも直ぐ隣にゐた衛滿の子孫や公孫氏の裔が、朝鮮姓譜中に、どんな地位にゐたかが聞きたい、我が姓氏録の上に觀れば、

筆氏《フデウヂ》燕の相國衛滿公の後なり、善く筆を作り、十一流におよべり、玆に因りて筆の姓を賜ひき云云。是れ韓史の謂はゆる箕子四十一代の孫箕準を逐ふて其の國を領せる衛滿の裔である、之を燕の相國といふは、燕王盧綰の股肱であつたことを指すのである

麻田連《アサタノムラジ》　百濟國朝鮮王淮之後也と、是れ韓史で喧しい箕準の裔である

太秦公宿禰《ウヅマサノキミノスクネ》秦の始皇帝十三世の孫孝武王の後なり云云、是れ漢魏の史に見ゆる辰韓の秦族である、

常世連《トコヨノムラジ》　燕國王、公孫淵之後也と、是れ遼東の公孫氏の裔である、

右いづれも韓土に深き關係をもてる者なるに、箕子の裔と稱する者の外は、半島姓譜の中に其の疏族遠裔をも發見することが出來ない、是れ我が姓氏録は半島最古史よりも猶三百三十餘歳の年長者なれば、若き半島の記録は、此の老者見聞の舊に如かざるからである、

隣人よりの借用姓氏に即する勿れ

證して玆に至つて轉た復た言ひ得ない感に打たれる、今の鮮人の祖先は自ら好んで隣の漢姓を借り着して、己の家の祖神を隣の亡者なる聖賢の名に書き替えてしまつたが、其の議に與らず早く我

が内地に移つた同祖の族は、本來の眞を祭祀して其の祖をして餓ゆることなからしめた。君山氏曰く、

新羅六村の賜姓を唐代にまで引き下げたことは、不服の鮮人ゝ多くあらうが、虛心坦懷であつてもらひたい。漢人から借用した衣服を解き棄てこそ、民族文化の面目は發揮せらるるのである。現在の姓に即し、それに拘束されて、且つ惱み且悶へてゐるといふことは、時代の進運に伴ふものではないかと思ふ。

言や懇篤。仇にな聞きそ。

第六章　韓の諸神は多く日本に祀らる

第一節　我が神話と大陸神話の共通

我が神話の三貴子

我が神典の傳ふる所に據れば、大日靈《おほひるめ》貴尊《なちのみこと》天照大御神月讀命《つくよみのみこと》月夜見尊素盞嗚命《すさのをのみこと》須佐之男命は生を伊邪那岐《いさなぎ》大《おほ》神《かみ》に禀けたまへる眞の御兄弟にて、古事記に「三《み》はしらの貴《うづ》の子《みこ》」と稱す。之を自然神話と觀れば日・月・颪の三つの者を神格化したとされる。蓋最古の我民族信仰の本は、そこの自然に在つたの

であらうが、古事記の三貴子は自然神話より進める人文神話の事柄である、而して其の人文神話は、自然神話の上に嘗て存した信仰を將つて、以て之を實在の現神に移し捧げたものであると解したい、其のうちに於て、日神自然神話上のに對する信仰を、皇室第一の御先祖オホヒルメムチノミコトに捧げたるは、いとも優れたる人文の粹で、萬萬古にわたる不易の大義なるが、月神自然神話上のに對する信仰を捧げたツクヨミノミコトに至つては、人文の體に闕ける所があつて、まだ眞の歸依がまとまつて居ない、從つて此のミコトは、自然神として取扱はれ、日の神に對する關係上現はれたに過ぎない者とされてゐる、そして此のミコトとスサノヲノミコトを二神に別けて觀ては、解しやうのない事も起つてくるので、平田篤胤はツクヨミノミコトとスサノヲノミコトとを一神と觀て、古史成文に左の如く記述した。

月夜見命《ツクヨミノミコト》亦《マタノミ》御名《ナハ》健速須佐之男命《タケハヤスサノヲノミコト》云云。

伊邪那岐命《イザナキノミコト》。大歡喜而《イタクヨロコバシテ》中略。生終《ウミノハテニ》二柱貴子《フタバシラノウヅノミコ》ヲ得タリ也詔矣《トノリタマヒキ》云云。

是れ古事記に三貴子とあるを否定して、二貴子と爲したのである、篤胤の大膽なる此の改竄には、それだけの理由が具つてゐて、ツクヨミノミコトを天照大神とスサノヲノミコトの間に認めることの不條理なるに因るのであるが。熟ら考ふるに、此の不條理は神話その者の不條理でなく、神話を解する者の自ら招ける不條理なるを免れぬ。古來國學者は如何なる大家も、我が神話を以て我國に

月夜見命と須佐之男命

大倭神話本來の構成

限れる獨特無二のものと爲し、大陸に住ひせる我が同族が同一神話を有し居たとは氣が附かなかつた、勿論自然神話上の日神に對する信仰を、皇室第一の御先祖に捧げたは、我國に限れる獨特無二の事であるが、それを除いては、大陸族と我との間に共通の神話が存在し、我が神話の素盞鳴命《すさのをのみこと》を、大陸族は順瑳檀彌固《スサナミコ》と稱しゐたのであつた、そのスサナと日神との關係は、母子であつて、日神云戞靈明《ウカルメ》古代大陸族は日をカと音し大をウと云ふ卽ち大日靈《おほひるめ》の御名天照大神に一致した名の日の女神が、辰云珥素佐煩奈《シウミスサホナ》（東大《しう》海清白穗波《みすさはな》）に禊《みそぎ》して生むだ貴子である。因つて順瑳檀彌固《スサナミコ》（清白波御子《すさなみこ》）と名いふのであつて、我が國學者が素盞鳴命《すさのをのみこと》の名を釋いて、荒《すさ》まじき男《を》の命《みこと》と云ふのと義解を異にしてゐた。また其のスサナミコは亦の名を圖巳曳乃訶斗《ツクヨミカト》といひ、我が神話の月讀命《つくよみのみこと》と名を一にしてゐるのも轉た奇異である。此等の事は後卷に詳解すべきも、ほゞ是れで大陸神話と我が神話との共通性格を識り得られやう。

因つて想ふに、我が大倭神話の素成は、日月二神であつて、日の神は高天原に在つて此の國土に照臨し、萬物の化育を見そなはし、月の神は日の神に配して同じく高天原に在つて滄海原を治め、潮汐の干滿を主り、相竝んで光彩明麗、一は晝の仁《めぐみ》、一は夜の救《すくひ》と云ふことであつたと考へられる。是れが我が神話本來の事であつたのが、後に至つて出雲族との合體が歷史上の大事相となつて現象した、此の合體たるや、物質上の合體は二の次であつて、最も主《おも》なるは神話の合體であつた、言換えれば

神話の離合

相互信仰の和睦である、上古に於ける、斯かる場合の離合に於て、加藤咄堂氏は左の如く言はれた、

同一氏族を以て部落を形成し同一の氏神を戴きつゝありしものが、他の部落と併合せらるゝに當り、彼等の信仰心を滿足せしむるものは、此の二個の部落が、共同の祖より出でたる同一神の下にあるべきものたりと爲すか、此の二つの神が異性ならば結婚したまへりとし、同性なれば和睦したまへりとするか、抑も亦初より同一神にましませしとするか、或は又自己の部落の敗北したる場合には、其の神が見棄てたまひしとするかに外ならず（民間信仰史）

神話和合上の相互諒解

我が大倭族と出雲族との合體は、普通に謂ふ部落の合體とは異つた大きいものであつたのだが、合體心理は咄堂氏の言はれた孰《どれ》かであつたに違ひない。想ふに出雲族は大陸族の分體であり、其の有てる神話は大陸神話の分影であつて、其の神話中の主神は素盞《すさ》嗚命《のをのみこと》（大陸神話のスサミナコ）なれば、大倭族の有てる大日《おほひ》靈尊《るめのみこと》（大陸神話のウカルメ）とは母子の關係であらねばならぬ、それがどうして現存神話の上に、兄弟關係に成つてゐるのであるか、間《まま》或は夫婦關係とも怪まれる程の場面さへ見ゆるは、どうした事か、此等の說を盡さんとせば、其の言頗る長きに渉るを以て略するが、要するに彼我神話和合の上の相互諒解と見る外あるまい。

因に云ふ、今の朝鮮には古代神話亡びて何も傳つて居ない、故に朝鮮の古代神話を探らんとする者は、出雲神話を解剖して大陸神話（後巻に出す）にあはせ稽ふるを最も捷徑としやう、蓋し出雲神

話は大陸神話の分影なれば、朝鮮上古の神話が自ら其の中に含まれ居たりとする理由あるによる。

斯ういふわけから、日月二神によつて素成した大倭神話の中に、出雲神話を收容したのであれば其の主神なる素戔鳴尊に尊貴の位置と管治の塲處とを割當てねばならぬ事になり、そこで位置を天照大神及び月神の弟として崇め、管治の塲處を滄海原と常世國《とこよ》としたのであるが、それが爲め、月神は固有の滄海原を取られ、管治の塲處を失ふことになつた、されど我が神話の本體からいへば、月神と素尊とは決して一體でない、日神と共に明かに三體である、そして素尊を日神の弟としたからには、日・月・素の三神は共にイザナギノオホカミの生ましませる三貴子であらねばならぬ、月神存在の光華が素尊に包まれてしまつたのは、二神しか無い處へ素尊を收容したからであつて、月神は乃ち蝕の體なのである。之を要するに大陸神話には日神と素尊との二大神が母子の關係に於てあつて、而して出雲族の奉する所亦これであつたのが、大倭との合體に當つて、其の日神を以て大倭族の奉ずる日神に一致する者と爲し、之に信仰を徙し捧くると共に、大倭族の方でも亦出雲族の奉する素尊を以て、月神の地位に同じ者として其の地位を與へたのである。されどそれが爲に本來の月神が消滅したのではない、それをそうとも知らずに、三貴子とあるを二貴子に改竄したり、月神と素尊とを一體に作替へたり、其の他何の彼のと我が古典に懷疑をさし入れる學者たちは、大陸神話に就て何の識る所もないからである。

大陸神話は今や只我に存す

素盞嗚尊は右の徑路に由れる我が國の神なるは勿論、大陸に住ひしたる我が同族の主神であり、同時に亦韓土の神でもあつたに相違ない、然るに今の朝鮮には跡方もなく亡びて、獨り我國にのみ祀られてある。大年神《おほとし》も亦さうである。此の神は古事記に、須佐之男命素尊大市比賣《ひめ》を娶つて大年神を生むとあつて、本と出雲族系統の神なるが、我が神祇官に於て此の神に捧ぐる祈年祭《としごひ》の祝詞《のりとごと》に。

御年皇神能前爾《ミトシノスベカミノミマヘニ》。白馬《シロキウマ》白猪《シロキヰ》白鷄《シロキカケ》。種種色物乎《クサクサノイロモノヲ》。備奉氏《ソナヘマツリテ》。皇御孫命能《スベミマミコトノ》。宇豆能幣帛乎《ウヅノミテクラヲ》。稱辭竟《タタヘコトヲヘ》
奉久登宣《タテマツラクトノリタマウ》。

とあるに於て、大陸神なることが知られる。古へは猪鹿など神にも天皇にも、御食に奉れば、豚も奉りしなり加茂眞淵の言といへば、之を奉るを怪しとは思はねど、他の神神に捧ぐる祝詞に絕てこれ等の物が無くて、只獨大年神にのみ馬・猪豚なり・鷄と明かに稱へて奉るは、異彩であるまいか、この祈年祭は、令義解に。欲レ令《シメント》二歳災不《ズ》レ作《チコラ》。時令順度《ナラ》一。即於二神祇官一祭レ之。とあつて二月四日に行はせらるゝ重大の祭典である、それに支那式の犧牲にも似たものを備ふるは、何かの由來がなければならぬ、古語拾遺に。

大地主神と大年神

昔往《ムカシ》神代に大地主神の田を營《ツク》るの日、牛の完《ニク》肉也を以て田人に食はしむ、時に御歳神の子其の田に至つて饗に唾して還り、狀を以て父に告す、御歳神怒を發し、蝗を以て其の田に放つ、苗葉

忽ち枯れ損じて篠竹に似たり、是に於て大地主神、片巫・肱巫をして其の由を占ひ求めしめたるに、御歳神の爲せる祟なれば、宜しく白猪・白馬・白鷄を獻じて以て其の怒を解くべしとのことに、敎に依つて謝し奉る云云。仍《カレ》其の敎に從ひ、百葉復茂り年穀豐稔なりき、是れ今神祇官にて白猪白馬白鷄を以て御歳神を祭るの緣なり云云原漢文

大地主神が田人に牛肉を喰ましたといふ廉で、大年神が怒を發し蝗を放つてすさまじき祟を爲したとは、妙なわけの事であるが、要するに牛は、耕作に用ゆべき者で食ふべき者でないとして居た、古代風俗の禁戒を謂ふたものであらう、只判らないのは牛に易えて御食に雞猪もろとも馬をも供へることであるが、是は御食にあげるのでなく神の乘りめす爲であると謂はゞ、さう取る外あるまい、今一つ判らないのは大地主といふ神の神格であつて、古事記書紀のどこにも此の神の名が見えて居ない、そこで大地主神はやはり大國主神のことで、國を地に誤つたのであらうとの說もある、まづさう取るより外はあるまいが多分これは大陸神話中の者であらう、而して其の神格は大國主と同じものなるを、大陸では大地主といひ、出雲では大國主といつたのであらうと思ふ、大年神は更に偉神で大國主及び大地主の祭つてゐた神とされる者なのであらう、そこに幾分の撞着があるのは撞着それ自身が出雲神話と大倭神話との裏面關係を訐發すべき好立證になつてゐるのである、そして其の又裏面には大陸神話の存在が、極めて朧氣ながら認め得られる。

神話各自の撞着

之と與に併はせ考へなければならぬことは、大倭神話と出雲神話との他の撞着である、即ち大倭神話では諸冊二尊が斯の國土を固め成して居らるゝに、出雲神話では、大穴牟遲《おほなむち》（大國主神）と少名毘古那《すくなひこな》（船に乘り波の穗より現はれて上陸せる神）とが相竝むで此の國を作り固めてゐる、何とどこかに撞着が認められるではないか。大倭神話には大氣津比賣《おほげつひめ》の身體から蠶・稻種・粟・小豆・麥・大豆が生じたことに成つてゐるのに、出雲神話（書紀一書）ではスサノヲノ命が、鬚髮を拔き散して杉と成し、胸毛を拔き散して檜と成し、眉毛を櫲樟と成したと語つてゐる。殊に大倭神話には天《あめ》が下《した》をば我兒所御之國と勅らせあるに（書紀一書）出雲神話にはスサノヲノ命が大國主命に「高天原に永椽多迦斯理《ひきたかしり》て居れ、是奴《こやつ》よ」と詔したことを載せて居り、出雲風土記には、大國主命を稱して所造天下《あめがしたつくりませる》大穴持《おほなもち》命（大穴は大地の義）又は所造天下大神命と尊むである。其の他なほあれど略し、是れだけで見ても、大倭神話と出雲神話とは、相竝むだ獨立のもので、共に本來の性格を別有し居たものと知れやう、併し怪むに足らぬことで、本と大倭神話は、

共通の靈

大八洲の外なる大陸諸族にも廣く共通して居たのであれば、一の主權に統一されざる諸國の上には、其の神話が國每に獨立の風格をもつて居たのは當然である、故に山陰北陸には出雲神話、韓國には韓國神話、滿洲には滿洲神話と言つたやうに、國國に存在したるを疑はぬ、されど此の廣き範圍に渉れる諸國諸族の神話には、基礎に共通の靈が流れて居た、其の流れてゐた靈は出雲も同じであり、韓も同じであり、滿洲も同じであり、濊・貊・扶餘・肅愼・契丹・匈奴、及び漢族以前の支那先住民

にして東遷北徙に取遺され、周の諸侯と戰へる諸の夷族も皆一つであつたのである此の次第は後卷に辨じ又別著東族傳統史綱に詳載す故に出雲神話は、山陰北陸の地名の上に著はされたる韓の神話でなくて何であらう、韓の神話は其の韓土の上に現はされたる大倭神話でなくて何であらう。乃大陸神話の嘗て滿洲及び支那本土に亘つて擴がつて居たのは、是れ大倭神話出雲神話韓神話の擴がつてゐたのであると謂へる。乃亦出雲神話が大倭神話に合體したのは、即是れ韓神話が大倭神話に合體したのであるとされる、是

古韓神話の所在

に於て乃知る、韓の古代神話は我が神話の裏に存し、韓の古代神祇は我が天神地祇の靈に合體して倶に祀られあるを、例へば高勾麗始祖朱蒙の母なる河伯の女が、桓武天皇の御生母なる高野皇太后の謚號の中に存して祀られ居る如きである。

學者往往我が神話を批議し。日本神話は同じことを二度繰返して居る、一は出雲に、一は高天原に。と云ふてゐるが、それは其の通りである、されど其の重複を捉へて一を生かし、一を蛇足として殺すべく斥くるは淺墓な考と謂ひたい、殊に時代的政略の必要から時の朝廷の覺召しを以て作爲構成したかのやう論ずる者の如きは猶更である。神代史の研究津田左右吉氏著に於て、

神話の成立

先づ當面の事實たる天皇を現《アキ》つ神として崇敬する民族の心理より之を太陽崇拜と結合し、天皇を以て日神天照大神の裔とし、此日神と天皇家とを結合すべく、天孫降臨と爲り、更に求めて諾冊二神に入り、之を國土生成の父母とし、此國土と統治者たる天皇家とは密接不離の關係を

示すを本筋とし、其の傍系として諸種の民間說話の混合せられたのである（大意）と說かれたるに從へば、我が神話は有智の者が本筋を立て傍系を添へ、之を求め又之を求めて結合し且つ結合して造り上げた者で、神話本來の天眞は槪ね亡びたやうな事であるが、果して然りや否、加藤咄堂氏は民族神話の成立を說き、中に津田氏の右の言を引き且言ふ「神話は此の如くに有意的に作成せられたるにあらずして、かゝる順序によつておのづから開展し來つたので、こゝにも惟《かん》神《なが》の大道あり、我が國民の特色はある」といはれたは、眞に其のたがはざるに庶幾きを敬服する。

抑も我が一卷の神話には、中に出雲のと大倭のが載つて居るのであれば、同一意義の信仰對象に於ても、雙方の所傳に異る所あるを免れない、それが一卷の書の上で重複とも見え矛盾とも思はれ、撞着とも怪まれるのであるが、其處に乃ち本來の天眞が傳へられてゐるのである、例へば夫の大年神の如きは稔穀の神なれば、何處にもなくてならぬ神である、されば大倭にもあつたであらう、出雲にもあつたであらう、韓土にもあつたであらう、其の大倭に在つたは、いとも大神《おほかみ》で大國主を警めて蝗を放てる程の威神と大倭人には信じられてゐたのであらう、出雲のは素尊の御子よと出雲人にかしづかれゐたのであらう、韓國のは白馬白鷄白猪を供へる大年神であつたであらう、其の韓國のは出雲人に由つて大年神の子なる御歲神とされたのであらうが、民間信仰の上に、何時か皆一つとなり、遂に神祇官に於て其の一つに成れる大年神に鷄馬猪を供へて祭ることに爲つたと思へる、

大年神の子に韓の諸神多し

是れ只その一例を想像したに過ぎざるも、外の神神も概ね皆これと同じ關係に於て合體に至つた者に違ひなからう。以下日韓共通の諸神に就て猶考へて見やう。

第二節　大年御歳神社

御年皇神《みとしのすべかみ》は祝詞考に曰ふ、此神は、式に、高市郡に御歳神社、又同郡に大歳神社ちふもあり、古語拾遺には大年《おほとしみ》御歳《とし》神と引つゞけて有るによるに、本と同神におはすべし云云。されど神籍よりすれば大年神があつて又その子に御歳神がある、古事記に。

故其《かれ》の大年神《おほとしのかみ》。神活須毘神《かみいくすびのかみ》の女伊怒比賣《いぬひめ》に娶《めあ》ひて生みませる子大國御魂神《みこおほくにみたまのかみ》。次に韓神。次に曾富理神。次に白日神。次に聖神五柱又香用比賣《かがよひめ》に娶ひて生みませる子大香山戸臣神《おほかがやまとおみのかみ》。次に御年神二柱云云。

右大年神がイヌヒメに生ませた諸の御子は、謂はゞ皆韓土の諸神である、即その韓神《からのかみ》といふは、古韓の王統干靈《から》氏の祖神なるに庶幾く、又南韓の國名駕洛《から》を體したやうにもある。曾富理《そほり》神は高千穗の曾褒里《そほり》の山のソホリに一致した名で大倭神らしいが、併しソホリは古代韓土に於て殊に多く用ゐた詞で、新羅の蘇伐《ソボル》の如き乃亦史上に喧傳されてもゐる。白日神《しらひき》は大陸神話の耑礫濱兮《しらひき》（今の慶州附近に位置せる神）と其名相通ず、蓋亦州名斯盧《シロ》の素因たる神であらう。斯く類推し來ると聖神《ひしりのかみ》の名も亦韓土の古地

伊怒比賣

神活須毘

名を案して解釋すべきものであらう、多分これは平壤の古稱畢識耶《ひしや》聖りの宮の義に關係ある名なりと思ふ、この四柱が斯くあるからは、同腹の大國魂《おほくにみたま》も韓土の神であらねばならぬが、これだけは未だ稽へ得ぬ、稽へ得ないが推論は出來る、大陸神話で大國を沄《う》縕《く》といひ、魂《たま》を謨《も》といひしに考ふれば、大國魂は原名ウクモであつたかも知れない、して見ると此の御子たちの母なるイヌヒメも韓の女神なるに相違なからう、獨り大年神は日韓に共通した稔穀の神らしく、一方に偏して考へるわけにゆかない、但し大年神の子としてであるが、御歳神といふ同じ稔穀の神が又著はれて二體になつてゐるのは、韓の神話が出雲を透して大倭神話に合體した結果と思へる。言ひ換ゆれば日韓神話共通の上に一であつて二でない大年神が雙方に存して、遂に其の一方が一方の子に爲されたと云ふわけなのである。

また韓の諸神を生むだ伊怒比賣に就て考ふるに、伊怒は犬に國訓相通ずるのであるから、犬姫とは出雲族か大倭族の或る心理より韓の女神を貶稱したかのやうに取れもすれど、司穀の神なる大年神の妃とすれば、其の名伊怒は稲妻《いなづま》のいなであらう、又その父なるカミイクスビ神といふは、イクムスビのムの略されたるにて、我がカミムスビ神と思はれる、即彼に在てはカミイクムスビと謂ひ我に在てはカミムスビと謂つたのであらう、約言すれば雙方とも名の幹はムスである、東族古傳第四卷第三十七章に「神祖の後に辰沄謨率氏《しうむす》あり本と東表の阿辰牟須氏《あしむす》と一たり」といへるは、何かこの間の傳が後の世まで彼地にあつたものと思へる、此等の事から推して考ふるに、我が神話の中には韓郷の風趣が、あちこちに濃厚に存在すと知られる。

元來大年神といふは稔穀の司神なれば、國土あり民人あり農耕ある處には、當然ゐますべき者である、故に大倭にも出雲にも韓土にも、神話共通の上にそれぞれ有つたには相違ないが、如何なる徑路を履むで我が神話裏に合體に及んだか、今となつては審に仕やうがない、只他の類似の事柄に依つて髣髴する外なからう、それには伏見稻荷がよい例證ともならう。

伏見稻荷は亦司穀の神である、この稻荷は其の昔、山背《やましろ》に住せる秦氏が自家の神とし祭つたものであつて、山城國風土記神名帳頭注の引くに伊奈利《いなり》と稱するは秦氏の遠祖なる伊侶具秦公《いろくのはたきみ》といふ者、稻粱を積み富祐があつた、そこで餅を以て箭の的《まと》と爲したるに、その的白鳥に化して飛翔し、山峯に居て子を生む、その子を伊奈利と稱し遂に爲に社を立てた云云。後世これを稻を荷ふ翁の名に取做したれど、名の由來は稻稔《いなり》であらう、一歩進めて解けば稻光《いなびかり》のことゝされやう。夏の夜の遠き天末に毎に現れる稻妻《いなつま》を豊年の惠を與へる神慮の輝きと望み見て、それを神とし崇めたのが其名の原始ではあるまいか、之を女性に見立つれば大年神の妃なる伊怒比賣こそ其名の上にゆかりありげに聞ゆれ、東族古傳の神頌第四卷第四十三章に電女《いなめ》雲女《くもめ》の歌はれあるをも亦考に入るゝを要す。秦氏は秦の亡後、久しく滿韓に年所を歷、そして我に歸化したのであれば、伊奈利は彼等の其の年所の處に於ける神話中の者なるべく、乃亦韓神と思れもすれど、神名帳頭注には之を素盞嗚尊の女倉稻魂《うかのみたま》神と爲し、玉襷には豊《とよ》宇《う》氣《け》神としてある、蓋し以て大倭・出雲・韓郷に於ける三神合體の一證例とされやう、其の歸納は豊宇氣神を一に御膳《みけつ》都神と稱する所から、三狐《みけつ》神とも書いて遂に伊奈利を狐と思ふ者さへあるに至つた。

一の大なる大年神

大年神も右の例證に違はず、蝗を放つて大地主を讐めた大年神、伊怒比賣を娶つて多くの韓神を生める大年神、大年神の子と出雲族にかしづかれたる御歳神、その孰れが韓、孰れが倭なるは問はずもがな、其の歸納は神祇官に於て白馬白鷄白猪を供へて祭る所の、一の大なる大年神と爲つた。

附言、日韓古代の關係を明かにすべき神傳社紀頗る多く、韓國伊太氏《からくにいたて》神社・比賣古曾《ひめこそ》神社・出《いつ》石《し》神社・少名《すくな》彦《ひこ》神社等其外皆それぞれに興味多き者のみなるも、今これ等を旁ねく記るさんとすれば巻帙層大し事容易ならざるに至る、故に姑く其の衆きを省略し、寡きに就て日韓相互の關係を明にするに勉んとす、以下數節に述ぶる所のものは即それである、蓋亦一斑を窺つて全豹を知るの資たらんか、讀者其の備はざるを責むる無くんば幸である。

第三節　鹿春神社

韓來の三神

鹿春神社は豊前國田川郡香春に在る。豊前國風土記に「田河郡鹿春郷、昔者新羅國神、自渡到《ミヅカラワタリキ》來《テ》、住㆓此川原㆒、便《スナハチ》名曰㆓鹿春神㆒」云云。靖方溯源に「按するに延喜式神名帳に、田川郡三座、辛國《カラクニ》息長大姫大目命《オキナガオホヒメオホメノ》神社・忍骨命《オシホネノ》神社・豐比咩命《トヨヒメノ》神社とあり中略釋日本紀に、忍骨は忍穗根《オシホネ》、又忍穗耳《オシホミミ》に同じとあり、蓋し古傳に素盞嗚尊、辛國息長大姫大目命を娶り、忍穗耳尊を生み、天照大神之を子養し給ふと云ふ說あり、記紀の所傳と異りと雖、風土記及神名帳と符合せり」云云。

靖方溯源に擧げたる此の古傳はスサノヲノミコトが韓國の女神と婚したることを傳へたるものにて、古事記及日本書紀に無いことである、記紀には只内地の女神と婚交し給へる事のみを載すされど此の古傳が却つて風土記や神名帳に符合するを稽へねばならぬ、ミコトの韓國に於ける位置上、彼國の女神と婚したまふは當然あるべきことで、之を無しとするは不自然なるを免れぬ、此の點に就ては我が記紀に懷疑なきを得ない、どうも我が記紀は韓國との神話關係を抹消し去つたやうにある、之を蘇復するは今後の研究に存すれば、大國主命が古志の女神と婚した事なども、其の古志を内地の越《こし》とのみ考へずに、韓の古地名古志前出にも考を及ぼして廣く辨へねばならぬことであらう。そして素盞嗚尊が辛國《カラクニ》の女神を娶りて、忍穗耳尊を生み給へることは、記紀の言はざる所であるが、忍穗耳尊が素盞嗚尊の御子にして、天照大神の御猶子なることは記紀の上に明かである、此の御猶子の尊は高靈產神の女栲幡《タクハタ》千千《チヂ》姫を娶り、鸕鷀草《ウガヤ》葺不合尊《フキアヘズノミコト》を生み、葺不合尊又海神の女玉依媛を娶りて神武天皇を生み給ひたのであれば、皇室の御系譜を溯れば、日韓一體海陸一域の廣き上に、皇祖の立たせ居たまひたることが仰がれる、何ぞ必しも大八洲從來國學者の執れる狹きの上とのみ申さんや。

さて鹿春三神の上に就てなほ稽へんに、續日本後紀に「香春峯に坐す神三座、辛國息長大姫大目《カラクニオキナガオホヒメオホメノ》命《ミコト》一社（一に大を火に目を日に作る）忍骨《オシホネ》命一社、豐比咩《トヨヒメ》命一社、以上三社」とあるのが即ち豐前風土記に韓土よりの渡來神と指せるのであれば、三社とも皆もとは韓神であらう、處でひとりは、其の名が神功皇后の御名息長帶比賣《オキナガタラシヒメ》に似かよひ、ひとりは天照大神の御猶子忍穗耳と其の名相かよひ、ひとりは皇后の御妹豐姫と同名である、是には深きわけのある事であらうが、差當つての疑問は、それが韓神自體の名であつたのか、或はそれぞれの名を韓神に負はせたのか、どうかである、伴信友は「息長大姫は神功皇后にて、大目命は韓の神なるを、合はせるなり」と言ふてゐるが、或はこの見方が眞を穿つたものであるかも知れない、乃ち香春三社の一なる辛國息長大姫大目命といふは、皇后の御名息長大姫と韓神の名大目とを一に合せて、それに辛國（韓國）を冠し命の尊稱を附したものとされるのである、後世日韓と別れてからは有るまじき事なれど、其の古に在つては、倭といひ、韓といふは、只一域内の稱呼に過ぎずして、其の間に彼我の區別の無かつたことが、是でよく諒解されやう。信友また曰く、「そは皇后韓國征伐の時、大目命・忍骨命・豐比咩命の舊と歸化せる神なる緣により、祀られたるにて、即是風土記なる香春神とさせる社ならんか」と。

淀姫神社

皇后の御妹豐姫の事は、前章日槍氏族の記中に述べたる通、一の名は玉姫、亦の名は淀姫にて、肥前の與止日女《ヨトヒメ》神社（肥前國風土記に云ふ、人皇三十代欽明天皇二十五年甲子冬十一月甲子、肥前國佐賀郡與止姫神有二鎭座一、云云。）筑後の豐比咩神社（三井郡に在り）山城國の與《ヨ》止《ド》神社及び筑前國松浦郡平戸御厨浦の與止神社など皆皇后の御妹なる姫君を祀れる社と聞え、前述の香春の豊比咩神社も亦同神なりとの説が多い。ただ伴信友は香春の豊比咩を、難波の比賣碁曾《ヒメコソ》神と同名異神なりと言ふてゐる、さう聞いてみると難波の比賣碁曾（韓神）は赤玉（或は云ふ白石）よりの化生であれば、玉姫といふに生れながらの因縁を有つて居る、又豊國の姫島に祭られてもあれば、豊姫といふに因みがある、そして難波を第一の社としてゐるのであれば、淀川の名に深き契もあつて淀姫とも稱へられる、斯く皇后の御妹なる姫君の三つの名（豊姫淀姫玉姫）に妙契した奇しき生涯をもてる此の女神は、豊前の香春に在つては、姫君の名そのまゝに豊比咩となつて祭られて居るのかも知れない、日か韓か將た別か、上代の神人には其の差別なかりしこと亦以て知られる。猶香春三神に就ての別の考には、其の主神なる大目命の目《メ》は母《メ》と解され、大母は神功皇后の御母方なる日槍家の祖先にます女性の神とされる、星野大學教授は皇后の御母高額媛《タカヌカ》ならんと爲し、吉田東伍博士は、大母は高額媛とも限るべからず、唯神功皇后の息長家の外戚の祖母、新羅の辛國《カラ》より來ませるを、神として此に祀れりと見るべし、と言はれたが、どちらかといへば予は吉田氏にくみする、之に從へば辛國息長大姫大目命と云ふは、息長家の縁に繋がる韓國の大姫なる大祖母《オホメ》のみことと訓まれる、猶考へやう。

第四節　牛《ご》頭《づ》天王

昔は俗に「天王さま」とさへ言へば、それはスサノヲノミコトのことであつた、明治維新の後神佛を分け定められてから「天王さま」は須賀神社となつた、一例を擧ぐれば、東京市四谷區の今の須賀町は、昔し天王横町と稱へた街で「天王さま」に參詣する隨一の路であつたのだが、須賀神社と改つてから乃ち町名も須賀と改つた。斯ういふ例は諸國に隨分あつたらうと思はれるが、なぜ「天王さま」と云ふたかと言ふに、それは其の當時スサノヲノミコトを牛頭《ゴヅ》天王と稱したに因る。

栴檀香

牛頭天王とは本と栴檀香を産する摩羅山の神徳を表したもので華嚴經に依る世間でいふやうな異相の荒らくれた神ではない、故に異相の牛頭天王は本と佛典から出た者でなく、陰陽道の方面から湧出でた者である、該天王の形相を頭に黃牛の面を戴き兩角尖れること夜叉の如しなど云ふは、陰陽家の奉ずる簠簋といふ書に見えてゐる事で、佛門の者の與り知らぬ事である、尤も佛說秘密心點如意藏王陀羅尼經に。凡そ天王に十種の反身あり、曰く武塔天神、曰く牛頭天王、曰く鳩摩羅天王、曰く蛇毒氣天王、曰く摩那天王、曰く都藍天王、曰く梵王、曰く玉女、曰く藥寶明王、曰く疫病神王。と見え、また天刑星秘密儀軌に、牛頭天王が癘鬼を縛繫し疫難を禳除する修法の事など見えてはあれど、鹽尻書名に。然れど此は共に一切藏經目錄に載せざれば、僞經なるに、まして內典に載せる事實なき上は彼の說もと天竺より出でたる證とは成らず。と論じてあつて、いかにもと肯かれる、但し陰陽道と佛法とは頗る善く融和したのであるから、佛氏が陰陽家の說を歡び迎へ、以て方便にしたるは爭へぬ事實である、從つてスサノヲノミコトをあられもなき異相の荒神に爲したのも、陰陽道に淵源して佛徒之を造上げたとされやう。

陰陽道の大家は安倍晴明にして、其の道の者は晴明を大宗師とし仰いで居る、なほ其の先輩に吉備眞備がある、蓋我國陰陽道の祖は眞備であらう、彼は其の道の本家なる支那陰陽道者の唱ふる天王を、我國の上古に實在した有力著名の神に擬定せんと欲し、素盞嗚命を請じて、牛頭天王に爲つて貰つたのである、されば牛頭天王辨に。須佐之男命を牛頭天王としたるは、吉備公の所爲なること著明なり、其は唐土に往きて、天竺の牛頭山に出づる栴檀香の熱病を治すること祖光云ふ、華嚴經に曰く、摩羅耶山に栴檀香を出す、名けて牛頭と曰ふ、若以て身に塗れば設ひ火坑に入るも火燒く能はず云云。一切經音義に曰く、赤白の二種あり、赤き者を上と爲す、能く熱疾瘡腫を除く云云、或は彼國に聞ゆる牛頭山祖光曰く、杜甫の作に牛頭山に上るの詩あり、註に云ふ、山形牛頭に似て、四面孤絕、上に長樂寺ありの事をも聞き得しより、風土記なる武塔神の故事に附會せられし事と見えたり。と論じてある、其の風土記とあるは、備後國風土記に「北海の武塔神、南海の龍女に通ず、深津郡須佐能表能《スサノヘノ》神社に在る也」とあるを指していへるもの、之を吉備公の所爲と云ふは、吉備眞備の唐より歸るや、牛頭天王を播摩の廣峰に祀りしを指せるにて、貞觀十一年僧圓如これを山城國八坂鄕なる感神院に移し、同十八年藤原基經精舍を造營して祇園と名づく、今の京都の祇園社は是である（廿二社注式に曰ふ、牛頭天王は初め播摩の明石浦に垂跡し、廣峯に移り、其後北白河東光寺に移り、其後人皇五十七代陽成院慶元年中感神院に移る云云）

八王子

神代口訣に曰ふ、牛頭天王は素盞嗚尊なり、或は武塔神と號すと。祇園縁起（本朝神社考に載する）に云ふ、天竺の北に國あり九相と名づく、其國に園あり吉祥と名く、其の園中に城あり、城中に王あり、牛頭天王と名け又武塔神と名く、娑竭羅龍王の女を娶り后と爲し、八王子を生む、其の眷屬八萬四千六百五十四神云云。實《げ》に祇園には、中央に素盞嗚尊西殿に稲田姫、東殿に八王子を祀つてある。

津島神社

牛頭天王の辨、概ね斯の如くなれど、尾張の津島神社なる牛頭天王に就ては異つた傳がある。蓑笠雨談に曰ふ、津島は名古屋を去ること五里許、六月十四十五、午頭天王祭あり（祖光云ふ玆には牛を午に作りあり）或る説に云ふ、欽明天皇元年はじめてこれをまつる、神はじめ西海の對馬に降り、後に尾張の海部に移るよりて其の舊地を表して、津島と號す云云。此の傳説の方が京都祇園の諸説より遙に古いものかと思はれる、これを素盞嗚命と爲したるは、吉備眞備又は僧圓如の所爲であらうから、其の以前よりの傳説には、そんな附會の事は無かつたに違ひない。浪合記に、尾張國海部郡眞庄津島の社なる牛頭天王は、欽明天皇の御宇、海部郡中島に光を現はす、神託にわれは素盞嗚尊なり、此のところにさして日本を惣鎮座したまふ云云。此の説の如きは、京都祇園の附會説が出てから後、これに倣ふたものらしい。鹽尻に「日本後紀・類聚國史等、牛頭天王の祠を建つるの事なく、當時天下に疫多かりしも牛頭天王を祭るの説なし」（原漢文）とあるに見ても、津島神社の眞の古傳には、其の祭神に牛頭天

蘇民將來

韓神渡來して牛頭天王と稱さる

王の名の無つたことも判知される。されど對州から渡つた津島と云ふ神の容貌が牛頭天王の名に相應する異形のものであつたらうとは推想し得る、何となれば大陸族の神話中に、さういふ形相の神があるので多分その神が對馬を經て渡來したのであらうと思はるゝに由る、之を說明する前に、猶一應牛頭天王の身の周圍に就て調べて置く必要がある。

牛頭天王の偉績は巨旦といふ夜叉國を討伐したに在る、そして此の神の誓願は蘇民將來といふ者の一飯の恩に報ずるため、其の子孫を保護して疫癘より免れしむるに在る、之に由りて牛頭天王に關係ある社寺は、惡疫禳除のため、蘇民將來子孫也と書いた呪符を世の人に頒ち來つて、信濃の國分寺の如き亦それに由つて著名である、之に就て民間信仰史は曰ふ、「蘇民將來のことに就ては殆ど典據が明かでない、或は朝鮮の神ならんかといひ、又印度或は西域の神ならんかと考へられて居るが、兎に角牛頭天王に付隨して渡來したもので、我國固有のものにあらざるは、其の名に於ても明かで、或は蘇民將來といふ呪符の文を人格化したのではあるまいかとも考へらる」、云云 祖光云ふ。備後國風土記には蘇民將來をソミハタキと訓むで居り。蜀山人の一話一言にはシユミンチウライとある。雍州府志には、蘇民將來の社は祇園第一の攝社なりとあつて、其の祀られてあることを記して居る、

隨分考證家の頭を惱ました問題であるが、予が新に發見した大陸神話で見ると、巫軻牟《フカム》山今の長白山に耆麟馭叡阿解《キリコヱアケ》といふ神があつた、順瑳檀彌固《スサナミコ》の子で、頭に双角があつたと云ふ、また然矩丹《ネクタ》今の吉林省寧吉塔に宮づくりして居り、好んで鬼魈を捉へ、蘇命遮厲立桿禁呪二十四般之法を頒つたとの事である、

其の蘇命遮厲《ソメイシヤライ》（瘧に同じ）と云ふ呪法の名が、蘇民將來と聞え傳はり、遂に人格化され、京都祇園の攝社に祀らるゝことになつたのであらう、また居旦《コタン》といふ魔は見えないが、然矩丹は魔國であつて、それを神子が平らげたと云ふやうな副神話が伴つて居たかとも思はれる、そして神子が頭に双角をもつて居たと云ふのであるから、それは確かに牛頭天王の形相である、要するに韓土の神であるから、對馬より渡來したといふ傳說は、其の道筋よく叶ひ、古るき傳と思はれる、吉備眞備又は僧圓如が佛典より牛頭天王の名を假り、そしてそれを素盞嗚尊に當てたのは、此等の古るき傳說の上に根ざしての事であらう。

第五節　平野神社

平野神社の主神は韓神なり

京都平野の神は昔より、我國八大氏族（平氏、源氏、高階氏、大江氏、中原氏、清原氏、菅原氏、秋篠氏）の氏神と崇められ、今は官幣大社として威稜彌增しに赫灼たるが、其の主神は韓神である。されど雍州府志に「平野の社は天滿宮の西の野に在つて、祭る所四座、第一殿を今木《イマキ》の社と名つけ、源氏の祖神にして、日本武尊なり、第二を久渡《クド》の社と名づく、是れ平氏の祖神にして仲哀天皇なり、第三を古開《フルアキ》の社と名づけ、高階氏の祖神にして仁德天皇なり、第四を比咩《ヒメ》の神と名づけ、大江氏の祖神にして天照大神なり」とあり。また二十二社注式にも此の通りあつて、只第四の比咩の神を相殿比賣《アイドノヒメ》に作り、別に縣神《アガタノカミ》（祖光云ふ平野社内に此

平野の神歌

の神あり蓋し擬社なるべし を擧げて天照大神の子穂日命と註し、中原・清原・菅原・秋篠四姓の氏神と記してある。公事根源にも、平野祭神を八姓の祖神にてましますなるべしなど誌るされてあり、二十二社本緣には。平野社、常《つね》仁《に》波《は》仁徳天皇乃《の》垂跡登《と》男《ま》寸《をす》、或和《は》又仁徳乃《の》御弟登《と》茂《も》云《い》惠《へ》利《り》、舊記不詳 中略 若《もしくは》 隼總別《ハヤブサワケ》乃《の》皇子歟 祖光云ふ古事記には速總別命とあり 是波《は》應仁第八乃《の》御子、繼體天皇乃御高祖父也、猶可ニ勘知」。とあつて仁徳天皇といふに若干の疑問が書かれあるも、後宇多院の御製 新千載集 に「今もなほ民のかまどの烟までまもりやすらむわか國のため」とあるは、平野の題に於て詠ませ給へるのであれば、平野の神を仁徳天皇と信じたまひしに由るべしと窺はれる。

かほどまでの傳もあり、八姓の長者がそれぞれ己の氏神と崇めて古來祭儀にあづかれるを。さに候はず實は韓神にて候と說き出すことの如何あらんか、躊躇すべきであるが、是は一に伴信友の爲せる精緻なる考證に據るものにて、其の考證は拾芥抄にも引いてあり、神祇覈錄にも載せてあるので、猶念のため平野社に詣でゝ祠官の人に尋ねたるに、學問上からは確かにさう云はれもするとの答を得たれば、左に韓神の事わけを述べることにする。

袋草紙 藤原清輔朝臣の著 に、平野の御歌「白壁の。みこのみおやの。おほちこそ。平野の神の。ひひこなりけれ」と見えてある。これは平野の神の詠まれた御歌といふことであるが、譯すれば「白壁 光仁天皇 の皇子《みこ》 桓武天皇 の御母《みおや》 皇太后高野氏 の祖父《おほち》 皇太后の父乙繼公の父某 こそ平野の神 百濟の聖明王 の曾孫《ひひこ》 即ち乙繼公の父某 なりけれ」といふのである。

平野の今木神は百濟の祖神

信友曰く。

平野の歌の意、さばかり物どほくよみなせるは、その祀れる本ッ神の韓人なるを諱むこゝろばへありて、詞を廻還して、秘説の如くよみなせるにて、其の古しへの一つの文藻にもあらむ。一首の意旨をとりすべていふ時は、平野の神は、乙繼公の父某の曾祖父《おほち》なりといへるなり、これによりて推考ふるに、其の平野の神は、百濟の純陀太子即位して聖明王と云へるに當れり、(中略)聖明王より、乙繼公の父某まで四世なるを、武烈紀七年に百濟王遣ニ斯我君《シガキシ》一進レ調云云、遂有レ子曰ニ法師君《ホウシキシ》一、是倭君之祖也、とある年歷のほどをもて推考ふるに、斯我君は聖明王が若き頃の子なるべし、さて斯我君が子の法師君すなはち聖明王の曾孫に當りて、歌に平野の神の曾孫《ひひこ》なりけれ、といへるに當れり、（祖光曰く恐らくは此の文、法師君の下に缺句あらん）然ればその世系もおほほしからず、平野の本ッ神の聖明王なることもますます證明《あきらか》なり。

按ずるに平野の歌を以て推せば寔に右の如くなるが、皇太后の諡に、百濟の始祖東明王の母なる柳花（百濟が國母として廟祀せる者）の古事を引き用ゐて奉れる事などを考へると、平野の神は聖明王でなく更に其の古の遠祖かと思はれる、但し何の考據もないので、主張はされぬが、聖明王では何となく淺いやうな心地せられる。信友も最初は、朝鮮史略に百濟王立ニ東明王廟及國母廟一とあるに考へて、百濟王族の歸化せる者、これにならひて、祠を立てたのが、今木《イマキ》神ならむかと思ひしかど、それでは夫の神歌にも合はずと思ひなほし、聖明王に證定したとのことである。そこまでの證定を與ふれば神歌も裏に籠め置いた心の讀まれたるに滿足したであらうから、それ以上神歌に泥む必要はなからう。なほ信友の考證に據り並に神社覈錄等に稽ふるに、平野神と申すは、今木神を主と祭りしにて、こは和氏《ヤマト》高野氏と改む、高野皇太后の御生家なること、前章の百濟族の記に述べたりの祖神で、桓武天皇なほ大和國にゐませし時、田村の後宮に移し祭り給へるを、山城國に遷都の際また移して今の平野に祭られたのである、これを今木神と稱するは、今木は大和國の地名欽明紀に今來、齊明紀に伊磨城、雄略紀に新漢（イマキと訓む）孝德紀に今城にて當時名高く聞えたるが、其の地今詳かでない、吉野郡に今木村あるは、或はそれならんかとの說もある、いづれにしても和氏の祖が、百濟より歸化せる初め、イマキと稱する地に住むで、其の地に祠を建て遠祖を祀り、やがて今木の神と稱して世世崇め來つたのが本であらう。

平野神社四座の中、今木の神は右の通りとして、さて久度《クド》・古開《フルアキ》の二神はいかにと云ふに、祝詞考に「久度神社は神名式に平野郡に出づ、今も同郡龍田の立野の社近き所の、大和川の河邊に久度村ちふ里ありて、その氏神を齋ふ社を、平野に坐《いま》すと同神なりと國人いひきと」、見ゆ「平野に坐すと同神なり」の十字伴信友の改めたるに從ふ、故に祝詞考の原文とは異るまた古開神は、祝詞考に「いづくにや古くも今も、考ふべきものなし」とあつて、流石の加茂眞淵も其の所由を究めかねた、信友も「古開と云へる地名、書どもに見當らず、今も聞及ばず、山邊郡に布瑠《フル》村、宇陀郡に安騎野《ヤキヌ》、また阿紀《アキ》神社などは、古くきこえたり、こはせめていふなり」と云ふてあるが、兎にも角にも大和國に在つたことだけは疑ないことである、なほ一つ相殿比賣神《アヒドノヒメノカミ》も考ふるに由なしといはれてゐる。

之を祝詞の上に稽ふるに、今木神の廣前《ひろまへ》に白《まを》される詔詞に、今木《いまき》與利《より》仕奉《つかへまつり》來流《きたれる》とあれば、大和の今木より平野に遷せること明かであり、また久度・古開二神に白す詔詞にも、久度《くど》・古開《ふるあき》二所乃《ふたところの》宮爾之氏《みやにして》仕奉來流《つかへまつりきたれる》とあれば、大和の二ヶ所より平野に遷せること亦明かである、相殿比賣神には祝詞がない。また之を神位の上に見るに、延暦元年に今木は從四位上（祝詞考に據る是れ大和に於ての叙位）同二年十二月久度は從五位下（續日本記に出づ、是れ大和平群に於ての叙位）承和十三年十一月、今木は正四位（是れ京都平野に於ての叙位）久度古開二神は從四位上（續日本後紀）嘉祥元年比賣神に從五位下（續日本後紀に無位合殿比咩神《アヒドノヒメ》とあれば此の時まで無位におはしたのである）これより度度進めたまひて、貞觀元年に今木は從一位、久度古開は從三位、比賣神は從四位下、同年の末に今木は正一位、次次進階有つて、後は平野は總て正一位になつたのである（祝詞考に依る）

斯く、これかれの品卑《しなおと》れる御扱《あしら》ひぶりもあつて、今木を首位として、久度古開を次位とし、比賣神には祝詞もない所から見ると、其の比賣神を天照太神とは、いかにしてもさう見奉ることが出來ない、古開を仁徳天皇、久度を仲哀天皇と申すことも、今木より品おとれるやうな御あしらひに見て、さうとは信《う》け難い、從つて今木を日本武尊とすることも其の御あしらひの特に他三神に優れて居る上から却つてさうとは思へぬ、後には四神とも總て正一位に進むで同格に爲つたれど、主神は依

久度・古開・比賣三神

然今木神なること祝詞の上に明かである。信友が「按ふに、祝詞は始て平野に三神を祭り給へる時のままに、例として申させ給へるにて、當昔《そのかみ》四柱同じさまに鎭座ましたらむには、比賣神一柱のみ除き給ふべきにはあらざるべし」といへるは、いかにもさう思へて、比賣神は三神より後れて平野に祀られたことが判る。

久度・古開・比賣の三神に就て、伴信友にそれぞれの考證あれど說長ければ略し、只其の考證の歸納だけをしるさんに、久度神は土師氏の始祖土師部臣某土師氏は高野皇太后の母方の家にて大枝氏と改姓す古開神は桓武天皇の外曾祖父大江某本姓は土師宿禰比賣神は同外曾祖母毛受《もず》氏とのことである。天皇の詔に、百濟王等は朕の外戚也延曆九年二月の詔宜しく朕が外祖父高野朝臣・外祖母土師宿禰に、並に正一位を追贈し、土師氏を改めて大枝朝臣と爲すべし同年十二月の詔とあるを稽ふべきである、之に緣る百濟王族の光榮は前章にしるしたれば、反つて合はせ考へんことを望む。

要するに平野の神四柱は、すべて百濟族の祖神の顯彰されたものと思はれる、現に今木神のみならず他の三神も總て百濟なるべしとの說あれど、其の說なほ具はれりとは爲し難きふしもあれば、爰には言はぬ、又平野の神を平氏・源氏等八姓の氏神とするに至つた徑路、並に此等の大族が平野の祭典に奉仕した事など、頗る研究に興味あることながら、今は述べてゐる暇がない、何にしても伴信友が「平野は桓武天皇の外祖神なり、中古以來異說眞を亂し、或は八姓の祖神と爲し、或は仁徳の廟と爲すは、皆式文に齟齬す」と喝破したるは此言神名張考證に在り桓武天皇の外戚に對する厚き大御心にも副へる眞の卓見である、この卓見に因り、中古以來隱れたる百濟王族の祖神が、再び世に顯かになつたのは、其の神たちも如何に嬉しと覺しめすらん、是れといふも日韓同族の遠き幽契からであるが、斯かる幽契の籠り居れりとも知らずに、京都に遊ぶ鮮人が平野の社を等閑《よそ》に見て、心なく過き行くはいと惜しき事である、當昔《そのかみ》の平野の森のあや杉の、根《ね》の堅洲《かたす》國の人に告ぐ。

第六節　新羅明神

我是新羅國之神也

源氏の長者八幡太郎義家の舍弟新羅三郎義光によりて廣く世に聞えた新羅明神。舞本烏帽子折に「大津のしんらへ御まゐりてありて、しんら三郎殿となのらせ給ふと、うけ給はる」とあるに由りて、神の所在が近江國大津とは知れる。和訓栞には、新羅明神は叡山の麓にありと出てゐる、そしてその神の素性は、諸社根元記に。新羅大明神、素盞嗚尊也、智證大師勸請。としてあるが、本朝神社考を見ると　新羅明神者、天安二年圓珍師泛レ船自レ唐歸、洋中忽有二老翁一、現二船舷一曰、我是新羅國之神也。とあつて韓神なるを明かにしてあり、神社考詳節に。新羅明神者、三井寺鎭守也、僧圓珍自レ唐還時、老翁現二于船中一曰、我是新羅國之神也、珍歸朝、以爲二三井寺鎭守一。とあつて三井寺の鎭守を韓土の神なりと證して居るが、これはそも何者なのであらうか、そしてこの老翁神は山城を貶《けな》して江州を揚《ほめ》て居る。といふのは、僧圓珍入京し、傳來の敎籍を將つて尙書省に藏めんとした時に、此の神乃ち現はれて、此のところ經書を置くに堪へず、是の日域の中、一勝地あるを我巳に見届け置きたりと告げ。また叡山の山王明神が形を現はして圓珍に傳來の經書宜しく此所に藏すべしと勸請した時も、老翁神復た現はれて、此地は來世に必喧爭あれば置く可からずと反對し、南行數里是を勝處と爲すと推奬し、遂に御井《みゐ》に經籍を置かしめた、御井は後の三井寺の地そして珍に語つて我れ居を寺の北野に卜せりと曰へる時、百千の眷屬たちまち來つて圍繞せるが、唯珍にのみ獨り見えて、他人には見えなかつたと云ふ事もあれば、此の老翁神は、新羅の神であつて、そして江州の神となつて居た者と知れる、從つて眷屬をも其の州に有つて居たのであらう、此の眷屬は何者、此の老翁は何者。

江州に於て之に合はせ考へみるべきは、白髭《シラヒゲ》明神である、本朝神社考に臺徒家の說として記すを見るに。

昔し人壽二萬歳の時、釋尊嘗て一たび今の比叡山下大宮權現垂跡の地に來れることあり以上大意抄錄
其の後ち人壽百歳の時、釋尊又天竺より豐葦原中國に到る、時は鸕草《ウガヤ》葺不合尊《フキアヘズノミコト》の世なり、釋尊樂々《ササ》浪《ナミ》歸《ヨスル》志賀浦に到り、釣魚翁に逢ふ、翁は地主たり、釋尊曰く、我れ此所に佛法を弘めんとす如何、翁答て曰く、我れ久しく此の地に主たり、我れ人壽六千歳の時より今に至るまで湖水の變して蘆原

と爲るを見る、若し此所佛法の結界と爲らば、則吾に釣處なしと、釋尊將に歸らんとす、會《タマタマ》藥師善逝、東方より來り告げて曰く、我は人壽二萬歳の時より此地の主たり、彼の老翁未だ我あるを知らざるなり、我何ぞ之を惜まん、今釋尊に獻ずれば宜しく佛法流布之山と爲すべしと、相約し己にして東西に各去る、翁は白髭明神なり、嘗て曰く、我れ近江湖水の七たび變枯して桑田と爲るを見たりと、原漢文

周遊奇談には、近江國高島郡白髭村白髭明神、祭神は猿田彦命也としてある、想ふに白髭明神といひ、新羅明神といふも、いづれも江州の地祇にして、古から傳說されて居たものであらう、それを佛家が己の物とし收め、一は以て延暦寺と三井寺との確執に用ゐて叡山を貶斥し、一は以て民間信仰の上に佛の無量壽を宣して以て自家の說を恣にしたもので、其の說たる取るに足らずと雖、白髭明神を人壽六千歳の時からの土地神とし、新羅明神を新羅國の神としたるは、古傳自ら其の中に存するものあるを覺ゆ。

新羅・白髭の二神は日槍族の齎來

江州は日槍族の古く住むだ國である、其の族人はその本國に於て有《も》つてゐた信仰を齎來したに違ひない、其の信仰の對象物中には、大陸神話のいはゆるシラヒキアケ神があつたであらうと推想される、このシラヒキは白髭《シラヒゲ》に聞え、其の聞えは白き髭もつ老翁の風格を眼のあたりに表現せしむる、是れ新羅明神も白髭明神も共に老翁なる所以であらう、神道家が白髭明神を猿田彦としたのは、ど

ういふ縁由からかよく判らぬが、新羅明神を素盞嗚と爲せるは自ら道理あることである、我に在つての素盞嗚《スサノヲ》は大陸神話に在つての順瑳檀《スサナ》で、そしてシラヒキアケの父なれば、日槍族は無論これを齎來したに違ひない、而して彼等は其の本國より奉じ來つた順瑳檀が、つまり我が素盞嗚なりと識つて、乃ち我が素盞嗚に隨喜したのであらう、また其の奉じ來つたシラヒキアケが、筑紫の白日別《シラヒワケ》・出雲の白日神《シラヒカミ》と一體なるを知つて、之に向つて眞榊《まさかき》を捧げたであらう、彼我の神話もと共通なれば、日と韓との區別が、其の上には無かつたのである、新羅明神が新羅國之神にして、江州に居を有し眷屬をもつてゐたのは、日槍族の奉じ來つて、江州に祀れるシラヒキアケなるに由らん、白髭明神も亦それであつてシラヒキ、シラヒゲ、シラキ即是同名一神である、そして韓半島の日本海に面した地方を古るく斯盧と稱し、三國になつて新羅といへるも、其の上古に溯つたら、シラヒキ神の名を負へる、シラヒキといふ地方名であつたらうと考へられ、ヒが何時か略されてシラキ（新羅）といふことに成つたのであらうと思ふ。

越前に於ける新羅名稱

日槍族が近江に住み又若狹に棲むだことは舊紀に依り明かに知らるゝ、越前はすぐ其の隣なれば近江と同じやうに白髭《シラヒゲ》・新羅《シラキ》と云ふ如き神名若くは地名あるべしと尋ねたるに、渉獵甚淺しと雖猶左に記する如き諸傳に接し得た。

信露貴彦《シラキヒコ》神社……文德實錄に曰く齊衡三年九月丁巳越前國信露貴彦神に官社を授けらる云云。

信露貴山信露貴川……越前國名蹟考これを南條郡に載せ、信露貴川は信露貴山麓に出づ云云。

白城《シラキ》神社……神名帳考證に五十猛神降つて新羅に到ると註す、卽白城は新羅である、一說に白城宿禰を祭るなるべし宿禰は武內宿禰の孫なり信露貴彥神社も同神にや云云、大凡そ韓よりの渡來神は我が國神に變ずるが例なれば、右の一說の如き亦これなるべし。

白木浦《シラキ》……名蹟考に白木浦は敦賀より西濱にして北に海・南に山あり云云また同書に敦賀神社考を引いて曰はく、白城神社は白木浦に坐し鵜羽大明神といふ云云。

叔羅《シラキ》川……萬葉集略解に眞淵の言を引いて曰ふ、叔羅は新羅の誤にて、しらき川なるべし云云。

白鬼女《シラキメ》川白姬《シラキ》川……名蹟考に鯖江志を引いて曰ふ、白姬川後世誤つて白鬼女川と稱す、蓋姬鬼同音故に謬り且姬の旁を略して女と爲せるなり、或ひと曰はく河の上流に往古皇女白姬の靈を祭る因つて名づくと云ふも、皇女未だ何帝の女なるを詳にせず云云。

しらきど橋……名蹟考に曰ふ、或人云白鬼女川中古には、しらきど川といひ橋もありしにや、宗祇廻國記といへる書に、しらきどの橋にてよめる歌あり、宗祇法師の頃しらきどといへるを以て古名を思ひはかるべし、轉して白鬼女の字を用ゆるに例の浮屠妄誕の說を設て附會する事論するにたらず、鯖江志に信露貴彥を誤り白姬と意得たるも麁なりとすべし云云。

以上越前に就て知り得た所の者は、大體に於て新羅の名の反映らしい、その新羅を三國の新羅と取るは淺し、更に遠く辰沄《しう》古韓の稱に考を溯らすを要す、蓋新羅《しんら》は辰沄《しう》に羅の接尾音が添へ加へられたとする理由あるものなるに因る、それは兎に角として越前の風色が多くは江州の新羅及白髭と所傳系統を一にし居るやうなるは興味多きことである、其の信露貴及び白城の神を素盞嗚の子とするに於て轉た其の感を深うする、蓋し日槍族に限らず功滿王に率ゐられて歸化せる秦族の如き亦長く韓土に居つたのであれば、これ等も亦大陸神話の順瑳檀彌固《スサナミコ》・峕礫濆兮阿解《シラヒキアケ》等をもち來つて、我が神話に歸納合體せしめたことゝ思はれる。

白髭明神の如きは諸國に祀られてあるが、其のある處はどうやら古しへ歸化族の住むで居た處らしくある、例せば東京の向島に在る白髭社のやうなのも韓漢人の祀つたものではないかと思はれるのである。といふのは、淺草觀音を河中より獲た檜熊《ヒノクマ》の濱成は神社考詳節等に檜熊・濱成・竹成と分けて三人兄弟と爲せるは取らず、檜熊は姓なること古人既に考證あり漢人系統なりとの說あつて、大和の檜前《ヒノクマ》、山城の檜隈《ヒノクマ》氏樋前《ヒノクマ》氏。阪上氏族坂上田村麻呂も亦漢人の裔に屬する日前《ヒノクマ》氏など皆漢人系統なれば、武藏の檜熊氏も定めてさうあらう、但し武藏上總の檜熊《ヒノクマ》・檜前《ヒノクマ》の諸氏は出雲臣族と稱され、攝津尾張石見の檜前《ヒノクマ》・日前《ヒノクマ》・樋前《ヒノクマ》諸氏は出自不詳とされて、同じくヒノクマと訓みながらも諸說區々で判り兼ねて居るが、予の別の考には、クマは韓語コム(熊)と相通の語で高麗《コマ》(淵源を神話に有す)を意義し、いづれも古韓系統であらうのに、或は漢と稱し或は出雲と稱したのは、時の朝廷の覺え芽出たき方へ靡いたのではあるまいか。尤も漢族にしても、韓鄉を經由して其の風格を濃厚に帶び來つた者が多かつたから、韓の雅言を將つて己が姓氏になした者尠くはなからう。それは暫く措き、聖武天皇の時武藏に新羅郡今の北足立郡の一部を置いて新羅人を取纏められた史實もあり、元正天皇の時高麗郡今の入間郡を置かれたこともあれば、向島の白髭神社は、それ等の者が古韓のシラヒキ神を、其の族の神とし祀つたものと考へられもする。ついでに申すが、有名な信濃善光寺の本尊佛を始めて其の地に安置して大刹最初の開基をなせる若麻績《ワカヲミ》氏といふも、百濟王の系統である、此の氏族は信濃下野上總等の諸國に繁衍した者で、其の出自は詳かでないが、百濟族とするを最も庶幾しとする。

信濃善光寺の百濟族

第七節　韓の百神と其の氏族の來歸

日韓の間に嘗て宗教的扞格を見ず

上來各節に記せる古るき神社の神神に就て、日韓上代の關係を究むるは、極めて興味ある必要事にして、既に擧げた神だけでも、猶之を詳にせば一帙の書を成すに足れど、爰には大概にしてやめ、さて稽ふるに、佛像の初度渡來には、官府の中に禍亂捲起り、民間にも波瀾があつたのであるのに、其の以前に於ける日韓相互の往投來歸に、嘗てさうした事の起つた形跡なく、遇へば則ち融、語れば則ち化、其の間に嘗て宗教的感情の牴觸を見ないのは、彼我の神話が共通であり、相互の信仰が共同であつたからである。若しも神話を異にし、信仰の對象を別にして居たのなら、我が方でも容易に入れうやとはせず、彼の方でも容易に同化は出來なかつたであらう、つまり土耳古のやうな內情を現じたであらうに、終始門戸を開け放し、多大韓人の入るに委かして少しの心配もしなかつたのは、相互の間に太古から一致した者があつたからとされる、それは神話が共通であつて、渴仰歸依する所の神神が同一であつた爲めと思はれる。

韓の諸族の氏神

程度の如何は別として、古來神を有たぬ人類はない、信仰を有たぬ種族はない、祭儀典禮を有たぬ民はない、移住とは生活の爲しやすい場處へ、神と信仰と祭儀典禮とを運ぶことである、古來我に投歸せる多數の韓人は、皆各之を運び來つたのである、之を其の途中に拋棄して眞裸で來た者は一人もあるまい、例せば、

〇辛國《カラクニ》神社　大賀良氏の氏神なり、氏は新羅族と稱するも、任那なる大加羅の氏族にして河內に住し、志紀郡に此の社を有したり、

〇大狛《オホコマ》神社　高勾麗よりの歸化人大狛氏、河內の大縣郡巨麻鄉を本據として住す、神名帳同郡に大狛神社あり、

〇許麻《コマ》神社　河內澁川郡に此の社あり、高麗國大武神王の後と稱する氏族の氏神

〇絲井《イトヰ》神社　大和城下郡に此社あり、新羅族絲井氏の社、

〇宇努《ウヌ》神社　河內國若江郡に住める新羅族宇努氏の氏神

〇飛鳥田《アスカタ》神社　越中の飛鳥部氏、河內の飛鳥氏、山城の飛鳥田氏、皆百濟氏族なり、紀井郡に飛鳥田神社美濃國各務郡にも同名の社あり、

〇阿自岐《アヂキ》神社　大和近江安藝に阿直（アチキ）氏、山城に安劫城（アチキ）氏あり、皆百濟族なり、神名式の阿自岐神社は近江國阿直氏の神とす、

○高麗神社　武藏國の古の高麗郡に住める高勾麗族が氏神とし祭れる社、

唯これ其の一斑に過ぎざるも、是に由りて、韓の諸氏族が、その定住の處にそれぞれ各自の祖神を祀れること以て知るべく、而して我が舊來の百族と善く融和して何等感情の衝突を起さざりしは、彼我相共に、一にして二ならざるものを有つて居たからである、これぞ即ち、神を一にし、神話を一にし、祭儀典禮を一にしてゐた證明である。

神話共通の一例

神話を共通にしてゐたさまは、後卷に詳かにすべきも、爰に其の例證として一事を語らんに、難波の比賣碁曾《ヒメコソ》の神は、加羅國の王子が赤玉を得て床に置きたるが、化して艶麗の美人となり、因つて王子と婚し、後ち日本に渡來したといふのであつて、韓土より輸入の神話と思へるが、之と同じ話は我國にもあつて、玉依日賣《タマヨリヒメ》が石河の瀨見《セミ》の小川の邊に遊を爲せる時、丹塗矢《ニヌリヤ》の川上より流れ下れるを取つて、床に置きたるに、忽麗《ウルハ》しき壯夫となり、因つて婚して子を生む、之を賀茂別雷命《ノ》と號す即ち京都の上加茂社の神なり其の丹塗矢は同國山城松尾の神の靈なりと云ふ瀨見小河(書名)に依り大意を取る一は美人に化し一は壯夫に化したと云ふだけで、話の筋は酷似してゐる、是れ日韓神話共通の一例證とされやう

丹塗矢

古韓の言詞コソ

碁曾《コソ》は古韓の詞らしい、コソは神社といふことであるが、この詞は河內國澁川郡波牟許曾《ハムコソ》神社伴信友曰く、蛇社(ハミコソ)にや同國丹比郡阿麻美許曾《アメミコソ》神社伴信友曰く天日社にやなど韓人居住の地の神名に遺つて居り、近江國淺井郡上許曾《コソ》神社信友曰く上社なり出雲國秋鹿郡許曾志《コソシ》社信友曰く社下(コソシモ)にや此等亦韓人の住ひせる處か或は

我が神話の上で韓土に關係の深い神の名に用ゐられて居る、但し伊勢國三重郡小許曾神社信友曰く小社なり(ヲコソ)あれば、許曾を必しも我が古言でないとは言はれないが、偏に日韓上古の語言同一であつた感がされるのである。天武紀の社戸《コソベ》臣、姓氏錄の許曾倍《コソベノ》朝臣なども、信友に從へば、社戸《コソベ》は社邊の義で、神社を古曾と言つたのが尊稱の詞にもなつたのである、されば古曾といへば神社のことであるから、比賣碁曾《ヒメコソ》神社・波牟許曾《ハムコソ》神社など言つては語が重複である、しかるにも拘はらず神名帳等に舊稱そのまゝを登錄せるはコソを傳來の神名と思惟する一般の稱呼習慣に從つたものであらう、是に由りてもコソが韓語であつて普通の語でなかつたことが知れる、のみならず神名帳考證比賣許曾《ヒメコソ》社の註に「今の古宇豆《コウヅ》明神也、古宇豆は許曾の轉語也、近世誤つて高津に作り仁德の祠となすは甚誤也」とあるほどに由來面倒な言葉であつたのである。猶考ふるに右に擧げた波牟許曾《ハムコソ》や阿麻美許曾《アメミコソ》などは、ハムもアメミも共に韓語ではなかつたか、これ等の社は河內國に在つた者で、韓人居住の處である許麻《コマ》神社河內や阿自岐《アヂキ》神社近江が譯名でなく原語なるに見れば、波牟も阿麻美も原語なるに相違ない、韓人が其の定住の所に氏神又は所依の神を祀るに原稱を棄て譯名に就くは人情でない、ただ其の波牟が國語の蛇《はみ》に一致し阿麻美が天御《あめみ》に取れるので、學者すべて韓語なるを覺らずにゐるのである、今でこそ日語韓語と隔つれど、當時に在つて神社のことをコソと言ふは確に韓語なるも亦國語でもさう言つたので、彼我の辨はそ

山城松尾神社と漢族

こに無つたのであらう、故に韓人の社に於て天を阿麻と言ひ蛇を波牟と言つたと知らば、其の本國の韓土に於ても當時さう言つてゐたとされる、而してそれは我が國語と同一であつたと云へるのである多少の訛はあつても。乃ち天日槍のアメの如きも我が尊號の天《あめ》を冒したとのみはされない、之を韓よりの齎來として差支ないことである。因に云ふ、近江伊香郡丹波丹波郡にも波彌《はみ》神社があつた、波彌は即亦蛇《はみ》である、そして二國は日槍族の行住せる所なるに注意を要す。乃亦大陸神話に尉《う》颯《さ》潑《は》美《み》てふ神名あるなど其の潑美は蛇の義に解され、阿珉美《あめみ》とあるなど其の阿珉美は河内國阿麻美神社の阿麻美に解されるのである、猶廣く古代神社にわたつて詳に調べたら、その社名から古代韓語を發見すること必尠からざるべしと思ふ、只危ぶまれるのは世の學者たちが、現在の鮮語を將つて古代の韓語をそれと速斷することのそれが、終に或は眞を誤らん乎にある。

本書は専ら日韓の古代に溯るを目的とすれば、歸化漢族に就ては何も言はねど、爰に一事語つて置きたいことがある、それは松尾の神の丹塗矢《ニヌリノヤ》に因むでの事なるが、今に有名な松尾神社は、其の古し漢族の奉仕したもので、瀨見小河に曰く。

かの大山咋神《オホヤマクヒノ》の奇しき御靈を憑《ツケ》給ひたる、丹塗の鳴鏑の神矢を、始は乙訓郡神社に安置《マセ》て崇祭《アガメ》りたるを、後に松尾に神殿を作りて遷し奉り、すなはち大山咋神の靈形《ミタマかた》として鎭め祭れるなり、

本朝文集に。松尾社は大寶元年、秦都理《ノツリ》始て神殿を建立し、阿禮を立て、齋子を居き、供へ奉

る、天平二年大社に預る者。と見ゆ、云云 本朝文集以下預る者まで原漢文

右秦都理と云ふは、秦の始皇十二世の孫功滿王の子融通王の苗裔である、融通王は應仁天皇の時百二十七縣の人民を率ゐて歸化せる者都理は松尾の神殿を建て、神矢を安置して神靈と爲し、筑紫宗像の女神市杵《いちき》島姫《しまひめ》素盞嗚の御女をも配祀し、齋《イツ》き仕へたのであつた、秦氏本系帳瀨見小河の引けるに依れば、大寶元年都理神殿を建て、後十八年を經て、其の子都駕布《ツガフ》養老二年に祝と爲り、子孫相承け元慶五年まで百六十四年間、其の職に仕へ祭祀を懈らなかつたのである、なほ該帳に見れば、秦氏は其の種類を率て葛野川今の桂川の大堰《オホヰ》を造つた者である、それは昔し秦の昭王が洪河を塞堰し溝渠を通じ、田萬頃を開きて、秦の富を數倍に爲したるに習つて造つたとある、一面には家になほ秦の經綸を藏し、一面には我が神祇に敬虔の誠を捧げて國と一なりしは、古今に秀逸せる大美事である本系帳は、元慶五年朝廷に奉呈した公けの文書であれば、誇張などあるべき筈がない、東族古傳によれば、秦氏は扶蘇の子有秩が辰沄殷《シウイン》王國我が天孫の神血を分け有てる八百年の王者にして、今の遼東遼西に跨つて國せる者、韓史誤つて箕子朝鮮と稱す、に頼りたるを秦亡後の第一世とし、殷滅びて韓に遷り、後日本に歸化したのであれば、我との幽契頗る深く、其の間に日韓共通の神話をも十分に味ひ來つたのであれば、歸化直に我と一心同體の民となつたは、まことに其の來路のあることである。

以上敍し來れる所を綜合し觀れば、今の鮮人の祖先は總て我と同一の風格を具へて居たのであるが、百濟滅び、高勾麗亡び、新羅一統の世と爲つて後平安咸鏡及黃海道の一部は渤海國に入り、新羅の一統に入らず支那の天命論及び聖

賢主義に合掌して上古からの神話を破却し、氏族傳來の神祇を驅逐し、漢族に阿諛せんため遂に國史を改刪し、支那文學の糟粕より外、何も國にない事にして了つたのは、世界の歴史に例のない慘憺事である、終に己れと同祖同裔なる海東の民族を、歴史を殊にする異民族と讒誣するまでに陷つたが、（我が内地人も亦此の病に墮して居る）しかも韓の諸神は、猶現に日本に祀られて居るのである。

第七章　壇君神話を彰奬す

壇君神話は、自然界の現象を捕へた神話でもなく、又人文神話の價値をも具へないもので、謂はば何者かの巫女が、出鱈目を言つたやうなものである。初め予はかう思つた。したが雞肋の喩へもせねど棄つるも惜しく思はれて、復た取上げて眺めた。抑も此の神話は桓因といふ神と、其の庶子桓雄といふ者と、それが熊と婚して生ました壇君王儉といふ者との事柄であるが。桓因は桓雄を人間界に降しただけの事、桓雄は熊を孕ましただけの事で、他に何もない。壇君は平壤に都し、始て國を朝鮮と稱したといふのであるが、只さう言つただけの事で、何等の事跡も語つてゐない、總てが極めて索寞なものである、それに桓因・桓雄・壇君などいふ名前が、支那的であつて古韓の神にこんな名があらうとは思へない、又庶子といふことがあるが、支那にも古は嫡庶の別がなかつたく

二神を誤つて三神と爲す

らゐで、古韓の神にこれがあらうとは亦思へぬ、又朝鮮といふ二字組立ての名が其の時代にあつたとは尙更思へぬ、されば此の神話は、嫡庶の差別を生じた後の世に、支那思想に十分染つた者の僞作した話であらねばならぬと。斯う取つた。そこで復た拋つた、そして又拾つた、そして討探して居る間に、闇空に一星を認めたやうな靈感を心受した、それは此の神話の主が三神でなく、桓因庶《カムイソ》子《シ》と、桓《カム》の雄《ヲ》の壇君《タキ》王儉《ワケ》との二神なりと覺れるによる、桓《カム》は神《カミ》、雄《ヲ》は男《ヲ》子といふこと王儉《ワケ》は別《ワケ》神子の美稱である、其の父の神の名の蘇志《ソシ》假に此の字を置くを庶子と譯したのは、譯した者の不心得からであるとせねばならぬ。かういふ例は他に無いでもない。尙書堯典の胤子朱が、やはり之に似た誤訓を學者に爲さしめてゐる、これは堯が廷臣に、誰か人物は居らないだらうかと問ふた時、放齊といふ者が、胤子朱こそ啓明の人なれと對へたるに、堯はそれは可かぬ、彼は言に信がなく且つ爭訟ずきであるからと斥けたのであるが、朱といふは堯の子の名にそれがあるので、馬融・鄭玄等の學者は、胤子朱を太子朱と解した、しかしそれでは太子を官職に登用せん爲めの詮衡論をしたことに爲つて、人情に適せぬ、因つて孔安國は、胤は國名、子は爵名、朱は其者の名と訓むだ、此の方が條理に叶ふ、桓因庶子もさうである、胤子朱《イソシ》と因庶子《イソシ》、たま〳〵同音に聞ゆるも妙なれば、好き例と思つてこゝへ出した。乃ち壇君神話は誤つて二神を三神に別けて作爲した爲め、總てが支那的風貌に落ちたのである。是に於て初めて知る、此の神話は古韓神話のかたわれであつて、不思議にも一纖の殘光を吾人に遺與したものなるを。されど今の我國の大家は、いかに之を取つてゐるであらうか、概ね左に記するやうな意見の所有者であるらしい、曰はく。

壇君に對する大家の所見

朝鮮の史書によると、國初太白山の壇木の下に神人が降つたので、國人が之を立てゝ王とした。それが即ち壇君で國を朝鮮と號した。時代は支那の堯の時に當るといふ、素より神話に過ぎない。三國遺事には、壇君の血すぢのことまで書いてあるから驚かされる。この書は高麗の忠烈王の時、僧一然が著はしたもので、まだ六百年ぐらゐ前にしかならない。古書に乏しい朝鮮には、珍重すべき書物であるけれども、こゝまでゆくと滑稽になる。そこで朝鮮の史家の中でも、壇君を否定してゐる人は少くない。安鼎福や金澤榮などいふ人は、壇君の傳説を僧徒の僞作であると斷じてゐる。白鳥博士の朝鮮古傳説考にも、佛説から作出したものとしてあるが、後に同博士は、五行説から附會した支那人の傳説であらうといふ意見を發表せられた。何分壇君の事跡は北朝鮮に起つたことになつてゐるのを見ると、むかし北朝鮮に來た支那人がいひ廣めたものと思はれる（朝鮮史話）

是では折角殘つた古韓神話の一片鱗も、竹箒で掃ひ除けられるやうな始末であるが、果してそれ程に無價値の者であらうか、再考を要したい、因つて猶一應その神話を考究して後、是非を分つことにしやう。

三國史記高麗仁宗の世に金富軾撰す、我が近衛天皇久安三年完成に曰く。

平壤者、仙人王儉之故宅也。

是れ壇君を一仙人と見たものである、仙人といへば道家に屬する者にて、五行の正を調し得て長壽する者の稱であるが、壇君果してそれならば、支那道學の流を汲める後の世の者の作爲に成ると言へやう、然し恐らくは壇君を傳する者の文字の使ひ方がさうなのであつて、壇君の眞ではあるまい。

三國遺事高麗忠烈王七年以後二十八年間に僧一然の著はせる者、我が後宇多天皇弘安四年即蒙古來冦時代に曰はく。魏書に云ふ、乃往二千載、壇君王儉といふもの有り、都を阿斯達に立て、國を開いて朝鮮と號すと。

遺事が先づ首めに魏書を引いて證と爲したる其の用意やいかに、壇君の傳が韓國に無くて支那にあつたのなら、北韓に住むだ支那人の言觸らしが魏書に載つたとしなければならぬ、若しも韓國にあつたのなら、其の古傳が支那に聞えたとされる、既に遺事より百三十餘年前に世に出たる三國史記に、壇君の名が載つて居るのを見ると、その以前より韓國自體に其の傳があつたらうとの假の諒解を置いて、さて其の傳の内容に及ぶと、遺事に曰く。

古記に云、昔し桓因原註に帝釋を謂ふなりとある。東京帝國大學明治三十七年刊行本には因を國に作る。の庶子桓雄といふものあり、數《シバシバ》天下を意とし人世を貪求す、父・子の意を知り、三危大伯を下視し、以て弘く人間を益すべしとし、乃

古韓神話の微光

ち天符印三個を授け、往いて之を理めしむ、雄・徒三千を率ゐ、大伯山頂（原註に即ち太白今の妙香山とあり）神壇樹下に降る、之を神市と謂ふ、是を桓雄天王と謂ふなり。風伯・雨師・雲師・而《オヨビ》主穀・主命・主病・主刑・主善惡（皆神名と解し而を及と訓みたり）を將ゐ、凡て人間の三百六十餘事を主り、世に在り化を理む。

いかにも佛息い、其の桓因を帝釋と爲し、大伯山を妙香山と爲せるは、註者の言にして本傳にあらずとするも。人世を貪求したの、天王だのといへるは、確かに僧徒の筆である、又天符とか主穀・主命とか、人間三百六十餘事などいへるは、道家五行の者に似てゐる、斯くも佛家の法衣を着せられ、道家の陰符を持たされてゐるが、猶其の中より古韓神話の漏光が認められるのは、桓因・桓雄・神市などの名である、孰れも漢譯によつて掩はれては居れど、叩いて其の原音の殘れるを聽けば、桓はカムと響いて、古韓の言語が我に同じく、神《カム》を桓《カム》と音し居たりと知られる、神市も桓市《カムイチ》であるが、此の桓は神と義釋され、そしてイチの約音チ。チの通音シである所から。神市《シンシ》と書かれたのであらう、（我が古言の高市などに合はせ考ふべきである）遺事の續文に曰く。

時に一熊一虎あり、穴を同うして居れり、常に神雄に祈り、化して人と爲らんことを願ふ、時に神（此の用字法に注意を要す）靈艾一炷・蒜二十枚を遺つて曰く、爾が輩之を食ひ日光を見さること百日ならば、便ち人の形を得んと、熊虎得て之を食ひ、忌すること三七日、熊は女身を得たるも、虎は忌する能はずして人身を得ざりしかば、熊女は與に婚を爲す無し、故に壇樹の下に於て孕むこ

古韓の天神地祇

と有らんを呪願す、雄乃ち假に化して之に婚す、孕みて子を生む、號して壇君王儉と曰ふ。

前段の桓雄が此段に神雄とあるので、神桓《かむかむ》同義なりと知れやう、韓の古言に神《カミ》を桓《カム》と言ひたることと益明かである、彼等は天降《あもり》の神なれば、我が古に謂ふ天津神《あまつかみ》と同一の風格であり、そして此の風格の下に彼等の神話が存在したと思はれる、新羅や加羅にある卵生説の如きは、決して韓の古傳ではあるまい、更に又韓の古傳が我と同風趣であつたらうと思へるは、我と同じく地祇が語られてゐることである、其の地祇も荒ぶる神順《まつろ》へる神に別たれてあるのは、轉た亦我が古の物語と同一景情なるを味ひ得る、熊はよく人のやうに立ちもし、その手はよく物を持ち、又よく木に登りもする、それが天神の命を畏み、忌を守つて能く耐えたのは、所謂まつろへる地祇であり、同じ穴に住みながら教に背き忌を破れる虎は、荒ぶる地祇である。

艾《もぐさ》一炷蒜《ひる》二十枚は道家の臭を帶びてゐるが、孟子に三年の病に七年の艾を求むる譬もある如く、艾は神草とされたもので、古今醫統に、艾は惡を避け鬼を殺すとあり、又之を服すれば熱を下すともある、詩の小雅に保二艾爾後一とあつて、艾に養の義のあることを示してゐる。蒜は爾雅正義に、腥羶蟲魚の毒を殺すと見えて居り、道家佛家でいふ五葷の一で、之を禁ずるは、本草綱目に生《なま》にて食へば恚を増し、熟《に》て食へば淫を發《おこ》すが爲めとあるほど、それだけ亦靈草である。斯くいへば、それは支那人の艾蒜に對する考なれば、壇君神話は乃ち支那思想によつて書かれたものだと云ふかも知れないが、蒜は支那よりも胡地が先である、本草綱目に從へば、支那に小蒜はあつたが、大蒜はなかつた、大蒜は漢の世に初めて輸入されたもので、同書に。胡國に蒜あり、十子一株、名づけて胡蒜と曰ふ、俗に大蒜と謂ふは是なり。と出てゐる、我が古傳には東雅に。日本武尊東《あづま》の國國を見向《ことむけ》和平《やはし》て還り上ります時、足柄の坂本に至りて御食する時、其の阪神、白鹿と化して來りたつ、其の咋遺《くひのこ》し給ひし蒜の片端をもて待打ち給ひしに、其の目に中りて打殺されぬ云々とあつて、古事記日本紀等にも載つて居り、土用の入に蒜を水にてのむこと源氏に見え、疫除けの禁厭《まじなひ》に蒜を門戸にかけるのも古からの事であらうから、蒜は神人の間に於ける或る靈的の物であつたやうである。それが壇君神話に現はれてゐるのであれば、古代に於ける宗教的或る者の彼我共通が、是に由りても見られるではないか。遺事の續文に又曰く。

　唐高（唐堯）即位五十年庚寅を以て平壤城に都し始めて朝鮮と稱す、又都を白岳山阿斯達《アシタ》に移す。又の名は方忽山《フカム》、又今彌達《キミタ》。國を御する一千五百年、周の虎王（武王）即位己卯、箕子を朝鮮に封す、壇君乃ち藏唐京《ソト》に移る、後還《マタ》阿斯達に隱れ山神と爲る、壽一千九百八歲（終）

以上是を壇君神話と謂ふ、而して此の一段の中、國を朝鮮と稱したとか、箕子に國を讓つたとかいふやうなことは、後の高麗朝に爲つてからの註疏で、其の以前の韓人の、夢にも知らぬ事である、但その阿斯達といひ、今彌達といひ、方忽山といひ、藏唐京といへるは、確に古傳と認めらる、因

神傳の地名

平壤は聖宮の義

つて聊か之を釋せんに、

○阿斯達《アシタ》は魏志・後漢書の韓傳に載つてゐる月支國《アシタ》達を國と譯すである、月の音ガツは、濁音を詞頭に置かざりし古代韓人は、當時アッと發音したのであるツは入聲尾韻なれば、發音の際省かれてアとのみ聞ゆ、行燈をアンドンといひ、行者をアンジャといふも、カとアの通音を證し、唐の懷太子の後漢書註に、淹淲水《アフシ》を蓋斯水《アフシ》と爲したのも、アカの通音を證す。三國遺事にも、阿道基羅の標題下に於て「按するに我道本碑に云、我道は高麗人也」と傳し、そして「阿道一に我道に作る」と註しあるは、即亦ガのアに發音さるゝことを語れるもの。而して魏書に壇君王儉立つて阿斯達に都すと作し、三國史記に平壤は仙人王儉の故宅なりとあるに見れば、阿斯達の平壤なること明かなるに、一然和尚阿斯達を平壤とせずに白岳山としたるは、當時何か諱む所あつて、わざとボカシたのであらう、大陸神話に「神祖鞅綏韃《アシタ》に都す、畢識耶《ヒシヤ》と曰ふ、神京なり」とあるに見れば、アシタは地名であり、ヒシヤは宮名である、蓋ヒシヤは聖宮《ヒジリヤ》の義で、魏志に載せたる辰王の美稱、臣雲遣支報《シウクシフ》・安邪踧支濆臣離《アヤシキヒシリ》全然我が古言のヒシリに暗合せる稱である、是れアシタと平壤との同一地なるを證するもの、而して元祿役の史書に、平壤をヘグシヤグ或はヒグシヤグと訓ましてあるが、グは助詞なれば、語幹はヒシヤにして、畢識耶《ヒシヤ》の古稱を傳へたものと知られる、高勾麗が月支國《アシタ》に遷つて、始て平壤《ヒシヤ》と稱したのは、此の緣からと考へられる、又大同江を王城江《アシ》セイの反シと稱へたのも月支江《アシ》と知れやう、此等の古傳は新羅によりて亡ぼされたれ

史家私に壇君を南に徙す

ど、しかしそれが全然高麗朝に傳らなかつたとは受取れない、然るに三國史記に古韓の事と言つたら何一つ載せてゐない、是れ箕子朝鮮を北韓に取込むには、北韓を空虚にして之に與へなければならぬ、北韓を空虚にするには、其の歴史傳説の一切を燒却する外手段はない、因つて之を敢行したのであるが、燒却の出來ないのは魏志や後漢書の韓傳である、餘儀なく其の傳を南韓の一隅に移して、以て北韓全部を朝鮮國として、夢よりも淡き箕子の幽影に向つて之を與へた、斯くとも心づかぬ我國の史家、多くは皆其の欺瞞に魅せられ、途方もない謬妄を書に著はして世に示してゐる、乃ち月支國の位置の如き、百濟の悅己《エシ》（高麗之を悅城縣に改む、今忠淸北道定山）あたりを探つて月《エ》支《シ》・悅己《エシ》・悅城《エシ》の近似音に縋れるもあれど、其處ではない。

○今彌達《キミタ》　は君田《キミタ》である、蓋し京師の義亦安斯達の別稱

○方忽《フカム》山　大陸神話に長白山を巫軻牟《フカム》と云ふ、山海經に謂はゆる不咸山は是である、巫《フ》は火《ホ》の訛言 我が古言に比しての訛言であつて、大陸族は火をフと稱するを正しとしたであらう 軻牟《カム》は神、長白山が古しへ噴火山であつたことからの傳えであらう、方忽山は叶音で訓めばフカムとよめるので假にさう讀むだのであるが、字音そのまゝホコと訓むでも矛《ホコ》の義に取れ、火發《ホオコリ》の約言とされる、書記通證に「矛の訓は火發《ホオコリ》なり」とあるに見てさう解されやう、故に韓の古言に於ける方忽山は今の長白山である、然るに之を寧遠府妙香山のことゝしたるは、馬韓を南方に貶斥するに併せて壇君の所をも南に徙したのである。

壇君王儉の名の解

○白岳山　韓の古言を傳へたのであるならば、やはり長白山である、それは長白山神の宮を芝辣《シラ》漫耶《マヤ》（白山宮）といふたからである。

○藏唐《ソト》京　は外宮《ソトツミヤ》である、後漢書韓傳に「諸國邑各一人を以て主として天神を祭る、號して天君と爲す、又蘇塗《ソト》を立つ」とあるに相符す、天君と壇君と稱呼相近きも亦注意を要す。

　右列記のことは後巻に於て更に釋明すべきを以て暫ぐ略し、壇君王儉の名に就て解剖せんに、三國遺事には、前に出せる通り壇を土扁に書いてゐるが、東國通鑑朝鮮の成宗十六年徐居正等編す、我が後土御門文明十七年にして三國遺事に後るること約二百年及朝鮮史略等には檀として木扁に作つてある、壇樹の下に降つたといふのであれば、木扁にして檀樹とした方がよく聞えやう、そこで朝鮮開化史の著者は。檀とは我國檜樹の類なり韓語に之を「カンナム」と云ふ、又君の古訓は「クミ」なり「カンナムクミ」と稱したるなるべし。と言ふてゐるが、今の韓語を將つて古韓を判じ、それで過ちが無いのなら、此の説も亦甚面白い、字音の上から桓檀君《カンナムクミ》と聞えるからである、されど檀君とは、文字そのものに意義あるのでなく、文字は只假名に過ぎず、借りて以て原音を露はしたのであらうから、原音は檀君《タキ》であつたらう、所で桓因・庶子桓雄・檀君を三神としてはいかやうに音讀しても古韓の神名に副ふべくもない、之を神因庶子《カムイソシ》庶子は假字として訓む、嫡子庶子の義にあらず、及び神《カミ》の雄《ヲ》の檀君《タキワケ》王儉と訓まば、其の義自ら通じて神の名に適ふ、因庶子《イソシ》は我が古言伊蘇志《イソシ》に聞え。勳《イサヲ》し又は勇雄《イサヲ》しに通ず、イサヲシのサヲと約すればソと爲つて伊蘇志《イソシ》てふ詞を成す、

日韓神話の係屬

萬葉に「山邊のいそしの御井」とあるなど合せ考ふべきであるが、果して神名が此義なりや否定め難い、されど、古韓の言語、大體我に同じなれば、斯くもあらんかと推するのである、そして我國にも古代から此の因庶子《イソシ》・壇君《タキ》の二神名あれど、二神にあらずして一神と解されて居る、攝州依羅の社に祭つてある五十師《イソシ》の神、出雲に祀りある韓國伊太祇《カラクニイタキ》の神神名は伊太氐であるが、書紀通證に、谷重遠云ふ、氐は當に祇に作るべしとあるに從ひ、此章の解し易からん爲め、わざと祇に作つたのである、紀伊にある伊太祁曾《イタキソ》の神たちが即ちそれであるが、皆いづれも素盞嗚の御子五《イ》十猛命《タキミコト》の靈を祭れるものとしてある、而して命が韓國に往來されたとの神話があるので、五十猛《イタキ》と壇君《タキ》と同神ならんとの說、既に古人に由りて唱へられても居れど、何分にも吾が神話を以て我國だけのものとする世間には、通りやうもない、近代の學界も斯かる說を幼稚の見とし、鼻で笑つて取合はぬ風であるが、神話を以て我國獨定のものとして、其の先入主に捕はれ居る人には、いかにもさう思へやう、凡そ世間の問題は、二つの已知數を以てしなければ、一の未知數を答へ得ざる道理のものなれば、日韓神祇の異同を辨ずるは、日韓古言の相通と日韓神話の共通と、此の二つの者を已知數に立て得て、始めて能くすべきである、若も我が神話を大陸共通の者と曉り、彼我の古言相同じきを識るに至らば、壇君も始めて我が學界の研究壇上に招き上げられるであらう、因つて姑く到來の時節を待つとして、さて大陸神話を將つて壇君を稽ふるに、壇君の都した平壤の古代神は、漾緻遣翅雲競阿解《ヤチクシウクアケ》と云ふ名で、壇君とは似もつかぬ名である、此の神名は八千國主亨嗣別《やちくしうくわけ》と解され、出雲神話の八千矛《やちほこ》神・大國主《おほくにぬし》神即ウクシ神の名と、古代關係があるらしく思はるれど、檀君へは何の聯想も運ばれない、又檀君が山神となつて入つたと謂はれる長白山の神は、耆麟駁叡阿解《キリコエアケ》といふのであれば、其の名亦相似ない、只多少似てゐるのは遼河流域の察賀亶唫和餼《サカタキワケ》神である、昔し薛賀《サカ》水といふ河名があり、今も沙河《サカ》といふ地名の遺れるなど、古代神話一片の殘翳を留めてゐる、此等の神は皆神祖順瑳檀彌固《スサナミコ》の諸子であるから、檀君を察賀亶唫《サカタキ》とすれば、其の神話にいふ因庶子《イソシ》は神祖順瑳檀であらねばならぬ、そして順瑳檀には、遼西の醫無閭山に降つた說と、長白山に降つた說とがあつて、長白山說は古韓の主張らしい、又順瑳檀の祉で歌つた神頌に、伊寧枚《イナメ》・薫汶枚《クモメ》と云ふことがある、伊寧枚は電母《いなめ》、薫汶枚は雲母《くもめ》にて、電や雲の精を神の后妃と見立てた古代人の神話情味を掬し得られる、同時に伊寧枚は出雲神話の稻田《いなた》媛に、薫汶枚は檀君神話の熊女《くまめ》に、聯想を慇懃ならしむる、此の不思議は、何者かの不思議が彼我の間に、古代相通じてゐたとされる、其の不思議を不思議でないことに闡明し盡すを學問の權威とすれど、暫くは容易のことであるまいから、當分は不思議を不思議として其の跡を追ふより外ない、其の跡の韓國に印せられてあるのが、即檀君神話である。今若し檀君の父・因庶子を以て、長白山に下り熊女と婚し檀君を生むだ者だとすれば、大陸神祖の順瑳檀彌固《スサナミコ》と其の點は相近い者となる、而して順瑳檀《スサナ》は素盞嗚《スサノヲ》と同名の點に於て一致する、されど素盞嗚・順瑳檀・因庶子を同一體の者とするには未だ早い。凡そ言語の同一なる處には、相

壇君王儉と遼東の亶唫和籤

互に關係なくして或る意義の事が、雙方に神格化されて、竝び生れることのあるものである、其の雙方に關係なく別別に生れた物でも、其の名を一にし、其の格を齊くし、其の成立の意義を同うする者ならしめば、神としては同一と謂へやう。假に之を定義とし、檀君王儉《タキワケ》の稱を聞けば、其の稱は遼河流域の神なる、亶唫和籤《タキワケ》の名を負へる者に庶幾しとされる、否同一神ともされやう。和籤は我が神話白日別《シラヒワケ》のワケと同義で神子に對する美稱である、而して古朝鮮の居城今の遼東の海城を當時和籤城と稱したは、神話と史實との係屬で、眞正史學の上からも、大なる興味を以て迎へらるべきである、それは察賀亶唫和籤《サカタキワケ》が太古に於て、晏泗奈敦《アシナト》遼河の海口なり、漢が安市といへるは其の古稱に由るならむ、に城を築いたと云ふ神話のある處なれば、城名を和籤としたのであつて、前漢書に王險《ワケ》城と譯せるはそれである、此の王險城を隋唐の史は無理に平壤として韓內に押込み、韓史は歡迎して之を取込むだのであるが、平壤には王險の古稱を負ふ何の緣故もありはしない。

古韓の廟所

解釋は頗る複雜に爲つて來たが、直隷・遼西・遼東と次第に退嬰し來つた八百年の王國辰沄殷《シウイン》說明の便のため古朝鮮と稱するも昔て朝鮮の名を有したることなしと古韓の王國辰沄繾《シウク》略して辰國と云ふくは國の義とは其の名の似たる如くに、親交の厚い間柄であつたので、辰沄殷が遼東に於て祀れる神を、辰國に於ても亦祀つたであらう、それが即壇君《タキ》王儉《ワケ》と思はれる、試に高麗地理志に見るに儒州黃海道の條に左の記載がある。

九月山。世傳阿斯達山。

庄庄坪。世傳檀君所レ都。即唐莊京之訛。唐莊は莊唐の誤にて三國遺事の謂はゆる藏唐なり、庄は唐韻に俗の莊字とある、乃莊莊坪なり、西川權氏之を、行書或は六朝古體に依る誤ならん即ち莊莊坪なるべしと言はれたるは、よく聞えたれど、猶考ふべし

三聖廟。有二檀因檀雄檀君祠一。宜しく桓因桓雄檀君祠となすべき者

是れ黄海道文化縣九月山の傳說にして、辰王即馬韓王の都せる月支國の蘇塗邑なるべく、此地は平壤の東南遠からざる距離に在つて、正に魏志馬韓傳に。諸國各有二別邑一。名レ之爲二蘇塗一。立二大木一。懸二鈴鼓一。事二鬼神一。とあるに契合し、辰の王家の太廟地とされる、因つて考ふるに、莊莊坪の莊莊は辰沄翅報《シウシフ》の音訛ではなからうか、シウシフは東大君靈《シウシフ》で、歴代辰王の尊號、略していへば國皇といふことなので、九月山には歴代の靈を祭る辰沄翅報廟がなくて叶はぬ、シがソに音訛して莊莊《ソウソウ》坪と言ひ傳へたのであらう。之と倶に祀られた桓因桓雄檀君は、即亦辰王家の祖神として畏み事へた者であらうが、莊莊坪と別つてあつた所から見ると、祖先とはいへ神話中の者であつたに違ひなからう、されど高麗史の此の記事に於て、桓因桓雄壇君の三者をならべて、それを三聖と爲したるは、三國遺事が世に出てから後のもので、古傳とは信じかねる、前に言へる如く、因庶子《イソシ》・檀君《タキ》の二神でなければ、古韓の景情に叶はぬ、若しも眞に「三個の聖《みたりひじり》」といふ古傳があつたのなら、それは右二神と倶に、平壤の太古神なるヤチクシウクアケを祭つてあつたに違ひない。一然和尙が安斯《アシ》達《タ》を山名としてより、後人皆之に從つて山名と爲すも、既に言へる如く月支國《アシタ》なれば、山名とする

一然和尚の苦節

現存韓史に古代の眞傳なし

は當らず、和尚何故こんな作爲をしたかと云ふに、北韓を空虚にせんとする高麗朝廷の覺召箕子朝鮮をば持込まんために遵つて、月支國を山名に祭込んだのであらう、そしてわざと惚けて、唐堯即位五十年庚寅、平壤城に都し始めて朝鮮と稱すと書いたのだが、漢字のまだ輸入されない遠い古に、平壤だの朝鮮だのといふ組立文字のあるわけがないではないか、それを朝鮮史略は「在二東表日出之地一故曰二朝鮮一」と眞面目顏に言つてゐるが、餘程どうかしてゐる。然し一然和尚の苦節は買つてやらなければならぬ、彼は月支國を山名に封じ込みはしたが、魏書を引いて壇君王儉立二都阿斯達一と、三國遺事開卷第一の冒頭に掲げて、古韓の王都其の名は安斯達なりと顯はしたのは、見上げたものである、以下筆を枉げて。白岳山阿斯達。又の名は方忽山。又今彌達《キミタ》。とボカしてあるが、キミタは君田即京畿のことであれば、暗に安斯達の京畿なるを示し、その山名にあらざるを告げて居る。元來達《タ》は古韓の地名に多くついてゐる稱で、概ね縣《アガタ》といふに同じであれば、山の名にはならない、和尚はこれだけの暗示を與へて置いて、そして文虎王法敏の章中、四天王寺改搬の下に、何喰はぬ顏で。國史大改搬。在二調露元年己卯一。と註して以て現在國史が大改搬の餘に成れる者なるを、後の賢者に遺言する者の如く書いたのは、蓋知己を千載の後に期したのであらう、故に和尚は壇君を傳する時、心には「都二安斯達一稱二大辰一」。と書きたかつたであらうが、前に言ふやうな當時の事情から餘儀なくされて。都二平壤一始稱二朝鮮一。となしたのであらう、而してそれを堯の即位五十年としたのは、大辰の國初は、箕子が朝鮮に封ぜられたと云ふを以て國初とするに非ず、國初は遠く其の上古に存すと、是亦後代の者に告げたのであらう、有りもせぬ箕子朝鮮を韓内に取込むに當つて、是非なければならぬ一言である、若しこれが無かつたならば箕子以前の其の國は、山河なく國土なく日月なき無明界と爲つたところであつた。

自己喪失の史書

韓の史家は、何の緣故があつて西戎から出て來た周武が、嘗て風馬牛も及ばざる古の韓國へ箕子を封じたかを説明した者がない、しかし何等かの緣故を造作したいとは思つたらしい、其のためでもあらうか。

東國史略柳希齡著に曰ふ。檀君姓桓氏。名王儉檀君時代に支那的姓氏ありとして之を擬定する愚には及び難し娶ニ非西岬河伯之女一東扶餘王金蛙の傳から想ひ着いた河伯の女生レ子曰ニ扶婁《フル》一東扶餘王解扶婁の名から取る丁己原註に曰く夏禹元年禹南巡狩。會ニ諸侯于塗山一。遣ニ扶婁一朝レ焉。後嗣避ニ箕子來封一。移ニ都於藏唐京一。傳レ世凡一千五百年。節錄

夏禹の塗山の會に朝貢してより、爾來臣禮を執り、中國の正朔を奉じた宿緣から、箕子の來封を見るに至つたといふのであらうが、然らば何の周に反く所あつて、封を褫はれ箕子に更へられたのかといふことは、流石に作爲し得なかつた、世界廣しと雖、これ程に自己存在を亡失した史書は復たとあるまい。三國遺事は、壇君に後嗣があるやうなことを書かずに、ただひとりで一千五百年間國を御し一千九百八歳の壽を以て去つて山神と爲つたことにしてあるのは、そこに言ひ得ない奧床

しいものがある、それを東國通鑑外記に。

臣等按するに、唐虞より夏商に至て世漸く澆漓、人君國を享くること久長なる者も五六十年に過ぎず、安んぞ檀君のみ獨り壽なること千四十八年、以て一國を享くること有らんや、知りぬ其の說の誣なるを、前輩以謂《オモヘ》らく、其の千四十八年と曰ふ者は、乃ち檀氏世を傳へ年を歷るの數、檀君の壽に非ざるなりと、此の說理あり、云云大意

是れこそ臣等按して其の君をも愚にしてしまつたものである。知らずや檀君は神である、人間から祀られたから、其の祀られた處に居て、人間の世に御すること一千五百年なのであつた、然るに新羅から高麗朝に及むで、國史の大改搬を行ひ、箕子朝鮮を取入れんため、北韓を空虛にし、其の北韓千五百年の神話傳說舊紀を擧げて、殘りなく滅亡に歸せしめたので、そこで檀君も國の神でなくなつて、山の神に爲つてしまつたのである、三國遺事に「箕子を朝鮮に封ず、檀君乃移つて山神と爲る」と言つたのは其の事であつて、之を周武の故事に假托してはゐるが、其の故事は山海關內なる開平炭鑛地方の朝鮮に在つた事で、何の關係が半島の韓國にあらう、故に箕子を韓內に封じたのは周の武王でない、之を封じたのは新羅より高麗朝にかけての、韓の君臣の、机の上筆の上の所爲なのである、若夫れ檀君が神とし臨むで居た久しい間の古韓を顧み觀んか、謨率《ムス》氏あり、日馬《コマ》氏あり干靈《カラ》氏あり安冕《アメ》氏あり貢彌《ヒミ》氏がある後卷に詳か　されど檀氏といふ人世はない、勿論箕子といふ者を

箕子を朝鮮に封じたるは韓史の舞文なり

三國遺事の著者知己を千載の下に期す

迎へたこともなければ、朝鮮といふ名を受入れたこともない、其の貢彌氏の立つたのは、漢武が遼東の古朝鮮を滅した少し前であつたが、漢を拒いで一歩も鴨綠江を渡らしめなかつた。從つて漢武の四郡は、寸壤尺土も韓内に及ばず、貢彌氏は平壤に在つて高勾麗に合體するまで、其の王統を保持し居たのである。

また三國遺事が檀君の在世を千五百年としたは、堯の即位より約五百年前に人國の初を置いたもの、其壽を千九百八歳としたのは、更にそれより四百年前に神代の初を据えたのであつた、只支那に對する時の朝廷の遠慮を憚つて、人國の初を堯代であるかのやうに表向き書いてゐるが、裏に千五百年と書いて、後の賢者を待つたのであるのに、賢者興らずして後人遂に在世を千四十八年に切縮めたは、是亦事大に專らなるの致す所である。看よ。遺事は檀君を傳して其の直後に、左の如く跋して居る。

唐の裴矩の傳に云、高麗は本と孤竹國なり（大明一統志永平府古蹟に曰く、孤竹國は府城の西一十五里に在り、朝鮮城は府の境内に在り、相傳ふ箕子受封の地と。孤竹國の山海關内なるは前漢地理志等によりて更に明かである、唐書枉けて高麗と孤竹とを同處とす）周以て箕子を封して朝鮮と爲し（周の以て朝鮮と爲したるは孤竹國である、永平府境内に朝鮮城の古蹟ある亦以て證とするに足る、乃韓内にあらざること明か、）漢分つて三郡を置く、玄菟樂浪帶方と謂ふと。通典（杜佑通典）亦此の說に同じ、漢書には則眞臨樂玄四郡（眞番・臨屯・樂浪・玄菟）今三郡と云ひ、名又同じからざるは何ぞや。（何ぞやの一言を跋末に置いて、後の此書を見る者を警めたるは用意篤し、）

右本文は一然和尚が檀君傳の賛に代へて附したるもの、以下の各章に於ては、時の朝廷の官選史に順ひ、馬韓を南韓に移し、以て北韓を箕子朝鮮に提供すべく、其の筆を舞はせりと雖、其の本意でなかつたことは明かである、それに周武のことを虎王と書いたのも注意すべきことで、古來の解釋では武王と直指するを避けたのだとあるが、武王は諡である、諡を避けるといふことは禮にない尤も支那の古書にも武王を虎王と書いたのはある、それは武虎の古音相同じく、虎賁三千は武夫三千と同音に聞えたからで、武を避けて虎としたのではない、一然和尚が單に之に倣ふたのであれば、それ迄であるが、それにしても、虎と熊と同穴してゐて熊は人になれたが虎は忌を守らずして人になれなかつたと傳した直後に、武王を稱して虎王と言つたのは頗る奮つて居る、當時高麗朝が自己民族の本傳を棄却して一にも二にも支那の聖賢主義に苟合し、武王を大聖とし箕子を大賢として崇むるに對する禪家の一棒ではなかつたか、和尚は國史の虚僞を摘發するやうなことをしなかつたが、それでも遺事年表新羅乞解王の欄に、

是王代。百濟兵始來侵。

と書して、三國史記がそれより以前から、百濟新羅の間に幾度も攻伐の行はれたやう記してゐるのを、不言の下に駁して暗にそれを否定した。之に依つて新羅の建國が、實際よりは遙に古に溯つて置かれあるを判知し得るのである、和尚の苦心以て想ふべく、斯人なくんば誰か能く檀君を傳せ

壇君祭祀の提議を愼め

ん、其の文字に佛臭多きは餘事である。近頃鮮人の中に、檀君の祭祀を總督府に請へる者ありと聞くが、其の志や奇特である、されど其の名を祀るだけで何にならう、若眞に其の神を招いて祭らんと欲せば、謂はゆる箕子朝鮮を其の實在の舊地に送還し、漢置四郡を亦其の韓外の故地に押戻して、歴史と地經とを本來の正しきに返へすに非ざれば、檀君の眞の面目は躍如し來ない、故に先づ其の面目を顯はすに勉め、同時に亦上古一域の際に於ける日韓共通神話の眞味を體得し、其の同規の祭儀に習ふに及んで、檀君の神靈乃ち降り臻るであらう、何となれば檀君は日韓神話共通の上に靈ある神なるに因る。

かみいそし

本文に言ひ盡さざりし所を爰に補はんに、遺事に昔有二桓因庶子桓雄一とあり、また孕生レ子。號曰二檀君王儉一とあるを桓因庶子《カムイソシ》・桓《カム》の雄《チ》の桓君王儉《タキワケ》と訓むで、三つの者を二つの者にしたのは、餘りに常識を踏みはづした訓み方で、初め自ら己を怪むだのであるが、庶子といふことが何としても此の神話の體に添はず、畢竟するに古言の誤譯なるべしと考へたるに由る。それも韓の古言にカミイソシといふ詞があるか無いかが不明ならば、敢て斯くは訓まないのであるが、韓の古にさういふ詞のあることが分つたので、乃ちそれに力を得たのである、東族古傳に見るに辰國が蓋《コ》馬《マ》大山今の摩天嶺なり、蓋か省かれて馬大嶺となり更に其音に因りて摩天嶺となれるに似たりを以て固と爲し、奄淥《アフリヨク》大水鴨綠江を以て城と爲し、單單《センセン》大嶺今の千山なり猶センセンの古稱を存す以東の濊族沃沮族を收容し、北のかた潘耶扶餘を連ね、以て漢に對せし時漢は力微にして進攻せざりき勃婁達《モロタ》諸國の義に令し、杜都那《トツヤ》外宮（トツミヤ）にて魏志の蘇塗を修め、納祇米《タキミ》女巫なり魏志の謂はゆる天君を置き、高密帥志《カミツシ》を行じ、寇を禳はしめたとある、其の高密帥志は即ち神勤《かみいそし》にて神に事ふる勤行のことであるが、ソシと言つてイソシと言はぬは、密《ミイ》の下半音にイが含まれてゐるから略されたのであらう、此等の事になると古韓の言語全然我が古言に一致し、殊に杜都那《トツヤ》の如き宮をミヤと謂ふたであらうが、ミは御の敬語なるを以て斯かる時の名詞には置かなかつたのであらう名詞と名詞とを係屬する詞のツ天津神國津神の津まで我と同じかりしは、眞に驚異である。

ついでに申すが、單々《センセン》は東族古傳に占鬱單密《セウセミ》之山とあつて、宇越勢旻訶通《ウエセミコト》と宇越米旻訶通《ウエミミコト》との夫妻を祀れるに緣り、背夫背妻《せをせみ》の山と稱したのが、訛してセンセンとなり、遂に千山《センセン》と書かれることに爲つたのである以上東族古傳のことは後卷に就て看よ斯かる有樣にて桓因庶子《カミイソシ》の語は、高密帥志《カミツシ》を以て古韓に有つたのである、但しそれは神に對する勤《いそし》の事であつて神名ではない、神名は勇雄《いさをし》又は功《いさ》勳《をし》の義のイソシであつたらうに、後人終に義を失ひ、誤つて庶子と譯し、遂に折角の神話を臺なしにして了つたは、古今韓語の變訛に因するのである。更に怪まれるのは現在の鮮語がどうしてこれ程迄に距離ある者に變つたかである、單に言語の上からいふと、古代韓人と今日の鮮人とは一つ民族の系統でないのかと疑はれる程であるが、併し自ら内に看みれば、それ程古くもない源氏物語のやうな、當時婦女子の讀物なる小說ですら、其の道の博士に講義を賴まねば、分らぬことに成つたのであれば、獨り鮮語を怪むことは出來ない、唯我には神代からの古言が、其の

現在鮮語を以て古韓を解するは危險

平壤は樂浪に非ず

道の家々に依つて保存されて來たのに、朝鮮では夙くの昔それがなくなつて傳はらない、乃ち吾に在つては我が古言を將つて韓の古言に合はせ得れど、鮮人に在つては今やそれを持たないので、其處に彼我の怪訝が置かれるのである、故に現在の鮮語を將つて韓の古言を解せんとするは頗る危險の所爲ではあるまいか、然るに世には現在鮮語を將つて古義を誤り敎へる學者の、如何はしきが可なりに多く、日韓の嘗て一體なりしを離して、相距たれる者とするは、慨はしきことである、恐らく古韓の存在を識らずに、三國の初からを目的とするに由り、每に正鵠を射づすのであらう。現に後漢書に三韓者古之辰國也とあるをすら、實際さういふ國があつたかどうか分つたことではないと、慶尙道の一隅なる斯盧を將つて、それと考へてゐる者が多い、それは後卷に於て詳かに疏解するが、爰に豫め注意を請ひたきば馬韓のことである。馬韓は即古辰の王統である、漢魏の史に「辰王は月支國に治す」とあるは、既に概說せし如く安斯達に都して居たことを云ふので、それは平壤である、彼は平壤に都して居て滿洲に疆域を張出して居た、高勾麗の丸都《ウアント》は本と辰領烏厭旦《ウアント》であり、卒本扶餘は率發符婁《ソホフル》であつて皆辰の疆域であつた。檀君神話は實に其の場面の上に存した辰の神話の破片である、故に樂浪を平安道に擬定して、其處に住むだ支那人の言觸らしなど丶思つてはならぬ、近頃平壤及附近の古墳を堀開して漢代の遺物を拾上げ、以て其の地を漢の樂浪と肯定しつ丶あるが、是も頗る注意を要することである、勿論漢代の物が其の地中より出つるを怪しとしない、寧ろ出なくては成らぬ史上の道理があるのである、さればそれが出たからと言つて其の地を漢地とはされない、譬へば漢の永光三年に造られた孝文廟銅鍾の如き、いかにも樂浪郡が廟祀に用ゐた物具に相違なからうが、それが發掘されたからと言つて、それを以て其の地を樂浪とされないわけは、秦が上郡に於て造つた戈が亦其の地から出てゐるのでも判る如く、文廟銅鍾は今の遼東に在つた樂浪を覆して高句麗が爲せしにせよ馬韓が爲せしにせよそして運び來つたとするを史實に適へりとする此の論甚だ長ければ略すさういふ譯であるから、如何なる物が如何に多く發見されやうとも、深甚の注意を拂つて古を誤らぬが學者の權威といふものである、抑も漢の四郡を韓内に押込むだは、唐初に於ける其の君臣の深謀に出でたもので、韓半島併呑の豫備として先づ韓の地經を紊亂に陷れ、韓を稱して中國の舊領と主張し、以て出師の名を飾らん權略からである、故に古朝鮮を半島の事と爲したるは彼等が其の張本であつて、魏徵の隋書、懷太子の後漢書註、魏王泰の括地志等皆其の意を體し、遼の地經を晦まして韓の地理に移したのである、堂々たる我が總督府、若し誤つて北韓の地を漢の樂浪と裏書することもあらば、唐代君臣狡計の前に降伏する者。千古の國耻。史學の破滅。殆いかな。噫。

日韓正宗溯源巻之二

倭韓通證

第一章　阿藝

東族古傳に、我が「やまと」族を稱して阿藝《あき》と謂ふ、想ふに國號をいへるのでなく民族稱をいへるのであらう、葢阿藝のアはワ。キはイの叶音なれば、阿藝は即倭《い》である、即亦「あい」である、そしてそれは神の和靈に起因せる名なりと言つて居るが、しかも其の神は古代大陸族の神話に於て神として崇めた所のものである。

秋津島の原義如何

どうして大陸族が我がやまと族を阿藝と稱したかは其の由來を詳かにせざれど、近い所で考へると我が國號の秋津島からと思へる、秋津島を國號になされたのは神武天皇の御世であるが、天皇がそれを國號になされたは、更に遠い神代に源があつてのことゝ拜察される、其の遠い古の淵源にあつた「あき」てうことは、何の義であつたらうか、それを東族古傳に神の和靈より出でた名なりとしてゐるのは、勿論我が國學界古來の解説とは一致しない、そこで是れが問題なのであるが、此の問題には我が國學界が暫く宏量であることを希ふ、按ずるに古事記國土生成の條に、次に大和豊秋津《おほやまととよあきつ》島《しま》を生みたまひき、とある其の命名の意義は、大は美稱。豊は富裕の意、又廣大の義でもある。而して一面に倭をヤマトと訓ましたるは、帝都の國なる大和《やまと》の名を推し廣めて本州の稱にも用ゐるやうになつたとは、學者の一致した定義なれば姑く之に從ふ、併しそれが橿原奠都後の稱であるか、其の以前よりヤマトといふ稱があつたのか、その研究は猶これを保留し置く。謂はゆる秋津島は、神の生みたまひた最初の區分では、四國や九州を除いた本州だけのことであつたが、日本書紀を看ると、神武天皇三十一年四月國を秋津洲《しま》と號すとある、其の秋の意義に就ては種々の解説があつて、或は明《あき》つ島といふことで「明《あか》るい日の國の義」だといひ、或は現《あき》つ島のことで闇き幽冥《よみ》の國に對する「明るき現在の義」だといひ、或は地形の「蜻蛉《あきつ》」に似たるが爲めといひ、或は季節の「秋」を取つた名で、其の收穫の豊穰を祝福せる名だと曰ひ、或は曰ふ秋津は「開津《あきつ》」にして港灣要津の多きを意味すと。暫く予をして東族古傳のいふ所に從つて其の義を述べしめよ、秋は和《アキ》である、即ち神の和魂《あぎたま》に祈つて神族《かろつやから》自ら和《あ》ぐ心をいふたものである（ニギタマとこそ云へ、アギタマとは云はずとのことは暫く預かる）それは元來國名でなく、人々の心の集結が自然に族稱に爲つたのであつて、而してこの族稱が神武天皇の巻にあるやうに國號と爲つたのであれば、國號のアキ（秋）はたとへ神武御代若くはその以後の朝廷に於て爲

やまとの原義何如

されたにせよ、族稱のアキ（和）は更に遠き太古よりのことであらねばならぬ、また倭《あい》もさうであつて、此の字をヤマトてう訓《よみ》に一定されたのは大和奠都以後のことであらうが、倭の原稱は遠き太古よりのことであらねばならぬ、要するに阿藝《あき》は即秋《あき》。秋は即和《あき》。和は即倭《あい》であつて、漢字を以てする表示方が如何に區々であらうとも、毫も原義に動搖を與へて居らぬ筈である、故に秋津《アキツ》島は文字を易えて阿藝津《アキツ》島・倭津《アイツ》島としても差支ないことで、原義は和靈《あき》津島といふことである、學者乃ち和魂にニキタマの訓こそあれ、アキタマとは訓まずと難ずるであらうが、大陸の諸族では、ニキタマとも言ふが、それに代へてアキタマとも稱したのであつた。

倭は玉篇に於爲切音煨《イ》とあつて、其の義は順なる貌とある。集韻・正韻等には烏禾切音渦《ア》とあり。集韻にもまた鄔果切とあれば音ア（或はワ）である。其のいづれの音が、我が、倭に當たるかは、顏師古の漢書の註に倭は一戈反（即ちワ）とあれば先づ之に從ふべきであらう、但しワとアの通音なるは勿論である、而して何れの字典にも、我か倭を稱する時にはア又はワの音を以てし、イとは呼ばぬことになつてゐる、即ち魯の宣公の名の倭はイと讀むべく、夷名の倭はア又はワと讀むべく區分が立てゝある、是に由つても我々の祖先がおのれの種族をア又はワと稱してゐたことが判る、其の聲音が漢字の上に倭と爲つて顯れて居るのであれば、要するに字そのものに何の意義もなく、音その音に國民祖先の自稱が存してゐるとされる、この貴き音は、今も猶ほ和の字に依りて保存さ

れ、英和學校・漢和字典など、亦その遺音の示現で貴い（但し和英・和漢とこそ言ふべけれ）

倭・和をヤマトと讀める其のヤマトは、皇都の名より邦畿の名に擴まり、遂に全國の名になつたとする諸學者の説に姑く聽從し。而して其のヤマトの意義を尋ねると、是れ亦種々の解説があつて歸着を求むるに困難である、大國主《おほくにぬし》の歌はれた「やまとの一本薄《ひともとすすき》」に於ても、其のやまとの解釋が頗る多岐である、或は山處《やまと》の義といひ、或は山本《やまと》の義といひ、或は山のたわんでゐる處の意であると云ふ。大和國のやまとも、或は山跡《やまと》だといふ、其の説を聞けば、古し山棲《やますみ》の時、山は乾きにくく、人の足跡が常についてゐた所からだといふ、或は大和國は山に圍繞され戸を立てたやうであるから、山戸《やまと》と稱したといひ、或は通路狹隘で山が門を成してゐる所から、山門《やまと》の名が起つたのであらうといふ、或は膽駒山の外《そと》にあたる所から、河の內なる河內《かはち》に對する意味もあつて、山外《やまと》と言ひ初めたのであらうと云ふ。近頃ひと風變つた學者の説に聞けば、神代の頃には海人と山人とに分れてゐて、天孫民族は山人である所から山人《やまと》と呼ばれたので、恰も今の臺灣の熟蕃が、海岸平野に住み、生蕃が山に住んでゐると同じ形であつたからだといふ。果して以上諸説の通ならば、「やまと魄」の原義といふものは、山賤《やまかつ》の心とでもいふべき妙なもので、やまと心をもてりと誇る吾人は聊か肯諾に躊躇する。因つて憶ふに我が古事記の初に、「かれ此の八島《やしま》ぞ生みませるに因りて大八島國《おほやしまくに》と謂ふ」とあるのにヤマトの原義が存するのではあるまいか、八《ヤ》は彌《や》の義、すなはち數の多い意であつて數詞の八に非すとは、殆と學者の一致せる意見なれば、古事記の編者がヤシマといふ古語を數の義にあて、八個の島としたのは附會臆斷たるを免れまい、試にヤシマのシを假に助詞とし扱つてこれを省き見る時は「やま」となるが、やまとなつたら何を意味するであらうか。天照大神の詔のうちに「和《や》はせ」といふ御詞もあつて、ヤは和《や》らぐ・和《や》ぎ・和《や》ぐと働くべく、マは眞金《まかね》のマで分る如く「まことの」といふ意の接頭語なれば、我々の祖先は神の和靈《やらひ》に育成《そだて》られたる眞《まこと》の人であるとされやう、それが即ち和眞人《やまと》といふことなので、大和《おほやまと》とは神の和靈《やらひ》に賴れる大なる和眞人《やまと》の國よといふことに取れはせぬか。乃ち亦秋津島の秋《あき》も、大和《やまと》の和《や》も、神の和魂《やらひ》より出でゝ、族稱（和・倭）と爲り、本州名となり、國都名となつたとされはせぬか、東族古傳が我族をアキと曰ひ、阿藝てふ漢字を假りて稱呼したのは、我族を其のわけに考へ取つたものらしい。

國號を日本と書けるはいつの世からのことか、其初めはまだ詳かにされてないが、梁南北朝の時代の著書だといふ述異記に、此の日本といふ文字が見えてゐる、梁の終始は武烈天皇四年より欽明天皇十七年頃までなれば、日本といふ漢文字が、國號として支那に知られたは隨分ふるいことゝ云へる、梁亡びて五十一年の後、即隋の煬帝の大業三年に、我が國使が彼國に赴いたことを、隋書倭國傳に載せてゐるが、その傳には。大業三年其の王多利思比孤《たりしひこ》、使を遣はして朝貢す、使者曰く、海西の菩薩天子、重ねて佛法を興すと聞き、故に遣朝拜兼沙門數十人、來つて佛法を學ぶ。と書いてある、其の時の我か國書に。日出處天子。致ニ書日沒處天子一。とあつたので、隋帝覽て悅ばず、鴻臚卿を責めて、蠻夷の書、無禮の者あらば、復た以聞する勿れと言ったさうである、之を日本書紀に見るに、推古天皇十五年秋七月三日小野妹子を大唐に遣はすとあり、其の十五年は即隋の大業三年に當り、彼我の史全く一致してゐる、されど唐の興つたのは、それより十三年後にあれば、その時はまだ遣隋使であつて遣唐使でない、それをあるやうに書けるは、紀の誤であらう。且我か紀には、この時の國書を載せてゐないので、國號を日本と書したか、大倭と書したか分らねど、日出國と書いたとするが、當つてゐるかも知れない、其の翌年妹子歸朝の際、隋の報聘使裴世清といふ者倶に來朝し、隋の國書を呈した、其の書には皇帝問《ス》ニ倭皇《ニ》一とあり、また我よりの返翰には、東天皇敬白《テ》ニ西皇帝《ニ》一とある、妹子この國書を奉し兼て隋使を送り再び彼國に赴きたるが、隋では妹子のことを蘇因高といふた、それは妹子の姓が蘇我氏である所から蘇と爲し、イモコを因高《イムコ》としたもので、筋はよく通つてゐるが、かういふ風であるから、漢史に依つて東大神族の古を調ぶるは甚困難であつて、文字の上から原義を探ることは出來ない。猶隋書倭國傳を見ると、隋使の經由した地名の譯出が面白い、都《ツ》斯麻《シマ》對馬一支《イキ》壹岐竹斯《ツクシ》筑紫秦王《スワウ》周防等であつて、耽羅《とむら》濟州島を舳羅《トモラ》としてゐる、これは音訓混合で、我が妹子等の書いたのを寫したものかと思はれる。

隋は右國書の如く猶我國を倭と稱してゐたが、舊唐書には明かに倭と日本とを分けて別に傳を立て、日本國者、倭國之別種也とし。新唐書には、咸亨元年天智天皇九年遣レ使賀レ平ニ高麗一、後稍習ニ夏音一、惡《ミ》ニ倭名《ヲ》一、更《テ》號《ス》ニ日本《ト》一、使者自言、國近ニ日所レ出、以爲レ名。とあるは、我か國號の由來に於て頗る面白いことである。既に前にいへる如く我が族稱はアキ又はアイ又はワイであつて。アとワは叶音、キとイも叶音。この音をさへ違へずに表はしさへすれば、倭でもよく和でもよい。そこで我か朝廷も使臣も、其の昔は、倭と呼ばるゝに何の異議もなかつたのであるが、之よりさきに倭王と名乘つて、委奴國王の印だの、親魏倭王の印などを漢魏から受けた者のあることが分つて見れば、それと同樣の倭と視られるのは甚だ面白くない、そこで國號を記するに日本てう文字を用ゆべく主張したのである。それは暫く措き、我か遣唐使が右の主張をした時よりも遙かに以前なる梁の時代に、既に日本といふ國號がどうして彼國の書に顯はれたのであらうか、天智天皇九年の遣唐使よりは、二十七年以前に當る孝德天皇大化元年の紀に、明神御宇日本天皇（あきつみかみ、あめがしたしろしめす、ひのもとの、すめらみこと）といふことが見えてゐて、三韓に賜ふ詔書の式なりと註され、令義解には以ニ大事一宣ニ於蕃國使一之辭也とあれば、三韓に給ふ詔書には斯く書いたことゝ思はれる、是れは大化元年に始めて作られたものでなく、其の以前より古くあつたことゝ考へられるのは、書紀應神天皇二十八年の條に。秋九月高麗王使を遣して朝貢す、其の表に曰く、高麗王日本國に教《のり》すと、太子菟《う》道稚郎子《ちのわかいらつこ》其の表を破る。と見えてあれば、以て日本てう文字の古いことが分る、是等のことより支那に早く傳つたのであらう、して見ると日本と云ふ號は、自國には用ゐられず、外藩に對する威嚴の標榜に用ゐられたものとされる、然らば自國では何といふ國號であつたかといふに、言ふまでもなく大和《おほやまと》であつた、そして大倭とも書いた、その原義は山の訓から取つたのでないから、大和も大倭も、文字の上では山を意味するヤマトに訓みやうがない、但だ和と倭とは同音の文字で、兩ながらヤラグの訓があるので、帝都ヤマトの地名をヤと表はすには、極めて適當の字である、從つて大和と書けばオホヤとは確かに訓め、大八洲のオホヤにも叶ふ、そこで和の字を擇んで和眞人《やまと》の義に訓ましたのであらう、元來大和のヤは、其の字義の通ヤハラグのヤであつて、繼體天皇の詔詞に。日本邕邕、名擅二天下一。とある邕《ヤラグ》の義及び聖德太子憲法の首に、以レ和爲レ貴とある和の義なのである、それを山人《やまと》・山門《やまと》或は山外《やまと》など、山の義に解する習慣を生じてから、遂に絕對に讀めないことにして仕舞つた、是に於て聖武天皇の九年十二月に大倭國を大養德國と改むる旨の布告が出た、いかにも養德《やまと》とは讀める、併し和《わ》の字音に尊い眞義が含蓄されて來たのであれば、それを捨てるわけにゆかずとの再議もあつたのであらう、同十九年三月、大養德國を改め舊に依つて大倭國と爲す旨の布告があつて、爾來今日に及んだのである。

乃ここにまた稽ふるに。東族古傳に、我を稱して阿藝《あき》と爲し、其義を神の和靈《あきひ》に取るとなせるは、海外の使臣に明神御宇（あきつかみ・あめがした・しろす）と詔《の》らせ給ひし、天皇の御自稱からと思はれもする、又そのシロスをば皇《すめらぎ》の義と信《う》けて、孝靈天皇を崛靈誨載龍髯《くろたしろす》。開化天皇を伊鍜河畔《いさかは》載龍髯《しろす》と稱へしことなど、彼の古傳に見えてある、之に由りて我朝がいかに早く海外に知られてゐたかゞ判る。しかし大陸族が我をアキと稱せるは、其の淵源更に遠くして神代の古に在りとされるのである、其の次第は後巻神頌叙傳釋明の中に讓つて述べやう。

第二章　央委

今の鮮人の古代祖先をば、東族古傳には央委《わい》と稱してある、央委は阿藝の轉語なるべく（アはワニ轉しキはイに轉す）或は海をワタと云ふから、央《わ》に其の義あつて、三面海なる半島族の謂にも取れるが、阿藝の叶音とするを最も善く古旨に適へりとしやう。前章に述べた如く阿藝は即亦倭《わい》なれば、央委《わい》の倭《わい》なることと勿論なれど、吾人は阿藝を以て日本のことゝ爲すに躊躇せず、又倭と稱されるに異論はないが、鮮人に在つては、倭を以て其族のことゝするに驚異の目を輝かすべく、群つて之に不承諾を唱へるであらう。されどそれは三韓以前の舊紀古傳地を掃つて空しく、僅に三國以來の事をば遙か後世に

倭を以て我に限れりとする古來學界の過誤

なつてから書いた物ばかりで、古を知る便がない爲である。しかし鮮族の央委なること、央委は即倭なること、倭は韓半島及び滿洲の三千部落に古代繁衍せる大民族なることは、史書闕けたりと雖尚徵するに足る者尠からずある。古來我國の學者は、支那の書に就て讀まざるなく、朝鮮の學者亦さうであつた、然るに倭といへば廣義に於て日本の事にのみ解し、狹義に於て輙ち我か筑紫の事と爲し、其の範を踰えて廣く之を大陸に考究する者絕へてなく、徒に己が先入の主に囚はれて、獨きめに自分を狹くし居たのは明なしと謂ふべきであらう。近頃に至り漸く倭を南韓の一角に認めたれど、未だその以北に推考を及ぼさず、空しく舊株を守つて居るのは、先入主ほど學者を不明にするものは無い、例せば、漢魏の史に。

韓。南與レ倭接。

弁辰。其南亦與レ倭接。

弁辰韓。合二十四國。其十二國屬二辰王一。

弁辰。十二國亦有レ王。

とあるを、其の「接す」を以て海を隔て相對する義に見て取り、倭と韓との土壤接續を明解した者極めて稀である、偶さう見る人はあつても、弁辰十二國亦有レ王とあるに就て、其の王の何であるかを深査した者なく、十二國を統治する一倭王の南韓に存在したことを考證した學者は、先づな

山海經の所謂倭の所在

いと言つてよからう。是れ倭とさへ云へば先入主に抑へられて、想を筑紫の外に馳する自由を失ふに由る、願くは倶に進んで想を鴨綠の外に馳せ、蓋馬《コマ》の山巓に立つて坐ろに蒼茫千古の意を味ひたい、山海經に曰く、

蓋國。在リ㆓鉅燕ノ南・倭ノ北ニ㆒。倭ハ屬ス㆑燕ニ。（この最後の倭字は冗字である、もと無つたのを、誤つて轉寫の際に添へたものか、或は後人故意の挿入であらう、）

古來この文を讀む者多くは、蓋國在㆓鉅燕㆒。南倭北倭屬㆑燕。と讀んで居る（倭字一個餘計にあるため此の誤讀を招く）新井白石もさう讀んで、南島誌序に。按スルニ琉球古ハ南倭也。南倭北倭竝ニ見ユ㆓山海經ニ㆒、而南倭復見ユ㆓海外異記ニ㆒。と論じ、大關克の倭國考にも亦さう讀むであり、其の他靖方溯源・日韓古史斷・日本上古史等皆同じ讀方をしてゐるが、獨り喜田博士は之を正しく讀まれた、之を正しと謂ふ所以は、さう讀まなければ何の義をも爲さぬからである。該經に鉅燕の南・倭の北に在りといへる蓋國は、抑も何處を指して言つてゐるのであるか。盧舜治（漢書評林に引ける）曰く、燕の地は雄要に處り、北は山險に倚り、南は區夏を壓す、堂皇に坐して庭宇を俯視する若しと、乃燕の南は區夏（中國）であれば、蓋國は燕齊の間に在らねばならぬ、倭は又其の南に在らねばならぬ、山東は古來夷（卽倭）の國する所なれば、蓋を其の方面に擬しても、條件に闕ける所はない、されど郭璞（山海經の註）は。倭國在㆓帶方東・大海內㆒、以㆑女爲ス㆑主。と言ひて燕の南と云ふことを、今の朝鮮方向に取つてゐる、燕は今の直隷なれば、遼西遼東はその東方であらねばならぬ、故に前漢地理志に

燕地ハ尾箕ノ分野也。東有二漁陽天津地方右北平昌黎より熱河方向遼西遼東一。蓋國

としてゐる、故に燕地の中心から見て、朝鮮方面を東とこそいへ、南といふは當らざるも、しかし郭璞の言ふ所に隨從して、其の方向に蓋國を尋ねると、遼河平原に西蓋馬新民屯地方の古稱があり、又蓋馬大嶺がある、今も盖平の名が遼河流域に殘つて居り、大明一統志にも。蓋州營、高麗爲二蓋牟城一、唐置二盖州一、渤海因レ之。とあれば、乃これ等の地方を蓋國と謂つた古るき時代が必あつたに相違ない、山海經に云ふ蓋はそれであらう。それが燕の南・倭の北に在つたと云ふのであれば、盖は即遼土、倭は即ち今の朝鮮であらねばならぬ。知るべし今の朝鮮は古の倭、即ち央委なるを。郭璞の徒地經に暗く、因つて倭を以て帶方金州半島の東、大海の內と爲したのであるが、それは公孫氏が帶方郡を置いた以後の倭國觀で、古の解釋にはならない。斯くいふたら、郭璞はかう云ふかも知れない、曰はく、それは日本の學者の取りやうが惡いので、凡そ海之內或は海之中といふことは、必しも四面皆海なる島をいふのでなく、山東岬角の地を海中と謂つた例もあることで、朝鮮のやうな長く海中に斗出した處を、遼東の帶方から海を隔てゝ望見し、以て海中と爲すは古來多くある文法で怪むことはない、女を以て主と爲すと言つたのは、馬韓に卑彌呼といふ女王があつたからのことで、何を勘違ひして日本のことゝ思つたのだ、あられも無い痴《たは》けた事なりと斥駁するかも知れない。且山海經に燕に屬すとあるは、祭星燕に在つては尾箕星、齊に在つては虛危星と云ふが如し、の光の射す處といふ位のことで、固より國境

問題に觸るゝことではないが、如何に誇大妄想の狂者でも、我が筑紫や本州を燕に屬すとは言ふまい。地理志に曰ふ。

勃海之安次今直隷省順天府東安縣の西北四十支里皆燕分也。樂浪今の遼東半島玄菟今の奉天新民屯地方屬《ク》宜《スベシ》焉。

是れ其の意味は、天文の上からすれば、安次は正に燕の祭星の分野である、樂浪玄菟も亦天文上宜しく其の祭星に屬すべきものと謂ふのであつて、遼土の樂浪玄菟が祭星分野の所屬問題にされた程なれば、地理志に於ては今の朝鮮を燕の分とはして居ない、樂浪玄菟を鮮内に取込むだ韓史の意嚮は別である それを山海經は放膽にも、倭は燕に屬すと言つたのであれば、その倭は無論朝鮮であらねばならぬ、筑紫や本州を燕に屬すといふことは、幾ら放膽でも、天文の他の比較理象から言へたことではない。これも亦山海經の原著者はかう云ふかも知れない、もと蓋國が燕の祭星分野に屬することをいふたのであるのに、隋唐の際、朝鮮併呑の志を起し、先づ朝鮮の地經を紊亂すべく謀つて、其のため本經へ倭の一字を點し、遂に後人を惑はすに至つたのであると。兎に角山海經の稱する蓋南の倭を日本の事とするは理由なき僻事であつて、要するに該經は今の朝鮮を稱して倭と爲せる者、是れ予が今の朝鮮の古を倭と稱する所以の第一理由である。

列陽

經に又曰ふ。朝鮮在列陽東、海北山南、列陽屬燕。これ其の列陽は遼陽のことで、漢武以後の遼地觀が夏禹の著はしたと云ふ山海經に加筆されたものである、海は勃海を稱し、海北は勃海郡

思幽國

を云ふ、乃ち海北山南とは勃海郡の山の南といふことに外ならねば、此の指示に表はされた朝鮮は、遼東の古朝鮮である、今の朝鮮と思つてはならぬ。神頌叙傳に由ると、遼河の古稱は東語孛《ハ》斐《イ》禮《ラ》であつた、それが浿水《ハイ》と譯され、遂に遼河と改名されたのであるが、其の改名は漢武以降のことで、其の昔し今の山海關内に在つた遼の名を、滿洲に推出しての結果である、（關内の遼名は灤河の名を以て今に存し、遼西まで推出した時の遼名は凌河に殘り、遂に今の遼河に及びたるもの、乃ち凌・灤・遼は、其の音共にリヤンで同聲を表して居る）漢が其の進出によつて今の遼東に樂浪郡を置いたに就いて、學者その郡名の出處を前漢地志に記せる列水の上に考へたりして居る（杜氏通典等に見ゆ）其のことの當否は別として、列と浪との叶音なりしことはそれで判る、列《レウ》が浪《ラウ》に叶ふに於ては、遼《レウ》とは無論同聲に聞えたのであつた、山海經には別に遼河を潦水に、遼陽を潦陽に作つてあつて、列《レウ》・浪《ラウ》・遼《レウ》・潦《ラウ》の同音なることが轉た明かに知れる。斯くも列陽と潦陽とが一經中に竝に現はれたのは、更に後人の作爲加筆なること亦明かで、もとの加筆は列陽一つであつたらうと思はれる、是に於て列陽は遼陽と知れ、其の所謂朝鮮は遼東の古朝鮮と判る、就ては今の朝鮮を山海經で何といふてゐたかと云ふに、大荒之中、有二思幽之國一（一本に司幽に作る）とあるのがそれであらう、即ち三韓以前の古國稱辰沄《シウ》を思幽《シウ》と著はしたもの。思士《ノ》不《ハ》レ妻《メトラ》思女《ノ》不《ハ》レ夫《ツマトラ》で思が感じ氣が通ずれば配合なくして子を生むとの怪異を傳へたのは、天照大神と素尊が妻《め》とらず夫《つま》とらずに、宇氣比《うけび》によりて八人の貴子を生みたまへるを、遠く聞いて知つたかの如くある、蓋し古韓にも之に似た傳が自ら亦存してゐたかも知れない。また帝俊（郭璞は俊も亦舜字の假借音なりと曰ひ、罪沅は帝嚳のことなりといふ晏龍を生み、晏龍・思幽を生めりと爲せるは、好むで奇異を書く支那一流の文藻であるが、只其の晏龍といへるは、辰沄國の古王沇安冕氏に似た名であるのが怪しい。而して燕南の蓋國及び遼東の朝鮮を海內北經に擧げたるは、支那四海の內の領土なるをいひ、思幽を大荒東經に擧げたるは、其の海外なるを示せるもの、乃ち韓半島を敢て領土視せざるは當然のことゝはいへ多とするに足る。以上に由り韓半島及び遼東の古朝鮮幷に蓋國の、山海經に於ける位置自ら明瞭したであらう、而して蓋國を鉅燕の南・倭の北に在りと爲せるに見れば、韓半島がその謂はゆる倭なるを認めないわけに行くまい、是れ予が今の朝鮮の古を倭と斷ずる所以の第二理由である。

次には神頌叙傳に、古韓の辰沄王を鞅《わ》王と稱してゐる、鞅《わ》は即倭《わ》の異譯にして、其の詳かなるは、後卷に讓りて此には擧げざるも、以て第三の理由とするに足る。

山海經にいへる倭に就て、殊勝の見を立てたるは大關克の倭國考である、曰はく、倭の考、古來諸家の說皆附會のみ、夫れ倭の國たる源あり委あり、其の本土は朝鮮近境の僻邑なり、祖光云僻邑二字當らず惜むべし海內北經に云ふ、南倭北倭は燕に屬し、蓋亦前に言へる如き誤讀朝鮮は列陽に在りとあるも、而も倭は海中に在りと言はず、經尾に海中に在るもの六、海中に居るもの二を錄するも、倭はなきなり、然らは倭の境たる知るべし、燕に接屬して朝鮮の北方に在りしなり、郭璞此に註して帶方の東・大海の中に在りといへるは、古の倭絕滅既に久しく、史書傳說なく、其の故墟を知るあたはずして、牽强せるや明かなり云云。未だ倭の全體を大觀するの明には達してゐないが、郭璞の註に駁擊を加へ、倭を以て朝鮮の北方に在りたりとするは、甚だ得て居る、併し倭は北方のみに居たのでなく、亦滅絕しても居らぬ。

後漢書に韓を倭とす

後漢書の著者范曄は、嘗て韓を以て倭と爲した、それは魏略に汗（韓に同じ）とあつたのを、後漢書に於て倭と改めたことである、今兩書の文を抄出して對照に便じやう。

○鮮卑衆日多。田畜射獵。不レ足レ給レ食。後檀石槐。乃案ニ行烏侯秦水一。廣袤數百里。渟不レ流。中有レ魚。而不レ能レ得。聞ニ汗人善捕レ魚。於レ是檀石槐。東擊ニ汗國一。得ニ千餘家一。徙置ニ烏侯秦水上一。使レ捕レ魚。以助レ糧。至ニ于今一烏侯秦水上。有ニ汗人數百戶一（魏略）

○種衆日多。田畜射獵。不レ足レ給レ食。檀石槐乃自徇行。見ニ烏集秦水一。廣從數百里。水停不レ流。其中有レ魚。不レ能レ得レ之。聞ニ倭善網捕一。於レ是東擊ニ倭人國一。得ニ千餘家一。徙置ニ秦水上一。令レ捕レ魚。以助ニ糧食一（後漢書）

右兩文を比較するに、後漢書は魏略の文を殆と其のまゝ採取したものである（魏略及び魏史は後漢書より早く著述さる）然るに原書に汗人とあつたのを倭に改め、汗國とあつたのを倭人國に改めたのは、必それだけの理由があつたからのことで、據るべき史料の發見があつたからであらう。想ふに汗は韓にして其の民の國籍區分上の名。倭は其の民の自稱にして族姓の義。此の二者の理解には猶辯を要するものあれども、事の歸着は一つである。而して檀石槐が侵來して民を虜と爲した處は、漢の樂浪郡若くは遼東郡の境内であるから、其の虜にされた民は國籍區分の上からは韓人であつても、漢郡内の部落民なれば、之を韓人と書いては韓國がそこにあつたやうになつて、史の記事としては甚妥當を缺く、是れ後漢書が其の考から韓國を改めて倭人國とした所以であらう。倭人國といへば、國際的區分の國家のやうにあれど、事實は名實ともに民族的邑居の大なる部分稱であつて漢郡内の者である、其の民族自稱の倭を將つて國と做さば、檀石槐から荒らされた漢郡の耻辱を蔽ふことが出來る。その部分は何處に在つたかと云ふに、漢の樂浪・遼東此の時未だ帶方郡あらずの境内に在つて、邑君或は邑長と言つたやうな者を首領とし、民族上の權威を馬韓王に托して、漢の土壤を耕してゐたのであつた、其の本國の籍からいへば皆馬韓人であるが、其の自稱は央委《ワイ》であつて、濊即亦ワイと區別はない、即共に倭《わい》なのであつた、其の中に在つて單單《センセン》嶺東七縣單々は今遼東の千山嶺の濊の如きは、自ら國家を成して居たのであれば、それに關した事は、史家乃ち濊字を以てワイを著はすも、其の餘の部分は都合よければ郡民と誇示し、捕虜と爲つたやうな場合は、其の自稱族號を書して郡民といふを忌避し、以てその謂はゆる中國のために臭を蓋ひ體を裝ふを史家の常操としてゐた。檀石槐の捕虜としたのは塔子河當時河口に西安平の港津あり遼河若くは金州沿岸の漁民であつたらうと思ふ。新井白石は其の著蝦夷志に於て此の倭人を、北倭にして蝦夷にやあらんと言つてゐるが、檀石槐はそんな遠くまであせらずとも、近くに漁網の民は存在したのである、暫く彼の行動地域に就て考察して見やう。

漢の初匈奴の冒頓《ボクトツ》東胡を破る、東胡の餘衆、烏丸山を保てる者は其の山名に因つて族號を烏丸と曰ひ、別に鮮卑山に據れる者は其の名に因つて鮮卑を號と爲した、後にその餘種十餘萬遼東今の遼西に詣つて雜處し、皆自ら鮮卑兵と號したが、其の中に投鹿侯といふ者がゐて匈奴の軍に從ふ三年、其の妻獨り家に在つて子を生むだ、投鹿侯歸つて恠み、其の子を殺さうとした時、妻の言ふには、嘗て晝間外出して雷の震ふを聞き、天を仰いてそれを視たとき、雹がその口に入つたので因つて之を呑みたるに、遂に妊娠し十月にして此の子を產めるのであれば、此の子には必奇異があるであらうから、しばらく之を成長せしめよと乞ふたが、投鹿侯固く執つて信じないので、妻乃ち家令に語つて收め養はしめた。これが檀石槐である。長大にして勇健、智略衆に絕し、年十四五のとき異部の大人等槐の外家の牛羊を鈔取《かすめと》つて去れるを、槐騎に策つて追擊し、向ふ所前なく、悉く亡ふ所を奪ひ還したので、部落のものども一同に畏服し、遂に推して以て大人と爲した、槐乃ち廷を高柳東漢の幽州代郡高柳縣、今の山西省大同府陽高縣の西北の北三百餘里に作つた。是に於て東西部の大人等皆之に歸服し、兵馬甚旺盛となり、南は漢邊を掠め、北は丁令を拒ぎ、東は夫餘を卻け夫餘此の時開原・昌圖・四平街の線を以て對す西は烏孫を擊ち、盡く匈奴の故地を收めて之に據り、東西一萬二千餘里、南北七千餘里山川水澤を罔羅し、鹽地甚廣く、頗る彊盛の雄國となり、永壽二年秋皇紀八一六年景行天皇二十六年雲中（鄂爾多斯の黄河南流の處）に寇し、延熹元年（皇紀八一八年）復た寇し、二年雁門（山西省朔平府右玉縣）に入寇して大抄掠を行ひ、六年夏遼東屬國に寇して漢の大患をなした。

遼東屬國は。昌遼（郡國志に曰ふ故ノ天遼屬ニ遼西ー。注に青城山ありと、今の昌黎なり、韻編云ふ、今闕く當に錦州の境に在るべしと、）賓徒・徒河（錦州府錦縣の西北）無慮（錦州府廣寧縣）險瀆（錦州府廣寧縣東南）房の六國を云ふ。昌遼は地誌韻編これを錦州府境と爲すも、青城山の所在よりすれば、今の關內昌黎である、無慮・險瀆の所在は同編の言ふ所、據あるに似て確實と思はる、卽遼東屬國は昌黎を南端とし廣寧を北端としたれば賓徒・房は其の間なるべく、概言すれば後漢の遼東屬國は、關內より關外大凌河附近に至る間と見ば大差なし。

九年夏遂に鳥騎數萬を分つて漢の邊境九郡に寇す、漢は之を制する能はず、遂に使を遣り印綬を持し、檀石槐を封して王と爲し與に和親を爲さんと試みたれど、檀石槐受くるを肯んぜずして、寇掠ますます甚しきを加へ、而して自ら其の地を分つて三部と爲し。右北平（直隷省永平府方面）より以東は遼東（今の遼西）に至り、夫餘濊貊に接するまで二十餘邑を東部と爲し。右北平より以西は、上谷（直隷宣化府）に至るまで十餘邑を中部と爲し。上谷より以西は、敦煌（甘肅安西州）烏孫に到るまで二十餘邑を西部と爲し。各大人を置て之を主領せしめた、（匈奴の三部區分に略似て西を縮め東に伸ぶ）靈帝の立つた頃には（韓歲も强盛時代）幽（直隷）幷（山西）涼（甘肅）三州緣邊の諸郡、歲として寇抄を被らざる無き有樣であつたが、この怪傑檀石槐も、其の壽長からず、光和年中に年四十五にして長き眠に落ちた。

馬韓の別號倭韓

右に由つても判る如く、遼西の如きは其の馬蹄の蹂躙に荒されたこと數《しばしば》あるのであれば、遼東に到つて漁民を捕虜とし、曳き去る等の事は當にあるべきである、斯くも情況は審かであるのに、倭といふ字に學者悉くその明を蔽はれて、倭の所在を蝦夷に求めたり、或は南韓の加羅に求めたりして、却つて分らぬことにして仕舞つて居るのは、倭を當時に於ける韓人の自稱と知らぬからである、是れ予が今の朝鮮の古を以て倭と斷する所以の第四理由である。

韓と倭との稱呼共通は他にも尙史上に好例の存するを見る、魏志に曰く。

桓靈之末。韓濊彊盛。郡縣不レ能レ制。民多流入二韓國一（此までは後漢の世のこと、故に後漢書にも、ここ迄は書いてゐる、以下三國時代のこと、故に魏志にはあつて書にはない）建安中。公孫康分二屯有縣以南荒地一。爲二帶方郡一。遣二公孫模・張敞等一。收二集遺民一。興レ兵伐二韓濊一。舊民稍出。是後倭韓。遂屬二帶方一。

右の倭韓であるが、帶方郡を中韓に擬定した韓史は、倭韓をば倭と韓との二つに分つて、倭を韓の最南の一角（實は十二國であるが、さうとは思はずに、僅か一隅のやう想つてる）に住める倭人のことと爲して居るが、決してさうでない、馬韓といへば三韓區分の一で地方的稱呼であるが、倭韓とは族稱を併せいふたもので、鴨綠江に跨つての韓の內外に涉れる稱呼である、即前にいへる檀石槐の擊つた倭人國も此の倭韓の名下にあるのである。どうして斯ういふことが言へるかといふに、馬韓王（漢人の稱する所）は自稱を辰王（國號に於ける王名）と曰ひ、又央委王（族稱に於ける王號）と號し、內外に繫息せる央委族の宗主たる自負を示し居たに因る。王は三韓區分の

樂浪海中の倭人は韓を稱す

一なる馬韓王を以て自ら居たのでなく、其の全韓の稱なる辰王を以て猶小とし、進んで央委王を以て自ら居たのである。即辰王は國王の號。央委王は族宗の稱。而して後者を以て大號と爲して居た。東族古傳に鞅《わ》王とあるは大號を稱したもので即ち央委王なのである。央委は即ち倭であれば、漢人が譯して倭韓と爲せるは極めて當つてゐる。其の最大有力の立證は、馬韓王統の最後に現はれた女傑が倭王の大號に於て、名を内外に顯はした史實に存する。それは誰あらう今も猶我が史界を賑はす親魏倭王卑彌呼である。卑彌呼を我が筑紫の女酋と爲せるは、我が國學界史學界千古の大失態たるを免れぬ、其の次第は後に述べるが、これぞ予が今の朝鮮の古を倭と斷ずる所以の第五理由である。

次の又一證は前漢地理志燕の章に。樂浪海中有㆓倭人㆒、分爲㆓百餘國㆒、以㆓歲時㆒來獻見云。とあるのがそれである。樂浪海中とは遼東の樂浪郡から黃海を隔て、韓半島を想望したる思惟の表示であつて、積水不可極の我が大倭や筑紫を空想してのことでない。然るに我が國の學界に在つて、或者は、國造本紀を引いて、國造《くにみやつこ》の數一百四十有四とあるを、漢志の謂はゆる百餘國に當て。又或者は、筑紫の郡數ほぼ一百許なりといひて、それを百餘國に引當てなどして、得たり顏なるは、要するに夫の海中の二字に呑まれて直に以て我國と爲せるに由るならん、是れ我が學界に於ける古今一貫のものなるが、元來支那には半島といふ成語なく、遠く海中に斗出せる部分を海中といふこと其の例實に乏しからずである。之を韓半島に因みある實例に就て證せんに、古朝鮮辰沄殷と云ふを正しとすが遼東で亡びたる時の史傳に於て。

魏志曰。侯淮古朝鮮終末の王將二其左右宮人一。走入レ海。居二韓地一。自號二韓王一。

後漢書曰。朝鮮王準。乃將二其餘衆數千人一。走入レ海。攻二馬韓一破レ之。自立爲二韓王一。

魏略曰。淮王二海中一。不下與二朝鮮一相往來上。この朝鮮は遼東なり、半島のことと爲すな。

三史ともに其の記する事柄に些の異る所なく、僅に文に繁閑あるのみなれど、魏略を讀む者はその海中に王たりとあるに囚はれて、海中一島嶼のことと觀じ、魏志の韓地に王たりといふを訝り、後漢書の馬韓を攻めて之を破るといふを怪んで、魏略の言ふ所と相符せずと爲せど、魏略のいふ海中は、即ち韓地のことで何の變りもないのである、故に志書ともに入海と書いて、其の謂ふ所を一にして居る。尙書舜典の傳に、孔安國が鯀を殛せる羽山を東裔の海中に在りといへるを、疏に漢書地理志を引いて羽山を東海郡祝其縣の西南に在りとし、海水漸く及ぶ、故に海中に在りと言ふ也と註してある、亦以て海中といふことの四面海なる島に限られてゐないことが判らう。乃ち樂浪海中に倭人ありといへる海中の義を我が日本の獨占にはされない。如何に前漢地志が誇大の物言ひざまをするにしても、我が筑紫や本州を環つて居る大洋を、樂浪海とは謂はないであらう、況んや支那史家の通癖として、入貢者を極遠の地から來たやうに書きたがるに於て、若も日本を言ふのなら。

東海之外、大荒之中、有レ山曰二大言一、有二大人之國一山海經と言つた風な筆致に出さうなものではないか。魏志に倭人在二帶方東南大海中一とあるのは、東南は方位を示し、而して大海の中に在りといふのであれば、我が筑紫とは取れやう、又後漢書に倭在二韓東南大海中一とあるは、轉た又其の意を得易い。それとは異つて前漢志のは、樂浪の海中に倭人ありといへるのであれば、其の海中は韓地なること明かで、倭は其の民族の自稱に依れるものなること最早疑問のない所であらう。そして其の倭を百餘國と爲せるは、三韓の八十餘國を概況したもので、數に於ても亦相當つてゐる、是れ予が今の朝鮮の古を倭と斷ずる所以の第六理由である。但し樂浪郡を半島內と誤想する人には此の第六理由の情趣を味ひ得まい。

之を要するに日韓の上代は其の民族の自稱を同音同聲にしてゐた者で、韓の央委、日の阿藝は只譯字を異にするに過ぎないのである。

第三章　韓

第一節　辰國

漢魏の史に三韓は古の辰國なりとあれど、其の古は何の史にもないので、内外の學者今に至るまで之に就て何の知る所もない。幸に神頌叙傳の發見に由つて、辰國には謨率《ムス》氏・日馬《コマ》氏・干靈《カラ》氏・安冕《アメ》氏・賁彌《ヒミ》氏の五王統あることが判つた。而して漢武が遼東の古朝鮮を滅したるは、賁彌氏が王統を續いてから未だ幾日も經なかつた時と知られた。猶叙傳の各章に渉つて。

一、辰沄殷《しういん》古朝鮮の前朝八百餘年の古王國と辰國との依倚。

二、辰沄殷最後の王漢魏の史に朝鮮王準と稱する者の辰國へ投歸。

三、漢に對する辰の抗拒。

四、辰の高令招致高令は高勾麗

五、辰と我が大和との親交。

等の史實發見され、辰國の表裏稍明瞭なるを得た。此等の史實を順序に釋明するは後卷の任なれ

辰の意義

ば、本節は三韓を說述する前提として、三韓以前に辰國てう大國家が、今の朝鮮の地に存在せしことを、告ぐるに止むる、而して之を告ぐるに順序として、辰とは何の義ぞやの問に對する釋明よりすべし。

辰は辰沄繾《しうく》の略稱である。東大族を支那の先住民と理解し得る上からは、伏羲神農の別號なる縉雲が、即亦東語の辰沄なりと理解され、肅愼の肅《シウ》もそれなりと肯定され、女眞の女《シウ》も亦さうである。辰沄《しう》は東大の義、辰沄繾翅報《しうくしふ》は東大國君靈の義。韓國上代の王者は辰沄翅報《しうしふ》（東大君靈）の尊號を有しゐたのであつた。而して漢魏史の謂はゆる辰王は尊號の漢譯された者である、其の尊號のシウシフは、東大族の全般に共通せる靈語であつて、譯字を替ゆれば、肅愼《シウシフ》であり女眞《シウシフ》であるが、旣に漢文字によつて肅愼と書かれ黃河流域に其の存在を自證したる辰沄氏は、復た辰國ではない、又女眞と書かれて松花江畔に其の存在を自證したる辰沄氏も同じわけで復た辰國ではない、貊も濊も本は辰沄氏であるが、扶餘を族號とした濊、高勾麗を國號とした貊は、復た辰國ではない。乃ち辰國には辰國として其の疆域を劃し、他の辰沄氏と別れて、其の存在の自證を爲した者なれば、其の源に溯つて水質の本然を味ふ時は孰れも一つ流の分派なれど、涇は渭を得て濁るが如く、其の過ぐる所の地方に由つて、或は靑く或は白く、或は赤く色附けられもする、其の色彩を歷史ともいひ風俗ともいふが、其の色彩に捕はれず其の源流に溯つて、水質の純平として純なる所を汲むを東族史學假定と謂ふ、韓の士君子願くは斯學に從つて其の源に達せんことを。

辰國が右にいふ辰沄繾《しうく》なる所以は、東族古傳に依るまでもなく、魏志を將つて明證し得るのである、志に曰く。

辰王の優呼

辰王治㆓月支《アツシ》國㆒。臣智《シチ》（辰の爵名王侯の稱）或加《フ》㆓優呼臣雲遣支報《しうくしふ》・安邪踧支濆臣離兒不例《あやしきひしりにふる》・拘邪秦支廉《しらす》之號《ラ》㆒。

是れ辰王に對して臣智等が斯ういふ優呼（尊稱の詞）を奉ると云ふのである。この文意の解剖は、日韓上古史裏面の著者西川權氏が、之に勉められたことを發見した、因つて氏の解說を左に掲ぐ。

魏志ニ據レハ馬韓ノ王號ハ略シテ辰王ト云ヒ、詳シク言ヘハ其ノ美言的尊稱ト認メラルル全稱ハ臣雲遣支報《シウケシホ》・安邪踧支濆臣離兒不例《アヤシキヒシリニフル》・拘邪・秦支廉《ツシラス》。ノ二十字（此ノ字面ニハ或ハ魏志傳寫ノ誤アランモ測ラレス）ニシテ辰王ハ其ノ頭ノ臣（辰臣ハ同韻同聲）字ヲ以テ略稱セルモノノ如シ。

原註に曰ふ。拘邪ハ拘邪韓國名ニシテ秦ハ秦韓ヲモ領有スル義ナルベシ。神《アヤシ》キ聖《ヒジリ》ニフルト讀ミ得ルフルノ尊稱ハ、紀一書ニ眞《マ》髪觸《カミフル》奇稻田《クシイナタ》姫《ヒメ》（眞神「フル」ナリ）筑紫日向高千穗槵觸之《クシフルノ》峰《タケ》（奇振《クシフル》。記ニハ久士布流多氣）又石上振《イソノカミフル》之大神・千《チ》早振《ハヤフル》神《カミ》（稜威榮振《イチハヤフ》ルノ義）荒振《アラフル》神等ト同シク太《フト》ノ語源ナル靈《ヒ》ノ活動スル語例ニ似タリ。唯臣雲遣支報《シウケシホ》ノ五字ハ、其ノ解釋上未タ何等ノ關係點ヲ發見セサルモ、言語上强テ假想的分解ヲ下セハ。臣《シ》ハ夫《セ》（吾兄《ワガセ》之君、主《ヌシ》・大人《ウシ》ノ已《シ》）

ト通用スル如キ敬稱カ。雲遣《ウケ》ハ保食神ノ如キ意義カ。支報《シホ》ノ支《シ》ハ同上、報《ホ》ハ靈《ヒ》又ハ秀《ホ》ノ如キ意義ナラン。即チ君禰祉《シウケ》・君靈《シホ》ト祝セル美言ニシテ從テ辰王《シワン》ナル略稱ノ漢人ヨリ生シ來レルニハ非ルカ（新羅ノ王號尼叱今《ニシキン》主君亦參照スベシ）云云。

後卷に載する古傳の如き者が、世に發見されざる以前に於て、これだけの釋義を下されたるは、實に其の努力のほど敬服に堪へぬ、只古傳に臣雲遣支報を辰沄繾翅報に作り、東大國皇の謂なりとあるにより、予は東大國《シウク》君靈《シフ》と取つてゐるのである、誰か初よりシウクを東大國と解し得べき、氏の君禰祉君靈《シウケシホ》と爲せるは確に出色である。魏志に此の事の載つてゐるのと、古傳の言ふ所とに依り、辰國の辰沄《シウク》國なるは復た動かぬ所である、且つ之に據つて辰國古代の言語が、我が古言と全然一致のものであつたことを、併せて立證し得る。

韓の名は何時に始まる

辰は即韓であるが、其の韓の名を以て始めて支那に著はれたは、漢魏の頃よりなるべく、其の以前には聞く所殆どない。漢の武帝が古朝鮮を滅した際、軍に從ふ士卒數萬、韓とは近く指顧の間に行動しながら、韓の名を聞いた者がなかつた爲めでもあらうか、其の戰記を詳載せる史記に韓の名が全然見えて居ない、それより百七十年後に出た前漢書にも亦無い、して見ると後漢の世の中頃まで猶韓の名を以ては聞えて居なかつたのであらう。書序に、成王既伐ニ東夷一、肅愼來賀、を傳して。海東諸夷、駒麗・扶餘・馯貊之屬。と爲せるを、正義に之を釋して。漢書有《ニルセ》ニ高駒麗・扶餘・韓一、

眞番は即辰なり又韓なり

無《シ》二此《ノ》貊一、貊即《ハ》彼韓也、同音而字異爾《ノミ》。といへるを證として、學者乃ち曰ふ、韓は貊の文字を以て早く周初より其の名を著はせりと。されど第一に書傳の言ひ草からが成つて居ない、成王の伐つた東夷は徐戎・淮夷・奄・薄姑等の諸夷で、今の山東から江蘇あたりに亘つてゐた諸族なるは、詩經で見ても明かである、高勾麗や扶餘は成王の夢にも知り得たことでない、それだのに成王の伐つた東夷を斯く傳へたのは、肅愼を以て極北の夷稱とする後世の知見からで、更に取柄のないことである。また貊といふは、山東の干萊に對する漢族の惡字投下で、韓のことではない。學者たちは、杜氏通典及び後漢書の于夷九夷の一を以て、于を干と倣し、干は即韓にして半島の韓族を稱せるなりと言つてゐるが、于《ハネ》干《ボウ》の文字違ひなるのみならず、孔子論語に九夷に居らんの語あり時代に、韓の名が如何なる文字に因つても聞えて居る筈がない。干萊夷は山東の夷名で、孔孟の生れた國から近い處の者の稱である、それは山東半島を古代に干と稱したことがあるので、韓とは別である。然らば韓は何の稱に於て聞えて居たかと云ふに、眞番の名に於て聞えて居た。古來學者今も猶眞番を韓の外に尋ねるから終に其の正體が見付らないのである、眞番を字音そのまゝに釋すれば辰蕃で、蕃は夷狄稱であるが、而も其の稱に番字を當て、以て眞番としたのは、辰沄繾翅報《しうくしふ》の略稱辰沄報《しうふ》の報《フ》を、ハ又はホに訛《なま》つて且それをハン又はホンに延音し、以て夷狄稱にしたのである、この辰沄繾翅報てう稱は、夙に秦漢に聞えてゐたが、史家は何の義とも解せずして取扱に苦んだ形跡が遺つてゐる。史記朝鮮傳に曰ふ。

眞番旁衆國。欲㆔上書見㆓天子㆒。又擁閼不㆑通。（朝鮮王の右渠が漢と諸國との交際を妨けたと云ふこと）

此の眞番旁衆國を文字通に讀めば、眞番及び傍の衆《もろ〳〵》の國といふことなれど、後に出來た漢書は、其の朝鮮傳に史記の文を其のまゝ用ゐて、只一つ眞番旁衆國だけを眞番辰國に改めた。何故に旁衆を辰に改めたかが謎の鍵である。如何なる漢文字で書かれ如何なる訛《なまり》を帶びてゐたか知らねど、辰《し》沄緡翅報《うくしふ》てう詞が、兩大家の史料中にあつたことは明かである、それを司馬遷は譯して眞番旁衆國《シハホシウ》とし取扱ひ、班固は旁衆《かたはらのもろもろ》では原義に適はずとして眞番辰國《シハシフ》に改めたのではなからうか。幾ら大家でも其の史料の中から得たシウクシフてう詞を、東大國君靈《しうくしふ》とは悟れまい、そこで各自釋義の下に、種々の文字と爲つて露れたのであらうが、班固が旁衆に代へて辰字を下したのは當時に於ける大發見であつて、正に辰國のことに取れる、東族元來文字を有せず、從つて文字を以てする主張をも有せず、眞番と爲すも辰と爲すも皆漢人の爲すがまゝである、其の自由裁量に成つた班固の眞番辰國は班固之を一國の名として讀ます積りであつたのか、眞番及び辰の二國名として讀ます考であつたのか、恐くは前者であらう、いづれにもせよ眞番と辰とは其の實體一である。

韓の原義

第二節　韓の疆域

三韓は之を合稱すれば一の韓國である。一の韓國は一の辰國の別號である、一の辰國は如何にして此の別號を生ずるに至つたか、是れ頗る難解の事なるも亦解くべき道のないわけでもなからう。想ふに韓の原義は神族《から》で、東大族一般の共通的稱呼なるが、半島に於ては其のカラの延音カンラが、漢文字に由つて韓と著はされ、而してそれが辰の別號の如くなつたものと思へる。或はこれを辰の第三王統干靈《から》氏の德化が民衆の記憶に存して、其の記憶から喚起された後世の稱呼ともされる。然らは馬韓とは何か。馬韓は第二王統日馬《こま》氏を追懷するより起れる名にて日馬神族《こまから》の義であらう。或はまた日馬《こま》氏干靈《から》氏の併稱馬干《まか》とも取れやう。弁韓は第四王統安冕《あめ》氏を紀念する者で、安冕神族《あめから》の義であらう。獨り辰韓子國の稱は其の本を神話の呰礫濆兮阿解《しらひきあけ》神名に有する者で、最も古稱と思はれる。其の日馬氏が馬韓に依つて紀念されたるは、以て氏が馬韓の地に都したるを知るべく、安冕氏が弁韓に依つて紀念されたるは、以て氏の發祥が弁韓の地に在つたのであらうとされる、據つて以て史上暗黑の古代辰國より一道の光明を認め得られた。而して辰國の疆域はと云へば、漢魏の史に著はされたる三韓の位置を、考定するを以て先とする。

魏志に曰く韓在ニ帶方之南一。東西以レ海爲レ限。南與レ倭接。

帶方郡を韓内に擬定せる無妄

是れに由つて韓は北に魏の帶方郡あり、東は日本海に面し、西は黄海に臨み、南は倭に接すと知る。海には何の疑問なし、只帶方とはどこのことか、倭とはどこの稱か、それに疑問が存する、疑問よりは寧ろ大なる怪訝が存する、而して其の怪訝は左の如き論證の上に存在する。

曰く三世紀の初に樂浪郡の南部即ちほゞ今の京畿黄海二道及忠州方面の地域は帶方郡となつて獨立し倭人の交通は此の帶方郡の所管に移つた（津田左右吉氏の言）

曰く嘗て之を思ふに、帶方はもと樂浪の南地、漢の南部都尉の昭明縣治の所なるべし。又曰く、古の帶方は蓋漢江南北の沃土を指す（吉田東伍氏の言）

乃ち魏の帶方郡を中韓、漢江の流域とするは、我が史學界の定論なるに近い、是に從はゞ、三韓は忠州以南に偏在することになる、現存韓史は箕子朝鮮を半島内に取込まんため强て本來の地經を紊亂したる者なれば、其の言ふ所の沒理なるは論なき所なるも、我が先覺者にして亦同一の所言を爲すは眞に怪訝の事である、それでは第一に漢魏二史に云ふ里程と合致しない。

後漢書に曰く。大倭王。居二邪馬臺《ヤマト》國一。樂浪郡徼《サカヒ》。去二其國一萬二千里。去二其西北界拘邪《カラ》韓國一。七千餘里。（半島の最南部を倭の西北界と爲し、郡界より其處に至る里程、）

魏志に曰く。從レ郡至レ倭。循二海岸一水行。歷二韓國一。乍南乍東。到二其北岸狗邪《カラ》韓國一。七千餘里（後漢書に一致す）始チ度二一海一千餘里。至二對馬國一。

即二史は帶方郡界（樂浪郡界と同一）より拘邪に至る里程を七千里と計算したのであるが、これを漢江流域（或は忠州）より鎭海（或は釜山）に至る里數と見られやうか、七千里は我が約千里（六町一里の計算）に當るが、如何に無測料の推算でもさうは思ふまい、若も帶方を漢江南北の沃土とするなら、左の里程計算に從ふべきであらう。

三國遺事に曰く。帶方之南千里。曰ニ瀚海一。

瀚海は即ち玄海にして漢魏の史に對馬壹岐の間を指せる者なるが、遺事のは拘邪韓國あたりの沿海を謂ふたものであるらしい、即漢魏の史には郡界から其處までを七千里としてあるのに、わざと惚けて千里としたものである、さうしないと帶方を中韓に擬定することが出來ない、七千里とあるのを千里に改作するとは無妄の至であるが、帶方郡を中韓以南に擬定するためには、此の無妄も必要のことで、原文の七千里を其のまゝ採用し得ない苦心のほどがそこに見えて居る。今我が學界が帶方郡を漢江流域に固持せんと欲せば、郡界から拘邪に至る七千里を、一然和尚（三國遺事）の故智に倣つて適當に改作すべきである、千里を短しとするなら千五百里にでも二千里にでも、そこは宜しく取捨されて善い、さうでないと、樂浪でも帶方でも中韓に擬定するのに、拘邪との距離の合はせやうがない、要するに漢魏二史の言ふ七千里と中韓擬定とは、兩立せざる者である。

魏志に曰く。建安中。公孫康分ニ屯有縣以南荒地一。爲ニ帶方郡一。

是れ其の位置を明かに屯有縣（樂浪郡中の一縣）以南の荒地と指して居る、然るに三國遺事は、これをも馬韓

韓史不信の例

南荒地と改作してゐる、參照のため左に其の言ふ所を摘示し、且つ評註して見やう。

北帶方　本竹軍城《ト》（本が可笑しい、竹軍城は唐の高宗が百濟を滅して後、始めて置ける帶方州竹軍縣のことで、魏の帶方設置よりは、遙に後世のことである）新羅弩禮王四年（竹軍縣てふ命名は此の年より六百年以後のことで時代相違す）帶方人・樂浪人投《ス》二于羅《ニ》一（羅は新羅のことなるも事實無根）此皆前漢所レ置二郡名（樂浪は前漢の郡名なるも、帶方郡は前漢の所設でない）其後僭稱レ國。今來降。（帶方人が弩禮王に降つたと云ふのであるが、王の四年は、公孫康が始めて帶方郡を置いた時より、百八十一年前である）

南帶方　曹魏時。始置二南帶方郡一（即北帶方郡は前漢の置く所、南帶方郡は曹魏の時始て之を置いたと云ふのであるが、帶方に南北の稱はない）今南原府（即亦唐が百濟を滅して其の地に置ける竹軍縣）後漢建安中、以二馬韓南荒地一爲二帶方郡一、倭韓遂屬、是也。（魏志に屯有縣以南荒地と曰へるを、馬韓南荒地と變更し、以て立證に提出す）

現存韓史の不信なる比々皆然りである。魏志に屯有縣以南荒地とあるを、馬韓南荒地と改造した結果は、馬韓其の時既に滅亡して存在せずとの論斷を生ずる、何となれば馬韓があつては、其の南方に帶方郡を置ける道理がないからである、然るに漢魏の史は帶方郡設置後も長く馬韓の存在を證して之が傳を作つて居り、晉書は魏の滅後に於ても猶其の存在を認め、馬韓辰韓傳を立てゝゐる、現存韓史の信ず可からざる毎に此の如くなるは、要するに、箕子朝鮮を半島内に引入れたい計りにである、そして之を引入れるには漢武の四郡も併せ引入れねばならぬ、四郡を引入れるには、公孫康の帶方郡に其の設置の地方を與へねばならぬ、之が爲め馬韓を未だ亡びざるに亡ぼして以て其の犧牲に供した、故に今之を眞正史學に引戻すには、馬韓を其の未だ亡びざる原地に蘇生させ、帶方郡を漢魏二史の言ふ所に從つて拘邪より七千里の北方に押戻すを要する、七千里の北方とは今の遼東半島であつて、其處が帶方の眞の本地である。

三韓の所在

魏志に曰く。韓在ニ帶方之南一。東西以レ海爲レ限。南與レ倭接（以上再出）方可ニ四千里《バカリ》一。有ニ三種一。一曰馬韓。二曰辰韓。三曰弁韓。辰韓古之辰國也（此の辰韓は父國稱）馬韓在レ西。辰韓在ニ馬韓之東一（此の辰韓は子國稱）弁辰亦十二國。

後漢書に曰く。韓有ニ三種一。一曰馬韓。二曰辰韓。三曰弁辰。馬韓在レ西。有ニ五十四國一。其北與ニ樂浪一南與レ倭接。辰韓在レ東。十有二國。其北與ニ濊貊一接（この辰韓は子國の稱にして十有二國は子國の區分なるも、北濊貊に接すと云ふは父國辰韓と混同せり、）弁辰在ニ辰韓之南一。亦十有二國。其南亦與レ倭接。凡七十八國。伯濟是其一國焉。

樂浪帶方二郡の本地

右志書の言ふ所を對照するに、志は韓が帶方の南に在るを言つて方位を語れど而も韓と帶方との接壤を明言せず、書は馬韓が樂浪の南に在つて且其の接壤なるを告ぐ、蓋し帶方は韓と接壤してゐなかつたのであつた、而して其の接壤は鄰郡の樂浪に由つて、換言すれば樂浪を通過しての接壤であつた、そこで書は直に樂浪を提して馬韓との接壤を說いたのである（誰か讀むでも斯う讀めるのである、併し韓史は故らにさう讀まずに筆を枉げ學者亦盲從）元來帶方郡は樂浪郡内の七縣を分つてそれに命名したもので、樂浪郡の境域外に溢れ出たものでない、即ち漢武の樂浪郡二十五縣の中。

一、後漢の光武帝が放棄して濊族等の自主に委したもの七縣。曰はく呑列・東暆《イ》・不而《タイ》・蠶台・

華麗・前莫・夫租

右のうち呑列は今の遼東の柝木城あたりと思はれるが定かならず、東暆は大孤山若くは大東溝、蠶台は大孤山より岫巖に至る山路に蠶桑道あるは是れ歟、今も猶柞蠶の名所として聞ゆ。光武の放棄せし此の七縣は、所謂嶺東の七縣なる者で、嶺は古しへ單々《センセン》大嶺と言はれたるもの、即ち今の千山《センセン》なれば、其の嶺より以東に此の七縣を考ふるを要す、光武の此の七縣放棄に因り、樂浪郡は十八縣に減じた。

二、十八縣に減じた樂浪郡は、公孫氏に因りて又七縣を分割されて帶方郡とされた。曰はく屯有・昭明後漢の南新・長嶺同上長峯・提奚・含資・海冥・帶方、

右のうち屯有は今の熊岳域、昭明は復州、長嶺は熊岳城復州街道の長嶺子、提奚は瓦房店若くは普蘭店、含資は岫巖、海冥は金州及旅順方面、帶方は海山寨及び蓋平城あたりと考へられる、而して貔子窩・花園口等は其の孰れかの縣に屬して居たと思へる。公孫氏が特に此の七縣を以て帶方郡を新設したのは、樂浪郡が廣ろ過ぎるといふわけからでなく、一には鹿を山東に逐はんとの志からであつて、其の策源地としての經綸を行へる者、一には千山以東の濊族等が海岸傳へに勢方を伸ばし來れるを掃蕩せん爲めであつて、善く魏志の各傳を玩索すれば、其の情況が分るのである。

三、是に於て樂浪郡は剩す所十有一縣。曰はく朝鮮・䛁邯・浿水・黏蟬後漢の占蟬・遂成・增地・駟望・列口・鏤方・渾彌・那頭味後漢之を樂都に改む

右のうち朝鮮縣は、古朝鮮の王險域にして今の海城、䛁邯は大石橋、浿水は月牙子、黏蟬は湯池ならむか、遂成は後漢の遂城にして鞍山店方向に考へられるが如何にや、增地は浿水の海に入る所の名なるも古今地形に變化あれば今どこと定め難い、駟望は牛莊城あたりならむ、列口は營口であらう、鏤方は析木城より鳳凰城に通する方向と概想される。

右の次第は西川權氏の考證に待つ所多いのである、氏は日露戰役の直後に或る筋の後援に賴り、常人の容易に手にし得ざる有力精緻の地圖に依據し、縱橫踏破に勉め、舊邑を探り、廢川の跡に考へ、照査したのであれば、机上の案出に係るものとは異る、是れ余が氏の考證に重きを置く所以の因緣であるが、文獻亡びて徵すべき者甚乏しいのであれば、斯くあらねばならぬとの推想に出でたものも少くない、猶後人の精査を待たねばならぬことの多いのみならず、余としても別に考證した所のものがある、されど其の考證たる具はれりとは謂へないのであるから、先蹤者の査覈に依據するの過失少きを思ひ、因つて玆には氏の調査に從つて概を揭げたである、若夫れ古朝鮮及び樂浪帶方諸郡の遼土なる所以を審詳にせんとせば、周初より燕末及び秦漢の地理的沿革を細說するを要し、それのみにても一帙の書を成すべき

に因り、本著の得て盡すべ所でない、目下別に企圖しつゝある拙著東大族傳統史綱に於ては、或は之を詳にし得るであらう。

乃ち漢武の樂浪二十五縣は、光武其の七縣を放棄して濊族の自主に委し、公孫康又七縣を分つて帶方郡と爲したのであるから、樂浪の剩する所十一縣である、此の十一縣を有する樂浪が馬韓と接壤を保つて居るのみで、帶方は接壤してゐない、帶方は熊岳城・復州・金州・旅順・貔子窩・花園口等の方向に在るのであれば、其の郡名を以てしては接壤したくも接壤は出來ない、是れ魏史が接壤を言はざる所以である、夫の馬韓の南荒地を開いて帶方郡を置いたと云ふ者の如きは囈語の極みである。

後漢書が韓と樂浪との接壤を語れるも、亦樂浪てう名の傳誦から來た餘勢の叫で、光武が單々大嶺以東七縣の地を濊に放棄してからは、此の濊及び沃沮に隔てられて、旣に接壤を失つてゐる、即ち今の大孤山・大東溝・龍王廟・鳳凰城に亘つては濊の地であり、安東縣・九連城及び其の以北に連つては沃沮の地であり、韓は復た鴨綠江對岸に樂浪郡を見ない、故に後漢書としては、馬韓北與二濊・沃沮一接と宜して書くべきであつた、尤も彼はさうも書いてゐる。曰はく「辰韓、其北與二濊貊一接」と、所で此の辰韓が單に父國稱ならば魏志の辰韓古之辰國也の如くならば善いのであつたが、辰韓在レ東、十有二國として父國稱の辰韓と子國稱の辰韓とを混同した所が其不注意である、但し無理もないことで、彼が史料整頓の際、どれが父國の辰韓やら、どれが子國の辰韓やら、定めて取捨に惑ふたことであらう。韓の北疆に日が照つて樂浪帶方との地誌的關係が明白になりさへすれば、本節の目的はそれで達するのである、他復た何をか絮說すべき。

第三節　辰　王

辰王の首都

三韓とはいへど。それが國家的區分でもなく、行政的區分でもなく、ただ其の地方の民衆が古の王統を紀念して、自然に地方名と成つたやうな風釆である。故に主權は馬韓の月支國に居る辰王のものであつて、何處の地方にも潛して王と稱する國はなかつた。後漢書に曰く。

韓有二三種一。馬韓・辰韓・弁辰皆古辰國也。馬韓最大。共立二其種一爲二辰王一。都二月支國一。盡王二三韓之地一。其諸國王先。皆是馬韓種人焉。

右にいふ辰王の都せる月支は平壤である、そして月支はアッシと發音されたのであつた、其の月《アツ》のッは入聲尾韻なれば、發音の上に自然省かれて、月支はアシと訓まれたのである、即ち壇君神話に阿斯達《アシタ》とあるのがそれで、達は田と同義なるを、魏志これを國と譯せるはよく當つてゐる。

かくの如く月支國は阿斯達であり、阿斯達は壇君王儉の都した所であり、而して高勾麗本紀に。平壤者。仙人王儉之故宅也。とあるに見れば、辰王は今の平壤に都して、月支國《アシタ》と稱してゐたことが頗る明白で、順序の立つた論斷とされやう。これで馬韓の位置も轉た明かになつたわけで、現存韓史の言ふ如き南韓の偏在國では決してない、而して此處に都せる辰王が、盡く三韓の地の王であつて、諸國王先は皆其の種の人同一血統だとすれば、辰の古國なること〻、其の主權の偉大なりしことが、推測されやう。魏志に曰く。

辰韓。在㆓馬韓東㆒。其耆老傳世自言《ラフ》。古之亡人。避㆓秦役㆒。來㆓適韓國㆒。馬韓割㆓其東界地㆒與㆑之。今有㆘名㆑之爲㆓秦韓㆒者㆖。始有㆓六國㆒。稍分爲㆓十二國㆒。

秦の遺族は、初め辰沄殷に賴り、殷亡びて朝鮮古朝鮮と爲るや、殷の亡王準と共に馬韓に依り、馬韓之を東藩に置いたとは、東族古傳にも明かなる所なれば、右魏志の言ふ所は確かなる事實と認められる、然し同志に準が韓地に居つて自ら韓王と號したとあるは事實でない、又後漢書に準か其の餘衆數千人を將ひ走つて海に入り、馬韓を攻て之を破り自立して韓王に爲つたと記せるは更に當らぬ、當時馬韓はそんな弱勢の國ではなかつた、されど準か韓地に來て、馬韓に亡後の身を寄せたのは確かであり、餘衆數千人を將ひたといふも詐でない、それは秦族が亡王の後を追ひ、移住したと云ふ古傳の事實に符合して居る、而してそれが海に入り船に乘つて來たと云ふことも是認される、この是認は、古朝鮮が今の遼東に在つたことを前提としての是認であつて。從來史家が、古朝鮮を今の平安道に在つたとする擬定の上には。地理の考察から是認のしやうがない。何となれば漢魏の史家が海に入つたと書けるは、韓と海を隔て相對する地理的感想が筆に籠つて居るので、平安道から京畿道方向へ往くのを、入海と書く道理がないからである。且つ辰韓に居つた秦の亡人が、樂浪の人を阿殘（吾が殘りの人といふこと）と言つた意義も全然通らない、若も樂浪郡を平安道としたら、秦の亡人と平安道と如何なる關係があつて、平安道の人を「吾が殘りの人」と言つたのであらうか、理解の仕やうがない、これには八百數十年の王國を有つて居た最後の亡王と、之と共に移住した秦族が、其の故國遼東の地に向つて、昔を懷ふて放てる「吾が」の一聲に、無限の情が含まれてゐるのである。其の故國に落魄せる本との民衆を、猶なつかしとして「吾が殘餘の人よ」といへるは、亦哀史の中の叫である。漢は彼等の昔なつかしとする故國を樂浪郡とした、因つて魏志に、樂浪人を名けて阿殘と爲すと、思あり氣な筆が動いたのである。世には此の阿殘を、新羅の爵名阿飡のこと丶して說く者あれど、古を知らぬ心なき解き方である。

魏志に曰く。弁辰韓（辰韓と弁韓と）合二十四國。其十二國屬㆓辰王㆒（これ父國稱の辰）辰王常用㆓馬韓人㆒作㆑之。世世相繼。辰王（これ子國稱の辰）不㆑得㆓自立爲㆑王。魏略に曰く。明㆔其爲㆓流移之人㆒。故爲㆓馬韓所㆑制。晉書（辰韓傳）に曰く。辰韓常用㆓馬韓人㆒爲㆑主。世世相承。而不㆑得㆓自立㆒。明㆔其爲㆓流離之人㆒。故爲㆓馬韓所㆑制也。

辰沄殷王統の裔も秦族も共に移住の人なれば、自立して王たるを得ず、やはり馬韓種の人を渠帥

馬韓王統を箕子の裔とするは妄なり

として其の制御の下に居たと言ふのであつて、それは能く聞えるが、二十四國の中、十二國だけ馬韓の辰王に屬すと云へるは如何なることであらうか、若もさうならば、餘の十二國は何處に屬してゐたのか、是れ史學上の疑問であらねばならぬ、されど此の解決は左ほどの難事でない、志書に、韓は東西海を以て限と爲し、南は倭に接す、とある其の接は、土壤接續の義なること勿論なれば、南韓の陸上に、倭國のあつたことは明瞭である、而して辰王に屬せざる十二國ありといふは、倭國にあらずして何んぞ、倭は當時十二國を領有して別に主權を建てて居たのだが、三韓區分からいへば、亦其の中の一韓であつて概ね弁辰と稱されたのである、この卑見は學界の抗論を招きもしやうが、倭國の韓地存在は決して怪しいことではない、それよりも怪訝すべきは、馬韓の辰王を箕子の裔とする我が學界一部の論議である。

曰く。漢の初め、朝鮮王箕準（韓史に據れる學者は、常に箕準と云ふが、箕は姓でない）衞滿の破る所と爲り、乃其餘衆を將て走て海に入り金馬山に至り、小國を略し、自立して辰王と爲り、復朝鮮と相往來せず、之を馬韓とし、子孫相襲き國最大なり。又曰く、箕氏の辰王と稱するや、謂はゆる五十四國を結合せるに似たり、馬韓の都邑（原註に曰く今益山郡）は百濟扶餘氏の遷るや、之を金馬渚（原註に曰く金馬郡）と更めしと云ふに因れば、五十四國の乾馬即是なり、馬韓の名亦之に因る、韓史に云ふ箕氏傳世二百年にして亡ぶと。（古史斷）

一たび前提を誤るときは如何に碩學と雖、理路其の歩を失し、論斷遂に妄矣に落つる斯の如し。

韓史の罪や多大である。彼等韓史は自己の國を漢族同等の聖賢系統に成さんと努め、遼東の箕子國この國名は韓史の言に因るを平安道に取入れ、遼河の畔なる王險城の滅亡を、大同江上平壤城の滅亡と作しながらも、而も尙箕子に戀戀する所あつて、その國を韓南に幻影して之に二百年の存在を與へたは、筆先の勞苦想ふべきである、然しながら眞正實在の馬韓を北方に抹殺して、架空幻影の馬韓を南國に畵き出せるは、自家の祖先を土窖に幽して、他家の位牌を門頭に飾るに同じからずや、そこに至ると淸の宗室が、我家の先は古の肅愼なりと四百餘州に布告した氣魄の雄大に打たれざるを得ぬ。凡そ歷史は掩ふことの出來ないもので、馬韓は最後の女傑卑彌呼《ひみこ》を以て終と爲し、高勾麗の名に掩はれはれたが、其の民衆は靺鞨の名に於て高勾麗の主力と爲り、勇名を遠近に轟かし、高勾麗滅後忽復た渤海王國を建設して雄を四方に馳せた。即馬韓《マカ》・靺鞨《マカ》・渤海《マカ》は同音異譯である。而して渤海は馬韓の舊王號辰王を襲いで震王と稱した。是れ掩ふ可からざる歷史の起伏にして、一因一線の顯隱である。馬韓を北方に抹殺して、此の大歷史の遺蹟を、何の地に求めんとはするぞ。

第四節　古韓の言語

本節は魏漢の志書に現はれただけの古韓語に就てである、既に魏志に由つて、馬韓王に對する尊稱的美言が發見され、神聖を神《あや》しき日《ひ》知《しり》（安邪踧支濆臣離）。統治を治《しら》す（支廉）と言ふと知つては、最早他に詮索の要なく、直に日韓古言本是一也と斷言し得られる、單語に至つては、吾《あ》を阿。外《そと》を蘇塗。瀬戸《せと》を接塗。水門《みと》を彌凍。原《はら》を半路。水路《みを》を彌烏と云ふ類枚擧に遑なく、謂はゞ本書溯源は總ての編章に渉つて日韓兩語の今昔を語つてゐるのである、今復特に魏漢志書の上に觀るに、魏志に曰はく。

州胡

又有㆓州胡㆒。在㆓馬韓之西㆒。海中大島上㆒。其人差《ヤヤ》短小。言語不㆑與㆓韓同㆒。皆髠頭（坊主頭）如㆓鮮卑㆒。但衣㆑韋。好養㆓牛及猪㆒。其衣有㆑上無㆑下。略如㆓裸勢㆒。乘㆑船往來。市㆓買中韓㆒。

言語風俗に相違あるため特に書いたものと思ふが、それを州胡と云ふは「島の夷《エビス》」と云ふことでなく、我が古語の醜《しこ》であらう、醜《しこ》のしこ草、醜女《しこめ》など、皆見惡いさまの者の稱である。魏略に曰く、

初め右渠（古朝鮮王の名）の未た破れざる時。朝鮮の相歷谿卿。右渠を諫めたれど用ゐられざるを以て。東のかた辰國にゆく。時に民隨つて出て、居る者二千餘戸。亦朝鮮貢蕃と相往來せす。

韓遼間の植民

右は言語のことでないが、當時移住の行はれた一證として掲げたのである、東族古傳にいへる秦族の韓内移住が、或はこれではないかと思はるれど、古傳の云ふ秦族移住よりは百餘年後れて居る、但し其の前朝（辰沄殷）末路の王準が、朝鮮と相往來しなかつたと云ふに似て、是も亦往來せずとあり、風趣どこか相類して居る、故に其の前朝末路の事が、百餘年後の事に傳説されたものとも取れ、二千餘戸の移住といへば可なりの事體ともされる、之と反對に韓内から遼土へ移住した例は魏略に曰

ふ、

王莽の地皇皇紀六八〇年乃至六八二年の時後漢書には後漢光武の建武二十年（皇紀七〇四年）とす、廉斯鑡書には韓人廉斯人蘇馬諟に作る、注に廉斯は邑名とあり辰韓の右渠帥右に大に作るたり、樂浪の土地美にして人民饒樂すと聞き、亡けて來り降らんと欲す、其の邑落を出づるや、田中に雀を驅る男子一人を見る、其の語韓人にあらず、之を問へば男子曰く、我等は漢人なり、名は戶來、我等が輩千五百人、林木を伐つて韓人に擊得され、皆髮を斷たれ奴とせられて三年を積めり。鑡が曰く、我當に漢の樂浪に降るべし、汝去らんと欲するや不《いな》。戶來曰く可なりと。辰鑡因つて戶來を將《ゐ》て來り、出でゝ含資縣今の岫巖縣に詣る、縣この趣を郡に言ふ、郡即ち鑡を以て譯と爲し、芩中察するに大孤山港より大船に乘じ、辰韓即父國稱の辰國に入り、戶來降伴の輩を逆へ取らしむ、尚千人を得たるも、其の五百人は巳に死したり。鑡時に辰韓に曉して謂ふ、汝五百人を還せ、若し不者《いなならは》樂浪當に萬兵を遣し、船に乘して來つて汝を擊つべし凡そ樂浪と韓との交涉をいふもの、或は海に入ると云ひ、或は船に乘すといひ、接壤內の風趣を具へず、知るべし樂浪と韓とが、平安道京畿道の位置に在らざりしを、辰韓曰く五百人は已に死す、我當に贖直《つくなひのあたへ》を出すべきのみと、乃辰韓の萬五千人、牟韓牟韓は馬韓のこと慕韓とも書くの布萬五千匹を出す。鑡直《あたへ》を收取して郡に還る、鑡か功義を表し冠幘・田宅を賜ふ、子孫數世、安帝の延光四年皇紀七八五年に至り、故に復除を受けたり。

光武の建武二十年は高勾麗閔中王の元年にして、其の十三年以前既に樂浪を攻陷し、長城以北遼

戸來降伴

蘇馬諟

加廉臣智

河の全平原盡く其の威風の席卷する所となり、光武僅に樂浪の一半を回復（建武十九年）すと雖、嶺東の七縣は全然之を放棄する如き、漢風不競の際なるに、其の時に於て馬韓を强迫し、五百人に對する其の辨償の爲に、人一萬五千・布一萬五千匹を出させたといふやうなことが、絕對に行はるべきことでない、且後年の事ではあるが、馬韓一たび怒つて忽樂浪玄菟を滅した事例もある程なれば、話の作は成つて居らぬが、之を馬韓任意の遼土植民とは見られる、即一萬五千人に一萬五千匹の衣料を給して、岫巖大孤山地方に移住せしめたとは取れる。戸來はカラと訓じ、其の義は神族《から》であらう、これは一人の名でなく其の衆の全稱と思へる。戸來降伴もカラカン（コウハンの約音カン）と訓め、南韓の拘邪《カラ》韓《カン》國と其の音を一にして居るやうである。是に由つて「から」てふ稱呼は、南韓の倭人に限つたことでなく、全韓に涉つて其の民衆のすべてが、神族《から》なりしと推論し得られやう。又統率者の名、廉斯鑡は、東族由來羅行の詞頭音をもたぬに、どうして廉てふ稱呼が詞頭にあるのかと怪んで、後漢書を調べると、書には韓人廉斯人蘇馬諟《シ》としてあり、注に廉斯は邑名としてある。さうすると韓の人なる廉斯の人と讀まねばならぬが、人字が重つて居て文を成さない、思ふに韓の下の人字は不要で、韓廉斯人と云ふのであらう。所で後漢書の廉斯人は魏略の廉斯鑡と、本と同音で、斯人・斯鑡は渠帥の號臣智《シチ》であらうと思へる、即君長の義である、すると廉字が一つ浮いてしまう、そこで考ふるに、韓は加で、廉と結むで加廉《カラ》なのである、即加廉臣智《カラシチ》であるのを、漢人が加を韓と取りちがへ、

韓の古官名

國號と思つて譯したと分つて來た、それでよく了解される、蘇馬諟《スメシ》は統《すべ》る人と云ふことで統率人《すめし》なのである。魏志に

馬韓。其官有リ㆓魏ノ率善・邑君・歸義侯・中郞將・都尉・伯長㆒。

とある諸官名は、魏の官名なれば東族古言の研究に益する所がない、或者は魏率善を東語イソセならんと云ふたが、是は「魏の」と讀むべきである、それは同志倭人傳に。今以㆓難升米㆒、爲㆓率善中郞將㆒、牛利爲㆓率善校尉㆒、とあるので明かである。又諸韓國臣智加㆓賜邑君印綬㆒、其次與㆓邑長㆒。といふ記事の同志に在るを併せ考へるがよい。魏の諸郡に、幾多の韓邑があつて、馬韓人が衆く住んで居たことも分り、亦これに魏から官名を與へたことも知れる。後漢書辰韓の條に、

諸小別邑。各有㆓渠帥㆒。大者名㆓臣智《シチ》㆒。次有㆓險側《キシ》㆒。次有㆓樊秖《ハイ》㆒。次有㆓殺奚《セヘイ》㆒。次有㆓邑借《オサ》㆒。

とあるは韓語を漢字に著はしたもので、臣智《シチ》のシは翅報《シフ》東語君靈前に出づのシで、亦我が國語の君《シ》と同義であらう、チは祖父《ヂヂ》・父《チチ》・叔父《オヂ》等のチで長敬の稱であり、大蛇《をろち》・雷《いかつち》の如き恐怖の稱でもある。新羅王の眞智《シチ》も臣智と原義を同うし居るべく、金春秋新羅の偉人を春秋智《チ》といふに見ても、其のチは確に尊敬詞と思はれる。要するに臣智は日本書記に見る阿利叱知《シチ》のシチなるべく大きく言へば王のことである。儉側はキシと讀み、女王卑彌呼の使となつて魏に往復せる都市牛利の都市《チシ》は、其の異譯であらう、キとチは叶音で吉林をチイリンと云ふに見てさう思へる蓋我が國語主《ニシ》の類似語であらう。樊秖 魏志に秖に

貢蕃

を讀に作るはハイと訓むべきか、我神話大年神《おほとしのかみ》の生ませる御子に韓神《からのかみ》・曾富理神《そほりのかみ》などあつて、中に波《は》比岐神《ひきのかみ》がある。這入君《ハイキ》の義にて、宮室第宅の守護神と云ふことであるが、樊祇《ハイ》もさういふ意義のことで、守衞を掌る官名かと思へる。殺奚はセヘイともサヘイとも訓め魏に使せる大夫難升米の升米も亦さう訓める、蓋同じなのであらう、百濟の大官號佐平《さへい》と同義なるべく、邑借は長《おさ》である。

以上の如く魏漢志書上に現はれた韓の古言は、概して我か古言に合はぬはない、言語同じきは其の族の同じきを示し、其の族の同じきは其の祖の一なるを示す、精しくは後卷に考へてよ。

右本文中に貢蕃といふ字が見えてゐる、魏略の言に、朝鮮の相歷谿卿といふが朝鮮を去つて後、亦朝鮮貢蕃と相往來せずといふのであるが、この貢蕃に就ては、まだ考へた學者が殆とないやうである、只僅に眞番の誤であらうと云ふくらゐに止つてゐる、予は既に述べたやうに戸來降伴をカラカンと讀むだ、カラは加羅である、カンは韓である、しかし之を南韓の拘邪韓と狹く解したのでなく、カラは神族《から》にて古韓に於ける其の種族の自負稱と思ふのである、この因みによりて貢蕃を解すると、即亦降伴と同音で韓の事なりと知れる、今音にはやゝ違へど貢蕃の反は韓なれば、乃ち貢蕃を韓の延音コハンとするに音義必しも不調ではあるまい、之に因つて考へると韓といふ字に定まるまで或は降伴と譯され或は亦貢蕃とも譯され區々であつたとされる、壇君神話に於て神の姓となせる桓も、亦其の中の一異譯であらう。

第五節　遼東の公孫氏

隋書の故意曲筆

漢魏の際に當り南滿洲史の樞軸に居つた者は、何と言つても遼東の公孫氏にして其の開置せる帶方郡は韓との關係上我が史家の筆を頗る多く賑はした、されど世には公孫氏を知らぬ者も尠くない、從つて百濟の始祖溫祚が扶餘より韓半島へ南下の際、旣に帶方郡が漢江流域に在つたと謬想する者すらある、時代を知らぬにも程こそあれであるが、併し有名なる唐の魏徵の撰修に成る隋書百濟傳に。

百濟之先。出レ自二高勾麗一。東明之後有二仇台者一。篤二於仁信一。始立二其國於帶方故地一。漢遼東大守公孫度。以レ女妻レ之。漸以昌盛。爲二東夷强國一。初以二百家一濟レ海。因號二百濟一。

とあつて、百濟を帶方の故地に建國した者の如く書いてゐる、是れ韓半島併合の志を達せん爲め、其の地經を故らに紊亂すべく試みたもので、深き企から出て居るのを、さうとは知らず眞に受けて、帶方の地を南韓に擬定して得々たる者尠しとせず、因つて爰に公孫氏の終始を略叙し、猥に紊亂されたる韓の地經を今に於て其の正しきに回さんことを希ふ。魏志に曰く、

度以二中平六年一。據二遼東一。至レ淵三世。凡五十年而滅。

即遼東の公孫氏は三世にして亡びたる者なるが、一時の勢力は偉大であつた、公孫度字は升濟、

本遼東襄平奉天府遼陽州の北七十支里の人、年十八にして玄菟太守の親愛する所となり、小吏より起り、遼東の太守と爲る時に遼東の郡府は襄平に在り之に屬する諸縣は皆今の遼西東には高勾麗伐ち、西には烏丸を撃ち、威海外に行はる、初平元年漢の獻帝◎皇紀八五〇年成務天皇六〇年度中國中國・海外等の稱皆原文に依るの擾攘を知り、曰く漢祚將に絕へんとす當に王たるべき耳と、遼東郡を分つて遼西郡・中遼郡と爲し太守を置く。

夫餘傳に曰く、漢の末・公孫度海東に雄張し、外夷を威服す、夫餘王尉仇台更めて遼東に屬す地經屬は連和なり、夷狄には屬と云ふ時に勾麗・鮮卑强し、度・夫餘が二虜の間に在るを以て妻はすに宗女を以てす夫餘を韓國内に取入れたる史家には、この一段の文意を紊亂に誤られて、解し得ず、却て謂ふ夫餘を二虜の間にありとするは信するに足らすと、

海を越て東萊の諸縣東萊郡府は今の山東省登州府蓬萊縣にありて十三縣を管せりを收め、營州の刺吏を置き自立して遼東侯平州牧と爲る、太祖魏の曹操をいふ時に曹操天子を挾んで號令す度を表して武威將軍と爲し、永寧鄕侯に封す、度曰く我れ遼東に王たり何んぞ永寧ならんやと、印綬を武庫に藏む、度死して子の康・位を嗣ぎ、永寧鄕侯を以て弟の恭を封す、是の歲後漢獻帝の建安九年皇紀八六四年神功攝政四年なり、

按ずるに後年公孫淵が魏主に送れる書に曰く、平昔嘗て常にの義三州より費調を轉輸し賞賜高勾麗鮮卑等への賂賄に供するに、歲ごとに累億を用て中國を虛耗す、然も猶跋扈して邊陲に虔劉す、烽火相望み羽檄相逮《およ》ぶ、城門晝閉ざして路に行人無し何ぞ悽愴なる州郡の兵戈、奔散覆没す何ぞ慘憺なる、是れ樂浪玄菟遼西遼東の漢兵奔散覆没の狀、蓋史の裏面の眞淵が祖父度初めて來つて郡に臨んで荒殘を承受し、日月の光を開き、神武の略を建て、

公孫度遼東に王を稱す

公孫氏以前遼東の慘憺

烏合の民を聚め地を掃ふて業を爲む《はじ》、威は殊俗に震耀し徳は羣生に澤被す、遼土の壞れざるは實に度に是れ賴れり、孔子曰く管仲微《なかつ》せば吾れ其れ髮を被り袵を左にせんかと、向《さき》に度に遭はずんば則郡は早《つと》に丘墟と爲り、而して民は虜廷に係《つなが》れん云々。思ふに遼の實情は斯くもあつたであらう、樂浪玄菟二郡の如き史面は立派であるが、只其の名が漢の籍に在るのみで、其の實は高勾麗・韓・濊等の踐蹂に委かし置いたこと亦以て知られる、而して其の名を繫ぎ得たのは賂賄の力である。

公孫康帶方郡を開く

建安十二年夏曹操・烏桓を擊ち柳城を屠る 前漢地理志によるに柳城は西南に馬首山あり、又參柳水あつて渝水に入るとある、今の柳河口なるべし、卽古の柳城は今の熱河と思はる、地誌韻編には、直隸省永平府境内とあつて、亦古の遼西郡なるを云 袁尙等遼東に奔る、康・尙が首を斬つて曹操に送る

按ずるに公孫康が帶方郡を置きしは此の建安十二年である 皇紀八六七年神功攝政七年〇玄德が孔明を草廬に訪へるも亦此の歳なり 三韓傳に曰く、桓靈の末 後漢の桓帝靈帝なり、皇紀八二八年なれば、桓死し靈立てるは、四十年前である 韓濊彊盛にして郡縣 樂浪玄菟諸郡 制する能はず、民多く流れて韓國に入る 諸縣邑沒入と言はぬところ蓋し名文である 建安中公孫康屯有縣 今の熊岳城 以南の荒地を以て帶方郡と爲し、公孫模・張敞等を遣し、遺民を收集せしめ 縣亡ひて遺民あり 兵を興して韓濊を伐つ、舊民稍出たり 亦名文、蓋舊土回復を云ふ 是の後倭韓遂に帶方に屬す云云。之を帶方と名づけたるは以前より帶方といふ縣名があつたのに依つたのであらう、其の縣名は亦帶水に因つたもので、前漢地理志含資縣の下に。帶水。西至二帶方一入レ海。とある、此の帶水といふは今の藍州河 一に蓋平河と云ふ であり、含資は今の岫巖であ

る（巖と含と音相依るも亦其の緣か）藍州河は源を岫巖州に發し西流して蓋平を過ぎ海山寨に至り海に入るのであれば、古の帶方縣は今の蓋平と海山寨とを籠めたものと思へる。

公孫淵簒立

康死して子の晃・淵等皆小なり、衆・恭（康の弟）を立て遼東太守と爲す、文帝踐祚（文帝は曹丕なり、漢を簒つて帝と爲る、其の踐祚は皇紀八八〇年神功攝政二十年にして黄初元年と稱す）使を遣し恭を拜して車騎將軍と爲し平郭侯に封ず、太和二年（魏の明帝〇皇紀八八八年）淵脅かして恭が位を奪ふ、明帝淵を揚烈將軍遼東太守に拜す、淵使を遣して南のかた孫權に通じ、往來賂遺す、魏これを知り遼東の反覆攜貳を忿る、淵も亦之に備ふ。

呉に負き使を斬る

孫權また張彌・許晏等を使者として派遣し、金玉珍寶を齎し、淵を立て燕王と爲す、されど淵は呉の遠くして到底恃む可からざるを恐れ、其の齎し來れる貨物を貪り取つて置いて、而して使者を誘致して悉く斬り、彌・晏等の首を魏に送つた。

魏略に據つて按ずるに、此の時沓津（今の遼西塔子河の河口を云ふ、との時代良港を爲してゐたと見える）には呉の達沓の率ゆる若干の人衆が居た、これは商賈の體で沿岸貿易を爲し、呉の爲に諜つてゐた者である、淵は使者を斬ると共に、韓起等に兵を授け馳て沓に至り之を攻めしめた、當時淵が魏に送れる書に曰ふ。賊衆本ト號二萬人一。伺察可二七八千人一。遣二將韓起等一。率二將三軍一。馳行至レ沓。起等金鼓始震。鋒矢亂發。斬首三百餘級。被レ創赴レ水沒溺者。可二二百餘人一。其散二走山谷一。來歸降。及藏竄飢餓死者。不レ在二數中一。得二銀印銅印兵器資貨一。不レ可二勝數一。云云。

司馬懿遼東を平く

明帝是に於て淵を大司馬に拜し樂浪公に封す、景初元年皇紀八九七年幽州の刺史毋丘儉等を遣し璽書を齎して淵を徵す、淵遂に兵を發し、遼隧に逆へて儉等と戰ふ、儉等利あらずして還る遼隧は前漢地理志に遼隊と作す、師古曰く隊音隧と、即遼隧と同音である、地理志玄菟郡高勾驪縣の下に遼水西南して遼隧に至り、大遼水に入るとあり、即小遼水と大遼水との合流點なれば、今の三叉河である、韻編には奉天府海城縣の西六十支里と爲す淵遂に自立して燕王と爲り、百官有司を置き、使者を遣し節を持して鮮卑單于に璽を假し、邊民を封拜し、鮮卑を誘呼し、北方を侵擾す。

按ずるに此の時淵が魏に遺れる書に。七營虎士。伍部蠻夷。奮レ臂大呼。近郊農民。伐レ薪制レ挺。奔馳赴レ難。今吳蜀共帝。鼎足而居。天下搖蕩。無レ所二統一一。若無レ天乎。臣一郡吉凶。尙未レ可レ知。若云レ有レ天。亦何懼焉。の言あり、勾驪・夫餘・韓・濊・鮮卑五部の嚮背は淵の命の繫れる所である、漢晋春秋に曰く。公孫淵自立。稱二紹漢元年一。聞二魏人將一レ討。復稱レ臣二于吳一。

景初二年春、魏は大尉司馬懿を遣し淵を征せしむ、六月軍遼東に至る、淵乃ち將軍卑衍・楊祚等をして步騎數萬を以て遼隧前出に屯せしめ塹を圍《めぐ》らすこと二十餘里、懿の軍至るや衍をして逆へ戰はしむ、懿・將軍胡遵等を遣し擊つて之を破る、懿乃ち軍に令し東南に向ふさまを爲し、而して急に東北して直に襄平に趨かしむ、衍等襄平の守なきを恐れて夜走る、懿の諸軍進むで首山今の首山堡に至る、淵復た衍等を遣し軍を迎へて殊死して戰ふ、懿復た擊つて之を破り、遂に軍を進めて城下に造《いた》り圍塹をつくる、霖雨三十餘日、遼水暴長す、船を運し遼口より徑《タダチ》に城下に至る、雨霽れて土山を起し櫓を修し、發石連弩をつくり城中を射る、城中糧盡き人相食ふ、死する者多く將軍楊祚等降る、八月丙寅夜大流星あり長さ數十丈、首山の東北より襄平城の東南に墜つ、壬午淵の衆潰ゆ、淵其子脩と數百騎を將て圍を突き東南に走る、大兵急に之を撃ち流星の墜る處に當つて淵父子を斬り首を洛陽に傳ふ、魏是に於て遼東・帶方・樂浪・玄菟を平ぐ、さしも一時豪を鳴らした公孫氏も、漢靈の中平六年皇紀八四九年成務天皇五九年度が遼東に據つてより景初二年皇紀八九八年淵の死まで、三世實に五十年にして亡びた。

公孫氏三世にして亡ふ

右の史實に據つて觀れば、公孫氏は漢末の亂に乘じ、竝に三國鼎峙の間に處して、鹿を中原に逐はんとする志があつたとされる、それには東夷の諸族と相結ばなければ足を擧げるわけにゆかぬ、是れ公孫度が宗女を以て扶餘の尉仇台に妻はせた所以である、馬韓は既に强弩の末であるが、濊・沃沮の諸族が鴨綠の西岸に蜿蜒して、其の外藩と爲つてゐるのであれば、公孫氏迂淵には韓土に指が染められない、只韓濊が江口から海岸に沿ふて樂浪の諸縣を侵略するは之を放棄して置けない、是れ公孫康が帶方郡を開き兵を興して之を驅逐し、並に其の荒地を整理して富を作るに勉めた所以と考へられるが、中に就て最も大なる理由は、父の公孫度が海を越えて東萊の諸縣を收めた關係上、油斷をすれば東萊方面から海を越えて逆攻し來る恐れがあるので、是非それに對する海要の地に兵を配し、糧を蓄へて備を爲さなければならぬ、是れ樂浪郡中から特に七縣を分つて一郡と爲し、氣

公孫氏に於ける帶方郡の價値

樂浪帶方の滅亡

勢を更始したものと思はれるのである、從つて熊岳城より以南金州旅順等の海を扼する要地七縣を一集結の下に整頓した所以とされる、なほ又當時の史に、韓濊彊盛とあるに注意を要する、公孫氏は此等の諸族を連ねて勢力を張るを三世相傳の政略とし、志常に中原に在つたのであれば、鴨綠江を踰へて馬韓と相鬩ぐやうなことをする公孫氏でない、亦さういふ暇もなく、あつたとしても諸族の憤恨を買ふは內に自ら己を傷くるものなれば、寧ろこれ等を懷柔して中原に向ふを賢明とするは、右に叙説した史實の裏に見えある、公孫氏滅びて帶方郡は如何になつたかといふに魏志に曰く

景初中。明帝密遣㆓帶方太守劉昕樂浪太守鮮于嗣㆒。越㆑海定㆓二郡㆒。（二郡は樂浪帶方）諸韓國臣智《シチ》加㆓賜邑君印綬㆒。其次與㆓邑長㆒。其俗好衣㆑幘。下戶詣㆑郡朝謁。皆假衣㆑幘。自服㆓印綬㆒。衣㆑幘千有餘人（如何に多くの韓民族が二郡に在つたか、及び郡守等が之に官位を與へ、物を與へ、心を攬るに力めたかを見よ）郡從事吳林。以㆓樂浪本統㆓韓國㆒分㆓割辰韓八國㆒（辰韓は韓國と云ふことで辰に別義あらず）以與㆓樂浪吏譯㆒。轉有㆓異同㆒。臣智激㆓韓忿㆒（古史斷は臣智激韓と讀み激韓を臣智の名とす）攻㆓帶方郡崎離營㆒時大守弓遵・樂浪大守劉茂。興㆑兵伐㆑之。遵戰死。二郡遂滅。

景初といふは僅か三年しか續かぬ年號であつて、其の第二年は公孫淵の滅びた歲である、其の密かに海を越えて二郡を定めしむとは、新たに帶方太守と樂浪太守を任命し、渤海を越え遼土の任地に赴き、亂後の二郡を鎮定せしめたことである、因つて其の郡內に居る韓國（韓族と言つた方が分り易い）の臣智（大小名）を邑君と爲し、又邑長となし、其の部屬の下戶には好む所のかぶり物を與へて悅ばすに勉めた。以前

韓濊一體の强勇

其の地は樂浪郡府の統轄下に在つたので帶方も亦あれば、現在臣智の所有地でも其の中には本の樂浪官吏の所有地もあつたであらう、それを故態に復へすべく郡の從事が何か策を弄した所から、臣智どもの激昂を買ひ、臣智は之を馬韓王に訴へて其の忿を激勵し、遂に大事件に至つたと思はれる、故に右の文中に辰韓の八國とあるは大袈裟の書方であるが、韓族所有の八大地といふことに取れる。同時に右抄出の文に緣つて三個の事が發見される。第一は韓と濊とが全然一體に見られて居たことである、元來樂浪帶方の主たる民衆は濊であるが、古朝鮮滅亡して後は史に常に韓濊と書かれて其の間に區別を認められずに來た。第二は此等の濊族が馬韓を宗主國として居たことである、即馬韓の制を奉じて大なる者は臣智と稱し次は邑借《オサ》と稱してゐたのを、二郡の太守乃それに從つて邑君・邑長と爲し印綬を加賜するに至つた。第三は馬韓の勢力が鴨綠江外に廣く蔓つて居たことである、それは國郡の建制に因るのでなく、同民族の存在に由る宗主權の威嚴であつた。斯く解し來れば事情は能く通ずるのであるが、從來韓國てう文字に目を晦まされて、嘗て斯う解釋した者なく、剩さへ右文中の辰韓を子國稱の辰韓と速了し、慶尙道あたりのことと思惟したため、何の事とも分らぬことに成つてしまつてゐる。重ねて云ふが魏漢の志書には、父國稱の辰韓と子國稱の辰韓とが、頗る糾紛してゐるから、父子の區分を誤らぬやうよく注意して讀ねばならぬ、亦右の史實を以て漢江流域なる百濟地方の事と爲す者は、上來叙說する一切の事情を考察せぬからである。尙一大事件の發見

女王卑彌呼の疑問ここに起る

は、樂浪帶方二郡の滅亡が馬韓に由つて爲されたことである、韓史に依つて南韓の出來事とする學者は、之に就て左の如き評語を下して居る。

遵戰死し二郡遂に陷る、蓋其の帶方は百濟に歸し樂浪は高勾驪に屬せる歟、云々、

本書を讀み來れる諸子は最早其の謬妄を看破されたであらう、乃ち翻つて遵に就て考ふるに、遵は正始元年皇紀九〇〇年卽公孫淵滅後第三年目に使者を遣し、倭國に詣らしめてゐる。魏志に曰く

正始元年太守弓遵遣二建中校尉梯儁等一。奉二詔書印綬一。詣二倭國一云云。

是より先き景初二年六月公孫淵亡の歲に倭女王が大夫を遣し帶方郡に詣らしめたことが志に載つて居るが六月といへば戰爭最中にて、郡は尙公孫氏の所有である司馬懿の軍六月遼東に至り八月襄平城を陷るそれがどうして使者を導き京師に詣るやうな事を爲さう其の時の太守は劉夏何としても魏が帶方樂浪の諸郡を定めた後でなければならぬ、竝に倭の女王の使者發遣は、戰捷祝賀の意でなければならぬ、又この必要は魏の勢威を目撃したる馬韓あたりの當に爲すべき政事的意味のものでなければならぬ。今や乃ち我が學界古來の定論なる筑紫女王卑彌呼の所在に就て、大疑問を提出せねばならぬ機會に達した、卑彌呼は果して筑紫なりや否、是れ此の疑問は次章に讓り、問題を帶方郡に引戻すに、

一、景初二年六月。倭女王の大夫帶方に詣り導かれて晉京し、十二月詔書を受く、時の大守は劉夏。

一、正始元年。郡より使者を倭國に遣す、時の太守は弓遵。
一、正始元年。倭王復た大夫を遣し獻上す。
一、同　六年。倭の大夫に黄幢を賜ひ郡に付して假授す。
一、同　八年。郡の太守王頎・官に到る郡に着任せるを云ふ使を倭國に遣し檄を爲《つく》つて告諭す。

此の間に於て遵はいつ戰死し、郡はいつ滅したか、想ふに太守王頎は遵の戰死に由る後任であらう、然らば郡の再興の使命を帶びたものとされる、想ふに馬韓は忩に乘じて一時其の威を逞うせるも、領土の占領は之を解いたものと見なければならぬ、何となれば帶方樂浪は、晋に爲つても平州の所屬郡として尙その存在を續けたからである、但しそれが歷史を彌縫するための空名のものならば論は別である、殘る問題は倭王卑彌呼の上に存する。

第四章　親魏倭王卑彌呼

卑彌呼《ひみこ》は筑紫に在らず馬韓に在り。彼女は馬韓王統賁彌《ひみ》氏の最終に女性の身を以て央委王と爲りたる者一たび怒つて乃能く樂浪帶方二郡を滅したるも彼女である帶方の太守弓遵之と戰つて敗死す魏が能く二郡の回復を爲したるも彼女の歡情を得るに努めた結果であらう、此の間に於て魏は巧に彼女の心を降し親魏倭王の印綬を與へた、卑彌呼死して宗女逸豫董米《いよとめ》（漢魏史に壹與とす、今東族古傳に由る）民と相率ゐて秣鞨に爲つたとのことであるが、秣鞨《マカ》は要するに馬韓《マカ》の變形で本それは同音異譯なのである、古來學者其の傳を得ず乃誤つて卑彌呼を筑紫の女酋と爲すに陷つた。

されど漢魏の書だけにしても若能く之を精密に考察したならば、卑彌呼の馬韓なるを早く看取すべきであつた。然るに我が國學界も史學界も古來一貫卑彌呼を筑紫女酋と爲し、或は神功皇后の御事と爲せるは倭を以て我國の事とのみ思惟せる先入主に蔽はれ居たからであらう、今其の終始本末を明かにするには、先づ彼女の年代を明かにするを要する。

卑彌和の年代

一、皇紀八六〇年。神功皇后新羅を征す。
一、同八六七年（神功攝政七年◎後漢建安一二年）遼東の公孫康帶方郡を置く、
一、同八九八年（魏の景初二年）六月。魏の司馬懿・公孫淵（康の子）を伐つて遼東に到る。
一、同年同月。倭王卑彌呼の使者・帶方郡に至る。
一、同年八月。襄平城陷り公孫氏亡ぶ。
一、同年。魏の明帝密かに帶方太守劉昕と樂浪太守鮮于嗣を遣はし二郡を定めしむ。
一、同年十二月。倭國使者・魏に朝し詔書を受く。（親魏倭王に封す云々、時の帶方太守は劉夏。劉昕と同一人ならん）
一、同九〇〇年（魏正始元年）魏使・倭國に詔書を齎らす。（時の帶方太守は弓遵）

一、同九〇二年正始三年高勾麗魏の西安平に寇す

一、同九〇三年正始四年倭王復た使を魏に遣す。

一、同九〇四年正始五年魏の毋　儉・高勾麗の丸都を破る。

一、同九〇五年正始六年毋丘儉・玄菟太守王頎をして高勾麗王を追はしむ。

一、同年。魏・倭の大夫難升米に黄幢を賜ふ。

一、同年。樂浪太守劉茂・帶方太守弓遵、師を興して單單嶺東の濊を伐つ單單は遼東の千山

一、同九〇六年正始七年馬韓怨つて帶方を攻む、太守弓遵及び樂浪太守劉茂之を伐つて克たす。遵戰死し、二郡滅す。現存韓史の中には、事實を反對に二郡が韓を滅したと爲す者あり、

一、同九〇七年正始八年王頎・官に到る王頎は前に玄菟太守と見ゆ、官に到るは、滅後の二郡回復の爲の赴任か倭國の使者郡に往いて内亂の狀を說く、蓋し卑彌呼前年に死するか、卑彌呼の宗女立つて倭王と爲る。

一、同九〇八年神功攝政四八年〇正始元年高勾麗東川王・平壤に遷都す始めて韓に入れるなり

右年表に觀ば如何に樂浪帶方等の魏郡が鼎沸の狀に在つたかゞ判らう。此の鼎沸狀況は魏の權威がそれ等の地方に確在せざる爲めなるに、我が筑紫の奥なる卑彌呼が、何の爲めに遠く使者をそこに送りしぞ。其の初めの使者は魏と公孫氏との酣戰中に而も公孫氏の帶方に往いて、そして魏帝に朝覲を求めたことになつてゐるが、理窟のわからぬことではないか。右年表の上に筑紫の卑彌呼を

置いて見ると、總てが合點のゆかぬことになり、又魏郡としても我か筑紫の奥へ使者を出して內亂に干渉せしむる暇ありとは思へぬにあらずや。卑彌呼の所在を馬韓とせば、魏と韓との間に於ける禦侮折衝上の智識較べと見られて總ての情理に適ふ。併し今こゝに之を言ふても、卑彌呼を筑紫として、それが先入主になつて居る我學界の反省を促すに力足らねば、論議は後のことにして卑彌呼に纒へる諸の事實から解剖に取掛らう。先づ卑彌呼其の者の面目に就て睹るに。

卑彌呼の風貌

後漢書倭人傳。桓靈の間（桓の即位は景行天皇一七年靈の殂落は成務天皇五九年なり、皇紀八〇七年より八四九年に至る）倭國大に亂れ更《たがひ》に相攻伐し、年を歴て主なし、一女子あり名を卑彌呼と曰ふ、年長して嫁せず、鬼神道を事とし能く妖を以て衆を惑す、是に於て共に立てゝ王と爲す、侍婢千人、見る者あること少《まれ》なり、唯男子一人ありて飲食を給し辭語を傳ふ、居處・宮室・樓觀・城柵皆兵を持して守衞し、法俗嚴峻なり（魏志亦同じ但し有二男弟一。佐治レ國。の兩句を添ふ）

魏志倭人傳。景初二年六月（神功攝政三八年高句麗東明王一二年）倭の女王・大夫難升米等を遣し、郡（帶方郡）に詣り天子に詣して朝獻せんことを求む、大守劉夏吏を遣し將《ひき》ゐ送つて京師に詣らしむ、其の年十二月詔書もて倭王に報して曰ふ、親魏倭王卑彌呼に制詔す、帶方の大守劉夏使を遣し、汝の大夫難升米・次使都市牛利を送り、汝が獻する所の男生口四人・女生口六人・斑布二匹二丈を奉し以てて到る、汝が所在踰遠なるに、乃ち使を遣し貢獻せるは、是れ汝の忠孝、我甚汝を哀む今汝を以て親魏倭王と爲し、金印紫綬を假し、裝封して帶方の大守に付し假授す、汝其れ種人を綏撫し勉めて孝順を爲せ、汝の來使難升米・牛利、遠を涉って道路に勤勞す、今難升米を以て率善中郎將と爲し、牛利を率善校尉と爲し、銀印靑綬を假し、引見して勞賜《いたはりたまもの》して遣還す、今絳地《あかぢ》に龍を交へたる錦五匹、絳地に縐粟をせる罽十張、蒨絳五十匹、紺靑五十匹を以て、汝か獻する所の貢《みつぎ》の直《あたへ》に答へ、又特に汝に紺地の句文錦三匹、細班華罽五張、白絹五十匹、金八兩、五尺刀二口、銅鏡百枚、眞珠・鉛丹各五十斤を賜ひ、皆裝封して難升米・牛利に付す、還り到らは錄受し、悉く以て汝が國中の人に示すべし、國家が汝を哀むことを知らしめよ、故に鄭重にして汝に好物を賜ふなり。

同書。正始元年神功四三年東明一七年太守弓遵、建中校尉梯儁等を遣し、詔書印綬を奉し、倭國に詣らしめ、倭王を拜假す、幷に詔を齎らし、金・帛・錦・罽・刀・鏡・采物を賜ふ、倭王使に因り上表し、恩詔に答謝す、其の四年倭王復た大夫伊聲耆《イシチ》掖邪狗《エヤク》等八人を遣使し、生口・倭錦・絳靑の縑綿衣・帛布・丹木・猾・短弓矢を上獻す、掖邪狗等壹《ならび》に率善中郎將の印綬を拜す、其の六年詔して倭の難升米に黃幢を賜ひ、郡に付して假授す。

同書。正始八年神功四七年東明二一年太守王頎官に到る、倭の女王卑彌呼、狗奴《カラ》國の男王卑彌弓呼素《ヒミキコシ》と和せす、倭の載斯烏越《シチウエ》等を遣し、郡帶方郡に詣り、相攻擊するの狀を說く、塞曹掾三張政等を遣し、因つて詔書黄幢を齎して難升米を拜假し、檄を爲《つく》つて之を告諭す、卑彌呼以て死す、大に冢を作ること徑百餘歩、葬に殉する者奴婢百餘人、更めて男王を立つ、國中服せす更に相誅殺し、當時千餘人を殺す、復た卑彌呼の宗女壹與を立つ、年十三にして王と爲り、國中遂に定まる、政等檄を以て壹與に告諭す、壹與倭の大夫率善中郎將掖邪狗等二十人を遣し、政等を送り還し、因て臺に詣つて男女生口三十人を献上し、白珠五千孔・青き大句珠二枚、異文の雜錦二十匹を貢す。

右連載する所に由り倭王卑彌呼てふ者の生涯が大略分つたであらう。當時金州半島に占據せる帶方郡と我が筑紫の奥とで、これほどの密邇關係を造り得るや否。從つて卑彌呼の所在位置が果して我か筑紫の奥なるか或は他處なるか、先づそれに大なる疑問が起らねばならぬ。たとへ漢魏の書に我が筑紫の如く爲してあつても、それを筑紫と見るべきや否を討尋するが學者の權威ならすや、然るに思をこゝに致さず、近藤芳樹は其の著征韓起原に記していふ。

熊襲の女酋と誤る

景行天皇の十二年十三年につゞきて熊襲を征伐し給ひ、十八年にも筑紫の內、從はさる者を征伐し給へること書紀に見ゆ、これを倭國大亂といへるにぞあるべき、さてこの女王卑彌呼を神功皇后の事なりとおもへる人もあれど、いといとあらぬ事なり（中略）これはた熊襲が僭して倭王といひたりしがもとへ、彼より使をつかはせるなりけり。

神功皇后と誤る

その神功皇后の事にあらずと斷じて世人の妄を破れるは善し、また本居宣長の馭戎概言には

有㆓一女子㆒云々とはまさしく息長帶姬尊《オキナガタラシヒメノミコト》神功皇后の御事を。三韓などより。ひがことまじりに傳へ奉りてかけるもの也。卑彌呼は姬呼《ヒメコ》と申すことにて。神代卷に。火之戸幡姬兒千々姬命《ヒノトバタヒメコチヂヒメノミコト》。また萬幡姬兒玉依姬命《ヨロヅハタヒメコタマヨリヒメノミコト》などある姬兒《ヒメコ》に同じ。姬を比彌《ヒミ》といへる例も。古きふみに見えたり。さればこはたふとみて御國人《ミクニビト》のつねにかく申せしを。韓人などの聞て傳へしを。御名《ミナ》と心得しなるべし中略然れども此時にかの國（魏）へ使をつかはしたる由しるせるは、皆まことの皇朝の御使にはあらず、筑紫の南のかたにて勢ある熊襲などのたぐひなりし者の、女王神功の御名のもろもろの戎國《からくに》まで高くかゞやきませるをもて。その使といつはりて。私につかはしたりし使なり。

といひて、卑彌呼をば、神功の御名をかりて詐り稱したる者と爲した、爾來なほ神功の事と疑ふ者なきにあらざるも、大勢は筑紫に傾いて、嘗て史局の編纂に成る國史眼にも、筑紫なりと斷じてある、因みに

卑彌呼を神功皇后のことに思へるは、隨分舊い時代からのことで。日本書紀神功の卷にも、皇后攝政の二十九年・四十年四十三年の條に、魏と卑彌呼との關係事項を分載し、皇后の御事であるかのやう見せてある。されど谷川士清は、後人の添ゆる所當に刪去すべしと主張し、諸大家亦多くこの意見であつて、大關黑羽の日本書紀には之を削除してある。國史眼には、我邦人

女王卑彌呼を神功皇后とするは、古史の年紀に拘はり且地理を察せず、遂に西部の私交を以て朝廷の通聘と誤認す、朝廷遣使は東吳に始まり通聘は隋唐に始まる、として世の蒙を啓ひてあるが。新井白石ほどの學者でも卑彌呼を神功と信じたのであれば、今も猶しかく思ふ者が無いではない。日韓上古史裏面の著者も亦さう信じて駁戎槪言ほど誤つたことを云へる者はなしと稱して居る。斯くの如く諸說なほ紛如であるが、筑紫の女酋とするは、皇后とするよりは遙に體を得たるに相違なきも、其の結果として皇后の筑紫に於ける威嚴を、卑彌呼の勢力と誤らしむるに至れるは、蓋し諸大家の意外とする所であらう。

乃ち津田左右吉氏は、其の著書に於て左の如く言はれてゐる。

魏史に見える如く魏の時代に邪馬臺原註に云ふ今の筑後の山門郡の女王卑彌呼の使者が帶方郡を經由して洛陽に赴き、又た魏の使が詔書印綬を齎らして邪馬臺に來る程であり中略樂浪原註に云ふ後には帶方に交通するツクシの土豪は可なりに多く中略（原註。三世紀の初に樂浪郡の南部即ちほゞ今の京畿黃海二道及忠州方面の地域は帶方郡となつて獨立し倭人の交通は此の帶方郡の所管に移つた）さて魏の使の初めて來たのは正始元年であつて其の時には特殊な政治的意味は無かつたやうである中略正始八年にはやゝ政治的意味のある交渉が生じてゐる、それは邪馬臺國が狗奴國と衝突したために、其の事情を帶方郡に訴へ、郡の太守が官吏を邪馬臺に派遣して告諭させたといふ。云云、帶方郡を中韓なる京畿黃海二道及忠州方面の地域に在つたと想ひ居られては、其の論結が甚だ危ぶまれる、果して氏は曰ふ。

ツクシ地方は中略三世紀以前に於ては、ヤマトの朝廷によつて統一せられた國家の組織に入つてゐなかつたと見なければならぬ云々。

加羅に就て、崇神紀及び垂仁紀に其の國人の蘇那曷叱知といふものが來朝したといふ話がある中略假にさういふ二朝のあつたことを頭に入れて置いて、しばらくそれを實際の年代にあてはめて考へてみると、中略此のころはツクシの邪馬臺がなほ勢力を有つてゐた時、少くともツクシがまだ我が國家組織に入らなかつた時である、ツクシ舟が加羅を經由して帶方郡と往來してゐた時代である、加羅の知つてゐる「倭」はツクシの諸國であつた時代である、かういふ時代に加羅人が特殊の使命を帶びてヤマトに來たとは想はれぬ云々。

最後に氏は神功皇后の征韓を史實にあらずと否定し去つた。して見ると卑彌呼は我が古史の死活に關する或る部分を爲すものと謂はねばならぬ。

この千古に橫はる大問題の解決には。第一に倭を以て我が國のみのこととする先入主を取去るを要する、第二に魏の帶方を中韓に擬定するの大誤なるを悟るを要する。此の二つの者は前に說述して略其の要を盡したれば此に之を複說しない、第三は卑彌呼の訓み方である。

卑彌呼は馬韓王統賁彌氏を表す

第三。卑彌呼の訓み方に就て宣長が姫兒《ひめこ》と訓みてより、學者其の說を奉ずる者多しと雖。魏志に倭女王卑彌呼。與㆓狗奴《カラ》國男王卑彌弓呼素《ヒミキコシ》㆒不㆑知。とあるに徵すれば、男王にも卑彌の號があつたのであるから、卑彌を姫とは爲し難い、亦馬韓五十四國中に卑彌國といふもあつて、竝に訓むで姫國とは爲し難い。吉田東伍氏は、卑彌呼は日子「ひのみこ」の義にて姫子に非ずと謂はれたが、筑紫の女酋と見た其の者に、過分の尊號を解釋として與へたものである。卑彌呼を筑紫の者とせん乎、日御子《ひみこ》とは僭上の至なるが、古韓の王統に賁彌《ひみ》氏といふもあれば、彼女を古韓の者と見ば何のこともないのである、乃ち卑彌呼とは賁彌氏の子といふことで、支那の古制に婦人は其の生家の姓を稱すべき者としてあれば、魏との交際に姓を稱して自己を表はしたと解すべきである。

男王卑彌弓呼素

第四。卑彌呼と不和であつたといふ狗奴國の男王卑彌弓呼素は何と訓むべきであるか。この卑彌《ひみ》は是れこそ日御《ひみ》であらう。これは狗奴國の性格を明にした上の詮議に讓り、ここでは專ら弓呼素を訓むだけにして置きたい、多分これは當時の韓語で、キコシと訓むのであらう。神功紀に吉《き》師祖《しのおや》といふことが見えてゐて、姓氏錄の左京皇別・吉田連の下に、任那ノ俗稱㆑宰爲㆑吉《キシ》とあるは、古るき韓語の我が舊史に現はれたもの。又天日槍を新羅の國王《コニキシ》の子と稱したるも、キシは同一韓語である。北史に百濟王號㆓於羅瑕《オラカ》㆒、百姓呼爲㆓鞬吉支《コキシ》㆒、夏言並ニ王也とあるのもコキシは即國王《コキシ》である。想ふに卑彌弓呼素《ヒミキコシ》は、日《ひ》の御神《みき》の國主《コシ》と云ふことであらう。或は日御君國主《ひみきこし》にも取れ、或は日御神社《ひみきこそ》にもも取れ、皆我が古言と其義を同うする語素の組立てに成れる當時の韓語なるが、此の語の存在する處は、卽ち崇神天皇の差遣したまへる鹽乘津彥の國、神功皇后の置かせたまへる官家の地であつて、加羅又は任那なのである、其處には必天照大神を祀られたであらうから、其の太宰《おほみこともち》を日《ひ》の御神《みき》の國主《こし》或は日《ひ》の御君《みき》の國宰《こし》と謂ひしを魏漢の史が卑彌弓呼《ヒミキコシ》素と譯し以て男王の稱と爲したは、我が舊紀に契合した史實の證明とされる、新井白石が呼素《チシ》を忍と讀むで忍熊王にあてたるなど全然同意の出來ることでない。

第五。狗奴國は卽狗邪《から》國である。今も筑紫の人士中には羅行《ラリルレロ》を陀行《ダヂヅデド》に發言する者が、尠くない、又那行《ナニヌネノ》に訛る地方もある、されば狗奴は陀行音に由れる譯字。狗邪《カラ》は羅行音に由れる譯字にて、其の語の本に違ひはない、現にその狗邪《から》が字面に邪《や》又は邪《ダ》のなまりを見せてゐるではないか、又その狗を拘に作り、邪を那《ダ》に作つてあるのも考へるがよい。魏史倭人傳に曰ふ。

從レ郡至レ倭。循二海岸一水行。歷二韓國一。乍南乍東。到二其北岸狗邪《カラ》韓國一。七千餘里。

此の狗邪韓が卽ち狗奴國なのである。又同傳に。

女王境界所レ盡。其南有二狗奴國一。男子爲レ王。

とあつて、狗奴國は女王國境界の盡きた南にあるを示してゐる、また三韓傳には、

弁辰韓合二十四國。其十二國屬二辰王一。（卑彌呼に屬するを云ふ彼女は卽ち辰王）

濱盧國與レ倭接レ界。十二國亦有レ王。（狗邪國この中に在り而して十二國別に王ありとは男王之に王たるなり）

と記して、此に女王國と男王國とが、主權を異にし居るを明にしてある、乃ち卑彌呼《ヒミコ》と卑彌弓呼素《ヒミキコシ》との相和せざる所以は、主權と主權との頡頏に存することが明かに讀めて來た。されば倭人傳を讀むには、筑紫などに持つて行かないで、三韓傳と共に韓內の事とし讀む方が善く通する。後漢書に、

自二女王國一。東度レ海千餘里。至二拘奴國一。雖二皆倭種一。而不レ屬二女王一。

とあるは、漢人が海路に由る里程の計算をしたものである、魏志には女王境界の盡くる所其の南に狗奴國ありとあつて、海のことは何とも言ふてない、乃ち陸續きと見るが魏志の言ふ所を正解する者である。故に書に云ふ所の東して海を度るは、水陸兩路の中その水路を語つたものと解するを正當とす、魏志の言ふ所を全然顧みないで單に後漢書のみに依つて、海を隔てた向ふのこととするは一を知つて二を知らぬ者である。而して書の千里といふは女王國の都平壤（即月支）に近い要津からの計算で、國境線からの里程とのみ取るべき理由はない、故に之を韓國內のこととするに何の不自然もなく、寧ろ二史の所言に私見を挾まない其の儘の解釋とされやう、然るに駁戎概言には。

狗奴國とは伊豫國風早郡に河野郷《カフヌノサト》あれば。それなどをいへるか。魏志に狗奴國の男王といへるも。すなはち此河野のわたりを領有《うしはき》ゐたりしものをいふなるべし。

（狗奴を伊豫の河野と誤る）

とあつて、筑紫より海を隔てたる四國の河野を以て狗奴國に擬し、以て後漢書の言ふ所に合せた、

これがまた學界の氣受け頗る善く、日韓古史斷にも、

或は曰ふ狗奴は河野にして伊豫國なりと、恐らくは當に然るべし、按するに伊豫は西南の舊國にして大族あり河野と云ふ、其の初久努《クヌ》に作る中略而て又王あり卑彌弓呼素と爲すは。又日子《ヒノミコ》の稱を冠れり。伊豫國造の皇別に出て原註に云ふ、神武帝子、神八井耳の後と稱す當時來り其の國を鎭めたまへるを謂ふに似たり。又其の名、女王を壹與と曰ひ男王を呼素と曰ふは、二國講和して古俗,盟約易名を事となし、伊豫壹與の稱を女王に附し、襲原註に云ふ、小襲にや、又古事記傳・征韓起源等に因れば襲の語源はヲソより出つと云へり、コ・ヲは古言多く相通せり、或は熊襲の徒、魏人に告くるに殊に卑めて小襲と呼ひしにやの稱を男王に附せしに因る歟原註に伊豫に愛媛の古稱あり又想ふべし云云

よくも解かれたもので、狗奴を伊豫の河野とし、卑彌弓呼素を神武天皇の御子神八井耳《かんやゐみみ》の裔孫なる伊豫の國造《くにみやつこ》の事なるべしとし、卑彌呼の宗女の名壹與《いよ》を伊豫とし、男王の名呼素《コソ》を熊襲の謙稱小襲《コソ》として、講和によつて互に名を取り交はしたのであらうと謂ふ。此等數十百の考證も卑彌呼と卑彌弓呼素の不和原因を文獻の上にも何にも未だ發見し得ずに在る。然るに之を馬韓と狗邪《カラ》の事に見れば、其の原因は直ぐさま魏志の上に見られ、又狗奴を狗邪とすれば字音字形そのまゝで判り、河野などを引出して六つかしい考證を重ぬる必要はない。

第六。假に卑彌呼を筑紫の女酋としたら、其の使者が魏より受領した諸の官名は終にどうなつたか。我國に於ける何かの考證に其の官名の發見があつたか、恐くはまだ無からう。今卑彌呼を馬韓

魏に使せる者皆是れ韓の職名

の王として見るとき、其の使者の受領した官名は馬韓傳中に歷然と現はれて來る、官名とは率善中郎將・率善校尉等であるが、馬韓傳に韓の官名を記して、其官有ニ二魏ノ率善中郎將・都尉一とあつて、魏から與へた官名が、そつくり其の傳中に載せてある、是れ倭人傳と明かに相照應してゐるもので、即倭人傳に於て卑彌呼の使者が受領した官名は、馬韓傳に於て馬韓に現はされてゐるのである、即倭人傳と馬韓傳とは斯かる點に於てその內容の本と一なるを露はして居ることが知れる。然かし是れだけでは馬韓は馬韓として別に貰つたと言ふかも知れないが、使者の本官名が亦馬韓本來の官名なるに於ては、使者の馬韓人なるを否定するわけにゆくまい。魏志に據るに、景初二年の使者は大夫南升米及び都市牛利。正始四年の使者は大夫伊聲耆掖邪狗等八人。同八年には倭載斯烏越等及び倭大夫率善中郎將掖邪狗等二十人であるが。其の八年のは「倭の載斯《シチ》なる烏越」と訓むべきで、載《シ》斯《チ》は馬韓渠帥の號臣智《シチ》である。四年の伊聲耆掖邪狗も「倭の聲耆《シチ》なる掖邪狗」と訓むべきで伊は倭の異譯、聲耆《シチ》は同じく臣智《シチ》である。後漢書に出てゐる斯人、魏略に載つてゐる斯鑡も、臣智なるを前章に考證し置いたが、吉田東伍氏も「亦是れ竝に同音にて臣智《シチ》なり」と謂はれて居る。乃ち斯人《シチ》・斯鑡《シチ》・聲耆《シヂ》・載斯《シチ》皆同音異譯にて臣智《シチ》なりと知られる。景初二年の使者都市牛利の都市《チシ》は韓の官名儉側《チシ》であり、大夫難升米の升米《セヘイ》は韓の殺奚《セヘイ》である、そして難は古言ナツキ（腦）の義から出た「上」の意で、難升米とは上殺奚《ナセヘイ》と云ふことかと思はれる。斯の如く卑彌呼の使者は皆韓の官號を帶びて

卑彌呼と魏との關係

居て、且つ幷に卑彌弓呼素《ヒミキコシ》が韓語の王號なるに於て、及び狗奴と狗邪とが同音なるに於て、最早此等の者を筑紫・四國に擬定する理由の存在は失はれた筈である。猶進むで其の時代相に就て、魏と卑彌呼との關係を觀察しやう。

第七。時代相の觀察に於て、卑彌呼は魏の景初二年六月に大夫難升米等を帶方郡遼東に遣し天子魏のに朝獻せんことを求めてゐるが、前に詳述した通、魏と遼と方に交戰の最中で、帶方・樂浪・玄菟・遼東は、襄平今の黑溝臺に都せる公孫氏の有なれば、各郡の太守は公孫氏の與黨にして皆魏に敵對し居たのである。其の最中に帶方に詣つて天子に朝獻を求むるなどあるべきことでなく、遼の各郡は魏を天子と言ふどころか、逆曹曹は魏の姓と言つてゐた筈である、故にこの六月は頗る怪しいもので、史の誤筆とも思へる魏志に往々誤筆あるは、毋丘儉が高句麗の丸都を破つたのを正始五年とする類である、懷仁縣の盤石嶺山道で得た毋丘儉の銘功古碑の破片には正始三年とあるされど八月には公孫淵父子亡び、司馬懿乃其の戰勝の餘勢に乘じて引續き四郡を降したれば、早ければ翌月には帶方に魏の新太守が座つたであらうから、太守劉夏と云ふは定めてそれであらうと思ふ、故に卑彌呼の遣使は劉夏が座つた際のことゝ見なければなるまい、なほ晉書に就て見るに。

宣帝司馬懿を云ふ之平ニ公孫氏一也《ヤ》。其女王遣レ使朝見。

とあつて、其の遣使が意義ある機會投合なるを示して居り幷に司馬懿が之を引見したことにもなつてゐる。かかる際どい機會の遣使が一萬五百里帶方より筑紫伊都まで、魏志の計算を隔つる我が筑紫の措置と見らるべきや、又その必要の無いことではないか、此の一事に見ても卑彌呼の位置が、筑紫の奥でなかつたことが判りさうなものである。公孫氏三世五十年、雄を遼東に稱するや、早く旣に扶餘と姻戚の關係を結べるに見ても、鮮卑・高勾麗・馬韓等と交を厚くし、以て後顧の患を絕ち、專ら力を直隷平野に向くるに勉めたは明かな事でもあれば、馬韓との親交も無論あつたに相違ない。其の公孫氏を數月の間に滅した魏の兵威を目前に見せられては、馬韓たる者之に對して機宜の處置を講せねばならぬ、是れ機を違へず遣使して交戰中に早くも欵を送るに勉めた所以で決して等閑な遊び事ではない。之を其の時の贈物に見ても、卑彌呼は男生口四人女生口六人班布二匹二丈を贈物として居る。この男女は公孫氏一類の者の逃れて馬韓に身を寄せたのを、誠意を披瀝するにはよき贈物と思つて送つたのではあるまいか、之に對し魏がすこぶる高價の物を酬ひて汝の獻ずる直《あたへ》に答ふと云つたことを考へると、生口男女に多大の意義があつたと察しられる。其の後の贈物にも亦生口あるは、それは一般の意義からと考へてよい、之を筑紫からの遣使としたら生口の意義も物好きな事になり、それこそ津田氏の云ふやうに「特殊な政治的意味はない」わけに爲つて、ホンの好事の所作としか見られない。故に卑彌呼を筑紫としては遣使の理由何もなく、馬韓とすれば乃ち緊要の理由がそこに湧く。凡そ歷史は理由のある所に存在し理由のない所には存在しない筈のものなれば、卑彌呼の歷史も理由のある所に存在すとしなければならぬ。そこで太守劉夏は吏を副え、送つて京師に詣らしめたところ、魏は非常な優遇ぶりを示し、其の年十二月詔書を以て卑彌呼に回答し、封して親魏倭王と爲し金印紫綬を授け、使者にも銀印靑綬を與へた 銀印靑綬は諸侯對遇である、馬韓の官名中に歸義侯あるは、その印文なのであらう 而して鄭重に種々の好物を與へ、國中の者に遍く觀せよと求めた。名分上から云へば封王の事は受くるを耻とすべきであるが、足利義滿が平氣で受けたやうなもので、卑彌呼は之を以て己を尊敬する優遇的方式と見たであらう、又連和の成功と悅んだであらう。要するに實質は魏韓の連和である、魏がこの連和に意を注いだのは卑彌呼を親魏倭王としたので判る、光武が我が西海の倭に與へた印文に漢委奴國王と爲した例もあるのに、それに倣つて魏の某國王としないで、親魏倭王として魏を第二字目に置いたのは確に心あつてのこととされる。當時三國割據の際で、曹操の死後曹丕立つて帝と稱してより此時まで十九年、蜀に對し吳に對し方に攻防に寧日なき際なれば、東方諸族の懷柔は魏に取つて實に大切のことであり、且つ公孫氏を平げたと云ふだけで遼東の物情未た穩かならざる上に、高勾麗といふ强悍な國が遼の各郡を覬覦して居れば、郡內に同族の邑居を聯ね其の宗主を以て自ら居る馬韓に對しては、之を重大視しなければならない情勢に在る。其の馬韓が魏と公孫氏との酣戰中に逸早く連和し來つたのであれば、乃ち極めて鄭重に扱つた所以で正に軍國的喫緊要件に善處したものである。是れ卑彌呼が馬韓に位置してゐたからのことで、筑紫の奥 肥後山門郡とのこと とでは斯うにも考へやうがない。

其の翌翌年の正始元年に、右に云ふ金印紫綬を帶方太守弓遵から特使を以て卑彌呼に交付し幷に詔書を齎して金・帛其他の物を贈遺した。卑彌呼は之に對して上表謝恩してゐる、其の三年には高勾麗が西安平に寇してゐるが、以て其の跳梁の勢が察しられる。其の翌年正始四年卑彌呼復た物を献し使者等印綬を貰ひ、其の翌五年は即ち毋丘儉が高勾麗の丸都を燒夷した歳である、されど高勾麗猶能く沃沮の地に耐ぇて平壤には移つて來なかつた。其翌六年魏帝詔して卑彌呼の大夫難升米に黃幢を賜ひ、馬韓重臣の歡心を失はざるに努めてゐる、馬韓が忿を起し樂浪帶方二郡を滅し帶方太守弓遵を戰死せしめたのは、其の翌七年の事と思はれるが、此の事は卑彌呼の死直後のことらしくある。察するに馬韓內に親魏派と反魏派高勾麗と行動を共にせんと欲する者とあつて、卑彌呼死後其の統一を失し、遂に反魏派の蹶起を見たのであらう。翌八年には新太守王頎が帶方郡滅後なるも回復期と假定すに着任し前々年に發せられた詔書と黃幢とを難升米に與へ檄を作つて告諭してゐるが、史文曖昧で眞相を見分け惡い。それは倭の女王卑彌呼與二狗奴國男王卑彌弓呼素一不和の兩句が挿まれてゐるからである、其の不和の爲め戰爭が起つたのかと思ふとさうではなく「卑彌呼以て死す更《あらた》めて男王を立つこの男王を弓呼素とは文勢上見られない國中服せす更《たがひ》に相誅殺し、當時千餘人を殺す」とあつて全く內亂の狀である。この狀は新太守が着任して知つたことで、既に一年餘に涉る內亂のやうである、されば弓呼素國との對戰ではない、して見ると夫の兩句は女王國と弓呼素國との平素の間柄を言ふただけのもので、兵亂に直接の關係はないやうで

宗女壹與の嗣立

ある。而してこの内亂は卑彌呼の宗女壹與を立てやうとする者（親魏派）と他に男王を立てやうとする者（反魏派）との鬩爭であるから、魏としては棄て置けることでない。そこで親魏派の難升米・烏越・掖邪狗等を助け、宗女壹與を擁立し卑彌呼の親魏主義を繼がしめたものと思へる、時に壹與は年十三の小女であつた。

爰に一疑問として殘つたのは太守王頎のことである。倭人傳は倭人と帶方郡との關係を事件の骨子としてゐるから、正始八年太守王頎到官は帶方郡着任と見なければならない、所が母丘儉の傳には。六年（正始）復征レ之、宮（高勾麗王の名）遂奔二買溝一、儉遣二玄菟太守王頎一追レ之。とあつて頎を玄菟太守としてある、帶方の滅びたのは母丘儉の猛勢が去つた翌七年のことと思はれるから、八年に頎の着任を見たのは滅後の縣郡蘇復の爲めとされる、而して其の着任は玄菟からの轉任と見られもする、卑彌呼の解釋にはそれで濟むが、兎に角郡の狀況は頗る多難であつて、筑紫の奥などへ勢力を示すやうな時機でなかつたことは明かである。

壹與の立つた翌翌年即正始九年は、高勾麗東川王の二十一年で都を平壤に遷した歳であるが（高勾麗本紀に依る）極めて平和に遷都が出來て馬韓との間に兵爭はなかつたやうである、同時に馬韓の民衆は變形して靺鞨と爲り高勾麗の主力兵團として勁悍を四方に轟かすことに成つた、其の蹤跡を尋ねると、狼林山脈を越え東北に移轉して自主國を造り、高勾麗に終始して滿洲攻略に從事したのである、而して此の勁悍なる靺鞨の主は卑彌呼の宗女なる娘子壹與東族古傳には逸豫臺米なりとは、誰あつて心づかう、而して魏は高勾麗遷都より後十七年にして亡びた、壹與が生きて居るなら正に歳三十一の時である。

斯くの如く卑彌呼と魏との關係は、卑彌呼を馬韓の女王として始てよく理解される。帶方は昨年亡ぼされ今茲蘇生したばかりで戰死せる前太守の葬式が出來たか出來ないかの際、筑紫あたりの騷にあつたと假定して人を出して檄告するやうな餘力ある時機でない、又筑紫の方面から云ふても、此の間までは公孫氏の帶方であつたのが、滅ぼされて魏のものとなり、それが復高勾麗には蹂躙され馬韓には襲擊され、そして僅に息を吹返したといふやうな死んだり活きたりしてゐる處へ何を賴みに持つて行かうぞ、事實あるべきことでない。それをあることにしたのは帶方の所在を取違へて中韓に想定し、魏郡の情勢を少しも考へずに單に倭人傳だけの所言に盲從して、之を韓傳・公孫傳・高勾麗傳等に對照するを怠り、精査を爲さない結果である。されど以上說いただけでは猶ほ肯諾を得られまい、何となれば倭人傳に耶馬臺《やまと》紀行が載つてゐて我が地名が多く著はれてあるに由る、乃復た倭人傳に就て審に詮議しなければならぬ。

倭人傳の性格吟味

第八。倭人傳の性格を吟味するには、すべての先入主を去つて偏に事理の當然に循ひ求めずして卑彌呼がそこに現出するか、せさるかを觀るを要する以下漢魏の書志を掲ぐるに特に後證に備ふるを要する者の外は皆譯文を以てす

魏志に曰はく、倭人在二帶方東南大海之中一、山島に依つて國邑を爲す、舊《もと》百餘國、漢の時朝見

する者あり、今使譯所レ通三十國。

後漢書に曰はく、倭在二韓東南大海中一、山島に依つて居を爲す、凡て百餘國、武帝朝鮮を滅してより使驛通レ漢者三十許國、國皆王と爲し世々統を傳ふ、其大倭王居二邪馬臺國一。

魏志のこの書振りを見ば帶方の位置の何處なるかを概念し得る、それが金州半島なればこそ東南水天の際を望み、其のさきに倭國あるを念想し得るのであつて、漢江の沃野又は忠清道あたりにあつたのなら、東南は山又山の連亘であるから、水天髣髴のさきに倭國ありとの風概を其處では筆に上せない、さて魏志のこの文は原と前漢地理志の樂浪海中有二倭人一、分爲二百餘國一、以二歲時一來、獻見云、を其のまま承けて自家の事に作したるもの、されば帶方郡使が倭國に來て得た新知見でも何でもない、そして彼は地理志の骨をば換えた、本と地理志の言ふ所は半島の事であり、其の謂はる倭人は今の鮮族の祖先稱なるを前に考證しあり魏志はこれを移して日本の事に當てた、是れ換骨である、但しこれも魏志の創意でなく魏略師古が漢書の註に引けるに倭在二帶方東南大海中一、依二山島一爲レ國、度レ海千里、復有レ國皆倭種、とあるを割取したものである、その度レ海千里復有レ國といへるは對馬を指したのであるから、皆倭種とあるは韓を倭としての言ひことである、即ち帶方より大海を隔てたる東南に倭人がゐて山島に依りて國を爲せるが、其の倭より海を度ること千里なれば復た國がある、これも亦皆同種の倭であると言つたのであつて、漢書の言ふ所に其の旨よく叶ひ相違はざる者である。魏志は此等の舊紀から脱胎した者であるが稍その旨を殊にし、且つ虚飾を將つて今使譯所ゝ通三十國と著はした、この「今」は是れぞ魏志の創意であらう、其の言ひことは漢の時朝見した者もあつたが今は三十國の多きに上つたと誇れるのであるが、後から出來た後漢書は其の言分を打破して、それは「今」の事ではなく漢の時の事であると反證して、委奴國の朝貢及び倭國王帥升の獻見を擧示した、但し倭の三十國が漢に朝貢したとは何の傳にもない事で信ずべき限でない、猶更曹魏の短い期間にこれがあつたとは思へない、要するにこれは魏志の虚飾が本となつて後漢書へも傳染したのであらう。

大倭王

後漢書に「其の大倭王は耶臺國に居る」とあるを學者乃ち耶馬臺を筑紫の中とし、大倭王を卑彌呼のことゝ爲すも、耶馬臺《やまと》は大和であらねばならぬ、大倭王は神功皇后攝政の威嚴を申したものとしなければならぬ、他に打消す者のない限り斯く解するが當然で諱避する必要はない、魏志の續文に曰はく。

狗邪韓

郡より倭に至るには海岸に循つて水行し、韓國を歷、乍ち南し乍ち東し、其の北岸狗邪《から》韓國に到るに七千里帶方郡の金州半島なるは是で明か、中韓に位置しては、此筆は取れぬ、始て一海を度る千餘里にして對馬國に至る。

其の北岸とは倭國の北岸といふことで漢後書は西北岸に作る今の朝鮮の南部に倭國の存在を語れるもの、前漢書にては朝鮮全部を倭と稱したのであつたが、月支國平壤に都せる辰王主權下の領土を何時か韓と稱することになつてから、倭の原稱は辰王の主權に屬せさる南方の十二國に遣された、蓋し狗邪韓國といふは對馬に渡る要津の處であらう、亦十二國の汎稱ともされる、これを倭の北岸といへるは我が大和を倭の大本國とし、其の勢藩のここに及べるを言へるのである。魏志の續文に曰はく。

對馬

其對馬の大官を卑狗と曰ひ副を卑奴母離と曰ふ、居る所絶島にして方四百餘里ばかり、土地山險くして深林多く道路は禽鹿の徑の如し、千餘戸あり、良田なく海物を食つて自活し、船に乘り南北に市糴《テキ》す。

蓋亦舊史の遺文なるべく、これを郡使往來の新知見とするは恐く買冠りならむ、其のわけは後文に於て自ら悟れる。

壹岐

又對馬より南して一海を渡る、名つけて瀚《ケン》海玄海と曰ふ、一大國壹岐に至る、官を亦卑狗と曰ひ副は卑奴母離、方三百里ばかりにして竹木叢林多く、三千許の家あり、差《やや》田地あるも田を耕して猶食ふに足らず、亦南北に市糴す。

一大國を國史眼に大は支《キ》の誤なるべしと爲す、隋書倭國傳にも「東至㆓一支國㆒」とあれば其の壹岐なるは疑ない。

末盧國

又壹岐より一海を渡る千餘里にして末盧《マツラ》國に至る、四千餘戸あり山海に濱《そ》ふ居れり、草木茂盛行くに前を見ず、人好むで魚鰒を捕へ、水深淺となく皆沈沒して之を取る。東南に陸行する五百里

伊都國

奴國不彌國

伊都國に至る、官を爾支と曰ひ副を泄謨觚柄渠觚と曰ふ、千餘戸あり、世王《よよ》ありて皆女王國に統屬す、郡使往來常所レ駐。東南奴國に至るに百里、官を兕馬觚と曰ひ副を卑奴母離と曰ふ、三萬餘戸あり。東行して不彌國に至るに百里、官を多模と曰ひ副を卑奴母離と曰ふ、千餘家あり。

末盧は松浦に相違なく伊都は怡土である、奴は馭戎概言に「仲哀紀に儺縣《ナノアガタ》、宣化紀に那津《ナノツ》とある所にて筑前」とあり今那珂郡に屬す。不彌は征韓起原に「不彌の不は宇に通ふ神功紀にいはゆる宇彌にて今宇瀰《ウミ》八幡のゐます地」とあり、馭戎概言に「應仁天皇の生れましし所を宇瀰となづけし由あればそれなるべし」とある、さればいづれも筑紫なること明かなるが、其の中に於て魏志が伊都を以て郡使往來常所レ駐となせるを不經意に讀めば、魏の帶方郡使が往來のたび毎に駐在したやうに取れもすれど、よく見るとこれは舊志に委奴を倭國極南界也となせるを飜案したもので、伊都と委奴との同聲同韻より伊都を以て委奴と誤了し、さてこそ其處を郡使往來常所レ駐と爲せるものなれ、從來我國でも委奴國を伊都のことに考へてゐたのであつたが、今日の學界では委奴を「倭の奴《ナ》」と解し那津《ナノツ》の事とするに一致した、いかさま伊都は千餘戸の小邦でもあり奴《ナ》は三萬餘戸の盛國であれば、郡使が果して駐在したのなら、それは奴であらねばならぬ、それを伊都と爲せるは郡使が實際往來したのでなく、只々舊志を飜案せるもの、即亦前文に今使譯所レ通三十國と爲せるに照應をもたしめん爲めの虚飾と知られる。

されば魏の郡使の來往は甚信じ難けれど、對馬壹岐松浦怡土儺宇瀰と順序に官名戸數及び風色を叙し來つたは、いつの世にか此の間を往復した者があるに違ひない、多分それは後漢光武の世の事で委奴國朝賀の際に在つたのであらう、委奴國と漢との關係は「漢委奴國王印」が筑紫で發見されたるに依りて其の事實が立證されてもあれば、當時漢使が樂浪郡より筑紫に來たとは信じられる、乃ち魏志に載つてゐる筑紫紀行は其の時の遺編ではあるまいか、殊に其の紀行が倭國極南界也とされたる奴國に止つてゐるので轉た當時の者かと思へる、この紀行を取つて除けば魏志に筑紫の事は何もない、若も我が學界の想像する如く魏郡の者が更に奥地に進入し、筑後の山門にせよ肥後の山門にせよ或は噌唹にせよ其處まで到つてゐるのなら紀行が奴國に止るわけがない、それが奴國に止つてしまつてゐるのは、前代の遺編を抄錄した證據であつて魏郡の新知見でないことが頗る明白ではないか。但し右紀行文中伊都國のところに「世《よよ》王あり皆女王國に統屬す」とあるは漢末魏初の知見なるを疑はぬ、光武の世に我國を女王國と思惟せしむる何の史實もないからである、されどそれがさうあるからと言つて筑紫紀行を魏郡のものと枉了してはいけない、蓋原文には「大倭王に統屬す」とあつたのを女王國に改作したのであらう、後漢書には國皆稱レ王、世世傳レ統、其大倭王居二邪馬臺國一、としてある、想ふにこれが原傳であつたのであらう、謂はゆるの女王を學者皆卑彌呼と解し

投馬國

居れど、これは神功皇后の御事と見るが至當であらう、何となれば此こまでの紀では卑彌呼を想起すべき何者もないからである。魏志の續文に曰はく。

南のかた投馬國に至るに水行二十日、官を彌々《ミミ》と曰ひ副を彌々那利と曰ふ、五萬餘戸ばかり。南して邪馬臺國に至る、女王の都する所、水行十日陸行一月、官に伊支馬あり次を彌馬升と曰ひ次を彌馬獲支と曰ひ次を奴佳鞮と曰ふ、七萬餘戸ばかり。

投馬は但馬、耶馬臺は大和である、この卑見は現代學界の定説に反く者、先づ第一に攻擊を蒙るべきは「南のかた投馬に至る」とある其の「南」は奴又は不彌よりの指示なるに、但馬をその南とするは方位に叶はす、一顧の價値なしと云ふにあらうが、いかにも筑紫からとしては其の通である、しかし馬韓五十四國中に不彌國といふがある、其の不彌からとしたら如何《どん》なものであらうか、其の位置は今定かでないが、馬韓變形して靺鞨となり一に勿吉と呼ばれて咸鏡道方面に行動せる時、其の行動域内に不彌國のあつたやう記臆すれば、今の咸鏡道内なる何處かの海岸と推想されなくもない、そこから出帆して鍼路を于山島に取つて進めば正に南行である、それより便宜寄港して不彌より二十日間を要する目的地に投馬といふ名の處を求むれば、それは但馬であらねばならぬ、此の時代に既に但馬といふ國名があつたかどうかは稍不明なるも、書紀垂仁の卷の一書に、天日槍自二近江一經二若狹國一、西到二但馬一、則定二住處一也、と見えて居る、この但馬は後の名を古に反用したのかも知れないが、丹波丹後と共に一樣にタニハと稱へて旦波《タニハ》（古事記）丹波《タニハ》（書紀）但波《タニハ》（倭姫世紀）谿羽《タニハ》（和漢三才圖繪）などに書かれ、又その名義は谷端（四方に山山の重なる意）田庭（神の大御食を造る處の意）などに解されてゐて、いづれもタニハと訓むことに爲つてゐる、國號考に丹波の言たる谿間《タニマ》なり山間に國するを以て名を得（漢原文）といへるは、其の說の當否は別としてタニハがタニマに訛るは自然であらう、漢人聞いて投馬《タウマ》に作せるは宜《むべ》ならずとせず。

彌彌

投馬國の官を彌々《ミミ》となせるも亦その但馬なる確證である、それは但馬には前津耳《さきつみみ》氏がゐて兵權を握つてゐた、又の名を太耳《ふとみみ》といひ大豪族である、其の名を詳しく言へば佐伎都比古阿流知命《さきつひこあるちのみこと》（但馬國養父郡の神名）であつて先鋒將軍主人公《さきつひこあるちのみこと》といふことなのである、即大和朝廷軍國配備の一雄象を語るもの、約して先鋒御體《さきつみみ》又は偉大御體《ふとみみ》と敬稱したのであれば、聞いて以て官名と爲したるは當にあるべきことである、猶耳氏の舊蹟には若狹國三方郡に彌々神社がある、投馬の但馬なる轉た明白ではないか。

邪馬臺國

既に投馬を但馬なりと知らば、それより水行十日陸行一月の南方に邪馬臺といふ國名を求むれば、それは大和とであらねばならぬ、そこに到る旅行日數の當不當は此處までくれば最早問題ではない、固より聞取書が史料になつたのであれば誤もあらう、そして其の耶馬臺を女王の都する所となせるは勿論神功皇后を稱したのであつて何の諱避もいらぬことである。

然るに今の學界では耶馬臺を筑紫に固持して動かずに居る、それなら耶馬臺の道しるべなる投馬はと問へは薩摩だといふ、史局の編纂に成れる國史眼に投を設の誤とし設馬は薩摩のことゝある、なぜ投は設の誤かといへば耶馬臺が筑紫だからと云ふ外に何の徴證もない、要するに皆卑彌呼を筑紫に擬定しての事であつて否擬定せん企てからであつて其の擬定を疑ふ者に對しては、投を設の誤とする論斷は何の意義をも寄與する者でない。一體耶馬臺とは筑紫のどこを謂ふのであるか。

征韓起原近藤芳樹はこれを肥後菊地の山門鄕と爲し、國號考星野博士は筑後の山門郡と爲し、日韓古史斷吉田博士は大隅の國と爲す、而して吉田博士は謂へらく。

女王國都を論せる者異說多し、予の聞けるは二あり、靖方溯源に引ける征韓起原に云ふ耶馬臺は肥後國菊地郡山門鄕ならんと、ただ地名のふと相同じきに因みて謂はれたるものの如し固とはなはだ徵據なし、史學雜誌なる國號考には筑後國山門郡なりと謂はれたり、其の理由は神功皇后の征西に際し山門《ヤマト》縣見ゆ、此に田油津《タブラツ》姬なる女酋あり、これすなはち耶馬臺卑彌呼ならんと、今按するに山門は東上妻・下妻二郡に連る、而て此の二郡は本と陽咩《ヤメ》郡にて山の峽《カヒ》なる地勢を占め、矢部川其の間を貫きて西流し其の海に注く處を山門縣とす、是れ恐くは陽咩《ヤメ》津の謂にして山門《ヤマト》の字義にては其の地經にかなはす、二說共に地理行程に考證上の飽かざるのみならず、桓靈より魏晋にわたれる大偕僞國を見て、拔き易く起り易き小土酋と同一視せるは、大に見解の誤れるを覺ゆれは今從ひ難しとす古史斷

そして博士は、大隅の國なる西噌唹郡桑原郡菱苅郡を籠めて櫻島を前にし、高千穗峰と韓國嶽と

に依據せる處を、卑彌呼の所在と爲した。されど國史眼の編著に與れる久米博士に聽けば、星野博士の筑後山國門郡といはれたるは以て斷案と爲すべしとのことである、其の說に曰はく。

山門郡は筑後河の河尻にて、河水と海潮との積淤は非常に大にして、西岸の肥前佐嘉郡まで新地を露はすこと每百年三百步に下らす、二千年前には柳河城佐嘉城みな海底なるべし、柳河の東の瀨高を過ぎて地勢始めて隆起して淸水山《キヨミナ》となり、路は是より分岐して右は肥後南關（松風關）に赴き、左は上妻郡に行く、此處を古の山門鄕とす、淸水山の北に山門村あり自然に山門に似たる形勢の地なり、筑紫君の耶馬臺は此地方に在るべし（日本古代史）

かくの如く甲是乙非いまだ定まる所なきも、其のいづれも考據は一に魏志倭人傳に在るのであれば、魏志に立戾って再び稽へんに、同志は投馬を耶馬臺の以北とし耶馬臺を投馬の以南として居る、今投馬を薩摩とし耶馬臺を筑後とせば南北顚倒で全然魏文に合はない。即魏文には、

東南（伊都より）至二奴國一百里。東行（奴國より）至二不彌一百里。南（不彌より）至二投馬一水行二十日。南（投馬より）至二邪馬臺一水行十日陸行一月。

とあって一地に到れば其地より又さきの一地に至る里程を揭げ來つてそれを章法としてゐる。それを古代史は奴國まではさう讀むで、奴國に至るや急に讀方を改め而して附說して曰ふ。

薩摩の南に國はなし、故に魏史の文を地理に引合せて上下の兩條を各別となし、娜津《ナノツ》（奴國）より南

へ舟程を取りて薩摩はへ二十日邪馬臺へは十日と陸行一日月を日に改むにて達すと解釋す云々。

漢文組立ての常法に於て斯く讀まんは難し、況んや狗邪韓より地々相逐ふて其の先き先きに至る里程を叙し來れるを、奴國より之を改め讀まんこと章法句法の容さざる所なるをや。蓋し普通の讀法を以てすれば邪馬臺が薩摩の南に在ることになるので特に曲折を加へて解かれたのであらうが、そこに即不自然があるのではなからうか、換言すれば魏志の謂はゆる投馬と邪馬臺を我が九州に當て考ふることの無理なるに因るのではないか。之を熊襲の地大隅とするも亦さうであつて不彌から投馬薩摩としてへの水行二十日は先づ聞えるとしても、投馬から南へ水行十日陸行一月は何處へ行くのであるか、襲國へ行くのなら薩摩岬角を廻り内海に入り、鹹路を北へ取るべきであらうから南行といふに合はない、そして大隅に着せば一日にして襲國に到り得るであらうから陸行一月といふも亦合はぬ、尤もこの一月は本居宣長はじめ一日の誤と爲せど、蓋亦邪馬臺を九州に置かんとする企ての不自然からではないか。肥後の菊地とする者も魏志の言ふ所に全然合はない。之を要するに魏志の示す方位里程の投馬邪馬臺は我が九州に於ける實際地理の容れざる所である、實際地理の容れさる所の者は其處でない證據であらうに、猶且此の如く投を設に改めたり月を日に改めたり、魏文の讀方に特に曲折を附けたりしてまで何故卑彌呼を筑紫に据ゑなければ已まないのか、これは倭人傳に彼女が現れてゐるので、その爲め彼女の國を捜さねばならぬと云ふ一事に外なるまい、既に我が九州が之を容れずとすれば宜しく他の倭人國に之を捜すべきである、假令卑彌呼を馬韓月支國に在つたとするまでに進まずとも、夙に漢魏書志の上に倭人國の韓土に存するを證しあるに考へ、せめてもの事に其の内にはないかと一應の稽査を之に差向くべきであつたらう。

しかし魏志にも亦罪がある、彼は筑紫紀行（對馬より不彌まで）と大和道筋書（投馬及邪馬臺）とを綴合して一貫の記傳に作つた爲め、後世の學人をば大なる惑に推し墮した、彼は我が筑紫の不彌（宇瀰）と馬韓の不彌とを同一に扱ひ、馬韓の不彌を基點とせる大和道筋書を將つて直に筑紫の不彌に接合して、馬韓不彌より南行二十日の投馬（但馬）を筑紫不彌の直後に現はした。其の續文に曰はく。

女王國以北、其の戶數道里得て略載すべし、其餘の旁國は遠絶にして得て詳にすべからず。

女王は前文の「邪馬臺國女王之所都」を直ぐ承けての事なれば神功皇后なること勿論である、女王國以北とは是迄敍し來れる諸國を云ふ、いかにも其の言ふ通り此等諸國に就ては戶數道里を略載してゐる、重ねて言ふが投馬を薩摩としては邪馬臺を筑紫の何處としても其の南になつて北にはならない即亦魏志の此の文に垂戾す、兎も角この文は筑紫紀行と大和道筋書との二者の收束であつて而してまた別史料に出でたる國名聞取書（以下續文）を巧に繫屬した者である。

次に斯馬國あり。次に巳百支國あり。次に伊邪國あり。次に都支國あり。次に郡奴國あり。次に好古都國あり。次に不呼國あり。次に姐奴國あり。次に對蘇國あり。次に蘇奴國あり。次に呼邑國あり。次に鬼國あり。次に爲吾國あり。次に鬼奴國あり。次に邪馬國あり。次に躬臣國あり。次に巴利國あり。次に支惟國あり。次に烏奴國あり。次に奴國あり。此れ女王境界の盡くる所、其の南に狗奴國あり。男子を以て王と爲す、其の官に狗古智卑狗あり、女王に屬せず。

右二十一國は謂はゆる遠絕にして得て詳にすべからざる諸國なるが、大和を語つて其のつゞきに記せるをば、文章おのづからなる經緯とせば、次の如き訓を附するを庶幾しとする。

斯馬はシマ(志摩)。巳百支はイハシ(岩代)。伊邪はイセ(伊勢)。彌奴はミヌ(美濃)。好古都はコシチ(越路)。對蘇はトサ(土佐)。蘇奴はサヌ(讚岐)。鬼はキ(紀)。爲吾はイガ(伊賀)。

されど槪して合はせやうのない國名である、さればと言つて故なく之を大和より切離して遠く筑紫に運び去つて考へるのも文理の自然に適はぬ、若も他へ運び去らんとならば其の理由を直接右二十一國の上に立つるを要する。立つ、立つ。それは右二十一國の最後に著はされた奴國の上に立つ。この奴國は前に擧げた筑紫紀行中の奴國と字面相同じけれども、該紀行の奴國は道里も戸數も官名も判つてゐて謂はゆる戸數道里可二得略載一者の中の取分けての雄國である、此に云ふ奴國は遠絕にして得て詳にすべからざる者の中なれば、さきにいふ奴國とは別の奴國であらねばならぬ、そして此の奴國を以て女王境界の盡くる所その南に狗奴國ありとしてある、これが筑紫の奴國ならば西北

古來我が國の地名と爲せる者是れ韓の國名

には伊都國あり東方には不彌國あり、南方には投馬野馬臺あるを魏志みづから言ふてゐるではないか、其の口からどうして女王境界の盡く所と言へる。斯くも其の口から南に投馬や野馬臺あるを言ふて置いて、忽又之を變へて其南有二狗奴國一と言へることの不審《いぶかし》さよ、何かわけのあることであらう。兎にも角にも投馬及び野馬臺の北と爲せる奴國と、狗奴國を南にせる奴國とは、存在の位置を異にする別個の兩奴國なるは明か學界の先達嘗て思を此に致さざるは何ぞや一面より言へば魏志それ自身の大なる矛盾である、蓋この矛盾は筑紫紀行にも非ず大和道筋書にも非ざる他の別個の國名聞取書を史料中に發見して、之を此に綴合はせるたるに因るべし。其の國名聞取書は本來どこの物か。予の此の研究は韓土に移らねばならぬ。

狗奴は後漢書に拘奴に作る、蓋拘邪韓國の拘邪と同音なるべし、拘邪は拘那とも書いてカラと讀めど字面はカナ又はカダである、昔し韓人は梁を道と音した三國遺事是れ陀行音《タチヅデド》と羅行音《ラリルレロ》との相通が韓人にも存し、我が筑紫に亘つて同じくさうであつたと知れる今も九州人に猶それが多い乃ち狗奴はカラと讀むで然るべき字音のものである、之を三韓傳に徵するに我等がカラと稱する南韓の地を倭と言つてゐた、魏志にも弁辰與二辰韓一雜居。其瀆盧國與レ倭接レ界。十二國亦有レ王云云。此の瀆盧は入聲をもたなかつた古の日韓人にはトロと發音されたであらう、トロの反トなればドに約訛さるべき音理がある、乃ち奴國の奴はそれでないか、奴國を以てそれとせば眞に境界の盡る所であつて其南有二狗奴《カラ》國一といふを適切に理解し得、當時馬韓王辰王は三韓之地の主權者なりしが、南韓の十二國にも亦王があつて主權を異にしてゐた、今奴國瀆盧を以て女王境界所レ盡と爲せるに依りて推せば、當時の辰王は女性であつたとされる、偶時代を同うして大和に神功皇后がおはしたので、馬韓の女王と皇后とが一に見做され、剰さへ彼の女王は巳が族稱の倭に立籠つて自ら己を倭王と稱し、魏志亦之に從つて彼女を一倭人傳中に收めた爲め、遂に史學壇上に紛糾を生じ波瀾を惹起し而して今に至つて尚治らないのである。併し議論は後の事で夫の二十一國中只獨り奴國のみを韓と考證しても傍證之に副はねば夢中夢を占ふ者にも似つらんか、因つて重複を厭はず二十一國を詮議する。

斯馬國（弁辰走漕馬《ソシマ》國）　巳百支國（馬韓臣雲新《シウシ》國）　伊邪國（辰韓己柢《イサ》國）　郡支國（馬韓狗素《クシ》國）　彌奴國（弁辰彌塗《ミト》國）

因に云ふ、彌塗は古資彌塗《コシミト》と難彌離彌塗《ナミリミト》あり、蓋し共に倭人の住める處、古資《コシ》は越《コシ》、彌塗《ミト》は水門《ミト》なるべし。

好古都國（弁辰古資是《コシツ》國）　不呼國（馬韓不雲《フウ》國）　姐奴國（馬韓怒藍《ナラ》國）　對蘇國（馬韓石索《チソ》國）　蘇奴國（馬韓臣蘇塗《シソト》國）　呼邑國（馬韓古爰《コエ》國）　華奴蘇奴國（馬韓古誕蘇塗《コタソト》國）

因に云ふ、魏志韓傳に諸國各有ニ別邑一、名レ之爲ニ蘇塗一、とあり蘇奴《ソト》・臣蘇塗《シソト》・華奴蘇奴《コタソト》等蓋是ならむ、其の華奴蘇奴國といふは、古誕者《コタハ》國と蘇塗との合稱ならむか、古誕者一に古誕に作る、

鬼國（辰韓勤耆《キキ》國）　爲吾國（馬韓素謂乾《ソイコ》國）
鬼奴國（馬韓古臘《クラ》國）　邪馬國（弁辰彌烏邪馬《ミヲヤマ》國）　躬臣《クシ》國（馬韓臼斯《クシ》國）　巴利國（弁辰半《ハ》路《ル》國）　支惟國（馬韓支侵《キイ》國シンの古音インに叶ふ）　烏奴國（馬韓萬盧《ウラ》國）　奴國（馬韓濆盧《トロ》國）

因に云ふ、鬼奴國姐奴國烏奴國奴國等の奴は羅行音を陀行音に叶へたるものなるべく、乃ち鬼奴は古臘《クラ》、姐奴は怒藍《ナラ》我が奈良と同語か烏奴は萬盧《ウラ》我が浦と同語か奴は濆盧《トロ》の約と想へるのである、濆盧を耽羅と讀むで濟州島のこととする說は取らぬ。又云ふ狗奴國の官名狗古智卑狗を考ふるに、卑狗は彥なるべく智は馬韓の臣幘號臣智《シチ》のチの如き敬稱であらう、新羅の英傑金春秋を春秋智と謂へる亦思ふべし、狗古は金官國駕洛の稱の金官《コンコワン》と相關連する語ではあるまいか、乃ち狗古《ココ》と金官《ココ》とは同音相通の轉訛かと思へる、即狗古智卑狗は金官《ココ》公《チ》彥《ヒコ》の義で日韓兩語相通の際に於ける韓語なのであらう。

右二十一國は皆韓であつて日本ではない、卑彌呼は自ら倭王と稱した緣に繫がつて倭人傳に收めらるる時、此等の國名も共に收められて、大和道筋書の次に挿入されたものと思へる、而して此等の國名書も魏以前の何かの記錄であつて魏志の著者が新に下した譯字ではあるまい、卑彌呼は學者の力に强ひられて今は筑紫に居るのであるが、いつか復故國の平壤におさまる時が來やう、其の之を筑紫とするは魏と交際する便宜が筑紫であらねばならぬと考へられた所からであれば、馬韓ならば猶より以上に便宜なるを以て最早疑はない筈なれど、兎にも角にも現に學界の定論と爲つてゐるのであれば容易には動かぬであらうが、然らは何を證據にと問へば要するに古地名問題に過ぎない、因つて我が史學界が右二十一國をどういふ風に筑紫に當ててゐるかを見やう。

魏志倭人傳	日韓古史斷		余の卑見	
斯馬國	櫻島	北大隅郡	弁辰	走《ソ》漕《シ》馬《マ》國
己百支國	伊《イ》爾《ニ》敷《シキ》	鹿島郡伊敷村	馬韓	臣《シ》雲《ウ》新《シ》國
伊邪國	伊《イ》作《サ》	南北伊作二郡	辰韓	己《イ》柢《サ》國
郡支國	串《クシ》伎《キ》	蛤羅郡加治木鄉	馬韓	狗《ク》素《シ》國
彌奴國	湊	日置郡市來鄉	弁辰	彌《ミ》塗《ト》國
好古都國	笠《カサ》沙《サ》	川邊郡加世田鄉	弁辰	古《コ》淳《シ》是《ズ》國
不呼國	日《ヘ》置《キ》	日置郡日置鄉	馬韓	不《フ》雲《ン》國
姐奴國	谿《タニ》	谿山郡	馬韓	怒《ナ》藍《ラ》國
對蘇國	多《タ》夫《フ》施《セ》	阿多郡田布施鄉	馬韓	石《チ》索《ソ》國
蘇奴國	噌《ソ》唹《オ》	西噌唹郡	馬韓	臣《シ》蘇《ソ》塗《ト》國
呼邑國	鹿《カ》屋《ヤ》	肝屬郡鹿屋鄉	馬韓	古《コ》爰《エ》國

華奴蘇奴國　噲唹の別邑　東噲唹郡にや　馬韓　古《コ》誕《タ》蘇《ソ》塗《ト》國

鬼　國　城《キ》　高城郡　辰韓　勤《キ》耆《イ》國

爲吾國　可《カ》愛《エ》　薩摩郡高江郷　馬韓　素《ソ》謂《イ》乾《コ》國

鬼奴國　阿《ア》久《ク》根《ネ》　出水郡阿久根郷　馬韓　古《ク》臘《ラ》國

古史斷に云ふ、以上十五國皆熊襲の旁邑、今薩隅二國に在り。

耶馬國　八《ヤ》女《メ》　山門及上妻下妻郡　弁辰　彌《ミ》烏《チ》邪《ヤ》馬《マ》國

躬臣國　審にし難し蓋三潴郡御井の地にあたる　馬韓　臼《ク》斯《シ》國

巴利國　原《ハラ》　御原郡　弁辰　半《ハ》路《ル》國

支惟國　基《キ》肄《イ》　今の郡　馬韓　支《キ》侵《イ》國

烏奴國　大《オホ》野《ヌ》　御笠郡大野山　馬韓　萬《ウ》盧《ロ》國

奴　國　儺《ナ》　古の海童國　馬韓　瀆《ト》盧《ロ》國

古史斷に云ふ、以上六國皆二筑の地に外ならず、云云。

右考證を古史斷にて公にせし吉田東伍博士は、歴史地理の泰斗と當時學界に仰がれたる其の道の權威であり、地名辭典の著もあるほどなれば十分なる材料を以て考證縱横ひとへに遺憾なきを期せられたであらう、但し博士のは大隅耶馬臺説を持せられての二十一國考證なれば、筑後邪馬臺説を主張する諸家に在つては、乃亦擬定を異にする所あるであらうが、兎にも角にも斯かる大家の豐富なる資料に據つての考證なれど猶音韻の契合いかにやと疑はるゝ者少からずある、況んや寡聞予の如きが僅に魏志の附錄に過ぎざる短篇の一文に據つて其の外には資料絶無古地名の相似を探ぐるをや、原來成し得ることとでないのに、試に之を爲して見れば思ひきや忽ち音韻近似の二十一國を韓鄉の內に得たのは、卑彌呼の生涯が其處に在つたからのことで、若も彼女が眞に日本に在つたのなら、如何にして三韓傳中より一國でもさがし出し得べき。それが揃も揃つて二十一國盡く擧げ得たのは、杜撰は勿論であるが、確かなる自然の存在が其處にあるからだと信ぜずには居られない。若も猶考據資料があるならば、更に妥當なる音韻地名を尋ね得るであらうに今となつては仕やうがない、蓋卑彌呼を神功皇后に擬するの不自然なると共に、之を筑紫に擬定するの亦不自然なるが爲め、碩學大家の考證も毎に隔靴搔痒の感なき能はざる所以と思はれる、たとへば二十一國列記最終の奴國を筑紫紀行中の奴國と同じに見るも亦さうであつて、紀行の奴國は戶數道里可レ得ニ略載一の部であり、二十一國中の奴國はそれが不レ可レ得レ詳ものである。それを分けて考證し得ないのは其處に不自然が存在するからであらう、是に於て自然は即馬韓に存すと知る。續文に曰はく。

郡より女王國に至る萬二千餘里、男子は大小となく皆黥面文身なり、古より以來、其使中國に詣るもの皆自ら大夫と稱す。

奴國より邪馬臺へ一千四百里

魏志は帯方郡より狗邪韓國に到るを七千里とし、狗邪韓より對馬、對馬より壹岐、壹岐より松浦に至るをいづれも千餘里とし、松浦怡土を五百里、怡土那津を百里と計算した、計一萬六百里なれば一萬二千里より之を引いた殘の一千四百里即邦里約百四十里を那津より女王國に至る道程とする、筑後國山門郡をそれとしたら福岡久留米間を百四十邦里と爲すもので餘りに違算に過ぎる、故に魏志の里程表示では如何に考へても其處を女王國とはされない、或はそれを熊襲の地としても亦合はぬ、然らば女王國を該里程に合ふ他の處に求むるが自然の事であらねばならぬ、乃それは大和である。若夫れ魏志を讀む者奴國より投馬に到るを南行とせず東行とせば、必しも予の顰に倣ふて馬韓の不彌などを引合に出すには及ばない、其の奴國より投馬但馬を經て邪馬臺に到るを一千四百里と爲せるは大體上相應した計算である、傍證を他の史書に求むれば新羅本紀に「脱解は本と多婆那國の所生なり其國は倭國の東北一千里に在り」とあるを、久米博士解して曰ふ倭國は奴國にて其東北一千里原註に云今の百里は但馬に當り方位里程皆略合ふ云云日本古代史 今魏志は奴國より邪馬臺に至るを一千四百里と爲す者、博士に從つて但馬までを一千里とせば但馬より大和へは四百里今の四十里 是亦相適ふ。然らば投馬を南に在りとする魏志の指示は方位の錯誤ではないか、之を誤記と我が學界が容認せば一切の解決であつて魏志を考據に擬定した筑紫女王國は忽焉として消滅である。若猶魏志の示せる方位を動かさずとならば不彌てう同一地名が筑紫と馬韓との雙方に存在すと知つて、投馬への方位指示を馬韓不彌より爲せるものと覺るを要す。既に女王國を筑紫に擬定するためには、投を設の誤とし月を日の誤とするに躊躇しないで、爲さざる無しではないか、若單に南至㆓投馬㆒とあるを東至㆓投馬㆒とさへ見れば他は誤とするに及ばぬことである。因つて想ふに魏志に東行至㆓不彌㆒百里、南至㆓投馬㆒水行二十日とあるは、不彌の上の東字と投馬の上の南字とが置きちがひに爲つてゐるのではないか、奴より不彌へは南行であつて東行ではない、多分字の入れちがひで後世の誤寫であらう。

使者の稱大夫

使者が自ら大夫と稱したといふ事は、解釋に頗る研究を要する、後漢書に建武中元二年後漢光武の四字年號倭奴國奉貢朝賀、使人自稱㆓大夫㆒とあるは恰も我が垂仁天皇八十六年皇紀七一七年頃の事なれば、この時代に大夫といふ漢字組立ての自稱が我にあつたかどうか、恐くは我が本來の自稱語に漢字を塡めたものであらう。久米博士は「是は前代に大夫に叙せられたるに、代換りになりたる後に前代の資格にて至りたるを云ふ中略されば奴國は前漢の末にも既に朝賀して使者に大夫を授けられ、此は數度遣使の後の事と見るべし」と言はれたれど數度遣使の事文獻に何の徵證もない、想ふに大夫は多模の漢譯であらう、多模は東行至㆓不彌國㆒百里、官曰㆓多模㆒とあつて官名である、多模《タホ》と大夫《ターフ》その聞え相同じきに由りて珍らしがられ、其の官名なるに因みて大夫と譯されたのであらう。魏志が對馬以南の諸國に就て擧げたる官職名のうち、卑狗は彥《ヒコ》、卑奴母離は夷守《ヒナモリ》と讀めるが、其の母離は韓語曾尸茂梨《ソシモリ》のモリのやうな頭《かしら》の義かも知れぬ、泄謨觚・柄渠觚は何と訓むべき、爾支は韓語尼師今《ニシキム》のニシに同じ詞で主《にし》の義にてもあるか、兕馬觚はまだ稽へぬ、凡これ等の官名は當時日韓に亘れる共通の語なるべく、今の邦語を以て解し難きもの多きは古言既に失はれて今の吾人はそれを有たぬに由らう、卑彌呼の大夫難升米もその大夫は多模の音譯と思ふ、それを委奴の大夫と同じといふを理由に難升米を筑紫の者と速了してはならぬ、何となれば升米《セヘイ》は馬韓の官號殺奚《セヘイ》なるに由る、多模の如きは當時共通のものであつたらう。

夏后少康之子封ニ於會稽一云云男子皆露紒、木綿を以て頭を招《ま》く云云兵に矛楯木弓を用ゆ云云

此等は皆前漢地理志に見えてゐる廣東海瓊州島今の海南島の風俗にて本と我が倭事でないのを無雑作に移寫したものである、この事に就ては次章に辨ずべきも、魏志の倭人傳といふ者は我が倭事・隣の韓事及び廣東海の事など、何も彼も皆接合して一傳と爲したものなることが判る、其の證據には往往矛盾をさへ露はしてゐる、例せば

屋室あり父母兄弟臥息・處を異にす。また會同坐起父子男女別なし。

大人を見て敬する所、但手を搏つて以て跪拜に當つ。また下戸と大人と道路に相逢ふ時は逡巡して草に入る、辭を傳へ事を説くに或は蹲《うづくま》り或は跪き、兩手地に據つて之が恭敬を爲す。

何ぞ其の矛盾の甚しきや、父母兄弟はそれぞれ臥息の處を異にすと言つて置いて忽また會同坐起に父子男女の別がないと言ふ、孰が眞か。手を搏つて跪拜に當つとは國に跪拜の禮なきを言へる者、

忽又言を換へて蹲跪恭敬の狀を語る、孰か正しきか。魏志倭人傳の性格以て證すべし、從つて行文簡淨を缺き木に竹を接いで又瓦を接げる風趣歷々見られる、内に我が舊紀に懷疑にして外に盲從なる學者は殊に自省を要す。

女王國以北の大帥

國々に市あつて有無を交易す、大倭をして之を監せしむ、女王國より以北特に一大率を置いて檢察し、諸國之を畏憚す、常に伊都國に治す。

女王國の筑紫に存在せざる所以は已に歷說し盡したるも、只一つ「若しや」と後を顧らるるは此の一節の文である。されど旣に筑紫に認めざる以上此に謂ふ女王國は何としても大和であらねばならぬ。然らば大和の北方に一大率がゐて檢察を爲し、諸國之を畏憚し常に伊都に治すとは何か、疑は一に繫つて伊都のいづこなるかに在る。筑紫の伊都は當時千餘戸人口約一萬の小邦なれば諸國の畏憚する大豪族の所在とは思へぬ、奴は三萬餘戸人口約三十萬の盛國なれど大和を女王國とせば其の以北といふに方位が合はぬ、投馬は五萬餘戸人口約五十萬の大邦にして奴國に陪する雄國であり且大和の北といふに適へば、こゝに稱する伊都は汎稱タニハ三丹の總即ち投馬の首都なるに違ひない、既に奴國に其の例のある如く同一譯字を以て著はされたるを直に同一地とはされない、蓋この伊都は丹の出石の譯と思へる、即出《イツ》と伊都《イツ》との同音に由る者、偶その譯字が筑紫の伊都と同じ所から、乃これを筑紫の事とし怪まぬのであるが、筑紫の伊都は今いふ通の小邦なれば此に云ふ情況に適はない、出石は出石神社の所在にして當昔《そのかみ》出雲大社に亞ける山陰の大社と崇められたる地でもあり、大皇族のゐませし歴史にも富める大和朝廷北邊の雄鎮なれば、魏志の言ふ所は蓋その威風の遠く聞えゐたるを著はせるものであらう。

　於二國中一有レ如二刺史一。王遣レ使詣二京師一。帶方郡諸韓國。及郡使倭國。皆臨レ津搜露。傳二送文書賜遺之物一。詣二女王一不レ得二差錯一。

右句讀は從來の讀方に依つて附けたのであるが、是では何の事理とも判らぬ、强ひて之に從へば「女王が使を遣して京師に詣らしむるときには帶方郡も諸韓國も及び郡使も倭國も皆津に臨むで搜露し案檢し取調を爲すこと文書賜遺の物を傳送して女王に詣らしむるに差錯あるを得ず」といふことになつて冐頭の「國中に刺史の如きものあり」が此の上に少しも働かない。一體この文は女王の使者が京師に詣る時の事を言ふてゐるのか、或は魏主より女王に賜遺の物を送る時の事を言ふてゐるのか、自體混淆で文理が調つてゐない、且つ津に臨むで行ふ搜露を、帶方郡が爲し諸韓國が爲し郡使が爲し倭國が爲すとは、事理紛亂で何の狀とも判らぬ、恐らく魏文の原意は國中に刺史の如きものがあつて斯く斯くの時には臨津搜露して差錯なからしむと云ふに在らう、所がさうは讀めないのは文に脫字ある爲めと思へる、今原意に隨つて最も簡單に之を補はんとするには帶方郡の下と郡使の下とへ各「至」字を入れて讀むが善い、即ち國中に刺史の如きものあり、王・使を遣して京師に詣るとき、帶方郡より諸韓國に至るとき及び郡使の倭國に至るとき、皆諸國刺史の津に臨むで捜露し、文書賜遺の物を傳送し、女王に詣るに差錯あるを得ざらしむ。

是れなれば其義僅によく通ずれど、併し是はさきに露はれたる韓の國名書と一般本と韓事にして我が倭事ではない、只中に一倭字の點じあるため我が事のやう見えもするが、其の倭國は女王の都する邦畿月支國の稱である、釋すれば韓は地境的の稱、倭は族稱的の名、卑彌呼はその名を昭かにして己を倭王と稱したのである。魏志が之を我が但馬出石の大帥に結付けて著はしたのは史料偶然の接合か若くは心あつての所爲か。抑も魏晋の史は當時に有りもせぬ肅愼氏を描出して其の朝貢を記し、以て上は古の盛王に比し下は百代の誇となした程なれば、後漢光武の世にありし委奴國の朝貢や安帝の時の倭國王帥升の獻見は、如何に羨しと見たか知れない、卑彌呼の實生涯は馬韓であるが、前代に劣らざる誇を其の朝貢の上に飾るには、彼女の生涯が海東三萬里の遠さにあつて欲しいと希ふは情である、幸に彼女が己を倭王と稱するに加へて時恰も神功皇后の盛名が亦大倭女王を以て傳はり聞えてゐたので、乃ち卑彌呼を皇后に寄せて遠く一萬二千里の外に置いたとも見られる、それを皇后より引分けて筑紫に放つたのは我が古今學界の至れる努力の結晶で多謝すべきであるが、願くは更に一歩を進めて彼女を其の本地に返してやつて戴きたい、支那史籍の常彩たる虚飾譎詐狡

神功紀光華の復古

猶が魏志の裏面にも包藏されてゐることは想像に難くなく、其の雜駁なる史料接合の間に往々それが窺知される。續文に曰はく、

其國本亦男子を以て王と爲せるも七八十年に住《とゞま》り。倭國亂れて相攻代す。年を歴て乃共に一女子を立て王と爲す。名を卑彌呼と曰ふ。鬼道を事とし能く衆を惑す。年已に長大にして夫婿なし。男弟あり佐けて國を治む。云々、……景初二年六月倭女王大夫難升米等をして郡に詣らしめ、天子に詣つて朝見せんことを求む。云々、

是より以下の文は本章の首に載せたる通なれば復擧げぬ。一言以て之を掩ふ、曰はく卑彌呼其の本に反つて神功紀の光華こゝに其の古に復すと。

第九。神功紀光華の復古は。皇后御存在の年代を搖《ゆる》ぎなからしむると同時に當時筑紫が既に我が國家組織に入つてゐたことを立證するものである。初め新井白石等が卑彌呼を以て神功皇后と爲せるは、卑彌呼の威嚴雄大の方面を觀て隱れたる歴史の半面を彰かにせんとの志からであつた。本居宣長等の卑彌呼を筑紫に黜けたのは、其の親魏倭王の印綬を受けたるを醜辱とし之を皇后に擬するは國體の精華を汚損するひがことなりと憤れる誠意からであつた。何んぞ料らん其の結果が筑紫諸國を我が皇範の外に獨立せしめんとは。固より筑紫は初よりの筑紫で變りはないのであるが、天下學者の腦裏にしかく幻を畫かしめた結果は、皇后御存在の年代に動搖を來し、筑紫を我が國家組織

の外に在らしめ、遂に皇后征羅の懿績をすら事實無根に擠《おしおと》さゞれば已まざるの勢に至らしめた。爾來神功紀の光華は蝦蟇の精に蝕はれた月の蝕の如くある、例せば卑彌呼を筑紫に擬定した爲め、漢魏史上の左の記載は悉く神功皇后を去つて卑彌呼に歸屬した。

大倭王。居二邪馬臺《ヤマト》國一。後漢書

耶馬臺國。女王之所レ都。魏志

伊都國。世《ヨヨ》有レ王。統二屬女王國一。魏志

女王國以北。特置二一大率一檢察。諸國畏二憚之一。魏志

右の如く國も都も統屬も檢察も悉く卑彌呼に歸して、皇后の存在は漢魏史上より全然喪失してしまつた、されど都なるヤマトは大和より外にない。それには東伍博士が名論を吐かれて居る、曰はく女王の特に耶馬臺と稱せるは、大倭王てふ眞主のましますを魏人の夙に知れるなれば、もと僞りて設けたる言辭にして、決して眞にかゝる地名を女王國内に在りと思ふへからず云々。

今や學者の幻覺なる筑紫女王國は、其影や消散に近いた、同時に馬韓にこれが現成を見らるゝことゝ爲つた、本是れ筑紫に在つたのでなく馬韓に在つたからである、即ち本章の初より項項相逐ふて論證せる所に依り最早卑彌呼の何物も筑紫には存在しない。これが明になつたと共に右に云ふ國も都も統屬も檢察も皆皇后の御事蹟に復歸した、因つて今その年代を考ふるに、

卑彌呼の生涯は神功の御代に終始す

一、卑彌呼が魏の印綬を受けた景初二年は、神功皇后の三十八年。

一、卑彌呼死して宗女壹與の立てる正始八年は、皇后の四十五年。

一、卑彌呼の壽を六十と假定すれば、皇后の征韓は其の十六の時。

後漢書は魏志の後に成つたものであるが、其の史載は後漢の終末に筆を止め魏の代には觸れてゐない、故に同書に卑彌呼長大にして嫁せすとあるは後漢最末時の狀と見られる、其の最末時は、魏の曹丕・獻帝を廢し立つて帝と稱し漢亡ふ、是れ皇后の二十年なれば卑彌呼三十五の時と假定される即長大といへるわけである 斯くの如く卑彌呼の生涯が皇后攝政の世に在るのであれば世の學者等が皇后の時代を引下げ、卑彌呼を景行天皇の時と爲す如きは一顧の要なし漢魏史書の著者が其の史料整頓の際、威名を遠く聞いて知つた皇后と幷に倭王てう稱呼を文書封王の詔書及び謝恩上表書等に遺した卑彌呼とを同一に想定したは無理もないことで即亦筑紫の儺《ナ》と弁辰の瀆盧《トロ》とを共に近邇音に因り奴《ド》國として、地志の繼ぎ合はせを爲したと同じわけである。要するに神功の盛名裏へ卑彌呼の生涯を寄せ、そして文に綴つたのが倭人傳てうものなのであるから、其の傳中より彼女を取去ればあとは悉く神功攝政時代の大和風色廣東海の倭族風俗も混入しあれど今言はずである。其の風色に顯はれて居る所の皇后は、即ち耶馬臺國は女王の都する所といへる女王にましまし。伊都國世々王あり女王國に統屬すといへる、女王も皇后にまします。是れ明かに漢魏の史書が皇后攝政の威嚴を認めて皇后御存在の時代を漢末魏晋の際に立證したものである。世間には往々皇后の存在を百年乃至二百年

韓の渠帥皆倭を稱す

の後に引下げ以て現存韓史に合はせやうとする者あれど、是れ皆韓史の僞多きを覺らす、却つて眞を枉げて僞に從はんとする嗚呼の仕業と謂ふべく、皇后は漢魏史書の立證に因つて復た動かす可からざる確乎不拔の上に其の年代を有せられ。又其の立證に因つて皇后は國家組織の內なる筑紫統率の上に、其の懿蹟を留め給ふたのである。同時に又其の立證に因つて識り得たは。

第十。日韓族稱の同一なりしことである、既に卑彌呼は馬韓に在つて自ら己を稱して倭王と言ひ而して其の臣智《シチ》馬韓渠帥の稱等が魏に使するに、常に倭號を渠帥稱の上に冠して、倭聲者《ノシチ》或は倭載斯《ノシチ》皆臣智の同音異譯と謂へるに見て、三韓八十國の臣智等が皆倭を稱し居たることとの、其れがいと審かに判つた。然らば則我は國を大和といひ、彼は國を辰といふも、彼我相通じての民族稱は倭であつたと知られる。而してこの族稱を我獨これを保有し彼遂に之を失ふに至つたはどういふわけからであるか、是れ興味ある考證事項なるが異日復た相見へんと期待してやむ。

第五章　瓊州の倭

爰に瓊倭といふは、今の廣東省瓊州即前漢の儋耳珠崖の古民を假に稱したのである。此の古民と我が古代の風俗比較は、倭王卑彌呼を叙したる倭人傳その者の性格を檢證する唯一の辨法である。

日本を江蘇浙江の東とす

初め倭人傳を讀み、

夏后少康（夏禹六世の孫）之子。封二於會稽一（西漢の會稽郡は今江蘇省蘇州府、東漢のは今浙江省紹興府）斷髮文身。以避二蛟龍之害一。今倭水人。好《ヨク》沈沒捕二魚蛤一。文レ身亦以厭二大魚水禽一。後稍以爲レ飾。計二其道里一。當レ在二會稽東冶之東一（魏志）。倭其地大較在二會稽東冶之東一（後漢書）

を見て、我國を江蘇浙江の東とするを怪むだ、而して夏后少康を我倭に何の緣ありとして倭人傳に載せたかを訝つた、前漢地理志には之を越の事とし記して居る。

越委の所屬

越地牽牛婺女之分野也。其君禹後。帝少康庶子云。封二於會稽一。文身斷髮。以避二蛟龍之害一。後二十世。至二句踐一稱レ王（前漢書）

卽倭人傳中の少康云々は、此の漢書越地の記を其の文のまゝ我が倭に移したものと知れ、次の比較に於て更に能く之を闡明し得る。

越委の位置及風俗

前漢書曰。越。自二合浦・徐聞一。南入レ海。得二大州一。東西南北方千里。武帝元封元年。略以爲二儋耳・珠崖郡一（今廣東省瓊州）民皆服レ布。如二單被一。穿二中央一爲二貫頭一（師古曰く著る時頭より之を貫くなり）

魏志曰。倭。作レ衣如二單被一。穿二其中央一。貫レ頭衣レ之。

乃亦漢書越記の文を移し、以て我が倭風と爲せしこと明白である、其の兵戰の具を記するを見れば。

倭人傳の蕪雜

越。兵則矛・盾・刀・木弓弩・竹矢・或骨爲レ鏃（前漢書）

倭。兵用《フ》二矛・楯・木弓一。木弓短レ下長レ上。竹箭或鐵鏃或骨鏃（魏志）

是れ亦其の然るを見る、その耕織の狀は、

越。男子耕農。種二禾稻紵麻一。女子桑蠶織績。亡二馬與レ虎（前漢書）

倭。種二禾稻紵麻一。蠶桑緝績。出二細紵縑綿一。其地無二牛馬虎豹羊鵲一（魏志）

何ぞ其の相似たるの酷しきや、乃亦瓊倭の風を取つて移して以て以て我が倭風と爲せるは、その跡歴々、文章そのものも越地の記に多少の加除を爲しただけで同文である。而して前漢書は地志を證するを目的とするが故に民俗を記する只これに止るも魏志は尙記する所多い、焉んぞ識らん其の記する所亦是れ瓊倭の俗にあらざる無きを。殊に長者に對する表敬作法の如き一文中に矛盾をさへ見る。

見二大人一所レ敬。但搏レ手以當二跪拜一（魏志）

下戶與二大人一。相二逢道路一。逡巡入レ草。傳レ辭說レ事或蹲或跪。兩手據レ地。爲二之恭敬一（魏志）

一は手をうつて跪拜に當つと云ひ以て國に跪拜の作法なきを記し。一は蹲跪恭敬の狀を記し以て禮に篤きを謂ふ。其の言ふ所前後相反するは何ぞ、是れ孰か一は瓊倭の作法にして、孰か一は我が式法なるべく、この矛盾に因つて、乃我が當時の民風も亦この中に書かれあるべしと知られるど、其のいづれ迄が我でいづれからが他か檢別に難い。

瓊州は佛國の占領せる廣州灣外の大島にして熱帶の界に在る、故に其の衣は單被で足り、中央に穴のある處から頭を出して着るやうな簡單なもので濟みもしやうが、我が筑紫では暖しといへど單被では濟ませない、その考もなく移して以て我が民俗と爲せるは、思ふに何處の事でも構ひなく苟も倭俗とされる者は、皆同一熱帶地と誤想せる其處に取集めたるに因るべし、乃ち云ふ

倭。與二朱崖儋耳一相近（後漢書）

倭。所二有無一。與二儋耳朱崖一同（魏志）

言ふところは倭の所在瓊州に近く、其の有る所無い所の物瓊州に同じと。是れ其の謂はゆる倭の果して我が倭なりや或は他の倭なるにあらざる無きやを怪しむ。越南は熱帶に近く本《ト》裸體の國、斷髮文身は必然の事、されど之を我か倭の事とせば違ふ。我か古俗は長髮であつて斷髮ではない、現に二史も韓傳に於ては南韓倭（弁辰）を長髮としてゐる、文身は我か倭にも海岸風俗にあつたことを疑はぬ、されど

男子皆黥面文身。以二其文左右大小一。別二尊卑之差一（後漢書）

諸國文身各異。或左或右。或大或小。尊卑有レ差（魏志）

といふ如き尊卑の區別を文身によつて節度するやうな事は我が倭事ではない、これは越南瓊倭の

法俗であつたらう、從つて又

　男子無二大小一。皆黥面文身（魏志）

　丹朱坋レ身。如二中國之用一レ粉チ（後漢書）

の如き盡く取つて我が倭俗とは爲し難い、況して我が上代に黥面文身の風なく、又斷髮の俗もなきをや、之をありとするは倭人傳の此の記事を盲信してからの言觸らしであつて最も謂れなき事である、但特異の事に思はれた「久米の子等の黥《サ》ける目」はあれど、其他には文身の徵據何も無い。

裸國黑齒國

　自二女王國一。南四千餘里。至二侏儒國一。人長三四尺。自二侏儒一東南行レ船一年。至二裸國・黑齒國一。使驛所レ傳極二於此一矣（後漢書）

女王國とは我を謂へるにあれど、裸國・黑齒國の如きは其の名の示す如く明かに瓊州以南なる印度洋南大洋の中を指して謂へるものなるに、是をしも我が事に想ひ、次のやうに說を立て丶居る者もある。

　倭國の南に黑齒國ありと、蓋當時海南の人檳榔《アチマサ》を嚼める者あるを謂へる歟。黑齒を一國の地名と爲せば太だ不審なり、唯之を黑齒の人の居れる在りとすれば解するを得、惟ふに本邦涅齒ハクロメの俗あり、然れども漢史の指す所は一地ありと云ふに在り、各人の風俗を記せるに非ず、更に按するに海南の暖地檳榔を產す、士人之を喫へば齒染りて黑色を呈す、彼れ之を記せるならん、今日向大隅海上向暖の陽地に其の名を存し、ビロウ島と曰ふ、然れども今其の島に生するは蒲葵にして眞の檳榔に非ず、されば其の樹種全く絶滅せる歟古史斷

何處からにせよ、南行四千里にして侏儒國に至り、また航海に一年を要して達し得るといふ黑齒國を日向附近と想ふはいかに。之を要するに倭人傳は我が倭と瓊倭とを一つ處と見、神功皇后と韓の卑彌呼とを、一つ女王と思ひ、其の一つと思つた者を、一つと見た處へ据ゑて、文を取つくらつた者、乃亦韓の二十一國前章に掲出すを其の一つと見た處へ列記したと同じである。

韓の卑彌呼は、みづから己を倭央委王と稱した爲め、倭人傳中に收められたので緣由明かなるが。廣東海の瓊州をどうして我が大倭と同一視するに至つたか、單に地理學的智識の闕如ばかりではあるまい、何者かそこへ誘つた者があつたのであらう。

山海經に曰。君子國。衣冠帶劍。使二二文虎在レ傍。又曰。不死人。在二交脛東一。其爲レ人黑色。壽不レ死是れには印度佛教の無量壽が取入れられてあるらしい、故に其の人を黑色とす

其の謂はゆる君子國或は不死人は、もと何處といふほどの現實的國土でないのを、後漢書は東夷傳に收めて東夷の中に有二君子不死之國一焉といひ、倭人傳中に壽考至二百余歲一者甚衆と記してゐる、而して古來その君子國の所在を或は去二琅邪一三千里琅邪は今の山東省青州府といひ、或は君子・不死竝在二東方一といふ、前漢書地理志吳地の章には。

東鯷人

宛委族

會稽海中有二東鯷《テイ》人一。分爲二二十餘國一。以二歳時一來獻見云。

右の鯷は周書王制に。東方曰レ夷、夷者柢也後章九夷考に詳解とある柢《テイ》にて、柢と鯷とは同聲同音、本と夷の義である。換言すれば、東鯷《テイ》は東柢《テイ》で其の義東夷といふことなのである海中に居るに因り鯷字を當てたるは流石文字の國而して夷はまた委と同聲同音で、夷在二海中一爲レ委は自らなる定義なるが、本を質せば海中に限つた特別意味があるのでなく、越の古稱を宛委《エイ》と言つたも亦委である。瓊州の委はこの宛委族であつて、文獻上には太だ不明なるも、西漢が其の地を二郡とした頃は、其の族の自稱に從つて漢人もしかく彼等を呼んだと考へられる。西漢の其の地を收めたは、武帝の元封元年皇紀五五一年開化帝四八年であつたが、反抗に因つて元帝の時皇紀六一三年乃至六二八年郡を罷め放棄した、即漢の領有は約六七十年であつた。以上之を約言すれば委の排列は自ら二方面に系統を引いてゐたとされる、一は韓の委から我が筑紫及本州の委暫く倭と言はずにに亘れる序列であり、一は東鯷の委から瓊州の委に連れる布置である。此の排列は自ら其の中心位置を會稽・東冶の東なる東鯷に有するを以て、漢史家の委に對する想像は常に其の中心に集結され、加ふるに地理學的智識の闕如を以てして、瓊州をも日本をも其の中心に引附けて考察し、呼べば答ふる近き距離にありと想定した。故に明人が此の等の想定によつて造つた國朝圖を見ると、日本は楊子江の江外海中にあつて、それより南方少距離に瓊州が書かれてある。是れぞ謂はゆる倭は會稽東冶の東に在つて儋耳朱崖に近き者である。古來この無妄なる想定が史家の頭を支配したので

魏の郡使は我が筑紫に來りしことなし

あるから、漢魏二史の倭人傳もこれに誘引されて、瓊州の記事も筑紫の紀行も齊しくともに其の中心に集結されたわけである。

後漢書に曰。建武中元二年皇紀七一七年倭奴國奉貢朝賀。倭國之極南界也。光武賜以㆓印綬㆒天明四年三月筑前那珂郡志賀島田間より金印一顆を獲即此印なり、方七分高三分、鈕は蛇に似、高四分、重二兩九錢

右倭奴國と書けるは誤にて、印文に漢委奴國王とあれば宜く委奴國と爲すべきもの、當時漢廷が倭字を用ゐずに委字を用ゐたのは、會稽・東冶の東なる前記の中心に斯かる字號が夙に存在したと知られる。乃亦越の古稱なる宛委より脫胎したものとされる。斯かる地理的思索の基礎上に綴られた倭人傳なれば、譬へば倭に牛馬は居らぬと書いてあつても、それがどこの倭に眞になかつたのか分つたものではない。故にそれが無いと言つても無しと思ふべからず、有るといつても有ると信じてはならぬ。

漢魏二史に載する倭人傳を熟視するに、其の我國に寄與する地誌的價値は單に對馬壹岐松浦怡土あたりの零言隻語に止まり、其の他は全然無知である。若も薩摩大隅筑後あたりに入つて居れば、それによつて得ただけの地誌的智識がなければならぬ。それが絶對に無いばかりか、絶遠にして何も分らないと自白してゐる。而して光武時代の倭國觀に於て、奴國を以て倭國の極南界と稱すれば、魏志も亦其處を以て郡使往來常に駐まる所としてゐる、是を以て見れば、魏の帶方

郡吏が、筑紫に來たなどいふは何としても信じられない、蓋一度も來たことは無いのであらう。只想ふに後漢の初・光武の時代に、樂浪郡から來たことは當にあるべしとされる、彼の委奴國王印の如き其の受授の際、雙方より使者の往復が行はれたとするは妥當の見なるべく、魏志に載つてゐる對馬壹岐等の風物は、その時代に於ける記錄の殘編より拾ひ上げたものに過ぎまい。斯くも地理に盲目でありながら、風俗衣服樹木等に就て意想外に文彩を露はしあるは、前漢地志瓊州の記事をそのまゝ織込だので分る如く、其の方面の他の舊志より抄出して羅織に勉めたものであらう、決して魏郡の者の親しく目撃した事とは思へない。要するに委又は倭と命題された者は、それが廣東海のことであらうと、福州沖のことであらうと、時代と方面とに區別なく、寄せ集めたのが倭人傳なれば、傳の性格と價値とはそれに依つて判斷するを要す。其の地誌的明なきは、郡使の筑紫に來らざるを證し、郡使の筑紫に來らざるは、卑彌呼の筑紫に在らざるを證す。卑彌呼は應に其の故國馬韓に還るべきであつて、東鯷・宛委・越南・瓊州等の風俗衣服樹木の混織界倭人傳に即し居るべきでない。

第六章　九夷考

第一節　夷の音義

九は多の義

九夷の九は數詞に非す「多」の義である。字書に九之爲レ言多也とあり。公羊傳に葵丘之會、桓公震而矜レ之、叛者九國、の註に九國は叛く者衆きを謂ひ、實に九國ありと言ふに非すとある。乃ち九は猶大八洲《おほやしま》の八と同じ意味で數詞でないのを、後世わざと數詞に做して夷名九個を擧げ、以て論語の子欲レ居二九夷一に合せなどした。朱子も論語の此章に註して、東方之夷有二九種一と言ふてゐるが、朱子の此解は後漢書の東夷傳に據つたものらしい、韓史も亦此等の顰に倣ふて九韓といふことを記してゐる、（九韓は一に曰く日本、二に曰く中華、三に曰く吳越、四に曰く托羅、五に曰く鷹遊、六に曰く靺鞨、七に曰く丹國、八に曰く女眞、九に曰く穢貊是なり、蓋し托羅は百濟、鷹遊は挹婁、丹國は契丹なるべし、鷹遊を扶餘と爲すも亦聞ゆ）後漢書に曰く。

九韓

夷は柢なり

王制云。東方曰レ夷。夷者柢也。言二仁而好一レ生。萬物柢《シテ》レ地《ニ》而出一。故天性柔順。易二以レ道御一。至レ有二君子不死之國一焉。夷有二九種一。曰畎夷・于夷・方夷・黃夷・白夷・赤夷・玄夷・風夷・陽夷。故孔子欲レ居二九夷一也。

夷者柢也といへる柢は、字書に木之根曰㆑柢とあつて樹根のことである、故に夷字は一を地として地上に寸芽を露はし、地下に盤根を有してゐる形象文字である、或は曰ふ夷展㆑足箕座也と、蓋し夷人の座法が兩足を展べて箕坐したからであらうが、其の象を取つて夷字を作つたとは信《う》けられぬ。説文に夷从㆑大从㆑弓、東方之人也とあるは、いかにも夷字は大弓二字の合成に取れ、古文では夸であつたので、學者多く此説に從ひ長大の人の弓を帶ぶる義として居るが、通雅には説文の此の解を非也としてある。

夷は漢人種の根柢

東夷南蠻西戎北狄と併稱されながらも、夷獨り其の名を優秀にし、風俗通にも東方人好㆑生、萬物觝《シテ》㆑地《ニ》而出、夷者觝也（王制の所書に同じ）とあれど。他の三方の夷は同書に、蠻者慢也、君臣同㆑川而浴、極爲㆓簡慢㆒、戎者兇也、斬伐殺生、不㆑得㆓其中㆒、狄者辟也、父子嫂叔同㆑穴無㆑別、其行邪辟、と擯斥して居る、其の夷を以て萬物根柢の義と爲し、仁にして生を好む者と言へるは必歷史上の源委がなくてはならぬ、神頌敍傳に夷を以て漢人種の先民と爲せるは、即夷が漢人種の根柢たるを證するものに庶幾く、夷は蓋支那上代の民族稱なのであつたらう。また天性柔順易㆓以㆑道御㆒といふも、支那の先住民たりし時の事で、古るき傳なのであらう。前漢書にも、東夷天性柔順、異㆓於三方之外㆒とある。

されど周初よりの夷は徐夷・淮夷・奄夷・貊夷いづれも周に反抗し、漢時よりの夷は匈奴・鮮卑・

烏丸・高勾麗・契丹・女眞相次いで支那歷代の大患を成し、西南戎蠻の御し易きに似ず常に勁悍豪猛を以て寇を續けたれば、支那からは御世辭にも褒められる理由はない、故にその褒められるのは、嘗て先住民たりし時の仁忠順悌であり、之を褒めるのは其の時からの成語を傳へて謂ふに過ぎぬ、但しいづれも眞の古傳なるには相違ない、されば後漢書の引いた古の成語は、堯舜時代及び其の以前の夷者即華、華者即夷、であつた時の風貌を傳へたものとされる、再言すれば夷が支那の先住民でゐて漢民族の根柢となつたことを語れるものに庶幾い。後に漢民族が東西の混血に因つて成立するに及むで、純血の族却つて異種として黜けられ、遂に九夷てう漠たる概稱の下に殆ど稽へ難き名を以て數へられるに至つたのであるが、此等の名を數へた最も舊るき書物はといへば先づ竹書であらう。曰はく、

帝舜四十二年。玄都氏來朝。貢㆓寶玉㆒。

帝相三年。征㆓風及黃夷㆒。七年于夷來賓。

帝少康二年。方夷來賓。

帝芬三年。九夷來御。

帝泄二十一年。命㆓畎夷白夷元夷風夷口口黃夷㆒。後漢書西羌傳の註に引ける竹書には、后泄二十一年命㆓畎夷白夷赤夷元夷風夷陽夷㆒とあり、是れ徐文靖の言なるも、今本に此註見えず、東夷傳の注に引ける竹書には、畎夷白夷赤夷玄夷風夷陽夷とあり

帝發元年。諸夷入舞。

帝癸桀なり三年。畎夷入二于岐一以叛韋昭曰、春秋以爲犬戎、小顏曰、即昆夷也、

太戊六十一年。東九夷來賓。

仲丁六年。征二藍夷一。

河亶甲四年。征二藍夷一。

帝乙二年。王命二南仲一。西拘二昆夷一。城二朔方一。

帝辛紂なり三十六年。春正月。諸侯朝二于周一。遂伐二昆夷一。

右は夏殷二代を通じて竹書に見えたる夷名。玄・風・黄・于・畎・白・元・赤・陽・藍・昆・方の十二である。後漢書は此中から九名を抽いて以て九夷の數に充てた、論語に謂はゆる子欲レ居二九夷一は果してこれであらうか、朱子之に註して東方之夷有二九種一といへるは、後漢書の九夷に合はしたやうにある、馮厚齋乃ち朱子に和して。箕子封二於朝鮮一。東夷之地也。何陋之有。と言つて居るが、蓋皆後世の東夷觀に由る意見であつて、孔子時代の事でない。抑も九夷といふ文字の經典に見えたるは、尙書旅獒の序に、惟克レ商遂通二道于九夷八蠻一云云。明堂位に九夷八蠻六戎五狄云云。爾雅に九夷八狄七戎六蠻、謂二之四海一の類なるが、周禮職方氏には。四夷・八蠻・七閩・九貉・五戎・六狄之人。とあつて亦其の言ふ所の數を異にしてゐる、唐の孔穎達の尙書正義に曰ふ、偏く經傳を

宋儒の新九夷

九夷の所在

檢するに四夷之數參差不同なり、明堂位に六戎五狄を言ひ、職方に五戎六狄を言へるを、趙商此を以て鄭（名は玄）に問へるに、鄭の答に戎狄は但其の國數あるのみ其の名は得て知り難しと、是れ鄭も亦定解し能はざる也云云。いかにもさうあらう、後儒漫に其名を叙列するは眞に好事のわざである。然るにも關らず、宋の昺邢は爾雅註疏及び論語正義に於て、九夷の目を一曰玄菟、二曰樂浪、三曰高驪（一に高儷）四曰滿飾（一に滿節）五曰鳧臾、六曰索家、七曰東屠、八曰倭人、九曰天鄙と數へ立てた。其の玄菟樂浪は漢武の郡名。滿飾滿節は滿洲（飾節は洲の叶音）鳧臾は扶餘。天鄙は鮮卑。概ね前漢以後及び魏晉の間に始めて聞えた名なるを、將つて以て孔子九夷の解に當てたのは呆れた事だが、韓史は寧ろ之を歡び迎へ、我か德川氏時代の儒者中にも、倭人が孔子九夷の一なるを心竊に嬉しがる風があつた。されど蔡沈（朱子の婿）は書經集傳に於て九夷八蠻、多之稱也、と言ふに止めて他の顰に倣はず。徐文靖（淸の乾隆の人）は竹書紀年統箋に於て劉敞の言を引き、九夷在₂徐州莒魯之間₁と爲し。方以智は其著通雅に於て九彝（夷に同じ）在₂徐州莒魯之間₁、馮厚齋以《オモヘルハ》₂朝鮮《ノ》東彝九種《ト》₁非也、と斷じてゐる。まさに斯うあるべきで九夷は今の山東及び江蘇浙江の舊民にして、孔子とは相距ることの近い處に住んでゐた者の稱である。而してそれは一概に東夷と呼ばれた者のことで、九夷とはそれに限られてゐず、更に西南にも居た、故に李斯の諫逐客書にも、惠王用₂張儀之計₁、南取₂漢中₁包《アハス》₂九夷《チ》₁といふてあり。又戰國策にも九夷の字は見えてゐて、いづれも支那本土のことで、外には出てゐない。そして

半體人

四海

息愼之陵

其の九夷は概ね夏殷以來の舊侯國である（別著東族傳統史綱に詳述す）また東夷とは九夷（廣義に於ける）の中の東方に居つた者のことであるのを、後世遂に山海關以東の稱にしたのであれば、周代の東夷を言ふ者は其の心して語るを要す。周初に在つて燕は最北の國であつた、そして今の山海關內昌黎あたりは、孤竹と呼ばれ四荒の一とされ、幽遠昏荒の地方と思惟されたのであつた、其の以外は半體人の住處と考へられたのである、半體人とは一目一鼻一孔一臂一脚で二人相倚つて一人を成す極て畸形の者、因つて比肩民とも稱し、一體は食を取り一體は見張番をして驚急に備へたとある。爾雅に北方有㆓比肩民㆒焉、迭食而迭望とあるはそれで、其の地方の蛇は皆兩頭であつたと云ふ。故に同書に九夷八狄七戎六蠻これを四海と謂ふとあるは、孤竹より內のことと註されてある、學者乃ち四海の解釋に苦むで、海の言たる晦なり、禮義に晦闇なる也（孫炎の解）などと、謂はゆる其の中國ちふ者を彌縫してゐるが、舜典の三載四海、遏㆓密八音㆒、の傳にも四夷絕㆑音三年、則華夏可㆑知、とあつて四海を四夷のことゝしてあり、周禮職方氏にも九州理財の道は此の四海の內なる諸族の有無を相通ずるに在りとの意を宣明しあれば、四夷は支那の海內即九州の內なること明かである。是に由り周初の支那は、九夷先住の地の內に、謂はゆる中州といふものがあつて、それが西方より八羌蠻を率ひて入來れる周の中國なりと知れる。されば肅愼來賀と言つたところで、其國は四海の內なのである、即ち爾雅にも東・西・南・北・中の五陵を擧げて「南陵は息愼」と稱してある、息愼は即肅愼のことで本土內なるは明かだ、それが後に北滿僻遠の地の稱呼となつたのは、東大族の大移轉からで別に理由あることなのである。故に周初の東方觀は滿洲朝鮮及び我か日本には及むでゐなかつた、秦漢の際になつても、郡名は猶周初の觀念を繼承してゐた、今前漢地理志に見るに、

東海郡

東海郡漢の高祖の置く所、徐州に屬す
郯　縣　今山東省沂州府郯城縣西南少昊の後、盈姓の國する所
費　縣　今山東省沂州府境内魯の季氏の邑
祝其縣　今江蘇省海州境内南に禹貢の羽山あり、鯀の殛せられたる處

北海郡

北海郡漢の景帝の置く所、青州に屬す
營陵縣　今山東省青州府昌樂縣南齊の太公望の封せられし處、應劭曰師尙父營丘に封せらる、陵も亦丘なり、師古曰く臨淄は皆營陵、舊の營丘なり
淳于縣　今山東省青州府安邱縣東北淳于公國の都する處

勃海郡

勃海郡高祖の置く所幽州に屬す
高成縣　今直隷省天津府鹽山縣東南
安次縣　今直隷省順天府東安縣西北

當時東海郡は三十八縣、北海郡は六十六縣、勃海郡も二十六縣ありたれど、今これを一一擧くるは煩に堪へざれを以て、右の如くなしぬ、猶能く以て郡の所在の梗概を推想し得やう、

是に由り秦漢の際に於ける東海は山東の南半より江蘇に連らなる方面。山東の北半は北海。直隷

の勃海に濱する地方は即勃海郡なりと知れる、然らは周初の東方も之に由りて明かにし得べく、東夷存在の位置亦自ら知られるであらう。それを夷といへば滿州以東に考へなければならぬやうに思ふは、後世の學者が其の時代時代の所觀を將つて勝手に之を古に溯らして史傳に註疏したるに依る。從つて箕子が朝鮮に封せられたと云ふやうな、全然當時の事情に當嵌らぬ事までも信じられるのである。そして一方には聖人の中國に嘗て夷などを容れ置くものかと謂はんばかりに、勉めて之を遠距離に推しのける支那歷代の學風あり。一方には之を歡び迎へて取込むに勉むる曲學の邦あり。終に夷をして其の本義の地より遠ざからしめ畢つた。

所謂九夷の稱なる畎夷・于夷・方夷・黃夷・白夷・赤夷・玄夷・風夷・陽夷・是れ何者ぞ、學者多くは于夷を韓と爲し、白夷を貊と爲し、爾餘のものは迂怪考ふ可からさる所却つて古色あるを覺ゆと言つた風である。いかにも眞面目に考へるがものは無い、されど既に九個の名を聞かされたからは、一應の稽查を加ふるも決して徒爾ではあるまい、因つて左に之を試みる。

第二節　九夷の目

畎夷

畎夷は史記匈奴傳に西伯昌周文王伐二畎夷氏一とあるのがそれで、即亦犬戎である、犬戎は頗る古るい種族とされ、帝嚳高辛氏を惱ました傳說もある、後漢書南蠻傳に曰ふ。

昔し高辛氏に犬戎の寇あり、帝其の侵暴を患へ征伐すれども克たず、乃天下に訪募すらく能く犬戎の將呉將軍の頭を得ること有らん者には、黄金千鎰、邑萬家を購ひ、又妻はすに少女を以てせんと帝の窮狀と犬戎の優勢見るべし時に帝に畜へる狗あり、其の毛は五采、名を槃瓠と曰ふ魏略に曰く、高辛氏に老婦あり、正室に居る、耳疾を得、之を挑せしに乃ち物を得たり、大さ繭の如し、婦人瓠中に盛つて之を覆ふに槃を以てす、俄頃にして化して犬と爲る、其の文五色なり、因つて槃瓠と名つく令を出しての後、槃瓠遂に人頭を啣へて闕下にいたる、群臣怪むで之を診すれば乃呉將軍の首なり、帝大に喜むで而して計るらく、槃瓠には之に妻はすに女を以てすべからずと、女之を聞き以爲へらく、帝皇令を下せるにあれば信には違ふ可からずと、因つて行かんことを請ふ、帝己むを得すして乃女を以て槃瓠に配す、槃瓠女を得負ふて走つて南山に入つて石室の中に止る、處る所險絶にして人跡至らす註に云ふ、山窟の前に石羊石獸あり、古跡奇異、石室を望むに大さ三間の屋の如し、遙に見るに一石あり、なほ狗形に似たり、蠻俗相傳へて云ふ、是れ槃瓠の像なりと、是に於て女其の衣裳を解きすて、僕鑒の髻をなし、獨力の衣を着けたり僕鑒獨力は古來學者の不可解とする所、僕鑒は我が國語の髷（マゲ）ではないか、獨力（ドリ）は亦打掛（カイドリ）に聞こゆ、帝悲み思ひ、使を遣して尋求せしむるも輙《いつも》風雨の震晦に遇ふて使者進むを得す、經ること三年、子十二人を生む、六つは男六つは女、槃瓠死して後因つて自ら相《たがひ》に夫妻となり、木皮を織績し染むるに草實を以てす、五色の衣服を好み製裁するに皆尾形あり、其の母後に歸つて狀を以て帝に白す、是に於て諸子を迎致せしむ、衣裳班蘭として語言侏離註に云ふ、蠻夷の語聲好むで山壑に入つて平曠を樂まず、帝その意に順つて賜ふに名山廣澤を以てす、其の後滋蔓し號して蠻夷と曰ふ、渠帥を名けて精夫〔我か古書の背男（セヲ）に似たり〕と曰ひ、相呼むで姎徒《アト》と曰ふ〔註に云ふ、姎は我也と亦我か古書の吾（ア）か〕南蠻の族が己の族を蠻《ハン》〔今はモンと云ふ〕と稱するに合せて槃に作せるもの、槃瓠は即ち斑狗である、されど其の本は犬の義でなく、彼等の族が古代に奉齋せし神の名と思へる。

白犬

通雅に、盤瓠五溪蠻也、本ニ于白犬一、故附ニ會高辛嫁レ女之說一とあり。白犬は山海經に、弄明生ニ白犬一、とあり。伯益經〔通雅の引ける〕に卞明生ニ白犬一、爲ニ蠻人之祖一とあつて共に人名である。蓋し古音では槃瓠・斑狗・白犬皆相通じたとされる。

犬をイヌ

さて吠夷の類姓に允といふがある、因つて狁に作りもする、想ふに允と犬とが古音相通であつた所から犬戎としたので、實は姓稱である。犬戎の事は左傳にも多く見えてあればここには略するが、只我か國語に犬をイヌと謂ふは犬《ケン》の古音が允《イン》に通じてゐた時代からのことかと考へられ、我が古代祖先の同族が支那の先住民たりし時犬を允《イヌ》といひし遺音が今猶犬《ケン》の字音の裏に保存されてあると思ふと、吠夷氏を調ぶるは、興味多いことである。

潛夫論に曰く、季孟短〔魯の季氏にて論語にも出てゐる〕は即犬戎氏にして其の先は本と黃帝より出つ、徐氏蕭氏〔以下八姓を記すれど略す〕皆殷の舊姓なり、漢興つて相國蕭何、酇侯に封せらる、本と沛の人、今の長陵の蕭は其の後なり云々。して見ると有名な蕭何も犬戎氏の裔なのである。

于夷

◎◎于夷は于で干でない、現に竹書紀年にも後漢書にも于となつて居り懷太子の註にも爾雅註疏にもさうなつてゐて、干とはなつてゐないのに、どうして韓の史家及び我か學界の人は、干と讀むで韓のことに取つてゐるのであらうか、尙書の成王既伐二東夷一の傳に。海東諸夷、駒麗・扶餘・馯貊之屬。とあつて疏には漢書有二高駒麗・扶餘・韓一、無二此馯一、馯即彼韓也、音同而字異爾とあれど、九夷の于夷を干夷に讀むでのことではない。

于夷は竹書の中でも最も古へに著はれた族稱で今審かにし難いが、于の古音は吾と同じであつて、通雅に吾于通轉ともあれば、昆吾氏の同族と解されもする。昆吾氏は詩經長發の章（殷湯を頌せし詩）に韋顧既伐、昆吾夏桀といふてあるのがそれで、初に韋を伐ち次に顧を伐ち次に昆吾を伐ち、そして桀を伐つて夏を亡ぼすに至つた湯王用兵の順序を歌つたものである、註に韋は彭姓なり顧と昆吾は姫姓なりとある、いづれも夏の時代の舊國であつたが、殷の世を過ぎ周の代に爲つては、其の後裔は皆夷として貶斥された、左傳哀公二十一年の記に、公及齊侯邾子盟二于顧一とあるは、顧國遺名の地なるべく、註に顧は齊の地とあれば、今の山東省にして正に亦東夷の地内である、于夷は乃ち其のあたりに居た夷族の稱であらう。

方夷黃夷

方夷はまだ稽へぬ。黃夷は潢弭《ワイ》である、我か古代の鰐《ワニ》族は其の一分派と思へる、春秋戰國の際に黃國の稱黃人の名、尠らず見えてあれば、考證必しも難くない、後卷に其の機會あらう。

白夷赤夷

白夷は白翟（赤狄に作る）赤夷は赤翟である、共に春秋の世に縦橫に跳梁し、諸侯を惱ませる者、後遂に晋に驅逐された。

玄夷

玄夷は左氏戎夫汲冢書に昔者玄都、賢二鬼道一、廢レ人事レ天、謀臣不レ用、龜策是從、神巫用レ國、哲士在レ外、玄都以亡、と見えてあれど、それが何處の事とも判らない、其の風采はなかなかの大國らしくもあり、また東族古代信仰の妄濫に陷つた者のやうにもあつて、衞の巫、齊の巫などをも思ひ起させる、離騷に玄國といふは見えて居れど、林邑記に九郡有二儋耳民一、以レ黒爲レ美とあるに照せば、其の玄國は今の廣州灣附近なれば、餘りに距離があつて玄夷をそれとは思へない、若くは春秋の弦ではあるまいか、弦は楚に滅された國なれど、それまでは相當に威を張つた種族で黄夷とも姻戚であつた、玄と弦とは蓋し同種の分れであらう。

風夷

風夷は伏羲氏の後裔にて風姓を冐せる者のことであらう。春秋僖公二十一年の傳に任・宿・須句・顓臾四國は風姓、實に大皡伏羲と有濟之祀濟水の神の社を司り、以て諸夏に服事す、とあるは其の一例で、周からは夷とされた者である。

陽夷

陽夷は亦稽へ難き名である、春秋閔公二年に齊人遷レ陽とあれど、傳がないので何の事とも判らぬが、註に陽國名、齊人逼二徙之一とあり。應劭は故陽國也、後漢屬二瑯耶郡一、と言ふて居れば、即亦東夷の地内である。左史戎夫に昔陽氏之君、自伐《ホコツテ》而好レ變、事無二故業一、官無二定位一、民運《ミタレ》二於下一、陽氏以亡、とあるは春秋陽國の又其の故國かとも思へる。東族古傳によれば陽は周武を孟津に拒いだ東夷の一族である。

是にて九夷に關する一應の解說を終つた、いづれも皆今の山東から江蘇浙江に亘れる周以前の舊國であつて、夷族が先住民たる位置を失ひ驅逐されたる哀史の殘骸ならざるは莫い。而して此の九夷の中には濊・貊・肅愼及び徐夷萊夷等の大族が入つてゐない、蓋これ等の者は、九夷と槪稱するには餘りに大きかつた故であらう。

倭を大天地の上に觀せよ

第三節　委と干の辨

倭をば我國のことにのみ思ふは吾が古代の大天地を遺忘したる後世の狷介的小觀に過ぎぬ、彼の平田篤胤の如きも大扶桑國考に於て、山海經の髮邱を薩摩の櫻島とし、黑齒國を豊後の比賣島とし、大人之國を筑紫と爲した例もあつて、廣い天地を狹い處へ纒めやうとする、是は支那の經史家とは反對で、支那の經史家ならば小を大に擴め近を遠に置くに務める。近頃某博士の如きも漢書の海南瓊州の記と魏志倭人傳との間に、其の記せる風俗物具相同じきを訝り、倭人風俗は我が國にあらざれば適はずとの見解より、漢書を以て倭事を海南に謬れるものと爲した。抑も倭と夷とは同聲同韻にして字形にこそ違はあれ、其族自稱の上には全然區別のないものである、即ち倭は夷にして夷の在る所は即ち倭の在る所なれば、天地は廣大である。試に前漢に溯つて縣郡の名に觀ても、今の陜西に郁夷縣、今の甘肅に安夷縣、今の湖南に夫夷縣、今の雲南に平夷縣があつた、降つて隋唐の代になつても其の新置の縣名中、今の貴州に江南道夷州あり、今の安南交州府に武夷縣あり、其の他四川に賓夷、甘肅に鎭夷及び當夷、湖北に開夷、貴州に寧夷、廣東に新夷等があつた。之に見れば、夷の存在地域却て漢族よりも範圍の廣大を有せしを知るに足るべく、前漢の世、海南島に我と同一の風俗物具ありしは當に必ず然かあるべき筈のことに屬す。漢書を以て我が筑紫の倭事を海南瓊州へ誤寫したと爲す如きは、全然理由の立たない申分である。今一つ後漢書に倭在二韓東南大海中一、其地較《ヤヤ》在二會稽東治之東一（會稽は前漢に在つては今の江蘇省蘇州府呉縣、後漢に在つては今の浙江省紹興府會稽縣が其處である、又東冶は今の福建省福州府閩縣の東北である）與二朱崖儋耳一相近（朱崖は西漢の郡名にして南海に在り、海中に居て珠を產す、故に珠崖と曰ひ又朱崖と曰ふ、今の廣東省瓊州府瓊山縣東南三十支里と云ふ、儋耳は前漢武帝紀の註に、南越の地とある）學者往々我が倭人の船が毎に其の方向より入津して國都に進めるを以て、因つて我が倭國を其の方向と觀じたのであらうと言ふが、會稽・東冶・朱崖・儋耳悉く楊子江口より南方に在り、殊に朱崖は廣東省に屬してゐる程の南溟なるに、日本を以てそれに近しとし、而してその海を韓の東南海だなど云ふに至つては、沙汰の限である。それを後漢書とも謂はれる程の史書が、しかく明言せるは、それに何等かの理由と根據とがなければならぬ、誤ならば誤つただけの理由が伴つてゐなければ成らぬ。其の誤は干と韓との同聲同韻から、二者を同じものと思つた爲であらう。また委と倭との同聲同韻から、兩者を一位置と做した爲であらう。我が諸大家も後漢書及び杜氏通典の九夷にいへる于夷を干夷と讀み誤つて韓

朱崖儋耳の位置

蘭干
干獠
干將
干遮
舞をマヒ
古の干國

夷と解釋し、孔安國の書序傳に馯とあるをも亦韓を指して言へるものと納得し居るほどなれば、漢の史家の誤も無理とは思へねど、山東より江蘇に連らなる海岸地方を、古代干と言ひしを遺れて、韓（朝鮮）に徙し考へたは妄なるを免れぬ。本來の干は決して韓のことではない、亦馯と稱するも同じく韓のことでない。聊か其の所由を語らんに、先づ夷と干との關係より始むれば、夷の產物に蘭干といふ織物がある、後漢書哀牢國傳に。蘭干《ハ》細布《モテ》織成《シ》文章如《シ》ニ綾錦一とあり、註に華陽國志を引いて曰ふ、蘭干《ハ》獠言《ノ》紵也と、その獠は集韻に西南夷曰レ獠とある、方言（清人の抄錄に見る）に曰く、呉越夷稱ニ綾錦一爲ニ干獠一。この干獠《から》は我が國語のカラ衣《ころも》・カラ錦《にしき》といふに若しや關係がありはしないか。次に寶劍も夷の特產である、有名の干將（劍名）は呉越春秋に干將者呉人也とあり、而して呉が春秋後半まで夷であつたことは左傳を讀めば直ぐ判る、即干將てう名劍は夷人の作といふて宜しい。司馬相如の子虛賦に、淮南干遮とあるを、註に干遮は曲名なりと言つて居る、想ふに干遮を曲名といふは、淮夷が神に齋《とつ》ぐ時奏する樂名なのであらう。また孝經緯に東夷之樂曰レ靺とあり。五經通義に東夷之樂、持レ矛舞、助ニ時之生一也とあつて、國語の舞（マヒ）が遠き古に、字音で彼地に現はれ居たのも因由あることであらう。我國でも呉樂と言つて採用されたことがあつた。淮南子道應訓の註に干國在ニ今臨淄一出ニ寶劍一とある、この臨淄は今の山東省青州府臨淄縣のことなれば、有名なる東夷の故地にして古の干國は其處を中心に存在したものと知れる、また寶劍を出すといふに見れば、刀劍は上古より夷の特有技能なりとも知れる。此の古の干國の名殘として、秦漢以來縣名と爲つたものに發干縣といふがある、西漢の置いた縣で、今の山東省東昌府堂邑縣西南三十三支里が其の縣址であり、猶又同省沂州府も南宋・北魏の發干縣址である。されば今の山東の青州・東昌・沂州の諸府縣に渉つて干の稱呼が嘗てあつたことが知れやう。要するに山東の海岸線は古の干なりと云ふことが出來る。又江西省饒州府にも餘干縣あるを學者研究の一助に附言し置く。又建鄴今の江蘇省江寧府上元縣にして春秋の後半まで夷人の地の南に長干といふ地名があつた、左思の吳都賦に長干延屬と云ふことのあるは、その地名取つた名句にして、註に建鄴の南五里に山岡あり、其間平地にして吏民雜居す、東長干の中に大長干・小長干ありて皆相連る、地に長短あり故に大小長干を號す云々。漢儒は干の義について地下黃なるを干と曰ふと妙に解してゐるが、もと夷族の地なれば、三韓の韓と原義を同うするものなるべく、何にせよ山東にも江蘇にも古代干と號する邦國があつて、而して其の地方は皆夷族の旺盛を以て知られたる處なれば、之を稱して干夷とはいひ得べきも、徙して韓國とすることは出來ない。將又韓字に代へて豻字を使つた例はないが、干字に代へてそれを使つた例は古い處にある。儀禮の註にも干讀レ豻、干侯豻鵠豻飾也、とあるに因り、干と豻との共通文字なるを知り得やう。集韻に豻は石なり省いて干に作る、干又豻に通ずとし。類篇にも豻或作レ干とある。されば干夷を豻夷に作るは由來のあることとなれど、韓を豻に作れる例は古典に見えない。

倭の定義及び其の稱呼の濫觴
宛委山

干の稱呼がもと韓にあらずして、古代それが山東より楊子江口にかけて別に存した名となれば、倭を在二干東南大海中一とするを方角取違ひの誤といふことは出來ない、但し其の倭は我が倭に非ずとの前提に於ていふのである。漢に通ずる者三十餘國などいふことは、我筑紫にある可からざることなれば、他の倭傳の混入と知つて判別する所なくてはならぬ、然らば干の東南の倭とはどこの倭を指すかといへば、委者海中之夷也で、禹貢の島夷に起因して自ら定義になれる者、換言すれば大陸に在るは夷、夷の海中に在るは委と言つたやうなわけなのである。されば楊子江外の舟山列島も、福建の諸島も、廣東に屬する諸島嶼も、夷の在る所は即委人の居る所である、論衡に周時成王天下太平、夷人貢二鬯艸《チヤウ》一とあるは、海南諸島の委から貢納したものと解するが近い所であるのに、それを八丈島に鬯艸周の時酒に和して祭祀に用ゐた香草の名が生ずるからと言つて、日本から貢獻したのだとするは附會も甚しい。併し海中夷に倭字を用ゐるに至つた濫觴は、山海經若くは論衡に在りとする外他に出典を見出さない、其の以前は人扁のない委であつたらしくある、その委は裔と同じく末の義を有し、本ヲ曰レ原末ヲ曰レ委とある所から、其の意味に於て海中夷の稱にこの字を當てたものかと思へる。更に其の以前は海中夷に限つたわけでなかつたやうにもある、汲冢周書に禹登二宛委山一、發二金簡之書一、得二通水之理一とあつて、禹が九年の水を治めたのは宛委山で發掘した金簡之書から、其の理法を得たのだと云ふのであるが、其の宛委山といふは越山のことで、越の古稱エイから取つた作話である。註に宛委山名、在二會稽東南一とあれば越の地なるは明かである。越は於越とも稱するが、於は發聲詞なれば、我が古訓のアの發聲詞に同じく、於は其の初アであつたらう、越の字はエチにして其のエ・チの歸納音イなれば、上古は夷《アイ》と同聲の稱呼であつたらうと思ふ、本は無論夷語でアイもエイも同一なれば、其の夷語を原稱のまゝ寫して於越と漢譯したのであらうから、其の以前漢譯のない禹の時代の物語を作るには、宛委《エイ》山とする外ない、要するに於越《アイ》山なのである。倭字の本源は恐らく此の宛委の委に存すべく、而して大陸の宛委は、漢譯の於越に掩はれ遂に越と爲つてしまつたが、其の古稱は猶越《エイ》の字音の裏に保存されてある、而して其の海中諸島嶼の宛委は、猶永く越の譯字に掩はれなかつたのであれば、其の所在位置を語るには委在二千《ノ》東南大海中一とするを地理的當然の成語とせねばならぬ、後漢書は其の史料中に此の成語を得たるを、不經意にも委を倭に、千を韓に替え字した爲め、日本が廣東に近き南濱に現出して朱崖儋耳のすぐ隣になつたと思はれる。

日韓正宗溯源卷之三

神頌叙傳前序

神話期と歷史期との分界

遼（契丹）の太宗（姓は耶律名は德光）丹鷄の祥に依り、古頌を遼西の名山に得て之を神廟に進め、太后（太宗の母述律氏）其の頌の古韻を搜つて之を琴に上せ、左次相耶律羽之爲めに其の叙傳を作る、今本卷及び次卷に分載（本卷は神話次卷は史傳）する所のものは、即羽之の撰べる其の叙傳である、もと一軸の卷物にして何とも命題のなき者、之を神頌叙傳といふは、祖光の假の命名に過ぎずして、略して頌叙ともいひ、亦東族古傳ともいふ。

この古傳の內容は自ら神話と歷史との二者に分れてゐるが、然かも其の神話は、歷史の方面から十分に漉過された餘に汲上げられた醇酒のやうな者で、一般神話の成因たる怪奇荒誕の變つた風味といふ者はない、想ふに本頌叙の撰者は、之を神話として取扱はずに、太古よりの史傳として取扱つたのであらう、されど其の史傳として扱へる所の者の大半は、元來それが神話であつたに相違ない、而して其の神話期と歷史期との分界は、これを堯代より九百六十年以前に置いてあるのであれば、先づ伏羲の頃とでも云へやうか、されど海漠の象變及び乃后稜の海と爲つたことなどを、歷史に入つてからの事として語つてゐる所を見ると、神話期は更にそれより以前にあるのかも知れぬ、故に我が古典神話を取つて本頌叙の神話に對照する者は、我が神話をそれだけ古に溯らして考ふるを要す。

千古の驚異

ゴビの沙漠はもと海であつた、日韓の間はもと陸であつたとは、地質學界の方面より時に漏れ來る消息であるが、それがいつの世の出來事なりしか、又果してさうした事があつたのかは、今のところ誰にも判りやうがない。所へ零言隻語ながらも、本頌叙がそれを神代を距ること未だ遠からざる人世の出來事として、歴史開始の最初に語つてゐるのは、實に千古の驚異である、而して其の神話に於て、我が天照大神を日祖と崇め、素盞嗚尊を日孫と仰げる如きは、盡く以て我が神話と大陸神話との古代共通を證する者、異彩陸離として滿紙に漲るを覺ゆ、降つて歴史時代に入れば、堯舜を以て我が東族の君長と爲して其の漢族の君主にあらざるを說き、以て東族が支那の先住民たるを歴證し來り歴證し去る所、總て皆古今東西の史の未だ嘗て言はざる所の事に屬す。

前史未聞の言

西族入來つて東族盡く頽れたるの時、海陸兩軍を率ゐて同族の救援に雄姿を顯はしたる大英傑の名を、本頌叙に寧義雖と曰ふ、誰か識らん寧義雖とは我か天孫なる日子番能邇邇藝能命《ひこほのににぎのみこと》ならんとは、其の初めて渝濱に顯はれたまひて東族の大歡迎を受けさせられたは、我が皇紀四百餘年前の事に屬す、此の時に當り濊族と貊族とは、頽瀾を既倒に挽回せんと努め、而して濊族は辰沄殷《しういん》王國を創建

内に省みて十有一大事の新知

し、貊族は冀州を破つて南に出て、以て周の諸侯の心膽を寒からしめた、吾人はこれまで單に漢族の所言に聽き、其の故造の歴史を信じて、我が東族を忘れ居たるを悔ひねばならぬ、天孫が東に凱旋ましましてからの本頌叙の記事は、主として辰沄殷の歴史に移り、天孫と殷叔（謂はゆる箕子）との奇遇を叙して、其の王國第二世の主が天孫の皇子なるを語つて居る、該王國八百有餘年の社稷、その遷都と共に三たび東に徙り、而して八十餘年の短命なる古朝鮮と變じて、遂に漢武の滅する所となるや、同時に本頌叙の記事は辰國（古三韓の全稱）に移つて居る、今此等の古傳に依つて稽ふれば、之を内に省みて。**一**、我が神話の東大神族共通の者なるを曉り。**二**、出雲神話が大陸神話の分影なるを知り。**三**、八岐大蛇が鴨綠江畔の出來事なるを發見し。**四**、我が神代の古に阿辰沄須《あしむす》氏てふ大神族のありしことが判り。而して又。**五**、天孫の高千穗降下は、大和高天原より海外遠征に向はせられた往復の駐蹕なりと知れ。**六**、其の日向新高天原の現成は、天孫の凱旋奠都に由るものなること。**七**、大和の舊高天原は天孫遠征中に、我が古典に記せるが如き大事變の發生に依りて光を韜めりと判じられ。**八**、神武の東征は舊高天原回復の師にして、出雲の國譲《くにゆづり》は其の際の事と推論されるであらう。**九**、從つて高天原・出雲・筑紫三神話の舊來の配置爰に改められて、千古不可解の謎とし遺されたる者いづれも氷釋を得るに至らん歟。是れ皆本頌叙の所傳及びそれに依る推理の結果が、我が國學界史學界に及ぼす動搖であらねばならぬ、なほ本頌叙は。**十**、我が闕史時代に屬する孝靈開化二朝と、辰沄

外に觀て二十二大事の發見

殷及び馬韓との交誼親善を記して居るのも亦未聞のことであり。十一、並に隼・鰐・熊襲等諸族の來路を考定し得べき資料を暗提しある。

之を外に觀ては。1、支那の先住民が我が東大神族にてありしこと。2、堯舜禹の稱號は東語なること。3、夷はもと華民の稱なること、並に貊扶餘等の原史。4、殷周革命の際に於ける東族の行動。5、周の封建に由れる東族の崩壞。6、我が天孫の肅愼氏誅伐。7、辰沄殷王國の發見に依りて曝露せる箕子朝鮮の虚誕。8、辰沄殷と燕秦との攻防。9、南方徐族の滿洲建國。10、濊君の自刎。11、馬韓の對漢攻守。12、高勾麗の原史。等竝に之を明にするを得て、同時に。13、無史とされたる古韓に五王統の存在を發見し。14、之に由りて日韓の嘗て一域なりしを證し得。15、天日槍の歸化に對する疑問を解決し。16、我國に歸化せる秦族の徑路を詳にする等。古今に亘れる大史實の表裏經緯自ら判明なるを得ん、是れ皆古今史籍に存在せさる所の者、此の發見と共に。17、神功紀の阿利那禮河の謎の如き、加羅若くは高麗の稱呼原義の如き、自ら亦氷解を得べく、其の他古來學界の疑問とする所のもの、從つて亦釋然たるを得ん乎、之に隨伴して。18、倭てふ稱呼に對する我國古來の陋見を覺り、從つて亦。19、筑紫の卑彌呼とされたる女傑は、馬韓に在つて筑紫に在らざりしを發見すべく。20、新羅の勃興と其の兇頑とは、筑紫熊襲の轉徙に由るものなること。21、檀君神話の眞相正體等。想ふに亦學界未知の事に屬するならん乎、別けて又驚愕に耐ぇぬは。

三韓以前を照す皎月

珍籍寫取の次第

22、匈奴の大單于冒頓《ぼくとつ》が、我か天孫の神血を其の脈營內に藏し居たことである。

以上の神話及び歷史を包有する本頌叙は、眞に驚異に値する珍籍にして、古來暗黑裡に置かれたる三韓以前の山河大地を、こゝに新に吾人の前に照らし出せる皎月である、斯かる珍籍を如何なる時如何なる事によつて得たるかを語らんに、之を得たるは今を距る二十餘年の昔なる日露戰役中の事であつた。當時鴨綠江軍兵站經理部長として奉天城外の黃寺に良久《ヤヤ》しく滯陣し居たる際、部內に廣部精といへる軍人にして且つ學者なる人がゐた、人と爲り磊落にして酒を嗜み詩を哦し、嘗て亞細亞言語集の著もある程なれば、旁ら支那語を善くし、寺僧と往來して文墨の交を爲せるが、或日寺僧一軸の卷物を繙き示し、如何に按し見ても不可讀なる此の古書、若しや日韓諸部の古語にても混じ居れるには非ざるかとの問に、廣部氏受けて讀んで見たれど讀めず、因つて予に試に見たまはずや、不思議なる物なりとのことに、赴きて觀覽したれど、勿論予に讀めるわけもないので寫取つて置かば何人か讀みもすべしと、氏にそれを依囑したるが、寺僧頑として容さず、聞けば某陵のどことかの秘物なりとか、兵禍に罹るを恐れて東方のどことかへ移したのを、其の附近亦危しとあつて、密に保管を黃寺に托せるものと云ふ、それより幾日か經て後、支那に行はるゝ或種の事が、廣部氏によつて庫院の內の或者に施され、遂に寫取ることを得た一本は廣部家に今もあるべし偶張上將軍名は錫鑾當時督務處總辨たり來訪し、寫本の卓上に在るを將り、展べ見て何ぞと問ふ、市井より購へる故紙の內に在りたりとの事で或者の置いて行けるなりと答ふ、將軍にも多く讀めねば、深くは意を留めざる者の如くにして止め、酒間筆を引いて左の一絶を書し、予に贈られた。

黄寺東隣暫卜居。綠雲松蓋畫難如。
濱公逸趣知何似。一卷新書酒一壺。

右結句の一卷新書は、情景ともに乏しとして一卷新詩と改められた、將軍元來能詩である、たまたま此詩、魚虞兩韻を併用せるは近體に愜はずと雖、即興の眞味は却つて此の不經意に在るべく、予は悦びて之を受領したのであつた、幾日かの後一幅の書を寄せらる、山峨々として樹欝々、瀑あつて懸り、屋あつて瀟洒、上に曩日の詩を題し、且つ曰ふ。

今頗觀察贈濱名東城先生詩西蜀布衣邱壑烟雲爲畫其意時大清光緒乙己冬十二月也（今頗は張將軍の號である、當時將軍なほ東邊道臺の職を兼ぬ、故に觀察といふ、）

斯かる事を此に記するは、自家の微なる歴史を吹聽する者に似て本意ならざるも、珍籍を寫取つて手に入れたる經緯談としては、亦語らねばならぬ、後十餘年を經て井深仲卿（名は彥三郎、淸末秘史の上にも名を遺せる志士）と偕に奉天城外に僑居す、仲卿曰はく其のやうなる珍籍は寫取つたばかりでは情に乏しい、寫眞に取つて世に頒つを善しとす、我に謀こそあれと數次黃寺の內を覗ひたれど終に其の意を達せざりき。想ふに珍籍は當時既に故主に歸つてゐたのであらう、其の故主と想像される某は、當時鴨綠江軍の首腦大官とも歡を交へた事のある身分の者、予も亦嘗て一面の識あるを記臆すれども、より以上に想像を運らしれくない。本是れ漢族の中國君臨四方夷狄主義に敵愾を挾める古巻、支那の古典に對しては寧ろ反逆的の觀あるに庶幾き者、滿洲なればこそ斯かる物もあるのであらう、之を秘とするは所有主の心理、心理は奪ひ得べきでない、之を寫取られたとは嘗て其の心附かぬ所であらうから、茲に此の公表を見もしたら、如何に憤恨驚愕すべき吁我れ罪ありされど是れが動機とも爲つて秘藏主が其の秘を解き、若も原本を公示する事ともならば、如何に世上に珍重さるべき、因つて亦切に之を勸奬したいのである。

鹿山廣部氏の號の世慣れたる計ひで寫取はしたものゝ、句讀をさへ附け得ずに空しく筐底に忍ばすこと多年。僅に數年來日韓の上源を溯らんと志してより、時に取出して讀破に勉めたるも、難解の字句重疊して毎時それに顚蹶し、如何にするも進み能はざりしが、たまたま魏志を讀むに及んで、馬韓の古言と我が上代古言との一致に心づく所あり、爾來この前提の下に讀破を推進して、遂に本頌叙の全文二千九百八十字を四十六章に分つて讀了し得た、されど讀了とは言ふものゝ、己れにも附會と爲され¥牽强と思はれるのもあれば、若も祖光の誤れる讀解が看る人の先入主となりもせば、あたら眞を傷る恐れあり、因つて以下毎章必初に原文を提示して先づ其の讀破を大方に希ひ、次に祖光讀解の誤に對し淸誨をたまはりたしと祈り白す。

鏡をカカミ

神頌叙傳神話編

第一章　鏡の本義

曰若稽諸傳有之曰神者耀體無以能名焉維鑑能象故稱鑑曰日神體讀如戞珂旻

譯文

曰若《ここ》に諸《これ》を稽《かんが》ふるに。傳にこれあり曰く。神は耀體。以て能く名つくる無し。維《これ》鑑能く象《かたど》る。故に鑑を稱して日神體と曰ふ。讀むで戞珂旻《カカミ》の如し。

鏡は我國に在つて殊に神體なりとする所の者、蓋その本は古事記に、天照大神三種の神器を天孫に授けたまふ折の詔を載せて、此の鏡は專ら我《あ》が魂《みたま》と爲《し》て、吾《あ》が前《みまへ》を拜くが如《ごと》伊都《いつ》岐《き》奉れとあるに因る。又書紀の一書を見ると、其の以前天忍穗耳尊《あめのおしほみみのみこと》を天降し給ふ時、天照大神御手づから寶鏡を授けて吾兒視二此寶鏡一。當レ猶レ視レ吾。可下與同レ床共レ殿。以爲中齋鏡《いはひかがみ》上。とあるにても知らるゝ、然かしてカガミの意義はといへば、赫見《かゞみ》の義なり、又影見の義なり、又神と義通すとの諸解あれど、鏡は神明之體也といへるを最も庶幾しとすべきか。今本章はカガミを日神體《かかみ》のことなりと釋明して居るのである、契丹の編著に成る本頌叙が、冒頭第一章に於て此の事をいへるは、實に奇異である、されど其の國が君主を可汗《カカミ》といへるに稽ふれば、當に是れ第一義であらねばならぬ。

可汗の原義

東大族は古し嘗て帝王を可汗と稱し、蒙古では今も猶可汗の稱を傳へてゐる、學者乃ち可汗を以て首長若くは帝王の義に解し居れるは、其の解や謬らず、されどカカムなる詞が何故其の義に當るのか、カは神なるべしと迄は漕ぎ着け居れど、考究未だ空疎なるを免れぬやうである、所が契丹の應天太后は、可汗其義。猶レ言二日神之體一也。と宣明してゐる、乃ち「日神の體《カカミ》」が可汗の原義であつて、それに對する崇敬の詞言が、首長・帝王の義に移つたものと云ふわけなのである、本章に於て日を戞《か》、神を珂《か》、體を旻《み》と訓ませあるのが、後章難解の文を釋明する爲めの唯一の栞《しをり》なれば、特に讀者に記臆を希ひ置く、猶ほ傍解のため一事例を擧げんに、東國輿地勝覽韓史に曰ふ、

天神伊毗訶

伽那《カラ》山神・正見母主。乃爲二天神伊毗訶《イヒカ》之所レ感。耶蘇の母が聖靈に感じたと同じ式 生二大伽那王・惱窒朱日《ナチシチ》一。朱日爲二伊珍阿豉《イチアキ》之別稱一。

右イヒカ神の名に就て考ふるに、伊《イ》は主格を示す助詞とも發聲詞とも見られ、毗《ヒ》は靈《ヒ》である、訶は本章の珂《か》と同じで神《か》の義に訓める、即伊毗訶は伊靈神《イヒカ》であらう、是に由つて見ても、古代大陸諸族は齊しく共に神をカと呼むでゐたとされやう。

因に曰ふ、韓人由來羅行《ラリルレロ》の發音を能せず、加羅《カラ》山の如きを伽那《カナ》・伽邪《カヤ》といふてゐたらしい、從

大伽那王伊珍阿豉

羅摩船

つて拘邪國の如きをカラと訓むは、羅行發音を能くする者の訓み方で、初め漢字を當てた頃の韓人はカヤと訓むで居たかも知れない、又大伽那王惱窒朱日《ナチシチ》を一に內珍朱智《ナチシチ》といふてゐた、文字は異れど同音である、因つて古代韓人は日《ヒ》をチと音しゐたかも知れない、次に朱智《シチ》の又の別號を伊珍阿豉《イチアキ》と謂つたとあるが、その伊珍《イチ》は天神伊毗訶《イヒカ》の伊毗に酷似した音である、そして一方に日《ヒ》を智と訓ましてあれば、伊毗はイチと訓むのかも知れない、假にさう訓むで見ると、伊《イ》珍阿豉《チアキ》とは「天神伊毗《イチ》の王子《アコ》」なるを意義したものと取り得られる、又アキはワケに通じ、我が筑紫の神なる白日別《ヒラヒワケ》のワケと其の義同じかるべく思はれる、本頌叙にこの別《ワケ》を阿解《アケ》・和氣《ワケ》等後に詳出に作つてあるところから見ても、上古大陸族が神子を、アケ若くはワケ又はアキ皆同義と崇めた其の一片影が、阿豉として韓史に殘つてゐるのではないか、因つてこの阿豉てふ二字は、日韓考古學上鄭重に取扱はねばならぬ大切な者なりと覺つた、又伊珍《イチ》は東族語の伊尼《イチ》と同意義であらうと思ふ、伊尼は神の稜威《いつ》をいへるもので、夷てふ稱呼の原義なりとのこと後章に見ゆ、

可汗船の我が出雲に來つたことは、神話の裏に明瞭である、ところが可汗をば羅摩と書き、そしてそれをカガミと訓ませてゐる所から頗る不可解事にされて居る、即ち神話に少名毘古那神《すくなひこなノ》が天之《あめの》羅摩船《かかみのふね》に乘つて、出雲の美保崎に着到したと云ふのがそのことであるが、是迄の解釋に由ると、羅《かゝ》摩《み》は蔓草の名で、薄紫色の小さい花が夏季に咲き、三四寸ばかりの細長い實がなる、それが二つに

割れると舟の形に似てある、少名毘古那はそれに乘つて波の穗先より現はれたのであるから、恐しい小さな神なることが想像される、そして手の指の股から漏れて落ちもするし、又粟莖《あはから》にのぼり、それに彈《はじか》れて常世鄕《とこよのくに》に飛ばされたといふのであるから、愈その小さいのに驚かされる、しかしさうはいふが、其の實は大國主神と兄弟の交を爲し國土を作り堅めた偉大神であつて古語拾遺にも、戮レ力一レ心。經ニ營天下一。百姓至レ今。咸蒙ニ恩賴一。と見えてゐる、それほどの偉大神をば、なぜ迂乎《うつかり》すると咳で吹飛ばしもしさうな小さな神とし傳へたのであらうか、そこが神話の妙處である、神話といふものは斯うしたものであるが、しかし此の物譚に對する學者の多くは、古代出雲と朝鮮との間に交通をしてゐた事實の反映であらうと言ふてゐる、如何にもさうあらう、すると羅摩船《かかみふね》は可汗《カカミ》船であらねばならぬ、然らずとするも、航海の安全を祈る爲に、船中に鎭祭する奧津鏡《おきつかかみ》・邊津鏡《へつかかみ》の類から、義を取つて鏡船ともいふたものであらう、古代の韓鄕は、我が東大族中に在つて樞要の地に位置しゐたのであれば、東大族普通の對鏡觀念が何かの上に露はれて居なければならぬ。

女眞の阿骨打立つて帝と稱し、國を金と號したのは、我が古代東大族の遠裔が、若返つて花を咲かしたものであるが、それが建國の初に支那族を驚かしたのは、やはり鏡であつた、宋史に云ふ。

金は國に城郭宮室なく、契丹の舊禮を用ゐ、結綵山に如《ゆ》いて倡樂を爲す、但衆樂の後に於て、舞女數人を飾り、兩手に鏡を持ち、電母《いなづま》に類することをなす。

シャーマンと鏡

彼は古代よりの遺風を存して、新に強盛を致し、一擧に宋帝を捕虜とするに至つた。されば鏡は古代からの遺傳に由る心的崇仰の表現と敬はねばならぬ。鳥井龍藏氏の著書に曰はく。

大陸に居るアムール、烏蘇里流域のゴリド、其他ツングースの風俗習慣では、シャーマンが盛んであり、善神惡神善靈惡靈があつて、體內に惡靈が入ると病になると云ひ、男女のシャーマンがあつて之を除く方法を行ふ………祈禱の時は、頭に今のイナヲの如き削り懸け、鈴を着け、胸に鏡をつけ、腰には幾枚もの鏡や鈴を帶んで居るため、動くたびにかち合つて光を發し響を起す、固有の朝鮮人の宗教と云へば、シャーマンであつて、之こそ彼等の古い時代からの宗敎である、………巫子となるには鏡が必要であつて、山林中に探し求めて得た時に巫子となるといふ、此は恐らく極く古い形式の話であらう。

我が上代人の鏡に對する或る哲學的思辨は餘程早くから進步して居たやうである、右博士の謂はるゝやうな狀態は其の以前のいつの代にか通過したものらしい。但し巫子者流の爲せる鏡の取扱は別である。因に云ふ、本章に神者耀體とあるは光體といふことである、之を光といはないのは、多分太宗の諱が德光なるに因り、避けたのであらうと想ふ。

第二章　日祖東大海に禊して日孫を生む

恭惟日祖名阿乃沄翅報云戞靈明澡平辰云珥素佐煩奈清悠氣所凝日孫内生

譯　文

恭しく惟みるに。日祖名は阿乃沄翅報云戞靈明《あめうしふうかるめ》。辰云珥素佐煩奈《しうみすさほな》に澡す。清悠の氣の凝る所。日孫内に生る。

天照大神の尊名顯現

我が古典に天祖天孫とあるを、本頌叙には日祖日孫と爲してある、阿乃はアナ或はアミと讀むべきであるが、我が古言に合はしてアメ（天）と訓む我が古言アメを、大陸族はアナ或はアミといふて居たかも知れぬが、其れに拘はらず我が古言を取つて推讀す、以下之に倣ふ但し原義を異にすと思ふ者は此例に在らず、戞は前章に從ひ日と解し、幷に次章の疏解依つてて、日祖の名を左の如く譯讀した。

天大君靈大日靈《あめうしふうかるめ》大陸族はヒ（日）をカ（戞）と稱し居たのであれば更に譯すれば

天大君靈大日靈《あめうしふおにひるめ》である

何をか疑ふべき明に是れ我が天照大神の尊名顯現である、初は斯くと知る由もなく、大陸族が古代に如何なる神を想定してアナウシホウカレメと名つけたのであらうかと、久しい間思案に能はずして考へ惱んで居た揚句に、不圖したことから御名と覺った時の喫驚は譬へんに物なく、はては呆然自失に落ちて我と我を怪むだのであつた、實に是は大問題であつて不學予の如きが疏解し得ることでない、只々何かは知らねど我が神話が、或る某の時代に大陸を蔽ふて居たのであらうと考へる外はない。

日祖が辰《し》云《う》珥《み》素《す》佐《さ》煩《ほ》奈《な》に湶して日孫を生んだと云ふことは、其のシウミスサホナが頗る難解であつたが、辛うして左の如く讀み得た。

東《し》大《う》海《み》清《す》白《さ》穗《ほ》波《な》原文の煩奈はハナと訓むべきであるが、煩は亦ホとも音するので、波の穗に考へてホと訓むだのである、ハナと訓むでも原義に變りは無からう、

東をシと訓むわけは次章に譲り、大をウと訓みしは左の理由による。

我が神話に意《お》富《ほ》斗《と》能《の》地《ち》といふ神がある、其の意富は大の義で、大きいと云ふことの美稱の接頭詞と解されてゐる、そのオ・ホ二音を反功するとオに歸納し、オはウと通音であるから、ウといへは大の義を表すことになる、大人と書いてウシと訓むも亦其の道理があるからのことで、本頌叙の沄《ウ》又は云《う》が、大人《うし》のウと同義なるを知るべく、海をウミといふも亦大水《うみ》と云ふことであらう。

スサを淸白と訓むだは別に釋明を要する程のことでなからう、心に濁なきを淸々《すがすが》しと云ふ類は人

原始神の修禊

の普く知る所、白をサと訓ずるは俗に白湯《さゆ》と云ふのでも判らう、シ・ロの反ソにしてソはサに叶轉す澡は字書に修禊之意とあれば、我が古典の禊《みそぎ》の義と解すべく、禊は身滌《みすす》ぎである、乃ち日祖が東大海《しうみ》清白波《すさな》に身滌ぎしたといふことは、伊邪那岐《いさなぎ》神が阿波岐《あはき》原にミソギハラヒしたまひしといへるに一致せる古代儀式なりと看取される、只異る所は日祖が海原でミソギしたのに對し、伊邪那岐は河原でしたことである、其のミソギの場處阿波岐原を、日本書紀に檍原《あはきはら》と書いてから、青葉木《アチハキ》だとか、栢の古名だとか、青木だとか、萩だとか、衆說ならび起つて阿波岐といふことが、何の義とも到頭分らずじまひである、而して其のミソギの場處も、筑前香椎の濱だとか、儺縣《なのあがた》今の筑前博多だとか、日向の橘郷だとか、各々其の說を取つて學者たちが爭つてゐるが、いづれも蕞爾たる筑紫の一區域內に似寄の地名を搜出して爭つてゐるに過ぎないやうである、果して我が伊邪那岐の大神は、そんな小さな者であつたのであらうか、換言すれば、吾人の先民たる上代人が、己の宇宙觀を取つて、それを宇宙に與へて、而して看取した宇宙は、そんな小さな者であつたのであらうか、若も本頌叙の言ふやうに、吾人の祖先が東大神族として、漢民族以前の大陸先住民であつたとしたら、博多や香椎や橘郷などが、原神修禊の靈場と目さるべきであらうか、大陸族の看取した東大海清白波は、大海日出の處を看取してのことで、其處を日祖修禊の靈場と觀じたのであらうから、我が神話が大陸を蔽ふて居たとの概念、換言すれば我と大陸とが神話を共通にして居たとの解釋よりすれば、我が原神たる伊邪那岐のミソ

我が神話と大陸神話との連鎖

ギと、大陸の原神たる日祖のミソギとに何等かの連鎖が無ければならぬとされやう、乃ち伊邪那岐のミソギの場處阿波岐原は、青海《あをみ》原であらねばならぬとの、心動きを爲さずには居られない、我が神話に其のミソギの場處を語つて。上瀬《かみつせ》は瀬速し、下瀬《しもつせ》は瀬弱し。とあれば河流のやうにあれど、海にも瀬はある、現に瀬戸といへば海のことに人は取つて居る、兎に角我が神話の阿波岐原は、大陸神話に對し今一應よく考へて見なければなるまい、換言すれば大なる神話を小さい箱庭の中に閉込め置いたことを耻かしとし且悔ひねばならぬ場合であらう、併しミソギの結果貴子《うづのみこ》を得たるは、伊邪那岐も日祖も同じである、其處に雙方の神話を繋げる大連鎖が認められる、我が古典によれば、伊邪那岐の神ミソギによりて生《な》しませる御子二十六柱のうち、最後の三柱は天照大神・月讀命・建《たけ》速須佐之男命《はやすさのをのみこと》なりとある、本頌叙の謂はゆる日孫は、その三柱のうちなる須佐之男命にあらずやと思はれるふしの多いだけ、それだけ雙方神話のミソギに或る心的の共通があつたと思惟されるのである、而して我が神話では、天照大神と須佐之男命とを兄弟の序に配しあるに、本頌叙では日祖と日孫の關係を母子の親さに結むである、須佐之男が日孫なりや否は姑く別問題として、須佐之男が母を戀慕するの異常なりしは、青山を枯山の如くに泣き枯らし、河海を悉く泣き乾したとあるくらゐ、そして僕《あ》は妣《はは》の國に行きたい爲に泣くと言はれてもゐる、本頌叙の謂はゆる日祖日孫の關係に於て、その狀は異つても、母を戀慕する日孫切實の心は、かくこそありつらめと思はれるふしもあつて、而して母たる日祖の名が、我が天祖の名に訓め、日孫の名も亦順瑳《すさ》（次章詳出）なるに於て、古代大陸神話と我が神話との間に靈的連鎖ありたること、殆ど疑の餘地なしと思はれる。

第三章　日孫の天降

日孫名阿珉美辰沄繾翅報順瑳檀彌固日祖乳之命高天使鷄載而降臻是爲神祖蓋日孫讀如戞勃高天使鷄讀如胡馬可兮辰沄繾翅報其義猶言東大國皇也

譯文

日孫の名

日孫名は阿珉美《あめみ》・辰沄繾翅報《しうくしふ》・順瑳檀彌固《すさなみこ》。日祖之に乳し。高天使鷄に命し。載せて而して降り臻らしむ。之を神祖と爲す。蓋日孫讀むで戞勃《かも》の如く。高天使鷄讀むで胡馬可兮《こまかけ》の如し。辰《し》沄繾翅報《うくしふ》は。其の義猶東大國皇と言ふが如き也。

東大國君靈

日孫の名アメミは天御《あめみ》なるべく、我が神話に天御中主神《あめのみなかぬし》・高御產巢日神《たかみむすび》あるが如く、御は敬稱詞である、シウクシフは東大國皇の義とあれば爰に東大國君靈《シウクシフ》と譯す、スサナミコは前章の素佐奈（清白波）に稽へて淸白波御子《スキナミコ》の義と思ふ、即その全稱は

天御東大國君靈淸白波御子《あめみしうくしふすさなみこ》

アメミは韓人の我國に齎來せし神名に阿麻美古曾といふがある、之に見て大陸語にそれのあつたことが證される、日孫と書いてカモ勃をモと訓むだのであるが、マともムとも訓めると讀むのも亦我が古訓に同じである、日字は波行《ハヒフヘホ》に於て天津日《あまつひ》・今日《けふ》・日置《へき》等と訓ずるが、亦加行《カキクケコ》に於て日下《くさか》・晦日等と訓じ、殊に五日《いつか》・七日《なのか》・幾日《いくか》等は常に多く用ゐられ、「日日並《かかな》べて、夜には九日《ここのか》、日には十日《とをか》」などいへば、大陸族が日をカといふてゐたのは、さもあるべきである、又孫をモと訓ずるは我が國訓の孫《ま》に異らず、古代韓語ではミと訓じたやうである。

高天使鷄

高天使鷄をコマカケと讀むは、コは高《たか》の約言でもあり、又タカのカがコに轉じたのでもあらう、マは天《あま》のマで、高天《たかま》ヶ原と云ふとき、マと略言されるので分る、カは天使《あすか》のカ、ケは鷄《かけ》のケであらう、今の鮮語でも鷄をタケと云ふ、即高天使鷄《コマカケ》と假名づけられるわけであるが、この讀方は音讀でなく全く訓讀なれば、是れにて我が大陸族の漢字取扱振りが、或る場合、吾が萬葉風の扱振りであつたと知れる、それにしても節々悉く我が古訓を以て釋明し得られるのは、あまりに不思議である。想ふに日祖は、太陽に對する敬畏から成る自己觀念を取つて、之を太陽に與へ、そして畫かき出せる人格神なるにちがひ無い、乃ち我が神話と全然同一の信仰對象の上に立脚してゐる者であらう、彼等の謂はゆる日祖は日輪であつて、淸白波《すさな》に渫《みそぎ》したとは、朝晴の澄わたりたる大海原に、日出を見ての觀想であらうが、しかし日祖は仰ぎ瞻る日輪そのまゝのものでなく、人格化されたる日輪神その者であれば、其の和魂《にぎたま》は溫いもので熱いものでない、從つて兒に乳呑ます恩愛の藹鬱が其の中に認められる、其の愛の權化が、日祖を女性ならしめたのであらう。然かし之に賴つて育つた日孫は、國土の大王であり、翼をもたぬ人間である、天より降臻するに何物かを要する、高天使鷄《こまかけ》が載せて降つたと云ふは、然かあらねば成らぬ理法の導きからであらう、して其のコマカケは何者であらうかと云ふに、我が神話に

次に生みませる神の名は鳥之石楠船神《とりのいはくすふねのかみ》、亦の名は天鳥船《あまのとりふね》と謂《まを》す。

とあつて、船を人格神に見立て魂を與へてゐる、コマカケは取も直さず是であつて、要するに船のことに相違なからう、其の天鳥と謂ひ天鷄と謂ひ、稱呼の上にまで風趣一體を表現せるは、益以てその由つて來る所の二ならざるを認め得る。

須佐之男命の名の原義

爰に問題となるは、我が神話の須佐之男《すさのを》と本頌叙の順瑳檀《すさな》との、名稱原義の異同である、之男《のを》はこれを約音すればナ（檀）となるべく、檀《な》はこれを延音すればノヲ(之男)となるべきに因り、二者ともに其の稱呼の上に異同は認めない、併し其の原義に至つては須佐之男のスサは荒《すさ》の義に解されて居る、其の祭つてある社名を須賀神社といひ、須賀は淸々《すがすが》しのスガなりと聞けど、それは此の神の詔《のら》せた言の中にそれがあるからのことで、本體の名の須佐はどこまでも荒《すさ》ましき神の名とされて

三貴子生成に對する諸説

居る、ところが本頌叙の順瑳檀《すさな》は清悠氣所レ凝、日孫内生とあつて清の清なる神とされて居る、乃ち其のスサナは清白波《すさな》であらねばならぬ、從つて日祖の禊せる東大海の波を荒振《すさぶる》浪とは取れぬ、どこまでも清白《すさ》之波と解すべきである、是に於て彼我二神の名は、其の音を同うして其の訓を異にすとしなければならぬ。併しこゝが考へどころである、我が神話を按ずるに、高天原神話に於ける須佐之男は、いかにも暴《あ》らぶれた惡神のやうにあれど、出雲神話の上では打つて變つて情もあり涙もある英雄神になつて居て、二様の神格がそこに現はれてゐるのは、一體どうしたわけであらう。

因つて姑く其の本に反つて觀るに、天照大神（日神）及び月讀命（月神）幷に須佐之男命（素尊）は、ともに伊邪那岐神の禊に因りて生成《なり》ませる三柱の貴御子《うづのみこ》であつて、古事記に依れば

於是《ここに》伊邪那岐大神左の御目を洗ひたまひし時に、成りませる神の名は天照大御神《あまてらすおほみかみ》、次に右の御目を洗ひたまひし時に成りませる神の名は月讀命《つくよみのみこと》、次に御鼻を洗ひたまひし時に成りませる神の名は建速須佐之男命《たけはやすさのをのみこと》、此の時伊邪那岐命、天照大御神に詔りたまはく、汝《な》が命《みこと》は高天原《たかまのはら》を知らせと事依《ことよ》さしたまひき、次に月讀命に詔りたまはく、汝が命は夜之食國《よるのをすくに》を知らせと事依さしたまひき、次に建速須佐之男命に詔りたまはく、汝が命は海原《うなはら》を知らせと事依さしたまひき。

とあつて、左右の目及び鼻から三貴子が生れ、而して高天原《たかまのはら》及び夜之食國《よるのをすくに》幷に海原《うなはら》が三貴子分治の處と定められてあるが、之に對する學者の所説は實に紛糾錯綜で、十人十色の意見が群がつてゐ

る、其の中に於て。

日神月神を左右の目から生まれ給ふたものとしてゐるのは、光る物から聯想せられたもので、鼻を洗ひ給ふ時に、須佐之男命が生まれ給ふたと傳へてゐるのは、呼吸から暴風雨の神を聯想したものゝやうに解せられる、要するに禊によつて心身共に清淨潔白になつた伊邪那岐神の目から、最も尊嚴なる天照大御神と月讀命とが現はれ、鼻からは荒神の須佐之男命が生まれ給ふたといふ事は、上代人の心理から考へたならば、至極尤な事であつたであらう。

とは次田學士の所説大要であつて、最も溫厚の說とし迎へられるが、之とは異つて、高天原神話の原體は只日月二神だけであつたのに、素尊を加入せしめて三神としたので、遂に不合理のものにしてしまつたとの非難說がある、即ち

元來三といふ數字が日本神話本來の思想ではない、三位一體の說は神典には元來無いことである、最初は日月二神であつたところへ持つて來て、新來の一神が加はつて來たので、配合の工合が妙なことになつたのは蓋止むを得ぬことである、月讀命が全く無意義なものに成下つてしまつたのは、恐く素盞嗚が出來て來た結果であらう（高木敏雄氏所說摘要）

の如きがそれである、いかにも月讀命といふは名前だけあつて、何といふ事も無い神である、そして素尊と重複したところがあるので、平田篤胤は其の著古史成文に於て、素尊と此の神とを一體の

者としてゐる、津田左右吉氏も亦月神の出現及び存在の無意義なるを論じ、又日月二神に對してスサノヲの命が海原を領有すといふのは、神代史全體を貫通する思想にも背き、目前の事實とも矛盾するものなりと說き、而して左の如く言はれてゐる。

日月二神の出現はイサナギの神が目を洗はれた時、スサノヲの命のは、鼻を洗はれた時のこととしてある、目は左右の二つしかなく、さうしてそれは日月二神で占領せられてゐるから、スサノヲの命には何か他のものをあてがはねばならぬのであるが、それにしても鼻を洗つた時といふのは餘りに木に竹をついだやうな感じがする云々（神代史の研究。節錄）

三神の領土分治といふ話は本來無意味であつて、物語の精神は、日神をタカマノハラに上げてそこから國土を統治させるといふ點にあると見なければならぬ、ただ日神に伴ふて月神が生れてゐるため、それを日神に配合するとか、それに夜を支配させるとかいふ話が出來たので、そこまでは無難であるが、調子はづれのスサノヲの命が現はれたため、かういふ無意味の領土分治譚が作られるやうになつたのである云々（同前）

いかにも素尊と鼻、鼻と海原との關係は我が神話の上でどうにも理解のしやうがない、從つて高木敏雄氏の如きも、鼻と海原との關係は之を認むる能はずと言ふてゐる、したがそこが考のしどころで、若も素尊が高天原神話以外の神話から高天原神話へ割込んで來たのであつたのなら、ハナも一しよに割込んで來たとされやう。しかし其のハナは、顔についてる鼻とも、樹についてる花とも、其の他の何ともまだ判らぬ未知のハナであらねばなるまい、それを日月二神が左右の目から生れたとする或る傳説の中に割込ませやうとすれば、其の未知のハナが鼻とされるのは、無理のない自然のことであるまいか、斯く前提し置いて、さて其の未知のハナが何であつたかを考へるとき、考に入り來るハナは、さきの第二章の東大海清白穂波《しうみすさはな》の穂波である、穂波の原文は煩奈であつて、字音の上からはハナと讀める、之をホナと讀むだは前に言ふ通り煩にホンの音があり且つ波の穂といふ成語があるからのことで、大陸族は穂をハといふてゐたかとも思はれる、何は兎もあれ素尊は大陸神話中の者に違ひなく、そして出雲神話は大陸神話の分影と思はれるのであれば、その神話上の造化神兼英雄神たる素尊は、大陸の天御東大國君靈清白波御子《あめみしうくしふすさなみこ》に相違あるまいから、それが妣《はは》とする所の日神の懷《ふところ》に歸納し來るは、亦無ければならぬ自然のことである。たゞ之を古に溯つて、其の歸納の際に於ける因由次第を、語りいだす人の心のはたらきが、眞傳訛傳の錯綜に惑を生じ、其の惑の解決を己が智識の及ぶ限に止めたるは餘儀ないことである、從つて清白穂波《すなはな》のハナが鼻となり、清《す》白波御子《さなみこ》のスサが荒《すさ》となつたは怪むに足らぬことで、亦咎めることの出來ない道理のものである。若夫れ之を我が古典の全體に渉つて考證せんとせば、其の説頗る長きに亘るべく、今のこの場合に能くする事でないから、別の機會に讓つて略するが、我が古典に難癖をつけて、時の朝廷が其の政治

我が神話は大陸族との共同信仰の餘韻

我が上代人に對する批評の謬妄

上の必要から附會し作爲したものと爲すは、極めて當らぬ說である。何となれば我が神話は、大陸族との共同信仰の上から自然に語り續けられた餘韻であつて、一國の作爲に成つた者とは認められないからである。且神話といふ者は、その時代に於ける官府信仰・氏族信仰・民間信仰等の合流なれば、淸める涇も之に合し濁れる渭も之に合し、矛盾もあれば扞格もあらう、それが即神話の性質であるから、方程式を立て未知數を求むるやうな論法を以てしては、決して神話を扱ふことは出來ない、今若し古事記と書紀との各說を取つて之を方程式に上せ、其の矛盾を排し扞格を斥け、異を去つて而して其の同じきものだけに就いてXを求めたなら、たゞ官府信仰の或る者だけが政治上の色彩に於て現はれるだけで、其の餘の氏族信仰も民間信仰も現はれては來ないであらう、それを以て我が上代人をば、只禁厭《まじない》だけを有りがたがつて居て、日月に對する信仰も多神に對する敬虔も、それを持つまでに進むでゐない未開幼稚の者であつたと斷ずるは、信仰なる者の多くが常に不文の下に存するを知らないで、一にたゞ之を文獻の上に求めんとする極めて狷介なる妄批と謂はねばならぬ。譬へば日神の御名オホヒルメ幷にそれに配されたる月神の名ツクヨミにしても、只「メ」をヒル（晝）に添へてヒルメと爲し、「ミ」をツクヨ（月夜）につけてツクヨミと爲し、晝と夜との二つの光明卽ち日月を呼んだだけのことゝ言つてしまへば、日月に對しての氏族信仰も民間信仰も何も其の上に無いことにならう、大陸族の多くが匈奴も契丹も高勾麗新羅も日に對する篤き敬虔をもつて居たことから見ても、獨我が國の上代人のみがそれに漏れて、日に對する信仰の何物をもたぬとは考へることが出來ない、彼我神話の共通であるわけは以下各章に於て自ら知り得ることである。

第四章　東大神族

族延萬方廟曰弗菟毘廷曰蓋瑪耶國曰辰沄繾稱族並爲辰沄固朗稱民爲韃珂洛尊皇亦謂辰沄繾翅報神子神孫國于四方者初咸因之

譯　文

族萬方に延《はびこ》る。廟を弗菟《ふと》毘と曰ひ。廷を蓋瑪耶《こまや》と曰ひ。國を辰沄繾《しうく》と曰ひ。族を稱して並に辰《し》沄固朗《うから》と爲し。民を稱して韃珂洛《たから》と爲す。皇を尊むで亦辰沄繾翅報《しうくしふ》と謂ふ。神子神孫四方に國する者。初め咸《みな》これに因れり。

太靈

廟名弗菟毘は、字面の上ではホトヒと讀むべきなれど、こゝではフトヒと讀むで太靈《ふとひ》の義と解す。蓋瑪耶《こまや》は高天使鷄《こまかけ》から取義した廷名であらう、耶は宮《や》である、即ち廷名の義は高天宮《こまや》と云ふことなのであらう。辰沄繾《しうく》は東大國。辰沄固朗《しうから》は東大神族《しうから》。韃珂洛《たから》は國神族《たから》大陸族は國をタと稱すである。辰沄繾翅報《しうくしふ》

（東大國君靈）は前章にあるとほり日孫の名であるが、皇を尊むで亦斯く曰ふとのこと。そして神子神孫の四方に國する者、最初は皆このとほりの美號優呼を用ゐたと、遠き古しへを物語つて居る。民をタカラと稱すること我が古典にも存し、大寳《おほみたから》の優呼さへあれど、其のタカラは珠玉財貨の寳になぞらへての美稱で、睦まじき裏に貴ぶ意が含まれあると解されてゐる、今本章にいふタカラはそれと意義を異にし國神族《くにのかみつやから》の義に取れる、韃は檀君神話にも

移二都於白嶽山阿斯達《アシタ》一。又名二今彌達《キミタ》一。

とあり、其の他にも達《タ》字のつく地名少からずある、魏志には此の阿斯達《アシタ》を月支《アシ》國と譯しあるが、如何にも達《タ》は國の義と思へる、我が國の地名には此の達を田字によつて現はしあるが、假に字を替えて見ると碩達《おはいた》縣大分阿含達《あがた》縣即ち等となる。因つて考ふるに我が古訓の田は、必しも水田の義でなく、或る廣い地域を稱するを原義としてゐたのであるから、小なれば村邑、大なれば郡國を田と稱して居たのであらう。珂洛《から》の珂は戞珂旻（日神體）の珂《か》、即神《か》であればカラとは乃神族《から》の義と知られ、財寳になぞらへたる比喩的美稱でもなく、形容的優呼でもなく「國の神つ族《やから》」實質そのまゝの直指單稱である。我が古典タカラの義に就き喜田博士は左のやうに言はれた。

農民のことを古い言葉では「おほみたから」と云つてゐた、是まで普通に國學者の解釋では、農民は國家の寳である、天皇の大御寶《おほみたから》であるといふ説明に滿足して居たが、これはどうも間違

つて居るやうである「おほみたから」とは天皇の大御田《おほみた》の「やから」といふことであらう、原則として日本の田地はみな天皇の御所有で即ち大御田である、また「から」は、やから・うから・ともがら等のからで「族」といふ意味なれば、つまり農民のことを「おほみたから」と申したのである民族と歴史

東大國君靈の解

また辰沄《しうから》固朗の固朗も珂洛と同義で、只譯字が違ふのみのこと、即東大神族《しうから》の義である。予が東族一般を汎稱して東大神族と謂ふは、こゝからのことで、敢て濫に創意したのではない。辰沄繾翅《しうくし》報《ぶ》を東大國君靈と譯したについては、一應の解説を要すと思ふ、字音からいへば、繾はケンであるから、促音にてもケと讀むべきであるが、ケ・ムを反切すれば歸納音クとなるに由りクと讀むで國《ク》の古訓に合はしたのである、それは前章の疏に辰沄繾翅報は東大國皇なりとあつて、國と繾とを同音に訓ませ居ることの明かなるに據る。東を辰《し》の音に從つてシと訓みたるは、日の灼然《シルキ》意をも考へ又東雲をシノノメと訓むをも考へてのことであるが、要するに大陸族が古代に在つて東をシと謂つたと思ふより外釋きやうがない。翅《シ》報《フ》は初め人《シ》秀《ホ》と訓むで見たが、それを皇の義とするは影體詞を取つて本體詞に替えたやうで面白くない、因つてフとヒとの通音に考へ、ヒ（靈）をフに當て君《シ》靈《フ》と訓むだのである、更に古音を稽ふるに、通雅始疑の篇に東方曰二朔來一、朔來知レ爲レ東とある、乃ち朔來はソラにて國語天をソラと謂ふに叶ふ、それが東方の義なるに於ては、朔《ソ》の轉音なる翅《シ》を東の

韓土をコマと稱する所以

稱となせるは、東大神族上古の音と謂ひもされやう。

廷を蓋瑪耶《こまや》と曰ひ又前章に高天を胡馬《こま》と訓まして居るのは、之に由つて史學上に發見する所必多大なる者あらうと思ふ、古來我が國では韓國をカラと稱しまたコマと稱した、何故コマと稱したかは今日までまだ定說が得られずに在る、中には高麗てう漢字音から來た稱呼だと思つて居る者もあるが、それは恐らく誤解であらう、高勾麗にせよ高麗にせよ、其の國自體の君民は己の國號を決してコマとは訓んで居なかつた、そして漢字音の通カレイ約音カウレイ常音或はカライ・カウライと讀むでゐたのであつた、近頃學者間に現在韓語が漸く知られたる爲め、コマの稱呼が漢字音から出たのでないと云ふことだけは僅に知れて來たが、その代りコマと呼稱した所以が、更に闇となつて、まだ根據ある適說を立て得ずに居るらしい、或る學者は說を作して曰へらく

我が朝廷にては高麗王國を特にコマと呼び、貊字をも同しくコマと訓し來り、決して他訓を混ずることなし、是れ必何等か嚴格なる理由あるべきなり、高麗（即高勾麗）の原稱は馬韓の古《コー》離《リ》國又は古昔の北夷槀離《カオリ》國にして現音の如くカオリーなり、又國都の如きも忽本と云ひ國內城と云ひ丸都城と云ひ平壤と云ひ、一もコマと指稱さるべき類似音を有せざるが故に、何等か關係的事由に原因するものならざるべからず、而して其の關係的事由の明白なるものは、功滿王の來朝なるべし、何となれば功滿王は高麗王國の附屬國を免れんが爲に來朝せるもの、即高麗

版圖の一部が投化し來れるものと看做され、高麗全般をも其の名（功滿）に依りてコマと呼ぶに至りしものたるべし上古史裏面

然れども功滿王の來朝以前に在りて、太古からの稱呼と思はれるコマてう地名が、尠からず存在し居た、その若干の例證を擧ぐれば、

今勿《こむ》　高勾麗の今勿奴《こむな》

功木《こむ》　同　功木達《こむた》

昆湄《こみ》　百濟の古彌《こみ》縣

軍彌《こみ》　辰韓十二國の一

乾馬《こま》　馬韓五十四國の一

蓋馬《こま》　遼東摩天嶺の古名にして蓋馬《こま》大山といふ、日露戰役に於ける黑木軍の史蹟

西蓋馬《こま》　盛京省新民廳西方平原の古名

又北史にも百濟の都を居拔城《こま》と稱し又固痲城《こま》とも云ふてゐる、是等に就て考へ且コマなる他名が殆ど全韓に存し且つ遼東にまで擴がつてゐたことを見ると、其の稱呼は古代からあつたものに相違ない。又學者の中には古代韓人が、熊を神として居た關係に起緣して、クミ・コミ・コム・コマ等の地名を生じたのであらうと云ふ者もあるが、韓人が熊を神としてゐた確證はない、恐らくは檀君

神話に熊が女人に化し檀君を産んだとあるところから、其の神話を以て韓人古代の信仰を傳ふるものと做し、熊神說を語るに至つたのであらうが、謂れなきことである、譬へば我が神話に和邇《わに》(鰐)のことが出て居るのを見て、古代の日本祖先は鰐を神としてゐたと斷ずることの不條理なると、一般である。幣原博士に從へばコは大の義、マは部落の義で、もとはコンマルといつてゐたのであらうと云ふことである、金馬郡と謂つたやうな或一地方の名の起りはさうかと思へるが、現在の韓語を以て上代を測度するは危險である。

然らばコマといふ稱呼は何に起緣したかといふに、前章幷に本章の蓋瑪耶《こまや》及び高天使鷄《コマカケ》に最古起原を有し、古韓初代の王統日馬《こま》氏に因緣した稱呼なりと斷ぜざるを得ぬ古韓王統は第三十七章參照從つてコマてふ稱呼は廣く遼東にも地名として存在したわけと思はれるが、旣に業に支那民族の爲に幾度か改名されて、今では知るすべもない、偶五代史を繙けば中に左の如き記事あるを見る。

契丹自二後魏一以來。名見二中國一。或曰。與二庫莫奚一。同類而異種。

乃ち庫莫奚《こまき》なる一族の存在を知り得たるが、庫莫てふ族名も何等かの關係が古にあつたのではあるまいか、以てコマてふ稱呼が地名のみならず族名にまで擴がつてゐたと推考される。又晉書四夷傳にも、秣鞨の內に冦莫汗《コマカン》國の存在を記してゐる、これは下の汗を省けばコマとなり上の冦《コ》を省けばマカン（馬韓）となる面白い國名で、必面白いだけの起緣を有つてゐるに相違ない、故にコマてう稱呼は旣に亡びたる遠い古の歷史中に起因をもつて居るものと推定される。なほ高勾麗・高麗等の名の緣由を考ふるに、學者或は高勾麗を以て、名を古の槀離國より取れるものと爲す、是れ杜氏通典等に據れるものにて、いかにも通典にはさうある、又三國志にも舊志（魏略）を引いて、昔し北方に槀離之國ありと云ひ、梁書にも高勾驪は其の先東明より出つ、東明は本北夷槖離王子也といふてある、これ等は皆本頌叙の如き好史料が世に無かつたからのことで、いづれも皆想像說なるを免れぬ。抑も高勾麗の先は、今の支那直隷省内に居つて高夷・孤竹（伯夷叔齊の生國）令支等と稱され、我が天孫遠征の際（第二十五章に詳か）高令と號し、國を擧げて先鋒に立つた東族である、それより遙か世を隔てゝ後、久しく漢邊に失意で居たのを、辰國（三韓の古稱にして主體は馬韓）が漢を防ぐ爲めの急務から、遠く之を漠邊より招致したのが高令即高麗なのである、故に高麗は高令の同音異譯にして、高勾麗と書くは、勾吳・於越等の勾又は於と同じく、勾は助詞に過ぎぬ、譬へば平壤をヘグシャグといひ、奉天をムクデングといふの類で、グは何の意味もあるのでない、それを古久麗・高久美等に作つてクを意味ありげに見せたるもある。

祝詞考（加茂眞淵著）に云ふ、大祓詞なる古久麗は高麗なるべし美ともあるは麗を誤れるなり云々。

要するに高麗は嘗て高令と稱し、山海關内に居つた東族の號なるが、王建立つて新羅を滅し、八道の命を革めたる際、亦國を高麗と號したは、高麗の意義に棄て難いものがあつてのこと丶思はれる。それは何であつたかと云ふに、本頌叙第三十七章に據れば、高令はもと辰國第二の王統干靈《から》氏から分れた者である、それが長い歳月の後、反つて來て高麗と爲つたのであれば、其の先祖が有せし韓半島當時滿州をも包有してゐたらしいの歴史は實に古いものとされる、且つ其の干靈《カラ》は本章の辰沄固朗《しうから》或は韃珂洛《たから》に淵源を有するのであらうから、愈以て尊しとされる、しかしそれ等の歴史は新羅に因つて盡く失はれ、王建肇造の際には何も殘つて居なかつた筈であるが、何か聞く所あつたに相違なく、そこで王建も亦高麗を以て國號としたものと思はれる、して見ると高令も高麗も干靈《から》氏と同じく、カラ（神族）と訓むべき歴史をもつた名である、しかし南韓に加羅國のあつた關係上、それと同音なるを避けんため、延音にしてカウライと讀むだであらうと思ふが、カラとカウライとは只其の短音と長音との相違に過ぎない、又カウレイと訓むでも原義を傷つけぬ、露西亞人が今も猶朝鮮をカレー或はカライと呼んでゐるのは、偶古稱を傳へ居る者と思はれる。然るに原字音轉訛の餘なりとも心附かずに、滿洲に在る高力屯・高力營・高麗門《カオリーメン》皆高勾麗の遺蹟等の現稱呼を楯に取つて、右の高麗をカオリなど訓むは徒に字音の變轉に追隨する淺慮の人達である。

高靈縣

因に云ふ、慶尚道に高靈縣といふがあつた、これは古の大伽耶《おほから》國の地で、我が古史に曰ふ意富加羅國の土壤である、後に大伽耶郡と爲り、又高靈郡と爲り遂に今の縣と爲つたのであれば、高靈はカラと訓むべき歴史をもつて居る、而してそのカラも神族《カラ》なること勿論と思へども、大伽

拓跋の解

庫莫奚

烏孫の王號昆莫

耶國の名そのものが、直接本章に謂ふやうな太古的神話に淵源をもつてゐるかどうかは猶不明である、但し加耶國の肇造より遙か上代に、其の山川邑里が神話の統宰を受けてゐたとは信じ得られる。

又本章の謂ゆる國神族《たから》の義に就て猶考ふるに、國をタといへるは大陸族の廣き範圍に亘つてゐたものらしく、鮮卑族の雄豪拓跋《タクバツ》氏の如きも、魏書序紀に北俗謂レ土爲レ拓、謂レ后爲レ跋とある、拓《タ》は即ち田《タ》・達《タ》國の義と其の義相通じ、跋《ハ》は翅《し》報《ふ》（君靈）の報《フ》と相叶ふ、世人多くは鮮卑族を以て胡と爲し、我が日韓族とは遠く相隔たれる異種なりとするも、實質必しもさうではない。

なほ前にゐへる庫莫奚《こまき》に就て稽ふるに、遼史世表に曰はく。蓋炎帝之裔。曰二葛烏菟《カウト》一者。世雄二朔陲一。後爲二冒頓《ボクトツ》可汗所一レ襲。保二鮮卑山一以居。號二鮮卑氏一。既而慕容燕破レ之。析《ワカツ》二其部一。曰宇文。曰庫莫奚。曰契丹云云また曰はく。鮮卑葛烏菟之後曰二普回一。普回有二子莫那一。自二陰山一南徙。始居二遼西一。九世爲二慕容晃所一レ滅。鮮卑衆散。爲二宇文氏一。或爲二庫莫奚一。或爲二契丹一云云乃ち庫莫奚といふ一族の素性はほゞこれで判り、なほ地志の上より契丹の西に位置しゐた者なることも分れど、其のコマキといふ名の原義は直接には審かにされない、去れど之を間接の證明に求むると、烏孫國の昆彌《コミ》といふが、其の義に近いやうである、漢書西域傳烏孫の條に。昆莫死。岑陬代立。岑陬者官號也。名《ハ》軍須靡。昆莫者王號也。名《ハ》獵驕靡。後書二昆彌一云。

師古の註にいふ「昆莫は本是れ王號にして其の人の名は獵驕靡なり、故に書して昆彌と云ふ、昆は昆莫に取り、彌は驕靡に取る、彌と靡は音に輕重あるのみにして蓋し本と一なり、後遂に昆彌を以て其の王號と爲せるなり」云々、乃ち昆莫《コマ》と昆彌《コミ》とは本と一の王號であつて、而して昆彌《コミ》が王號とし崇められるわけは、神《かみ》又は上《かみ》の義なるに由るのであらう、從つて庫莫奚の庫莫《コマ》も同じく其の義なるべしと類推される、但し烏孫の原種と庫莫奚の原族とが同じ者であつたかそれとも異つた者であるかは更に調査を要しやう、烏孫國大昆彌治二赤谷城一の註に。師古曰く、烏孫は西域諸戎に於て其の形最も異る、今の胡人の青眼赤鬚にして、狀獼猴に類する者は、本其の種なり云々。これを信ずべしとせば、烏孫の種族は眼の色鬚の色、今の歐人に似てゐた者とされる、もと匈奴の西に國し、漢の敦煌今の甘肅に接して居た者で、韓半島とは遠く相隔つてゐたのに、昆莫てう王號を有し居たのは不思議にもあれど、言語の分布は今を以て古を測られざる者があるから、徒に不思議とのみは言はれない、韓半島のコマ。遼東の蓋馬《コマ》。庫莫奚のコマ。烏孫の昆莫《コマ》。蓋必相關聯する所のものがあらう。

なほ烏孫の官號岑陬はシチと讀める、陬は鄒と同音で今音シウなるも、古音は邾と同音にてチウに叶へるのであつた、乃ち岑陬《シチ》てう官號の馬韓官號臣智《シチ》に同じく聞ゆるも奇である。

第五章　辰沄氏の起原

或云神祖名圖己曳乃訶斗號辰沄須瑳珂初降於毉父之陰聿肇有辰沄氏居於鞅綏之陽載還有辰沄氏是爲二宗別嗣神統顯于東冥者爲阿辰沄須氏其後寧羲氏著名五原諸族之間

譯文

或は云ふ。神祖名は圖巳曳乃訶斗《とこよみかど》。號は辰沄須瑳珂《しうすさか》。初め毉父之陰に降り。聿《ここ》に肇めて辰沄氏あり。鞅綏《あし》之陽に居り。載還《すなはちまた》辰沄氏あり。是を二宗と爲す。別に神統を嗣いで東冥に顯るゝ者を。阿辰沄須《あしむす》氏と爲す。其後寧羲氏。名を五原諸族の間に著はす。

日孫の別名

或云とあれば、本章は別在の一異傳を摘擧したものであらうが、日孫の名圖巳曳乃訶斗の圖巳曳は何とも云へぬ不思議のものであつて、乃訶斗は帝《みかど》或は尊《みこと》と訓める、此ミカト或はミコトといふ稱呼は、匈奴の古いところにもある詞で、東族に廣く渉つてゐたやうであるから、此語の此こに現はれたるを深くは怪まねど、その乃《み》を上につけて讀むときは、ツクヨミと爲つて、我が神話の月讀命《つくよみのみこと》と同一に聞えるのが妙である、若又圖をトと讀み己をコと讀む時は、トコヨミカトと爲つて常世帝《とこよみかと》といふことになる。月讀命《つくよみのみこと》といふことか、常世帝《とこよみかと》といふことか、どちらなのであらう、但其別號なる辰沄須瑳珂《しうすさか》の東大淸白《しうすさか》神なるは、前諸章に考へ復た動かぬ所と思ふ。今その淸白《すさか》神を我が神話の須佐之男として、月讀命との關係を稽ふるに、我が神話では、此兩者を明かに二體の神としてゐる、されど大氣津姫《おほげつひめ》の殺されたことに就ては、古事記は之を須佐之男の所爲となし、日本書紀の引ける一書は之を月讀の所爲となし、所爲の上では二神が一體になつてゐる。又古事記には、海原を以て須佐之男の治むる領分としてあるのに、書紀の引ける他の一書には之を月讀の領分としてある、即ち亦領分の上でも二神が一體になつてゐる。のみならず須佐之男の戀ひ慕へる妣《はは》の國なる夜見《よみ》國は、其名が月讀《つくよみ》のヨミと同一である。されど日月二神は大倭神話の本原にして素尊は之に加入されたのであるから、三神はどこまでも三神にて二神とはされない、故に予には平田翁等に從つて月神と素尊とを一神とすることが出來ない、因つて本章の圖己曳をトコヨと訓むで疏解をそれに專にしたい。蓋須佐之男の居つたといふ根之堅洲國《ねのかたす》は、或時は常世國《とこよのくに》と概想されたのであれば、命《みこと》を圖己《とこ》曳《よ》（常世）の乃訶斗《みかと》（帝）と謂ふこと亦其の道理《ことわり》に叶ふ、乃ち我が神話の或る筋が、此の裏に通つて居るとされる。もと我國と大陸とが、嘗て神話を共通にして居たとは概念し得る所なるも、斯くまで揆を一にして居やうとは誰か初めより心づくべき、乃そこに何ともいへぬ不可思議が感受され

日韓兩語共通の神話傳説

る。然しよく考へて見ると、是れぞ即ち上代に於て彼我の有せる同一性格神話上に於けるから、期せずして發露せる靈の尊き者の、同一分布に因るのかも知れない、乃夫の大氣津姫《おほげつひめ》の死に於て、其の死體から蠶及び五穀の原種がなりいでたといへるを、金澤博士は此の物譚を以て、日韓兩國に共通する言語上の遊戲から出たものならむと考證され、そして我か古事記の解釋に韓語を使ふといふ事が、甚だ突飛の様に見えるけれども、是は日韓兩國語が同系に屬する事を知れば、別に怪むに足らぬ國語の研究ことなりと謂はれて居る。

日孫の初めて天降せる處

かくの如く日韓兩語共通の上に作製されたる神話傳説ありとせば、此の例を以て推すも我が神話なるトコヨの國のミカドが大陸神話に現はれたを怪むわけにゆかぬ。而して本章の言ふ所を以てすれば、日孫の初めて天降つた處は今の遼西の醫無閭山である、次に居つた處は靺鞨國《あした》である、何れもさう海に遠くはないが海岸ではない、されば前章に於て日孫の乘つて降つた高天使鷄《こまかけ》を、船と解したのは或は當嵌らぬかも知れないが、醫無閭山は古代海岸であつて其麓まで海潮が來てゐたのであつた、（日孫の初めて降つた處を、醫無閭山と爲せるは、本頌叙編纂の際に於ける契丹學士の作爲が含まれてゐるかのやうにも感じられるが、其説は姑く保有し、讀者の自判を全編讀了の後に待つ）而して本章及び以下數章は主として族系の由緒を闡明するを目的とし、就中本章は東大神族の基本大系なる辰沄氏大宗の起原を、神蹟に由つて討尋し、一は遼西醫無閭の陰に興つて肅愼と爲り、一は韓内靺鞨の陽に興つて辰國となつた所以を、解説し居るのであれば、大陸に於ける東大神族研究の前提たる者である。

辰沄氏の二宗及び東冥の一大宗

我が天孫と阿辰沄須氏

將又右二大宗の外に、別に一大宗を東冥の表に認め居るは大なる奇異である。乃ち曰く、別に神統を嗣ぎ東冥に顯はるゝ者を阿辰沄須氏と爲すと、是れ明かに我が日本族を言ふて居るのである、東冥は莊子の北冥有レ魚の註に冥は溟也とあるによりて、我が東海を言へるものなりと知る、但阿辰沄《あしう》須《す》氏は難解である、シウは本と東大の義なれど、アシウスとあつては他に其の義を求めねばならぬ、若しや豐葦原《とよあしはら》のアシが阿辰の義に當りはすまいか、そして沄須は此の場合特にムスと發音されるのではないか、ムスは雲蒸す苔蒴《む》す等の「むす」で萬物成生の義を表はす詞である、この義を體して名とせる神は高皇産靈《たかみむすび》・神皇産靈《かみむすび》の二神にして、高皇産靈からは思兼《おもかね》高天原の謀主太玉《ふとたま》忌部氏の祖忍日《おしひ》大伴氏の祖兒屋《こや》根《ね》中臣氏の祖等の衆くの命《みこと》が生れ、幹枝頗る繁茂であつた、若しその幹枝を總稱するに一の姓氏を以てする必要ありとせば、産靈《むす》氏といふを最よく其の祖を表はすものとされやう、本章に謂ふ沄須氏は或はそれに當るのではなからうか。猶古典に依つて考ふるに、大氣津《おほけつ》姫が殺された時、産靈神《むすびのかみ》は其の死體に就いての始末をされて居り、羅摩《かがみ》船第一章に乘つて波の穗から怪しき神の現れた時、誰も其の素性を識つて居なかつたのに、産靈神はこれを見て我が子なりと言ふて居り。又高天原の事としては、天照大神が皇子忍穗耳命《おしほみみのみこと》をこの國土に降し給はんとする時、其の議に參畫して居り、高天原と出雲との國讓交渉に就いても、此の神は始終その謀に參畫して居られる。しかし古事記に此の神を以て獨化隱身の神としてある爲め、學者この神に子孫あるわけなしと論じ、隱身の神が數次其の姿

開闢神話は神話的藝術の最後の者

を顯はす事ある可からずと詰り、記の矛盾を鳴らして居るが、その獨化隱身の裏に己の祖先をこゝぞと確認したればこそ、子孫もあり系統もあり國の大事にも參畫し居るなれ、蓋しこの神の現はれは要するに産靈《むす》氏の行動と解すべきである。苟も我が古典を否定せざる限り、ムス氏の存在を肯定しなければならぬ、而して本頌叙がムス氏の後胤と爲せる寧義《にぎ》氏は、後文第二十五章に寧義騅《にぎし》とあつて實は我が天孫瓊瓊《にに》杵尊《ぎのみこと》にましますのである。讀者は此の言の餘りに突飛なるに驚きたまはんが、章を逐ふて進まば、史實いかにも斯くぞあると悟られるであらう、獨それのみではない、世に謂ふ箕子本頌叙は此名を認めず殷叔と稱すは一代にして嗣なく、爲めに天孫は皇子をして其の社稷を繼承させ、千年の王國を建設せしめたまへること、亦後文第二十八章に著はれて居る。故に天孫の御事は、我が國に在つては遠き神代の古しへに思惟されてゐるが、本頌叙に在つては人世中葉の史實として扱つて居る、而して辰《し》沄《う》殷《いん》世の所謂箕子朝鮮は天孫が皇子をして襲がしめ給へる因縁の存するあれば、豐葦原の産《ムス》氏を著はすに、やはり辰沄の字を以てし、阿辰沄須《あしうす》氏と爲したのであらう、辰沄は東大の義なれば、其の義を有する文字を以て尊稱的美言を兼ね、阿辰沄須氏としたと取れば、いかにもと肯諾されるであらう、寧義氏がなぜ天孫なるか、并に五原諸族のことは後章釋明の際に明かにする。

因に云ふ、歐人ブウント氏の說に曰ふ、開闢の神話は普通に神話の冒頭に置かれてあるけれども、それは神話成立の經路に於ける最初に起つたものでなく、却つて比較的後れて生成した神話的藝術

神代史本系以外の重要事

の最後の者である云々。いかにも肯《うな》づかれる、之と共に我が學界の諸說も多く之と歸趣を同うし、日本神話の傳承は諾册二尊の國土生成を以てはじまり、それより以前の事として置かれた天地開闢の條は、凡て哲學的思索のはじまつた後に云ひ出した事であるとされて居る。従つて天地《あめつち》の初發《はじめ》の時、高天原《たかまのはら》に成りませる神の名は天之御中主神《あめのみなかぬしのかみ》、次に高御産巣日神《たかみむすびのかみ》、次に神御産巣日神《かみむすびのかみ》云々の、古事記開卷第一の物かたりは何の價値もないものに成つて、此等の神々はズツト後世になつてから何人かの頭の中に生れ出た者と貶《おと》され、そして我が上代人の宗教的信仰の對象に、こんな神は無かつたと宣告を浴《あび》せられて仕舞つた。今の科學的論理からすれば確かにかうもあらう、只我が神代史に於て頗る重要な地位に置かれてある高御産巣日神《たかみむすびのかみ》に就ては、更に一考を要すと思ふ、いかにも津田博士神代史の研究も云はれて居る通り、此神は神代史の本筋に全く關係の無い、除き去つても毫も支障の生じない、遊離的の挿話に於てあらはれるのみであるが。然し神代史の本筋を皇祖神・皇孫神の傳統方面にのみ觀ずに、暫く之を民族的關係殊に大八洲と大陸との關係討尋の方面に移轉し見たならば、大陸よりの渡來神と思はれる小名毘古那《すくなひこな》が、波の穗よりあらはれて出雲の御大之御崎《みほのみさき》に到着した時、誰もこの怪しき神の素性を識る者なかりしに、ひとりタカミムスビ神のみ之を知つて居て、是れは我が子なりといへる一段の事の如きは、我が神代史上に於ける極めて重要のものでは無からうか。將又韓國より歸化せる天日槍も此の神の裔孫なりといへるは、この神が日韓神話共通の上に兩域に跨つてゐた者ではあるまいか。凡そ此の時代の神は、種族の原祖なるが多いから、神が兩域に跨つてゐるのは、兩域民族の同祖同裔を證するものとされやう。古典の本筋なる皇祖神と皇孫神との傳承次第の如き、及び編述者の心裡に政治的或るものが蘊藏されてゐて、故らに出雲を抑へ大和を揚げたやうな事は、誰にも自ら悟れる事なれば、それを措き、我と大陸族及び其他との古代關係を神代史の本筋に非ざる別の裡面から發見されたしとは、吾も人も齊しく世の碩學に求むる所である。

學界の或る方面に我が民族の素地を倭人・巨人・小人の三民族となし、倭人を三苗族の渡來とし、巨人を扶餘族の移住とし、小人を南洋ネグリート族の遷徙とし、これ等が先住民と爲つてゐた處へ、天孫民族が亞細亞大陸より後れて入り來つたと說く者もあれど。又一方には、天孫種たり大和種たる日本民族渡來以前に、夙に入り來つた同一の日本民族あつて、アイヌ族と其樣式を異にする土器謂はゆる彌生式を遺し居るとの事も、闡明されつゝあるやうである。此等の諸說によれば、同じ日本民族中に新古の別があつて、謂はゆる天孫系は金屬使用時代になつてから渡來した新らしき者といふわけになるが、要するにこの新古の區別は、天孫の筑紫降下を海外よりの渡來と做すからのことで、若しこれを大和なり伊勢なりの高天原即ち皇居から、或る使命を帶びて筑紫に下向されたことに見たら、新古の論は論の大本を失ふわけにならう。また從來國學者の所見のやうに曾《そ》之《の》高千《たかち》穗《ほ》之《の》槵觸《くしふる》之《の》添《そ》振《ふる》之《の》峰《たけ》を、一座の高い山としたら妙な事になつて、新らしき學界の嫌厭を買ふこととなるが、此の

天神と國祇との區別

一語の中に「之」が幾つもあるので分る如く。曾は噌唹及び阿蘇のソ。千穗は智保郷等のチホ。櫛は久住山。添振《そふる》は祖母嶽等にて、廣き地方の山野の名稱が、湊合されて一座の山のやうに語られて居たと悟らば、まさか天から一座の山の嶺に降つたとはされまい、實に天孫の天降《あまもり》といふことは、天から降つたものでもなければ、又新に海外より渡來したのでもない、從つて一の日本民族に古渡《こわたり》と今來《いまき》との別があるわけでなく、天地開闢の初想像の及ばぬ古を斯く云ふより日本のこの國土に居つてそして石器土器の時代を過ごして金屬時代に入つたものとすべきである、因つて亦天神《あまつかみ》・國祇《くにつかみ》の區別も、今の學者の想像する如き新來者と先住者とのことでなく、親しき君民的關係の上に取りかはされた相互の敬稱と解したい。本頌叙の所謂韃珂洛《たから》國の神つやからが即ち國祇《くにつかみ》の義であるとしたい。然しこれは基本的日本民族と日本國土との純的關係を云ふのであれば、それだけでは大きな機《はた》には成らない、治亂盛衰による幾多の變遷と共に、國土の大半が異民族の色彩に蔽はれたこともあらうし、大和高天原が闇になつたことなど、蓋亦神代史を織成する經緯であらねばならぬ、これ等經緯の研究を特に世の碩學に請ひたいのである。何故かと云ふに、予の如きも本頌叙の講究途上、やゝもすれば我が日本の基本民族を大陸よりの移住と推論したくなる、それは神話の共通なる所からも、古代言語の同一なる所からも、其の他種々なる點からもさう思念されるのであるが、偏に心の動きを抑へて、何とかして國本の正解を得たしと務めつゝあるは、我が天孫が皇紀四百餘年前に於て大陸に雄姿を現は

日本民族は天孫以前よりの古民族

日本民族最古の自稱

されても居り、そして其の天孫を阿辰沄須《あしむす》氏の後裔とも言ふてあれば、乃ち日本民族は天孫以前に於て既にこの國土にどのくらゐ長く年代を有し居たものか想像に及ばぬ所であり、かたがた今の學者の説に隨從して天孫の筑紫降下を、海外よりの渡來と爲し得ざるは勿論、其の以前に於ける長き年代の最古端を究め畢るまでは、我が民族を以て他より移住したものと爲すの極めて早計なるを自覺しつゝあるからである。それにつけて最も怪まるゝのは阿辰沄須《あしむす》氏といへる者である、之を我が神話に稽ふるに、天祖天孫は如何なる方面から觀ても諾冊二尊の後であり、而して諾冊二尊は我が神話の最始の者であるとされる。故に二尊以前の神話は諸學者の言ふとほり、後代になつてから溯つて添加された者で、謂はゆる神話的藝術の最後なる者と思料されるが、併しそれは神話形式作製上の常式であるから、その常式を超越して考一考する時、我が最古の民族は、自己のその族を何と稱して居たかが、頭に浮んでくる疑問ならねばならぬ、而して其の自稱は、その族全體の姓なりとして他の族からさう呼ばるべき理象のものであらねばならぬ、若しやそれが本章の阿辰沄須《あしむす》ではなかつたであらうか。其の古き自稱のムスが後代に神格化されて高產巢《たかみむす》・神產巢《かみむす》になつたのではあるまいか、又其の自稱のアシが靈化されて「葦牙《あしかび》の如《ごと》萠《も》え騰る物」に思惟されたのではないか。豐葦原のアシ。秋津島のアキ。及び倭《アイ》は。其の詞源蓋亦自稱アシに在らん歟。それを大陸族がどうして傳へ來つたのか分らぬが、多分それは天孫が大陸に雄姿を現はされてからの傳承であらう、この推想に幾分の理由ありとしたなら、天孫は御自身を阿辰沄須《あしむす》尊義雖《のにぎし》と仰せられてはゐなかつたか。そのアシてふ尊稱は、國稚《くにわか》く浮脂《うきあぶら》の如くなる中に成りませる阿斯訶備《あしかび》之神として神格化されてある。アシは葦の義に作られてあるが、美稱の接頭詞とも取れる言葉なれば、ムスを本格語としたら、アシは其の上に冠《かぶ》らした美稱とされもしやう。何れにしてもアシムスてふ語が神格化されて、そして諾册二尊の前に置かれたかのやうに思料される、それを前に置いたのは、神話的藝術からであるかも知れないが、ムスの神アシの神の名前までも、後人の頭の中から湧いた新案とするのは不詮議であらう。日本民族を何處から移住し來つたとするも、それは學者その人の自由考慮なれど、今からはムスてふ古稱を考慮の中に加へて而して去蹤來路を研究して欲しい。

第六章　東大神族の傳統稱呼

因亦念之雖世降族斅瓜瓞猶可繹綿緒而格其原壤例如瑪玕靺鞨渤海同聲相承珠申肅愼朱眞同音相襲傳統自明也矣乃爰討探舊史作次第如左

譯文

馬韓靺鞨渤海同聲

因つて亦之を念ふ。世降り族斁《やぶ》ると雖。瓜瓞《くわてつ》猶綿緒を繹《たづ》ねて而して其の原壤に格《いた》る可し。例へば瑪玕・靺鞨・渤海同聲相承け。珠申・肅愼・朱眞同音相襲げるが如し。傳統自ら明かなり。

乃爰に舊史を討探し、次第を作すこと左の如し。

瓜瓞は詩の大雅、綿の章に、綿々瓜瓞とあり、綿綿は絶えざる貌、瓜の大なるを瓜といひ、小なるを瓞といひ、周の同姓の繁茂せるさまを形容した詞であるのを假りて、以て東族の嘗て大陸に滋蔓せるに譬へ、そして言ふ、世降り族破れたりと雖、猶能く其の繫がつて居る蔓《つる》の緒《いとぐち》をたづね、其れをたぐつて行けば、本の根の處にいたることが出來るであらうと、我が東大族の古を明かにするの必要を說き、幷に同族糾合の急務を戒告したものである。蓋この急務は、支那に對して雄圖を懷ける契丹の帷幄に於て、緊切に感じたものと解される。瑪玕は馬韓であるが、瑪玕と作せるは珍らし、同聲相承くとは、馬韓《マカ》・靺鞨《マカ》・渤海《マカ》の同聲なるをいふ、これを漢字音の變遷に從つて馬韓をマハと發音せば、三者ともにマハであり、ボカ（馬韓を一に慕韓に作る）と發音せば三者ともにボカである。由來東大神族に入聲音なく、靺鞨の如きをマ・ツ・カ・ツの四音によむことは出來るが、入聲を以て二音によむことは今の吾人にも猶能くし難い、但し吾人にも上聲去聲は能くし得るので、常に入聲音に代ゆるに此の二聲の促音を以てするを例とす、即ちその促音を以てすれば、靺鞨はマカと聞え、入聲音尾のツは省けてしまふ。又東族には元來ンなる一音の發聲はない、（今や漸く能くするやうになつたが）辛うじてウムの二音に發聲したのであつた。漢族に在つては韓《カン》・辰《シン》・鮮《セン》の如きカ・シ・セを音にし、ンを韻にし一音韻に發聲すれど、吾人はカ・ンの二音に發聲して一音韻に發聲するに慣れない、强て之を一音韻に發聲しやうとすれば、カ・シ・セだけになつて、ンは無くなつて聞える。故に肅愼《シユクシン》の如きも、其の族の自稱はシ・ウ・シ・ムの四音なるべく、シク・シンの二音韻ではなかつたに相違ない、故に轉訛して今日に及んだ現存の支那字音を取つて、古の種族の自稱をそれと爲すは頗るあやしいものである。

珠申肅愼朱眞同音

同音相襲ぐとは、珠申《シウシン》・肅愼《シウシン》・朱眞《シウシン》の同音なるを謂ふ、朱眞とは女眞のことである、漢譯では朱里眞の三字音に表はし、之を女眞の本名と稱すれど、本名別名のあるわけではない、又女直と書いてもやはり同音である、即ち直にシイの音あれば、それを去聲の促音に發聲すれば、シンとなる、即亦女直《シウシン》なれば朱眞と女直との音にかわりはない。以上諸族を同聲同音として擧げたのは、單に其の稱呼上の異同辨でなく、實質相同じきものあるを幷せ語つてゐるのである、今之を極めて簡單に列叙すれば左の如くにある。

㊀◎瑪玕即ち馬韓は、漢の武帝が古朝鮮を滅して郡を遼東に置いた時、摩天嶺を郭と爲し鴨綠江を城と爲して抗拒の姿勢を執つたのであれば、漢の從軍將士が馬韓の存在を見聞しない筈はないのに、韓の名が、史記にも前漢書にも見えてゐないのは、頗る不思議のことのやうであつて、實は不思議

でも何でもない。それは韓といふ名が其時にはまだ無かつたからである。故に韓といふ稱呼は後漢の中葉からと思はれるが、それまで何と呼ばれて居たかといふに、辰《し》沄《う》國と呼ばれて居たのである、正に是れ前章に「神祖鞅《あ》綏《し》の陽に居り、すなはちまた辰沄氏あり」と謂へるに契合する。のみならず後漢書にも三韓は皆古の辰國なりとあつて、辰國と辰沄國との契合が傍證されてある。加ふるに又同書に曰ふ、辰王は盡く三韓の地に王たりと、この辰王といふ稱呼は、即ち亦前諸章に謂へる翅《し》報《ふ》との契合であつて、辰《し》沄《う》國《く》翅《し》報《ふ》てふ古稱の殘音である。但し殘音とはいへど、後漢書の著者が其の書を編む時に在つては猶それが現在稱呼であつたのである、故に同書は三韓を統ぶる王者の號を依然辰王と記して居る。現在その王號が辰なるに於ては、其の國號も亦辰でありさうなものなるに、國號にあつては辰を以て古稱とし、王號に在つては辰を以て現稱とせる後漢書の著者は、自己にも其の間の關係がよく判らなかつたのであらう、實に韓と辰との稱呼關係には判りかねるふしがある、

日韓古史斷は次のやうに判じた。

辰は小名斯《シ》盧《ロ》より出て又新羅《シラキ》ともなりたり、即ち東海濱の一地方より興りたる强盛なる一部族の名を以て諸國をも兼ね攝して辰國王の號あるに至れるなり、蓋之を韓といひ辰といふもともに其の初めを審にせずと雖、周末秦漢の際に及びては此の三韓國旣に已に分立せしや明かなり、而して周末以前に在りては、斯盧最大實に諸國を攝して辰と稱す。

三韓は何の區分ぞ

右は大家の論證なれども熟ら其の考據の那邊に存するかを究むれば、文獻の上に何の徵證もないのに失望した。若し周末或は秦漢の際から三韓と分立して韓の名が存在してゐたのならば、魏志や後漢書を待つまでもなく、史記前漢書若くは其他百家の書のいづれかに、韓の名が見えて居さうなものだのに、寡聞未だ發見するところがない。一體韓とは何の稱なのであらうか。辰は確かに國號と認められるが、其の國號に對する韓は何であらう、この研究には豫め一言し置く必要事がある、それは韓の最南部に特種勢範を有し居た倭である、この倭は半島全部を韓と汎稱する上には無論韓內とさるべきものなれど、辰王主權の及ぶ限りを韓と稱する上には、此の倭は其の主權の內になかつたので、韓外とされなければならぬ、之を漢魏の史に見るに、半島の大體的地境區分に於ては、倭を韓外に置いてゐるが、しかし三韓の各小國を數ふる時には、倭の勢範に屬する諸小國をも韓のうちに著はしてゐて、確たる自信のない模糊たる書方をしてゐる。さて韓の稱呼の何なるかを按ずるに、倭を除いたる三韓のすべては、盡く辰王の主權下にあつたのであれば、漢末に於ける主權分裂の蜀・魏・吳三國とは、全然その風趣を異にしてゐて、分立とは稱し難い、故に三韓てう區分名稱は主權の分裂から來たのでもなく、對峙の情意から生れたのでもなく、封建的なる方伯連帥の大邦でもなく、乃亦行政上の地方區分とも認められない、然らば種族的名稱かといふにさうでもなく、地理學的稱呼かと云ふに同じくさうではない。就いては其の三名稱ある所以は、他に其の理由を搜索せねばならぬが、あます理由は歴史的記念稱呼か否かの一つよりない。想ふに辰韓の地は、上古日孫が神子﨑礫濆分阿解《しらひきあけ》第十二章をして居らしめたといふ古傳のある處なれば、辰韓の名の起原は、先づ第一にそれであらうと思ふ、その辰韓の辰は、我が國語の白《シロ》にかよふ所あるが如く、中に斯盧《シロ》と云ふ古國があり、後に新羅《シラキ》と云ふ大邦が興りなどした、新羅の名に就ては種種の解釋があつて吉田博士は、新羅の邦訓シラキなるは、シラクニの約にして、大祓詞に白人《シラヒト》あり、延喜式に白國《シラクニ》あるは即これなりと言はれてゐる、シラキのキをクニの約とするは、ク・ニを反切すればキに歸納するので、さうかとも思はれるが、新羅史の著者福田氏は「キ」は何等の意義を有せざる一種の餘音に過ぎずと論じてゐる、蓋亦道理ある說なれど、クダラ・カラ等ラを以て詞尾とする者多きに、獨シラだけがキの餘音を有すとするは物足らぬやうにある。因つて考ふるに、辰韓はもとシラ韓であつたのではないか、韓は神《カム》である、神子シラヒキアケの頭號を取つて、シラカムと謂ひしを、漢人が耳に聞いて辰韓と譯出したのであらう。其の神子シラヒキアケは、我が筑紫の白日《シラヒ》別《ワケ》と本と同一神にして、日韓が嘗て同一神話に支配され、且つ一域たりしを證するものであらう。新羅の名を解釋するには、辰韓の名の淵源を大陸神話のシラヒキアケ、我が神話のシラヒワケに有すとして始めて其の理解が得られるであらう。猶一つの考は辰《し》沄《う》殷《いん》國第二十四章滅びて古朝鮮國第三十四章のはじまれる際、辰沄殷氏秦氏ともに辰國に遁れたるを、辰乃ち之を東藩に置いたと云ふ史實あれば、これも辰韓の名の起つた因由とされやう、しかしそれではシラキのキが生れた來ないから、第一の考によつて神子の名シラヒキのキが神《キ》の意義に於てシラキと爲つたと言ひたい。又弁韓は古韓第三の王統安冕《アメ》氏に起因した名と思へる即ち弁韓の地は安冕氏が王統を繼げる其の以前の故國か、或は王統を貴彌氏に讓つた後の地かであらう、天日槍は阿冕氏の末を率ひて歸化した者と思はれる而して馬韓の名の起因は、第一王統の日馬《コマ》氏第二王統の干靈《カラ》氏に緣つたもので馬干《マカ》即合稱なるべしと思ふ、この合稱は自ら亦高天使鷄《こまかけ》に淵源を有する高天神族《コマカラ》の義に一致するものである。要するに三韓の古名が辰沄國なりしは明らかにして、秦漢の史に眞番とあるも亦それである、猶後章に於て辨ずる所もあらう。

靺鞨は馬韓と同聲なる計りでなく、大體から言へば馬韓の變體である、もと馬韓の名が高勾麗に掩はれてから起つた名であるが、其の以前にもあつたやうな氣配の見えるのは、つまり日馬《コマ》・干來《カラ》二王統の合稱なる馬干《マカ》の遺音が、靺鞨《マカ》を思はしめるのであらう、言ひ換えれば馬干の古音が靺鞨を古く想はしめるのであつて、正銘の靺鞨は高勾麗に蔽はれた馬韓の名のよみがへりである。馬韓が靺鞨に變形してから靺鞨の名に彩られた領域は頗る廣大なものであつた、而してその領域はいつも肅愼氏之地と史に書かれた、この謂はゆる肅愼氏は、即ち韓の古稱辰沄氏のことで、後漢書の謂はゆる古之辰國である、このことは別に論證することにしやう。又靺鞨の別號として勿吉又は鄚頡等の文字が用ひられて居る、即ち北史に勿吉國は高勾麗の北に在り一に靺鞨といふとあり、而して新唐書は鄚頡鄚音莫頡音戛と爲して、勿吉《マカ》・鄚頡《マカ》の同音なるを示して居る。

因に云ふ、頡に三音あり、頡頏といふ時には胡結切なれば其の音ケッなれど、地名山名等には多くカッと讀み、遼史耶律斡臘傳に車駕獵二頡《カツ》山一なども其の例である、始めて書を造つた蒼頡と云ふ者の名は、胡奚切なれば、音ケイにて、古傳に黄帝の史官なる沮誦蒼頡が、鳥跡を跳めて始めて書契を作つたとあるは、書契なる二文字を人格化した話で、沮頡《ショケイ》即ち書契《ショケイ》なのである。

渤海は渤海《マカ》・靺鞨《マカ》・馬韓《マカ》の同聲に由りて既にその民族系統の一貫なるを示し、好古日錄にも渤海は靺鞨の轉訛と云ふてある、而して建國の始祖祚榮が自ら震國王と稱したるは、更に史傳に風趣を添加したるものにして興味あることである、震は即ち辰で謂はゆる古之辰國の辰を繼傳したものである。

渤海は五京十五府六十有二州を有せし遼東の盛國にて鴨綠・圖們の兩線に跨り、其の滿洲領は遼東半島より吉林省に延び、韓內領は平安・咸鏡・黄海黄海の大部を有し新羅其の一部を有すの三道を保有して馬韓の舊基高勾麗の故地を享受した者である。其の中京の顯德府は、遼史に高勾麗の都せし故の平壤にして忽汗州なりとしてあるが、古史斷は之を吉林とし、是ぞ松花江東南源地にして今の吉林にやあらんとの考證を提して居る。平壤と吉林あまりに距離があり過ぎる、其の何れを正しとするかの論證は、他の四京の位置を詳述してから其れと共に審明しなければならぬ、從つてその說頗る長ければ此處には之を省略するも、その何處なるに拘はらず、忽汗州の意義だけはこゝに述べて置きたい。

忽汗州の意義

我が古典の伴跛及び蠻

遼史に據るに、忽汗州は唐の中宗が渤海國都に賜ふた名で平壤のことなりとある、按ずるに忽は音コッなるを普通とすれど、說文には心に从ふ勿の聲とある、然らば勿の聲はどうあるかと見れば、諸韻書に勿の音は物《フツ》だとある、殊に六書正譌には、事物の物は本只勿の字なりしを、後人牛を加へて物字となし、以て二字に別てるなりとある、然らば勿の音はフッ濁音ブツ或はホッにして波行に屬する聲である、所で萬《バン》をマン・閔《ビン》をミン・武《ブ》をム・木《ボク》をモクといふ如く、婆行《バビブベボ》の淸音は、波行《ハヒフヘホ》に之《ゆ》かずして、麻行《マミムメモ》に之くを常とする、今忽を心に從ふ勿《ブツ》の聲とすれば其の音ボッであらねばならぬ、果せるかな正韻に忽音沒《ボツ》なりとある、然らば忽と渤とは明かに同聲なりと知れやう。そしてボッの淸音はモッに之《ゆ》くを普通とすれば、馬韓・靺鞨・渤海・忽汗はどれも皆讀むでモカとされやう、其のモをマに叶轉すれば、馬韓《マカ》・靺鞨《マカ》・渤海《マカ》・忽汗《マカ》といづれも假名附けられるのである、乃ち忽汗は渤海の同音異譯なると共に、一には忽汗州なる文字を以て馬韓州を記念したものとされやう、亦以て本頌叙が瑪玗・靺鞨・渤海・同聲相承くといへることの、由緒あるを知るに足らう。

因に云ふ、韓の名は神族《から》の延音カンラのカンに相違ないが、其の「カン」に韓字を當て定めたは、いつの世に於ける漢族のしわざなるか定かでない、漢武が古朝韓を滅せる頃の出來事には、「カン」に對して貢蕃の二字を當てたかとも思へる、當時漢人の耳へは「コハン」と聞えたのであらう、即ち貢蕃の反は韓である。王莽時代の事には之に降伴の二字を當てたやうである、即亦「コハン」であつて其の切音は韓である、想ふに當時にはまだ定つた塡字はなかつたらしい、其の始て韓字を當てるやうになつたのは後漢の王符が潜夫論を書いた頃かと思はれる（猶考證の餘地多し）我が國史に馬韓の名の見えたるは神功紀の南蠻《アリヒシノバン》がこれである、即ち蠻は馬韓の切音（バカの反バ）と知られる、言ひ換えれば馬韓《ノ》切蠻なのである。南《アリヒシ》は決して方位のことでない、然るにそれに南字を當てたるは「アリヒシ」の原義を失つて後の牽强であらう。「アリ」は阿利《あり》である、「ヒシ」は畢識《ひし》である、阿利は同じ神功紀にある阿利那禮《ありなれ》のアリにて、好大王古碑の奄利《あり》大水に同じく、鴨綠《あり》江のことである（此説後章に詳か）また畢識《ひし》は平壤の古名にて正しくは畢識耶《ひしや》である、平壤をヒグシャ（グは助詞）といふは、ヒシャに助詞がついたのであつて、本と平壤《ひしゃ》なのである、故に「アリヒシノバン」とは鴨綠《アリ》平壤《ヒシ》の馬韓と云ふわけである。馬韓が靺鞨となつてから其の名の我が國史に見えたるは繼體紀の伴跛《バハ》がそれである、亦靺鞨《バツカツ》の切バツが伴跛《バハ》と音されたる者、手近くいへば馬《バ》韓《ハ》・蠻《バハ》・靺鞨《バハ》・伴跛《バハ》は皆同音の異譯なのである、學者かくと曉らず、爲に蠻と伴跛とは今猶不可解の謎に落ちてゐる。

珠申は其の本義辰沄翅報《しうしふ》（東大君靈）である、漢族が譯して肅愼となせるは即ち亦これに外ならぬ、三朝實錄に曰く。

我朝（清朝）の肇めて興る時、舊《もと》滿珠と稱せり、所屬を珠申と曰ひしを後に改めて滿珠と稱せるなり、

肅愼及び女眞の原義

而かも漢字相沿りて滿州と爲せども、其の實は即ち古の肅愼にして、珠申の轉音たるなり。

乾隆四十二年八月十九日上諭の一節にかくあるのである。此の上諭中にいへる珠申は、近きに之を求むれば則ち女眞《シウシシ》であつて、史家が淸朝を女眞族と爲すところの女眞がそれである、故に「所屬を珠申と曰ふ」とは女眞と曰ふたと云ふことなのである。之を遠きに求むれば則ち古の肅愼がそれで、淸帝室は己を以てこの古の肅愼なりと爲したのである。言ひ換えれば今の女眞《シウシン》は即ち古の肅愼《シウシシ》なりと謂ふに當る。それを女眞と云はずに珠申と謂ひしは、女眞も漢譯の末のもので語根でない、肅愼も漢譯のもので同じく詞源でないとかう感じて、女眞の語根、肅愼の詞源に珠申を拈出したものと思はれる。古傳己に失はれたる久し、流石の淸廷も其の原義を明かにせず、只古音の傳承に由りて珠申を假字とし以て其の音を顯はしたものと思へる。今本頌叙の敎ゆる所に依れば、珠申の原義は辰沄翅報《しうしふ》なりと知り得べく、而して辰沄氏の一は遼西に基を肇め、一は韓內に礎を据ゑたること前第五章に見ゆ。想ふに遼西の辰沄氏は支那本土に入つて肅愼なる文字に著はれ、韓內の辰沄氏は遼東・北滿・烏蘇里今露領を抱擁して大を成し、後遂に韓內に退嬰して辰國の稱に跼蹐し、韓外は「故肅愼氏之地」を以て呼ばるるに至つたものとされる。故に魏志・後漢書等に扶餘北滿挹婁東滿及烏蘇里靺鞨等を「古肅愼之地」と謂へるは、韓內より興つた辰沄氏の故領と解すべきである。其の古傳の同音なる所より、支那本土に於ける辰沄氏に對した譯字の肅愼を移して、同一に稱したものに過ぎぬ。從

古肅愼は支那本土に在り

つて挹婁を肅愼と云ふのも、其の族が肅愼ではなく、古の辰沄《しう》翅《しふ》報の故地に住める爲めの稱呼と爲すべきであらう。勿論支那本土に居た肅愼が徙つて來ても居るが、其の肅愼氏は流移の餘であるから、大地積に瀰蔓するだけの歳月と勢力とを待たなかつた。

肅愼は古國である、淮南子地形訓に海外三十六國として其の民族を臚列せるを見るに、一臂の民・三身の民・三頭の民・一目の民・胸から背に孔の通つた民・無腸の民等であつて、いつの世の昔譚かと怪まれる其の中に、肅愼と三苗と裸が記載されてある、是に見ても肅愼の太古族なることが判る。又同書原道訓に曰ふ。

昔舜。能理《オサメ》二三苗《ヲ》一。朝《セシメ》二羽民《ヲ》一。徙《シ》二裸國《ヲ》一。納《イル》二肅愼《ヲ》一。

この納字殊に讀書子の注意を要するところであらう、即ち三苗は之を理め、羽民は之を降し、裸國は之を徙し、肅愼は之を內に納れたと取れやう。尤も漢族的解釋に從へば、納は貢納の義、肅愼をして貢を納めしむる事にしたと云ふであらうが、それなら貢字を下せばよいのに、納としたのは違例である、且つ直ぐ上に徙字を下し、之を受けて納字を點じたのであれば、內に納れたとするが妥當の解であらう、その解疏的議論は別として、肅愼氏が支那本土に居たことは他の史書に依つても立證し得るところである、それには三苗と裸が何處に居つたかを一瞥する要もある。

三苗は今も猶雲南・貴州の邊に住むでゐる種族であるが、史記に昔三苗氏洞庭を左にし、彭蠡を右にす呉起の言とあれば、今の湖南・湖北・江西あたりに繁殖してゐたのであつた。羽民は江南蠻族の類で南方羽國の民と呼ばれたものである。裸《ら》は所謂猓玀《らら》、古は衣扁《ころもへん》の字で書かれたのが後に犬扁《けものへん》に書かれることになり、逐はれ逐はれて今猶四川省に遺されてゐる。して見ると是等諸族は皆支那本土内に居たのであるのに、獨り肅愼だけが是等諸族と併稱されながら、今の北滿などに孤遠で居たとは思へぬ。竹書紀年に虞舜二十五年息愼獻二弓矢一とあり、史記の虞帝紀にも同様のことが載つてゐて、鄭玄の註に息愼或謂二之肅愼一とあれば息愼も肅愼も同一である、舜の二十五年と云へば神武天皇即位より一千五百五十年も前のことで、以色列《イスレール》族の始祖亞伯拉罕《アブラハム》の生時より猶二百年も以前なれば、亞細亞人以拿克士《イナキユース》が、希臘國を建て西西溫《シシオン》に都したと謂はれる時代に近い、我が古史の上で言へば神代の又神代である、この年代に於て我と同族なる辰沄氏が、肅愼・息愼の名に於て支那の本土に名を顯はしてゐたと思へば、我が東族の歷史たる轉た其の古いのに興を惹く。

　支那の史傳上に散見する肅愼てう文字を史傳の順序に書き拔いて見ると、中國に聖人が興つたといふ時に限つて肅愼が現はれ、そして弓矢を貢したことになつて居る。恰も聖人の世の附物なる龜龍麟鳳の現はれのやうな理窟になつてゐるのは怪しくも亦可笑しい。そして其の肅愼てう者の眞の所在地が、どこであるのか、其の民種的系統がどこから出てゐるのか、さういふ事の全然判つて居ない大の不思議が隨伴してゐる。故に肅愼とは聖人でなければ知ることの出來ない麒麟のやうなものであるのかも知れない、然かも其れは支那人の頭の中の考に於てさうあるのかも知れない、されど肅愼が實在の者であつたことは確かである、而して其の實在の中心立證は、周の武王及び其の子成王の世に存在すとされる、即ち立證の樞機は武成の代に在りと爲される、何となれば武王成王の際に於ける周と肅愼との關係は、周の重大事件なることが語られてゐて、普通に書かれる遠夷來貢の虛飾的誇張とは、大に趣を異にして居るからである、即ち成王が榮伯をして肅愼に贈賄する詔命をつくらしめたといふ如きがそれであつて、漢が匈奴に賂して邊警を弛るめ、宋が契丹に賂して國命を繫げると同一の趣があらはされてある。從つて當時の肅愼があまり周と遠くない處に位置して居たことも證明され、周の景王が肅愼・燕・亳は我が北土なりと言へるを參照しても燕召公の封ぜられた處で今の北京は其の中心亳殷の國都と共に竝び稱せられた肅愼の故土は、支那本土内に在らねばならぬとされる。されど虞舜の二十五年に息愼が弓矢を獻じたといふ事の如きは、早ければ魯儒の作爲、其の後ならば漢儒の作り事として見なければならぬ、元來肅愼《シウシン》は東語辰沄翅報《しうしふ》の漢譯されたもので、太古より虞夏の際まで、支那の先住民であつた東族宗家の美稱なれば、東族の君主たる堯も舜も、其人自身が辰沄翅報(肅愼)であるから、己の美稱を夷狄として扱ふわけがない虞舜とは東語のクシフ(續翅報)が漢譯された帝名である故に虞舜の時代に肅愼が弓矢を獻じたなどゝ云ふは、遙か後世の儒者が肅愼を極遠の夷と思念するやうになつてからの作爲なること勿論である、而して東語の辰沄が、太古からの傳承なるは、神農黃帝などの號を縉雲と言つたので證據立てられる、縉雲と辰沄、是れ其の同聲同韻なるを示してゐるのであるが、魯儒にも漢儒にも縉雲の原義が分らないで、雲の瑞から出た號であるかのやうに言つて居れど、實は辰沄《シウ》（東大）なのである。次には鳥を以て官に紀したと云ふことがあるが、之も亦古音シウに叶ふ所からの事で、やはり辰沄なのである。故にこの辰沄の名の掩ふ所となつてゐた地域は頗る大なるものであつた、淮南子（地形訓）には肅愼の所在を西北より西南に亘つてあつたとしてあり、司馬相如の賦（漢書所載）には、今の山東省に擴がつて居て、或は瑯琊に隣し、または齊に接して肅愼の地があつたとしてある。肅愼てう稱呼が東大族を掩ふ所の廣汎なる名であつたことから稽ふれば、支那全土に亘つて其の故土が發見されねばならぬ、併し此の肅愼てう東族の優呼は、時の宗家の主が周の賂に魅せられて節を賣り、戈を倒にして東族を崩壞に陷らしめた覿面の報で、支那本土から掃蕩され、剩さへその宗家の主は貊族に獲られて軍神の血祭に上げられ、爲めに支那本土に於ける太古よりの辰沄氏は、遂に茲に滅亡に終つたのである。それは我が皇紀四百年前（周の成王康王の世）のことで天孫が大陸遠征中の實歷史である。されば肅愼はこの時を以て終焉になつたのであれば、再び史上に其の名の著はるべき道理はないのであるのに、それより一千三百年も經た司馬晋の代に、それが現はれて弓・矢・鎧・貂皮などを貢獻してゐるのは實に奇怪事である。

されどこの奇怪事も解決の出來ぬ問題ではない、上古辰沄氏に二大宗あつて、一は遼西に興り一は韓内に興つてのであれば、支那本土を掩へる肅愼は遼西に興つた辰沄氏とされる、そしてそれは跡なく亡びてしまつたが、韓内に興つた辰沄氏は辰國の名に於て其の後長く存續した、而して其の韓外に有せし大邦土は挹婁に占められ扶餘に領せられ、貊に據られ濊に有《たも》たれた、しかし其の山河大地が辰沄氏の故地なりし事は、依然傳承されて漢魏史上に故肅愼氏之地と言つて著はされた。故に肅愼を考へる者はこの二つの辰沄氏を知つて幷せて共にその兩方面を考へないと、幾ら考へても筋の通つた考に到達することは出來ない。然るに支那の史家はそれを知らないで、周の景王が燕・亳と竝べて稱した肅愼を、杜預は玄菟今の新民屯地方の北三千里に在りしと註して居る、是れ支那本土内に在つた古の辰沄氏と、北滿に領土名を遺した韓の辰沄氏とを、同じ肅愼と考へたところからの錯誤である、此の錯誤は獨り杜預のみでない、支那の經史百家の全體に徹底した錯誤なれば、漢魏の史にいへる古の肅愼も勿論この錯誤の上に書かれた古肅愼であつて、彼等史家はいづれも皆周の武成の際の肅愼を北滿僻遠のはてに擬定せるものである。斯かる思索混亂の間から唸り出された囈語が、魏晋の書魏の明帝紀、晉の武帝紀、明帝紀、魏の鐘會傳、晉書東夷傳等の肅愼氏で、前に言へるやうな貢物を奉つて居るが、その時代肅愼氏といふ者は、いづくのはてにも實在してゐない。

由來支那の史家は、その夷狄と思惟する所の者に就いて妙な考をもつて居る、晉書東夷傳の言ふ所に依ると、肅愼の民は居常衣服をもつて居ない、ところが其の國に洛常といふ樹がある、若し中國に聖帝あつて代り立つ時は、この木に皮が生じてそれが衣として着られると言ふのである、この洛常と云ふ樹は、山海經に雄常としてあつて、衣裳と叶聲なるが面白い、山海經を讀むとから云ふ例は幾らも發見されるのであつて、要するに衣裳なる文字を神異化したものである、それを東夷傳は尤もらしく引用し、晋帝の聖異なるを表はさんと、ありもせぬ肅愼氏を書き出したのは、肅愼氏を以て龜龍麟鳳と同じく聖瑞になくてならぬ者と考へたからであらう。

滿洲の原義

朱眞は宋書に、女眞本名を朱里眞といひ肅愼之遺種渤海之別族なりとある。其の本名朱里眞は明かに東族古傳の辰沄翅報《しうしふ》に合致し、些の轉訛を認むるのみであり、又乾隆上諭の珠申にも契合して居る、其の肅愼之遺種といへるは、辰沄氏の遺種なるを暗示したと同じである。渤海の別族は靺鞨、靺鞨の原體は馬韓、即ち何れも古の辰沄氏の遺種に相違ない、若し夫れ辰沄を姓と言ひ得べくんば、辰沄馬韓・辰沄靺鞨・辰沄渤海・辰沄女眞であつて、馬韓は辰國の辰を以て其の辰沄を表し、渤海は震王の震を以て其の辰沄を表し、女眞は朱里眞《シウシン》を以て其の辰沄翅報を表したものである。是れ本頌叙に珠申・肅愼・朱眞同音相襲ぐといへる所以で、其の因由の遠くして且つ深きことが知られる。因に云ふ、乾隆上諭に滿洲はもと滿珠なりとあるは、想ふに馬韓肅愼の併稱で馬肅《マムシウ》なるべく、若くは靺鞨朱眞の合稱靺朱《マツシウ》ならん歟、それを漢字相沿つて滿洲と作したのであるが、其の作は宋以後と思はれる、其の濫觴は宋人の論語註疏に滿飾と作せるに在らう、爾雅の註には滿飾とある、蓋し飾も飾も叶音シウなれば洲に通ずる、而して滿字を撰むだのは遼西の古地名「滿」に憑つたものであらう、梵語の曼珠師利に由れりとの説もあれど取るに足らぬ言である、要するに靺鞨女眞の合稱靺《マツ》女《シウ》に滿洲を當て字したに過ぎぬ。而して乾隆の所謂珠申は、本頌叙に載つてゐる文字であれば、契丹が本頌を撰する時、既に此の文字ありたりとされる。因つて想ふに朱里眞とか女眞とかいふ文字は、其の族自撰の文字でなく、漢族が勝手に譯字してあてがつたのであれば、其の族自身は夙に珠申てう文字を用ひ居たのであるかも知れぬ、しかしまだそれに對する何の徵證をも發見しない。ところで本頌叙はもと某古廟の秘籙とも聞けば、若しや乾隆上諭の珠申は、此の頌叙中から出たのではあるまいか。何れにしても乾隆帝が自家を古肅愼の裔なりと稱して四百餘州に宣示せるは、古肅愼の雄偉なるを明瞭に自覺してのことでなければ出來ぬ、それは何に據つて明瞭に自覺したのであらうか、漢族史傳の全體に渉つて肅愼は夷であり、朝貢者であり、僻遠の種族であつて誇るべき何物をも有たぬ、殊に魏晉以後の史になると、肅愼氏一名挹婁晉書とあつたり、挹婁古肅愼之國也魏志後漢書とあつたりして、多くは挹婁を以て肅愼と爲してゐる、ところが此の挹婁は濊などとは比較にならない野蠻の者で、最も無規律で且つ最も不潔の者に做されてゐる。これ等で見ると東夷多しと雖肅愼ほど耻辱なるはない、故に乾隆帝の稱する肅愼は漢族史傳に罵つてある肅愼でなく、他の何物かの上に認めたる優越なる肅愼であらねばならぬ、それには本頌叙の如きものより外にはなからう、

史家が肅愼を北滿に想定せる因由

因つて帝がその上諭に載せた珠申てふ文字は、本頌叙若くはこれに類似する古傳より拈出せしものと推想しても大なる誤とはなるまい。

猶按ずるに魏晋等の史が、北滿に肅愼を幻想せるは、挹婁や勿吉等の名からでは勿論あるまい、またそれ等の族の用ひて居つた楛矢や石砮から聯想したわけでもあるまい、其の以外に何處ともなくシウシンてふ聲が聞えて、何となく其の氣配を感じたからであらう、挹婁・勿吉其の他諸族の地が、嘗て辰沄《しう》翅《しう》報の故領であつたことは旣に言へる通りであるが、其の他にも三韓を掩有せる辰國の本名が、辰沄翅報なのであれば、それからも漢族に感知を與へたのであらう、又女眞も辰沄翅報なれば、そこからも同樣の感波を送つたであらう、多分それ等が肅愼の文字になつて現はれたことと思ふ、或は漢魏の際に女眞の名はまだ無かつたと云ふかも知れないが、好大王古碑に鳥愼《シウシン》の名が見えて居て、女眞の前驅を爲しても居れば、必しも當時其の稱なしとは云はれない。但ここに疑問なるは、本頌叙の編著者なる契丹から見ると、渤海はもと敵國であつたのを遂に降して亡せる者、また女眞は當時契丹の一部民に過ぎない、それを如何《どう》して本章に掲げ以て族稱傳統の例證に爲したのか、是れ疑問であらねばならぬ、しかし今ここに之を議するは猶早計なれば、本頌叙の終始を完讀したる後によく考へて見たい。

第七章　東族振興の四大要道

塢須弗耶摩駘記曰其國所以未嘗隤頽者職由潭探上古明覯先代審設神理善繩風猷一日秋洲讀做阿其氏末蓋亦因于阿其比也

譯　文

塢須弗《ウスホツ》人名の耶摩駘《ヤマト》記に曰く。其の國未嘗て隤頽《くわいたい》せざる所以の者は。職として潭《ふか》く上古を探り。明かに先代を覯《み》。審かに神理を設《つら》ね。善く風猷を繩《ただ》すに由る。一に秋洲と曰ふ。讀むで阿其氏《アキシ》末《マ》と做す。蓋亦阿其比《アキヒ》に因るなり。

本章は蓋し我が日本を以て齊しく神胤の同族と爲す所から、その同族的基本信愛の流脉を示現せる者、但し此の示現は馬韓の名を襲げる渤海國のもてる情意である、而して契丹は之を將取して亦以て東大族糺合の大義高榜の用に充てたのである。塢須弗は我が國史に見ゆる渤海國使烏須弗その人であらう、續日本紀に據るに。光仁天皇寶龜四年六月、烏須弗能登國に着す、表詞違例なるを以て入京を許さず、路粮を賜ひ放還すとある。然らば我が國の文物を觀察するだけの時日を得られず

耶摩駘

に歸還した者であるが、渤海國使の來朝は元正天皇養老年間に始まり、爾來繼續されたのであれば、烏須弗にして文學の士ならんには我が文物を記するに資料乏しきを憂へざるべく、乃ち耶摩駘記の撰述もあり得たものであらう。耶摩駘は野馬臺《やまと》といふに同じく日本《ヤマト》の稱を寫取したものである、而して本章の探二上古一・覩二先代一・云云の四句は、古事記序文に掲げある撰者太安萬侶《ふとのやすまろ》の上奏書中の句を其のまま摘出したものである、之に由り我が古事記の渤海國に渡つてゐたことが知れる。

古事記と渤海國

古事記の撰上は元明天皇和銅五年なれば、渤海國使高齋徳等の來聘せる聖武天皇神龜四年より十有五年前のことである、古事記がこの時の來聘により渤海國に渡つたとは信じられぬが、爾來朝貢絶えず、烏須弗入朝の寶龜四年は古事記撰上六十一年後に當れば、何時か彼の使節によりて渡つたものと信ずることは出來やう、されど當時まで版本はなかのであらうし、朝廷の秘錄でもあつたのであらうから、何等かの曲折はその中にあつたことであらう、或は我が朝の宏量から外來使臣に惜まず與へられたのかも知れぬ。

阿其氏末

秋洲は秋津洲にて、渤海使節が阿其氏末《アキシマ》と訓むだは流石である、而して又それを阿其比《あきひ》に因ると爲せるは大陸族の古傳を取つて我を見たもので、神の和魂《アキヒ》に取つて以て國號に爲したと解釋したのである。

東族振興の實範

蓋本章は、ふかく上古を探り、明かに先代を覩、審かに神理をつらね、善く風猷をただすを以て、東大族振興の四大要道と爲し、實範を我が國に取りて、以て大義を宣傳せんとの情意から編まれたものであらう、果して然らば、本頌叙撰輯の大目的は要するに此に存すと知られる。

烏須弗來朝の寶龜四年（皇紀一四三三年）は本頌叙編纂の會同五年（同一六〇一年）を距る百六十九年の昔である、想ふに耶馬駘記は本頌叙に引ける古傳舊紀中の最も新しい者であらう。

第八章　七聯族の名稱原義

秦率旦

氏質都札曰阿藝也央委也陽委也潢弭也伯弭也潘耶也淮委也列名聯族尋其所由皆因於秦率旦阿祺毗矣

譯文

氏質都札（この義判らず、故に如何に發音すべきかを知らず）に曰く。阿藝《あき》や央委《わい》や陽委《やい》や潢弭《わに》や伯弭《はい》や潘耶《はい》や淮委《あい》や。名を列し族を聯ぬ。其の由る所（名の由來）を尋ぬるに。皆秦率旦《すさな》阿祺毗《らゝひ》に因れり（阿藝は前章の阿其に同じく日本を云ひ、阿祺毗は阿其比と同じく和靈のことである）

神の二元魂

氏質都札は書名であらう、秦率旦は須瑳檀《すさな》の同訓にて日孫の名を略稱したのであらう、本頌叙の全文を通讀すると、東大神族は神に和靈《にぎみたま》・荒靈《あらみたま》の二元魂あるを信じてゐたことが判る、後それに方

七族の稱呼皆一音の轉訛

言を生じ、ニギミタマをアギタマとも又ワギタマとも謂ふたらしい、神に二元魂ありとする信仰は今猶東北方亞細亞の敗殘諸民族に覩ることが出來る、我が祖先が上古にそれと如何なる因緣を有せりや知るに由なけれど、我が國の神代の人も一神に二靈ありと思推しゐたことは明かである。そしてその和靈《にぎたま》は仁慈であり荒魂《あらたま》は勇武であつて、常には和《にぎ》て居り時には荒《あら》ぶれる、それは時と處と事とに由る神慮の發動なれば、この神に仕へる人人は、敵に對しては神の荒靈ならんを冀ひ、同じ族《やから》に對しては和魂ならんことを祈つたのである。神の和魂を念じ禱るには、神津族《かみつやから》互に和《にぎ》ねばならぬとは、亦これに伴つて起る分別なるべく、東大神族の諸族が皆和《にぎ》を以て族稱の原義としてゐる譯は、こゝに在らうと思ふ。是れ本章に『皆秦率《すさな》旦の阿祺毗《あきひ》に因す』といへる所以なるべく、我が古にいへるニギ（和）を大陸にてはアキといふたのである。併しその諸族の名は、アだけでなく、ワと云ふもあり、ハと云ふもあり、ヤと云ふもある、蓋アとワは同音であつて、今の世でワと云ふを上代でアと云ふた例は少くない、伊邪那岐命の詔に「然らば吾《あ》と汝《な》と……我《あ》は左より廻り逢はむ」とあり、須佐之男も「僕《あ》は妣《はは》の國に住《まか》らむ」といはれてゐる。山口縣の人がワといふべきを皆アと言つてゐるのも、神代ではそれが正しい發音であつたのであらう。又ワとハの叶音なるは、琵琶《ビハ》・常《トキ》盤《ハ》・八《ヤ》幡《ハタ》を、ビワ・トキワ・ヤワタと發音してゐるので分る。又ヤがアの轉音なることと言ふまでもなければ、族稱の淮委《アイ》も陽委《ヤイ》も央委《ワイ》も潘耶《ハイ》も、本皆一音の轉訛と思はれる。その本の一音は神の阿祺《アキ》

毗《ぴ》の阿祇なりと本章は證してゐるのである（キとイの通音なるは説くまでもなし）

阿藝の我が日本なる所以并に央委の朝鮮なる所以は、ともに倭韓通證に説述し置いた、要するにアキはワイ。ワイはアキにて。共に同一族稱である、之を漢字に籍つて著せば二者共に倭であり又和であるが、和とすれば、和靈《にぎひ》に契合する神的文字とされやう。陽委は九夷考の章に説いた外、別に本章に於て説くべきことがないので之を除き、其の餘の者に就て聊か辨じやう。

潢弭族と鰐

潢弭　はワニと訓み、東夷九種の一なる黄夷《わい》のことである、語音に由つて類を推せば、央委《わい》も淮《わ》委《い》も陽威《やい》も潢弭《わに》も、皆倭《わい》の叶音或は轉音であつて、彼此の區別を立て難き同族なるも、漢字を以てせる同音異譯に由りて異種の見を生じ、今や民族學上容易に判斷し兼ねる難問題に化したのは、いとも歎はしき次第である。こゝに潢弭に就いて稽ふるに、古しへ嘗て黄國といふが今の河南省内に

黄國

あつた、之を前漢地理志に按ずるに、陳留郡（今河南省開封府陳留縣）の所屬に、小黄縣・外黄縣といふがあり、又魏郡（今河南省彰徳府臨彰縣）の所屬に、内黄縣といふがあつた、即ち今の河南省開封府陳留縣の東北、同府杞縣の東、彰徳府内黄縣の西北に亘つた一大地である、そこにはまた黄城といふもあつた、左傳の惠公敗二宋師于黄一の註に、外黄縣の東に黄城あり云云又國語に呉子會二諸侯于黄池一、堀二溝於齊魯之間一云云又史記に伐レ宋取二黄池一云云といふ類皆黄の故地なるべく、左傳桓公八年の記に、楚子諸侯を沈鹿に會す、黄隨會せずなどあるも、亦其際まで黄族にして猶國を有する者の殘れるを云へるのである、されば

其の古に於ては黄族の歴史に何事か偉大なるものがあつたとされる。黄國は周になつてから痛く剗弱されたが、夏殷の世には大諸侯であつたらしい。潢弭は乃ち其の族稱と想はれるが、漢族の史書には此の族に關することが何もなく、唯本頌叙にのみ其の名が見えて、且つ後章に潢浮レ海といふことが記してある。この海に浮ぶと云ふことは、何處へ去つたのか知るに由なきも、支那で海に浮ぶといへば、普通東に去ることに定つてゐるから、若しや我が國へ來たのではあるまいか、我が國に在つては正に神話の時代なれば、我が神話に據つて其の來れるか來らざるかを按じ見るに、我が神話は和邇《わに》（鰐）に由りて頗る賑かにされてあり、そして潢弭《わに》と和邇《わに》との稱呼契合が妙に不思議を感じさせる。人も知る如く大國主神の傳に、兎と鰐の話があつて、兎は鰐を欺きそれに乘つて海を渡り、鰐は欺かれたるを憤つて兎の衣を剝いだとある。又一つは天孫瓊瓊杵尊《ににぎのみこと》の御子穗穗手見命《ほほてみのみこと》が海《わた》神國《つみのくに》に赴き、王の女豐玉媛《とよたまひめ》と婚し、三年が間その國に滯留し、一尋和邇《ひとひろわに》に乘つて、媛もろとも歸國されたといふことである、媛は姙娠し、願くば妾《あ》の產みなん形を勿見《なみ》たまひぞと云ひて、產殿《うぶや》に籠れるを命竊伺《みことかきま》みたまへば、媛は八尋《やつひろ》の和邇に化《な》つてゐて、伺見《かきまみ》られしを甚怍《いとは》づかしとあつて返り去られた。その產《あ》れませる御子《みこ》こそ神武天皇の考皇《ちちぎみ》にましますとのこと、此の神話を如何に見るべきか。

或る學者の說に、後世から見て不合理のことも、上代未開の際にはそれが合理と考へられてゐたのであれば、鰐が人間を生んだといふことも、今から見れば勿論不合理のことに相違ないが、上代人はそれを合理と信じてゐて、それが物譚となつて傳つたのであれば、物譚そのもの丶外には何の意味もない、即ち鰐が人間を生むだといふなら、鰐が人を生むだとするまでのことで、其の餘には何の意義も何の寓意も何の史實も、無いものは無いのであると云ふてゐるが、如何なる蒙昧の世でも現實的に魚が人を產むとは思つてゐなかつたらう、蒙昧ならば蒙昧なるだけ、緣境の事相をそのま丶即感するだけで、意識を以て事相外のことを構造する力はまだない筈である。然るに世を歷るに從ひ、古譚を傳ふる者等が、其の古譚を面白く聞かせんとの智の働きも出で、聞く者も變つた事を面白がる慾の働きも生じ、其の古譚に若も沃沮《おそ》族があつたら、何時か莵《うき》にも變り獺《をそ》にも變ずるであらう。潢弭《わに》族があつたら亦鰐に變じもしやう、こ丶に神話研究の要がある、要は其の變化されたる話の本を尋ぬるにある。某博士は八尋の鰐一尋の鰐を釋して大なるは軍艦小なるは小船といはれたが話のある筋までは確かに尋ね進んだもので、前の學者の說に優ること百尺樓の高さがある、更に進むで其の大小艦船を、なぜワニといひしか、其の名の由つて來る所まで尋ね見なければ、九仭の巓には到れまい。我が祖先の母國を南洋に求むる學者は、この鰐の話を唯一の賴みにして、鰐は日本に棲まぬ動物なる故に、それが神話を賑はしてゐるのは母國の南洋なる所以を語つてゐるのであると唱へ居れど、聞けばワニの化石が我が國でも發見されるとか。又鰐はクロコダイルのことでなく、鱶の異名ワニザメのことだと云ふ人もある、ワニザメならば其の稱呼が今も各縣に用ひられ

伯弭族と隼人

て居て、出雲あたりでは鮫《さめ》の煮附をワニの煮附といひ、爲にそれに驚かされる旅人もありとか。いづれにしても我が神話の鰐を、海魚なる動物としては研究のすべてが徒勞に終るであらう。本頌叙に濊弭《わに》族が海に浮むだとあるに對照すれば、穗穗手見命《ほほでみのみこと》の海神國行きは、支那大陸との關係に徴妙の因縁が感得される。それは後章に於て前古未聞の大史實を讀者の前に展開する場合に讓る。

伯弭　はハイと訓じ貊のことである、貊の支那本土を去つて東遷北徙の餘に國を立てたる者其の古きを夫餘とし其の强きを高勾麗とする、又匈奴ともなり鮮卑ともなつたが、名にし負ふ九貊と謂はれた大族のことなれば、それで盡きて居るわけでなく、我が國にも來て居る、彼等は隼人《はいと》といひて隼《はい》・伯《はい》弭の同音を自證してゐる。隼人の名は我が天孫の大陸遠征の一紀念稱で、其の歸化は天孫遠征の當時に在りたりと推考されるが、今までの考證では、それほどに古い者と認められず、孝靈帝以前神武帝東征以後のことに考へられて居る。熊襲僞僭考には、

　孝靈帝の御宇に列滴といふ年號はじまり、應神帝の御宇に蠒至といふ改元ありなど、世に傳ふるも、是れ年號にはあらで、隼人が名乘りし漢風の稱號を、かく傳へけんも知る可からず云云。

その他隼人の考證少なしとせざるも、其說多くは呉今の福建省地方の方面より渡來せりとするに一致し居るやうである、勿論貊は九貊の衆があつたのであれば、呉より渡來した者もあらうが、主體は直隷・山東より天孫の凱旋に隨つて歸化したものと思はれる。只その所在が薩摩大隅等の方向にあるの

潘耶族と扶餘

で、吳の方面に引附けられ易く、資治通鑑に吳支庶入レ海爲レ倭といへるなど、亦考據に供せられてゐるが、隼《ハイ》てう稱呼の出所を吳の方面に求めては、終に得る所なしではあるまいか、併し又直隷・山東よりの渡來ならば、筑紫の北西部に居りさうなものなるに、どうして薩隅の山野に居つたかとの疑も起らうが、伯弭の其の地領有は侵入的攻略に因るのでなく、組織ある國家（この所謂國家は一度崩壞し神武帝に至り再造さる）の容認に出でたのであれば、乃ち與へられたる處に止つたのであるとされる。肥前風土記に、知珂島（今の五島）人は容貌隼人に似、恒に好んで騎射し、其の言語俗人に異れりとあるも、蓋亦伯弭一部の族が途中こゝに止つたと解されもする。不思議にも古事記は、天孫の皇子火照命《ほでりのみこと》を隼人《はいと》阿多《あた》君之祖と爲し、異言百端の上に超越して、天孫時代よりの古傳をば微かながら持續してゐる。

◎潘耶 も亦ハイと訓じ、伯弭と同聲にして貊の本質を其の名に表し居れど、漢魏の史には之を扶餘としてある。扶餘は鳧臾とも書かれてあれば、其の音フユ又はフヨであらうが、扶には蟠《ハ》の音もあり蒲《ホ》の音もある。前漢天文志の註に、鄭氏曰く扶聲近レ蟠とあつて、集韻の扶音波に一致す、又集韻には蓬蒲切音蒲ともある。次に餘には耶《ヤ》の音があつて、莊子の緒餘以治二天下國家一の註に、徐邈曰く緒音奢《シャ》。餘音耶《ヤ》とある。因つて漢魏史上の扶餘を蟠耶《ハヤ》の音に訓むで、本頌叙の潘耶をそれに同じとしたのであるが、なほ耶字に就て調べたるに、字典に余嗟切に叶ふ音近レ倭とあるに因り、かたがた扶餘の實質の貊弭《ハイ》なるに考へ、貊倭《ハイ》即扶餘《ハイ》なりと知つたのである。隨分紆曲な解き方である

淮委は濊

族稱の原義

東大神族の存する者唯日韓七千萬

が、如何なる文字によつて書かれても、フヨとハイとは本と叶音なれば、本來潘弭《ハイ》と訓むべきを、扶餘《フヨ》に訛つたものであらうと考へたのである。

淮委　はワイと訓むべく、其の音央委に同じであらう。史書概ね之を濊と作す、これを字音の上より見るに、濊は呼會切音クワイなるも、亦烏外切音ワイでもあり、烏廢切音アイでもある、淮も同じくさうであつて乎乖反音クワイなるも、淮陰侯韓信にはワイと讀み、夜泊二秦淮一近二酒家一はワイともアイとも讀む、淮南子をヱナンジと讀むは、穢に入聲エツの音あるに同じく淮に其の音あるに由る。穢多をヱツタと訓むは古音を傳へたものとされる。されば淮濊穢はもと同音の文字で殷周の淮夷は卽濊夷なのである。本頌叙は濊或は穢の文字を用ゐずして渾べて淮委と爲し、南方の淮も北方の濊も、俱に淮字を以て著はしてある、猶後章に於て釋明しやう。

族稱の原義　要するに阿藝《アキ》は我が古の日本。央委《ワイ》は今の朝鮮の祖民。陽委《ヤイ》は殷周の際の勇族。潢委《ワイ》は古の黄《ワウ》の巨族。伯弭《ハニ》は貊にて堯代の四岳岳貊古音相通す潘耶《ハイ》は扶餘にてもと伯弭と同稱。淮委《ワイ》は濊《ワイ》にて殷代の大俟國。其のア・ワ・ハ・ヤは一音の轉訛で、之を一字の上に集給すれば倭である、もと皆同一の東大神族なるが、今やこの大神族は日韓七千萬民衆に依りて存在し、他は皆凋落して古來の族稱と其の國土を有する者一もあること莫しである。嘗て其の古に在つては、名を聯ね族を聯ねる者豈啻にこれのみならむや、統屬無數の多きに岐れて、東亞の大陸を掩有し居たのであつた、而して其の稱の原義は、皆神の御魂《ミタマ》の活動なる和靈《ニギヒ》・荒靈《アラヒ》・稜威《ミイヅ》に因れるものなるは、後文によりて重ねて復た知るを得やう。

第九章　日孫浥妻族を降す

止浥妻異種原稱羊鄂羅墜本浥且之地也神祖伐懲元兇化育久之

譯文

止《ただ》浥妻《アフロウ》は異種。原稱は羊鄂羅墜《ヤオロチ》。もと浥且《オツ》の地なり。神祖伐つて元兇を懲らし。化育之を久うす。

浥妻は漢韓史にいふ挹婁である、浥且は亦沃沮《オツ》である、沃沮を普通にヨクソと讀むでゐるが、春秋に曲沃の沃をオクと讀ます如く、地名族名にはオクと讀む可きであらう、其のオクのクは入聲尾韻なれば略されてオに約《つゞ》まり、アフの促音に一致す、即ち挹婁《アフロウ》のアフはオの延音、沃沮《オツ》のオはアフの約音と謂へる、今本章は挹も沃も共に同音とし、雙方とも浥字で其の音を現はして居る。

羊鄂羅はエオロとも讀め、エオは促音ヨフに叶ふ、即亦浥妻《ヨフロ》である、但し本頌叙は浥妻をアフロ

ヤオロチ族と出雲大蛇

と讀ませ居るやうである、其の漚妻《アフロ》族の原稱羊鄂羅墜《ヤオロチ》は原義審かならねど、今も猶オロチと稱する種族あつて、西伯利に棲息し居れば、若しそれが羊鄂羅墜の遺種なるに於ては、彼等に就きよく詮索せば、族稱の原義も判るであらう、爰に其の名に因みて聯想されるのは、出雲神話の大蛇である。

此の大蛇を古事記には八俣遠呂智《やまたをろち》としてある、ヲロチはオドロチの略言であつて驚《おどろ》く・嚇《をど》す・恟《をどろ》々等のヲドである、チは父《ちち》・雷《いかづち》・蛟《みづち》等のチで男性に對する美稱の接尾詞でもあり、又威力ある者の義でもある、して見ると八俣遠呂智とは八部の恐しい者といふことで蛇のことを言ふに限つてゐない。然し日本書紀にこれを八岐大蛇《やまたをろち》と書いてから、それが大蛇であると云ふに誰も異議が言へなくなつた、其の八岐《やまた》の意義は、古事記に身一つに頭《かしら》八つ・尾八つ有りとある、其の長さはと云ふと書紀に八丘《やを》・八谷《やたに》の間に蔓延《はひわた》れりとある、これで見ると蛇の大きさと云ふものは、八個旅團集結ほどの面積があつて、加ふるに其の身に蘿《つた》及び檜杉が生ひ立つて居たといふのであれば、其のさま一郡國が動き出したやうにもある、又其の目は眞紅な酸醬《ほほづき》のやうに赤く、それが頭八つであるから、十六輝いてゐたであらうし、腹は常《いつ》も血爛《ちあえだだ》れりとあるから、これも眞紅であつたのであらう、古代軍裝に赤を尙《たつと》んだことも思ひ合はされて不容易《なかなか》の問題である、これが未開幼稚の心理から作られたお噺なのであらうか、須佐之男命が之を退治して櫛名田《くしなだ》姫を助けたといふことは、いかにも英雄と處女との組合せが有觸れた物語染みて居て、古來どこの國にもあることとなれど、これほどの大きな蛇を書き出した物語は、まだ他に無いやうである、支那の搜神記などに出てゐる蛇の如きは全然比較に成らぬ、どうしてこんな大蛇が書き出されたのであらうか、話の源には何物かこれに相當する程の大きなものが居たに相違なからう。

翻つて稽ふるに、日孫の名は天御《あめみ》・東大國君靈《しろくしふ》・淸白波命《すさなみこと》である、其の尊稱美號を暫く取除けば、正味の名はスサナである、其の命とヤオロチ族との關係は、出雲神話の須佐之男とヤマタヲロチの關係に、名の上に於て雙方相一致してゐる、スサナ命がヤオロチ族の元兇を伐ち懲らしたと云ふのは、武力を以て退治したことに相違なく、其の化育は德を以てしたのであらう。この古傳が我が國の古代に存して、羊鄂羅墜《ヤオロチ》の族稱が何時か八《ヤ》大蛇《ヲロチ》と意識され、八大部落が八丘八谷に語られ、八大行軍序列が八頭八尾に傳へられ、赤旗赤袴及び兵火の紅蓮が、目の色腹の色とされたのではなからうか。故に出雲神話を將つて本頌叙を註釋すれば、本頌叙は之に由りて其の傳を得られ、而して傳に風景を生ずる。本頌叙を將つて出雲神話を義解すれば、出雲神話も其の由來の無稽ならざるを證し得て、光華更に幾倍であらう。我が神話は狹い八洲《やしま》の物譚でなく、東大族に渉れる廣汎の神傳であつたのが、今や獨り我國にのみ傳つてゐると見たら、尊さが轉た仰かれるではないか。

併し古事記にせよ日本紀にせよ、それが漢字を假りて古傳を編纂する際には、眞傳漸く喪亡して訛傳これに代り、後世の心識を取つて古傳に添削を施せるは當にあるべきである。又それより以前

都牟刈の太刀

にあつて古傳を紊したものは、萬物に對する種々の迷信であつたらう、即ち八岐大蛇《やまたをろち》に於ても、蛇に對する世人の心の恂々《をろ〳〵》しさ、蛇と處女との婚交物語、蛇を以て山澤の精靈と崇むる古俗、處女を神に供へて凶年饑餓を攘へる呪術など、幾多のものが其の間に經緯され、且つ當然の人情も織込まれて老女《おみな》・老父《おきな》の對泣など亦差加へられ、そして一編の物語に出來上つたのであらうから、神話を解する者宜しく取捨あつて然るべきである。

なほ我が神話には、須佐之男命其の佩《は》かせる十拳劍《とつかのつるぎ》を拔きて其の蛇を切り散《はふ》りたまへば、肥河《ひのかは》血に變《な》りて流れきとある。周書武成の編に血流れて杵を漂すとあるにも優りて、大血戰のさまが知られる、そして又、中の尾を切りたまふ時御刀《みはかし》の刄毀《かけ》き、怪しと思ほして御刀の前《さき》もちて刺し割きて見そなはしゝかば、都牟刈《つむかり》の太刀《たち》在り、故《かれ》此の太刀を取らして異《あや》しき物ぞと思ほして、天照大神に白《まを》し上げたまひきとある。中の尾は恰も中軍に當る位置なれば、其處でツムカリの太刀を獲たのは戰勝當然の結果と見られる、ツムカリとは何の意味か判りかねるが、ヅカリと同じく刀の切味のよい形容なりとの解釋もある、或はヤオロチ族古代の言語が、そのまゝ傳はつて居るのかも知れない。何はあれ注意を要するは三種神器の一なる神劍が、都牟刈《つむかり》の太刀にて在《おは》しますことである。問題は鴨綠江邊に於て、スサナ命のヤオロチ族より獲たる太刀がどうして我が神器の一になつたかといふに在る。それは本頌叙の全編を釋明すれば自然諒解されることと思ふが、要するにスサナ命は我が高天原に歸つたことに爲つて居るから、問題は自らそれに由つて解決さるべきである、果して然りとせば神劍の尊さが彌增して有がたく虔仰される、且つ日韓が上古嘗て一域であつたことからすれば、鴨綠江上の靈劍が、皇室の一神寶に爲つたとするを異とすべき理由はない。

大蛇を越の賊とする說

近頃の學界は出雲大蛇を眞の大蛇と解かずに、民族或は亂賊のことゝ解くやうになつて來た、吉田東伍博士の所論の如き蓋亦それである、古史斷に曰く。

此の蛇古史錄して眞蛇の如し、然れども是れ固《ト》古人の寓言のみ、必定賊酋を云へるなり、而して其の初め越國原註に云ふ今越後歟より起り、長豕封蛇の勢もて西犯したる者と見ゆ、誠に中國の安危にもかゝはる大難なりしなり、素盞嗚が海表韓國の開拓殖民を停止したまへるほどの大事なれば、決して尋常窃攘の徒と做すべからず、國家を窺窬せる巨賊なりしに相違なし、彼の草薙《クサナギ》の神劍は、實に此の賊を切りて初めて現はれ、爾來百千世國家鎭護の靈器となれり、是豈また偶然と謂ふ可けんや大意

大蛇を河流の形容とする說

次田學士は次の如く云ふて居る。

中國殊に出雲備後地方に於て、上古に鐵器使用が盛に行はれたことは、其の地方から發堀される遺物によつて證されるばかりでなく、此の地方は古來沙鐵の產地として名高く、今も全國鐵の產額中の八九分を占めて居る事によつて、上古の狀態が明白に窺はれるのである、大蛇の身

に蘿檜松杉の類が生ひ茂り、その長さは谿八谷峽八尾に渉り、而も其の腹には常に血が流れてゐると云はれるのは單に大蛇の物凄い形容であると見るわけに行かない、大蛇の蜒々として蟠る有樣は、肥河のうね〳〵と山谷を流れて行く狀を表はし、樹木の生ひ茂つた形容は、その兩岸の有樣を物語るものであり、血は即ち沙鐵より生ずる金氣水の形容と見ることが出來る、古事記新講。大意

右の二說、その趣は異れど、ヤマタヲロチを眞蛇と爲さゞるは一である、又大蛇《ヲロチ》をヲロチ族ならんと謂ひ、或は蝦夷ならんと謂ふ說も旣に世間にあれば、要はこれを出雲の事とするか、大陸の事とするかに在る。

第十章　鴨綠江の古今

命令作澡然後容爲河洛賜名閼覆祿即浥婁也或曰閼覆祿禊誓之謂也故至今爲成者指其不渝於閼覆祿大水焉

譯文

命じて渫を作さしめ〔渫は水浴をして修禊を爲すなり〕然る後容れて河洛《から》と爲す〔河洛は神族なり、第四章の固朗及び珂洛に見よ〕名を閼覆祿と賜ふ。即ち浥婁なり。或ひと曰く。閼覆祿は禊誓の謂なり。故に今に至るまで成を爲す者〔成は盟也〕其の渝らざるを閼覆祿大水に指す。

神族加入の三要件

本章は日孫がヤオロチ族を伐つて兇帥を平げ、其の族を降して化育これを久うせる後、命じて閼覆祿大水に入つて修禊を作さしめ、然る後容れて神族河洛《から》に編したと云ふのである。即ち亦神族と爲るには、それだけの改悛と修禊と同化とを要する次第を叙した者、其の閼覆祿大水は、今の鴨綠江なるが、下流海潮の寄せくる濁りの場所ではミソギも覺束なければ、上流の淸らかなる瀨に於て爲さしめたものであらう、今見ても其の上流の森として居るさま、何事か太古の秘密が藏されてあるやうに思はれる、今本章を讀むで其の景を想ふ時、そぞろに蒼茫千古の意がむすばれる。

挹婁と蝦夷

今予は浥をアフと讀み、閼をアツ〔入聲尾韻のツは略さる〕と訓むで居れど、亦エの音に叶ふ文字なれば、浥婁も閼覆祿も亦エフロと訓める、若も浥の古音がエであつたならば、其のエは蝦夷《えぞ》のエと相繫る所があるかも知れない。今の露領なる日本海沿岸に棲むで居た民族を、蝦夷として考へなければ、我が舊史の謂ゆる蝦夷の全體を知悉し難きふしもある、それに今のアイヌも、熊を獵する時毒矢を用ゐ、そして其の製法を古の秘傳として人に語ることをしない、挹婁は其の隣族の風俗に絕えてない毒矢を獨り用ひ居たのであれば、此の事の上にも蝦夷との一致が認められる。且つ前章に浥婁の原地を、後の沮且《オツ》之地鴨綠江の流域のやうに言ふてあるのも亦考ふべきことで、沮且とは漢魏の史の謂はゆる沃沮《オツ》である、此の沃沮は北沃沮と東沃沮とに分れて居て、北沃沮の所在は、今の咸鏡北道と考へられ、而して亦の名を置溝婁（一に買溝）と云ふ、伴信友は置溝婁をツガルとよみ沃沮をヱソと訓むだれど、漢魏の史の現指せる沃沮を、直に津輕や蝦夷といふわけにはゆかない、されど更に古に溯つて見たらどうであつたか判らない。それと共に膽振《ゐぶり》國の如きも、沮婁《エフロ》と何等かの關係があつたのかも知れない、されど今本章を釋明するに沮をヱとしては混雜を免かれざるにより、アの音によつて解を進めることにする。

第一節　からの原義

天孫國祝のカラクニの義

我が古事記天孫降下の紀に云ふ

筑紫日向の高千穗の久士布流多氣《くしふるたけ》に天降《あまも》りましき。詔《のり》たまはく。此地《ここ》はから國に向ひて。朝日の直刺《たださ》す國。夕日の日照《ひて》る國なり。故此地《かれここ》ぞ甚吉《いとよ》き地《ところ》と詔《の》りたまひき。

斯の神勅の「から國に向ひて」の一語が、天降最初の國祝《くにほぎ》に於ける第一要件なれば、これに雄大廣汎の意義ありと拜察せられる。古事記の編者が此の「から國」と詔らせたまへるを韓國《カラクニ》と譯したるは、韓より外を知らぬ陋見から演じた千古の失態であらう、蓋し「から」は神族《から》と譯すべきであつた。抑も「から」は東大神族の總名で、其の範圍は廣く東亞大陸の全面に涉つて居たのであれば、韓半島のやうな小天地を限つて以て、カラと義解すべきでない、然かも古事記に此地者向二韓國一と狹義に釋した許りで無く、書紀亦之を膂宍之空國《そしのからくに》と附會し、纂疏に空國《からくに》則不毛之地と註する類、以ての外のこと許りである、それを承けて記傳にも膂《そ》は背の義にて膂宍之空國《そしのむなくに》は肉の無い背のやうな瘦地のことなりと謂ふて居り、又日本古代史には嶮隘なる瘦地の義なりと釋してある。而してこの解釋に與せぬ學者は、古事記の文字通りに遠く韓國をも望むことの出來る意を詔らせ給へるなりと曰ふてゐる、是れ「から」を空《から》と解するよりは遙かに道理を成してゐるが、然し天降の處なる日向笠《かさ》沙崎《さみさき》から、肉眼を以て韓國が望見され得るわけでないから、視るといふ事は、心眼を以て望見する義であらう、故に遠近の論は全然無益のことで、心眼の及ぶところは神族《から》全體の上にありとせねばならぬ、換言すれば支那も見え滿洲も見え、韓半島も勿論見えるわけのことであらねばならぬ。今の學者の中には天降最初の國祝に韓國とあるを、遙か後世になつてから挿入されたもので、それは垂仁天皇以後初めて韓國の所在を知つてから後のことであらうと言ふ者もあれど、それなら挿入者の言で天孫の詔ではないことになる、さうなつたら我が古典の破壞である。さなきだにこれ等學者の云ふ「から國」は、謂はゆる安羅加羅《あらから》今咸安郡小迦那《こから》今固城郡大迦那《おほから》今高靈郡等の六加羅ぐらゐのもので、漢魏史の稱する弁辰十二國の範圍を出でない小天地に止つて居るのであれば、天孫國祝の韓國は實に小

東亞民族古代史上の大昌言

さな者である、そしてそれが後の謂はゆる地理學的智識の所得ちふものであるならば、いかにも其の所得は垂仁朝以後のものかも知れない。されど其の朝よりは遙かに遠い、年代不明の世のことゝされて居る出雲神話の上に、日韓の關係が語られてゐるのを見たら、韓國に對する知見の太古的なことが判りさうなものである。因つて復た其の本に反つて竊に惟るに、天孫の詔らせ給へる「から國」は、地理學的のものでなく心理學的のものである。世には天孫の降下を以て海外よりの渡來と爲す者もあれど、假に海外よりの渡來としたならば、天孫の心眼には、海外悉く映じて萬方のカラ(神族)が見えてあつたに相違なく、僅かに韓半島南部の地方名なる加羅の國土だけが見えてゐたとは信《と》れない。いづれにしても國祝第一聲の「からくに」を韓國《カラ》と譯したは、當時旣に神族《から》てう古代想念の亡失し居た爲めであつて「から」と聽いても古の想念が蘇生せずに死の狀態に居たからである。予は天孫の筑紫降下を以て大和高天原よりせる海外大遠征なるを本頌叙により教へられた。乃ちこの教による發見に於て、天孫の詔らせ給へる「から」をば、大陸全面に渉れる同族なりと悟つて、東亞民族古代史上の大昌言なるに、我を忘れて平伏した、旣に前章に於て辰沄《しうから》固朔の優呼を見、又韃珂洛《たかち》の美稱を聞き、今また本章に於て河洛《から》の事を知りたれば、乃ち取束ねて其の原義を闡明するのである。

貊族の大同江修禊

第二節　神功紀阿利那禮河の謎を解く

日孫がヤオロチ族に命じて澡を作さしめたと云ふことは、東大族の古代に於ける宗教的儀式の一部が窺知されて、いとも尊いことである。既に言へる如く澡は禊《みそぎ》のことで、日孫の降誕を、日祖が東海清白の波に禊ぎした結果なりとする東大族にあつては、いかに禊を以て神に事へ己を修むる重大事と思念し居たか判らぬ、我が古典にも阿波岐《あはき》原の禊祓《みそぎはらひ》が載つて居て、今に至つても其の道の人に由つて敬虔に行はれてゐる。後世に至り原有思想漸く滅びたりとはいへ、貊族最後の優を示せる高勾麗に在つては、猶其の遺風の存するを認め得。北史高勾麗傳に曰ふ。

毎年初。聚戲二浿水上一 浿水はもと大遼阿の稱、後に至つて其の名大同江に移る 王乘二腰輿一。列二羽儀一觀レ之。事畢。王以レ衣入レ水。分二左右二部一。以二水石一相濺。諠呼馳逐。再三而止。

是れ古嚴なる禊祓が遊戲の狀態に變易したのであらうが、夏季の水浴とは異り、毎年初めに爲すのであれば、大同江邊は陰暦としても肌を裂くの寒さであらう、遊樂のために出來ることではない、故に之を聚戲と見たは漢人種の觀かたであつて、年の初めにする禊祓にちがひない、而して漢人の目からも貊族をば潔淨自熹《コノム》者と視たのであれば 漢魏史の言 古の遺風猶存し居たるを疑はぬ。貊族にして禊を尙び潔淨を喜んだとすれば、これと同一の風俗を有せし濊・扶餘・諸韓等も亦さうあつたに違

奄利大水

阿利那禮河に對する諸說

ひない、此等の俗は日祖が東海でミソギしたと云ふこと、若くは日孫がヤオロチ族にミソギを爲さしめたと云ふ古傳等に淵源をもつてゐたのかも知れない。

羊鄂羅墜《やおろち》は修禊によりて河洛《から》族神に引擧げられ、族稱を閼覆祿《あふろ》とされたのであるが、其の閼覆祿を禊誓の謂とは、どういふわけのことか、種々考へたれど未だ分らずに居る、俗の言葉に浴槽を風呂《ふろ》と云ふてはゐれど、古語ではないらしい、或はアフロは祓《はふり》の義にもや。

閼覆祿《あふろ》大水はその稱呼の通り今の鴨綠《アフリヨク》である、其のアフリヨク江を文字を替へて書けば挹婁國《アフロク》江となる。唐書がそれを詩的の者にして鴨綠としたるは可なるも、由つて以て原義を破壞し、其の水鴨頭の綠の如し故に名と爲すといふに至つては人を欺くものである。好大王碑には之を奄利大水としてある、原義によりて之に假名を附すれば奄利《アフロ》である、讀むでアリと爲すも同聲の轉であり、オンリ又はエンリとなすも轉音たるを失はぬ。高勾麗本紀に東明王行至二淹淲《アフ》水一とあるのも、乃ち亦原義の挹婁《アフロ》水なるを表はして居り、たゞ妻が略されただけのことである。日本書紀神功の卷に阿利那禮とあるも亦確に鴨綠江であつて、好大王碑の奄利大水《アリナレ》と全然稱呼を一にし、疑ふ餘地は復ないのであるが、然し學者といふ者が居て、此の阿利那禮の所在に頗る議論を簇らし、そして未だ何處とも決定しないでゐるが、大勢は洛東江に歸着しさうである、それは神功征羅の時、新羅人も日軍も見聞が今の鴨綠江まで達して居ないから、それを指すわけがない、洛東江ならば達して居たらうから、そ

阿利は修禊立誓の義

れであらうと云ふのである、もつと心の小さい學者になると、それにも同意せず、凡そ盟といふものは眼のあたりにあるものを指して盟ふのである、故に新羅國都慶州から見えもせぬ洛東江を指して盟ふわけがないと主張して居る、すると阿利那禮は慶州邊を流れて居る名も無き小川に擬定されることにならう、或學者は新羅建國の最初に六部の祖が閼川岸上に會したとある所から、阿利那禮は即ち閼川《アリナレ》であると說いて居る、如何にも字はさう讀めもすれど心狹い解說である。薩摩沖の船でする盟にも、要すれば富士山の萬古動きなきを比譬とし指しもしやう、新潟の濱邊でする盟にも、石狩川の名の堅きに因みてそれを指しもしやう、名にし負ふ挹婁《アフロク》國大水、それが古傳に由りて靈驗の聞えあつたとすれば、距離の遠近大小は問はずもがな、取つて以て渝らざる盟の比譬に指すは、有り得可き自然のことであらう、和泉式部が女性の身を以てして「あかさりし君をわすれむものなれや阿利那禮《ありなれ》河の石はつくとも」と詠みしは流石に大きい。我が古の學者は、阿《ア》は鴨《アフ》の約音なり利《リ》は綠《リヨク》の略音なり、那禮は三韓に於ける河の俗語にて江なりと謂ひ、それで議論はなにもなかつたのであつた、今や大層な議論になつたが、議論しなかつた昔の人の方が、むしろ正解を得て居た。

阿利の原語なる閼覆祿《あぶろ》てふ詞が、どういふわけから修禊立誓の意義になるのであるか判らねど。今に至るまで盟を爲す者、その渝らざるを閼覆祿大水に指す。とあるからは、熊野權現の誓紙にも似て深き信仰から來たものであらう、閼覆祿大水を指して盟を爲せる者若し其の盟を破りもしたら、

日孫の神罰を受くると云ふ様な、何かこれには古傳があつたに相違ない、果してさうとすれば、新羅が神功皇后に對して、

阿利那禮の河返つて以て逆に流れ、及ひ河の石昇つて星辰と爲るを除き、春秋の朝を殊闕し、梳鞭の貢を怠廢せば、天神地祇共にこれを討ちたまはん。

と盟つたは、日韓雙方に共通せる古代信仰の或るものが、當時なほ遺つてゐてそれが立誓形式の上に顯現したものとされる、其の顯現が我が古史に依りて傳へられたるは、考古の諸學に寄與された希代の珍跡なれば、宜しくまさに錦嚢を作つて保存すべき大切のものである。有り觸れた場當りの議論を以て蠹蝕しては相成らぬ、嗚呼阿利那禮《アリナレ》・奄利大水《アリナレ》・閼覆祿大水《アリナレ》・捛婁大水《アリナレ》と文字はかはつても、今書く文字の鴨綠江《アリナレ》である、此のアリナレは、修禊立誓以て渝らざるを指すに於て神なのであつた。

第三節　鴨綠江の古名を其の正しきに挽回せよ

鴨綠江名の由緒

鴨綠江は古來韓漢の境界を劃せる天塹にして、東亞民族史の重要河流である、其の原名は上述の如く閼覆祿《アフロク》大水であつて、捛婁國《アフロク》大水のことなるが、アフロの原義は修禊立誓のこととある。之を淹滮《アフ》水となせるは捛婁《アフロ》水の婁を省略して簡に從つたまでのこと、或は之を阿呂虎《アロク》水とも書けるは

隋唐の遠略先づ江名を紊す

婁を省略しないものである、此の如く由緒正しき名河なるを、隋唐に至り韓國併呑の豫備的作業として、先づ其の江名紛糾を策し、緣もゆかりもなき馬訾《マシ》水の名を取つて之に加ふるに至つた、その起りは唐の衛國公李靖の自著太宗問答兵法七書ノ一に、

太宗曰。高麗數侵ニ新羅一。朕遣レ使諭。不レ奉レ詔。將レ討レ之。如何。

とある通り韓國併呑に苦心の折柄、貞觀十七年魏王泰進むで括地志を上つた、中に曰く。

高麗。都ニ平壤一。本漢樂浪郡王險城。古云ニ朝鮮一也。

是れ其の言は簡であるが、漢を標し、樂浪を表し、王險を提し、朝鮮を言ひ、以て此の四つの名を一つ平壤に結び付けたるは、是れ高麗は漢武雄略の遺跡にして悉く中國の版圖たりとの主張を建議したる者、乃ち恢復の義務、討伐の權利、一に我が皇に在りとして出師の名を提供したのである。元來漢武によりて亡されたる古朝鮮は、今の遼東半島に在つたので韓國に何の史跡をも有つて居ない、從つて漢武の四郡は寸壤尺土も鴨綠江を渡つてゐない、唐の君臣内に竊に出師を策し、之に先つて韓の地經の紊亂を畫す、其の謀の深くして準備の周到なる眞に驚く可きものがある、それ等の次第は東族傳統史綱に詳載ずべく、玆には專ら鴨綠江に就いて語らんに、新唐書に。

馬訾水を移して鴨綠江と欺く

有ニ馬訾水一。出ニ靺鞨之白山一。色若ニ鴨頭一。號ニ鴨綠水一。西與ニ鹽灘水一合。又西南至ニ安市一入レ海。

とあるは、これ挹婁國水を鴨綠水と譯出し、水の色から來た名だと面白く作爲したのであるが、挹婁國水を其の音のまゝ生かして置いては地經を紊亂することが出來ない、何故と云ふにアフロクと云ふ水名が漢武の史蹟文獻に無いからである。そこでアフロクといふのは鴨頭之綠の義で、形容詞に過ぎない、本名は漢の世の所謂馬訾水であると高壓的に言ひ出し、而して靺鞨の白山今の長白山に發源すと稱して鴨綠江に一致さすべく努力したのであつた。しかし是れは餘りに世を愚にした話で、前漢地理志を見れば馬訾水が何處を流れて居る河であるか直ぐ分ることである、即ち地理志に曰ふ。

玄菟郡西蓋馬縣。馬訾水西北入此の間當に大遼水の三字あるべし鹽難水西南至二西安平一入レ海。過レ郡二玄菟遼東二郡行一千一百里。

右地理史に脱字あるは現地調査によつて判つたので大遼水の三字を寫脱したものであるこの寫脱は初め日韓上古史裏面によりて之を知り現地調査によりて確かむ抑も玄菟郡とは今の新民屯・黑溝臺・奉天・烟台等を抱括した郡名なれば、馬訾水は其の郡内を流れる河流であらねばならぬ、而して西北流する河水には柴河今鐵嶺河と稱す范河懿路河等ありて、馬訾水が適確にその何れに該當するかは不明なるも、此等西北流する河川はいづれも皆遼河に注入して居る。また鹽難水は今の塔子河のことで、漢代では下流を沓水と云ひ、上流を鹽難水といつてゐた、この鹽難は漢の置郡以前の地方名であつたらしい、それに因みての名であらう今猶長灘といふ處がある。今若し馬訾水を鴨綠江としたら其の水は西北流してゐなければならぬ、と

唐書の地經攪亂

遼河の海口安市を鴨綠江の海口と詐る

西安平は遼西

ころがさういふ流れかたをして居らぬ、因つて新唐書は亦之れにも作爲を施し、前漢地理志の西北流を西流に改め、且つそれに脱字あるを利用して、鹽灘水に合すとした、是に於て今の遼西なる塔子河の古名鹽難は、鴨綠江に流入する今の渾江の古名になつてしまつた、そして前漢地理志に鹽難水は西南して西安平に至り海に入るとあるをも亦改め、西南して安市に至り海に入ると作した、因つて唐書のいふ所の鴨綠江即ち馬訾水は安市に至り海に入るわけであるが、此の安市は地理志に左の如く云ふてある。

大遼水出二塞外一。南至二安市一入レ海。

乃ち安市は今の營口のことで遼河の海に入る處である、故に唐書の鴨綠江に就いての作爲は極めて世人を愚にしたものであるが、斯くまでして馬訾水や鹽難水の古名を鴨綠江の本支流に移したのは、所謂目的の爲めには手段を擇ばざる者で、其の目的は韓の併呑に存し、其の手段は地經紛淆に在つたのである。如何に手段を擇ばずとは言へ、遼河を隔てゝ遠く遼西に在る鹽難水を假り來つて、鴨綠江に會流する渾江に附會したのは驚く可きことである。唐書は詐つて其の河口を安市として居るが、前漢志はこれを西安平と言ふて居て今の遼西なることを明かにして居る、唐の君臣が其のくらゐの事を知らない譯はない、抑も西安平と云ふは今の遼西の海濱に在つた漢代の都會である、其の後塔子河（即鹽難水の下流沓水）の河口が沙洲で塞つた爲め、今は亡びて存在しないから、古を稽へる者の往々惑ふ所なるも、その西安平といふ所以は、漢初の甾川國東安平今の山東省青州府臨淄縣東十九里と渤海を隔て相對する意味に於て名づけたものである。歷代地理韻編に、西安平をば、西漢に在つては遼東郡、東漢に在つては幽州遼東郡、晋に在つては平州遼東國是等遼東の稱は皆今の遼西の縣名となし、其の安平縣は今の奉天府遼陽州に在つたと斷じてゐる、但しこの斷定は西安平が時代により移轉したので其の最終の所在地を語つてゐるのである、故に海濱に在つた漢代の西安平とは位置を異にして居れど、それにしても鴨綠江とは何の關係も無い處なれば、其の關係のない西安平に至り海に注ぐ鹽難水を、鴨綠江の支流と作したは、腹の底が透見される。又唐書が鴨綠江の河口に安市の稱を下したのも明かな詐筆である、安市は西漢・東漢及び晋を通じての縣名であつて、地理韻編に今奉天府蓋平縣東北七十里に在りと斷じて居るが、聊か方向の指示に狂ひがある樣なれど、前漢志に安市を以て大遼河の河口と爲せるは動かす可からざる鐵案で、今の營口なるは狂はせやうがない、漢代と今日とは地形に變遷もあらうから、今の牛莊城あたりが、安市であつたかも知れぬそれが何で鴨綠江の河口であらう、知つて而して鴨綠江を馬訾水と詐り、鹽難水に會流すと言ひ、安市に至り海に入ると欺いたのは、是れ皆韓半島を併吞せん爲めの謀計から、故意に地經攪亂を企てた狡狐の露尾である。しかし新唐書の著者を詰るのではない、著者をして爾く書くに至らしめた本を攻むるのである、其の本は魏徵の隋書、懷太子の後漢書註、魏王泰の括地志等なるが、何にしても內外學界の歸依を博するに足る者のみであれば、彼等の謀計は頗る善く行はれ、爾後歷

漢史家の苦計

代の漢史悉く筆を揃へて遼東の古史蹟を韓半島の内に移入し、遂に釘付けにして動かし難きものにして終《しま》つた。それも其の筈、韓半島の主人が喜んで變造地經を迎入れるのであるから、支那としては中國君臨四方夷狄の大主義を擴張するに、これ程都合のよいことはない、何でも構はぬ滿洲の古地名を半島に輸入さへすれば、史家の其の君國に報ずる所以の大道乃ち通達するわけなのであつた。

然し史家の苦計も亦容易の事ではなかつた、例せば後漢書の謂はゆる掩淲《アフ》水、即ち高勾麗の始祖朱蒙が魚鼈を橋として渡つたと云ふ河流は、既に言へる如く挹婁《アフロ》大水の婁の略されたもの、集韻に淲は荒胡切音胡とあれど此字をコと音せるは集韻だけで、其他の字書並に說文及び字彙等には、フウ又はヘウ、若くはヒウの音であらはしてある、乃ち掩淲はアフであるから、其の音挹《アフ》及び鴨《アフ》に叶ひ、鴨綠江なるは動かぬ所である。然るに懷太子は同書掩淲水に註して、

今高麗中。有㆓蓋斯水㆒。疑此水是也。

といふて居る、是れ掩淲水と蓋斯水とを同音に讀むでのことであるが、どうしてこれが同音に讀めやう、是れには深刻なる苦計が伏在してゐる、どうかと云ふに太子は故意に淲《フ》を㴲《シ》にかへて讀むだのである、前漢地理志によるに、廣平國南和縣に列葭といふ川があつて東流して㴲水に入つてゐる、註に師古曰㴲音斯とあるにより、字音の由來は判るが、㴲《シ》と淲《フ》とは同字でない、それを同字に訓むだ上に、蓋《カフ》をまたアフと讀んだのである、近音では蓋にアフの音はないが、古音にはアフの音

鴨綠の古名を淸川江に引下ぐ

があつて、月《ガツ》がアツに訛るやうに、カフはアフに通じたのである、そこで掩《アフ》の音に叶はしめたのであるが、斯く迄して淹滮《アフ》を蓋斯《アシ》と讀むだのは、要するに鴨綠江の古名アフをアシと爲し、そして大同江一名王城《アシ》江の古名阿斯《アシ》江に牽强し、以て鴨綠の古名を大同に移し替ゆ可く企てたものと知られる、隨分苦肉なやりかたである。それを輿地勝覽は奇特にも蓋斯水の當飲めどころを新案して、次の如く迎へ入れた。

平安道博川郡大寧江を古く盖泗江と稱せり、又の名は博川江・俗に傳ふ朱蒙北扶餘より南に奔つて此に至る、龜鼈橋を成す、因つて利涉と名つく、今の淸川江是なり原漢文

苦もなく鴨綠江の古名なる掩滮《アフ》を盖斯《アシ》の名で淸川江まで引き下げ韓・遼の境界なる江上の史蹟を内へ引き込めて終《しま》つた。是れでは淸川江以北の韓土は韓の版籍たることを歷史上より剝奪されたわけである、然し淸川江までの引き下げでは唐の初志に適はない、そこで新唐書は懷太子の初志に適はす可く筆を舞はした、曰く。

平壤。在鴨綠東南。以巨艦濟人。固恃以爲塹。

直截的に大同江を以て鴨綠江とは指名しないが、其の固く恃して以て塹と爲すとは、是れ明かに鴨綠江を以て平壤直面の塹濠と爲したのであれば、即ち古來史家が鴨綠江上の史蹟とする所のものは、實は大同江上の事であると暗示したのである。李朝宣撰の東國通鑑は更に之に諛合して大同江

鴨綠の古名を大同江に移す

漢武の史蹟一も韓內に存せざる證左

を奄利大水と爲し、鴨綠江上幾千年の歷史を大同江に移轉して終つた。然れども無心の水は依然として奄利《アリ》大水の古稱を、鴨綠江てふ現稱中に保有して、我が神功紀の阿利那禮《アリナレ》及び古の閼覆祿《アフロ》大水なるを、無語にして善く語つて居る。

唐の君臣が鴨綠江の古名を大同江に移し、そして鴨綠江に加ふるに馬訾水の名を以てし、且つその支流渾江に當つるに鹽難水の名を以てしたるは、漢武置郡の史蹟が皆鴨綠江外に存して一も韓內に存せず、出師の名を得るに由なきを苦にしてのことである、これ馬韓が漢を拒いで一步も韓內に入るを許さゞりし結果にして、當時若し韓史のいふ如く、漢の四郡が韓內に置かれてあつたのなら、歷史に伴ふ地志の記が、韓內の山河州城を蔽ふて存在す可き筈なれば、唐が地理志上の移轉變更を新に苦策するに及ばぬことである、然るに之を必要として苦策に務めたるは、是れ漢武の史蹟が一も韓內に存せざるを明證するものである、故に古朝鮮及び漢の四郡を內に取り入れて表面を取り繕へる現存韓史は、裏面にまた裏面あり、底にまた底ある手品師の箱のやうな者なりと知るを要す。

唐が滿洲地志を韓內に移植せる苦策の跡を見るに、例せば馬訾水を鴨綠江と爲せる如きは、西北流して遼河に注ぐ支流のうち、馬訾水とはどれであるか、史蹟の上にも地志の上にも審にし難き、謂はゞ死せる河流として埋葬するに差支ないやうなものを撰むで、鴨綠江にあてがつて居る。又鴨綠江の支流渾江の名としたる鹽難水は、今の遼西なる塔子河上流の古稱であつて、この古稱は下流名の沓水を遺して置けば、史蹟及び地志上に復た要の無いものである、即ち上流も下流も一の沓水と云へばそれですみ、而して沓《タフ》は塔子河の塔《タフ》に著はされてもあれば、豔難てう上流の古稱は最早あらずもがなの者、乃ちそれを渾江にあてがつたのである。是等の事から考へると、唐は滿洲地志の今昔を審詳に詮議した上、人に化けた狡狐の、其の尾をつかまへられぬ用心を以て、韓內の地經紛淆を行つた者と知られる、是れでは韓人も魅せられずには居られなかつたらう。

第十一章　八千國主及び平壤

汗美須銍曰神祖都于鞅綏韃曰畢識耶神京也敎漾緻遣翅雲兟阿解治焉

譯文

汗美銍須《かみすち》に曰く。神祖鞅綏韃《あした》に都す。畢識耶《ひしや》と曰ふ。神京なり。漾緻遣翅雲兟阿解《やちくしうくあけ》に敎《のり》して治めしむ。

汗美須銍は書名なる可く、神筋《かみすぢ》と訓むで神統系譜の義に解したれど如何にや、鞅綏韃は地名である、畢識耶は聖宮《ひじりのみや》ならん歟、故に其の處を神京といふのであらう。漾緻は八千《やち》。遣翅は國主《くし》。雲兟

日孫の太子

は享嗣《うく》。阿解は別王《わけ》。即ち八千國主享嗣別王《やちくしうくわけ》なるべしと辛くも訓み探つた、想ふに是れは日孫スサナの神子で享嗣《うく》は日孫の大統を繼承する太子の意を表はした者と解せられる。鞅綏韃《あした》は月支國《アシタ》音義前に出づである、畢識耶《じしや》は聖の宮《ヒジリミヤ》で、此の古言は平壤《ヒグシヤグ》グは助詞の中に今猶保存され、神京は壇君神話の今彌達《キミタ》と相照應した稱へである。因つて復た該神話に稽ふるに、三國遺事に曰はく。

號曰㆓壇君王儉㆒。都㆓平壤城㆒。始稱㆓朝鮮㆒。又移㆓都於白嶽山阿斯達㆒。又名方忽山。又名今彌達。

方忽山は火發山

右稱する所の阿斯達は本章の謂はゆる鞅綏韃にて漢魏史書に月支國と譯出せるもの即ち今の平壤の地方名である。其のまた平壤の稱は其の地方に古在せし宮號（或は廷號）聖宮《ひしや》を漢譯せるもの即亦本章の謂はゆる畢識耶が其の原名をなしてゐるのである、その亦の名とせる方忽は、矛《ほこ》に訓め神子の名の漾緻《やち》に合はせて漾緻方忽《ヤチホコ》と觀ば、我が神話の八千矛神《やちほこのかみ》が現はれ來さうである、其の方忽の訓ホコのホは火《ほ》を意味し火發《ほおこり》の義に取れ、長白山が昔し噴火山であつたことを傳へた者とされる。また忽を別音の沒に讀まば、方忽は火穗《ほほ》即火焰に聞えて、長白山の古しへをいかにもさうあつたらうと思はしめる、乃白嶽山の長白山なること亦明かである。是れ其の神話を古傳としての見かたであるが、支那道學の輸入された後に書き出された仙人的壇君三國史記に金富軾曰く、平壤者仙人王儉之古宅也、としたら、方忽は莊子の藐姑射《はこや》之山有㆓神人㆒居焉から取つたものとされやう、壇君を藐姑射の神人に比し、それ等の神人が堯から天下を讓られたのを輕視して取らなかつたと云へるに合せ、壇君が其の國を箕子に讓つて山に入つたことを、高尙なる仙者の行として、之に對する讃美の意を山名に寄せたものともされやう。されど壇君と箕子との國讓關係の如きは、跡方もなき虛言なれば、壇君を箕子に結付けては、折角世に遺れる神話の全體を打毀してしまうことになるから、方忽山の名の謂れは、矛即火發《ホオコリ》の義に解して置きたい。

今彌達は神田又君田

次に又の名今彌達《きみた》は言語學上に於ける史的のものである、これはコムとキミとの二つに訓め、コムならば神田《こむた》の義で、本章の謂はゆる神京の義に解され、キミならば君田の義に解される、君田は支那でいふ邦畿のことで國君直隷の地の稱である。

月支國と阿斯達

斯の如く方忽や今彌は東族語で解けるから、古き傳說のものであらうと思はれる、又平壤は今言ふ通り畢識耶《ひしや》の古音を平壤《ヒシヤ》と寫したもので聖宮《ひじりや》の義なるが、それを平壤といふ好文字に組立てたは、漢字輸入後のことで古いことでない。然るに壇君神話には其の出現の際堯の時代といふから平壤といふ文字が組立てられてゐたやうに見えるが、是は後の世の文字を古に反用しただけの事である、韓史は平壤の古名を王險としてゐるが、王險は史記朝鮮傳に出で遼河流域に在つたのであれば、それを移して平壤を說くは妄である、眞の名前は阿斯達《アシタ》が即ちそれであつて魏志に月氏國と譯され、辰王治二月支國一と書かれてある、故に後漢の末や曹魏の世にはまだ平壤と云ふ組立て文字はなかつた。知るべ

大同江の前名月支江

新羅の月城

し阿斯は即ち月支にて同音異譯に過ぎるを、從つて大同江の古名も亦アシ江であつた、即ち月支《アシ》江なるが、之に當てる漢字の撰擇は餘程考を費したものと見え、王城江と如何にも尤もらしい文字によつて譯され、それが大同江の古名として傳へられてゐる。王の音はワウであるが、ワはアに通じ、城の音セイはシに約《つゞ》まるセイの反シ乃ち王城の原音亦阿斯《あし》なりと知れやう。

新羅は其の慶州の居城を月城と稱し又金城と稱したるが、嘗て自ら王城國と稱して我か國から卻けられたことがあつた、之によりて見れば新羅も亦其の月城の月をアと音して居たものとされる、乃ち其の音の同じな所から、月城《アシ》を王城《アシ》に作つたものであらう、并に其の別名金城の金も馬韓の今《き》彌《み》に同じなるが怪しい、或は馬韓の亡後其れ等の名を移し用ひたものかも知れない、始祖出現の靈城ともある閼川《アリナレ》は、閼覆䅌《あぶろ》鴨綠江の古名の名を借用したものであらうとは曾てより疑つてゐる。又始祖が朴《ホク》を姓としたのも、其のホクが方忽と同音なるも妙で、何か是れにも裏面に伏在した或る者がありさうである。是れ等は他日別に闡明の機會があらうと思ふが、其れは兎に角として、月支《あし》國・王城《あし》國・阿斯達《あした》は共に同音同義にして、只塡字の相違なること、新羅を併せ考へて益明瞭なるを得た、本章の鞅綏韃《あした》は即ち月支《あした》國にして今の平壤である。

第十二章　神子シラヒキ別と新羅

迎日灣

又敎耑礫濆兮阿解居戞牟駕曰高虛耶是爲仲京

譯　文

また耑礫濆兮《しらひき》阿解《あけ》に敎《のり》して。戞牟駕《かむか》に居らしむ。高虛耶《かこや》と曰ふ。是を仲京と爲す。

戞牟駕とは何處、高虛耶とは何の義、其の難解なるに痛く苦めど、先づ仲京の意義を本として考ふるに、中京といふことは支那の歷史に多々あれど、それは上中下若くは大中小の中であつて、未嘗て仲字を當てたるを見ない、仲は仲介・仲人等の仲で仲繼の義を有する、故に仲繼の京といへば何處かへ連絡を取る爲の主要地であらねばならぬ、かく按じ來つて戞牟駕に心を向けると、慶州の迎日灣が腦裏に浮んで來る、蓋迎日とは漢字輸入後の塡字なるべく、其の以前はヒムカ日向であつたのであらう、それならば戞牟駕をそれに當て見ることが出來る。戞《か》は日《カ》。牟駕《むか》は向《ムカ》にて全く迎日の意味に當該する、そこで神名のシラヒキに及ぶと新良貴《しらき》新羅が浮むで來る、日孫の世に新羅のあるわけはないが、神名のシラヒキと新羅《シラキ》とは詞の上に酷似が認められる、處で世間に白髭明神といふが

日韓に渉る三體のシラヒ神

あつて、其の次第は前巻に述べた通りなるが、概ね韓國から歸化した團體が、氏神として奉じ來つた者のやうである、或人は鮮人由來鬚髯を貴ぶ故に白髭明神も出來たのであらうと云ふたが、或はさうかも知れない、されど餘りに理由がなさ過ぎる、そこで想ひ着いたのは我が神話の白日別《ひらひわけ》神である。白日別には二體あつて、伊邪那岐《いさなき》神の御子にて筑紫の守神になられたのも白日別。今一體は須佐之男の御子にまします大年《おほとし》神の子で亦白日神といふ。此の出雲の白日神は、古事紀原本に白日神とあつたのを、古訓本その他の校訂本にそれを向日《むかひ》神の誤として正し、爾來向日神で通つて居るが、これは原本のとほり白日神であらねばなるまい。筑紫に白日別があつて名の重複するところから、神に二體同名は無い筈として、遂に餘計なことをしたのであらうが、名の重複してゐる所に上古が存在する、修史館や神祇院があつて衆議の上から神話が成立したのでない限り、寧ろ當然のことであらねばならぬ。そこで其の出雲の白日《ひらひ》神・筑紫の白日別《ひらひわけ》、本頌叙の崇礫濱兮阿解《しらひきあけ》、この三柱は本と同一の出處から生れたに相違ないと考へられる、言換えれば神話の存在が共有であつた所から、一は筑紫に一は出雲に一は韓土に現成したと考へられるのである、而して此の筑紫・出雲・韓土特に新羅は其の地理的關係も頗る密邇してゐて、上代一域であつたことが、神名の分布によりて確と證明されるわけである。

次にシラヒキ阿解に緻してカムカに居らしむ、高虚耶《かこや》と曰ふとあるカコヤヤは宮は、宮名と考へら

新羅の天降說

れるが、こゝに一つ不思議を感ずるは、新羅神話六村天降說のうちに高墟《かこ》村といふがあつて、高虛《かこ》と同聲同韻なるを示して居ることである、又高耶《かや》村といふもある、三國遺事に曰ふ。

辰韓の地、古し六村あり、楊山村の長を謁平と曰ひ初め瓢喦峰に降る。高墟村の長を蘇伐都利（三國史記には蘇伐公とす）と曰ひ初め兄山に降る。大樹村の長を俱禮馬（一に仇に作る）と曰ひ初め伊山に降る。珍支村（一に賓子また氷之に作る古韓音ヒ・チ通音なりしか）の長を智伯虎と曰ひ初め花山に降る。加利村の長を祇沱（一に只他に作る）と曰ひ初め明活山に降る。高耶村の長を虎珍と曰ひ初め金剛山に降る。上文を按ずるに此の六部の祖は皆天より降れるに似たり（原漢文節錄）

天降思想ば海より來る

漢民族には龍に乘つて天に登つた古譚はあるが、祖先が天より降つた話はない、彼等の中其の古き者は中央亞細亞大陸中に發生して海といふ觀念を持たなかつた爲であらう、彼等の齎らし來つた易の中に、毫も海洋觀念が無いのでそれが知られる、易は萬象を數理で加減乘除して、吉凶禍福を按出した者で、虎もあり馬もあり、駱駝もあり羊もあり、火山地震旱魃大川險山廣澤沙漠等大槪の物は皆あれど、鯨とか鰐とか海嘯とかいふやうな海洋的觀念から生れた物は全然無い。之に反し東大族たる吾人祖先の心境は、何よりも先づ海の觀念に充たされて居て、其の水天髣髴限界なき處に、天末と海末との二大象が一に繫つてゐるを看取念想し、天をアメ海をもアメと稱して名さへ一にしてゐた、天之《あめの》鳥船《とりふね》は即海《あめ》之鳥船である、八千矛《やちはこ》神と沼河《ぬなかは》姫との歌にある天馳使《あめのはせつかひ》は海馳使《あめのはせつかひ》で船の

新羅の卵生說

新羅の眞古傳は本頌叙の所傳に一致する者の如し

使である、天神《あまつかみ》それは天の神に相違ないが、海部《あま》と同名なるところに上古の妙越が床しくも偲ばれる、この海天一碧の間に神の天降《あまもり》が念想され、而して東大族は上代を通じていつも其の念想の上に居たのであれば、新羅に六村天降の古傳があつたのも、本と海洋觀念に胚胎せる當然の物語で毫も怪しとするに足らぬ。想ふに漢民族が其の古代に天降物語を有たぬは海が無つた爲めであらう、故に人類の古代移動を研究する者、天降物語を有する種族の祖先を大陸の中央に求めては、終に徒勞なるを免れまい。三國遺事に又曰く。

前漢地節元年壬子三月朔こんなことを云ふから折角の神話を臺なしにして仕舞う六部の祖各子弟を率ゐて倶に閼川の岸上に會す、議して曰く、我輩上に君主の蒸民を監視する無く、民皆放逸にして自ら欲する所に從ふ、盍んぞ有徳の人を覓めて之を君主と爲し、邦を立て都を設けざると、是に於て高きに昇り南望するに、楊山の下・蘿井の傍に、異氣雷光の如く地に垂れ、一白馬あり跪拜の狀を爲せり、尋て之を検するに、白馬人を見長嘶して天に上り、一紫卵を存す、一に云ふ青大卵と、其卵を剖いて童男を得形儀端美なり、驚いて之を異しみ、東泉に浴せしむれば身に光彩を生じ、鳥獸率つて舞ひ、天地振動し、日月清明、因つて赫居世王と名づく云云。

右に謂へる白馬跪拜と青大卵と東泉に浴すとの事は、本頌叙に言ふところの、日祖東大海《しうみ》清白《すさ》の穗波《ほな》に澡す、清悠の氣の凝る所、日孫內に生る、日祖之に乳し高天使鷄《こまかけ》に命じ、載せて降り臻らしむ、とあるに妙に一致してゐる。即東海淸白の淸を卵の色に作して靑とし、東海を東泉に作し、高《こ》天使鷄《まかけ》を白馬《コマ》白の下半音クはコに轉ずに作り、載せて降つたさまを跪拜と爲した者らしく、本末次第頗る明白である。そして白馬はどうなつたかと云ふに、長嘶して天に上つたとあつて、其の行衞の始末もついて居る。思ふに本頌叙の言ふ所は極めて古簡であるが、それに隨伴した諸の神話が數多あつたであらうから、新羅の六村天降說は其の神話の片影と見られる、新羅は兎に角半島統一を成したのであれば、その古傳を自家の物として取込み、始祖建國の物語を神異にしたのであらう。故に六村の長が會合したといふのも事實であらうが、其の村長が天降の神その者では無く、其の疏族遠裔たること勿論なれば、天降そのものが、いつの世にあつたかは年紀超越のもので、漢や周の年代を取つて議すべき問題ではない。卵生說は新羅だけでなく駕洛《から》國にもあつて、黃金の卵六個から六童子が生れ、其の最初に現はれたるを首露王と號し、大駕洛國の主と爲り、餘の五人も各亦迦耶《から》の王と爲り、これを六加羅と稱する由が三國遺事に見えてある。

さて高虛耶《かこや》の本題に返つて考ふるに、新羅六村の一なる高墟村の長を蘇伐《ソボル》公といふ、この蘇伐に關聯して、古事記新講は喜田博士の說を引き左の如く曰ふてゐる。

日向國西臼杵郡五箇所村に添利《ソホリ》山《ヤマ》神社がある、此のソホリといふ語は、古く朝鮮にもあつて、新羅の京城を徐羅伐《ソラブル》或は蘇伐《ソブル》と云つたのがそれで、都邑の義であり、又百濟の都の泗沘を所夫《ソフ》里《り》と言つたのも亦これと同じである、今も鮮人が京城をソウルと稱するのはこれも亦同義によるのである。

日韓古史斷も次のやうに言ふてゐる。

韓史又云ふ、新羅の祖王を赫と曰ふ、高墟村長蘇伐これを楊山の麓に得、中略國を徐羅伐と稱す、方言京なり、林泰輔の朝鮮史に今朝鮮なほ京を呼び徐菀《セウール》と爲す、徐羅伐の轉ぜるなりと。

平壤と出雲との仲京

右諸説に由りて見れば、蘇伐公といふは六村より成れる大邑の首長にして、高墟《カコ》村は先づ其の地方に於ける首都と言ふべき格のものである。すると其の地は日孫が其の神子シラヒキを置いたといふ高虚耶の跡とし見られもする、兎に角シラヒキ王子は、迎日灣地方の雄鎭として高墟村あたりに宮居を構へ、出雲と平壤との仲京と爲つたことだけは略想像されやう。

辰韓及び新羅國名の起因

而して辰韓の名の起因も神名シラの上に存すと覺れやう、從つて新羅の名の因由も亦それと頷かれる、猶ほ新羅をシラキと特にキを附して呼んだのは、シラヒキのヒが自然に發音の下底に潛み、キが代つて大に著はれたとされやう、定めて新羅の古は、シラヒキ神を土地神とし氏族神として居たのであらう、其の神は筑紫の白日別、出雲の白日神と同一體なりしを疑はぬ、又我が神話に韓郷との交通が見えてゐるわけも、仲繼の京が今の迎日灣に在つたことに因つて、更に其の眞實なることが立證される次第である。夫の新羅の置いた迎日縣は、シラヒキアケ神話より遠く後世のことなれば、それを戛《か》牟《む》羯《か》と同一には見られないが、抑も迎日とは既に言ふ通、漢文式組立の成語なれば、本來の韓語ではカムカと言ふてゐたに違ひあるまい、新羅が迎日縣を置いたのは、古傳神話に據つて爲したものか、或は我國に對する政略の必要に出たものか、そこに甚しく不可解の事がある、東國通鑑に曰く。

迎烏細烏

阿達羅王四年（成務天皇二十七年神功皇后征韓四十三年以前）新羅迎日縣を置く、初め東海の濱に人あり、夫を迎烏と曰ひ、妻を細烏と曰ふ、一日迎烏藻を海濱に採る、忽ち漂ふて日本國の小島に至つて王と爲る、細烏その夫を尋ね又漂ふて其國に至る、立て妃と爲す、時に迎烏細烏を以て日月の精と爲す（原漢文）

右東國通鑑より遙か以前に成れる三國遺事には左の如く云ふてゐる。

東海の濱に延烏郎・細烏女あり（延烏郎は愛宸登古（えをとこ）細烏女は小乙女（さをとめ）の古言漢譯なるべし）夫婦にて居る。一日延烏《エヂ》海に歸して藻を採る、忽一巖あり（原註に、一に一魚と云ふとあり）負ふて日本に歸る（この歸字注意を要す）國人之を見て曰はく、此れ非常の人なりと、乃ち立て王と爲す（原註に曰く、按ずるに日本帝記に、前にも後にも新羅人にして王と爲れる者なし、これ乃ち邊邑の小王にして眞王に非るなり、云云、）細烏《サヂ》夫の來歸せざるを恠み之を尋ね、夫の脫鞋を見亦その巖に上る、巖亦負ふて歸ること前の如し、其の國人驚き訝り奏して王に献ず、夫婦相會す、立て貴妃と爲す、是の時新羅日月光なし、日者（天文吏）奏して曰はく、日月の精降つて我國に在りたるに、今や日本に去れり、故に斯の怪を致せるなりと、王使を遣して二人を求む、延烏曰く、我れ此國に到るは天の然らしむるなり、今何んぞ歸らんや、然りと雖、朕の妃織る所の細綃あり、此を以て天を祭らば可なりと、仍て其の綃を賜ふ、使人來奏す、其の言に依つて之を祭る、然して後日月舊の如し、其の綃を御庫に藏め國賓と爲し、其の庫に名して貴妃と爲す、天を祭る所を迎日縣と名づく、又都祈野と名づく原漢文

右の古傳は我國との關係の何事をいへるものであらうか、神話から歷史に移る過渡期の物語とも見られるが、これを歷史代に入つてからの國際關係を神奇的に現はした者と見る時は、日本差遣の鎭守使が赫怒して引揚げ、新羅爲に震動して日月光を失へるさまに爲つたことを語る者のやうである、乃ち使を派し舊の如くならんを哀請し、容れられて安堵し、報恩紀念に迎日縣を置いたとも解される。之を神話と見れば、新羅の日月として尊べる神は日本の或る男女の神にして、新羅人の渴仰戀慕の上に其の神の來往した事が思はれる。いづれにしても上古日韓の間柄は一域であつたに違ひない、而してその祭を爲す所を迎日縣又の名を都祈野《ツキノ》と言へるは即亦都祈《ツキ》は繼《ツキ》に解されて仲繼の京であつた古の紀念稱とも取れ、都祈野は取も直さず繼野《つぎの》なりとされる。若も都祈野は迎日の日に對する月の義なりと言はゞ、それも確にさう取れる、されど日に對しては己に漢字を以て迎日と作したのであれば、同時に月に對しても漢字を以て月とあらはしさうなもの、それをさう著はさずに都祈《ツキ》として殘されたは仲繼の京のツギなりとする方、情理に適ふものではあるまいか、蓋都祈野は繼野であつて、古神話の遺響と思はれるのである。

第十三章　神女アタカシ媛と薩摩

吾田鹿葦

天孫妃の御名大陸神話に顯る

敎曷旦鸛濟扈枚居覺穀啄刺曰節覇耶是爲海京

譯　文

曷旦鸛濟扈枚《あたかしこめ》に敎《のり》して。覺穀啄刺《かくたら》に居らしむ。節覇耶《しほや》と曰ふ。是を海京と爲す。

難解の文字重疊して讀破寔に容易ならざるも要するに本章は我が薩摩の西南角をいふてゐる者と解され、そして女神アタカシコメは、我が天孫の妃の御名なるに驚く。

先づ神名のアタカシ扈枚の扈《こ》は戞《か》日の義の轉音で、やはり日の義と解し、枚《め》は女と解す、即ちコメはヒメ（媛）であつて女性をあらはす尊稱である。媛の名のアタカシは、吾田鹿葦《あたかあし》又は吾田笠沙《あたかせ》であらう、之を我か神話に稽ふるに、古事記には火照命《ほでりのみこと》天孫御子を隼人《はいと》阿多君《あたきみ》の祖としてある、又天孫が初めて天降りまして笠沙《かささ》の崎にて遇ひたまへる美人《をとめ》の名を、阿多都比賣《あたつひめ》亦の名は木花佐久夜比賣《このはなさくやひめ》と謂《まを》し天孫の妃にてましします、父は大山津見神《おほやまつみ》といひ薩摩の豪族である、天孫は日向の高千穗に降りませしかど、其の地を發し膂宍之《そしり》空國《むなくに》打越て吾田《あた》の濱邊に臨ませたまひ、長屋《ながや》に宮つくりして居たまひたやうにある。その吾田は今の薩摩の西海岸なる川邊・阿多・日置《へき》等の諸郡を包擁せる大邦であつた。斯くも尊き由緒ある地名が、大陸神話に神女の名となつて露はれてゐるのは、實に不思議の事で、アタカシ屆枚のアタがそれなのである。カシは鹿葦《かあし》・笠沙《かささ》の兩方に取れる、鹿葦は今の高城郡合志《かはし》のこととも言はれ、また天孫妃阿多媛の別の御名前とも云はれて居る、假に妃の御本名と御別名とを連ねて申さうなら、アタカアシ媛にして、本章のアタカシ媛と同一に聞ゆる。どうして妃の御名が、大陸神話となつて露はれたのであらうか、驚異の上の驚異である。或はかうも取れやう、それは本神話の神女の名が、天孫妃の御名となつて筑紫の西南大邦に顯現したとする見方である。換言すれば天孫妃の上に置かれてある我が神話は、大陸神話のそれであらうとする考方なのである。然かし天孫妃の實在を疑ふわけではなく、大陸神話の神女名を取つて御名に爲したまへる者とすべきである、いづれにしても此の事の解釋は、更に審に考慮するを要する。

笠沙崎《かささみさき》は天孫降臨最初の國覔《くにほぎ》に、此の地吾田は「から」國に向ひ笠沙の崎に眞來通《まきとほ》りてと詔らせたまへる上古の地名である。今薩摩の野間岬《ねまさき》がそれであつて、加世田《かせた》港のカセは、カササの訛《なまり》ならんとのことである。アタカシ屆枚のカシは其の加世とも見られる、要するに屆枚の名が薩摩西南の古地名から成立つてゐることだけは確かなやうに思はれるが、それが何うしてさう成つたかは、なほ殘されねばならぬ疑問である。

右の古地名から成立つて、それを名としてゐる匱枚は、覺穀啄刺に居つたと云ふのであるが、この地名は薩摩の内に發見しない、併しカクタラのカクは、天祖紀に天之麻迦古《まかこ》弓《ゆみ》を賜ひてとある、その迦古に一致した稱ではなからうか、書紀には天鹿兒《あめのかぐ》弓《ゆみ》としてあるが、カコもカクも鹿兒であつて走獸のことなるべく、それを射る弓矢を鹿兒《かく》弓・鹿兒矢と稱し、また狩獵の義ともなるのであれば、乃亦武弁の意義にも取れ、今の鹿兒島縣はこの古義を含むだ名なりと知られる。故にカクタラのカクは鹿兒《カコ》で薩摩地方の古名稱とされるが、タラは地名としては何處とも分らない、或はタは高勾麗語の國《た》であり、ラは多多良濱と言つたやうな浦《うら》の義かとも考へられるが、それだと覺穀啄刺《カクタラ》は鹿兒の《かこの》國浦《くにうら》といふ義になる。

右のカクタラに、宮を置き節覇耶《しほや》と曰ひ、是を海京と爲すとあるは、シホ即潮であらう、海京の義によく叶つて聞える。伴信友のいふ所によれば、天孫降臨當時吾田《あた》の國主の名を鹽椎《しほし》と云ひ、鹽椎は潮路《しほぢ》の義なりとある。それは潮路を善く諳じて海航を盛に行つてゐた豪族の首長であらう、して見るとシホヤと云ひ海京といへるは、當時に於ける此等の情況をよくも取入れた者とされる。大陸神話にどうして此等の狀況が取入れられたものか、其の徑路は尋ねやうがない、予はすべてを我國の古に引附けて斯くは解きたれど、或は恐る大陸別方面の古事ならんかを。

第十四章　神女ウサハミ媛と撫期範紀

敎尉颯潑美凮枚居撫期範紀曰濆洌耶齊京也

譯　文

尉颯潑美凮枚《うさはみこめ》に敎して。撫期範紀《むこはき》に居らしむ。濆洌耶《ひれや》と曰ふ。齊京《さい》なり。

凮枚の名尉颯は我が神話に三女神が海北道中宇佐《うさ》島に降居したまへりとあるに聯想してウサと讀むだ見る、尉をウと讀むは尉繚子七書の一などそれで、集韻に尉を於忽切音欝とし、蔚《うつ》・熨《うつ》と同音なるを示しある。

海北道中の三女神

天照大神敎《のり》して曰《のたま》はく、汝三女は宜しく海北道中に降居し、天孫を助け奉り、而して天孫の祭る所と爲るべしと。その仰せられた三女といふは、一を市寸島《いちきしま》姫と申し、筑前國宗像郡の海岸を西北に距る四十海里の沖島に祀らる、日本海々戰の際、露國艦隊はこの女神の周圍に於て全滅した。一を多紀里《たきり》姫と申し、同郡神湊《かうのみなと》の西北四海里の大島に祀らる。一を田寸津《たきつ》姫と申し同郡田島村に祀らる。これを宗像の三女神といひ、いづれも三韓との航路に當つて航海上の守護神なるところに注

于山島

意せねばならぬ。然しそれは主として筑紫よりの航路なれば、山陰道の但馬・出雲等よりする航路上に守護神がなければならぬ、殊に宗像郡の神湊近くに二柱の神が相隣して宮居せらるゝのも何だか腑に落ちぬ所がある。そこで天照大神の詔らせた海北道中といふに後世多々議論を生じ、其の道中の宇佐島といふを何處のことゝも決しかねて居る、或は筑後三池郡の島なりと云ひ、或は豊前宇佐郡なりと云ひ、いづれも受け難い説ばかりなるが、近頃鳥居博士は海北道中の宇佐島を欝陵島と想定された、その考據は該島をもと于山島と稱し、且つ出雲航路の要點に位置し、并に海北道中といふに最よく適合してゐるからである。于山は即ち宇佐で、いかにもと思はれる、又その位置から見ても、古代日韓の交通に最も必要なる仲繼の島なれば、宗像三女神の一はこの于山島に降居されたに違なからう。日露戰役に我が艦隊が敵の艦隊と鏖戰し其の夜の中に集合したのは、この女神が守護の宮居とされた今の欝陵島であつた。又その對岸より遠からぬ蔚山《うるさん》も其の字そのまゝウサであつて、豊前の宇佐と原義を同うしてゐるものであらう。宇佐の名は神武天皇東征の巻にも見えて、豊國の宇沙に到りませる時に其の土人名は宇沙都彦・宇沙都媛の二人が、宮を作り大御饗《おほみあへ》を獻《たてま》つたとある、蓋ウサはもと族稱であつたのであらう、從つて豊前の宇佐《うさ》も海北の于山《うさ》も慶尙道の蔚山《うさ》も一つ族稱より出でた名かも知れぬ。

稲羽の素菟

そしてその祖先は我が神話にある稲羽《いなは》の素菟《しろうさぎ》ではあるまいか。菟をウ又はウサといふは、我國の詞ばかりでなく、韓に在つてもさうあつたやうである、今の朔寧

比禮宮

の北に在る兎山縣は高麗の兎山郡にして、其の昔馬韓の烏斯含達《ウシカタ》である、タは國又は郡の義なれば、ウシカに兎山の義か存するのであらう、多分ウシカはウサカの轉音で、ウは菟、サカは阪、即ち兎山の義なのであらう、古事記の稻羽菟は今も現に因幡の正木端《マサキガハナ》に白菟神社あつて遺跡を傳へてゐる、其の物譚の筋が鰐と族の多少を競つたといふのであるから、鰐を濊珥族としたら、兎も亦一の種族の名とされなくはない。されど古事記のこの話は今の學者に珍重がられず、動物崇拜の名殘とか、外來傳說の挿入とか言はれてゐるが、それでは我國の事といつたら、何もかも外國が先で我が方はいつも他人の餘唾を舐つてゐたことになれど、本頌叙の末まで讀むで見たら、我れの方が先きで他の方が却つて後なるを知りもされやう。それはさて措き茲に媛の名に立戻つて考ふるに、媛の名の尉颯《うさ》は稻羽の素菟若くは于山又は蔚山に何等かの關係がありはしまいか。そして複名の潑美《はみ》は蛇《へみ》を意味して居るのでは無からうか、ハミとヘミとは同言であつて、琉球ではハブと謂ふ、昔し日槍族の早く入れる近江丹後等に波彌《はみ》神社あるを併はせ考ふるを要す、因幡國に法美《はふみ》郡あるも亦注意される。また我が神話に、根堅洲國《ねのかたす》即ち韓土の事として、須勢理《すせり》姫といふ女性が葦原色許男《あしはらしこを》に蛇の比禮《ひれ》まじなひの物具を授け、蛇咋《く》はむとせば此の比禮を三たびふりて打ち潑《はら》ひたまへと敎へたとあるのも、亦本章の媛に思ひ合はされ、名は異れど同一女性ではないかと怪まれる。それと共に本章の媛の名の蛇の緣由も自ら促へ得らるゝやうにある、それは媛の宮居を濆洌耶《ひれや》と謂ふのに極めて適合するからである。

武庫萩

所でその宮居の所在を撫期範紀としてあるのが分らない、ムコハキとは何處のことか、ハキは伯耆であらうかとも考へた、然かしムコハキでは伯耆とも取れない、若狹に由緒不明の許波伎《コハキ》といふ古社が昔しあつた、せめてもの思附きであるが、由緒不明の故に何とも謂はれない。たまたま長門の國の知人から同國萩は武庫河の海口に位置し居る土地なれば、河名と合はせ稱してムコハキなるべしと知らせ寄越した、萩は韓國東海岸潮流の具合にも由るか、其の前面數里の距離にある見島には、古來韓人の漂着多く、日露戰役の際にも海上敗殘の露兵の取縋れる端艇など、多く此の島に漂着したと聞く、是亦古の出雲の範圍であらう。出雲といふと、國郡制定後の小さい出雲の中に神代の大舞臺を悉皆取込み、私に地名を作成して之に牽强した爲め、轉た神代を不可解にして了《しま》つた。蓋し本神話は、出雲と韓國との相互交通を證し、迎日灣にカコヤ仲京を置き、萩にヒレヤを置いたことを語つてゐるのかも知れない、そして出雲の東隣に伯耆があり、西隣に萩のあることから考へると、これ等の地方を通じて、ハキと言つてゐた時代があつたかも分らぬ、故に今の萩町の部分を以て、ヒレヤの所在地と判ずることは出來ないが、大なる參考とはされる。

齋京

次に右ヒレヤの所在地を齊京也としてあるは珍しい京名なれど、齊では何とも義が通じぬ、恐くは齋であらう、齋はイハフ（齋ふ）ハフリ（祝）ハラフ（祓）など皆同一の義から出た語で、神に事へ祭るを齋といふ、大神宮史に天石窟戶《あめのいはやと》を天齋殿《あめのいはつと》と爲して曰く。古史に天石窟戶の變と記し、大神を以て石窟の内に閉居したまへるが如くに傳ふ、故に世人の多くは、今に至るも尙眞に當時を以て穴居時代なりと解する者あり、古史に石窟戸《いはやと》・窟戸《いはと》・石屋戸《いはやと》等の文字を使用したるは、齋殿《いはひと》と其の音同じきに依りて誤記したるに過ぎざるを知らざるべからずと。今本頌叙に齊京とあるのも同じくイハヒヤであつて、支那でいへば、太廟の靈域ともいふべき極て大切な處である、一面からいふと發祥の靈地であらねばならぬ、これによりて見れば、東大族は我が最古の日本より發祥し、韓國に延び支那に蔓り漢民族の先住を爲したものとしなければ成らぬ。それには我國の地積があまりに小さ過ぎて、それほどの人口を吐出し得ぬ感もすれど、今の四國に連なつて大陸があつたといふ說もあり、日韓陸續きであつたといふ考證もあれば、今の地形大小を以て太古を律するわけにはゆくまい。

本章及前章に由りて考ふるに、日韓一域であつた上代の主要交通路は、薩摩に至り其れより中ツ國に通ずるものと、日本海を横斷して直に山陰に達するものとの二線ありと觀らるゝ。其の山陰と韓鄕との聯絡は、ムコハキの濱洌宮《ヒレヤ》より尉颯《ウサ》島、それよりヒムカ迎日灣の高虛宮《カコヤ》に至るに在る。然かし世の學者の中には、神代及び其の以降に於ける出雲・韓國間の相互交通を否認してゐる人もある、其の否認の主なる理由は、瀨戸内海に由り馬關海峽を過ぎ、筑紫より壹岐對馬を經て往復すべき筈なれば、出雲に由るは事實あるまじき事なりと云ふに在る。斯かる議論を爲す者は、今の馬關海峽

馬關海峡は仲哀天皇の開鑿

が上古地峡であつたことを知らない者であらう。因つて聊か之を辨ぜんに、豊前小倉の鴻儒西秋谷の須々利乃潮路硯之潮路なり、馬關小倉間の海を硯海と云ふに曰はく。

新勅選集賀、藤原貞信公の歌に。堤をば豊浦《とよら》の宮につきそめて世々を經ぬれと水は漏さす。或人申す、神功皇后神業《かんわざ》もて一夜に穴門《あなと》を拆《ひら》きたまひてより復西藩をして畔かしめず、世々統べしろしめす稜威《みいつ》をや壽《ことぶ》きけんと。按するに早鞆神社の古きふみに、仲哀天皇皇居を豊浦に移します時、地赤間につづきて、潮の満干、地下の岩あなを通して爲しければ、穴門とは申したりけり、神功皇后からくに《韓國》を伐ちたまはん御志を祈りたまひけるに、一夜神あり、穴を鑿ちてわたりと濟し、軍船の運《はこび》に便《たより》善からしめき、今の隼人灘《はやとものせと》にぞあると見ゆ。今神社の境内に神の塹《きり》たまへるかと覺しき巖、海底より矗立したるあり、いかさま人工にはよもあるまじと思はる、壇浦に五百壇《いはたに》と昔の人の詠める處あり、和布刈《めかり》神社まで五百壇の石階を成しつなかれりとのこと「文字の栞」に見ゆ文字は門司なり豊府志略にも、豊浦の忌宮《いもみや》の沖の潮引際《しほひきぎは》に、宮の三の華表あり、それより早鞆の明神まで海中五百段の石階ありき、今に至るまで其の上を壇之浦と云へり、又壇之上とも云へりとあるは、それなるべし。今川貞世の道行振《みちゆきぶり》にも、皇后の軍《みいくさ》の御舟通り難かりけるに、御船よそひて後一夜の程に、この穴門の山引分れて今の早鞆の渡に成りぬとあり。

其外諸《もろ〳〵》の書に載せたる多し、方角抄の言へるごと、門司の關は當昔《そのかみ》五百壇の浦の關と稱へて長門

豐浦の宮趾

隼人族の開鑿功績

地へは續きてひとつなりけるを、誰が山坼《ひら》き海通《とほ》しけん、漫に神業とのみいふは心得かたし。佛山翁（村上佛山翁にして秋谷翁の師なり）嘗つて曰はく、すめろき（天皇）は神にしませば直木《まき》の立つ荒山中に海をなすかも（萬葉に載する古歌なり）神とてすめろきの外に居ます道理なければ、神代にか後の代にか、威稜の然らしむる所なるを、復何ぞ疑はめやとのことなりき。因つて又按ずるに、長門古泊誌に云ふ、仲哀天皇の御世、天皇先づ夏六月十日を以て豐浦に著きたまひ、皇后後れて秋七月五日着きたまふ、其處は今の赤間の表なり、そこより陸に上りたまひ、豐浦につかせたまへるにて、當時の宮は周防灘に面し、干珠・滿珠二嶼の猶東にあたれり、そは壇浦門司陸連りてありたれば、敦賀より北海をめされたる皇后の御船を、宮近く着けまゐらすこと叶はぬ爲めなり云々。壽山の萬丈和尙いふ、おのれ曾て見たる六六洋詩話に、瑳磨浦上對㆓明珠㆒の句に因みて、瑳磨浦は沙麼浦なり、紀に岡縣主が仲哀天皇を沙麼に迎へ奉れることを載す、後人これを周防三田尻と爲すは誤なり、今の豐浦郡長府こそ其地なるべけれ、府は豐浦宮のありし地にて舊名沙麼、海中に滿珠干珠の二島あれば、詩人これに因みて瑳磨に作る、又長豐二州陸續にて、長の南半をも併せて豐國と稱へたるを、仲哀天皇六年の偉績に由り、海通じたれば、二州互に對岸の地を向津《むかひつ》と言ひ初《そ》めけん、紀に向津野の大濟《おほわたり》と記す、今の門司なり、穴門の名長く長州に屬して長門とは爲りけり、又隼王臺下古烟横の句を引いて、早鞆《はやとも》の海門は隼部《はやとも》の族・海部《あまべ》の族が、もはら皇命を畏みて圻山通海の績《いさほし》を底《いた》せる所、故に隼部《はやとも》の績を早鞆《はやとも》の義に寄せて永く海門の名とせられ、後の世の譽に遺されたるなりとある由、和尚語られき。日本紀に八年正月己卯壬午四日筑紫に幸すとありて豊の皇居より御船に召さして濟りたまひしさま見ゆ、癸酉二年豊浦に幸ましましてより玆に六年、さらば此の間に海通じたるなり、曠古の盛事を祝《は》ぎ奉らんと岡縣主祖熊鰐《くまわに》が、舳に五百枝の榊の根こぎしけるを立て、上枝に白銅鏡を掛け、中枝に十握劔をかけ、下枝に八尺瓊を懸け、參上して穴門より向津野大濟《むかひつのおほわたり》豐前田浦に至るを東門と爲し、名籠《なご》屋大濟《やおはわたり》遠賀郡名古屋崎を以て西門と爲し、沒利島《むつれしま》六連島阿閇島《あいのしま》を限り御筥《みはこ》と爲し、柴島《しは》を割て魚鹽地《なしほどころ》御料の義を獻上せる當日の偉觀まことに想ふべく、この海の通じたるは東西諸國の欣悦いかばかりなりけむ、伊覩縣主五十《い》迹《と》手《て》も參りて劔鏡璽を奉り、祝言《ほぎこと》を奏し上げたりとぞ、紀にしるせるは、大大名の一二を傳へたるに止れば、その餘この日を晴に參向せる大名小名、數へ盡せぬ程の雲集なりしならむ、後の世の今と爲りては、希に識る者も、只神わざとのみ傳ふるぞ譌《わす》れたるに庶き云々細註及假名つけは讀易からん爲の予のわざなれば誤は翁に在らず

工事六年竣成祝賀

回顧すれば明治十七年春豊前小倉に于役せる際、始て其の筋に海峽要塞建設の議興り、當時早鞆の海底を測量せる其の道の技師より聞きしに、この海峽はいつの時代かに、人工を用て開鑿した者のやうである、其の際は淺いものであつたであらう、潮流の激衝に因り、自然深さを增して、今

神功以前に海峽の存在なし

新羅征討は仲哀天皇の宿謀

のさまになつたと思へる、今日猶二十七八尺の深さに過ぎねど巖盤の性狀からいふと、今後容易に水深を増すべくも思はれねば、若し開鑿したものとすれば、餘程古い時代のことで、神代の業でもあらう云々。その當否は地質學上の問題に屬するが、歴史學上よりいへば、神武天皇の東征にもあれ、景行天皇の西征にもあれ、凡そ神功以前の史實上には、この海峽の存在を認むることが出來ない、却つて天《ノ》日槍も于斯岐阿利叱智《うしきありしち》も凡そ韓國より來る者悉く北海を通過し、馬關を經て內海に入來つた者一人もなく、加ふるに我が對外的軍國配備も、常に越前出雲等に重を置き、豪族を配置してあつた、それは今日に傳はれる氏神の社の存在にて分る。所が神功皇后以後はその配備一變し、山陰豪族の勢力は、俄然山陽及び中國に移動した、世の學者往々內に暗く外に疎に、神功征韓の史實をも否定せるは沙汰の限である。仲哀天皇が馬關地峽を開鑿されて今の海峽に改められたる動機は、伴信友に依りて紹介されたる氣比《けひ》宮社傳記によりて知ることが出來る、曰はく。

足仲彥《たらしなかひこ》天皇（仲哀天皇）御宇二年癸酉春二月六日戊子、此の州（越前）に幸し、行宮を建て之にまします、此を笥飯《けひ》宮と謂ふなり（原註に云ふ古老相傳ふ今の天神の社地是なりと）皇后に勅して曰く、朕この國を望見するに海陸相通し、當に異賊を防くべきの地なり、且新羅久しく歸化せす、豈禮を我國に失ふものに非すや、恒に之を征せんと欲するなり、朕先つ南國を巡狩すべし、皇后此の地に留り、笥飯《けひ》神を祀り、三韓を退治するを祈り、而して宜しく北海海路の消息を聞かすべし、（原漢文節錄）

斯くて三月十五日紀伊に幸し、轉して穴門に幸されたのであれば天皇海外に國あるを知《しろ》しめさずなど謂へるは沙汰の限である。天皇が熊襲征伐を以て標識とせられたるは、熊襲族海を越えて韓國に移轉し、新羅の地に咆哮を開始して我が南韓の勢範に激變を與へたるに因る。乃亦馬關海峽の今昔を識らざる者とは、本頌叙の薩南に於ける節覇宮《しはや》、出雲に於ける濱洌宮《ひれや》、韓國南東の高虛宮《かこや》を語つて、日韓交通の古代關係を共に究むることは出來ない。

第十五章　神子キリコヱ阿解と長白山

敎者麟馭叡阿解治巫軻牟曰芝辣漫耶神祖初降于此故稱曰秦率母理之京阿解又宮於然矩丹而居曰叙圖耶是爲離京阿解生而異相頭有双角好捉鬼魅乃頒蘇命遮厲立桿禁呪二十四般之法于今有驗也

譯文

耆麟馭叡阿解《きりこゑあけ》に敎して。巫軻牟《ふかむ》に治せしむ。芝辣漫耶《しらまや》と曰ふ。神祖初め此に降る。故に秦率母《すさも》理《り》の京と曰ふ。阿解又然矩丹《ねくた》に宮して居る。叙圖耶《そとや》と曰ふ。是を離京と爲す。阿解生れながらにして異相。頭に双角あり。好むで鬼魅を捉ふ。乃ち蘇命・遮厲・立桿・禁呪二十四般の法を頒つ。今に于いて驗あり。

本章の釋明に於て先づ第一に阿解の名の耆麟馭叡といふことからが、何の義とも分らない、强て說を立つれば。

耆麟馭叡《きりこゑ》のキリは今の吉林省の原義を爲して居るのではないか、若も吉林が上古からの遺稱であり且それが東族の語であるならば、恐くは此の阿解の名を傳へたものであらう。今の吉林人士のうち、吉林の意義を鷄林に同じとし、吉《チー》・鷄《チー》の同音なるを言ひ、新羅の別號鷄林を以て吉林の古稱を傳へたる者と爲し、吉林の古民族が南下して新羅に入り、因つて國號を鷄林と號したのであらうと說く者がある。又滿洲誌にも、古三韓の所在を吉林に擬定してもある。民族移轉の徑路から考へると、或はさうかも知れない、又吉林が古の辰沄氏の領土なりしを想へば、今の朝鮮と吉林との一域なりしを疑はぬ、從つて新羅人が其の國を鷄林と稱したのは古い記臆の蘇生からかも知れぬ、故に鷄林と吉林とは、或る時代に於ける共通の古稱と概念されなくもない。此の概念の上に置かるゝ吉林は、漢字音の稱呼でなく、東族語の訓義であらねばならぬ、我が國語に「きり」といふ詞は多くある、されど吉林のキリが我が國語の「きり」のどれに當るかは、傍證がないので判じやうがない、只想ふにキリは古韓語のキシ（君主の義）と語根を同うしてゐるものではないか、それならば、美稱若くは敬稱である。

契丹語の玉

次に又キリコヱ阿解のコヱが更に難解である。東族の中に玉をコヱと言ふてゐた者のあることは、契丹語で玉を孤穩《コヱ》遼史國字解と言ふので分る、しかしそれだけでは阿解の名のコヱをそれとするわけにゆかぬが、阿解は長白山に縁のある神後に述べるであるから、何か長白山に關係ある地物の名に玉の意義を含むだものは無いかと捜し見たるに、鯤淵《こゑ》といふ名のものがある、朝鮮史略にいふ。

扶餘王解夫婁老無レ子。求レ嗣祭ニ山川一。所レ御馬至ニ鯤淵一。見ニ大石一。相對而淚。轉レ石有ニ小兒一。金色蛙形。喜而養レ之。名曰ニ金蛙一。及レ長立爲ニ太子一。

東扶餘王金蛙

圖們江

金蛙は韓史の謂ゆる東扶餘の王である、それが鯤淵てう處の大石の下に居た金色蛙形の小兒であつたと云ふ傳說なのであるが、金蛙は即亦コンアで、鯤淵の訛と聞かれる。想ふに此の物語はコヱてう河の名を人格化してそれに神異を附し、以て東扶餘王のことに爲したものであらう、そして東扶餘王國が、長白山彙に亘り今の間島に連つて居たことから考へると、鯤淵といふは今の圖們江のことに解される。圖們江が上流を一に阿也苦《アヤコ》と稱へられたるも、そのコは鯤淵のコであらうも知れぬ、若もさうだとすれば神子の名コヱは、孤穩《コヱ》（玉）の義にて長白山に發源する河名に因みあるものとされやう。竝に漢魏の史によるに、それ等の地方からは、古來赤玉が多く產出してゐた、甚だ杜撰の解釋であるが、推して以て解阿の名コヱを假に玉の義と解し、以て長白山及び圖們江の神靈と爲す。

長白山の古稱不咸山

巫軻牟《ふかむ》　フはホの通音にして其の義火《ほ》である、即我か古言のホ（火）を大陸族はフと言つてゐたとされる、カムは神《かむ》である、乃フカムは火の神といふことで長白山を指して謂へるものであらう。富士山が亦さうであつて、フは火を稱する詞、シは靈異《クシ》のシ、即火靈《ふし》とは火を噴ける靈異の山といふことであらう、必しも愛儂《アイヌ》語として解するに及ばぬ（今の學界は之をアイヌ語とし略定說と爲す）北史勿吉傳に勿吉國在ニ高勾麗北一、一曰ニ靺鞨一と記し、そして其の勿吉中に覆鍾《フシ》といふ國のあることを示し居れるが、其のフシも亦長白山の古稱に緣を引いてゐる者で、フはやはり火の義に因《ちな》むだ名であるかと思はれる。

右長白山の古稱フカムは、漢族から不咸山として、古くから文獻の上に著はされてゐた、山海經に曰く。

大荒之中有レ山。名曰ニ不咸一。有ニ肅愼氏之國一。

また巫咸國ハ在ニ女丑北一ともある、その女丑といふは即亦肅愼のことで、女は肅《シウ》に、丑は愼《シフ》に叶ひ、もと同音なのである、山海經は一音の者を種々なる文字に弄んで而して奇異を附會した書であれは、毎に之に留意を要する、即また女子國在ニ巫咸北一といへるも、女丑《シウ》のシウを約めて子と爲したに過ぎぬ、要するに女丑も女子も、一の肅愼を種々に言ひ現はしたもので、其の國が不咸山の南にも北にも亘つて在つたことを謂へるのである。この肅愼は已に前に言へる如く、虞帝紀又は周本紀に載つてゐる支那本土の肅愼氏でなく、韓內より北滿に涉つて在つた辰沄翅報氏《しうしぶ》のことである、因つて亦不咸山が今の長白山なるを證し得る。

長白の古稱芝辣漫

芝辣漫耶《しらまや》　白山宮《しらまや》である、匈奴語でも白山をシラマと言ふてゐて、廣く東族に渡つた語と思へる。西河舊事に、白山冬夏有レ雪、匈奴謂ニ之天山一、云云括地志に、天山一名白山、今名初羅漫山《シラマ》、とあるのが其の證である、想ふに長白山は、それが噴火してゐた所からの名をフカム（火神）といひ、其の天半に挺出して雪を戴けるさまを、シラマといふたのであらう。從つてまた山海經に、肅愼之國ハ在ニ白民北一などいへるは、シラマを義譯したものと思へる、民《ミン》はマを延音したものらしく、そこに作爲の痕跡が窺はれる。故に其の白民を貊人のことゝ考へるは正直過ぎる、白鳥博士は不咸をば、天の義を有するトウングウス語Bukanの音譯されたるものなるべしと言はれたさうであるが、不咸ばかりでなくシラマ等皆一齊に我が古言を以て釋義し得るのであれば、必しもトウングウス語とするに及ぶまじ、また壇君神話の白嶽山は長白の古稱芝辣漫《しま》に義を取り、方忽山（火焔の義）は又其の古稱の巫軻牟《ふかむ》に義を取つたものであらう、乃該神話は本頌叙の如き古傳神話の或る片影を傳へた者とされる。

秦率母離

秦率母理《すさもり》之京　神祖が初めて此に降つたので此の名があると云ふ所から考へると、スサは日孫の名スサナミコの約稱なるべく、モリは天降《あもり》のモリなるべし、即スサナミコ天降之京と云ふことであらう、前に神祖初め豎父遼西の山名の陰に降るとあつて、此にまた長白山に降つたとあるは、矛盾した事であるが、本頌叙は古傳を取つて序列をつけた者であれば、古傳の相違より來る矛盾は餘儀ない。之に由つて、遼西に興つた辰沄氏は、日孫が豎父閭山に降つたと云ふ傳説を有し、韓内に興つた辰沄氏は、日孫が長白山に降つたといふ傳説を有しゐたと知れる。

然矩丹《ねくた》　は今の寧古塔《ニンクタ》に酷似した名であれば、其の地の古をいへるものと解す。

外宮

叙圖耶《そとや》　耆麟馭叡《きりこゑ》阿解の然矩丹の宮居をソトヤといひ、これを離京離宮とはいへど離京とは珍らしと爲すとあるに考ふれば、ソトヤとは外宮《そとみや》の義と思はれる、伊勢に詣り神宮を拜すれば、五十鈴の川上に内宮あり山田原に外宮あるを知る。壇君神話に、周武王即位己卯、箕子を朝鮮に封す、壇君乃ち藏唐京に移る云々。藏唐は字音を假りたまでのことで、外《そと》なのである、其の證としては魏志韓傳に、諸國各別邑あり之を名つけて蘇塗《ソト》と爲すとある、即ち內邑外邑の區別名であつて、そして其の外邑《そとむら》を神に齋《いつ》ぐ場處と爲したと知れる。かくも我が古言とすべてが一致する所から見ると、離京もトツミヤと訓じてゐたに違ない、そして三諸《みむろ》の山の礪津宮《とつみや》・玉津島山の頓宮《とつみや》などゝ義を同うするものであらう、神事上必要の地に幾多の離宮《とつみや》を置き、齋祀を行はせられたる我か古風を、大陸族も亦同じくもつてゐたことが、本章の叙圖耶《そとや》に於て明かに知り得られた。

双角をもてる神子

蘇命遮厲　阿解生れながらにして異相、頭に双角ありといふは、本頌叙に於ける神話上の唯一の怪異である。斯かる怪異說話は必多々あつたであらうが、本頌叙は神話を史的に精撰した者と見え、他に一つの怪異も載せてゐない、從つて本章にのみ載つてゐる怪異は、神話研究に頗る興味あるものなれど、餘りに簡單で他を知ることの出來ないのは遺憾である。只知る阿解は頭に利刄の角をもち好むで鬼魅を捉へ、民の爲に生命を蘇復し癘鬼を遮斷する神方を頒ち、立桿の祭事を創め、二十四般禁呪《ましない》の法を制したと云ふにある。

牛頭天王は此の神子

其の頭に刄角をもつて居たといふは、角をもてる異神少からずあれば、濫に聯想は出來ないが、その中に於て牛頭天王を想ひ起さずには居られない、簠簋安倍晴明の著といふによれば、天王は頭に黃牛の面を戴き兩角尖れること夜叉の如しとある、此の牛頭天王を祭れる社で最も有名なるは京都の祇園社であらう、それは前卷に述べたれば、復た言はぬ。

蘇民將來の謂れ

牛頭天王の附物に蘇民將來といふ者がある、天王に因みある寺社では、蘇民將來の四字、または蘇民將來子孫也の七字、若くは大福長者蘇民將來子孫人也の十二字を書いた御符を出す十二字のは信州の國分寺より出す

これはどういふ事かと云ふに、簠簋の言ふ所によれば、牛頭天王南海に遊行して夜叉國に至る、大王を居丹といひ四姓悉く魍魅の類、彈して入るを拒む、天王松林に翠を拾ふ少女を見、其の敎により一老翁を訪ひ宿を乞ふ、老翁名を蘇民將來といふ、歡び迎へ、發するに臨むで一の寶

夜叉王居丹

船を贈る、天王之に乘じて南海の娑竭羅龍宮に至る、龍王歡むで之を迎へ、娶はすに頗梨采女を以てし、終に八王子を生む、天王八王子に命して巨丹を伐たしめ、曾て天王に蘇民將來の宿を教へたる少女の爲に、急々如律令の文を書寫して災禍を除かしむ、既にして巨丹を誅し、其の夜叉國を蘇民將來に與へ、誓つて曰はく、我れ末代に行疫神となり、八王子眷屬等國に亂入することあるも、汝が子孫と云はゞ妨礙すべからず、汝に一の守護を定めんと、故に二六の秘文を授く云々、大意抄錄かういふわけから蘇民將來の御符を頒つのであつて、惡疫等に由る災禍を攘はん爲の禁厭札《まじないふだ》なのである。

又釋日本紀に備後風土記を引いて武塔神牛頭天王の異名の詔を記して、我は素盞嗚尊神なり、後世に疫氣ある者、汝蘇民將來の孫といひて茅ノ輪を腰に著けよとのたまひ、詔に隨ひ着くる者は免る、云々。

牛頭天王とは華嚴經等に出てゐる神名であるから、名そのものは佛典より出發したのであらうが、其の本體は佛敎渡來以前、遠く古よりあつたのであらう、勿論蘇民將來とか巨丹とかいふ者が佛典に在らう筈はない、これ等の事によつて考ふるに、牛頭天王を兩角尖れること夜叉の如しとか、相貌他に異るとか云ふは、本章の謂はゆる耆麟駁叡《きりこゐ》阿解の異相を傳へたもので、大陸神話から來たものとされる、また蘇民將來は本章の謂ゆる蘇命滬厲を音訛して、そしてそれを人格化したのであらう、又巨丹といふ夜叉國の王は、本章にいふ然矩丹《ねくた》の然が省かれて、それが鬼神化されたのであらうと思ふ。キリコエ阿解が長白山より然矩丹に徙り、其處へ離京を開いたと云ふ神話には、其の地が夜叉國であつたのを平げたと云ふやうな傳説が伴つてゐたのであらう。叉牛頭天王の二六秘文は、阿解の禁呪二十四般の法數は一致せざるもを稱したのではなからうか、蓋二十四般の禁呪は、蛇の比禮・蜈蚣の比禮と言つたやうな、我か神話の上にも見えてゐる諸の禁厭《まじない》に一致せる作法なるべく、その二十四般の中には、蘇命・遮厲・立桿等の禁呪が皆含まれてゐたのであらう。立桿とは滿洲の立桿祭天三韓の立柱祭祀、我が古言の眞杙《さくひ》などいへるに、其の義自ら相通ずることゝ思はれる。

第十六章　東大神族の西征

西征頌疏曰神祖將征于西乃敎云辰阿餼城于介盟奈敦敎察賀阿餼城于晏泗奈敦敎悠麒阿餼城于葛齊汭沬於是濟怒洌央太至于斐伊峋倭之岡而都焉蓋怒洌央太西海之名也斐伊峋倭西陸塞日之處也

譯文

西征頌疏に曰く。神祖將に西に征せんとす。乃ち云辰阿餼《うしあけ》前の阿解に同じをして介盟奈敦《かめなと》に城かしめ。

前古未聞の珍史

神子ウシアケと大東溝及び金州

東暆縣

察《ま》賀《か》阿《あ》龥《け》をして晏《あ》泗《し》奈《な》敦《と》に城かしめ。悠《ゆ》麒《き》阿《あ》龥《け》をして葛《け》齊《し》汭《せ》沫《ま》に城かしむ。是に於て恕《に》洌《れ》央《わ》太《た》を濟り。斐《ひ》伊《い》峋《く》倭《い》の岡に至り、而して都す。蓋恕洌央太は西海の名なり。斐伊峋倭は西陸塞《さ》日《い》の處なり。

本章は神祖が鞅《あ》綏《し》韃《た》を發し黄海渤海を經て支那の山東に濟りたる經路を語るものにて、後文の支那五原經略の記と共に、東大神族古代の絶大史であり、前古未聞の珍史である。西征頌疏とは書名なるべく、何か其の時の頌歌の後世に傳つたのを、釋明した者であらう。

云《う》辰《し》阿《あ》龥《け》の云辰は辰《し》沄繾《く》（東大國）の沄《う》辰《し》と同じであらう。云と沄と文字の異るは引用書の異るが爲なるべく、阿《あ》龥《け》も前諸章の阿《あ》解《け》と同義であつて、我が古典の別《わ》王《け》と只アワの叶音を異にするのみである。乃ち阿龥の名ウシは大東《うし》の義と解されるが、斯かる神名は信仰の對象に神社がつくられたり、或は地名として永く後世に傳はるを例とすれば、之を地名に就て搜索するに、鴨綠江畔に大東溝といふ海陸聯絡の要地がある、云辰阿龥が神祖の先發として金州に赴き準備したことから考へると、大東溝は出發にふさはしい處であるが、しかし大東溝がそれ程に古い地名とも思はれぬので、遠く古に溯つて前漢書地理志に據つて檢するに、東暆《イ》と云ふ地名がある。其の字義に就て見るに、說文に「日行くこと暆々たり」とあつて、太陽が廣い場面を徐徐に行く形容なれば、海上のさまを歌ふ者に有りさうな感興である、康熙字典の引ける越絶書には「日昭々として浸《ひた》して以て暆《イ》たり、子と蘆の漪に期す」とあつて、越國の如き河海の多い處で、日光の水に映ずる蘆邊に友と約する輿趣、さもあるべしと思はれる。然らば字義よりすれば、東暆は東のかた河海に面した土地の稱であらねばならぬ、漢の樂浪玄菟二郡に於て東邊にそれに似寄の場處を求むれば、鴨綠江口より大孤山の邊である。蓋これ等の地方が、云辰阿餼《うしあけ》てう神の領域であつたのであらう。吉田東伍博士が日韓古史斷に於て、濊國及び東暆縣を今の朝鮮江原道と爲せるは、現存韓史に欺かれてのことなれば從ひ難しとす。

介盟奈敦

神祖が云辰阿餼をして城かしめたといふ介盟奈敦《かめなと》の地は、前後二漢幷に晉書地理志にいふ海冥の古稱と思はる、即介盟《かいめい》と海冥《かいめい》は同音である。奈敦《なと》は我が古訓の穴門《あなと》に同じく、海門及び要津の義で、古の吉備穴戸備後國安那郡等に考ふ可きである。而して前漢樂浪郡の海冥縣は、魏の公孫氏が置いた帶方郡の海冥縣であつて、王莽簒位の時、一度これを海桓と改稱した、桓桓は武の貌ともあれば、海岸の武備を意味した改名と思はれる。其の位置は今の金州及び旅順方面なれば、本章の介盟も亦其の方向と推する。

營口の古名アシナト

次に察賀阿餼《さかあけ》をして晏泗奈敦《あしなと》に城かしむとあるを見るに、奈敦は前解の如く要津の稱であり、晏泗は葦《あし》であらう、難波の葦といふに同じく葦の多く茂れる海邊の要津と思はれるが、先づそれは遼河の海口と著想される。併しその時は今の營口よりは遙か上流が海口であつたに相違ないが、通じ

神子サカアケと沙河及び營口

神子ユキアケと秦皇島

易いやうに營口と稱して語らんに、營口は前漢の時安市といふ名を下した處である、王莽これを桓次と改めたが、音は矢張アンシであらう。因つて考ふるに安市と晏泗とは同音である、種種文字は替れど原義は葦であつたと思ふ。何故晏泗を營口の古安市に寄せて考へたかと云ふに、阿飡の名察《さ》賀《か》が、營口に流入する遼河の支流名なるに因る、多分それは今の太子河であらう。唐書に乾封三年二月李勣、薩《さ》賀《か》水に泉南健が率ゆる扶餘の大陣五萬を撃破し、更に進んで諸軍と鴨綠に會すとあるを見るに、是れ唐軍が遼陽方面より高勾麗を攻撃せし戰圖にして、その所謂薩賀は北人の稱にて漢稱では大梁水と言ふてゐた、即ち今の太子河である。其の以前の歷史に在つては、後漢の光武帝が山東の舟師を率ゐて高勾麗を伐ち、樂浪を回復せる記に、薩水以南復た漢に屬すとある。蓋し薩水は薩賀水を略稱したるもの、韓史は之を韓内に取込むで薩水を淸川江と爲し、後漢書に薩水以南復屬レ漢とあるを反對に、薩水以北復屬レ漢朝鮮史略に作つてゐる、故にかかる研究に現存韓史は全然無價値否妨害なることを讀者に注意する。薩賀水は漢史に時として薛《さ》賀《が》水に作つてある、蓋上古名の遺稱にして察《さ》賀《か》阿《あ》飡《け》の名を傳へたるものと覺しく、その原義は崇《さ》峻《か》しく秀づる意味なのであらう。これが今日なほ太子河の名を稱へてゐるのも其の因由遠くして且貴き者のある爲めであらう。

又悠《ゆ》麒《き》阿《あ》飡《け》をして葛《け》齊《し》汭《せ》沫《ま》に城かしむといふは、判斷の仕やうがないが、叙事の趨勢より按ずるに、ケシは碣《ケ》石《シ》であらう、カシとしても同音である、碣石は尙書禹貢に、大行恒山至二于碣石一入二干海一とあつて渤海岸と思へるが、一に夾二有碣石一入二于河一となせるは黃河河畔と思へる、史記に秦の始皇碣石にゆき碣石門に刻すとあるは、ほぼ今の山海關附近と想定され、秦皇島のある近處と思へる。汭沫《せま》は島と解する、即秦皇島を云ふのであらう、この碣石は前漢書地理志に、揭《ケツ》師古曰揭音決に作り、字體も異にしてゐる所から見ると、漢民族の固有地名でなく北音の翻譯であるらしい、即北音葛齊《けし》或はカセが禹貢碣石の近邇音なるところから、それを移して山海關附近の古稱に合はせたのであらう。其の碣石《ケシ》即葛齊《かし》の原義は、ホンの當て推量に過ぎないが、御諸《みむろ》の嚴白櫃《いつかし》のカシではあるまいか、古代櫃《かし》は神に齋《とつ》ぐための靈木とされてゐたもので、壇君神話の檀木も其の義を含むでゐると思ふ、斯くの如く東大族共通の靈木感念が、その樹に存してゐたのであるから、葛齊《かし》は多分それであつて、當時秦皇島には其の樹が森を成してゐたかも知れない。又阿餘の名悠麒《ゆき》は渝水即ち今の欒河或は大淩河と爲すに關係のある名でなからうか、かく見ると云辰阿餘は大東溝地方の神、察賀阿餘は太子河流域の神、悠麒阿餘は渝水の神と爲る、固より據るべきものあるに非ず、斯くあるべしとの推論に外ならぬ。そして悠麒の意味は天《あめ》の石靫《いはゆき》と言つたやうな靫《ゆき》の事で武神の稱かも知れない。

本章は旅順・營口・秦皇島に兵站線路を設備し、神祖乃ち怒冽《にれ》央太《わた》を濟り、斐伊峋倭《ひいくい》に至つて、そこに都したと云ふのである、而してその怒冽は西のこと、央太は海の義、斐伊峋倭は西陸塞日之處なりとの釋義が附してある。

東方をヒガシ西方をニシ

怒洌はヌレと讀むべきなれど、國語西風《にし》のニに當てニレと訓むだのである。或は上代の東大族は西をニシと謂はずにヌレと謂ふてゐたのかも知れぬ、姑く疑を存し措き、本居宣長に從へば我が國訓ニシはもと西風《にし》の義なるが轉じて西方を指していふことになつたとのことである、金澤博士は之に就て左の如く言はれた。

ヒガシ・ニシのシは風の義で嵐《あらし》・旋風《つむじ》・西北風《あなじ》のシ、又暴風《はやて》・東風《こち》のテ・チも皆風の義である、而してヒガシの古語は、ヒムガシであるが、其のヒムガは日向の義で、ニシのニは往《い》ぬの義である、なほ此の「日向」と「往ぬ」とで方向を示してゐるのは、上古に於ける大和民族の移動發展の方向を示すものである。

博士の説は大和民族の西より東に向つて移動發展せるものなるを、方角の名稱によつて釋明された者で頗る面白く聞かれる。それかあらぬか、本頌叙も今方に西に向つて徃《いに》つつあるを語つて居る。假に西を意味する怒洌をヌレと讀むで試に其のヌ・レを反切するとネとなる、ネとニとは叶音である、然らば我が古訓で西をニといへるを、大陸の同族はネ若くはニといふてゐたとされやう、根《ね》之國の根も若しやそれからではあるまいか、根は即西の義で根之國とはもと西之國と云ふことではなかつたか、それが底の國の義となり地下幽冥之世界に解せられたところから、須佐之男命の帶びた使命の國が分らなくなつて、何だか命《みこと》は初から死之國へ往くのを懇望されたやうに聞える。斐伊岣倭は西陸塞日の處なりとあるを考ふるに、ヒイクイの原義は追ての事として、先づ塞日より解釋を試むれば、周禮の春官都宗人に、旣祭反ニ命於國一、註に祭謂ニ報塞一也。又前漢書郊祀志に、冬塞ニ禱祠一、師古の註に塞謂レ報ニ其所ロ祈也。之に依りて見れば塞は賽である、賽の音は塞にて説文に報なりとあり、長箋に今俗に報祭を賽神と曰ふとある、即ち我が國でいふ賽錢は神に報する所以のものとされる、然らば塞日之處は、日を祭つて其の恩に報賽する處である、是に由れば東大族の以て神祖とする所の神は、常に其の母たる所の日祖に孝敬にして、大業成就を日祖慈光の然からしむる所と爲し、海を越え西陸に達するや乃ち其處を日恩報賽の場處としたのであることが分る。神にもせよ人は固より、此の忠孝の心こそ大業成就の幹礎なれ、東大族高遠無上の道德は、この賽日の二字に在りとされる。

高遠理想の賽日意義

賽日の二字を將つて漢族の古典に照らすに、尙書堯典に賓日があり又餞日がある、曰はく

分つて義仲に命して嵎夷に宅《をら》しむ、暘谷と曰ふ、寅《つつし》んで出る日を賓し、東作を平秩す、分つて和仲に命じて西に宅しむ、昧谷と曰ふ、寅んで納る日を餞し、西成を平秩す。

要するに賓日・餞日は、朝日を賓迎し夕日を餞送する意味にて、當時に於ける天動説を將つて、日といふ光體其の物を、形象の上に敬畏してのことであるから、東大族の日祖觀及び日孫觀の考とは一致しない、然し堯典等は其の書出しに、曰若《ここに》古の帝堯を稽ふるとある通り、後儒の古を稽へて

の編纂なるのみならず、更に漢儒の校訂を經たものなれば、編纂校訂當時に於ける時代智識の加はり居ること勿論である、されば堯舜時代の人の眞の對日觀念が如何にあつたかは、其の書の上では判らない、故に賽日の如きも時代思想の上から賓日に改譯されもしたらう、本頌叙後文に堯と舜とは東族の翅報（君靈）なりとあれば、其の時代までは賽日觀念であつたのが、後儒に由り賓日觀念に取做されたものとも見得られる、一言以て之を分てば、賽日は報賽の喜悅を以て日を拜する心、賓日は賓禮の敬恭を將つて日を迎へる意である。

姑く賓日の觀念に從つて、其の賓禮を將り日を迎へたるを何處ぞと尋ぬるに、尙書堯典の嵎夷がそこなのであるが、司馬遷は史記帝堯本紀に於て其の嵎夷を郁夷に作し、史記正義に郁の音隅としてある（但し夏禹本紀には尙書禹貢と同じく嵎夷に作してある）班固の前漢書地理志にも亦禹貢の文を引ける處に、同じく嵎夷としてある、而して其の嵎夷は、禹貢には之を靑州とし、書經集傳にはこれを山東省としてゐる、然かし次のやうな說もある。

史記索隱嵎夷の註に曰く、按ずるに今文尙書及び帝命驗竝に禺鐵に作る、遼西に在り、鐵は古の夷字なり、云云（鐵の古文は銕にして䫶又は夷の音ありたり）

說文に曰く、暘《イヨウ》山は遼西に在り、一に嵎夷と曰ふ、暘谷なり（尙書堯典に嵎夷を暘谷と曰ふとあり、索隱に云ふ史記の舊本には湯谷に作る、案するに淮南子に日は湯谷に出て咸池に俗すと曰へり、則湯谷にも亦池ある證明なり云云、）

されど書傳には左の如くある。

嵎夷は海嵎の諸夷にして今の登州なり、或は寧海州とも云ふ、或は云ふ萊夷にして今の登州府萊州府なりと。

斐伊岣倭

諸說區區なれども、書傳を以て得たりとすべく、今の山東省と思惟して間違なからう。この嵎夷を史記に郁夷と作せるは、斐伊岣倭《ひいくい》の位置を考定するに善き栞である、何となれば郁夷《イクイ》と伊岣倭《いくい》の同聲を示し居るからであり、並に倭字に就いての面白き對象が得られるからである。

前漢地理志。右扶風郡（當時の郡址は今陝西省西安府咸陽縣の東）郁夷縣の原解に、詩周道郁夷、有㆓汧水祠㆒、莽曰㆓郁平㆒、云云註に師古以爲らく小雅四牡之詩に四牡騑騑、周道倭遲と曰へるを韓詩に郁夷の字に作る、臣をして馬に乘り此道より行かしむるを言へるなり云云是れ詩經四牡の詩に倭遲とあるを韓詩外傳に郁夷に作りあること、倭字に替ゆるに郁字を以てしたるを言ふのである、蓋郁と倭とは古音同じであつたのであらう、之を史記正義が郁の音嵎といへるに參へ考ふると、嵎・郁・倭ともに通音なりしと思はる、すると嵎夷は郁夷であり、郁夷は倭夷であると言へる、直接に言へば嵎夷は即倭夷で、嵎と倭との古音が同聲であつたと知られる。されど嵎郁倭の三字通音はイに於て通音であつたのか、クに於て通音であつたのかは、更に考査を要するであらう。

因つて更に稽ふるに、嵎夷は東族語の斐伊岣倭を略譯したもので、下半詞の岣倭《くい》を嵎夷《クイ》と作したのである、又郁夷《イクイ》は伊《い》峋《く》倭《い》なのであるが、なほ斐《ひ》の一字を遺脱してゐる、凡そ漢譯といふものは概してかうしたもので、接頭詞若くは接尾詞を省略する例が甚だ多い、兎に角斐伊峋倭の嵎夷なるは最早動かぬ所で、位置は確に山東省登州と知れた。次はヒイクイの意義である、想ふにヒイクイは日《ひ》齋《い》杙《くひ》であらう、イは即齋《い》垣《がき》・齋《い》串《ぐし》等のイで、齋仕《いはひとつぐ》の意である、衣通王《そとほしのみこ》の歌に、

こもりくの。初瀬の川の。上つ瀬に。齋杙《いくひ》を打ち。下つ瀬に。眞杙《まくひ》を打ち。齋杙には。鏡を掛け。眞杙には。眞玉《またま》を懸け。眞玉如《な》す。吾が思ふ妹《いも》。

乃ち齋杙《いくひ》を打つは賽日の典儀なれば、賽日之處をヒイクイと名づけたは、情意能く叶ひ、原義明瞭である。此の大古の東族地名が嵎夷《くい》《即ち杙》と錄されて堯代に著はれ、郁夷《いくい》《即齋杙》と書かれて漢初まで傳つたは、實に珍しい事で、此の發見は幾千年來闇黑裏に葬り置かれたる古代東族の墳墓を探り當てたに等しく、確に原頭の曙光であらう。猶齋杙《いくひ》に就て其の旁證を求むれば、馬韓では魏晉の際まで立柱の祭事が行はれ居て、大木を建て、それへ鈴鼓を懸けて神祇に奉齋したとある、即齋杙《いくひ》を打ち眞杙《まくひ》を打てる我が古儀に同じかりしを知る、杙長ければ柱、柱太ければ大木、物は換れど心に變りはない。又珠申族最後の大帝者たる清廷には、立杆之儀と云ふのがあつて、これを滿洲立杆祭天之古俗と稱した、杆は即柱である、永陵・東陵・北陵の如き、祖宗を祀れる靈地には、必秀麗卓拔の彫刻石柱高く冲し、舊皇城內には壯嚴偏に人目を眩するばかりの石杆が聳えてゐる、是れ清朝の滿

洲より齎らせる古俗にして、明以前には嘗て無き所のものと云ふ。之を我國の古に稽ふるに、諸冊二神が天之《あめの》御柱《みはしら》を行き廻りたまへるは申すも畏《かしこ》し、信濃國諏訪神社には立柱祭が今も猶傳つてゐると聞く、是れ太古に於て東大神族の一般に恪守せる斐伊峋倭《ひいくい》の遺風なりとされる。只齋杙《いくひ》と伊峋倭《いくい》とは、ヒとイの違あるをいかがと思へど、相距ること幾千里、世を隔つる亦幾千年、其の間に生じたる轉訛とすれば、問題にはならぬであらう。

第十七章　日孫の支那古五原開拓

秘府錄曰神祖拓地于幹浸遏區爲五原伯屹紳濃和氣治於馬姑峋焉是爲西原也泱汰辰戞和氣治於羊姑峋焉是爲東原也納兢禺俊戶栂治於尹樂淇焉是爲中原也湮噉太墜和氣治於栅房熹焉是爲北原也沄冉瀰墜和氣治於柟崤藐焉是爲南原也于是御旦眩安閔調波那阿沄敎矩乃古諸勿有畿覲怙曾矣

譯文

五神子の支那分治

秘府錄に曰く。神祖地を幹浸遏《あしあ》に拓く幹は斡の誤寫なるべし區して五原と爲す。伯屹紳濃和氣《はきしのわけ》前諸章に阿解又は阿鰥に作る馬姑岣《まこく》に治す。是を西原と爲す。泱汰辰戞《わたしか》和氣羊姑岣《やこく》に治す。是を東原と爲す。納兢禺㑗戸栂《なきくしこめ》前諸章に扈枚に作る尹樂淇《いらき》に治す。是を中原と爲す。湮噉太墜《いかたち》和氣棡房熹《さはき》に治す。是を北原と爲す。泧冄《うな》瀰墜《みち》和氣、柟蛸藐《なかは》に治す。是を南原と爲す。是に于《おい》て。旦昄安閔に御し。波那阿泧を調し。矩乃古諸をして。畿覲怙會あること勿らしむ矣。

右譯文中、是に于て以下二十二字何の義とも稽へ得ず、僅に句讀だけは附けて見たが、それが當つて居るか否も亦判らぬ、意義の判らない文字には句讀の附け方もないのであるが、せめてもの心遣りに試みたのである、中に於て旦昄安閔は、タカアメと訓め、高天原の義かとも思つたが、餘義考ふ可からずであるので、如何とも義解の附けやうがない、ひとへに博學の士の考定を希ふ。

秘府錄は書名なるべく、和氣は西征頌疏に阿饌に作り、汗美須銍には阿解に作り、又戸栂を扈枚に作る、思ふに本頌叙の撰者濫に私見を將つて異同を校訂せず、一に原文に從へるため斯く相違を起したのであらう、阿解と曰ひ阿饌と曰ひ和氣と曰ふも、同じく我が古典の白日《しらひ》別《わけ》・建依《たけより》別《わけ》・速日《はやひ》別《わけ》等のワケと同義にして、神子の美稱とす、又扈枚と戸栂も同義にして、女性に對する尊稱媛のことである。

伯屹紳濃《はきしの》和氣の名は。其音に由り字を替えて當つれば。我が國名の伯耆信濃《はきしの》と爲るから、其の原義も同じであらうと思ふ。泱辰汰戛《わたしか》は海東日《わたしか》なること前出の諸解に依り明瞭である、東原に治したとあるから、支那の東海岸諸國の神であらう。納兢禺俊《なさくし》は戸栂《こめ》とあるので女性の神と知られる、從つてクシは出雲の奇稻田《くしいなだ》姫のクシと同義であらうと思はれる、納兢はタケとも訓め、猛《たけ》とも解されるが、女性にふさはしからぬ心持もするので、ナキと訓むで巫《ナキ》の義と解す、されど奇《く》しき氣高《けたか》き女性の神とも解される。湮暾太墜《いかたち》は其義詳かでない、タをツに轉じて訓めば我が古の甕槌《みかづち》神に近邇した名とされる、或はイカタチを大國主物語の生大刀《いくたち》の義ともされやう、生《いく》は長壽の德を表し、大刀《たち》は武德の意義を表する詞である。汯冉瀰墜《うなみち》は南原の神とあれば大南道《うなみち》歟、されど解しかねる、且つ太古の神話で南をナと云ひしや否審かでない。五神の名の解釋は爰に止めて五原の名に移らんに、此の解說も亦容易でない、且つ地名のことなれば支那古典の中から何等かの證明を求めねばならぬ、因つて先づ第一に西原の汎稱なる馬姑峋《まこく》を考ふるに、堯典の所謂味谷《マコ》が字音の上よりそれと想像される、峋は嵎夷の嵎と同義であらう、昧谷は日沒の處の名なれば正に西方の稱と謂へる。第二の東原羊姑峋《やこく》も亦堯典の暘谷《ヤコ》に一致した名であるまいか、日出處の名なれば東方の稱とされやう。第三の中原尹樂淇《いらき》、これは堯典舜典に發見する所なしであるが、禹貢の伊洛《イラ》に字音の一致が認められる、即伊水洛水の流域にて正に中原と謂へやう、淇も同じく水名で、說文に淇水は河內の共北山より出て東して河に入るとあり、水經註には瀰水東して夷水に合し、夷水と亂流して東に出つ、之を淇水

五原名と堯典の四方名

といふとある、これ等の河流は太古に於ける中原の名イラキを分音して其の名と爲し、以て後世に傳へたものと思はれる。第四の北原柵房熹《さはき》は堯典の朔方《サハ》と禹貢の冀《キ》とに一致してゐる、朔方は即冀州のことで正に北原である。第五の南原柟崤藐《なかは》は、堯典にいふ南交《ナカ》であらう（藐は不明）。

右の解説を取纏めて見ると

堯典の暘谷は　本頌叙の羊姑峋《やこく》
同　昧谷は　同　馬姑峋《まこく》
同　朔方は　同　柵房熹《さはき》
同　南交は　同　柟崤藐《なかは》
禹貢の伊洛は　同　尹樂淇《いらき》

乃ち大體に其の一致を認め得たが、この一致はどうした事からの一致であらうと疑はずには居られない、從來の漢籍觀を以てすれば、堯典禹貢を本とし作爲したものと言ふのが勿論の歸着なれど、熟ら考へると必しもさう許りは言へないやうである、禹貢の九州にしたところが、古來からの地名をその儘書き上げたもので、禹が新しく地名をつけて歩いたのではないから、冀にせよ徐にせよ、荊にせよ合黎にせよ、それより以前に住める其の地の主人が、其の地名の原義の所有主であらねばならぬ、されば眞の原義は後世儒者の忖度し得る所でなく、註者各々自己の所見を將つて、地名と

漢字音裏に東語潜在す

定められたる文字の上に、其の字義の講釋をするに過ぎぬ、譬へは馬鹿といふを其のわけを知らずに瑪珂と音譯したものがあつたとしたら、其地瑪瑙を産す故に以て名と爲すと註しもすべく、愚の原義が玉に變ずることの少からずあるを疑はぬ。禹貢を讀めば島夷・嵎夷・淮夷・和夷・三危・三苗・西戎・諸族が到る處に存在したことが判る、從つて漢字音の上から東族語が少からず發見される、予は方に其の蒐集に勉めゐて獲る所稍多いので、今竊に企圖しつゝある東大族傳統史綱に之を發表すべく自期し居る。一例を擧ぐれば禹貢九州の兗州《エン》の如き兗《エ》は本と東語である、說文に兗州の兗は九州の渥地なるを意義すと釋し、物の優良を意味する音言なるを語つてゐるのは、則我が國語の善《ヱ》を語つて居るのと一般である。オホキイといふ意を表する詞に、東族は有《ウ》と發聲し、漢人は大《ダ》と發聲し、周人は成《セ》と發聲した、虞夏の時代にわたり、東族がまだ主たる華民であつた時代には、有虞・有夏・有窮など國號の美稱に多く有《ウ》を用ひ、周に爲つて專ら成周・成湯など成《せ》を用ゐ、秦漢からは主として大漢・大單于など大《ダ》を用ゐた、我が國語大人《うし》のウは即有《う》なのである。又ムギを漢人は麥《バク》といひ、東族はムギと言つた、そのムの言詞が麰《ム》に作られ、漢人に文言として用ゐられてゐる、稻の音タウには、東語の田《タ》水田の義に於けるが其の音に含まつて成立して居り、馬の如きは東音漢音の一致を示してゐる。今學界の或る方面に、日本語をば漢語の分派であるかのやうに考へてゐる者もあつて、其の前提の下に類似音を集めて居るが、蓋その獲る所は漢字音に遺存し居る東音を拾集した結果とならう悪しきことにはあらず只前提の謬錯を恐るるのみ故に支那古典に存する字音を以て、東語に絶對無關係のものと斷することは出來ない、寧ろ字音をば、純血字音でなく混血字音なりとの前提を以て分析する必要がある、其の分析に於て言へさへすれば、堯典の四方名を以て東語なりとするに遠慮はいらぬ。按ずるに堯の四方名は對日觀に胚胎せる敬虔的のもので地理學的のものでない、故に東方暘谷に出日を賓迎し、西方昧谷に納日を餞送するに、特に寅の字を加へてある、寅はツツシムと訓み虔敬の表情を言へる詞なるが、之を東西の二方にのみ用ひ南方北方に用ひてないのは、そこに堯の東族なる所以が歴として見え、少くとも東族の對日觀念に一致した思想の所有者と謂へる。圖らざりき日孫の支那五原區分が、魯儒の校訂を經たる周代的堯典に、猶其の名を存して、本頌叙の言ふ所と彼此符節を合はさんとは。想ふに其の一致は、當然の結果で異とするに足らぬことである。只それ本頌叙が能く之を今日に傳へて、終に之を此に顯はせるは、千古の奇觀と謂はねばなるまい、支那を斡浸遏《あしあ》といふ所以は別に解説することにする。

第十八章　五原以前の支那原住種族

初五原有先住之種沒皮龍革牧於北原魚目姑腹穴於西原熊耳黃眉棲於中原苗

羅孟馮田於南原莬首狠裾舟於海原咸善服順但南原箈箘籍兇狠不格神祖伐放之海疏曰箈箘籍三邦之名鳥人楛盟舒之族也後歷海踏灘波據蔚都猾巨鍾遂入辰藩者其遺孽云

譯文

初め五原に先住の種あり。沒皮・龍革北原に牧し。魚目・姑腹西原に穴し。熊耳・黃眉中原に棲み。苗・蘿・孟馮南原に田し。莬首・狠裾海原に舟す。皆善く服順す。但南原の箈箘籍。兇狠にして格《いた》らす。神祖伐つて之を海に放つ。疏に曰はく。箈箘籍は三邦の名にして鳥人楛盟舒の族なり。後海を歷て灘渡を踏み。蔚都に據り。巨鍾を猾《みだ》し。遂に辰藩に入る者は。其の遺孽と云ふ。

前章十七章及び本章并に次章十九章は秘府錄の文を抄出したことになつて居れど、前章次章はさうあらう、されど本章は甚疑しい者である、なぜと云ふに第一に筆致が違つてゐる、すなはち前章に觀れば、馬姑岣《まこく》に治す羊姑岣《やこく》に治す尹樂淇《いらき》に治すと言つたやうに、治字を五つも重ねてゐて、それで調を取つてゐる。前に見えた汗美須銍もさうであつて居字を幾つも重ねて煩としない、西征頌疏も僅かな字數の中に三個も城字を複出して姿致とした。我が古事記に在つても同一文字を重疊せしめておのづからなる文藻を現はしてゐる。蓋是れ東族自然の文藻に於ける漢字用法の、期せずして一揆に出でたものと思へる、然るに本章のは之と趣を異にし、北原に牧し西原に穴し中原に棲み南原に田し海原に舟すなど、いづれも住むといつて濟むことを力めて字を替えて巧を衒つてある、そして却つて拙を露はせるは、同一秘府錄の筆とは思へない。

第二、本頌叙に引ける諸舊紀に顯露せる東語は、すべて皆漢字音を假借しただけのことで、一も其の字義に縋つた者はない、今本章は其の揆に違ひ、沒皮・龍革・熊耳・黄眉など皆その字義に由つて其の種族の質を嘲り語つたものらしい、勿論日孫西征以前に支那に原住種が居たといふ古傳はあつたに違ひない、されど其の古傳が東族傳説そのまゝのものならば、原住種の名も東語を以て著はれなければならぬ、所が本章のはそれでなく、漢語に由りて組立てられたる奇異の名を寄せ集めたる者、其の跡を掩ふわけにゆかぬ。且つ魚目だの菟首だの狠裾などいへるは、漢民族の對夷惡癖によほど染つた者の弄筆であつて、本頌叙の體でない、苗族裸族を引合ひに出せるも其の淺慮のほど轉た噴飯。

第三、本章は或種の意趣を挾むでゐた者の筆が働いて居るらしい、それは新羅が異族なる唐の勢力を假りて同族の潘耶《百濟》及び高令《高勾麗》を滅せるを惡むで、之を意趣とし挾んだ者である、この意趣は時代が契丹になつては最早失せて無い筈である、多分これは其の遠き以前に於ける高令の遺族か渤海の者の對羅嫉視であらう、其の謂はゆる箚箚籍は新羅三姓の祖なる朴金昔の基本稱呼であらうが、之を鳥人孟舒の族と爲せるは、三姓の祖の卵生を嘲弄するに出でたること明かである、されど三姓の去蹤來路に餘ほど精しい者の所言と覺ゆれば、新羅に就ては眞を穿つたところのものがあらう。

本頌叙の爲め宜しく燒くべきの章

以上所論の歸納に考ふれば、本章は決して前章次章と一體の者でなく一種遊離的の者である、それが此處に挾つてゐるのは、熒惑が他の分野を犯して居を占めたると一般、多分これは日孫の古傳に、支那原住種の事の缺けてゐたるを物足らずとして、秘府錄に補註したのが、いつか本文に混じ、それに又新羅を嫉む者の附會が疏となつて加つたものであらうと思ふ、されば本章は、頌叙本傳にはあらずもがなの者であつて、之を除いて前章と次章とを一文に讀まば、古意欝蒼の上に光彩一貫を認められる、本頌叙のためには本章は宜しく燒き棄つべきである。

かくは思へど、此に之が掲げられてある以上、姑く己の意見を藏めて、次節以下忠實に之が疏解に勉める。

第一節　原住種に對する後代の地名推考

沒皮は西漢の渤海郡に南皮縣（今直隷省天津府南皮縣）といふがあり、其の北に北皮亭といふもあつたれば、それかとも思ふ、沒は渤と同聲でもあれば、古代そこ等の地を沒皮と云ふたかも知れない。

龍革 は敦煌郡に龍勒縣今甘肅省安西州敦煌縣のあるのが或はそれであらう歟、この龍勒は、陽關或は玉門關など有名な故跡のある處である。

右の兩族が日孫の北原に居たとして見れば、其の北原は直隸・山西・甘肅の方面に亘つてあつたと推想される。

魚目 は巴郡の魚復縣今四川省夔州府奉節縣が似て居る、晉書地理志には魚腹縣とある。

姑腹 は分らぬ、姑復《コホク》縣師古曰、復音扶目反といふはあれど、雲南省永北廳の東南なれば、西原と云ふに適はない。西原は魚目に依り、今の四川省方面と想像される。

熊耳 は弘農郡有名なる秦の函谷關所在地に熊耳山あり、或は關係ある歟。

黃眉 も同郡に黃水・黃谷などあるに思ひ合せらる、西漢の時そこに陝縣といふがあつたが、王莽簒位の時黃眉縣と改名した。

右が本章に言へる族名の者の所存地であるならば、日孫の中原は、函谷關附近を中心としてゐたと謂へる。

苗 は三苗族の祖民であらう三苗族の事は東族傳統史綱に記し置けり

蘿 は淮南子に裸民とある者であらう、或は猓に作り又獠猓《らうら》と稱す、集韻に西南の夷を獠と曰ふとある、今も猶其の苗裔が南支那に存續しローラと稱せられて居る。

孟馮 は蒼梧郡の猛陵(今廣西省梧州府蒼梧縣)馮乘(同省平樂府富川縣)の地方に跨り居た種族の稱か。

右に依り日孫の南原は、湖南湖北廣西に渉つてあつたと略想される。

菟首 は山東省に在る菟頭山附近の太古民族稱であらう、西漢地理志東安平の解に。菟頭山。女水出。東北至臨淄。入鉅定。とある、山海經に曰ふ。丹薫之山有獸焉。其狀如鼠而菟首。以其尾飛。名曰耳鼠(註に曰く䶂鼠)菟首の稱は、或はかう云ふことから出たのであらう。

狠裾 は分らぬ、西漢の淮陽國扶溝縣を流れてゐる渦水が、首に狠湯渠の水を受け東流して淮に入ると地志に見えてゐる、其の狠湯渠といふは、上古の種族稱なる狠裾の遺跡にてもあるか。

右に由り日孫の海原は山東岬角より楊子江下流の方面に延びてゐたことが知れる。されど以上記する所は、遙か後世の地名に緣して、遠く上古を忖度したのであれば、當否は固より知る所でない、只參考に供するのみのことに過ぎぬ。

桰盟舒と孟舒國

南原の筈圅籍、及び疏にいへる桰盟舒はいづれも難解であつたが、之を鳥人といへる所から推して、盟舒を孟舒に附會せるものと曉つた、傳物志に孟舒國名、人首鳥身、其先主爲霅《ザウ》氏とあつて其の鳥人なることを語つて居る、其の孟と盟とは同音であつて、師古の盟津の註にも盟讀曰孟とある、又霅は吳興(今浙江省湖州府烏程縣)を流るゝ河水の名であれば(廣韻に水名在吳江)盟舒國の古代所在地をその邊とされる

即南原

是に於て鳥人のわけも分つたれど、尙ほ盟舒に冠せる梏字を初め何とも解しかねてゐたところ、偶爾《ふと》したことから梏盟舒を「クマソ」と讀み當て、俄然一切を明白に會得したと共に、且つ其の意外なる獲物なるに自ら驚いた。

熊襲の來路去蹤

第二節　熊襲族の新羅侵入

玆に日韓古史の裏面を照破すべき一靈光の閃きを、圖らずもそれと認め得て、本章の疏文を反讀するに。

海を歷て灘波《なは》を踏み、蔚都《うつ》に據り、巨鍾《くし》を猾《みだ》し、遂に辰藩に入る。

とあるは、熊襲族の去蹤來路を審かにせる奇異の言である。初め蔚都を解するに、考を蔚山に拘牽され、巨鍾を解するに北史勿吉傳の覆鍾國《フシ》（覆の下半音に依ればクシ也）に迷ひ、馬韓五十四國中の狗素國《クシ》ならんかとも疑ひ、その方面に思を勞し居た爲め久しく得る所なかりしが、一たびクマソと讀めてから、蔚都を宇豆《うつ》と知り、巨鍾を筑紫と覺り、箚䧟籍を梏盟舒《クマソ》の姓氏と考證するに至つた。宇豆は延喜式神名卷にある韓國宇豆峯《からくにうつみね》神社の所在地で、大隅國噌唹郡に屬してゐる。當時噌唹玖摩の二郡は熊襲の本據なれば、宇豆の名は遠く海外に聞えゐたものと察しられる。乃本章の言ふ所は、宇豆に據り筑紫を亂したことである、其の宇豆に來つた經路は灘波を踏むとあつて、琉球を經て來たことに解される、ナハは浮沫《ウキナハ》で今いふ那覇のことであらう、宇豆から遂に辰藩に入つたとは、つまり熊襲が新羅に入つたと云ふことなのである。

新羅三姓交立の奇怪

苟も新羅史を繙く者、何人も先づ怪訝を懷くは三姓交立の制であらう。徐居正曰く、新羅一千年間三姓相傳へ、朴氏王と爲る者十、昔氏王と爲る者八、金氏王と爲る者三十八と、如何にもその通である。而して韓史家擧て皆疑を之に懷き且眉を之に顰む、眞に是れ東洋史上希有の變體にして常識を以て判斷すべからざる者がある、必これには深い何事かの原因がなくては叶はぬ。今韓史の言ふ所を聞くに、三國史記に曰く。

始祖姓は朴氏。諱は赫居世。辰人瓠を謂つて朴と爲す。初め大卵 始祖の生れ出た卵のこと 瓠の如きを以ての故に。朴を以て姓と爲す。

赫居世の卵生なるは同史に曰ふ。

大卵あり。之を剖くに嬰兒ありて出つ。則收めて之を養ふ。年十餘歳に及ぶ。岐嶷然として大成。

右朴氏の統を嗣ける第二世第三世は同じ朴姓であつたが、第四世は昔姓の脫解《タケ》と云ふ名の男が王と爲つた、赫居世といひ脫解といひ、いづれも曲物《くせもの》なるが、先づ曲物の解剖を此の脫解より始めんに、新羅本紀に曰く。

脫解は本と多婆那國の所生なり。其國は倭國の東北一千里に在り。

右不可解の謎なる多婆那を、學者或は丹波と解き、或は但馬と解き、又は肥後の玉名といひ、或は蝦夷といひ、諸說未だ歸一する所なしである、若單に廣汎の範圍に涉れる古代史蹟を、狹隘版圖の内に收めんとならば、それでもよからう、若能く本頌叙の如く古代を大觀するならば、多婆那は臺灣を籠めたる琉球であらねばならぬ、倭は我が日本に限つたことでなく、遠く廣東海にもあつた事は前卷に詳述し置いた。

彼れ脫解が自己の生國を倭の東北一千里といへるは、倭に二様の意味を含めあるらしい、一は己の祖先に舊緣ある委。一は現在目覩する倭である。而して倭の東北といへるは委の東北で、委は越地方の古名である、それより東北一千里といへるは、要するに遠矢といふことで、數を以て議すべからさるものであらう、方角も似寄の方面をいへるにて、磁針的のものではない、乃ち越地方より琉球に語系が繫つてゐるとされやう、そこで彼れ脫解は、次の如く誇言してゐる、三國遺事に其の言を記して曰ふ。

本と龍城國の人。亦正明國と云ふ。或は琓夏國と云ひ。琓夏を或は花厦國に作る。龍城は倭國東北一千里に在り。我國嘗て二十八龍王あり。

龍城國は即琉球であつて、龍と琉との國音同一なるのみならず、若し萬葉式に音訓兼ね用ゐたる者ならば、龍城《りうき》・琉球《りうき》是れ同語である、支那の書に依るに臺灣と琉球とは曾て名の聞えなかつたもので、其の初めて聞えたるは隋末唐初の時であるが其の時の流求は今の臺灣の事であつた、爾來歴代さうであつて元の時にも流求と稱するは猶臺灣の事であつた、明初に及むで大琉球小琉球の稱呼を疆域圖に載せたるが、其の小琉球は卽亦臺灣のことで更に其の奥に大琉球ありと思惟されたのであつた、清になつて始めて臺灣の名が生れたのであれば、本章の稱する灘波及び脫解のいふ多婆那は支那の史籍を離れたる特異の稱なるを珍とせねばならぬ。それはそれとして脫解の稱する龍城國には亦二樣の意味が見られる、一は卽琉球にして、一は彼の上古的祖國なる今の支那安徽省である、彼の稱する龍城國の別名琓夏國の夏は、すなはち中夏にして支那を意義する、琓は字書の上に見當らない、蓋し皖の誤寫であらう。皖は集韻に地名在レ舒とあつて、地理通釋に舒州は春秋の時の皖國にして漢に皖縣と爲すとある。其の地は今安徽省に屬し、盧州及び安慶府に渉つて存す、卽ち古の皖國はそこに存在したのであつた。そして舒州の舒は謂はゆる孟舒の故國で梏盟舒《クマツ》のソに契合してゐるのも妙である。又花厦といへるも、花は華。厦は夏。やはり支那の稱呼であり、皖夏・花厦の通音なるに見ても、一つことを謂ふて居るのは明かである。我國嘗て二十八龍王ありは、託言を佛典から取つたのであるが、然し彼の種族が島嶼に分散したる數はそれほどあつたかも知れぬ、要するに彼の齎らせし古傳は、其の源を支那の南原に有し、海島に漂泊したる自白ならざるはない。

神秘的老翁蘇伐公

同書に又曰く。

　我が父含達婆《カムタハ》。積女國王の女を聘して妃と爲す。

脫解はこの妃より生れた兒であるが、卵で生れたので、父王以て不祥と爲し之を棄てしめた、妃乃ち裹むに帛を以てし、櫝中に置き、海に浮べて往く所に任かしたるに、新羅に流着し櫝中に化生して男兒と爲り、遂に第四世の王に登つた、而して其の姓は昔《シャク》、母家の姓も積《シャク》彼の族稱も籍《シャク》本頌叙に由る三拍子一揃とはこのことである。彼が己の姓を昔と爲せるも、母家の姓を積と云へるも、皆その傳統的なる族稱の籍を種々に顯はした作爲の事で、積女國などいふ實在の國があつたのではなからう。又父王の名を含達婆《カムタハ》といへるは、達婆の義が解し難けれど、含は皖の故國稱を謂へるものではないか、即ち皖國伯《カムタハ》であらうも知れぬ。

　箔箘籍の一なる籍は、これにて略推量に及べた、然らは箔は如何といふに、始祖赫居世を卵の中から取揚げて育てた神秘的老翁に蘇伐公《ソホク》といふがある、伐公《ホク》は赫居世の姓朴《ホク》と同聲にして、蘇は楛《ク》盟《マ》舒《ソ》の舒《ソ》と同音なるに注意を要する。赫居世はホクセと訓むべき理由前に述ぶあるものなるも、ホの轉音ハなれば、ハクセとも訓め、箔《ハク》・朴《ハク》・赫居《ハク》・伐公《ハク》の同音なるを味へる、而して舒《ソ》・蘇《ソ》・襲《ソ》の同音なるを加味すれば、蘇伐公《ソホク》てう老翁は襲朴《ソホク》といふことで、赫居世《ホクセ》自ら熊襲の朴氏なることを、此の老翁に假托して告白したものとされる。蓋し襲は箔箘籍三姓の總稱なれば、乃ち其の總稱を人格化し

新羅三姓祖の逐次顯現

で蘇伐公てう神秘的老翁を點出したものと思へる、今新羅三姓の逐次出現をならべ視るに。

○第一世赫居世は朴《ホク》姓の祖にして、天馬の齎らせる大卵より出生。

附言、朴姓を嗣げる第二世第三世は、尋常出生にて怪異なし。

○第四世脱解は昔《シヤク》姓の祖にして、阿珍浦の浦口に漂著したる櫝中の卵より出生。

附言、第五世より第八世まで朴姓、第九世より第十二世まで昔姓。

○第十三世味鄒は金《キン》姓にして、其祖金閼智は、天降の黄金櫝中より出生。

附言、第十四世より第十六世まで昔姓、第十七世より第五十二世まで金姓、第五十三世より第五十五世まで朴姓、第五十六世金姓にて畢る、以上朴氏十世、昔氏八世、金氏三十八世、亦奇觀ならずとせず。

閼智居西干の三大奇義

是に由りて之を觀れば、新羅三世の祖はいづれも新羅の產でなく、悉く外來なるを示して餘あるではないか、其のいづれより來たかは、三國遺事新羅始祖古記の左の文に因つて判斷される。

初めて開口の時卵より化生の第一呱自ら稱して云ふ。閼智居西干《アチクシカム》と三樣に讀めるが、讀者の便を圖り、其一を取つて假名附け置く、一に其の言に起因し。自《オ》ら後に王者之尊稱と爲れり。

右は始祖だけでなく、金姓の祖も生時開口一番、閼智居西干と叫むだこと始祖の故事の如しとある。即各姓の祖いづれも斯く叫んだのであるが、此の叫の五文字中に、いづれより來たかと言ふことが明かに讀める、閼はアともオとも讀め、居はコともクとも讀め、其の讀み樣に因つて三義を生ずる神變不思議のものである。先づ閼をアと讀めば、閼智居西干《アチクシカム》は即ち吾筑紫神《アチクシカム》であつて彼等が筑紫に豪を稱して居たこととなる。又それは於越奇異神《アチクシカム》にて古の祖國を偲ぶ心の現れとなる。閼をオに讀めば閼智居西干《オチコシカム》は、取りも直さず遠來神《オチコシカム》であつて、彼等が遠來を自白する義となる。實に靈文で五文字の中に萬言を含蓄せしめあつて、古往今來を語つてゐるのである。現存韓史は閼智をば鄉言小兒之稱也と言ふてゐるが、それは鄉言で小兒のことをさうも云ふたらう、されど三姓の祖いづれも大人の豪格を以て、軍旅を率ゐ來つたのであれば、小兒の意義などは寸毫も此の間に挿む餘地がない、何に由りてそれが分るかといふに、三國遺事に依れば、

一、朴姓の祖は初生の時、早既に形儀端美にして身に光彩を生じ、鳥獸率つて舞ひ、天地振動するとある。

一、昔姓の祖は櫝中の卵で漂着したとあるが、其途中の事として駕洛國記の曰ふ所に由れば、國王首露と大に奮戰してゐる、且彼は自ら赤龍に舡を護らして來たと宣言してゐる。

一、金姓の祖は初生の際、月城の西里より大光明を始林の中に見たとある、又抱き載せて闕に還る時、鳥獸相從ひ、喜躍蹌々とある。

その鳥獸は軍民のことであり、大光明は上陸當時に於ける露營の篝火であり、赤龍舡を護るは赤

色軍裝の水軍を形容したのである、鳥獸率つて舞ひ天地振動は、軍士の躍進と地響である。それを彼等三姓の子孫に由りて、極めて神秘的に作成された殘影が、現存韓史の上に奇異なる映書と爲つて遺留されたのである、其の映書中に、阿衡（伊尹の稱）か呂尙（大公望の名）かと思はれるやうな異人が點出されてある、三國史記に曰ふ。

赫居世三十八年春二月。遣二瓠公一聘二於馬韓一。瓠公本倭人。初以レ瓠繫レ腰。渡レ海而來。故稱二瓠公一。

奇幻的倭人瓠公

單に瓠公とばかりで姓もなく名もないが、瓠を腰に繫いで海を渡つて來た風趣は、其の瓠が赫居世の姓朴（即瓠）と同號なるに見て、倶に航海し來つた者なるは明かである、この瓠公に限り之を倭人と作して、各姓の祖嘗て自ら己を倭人と言はざるは、此處にも亦大なる暗翳が存する、而も各姓の祖の皆襲族にして倭人に非ざることが、この暗翳の存するため却つて見透し得。思ふに當時馬韓に遣すに倭人を以てせるは、倭人でなければ創業時に於ける諒解を得られぬ爲であつたらう、何となれば馬韓は、王自ら倭と稱し居たに因る。其の使命は恐らく襲族なるを隱蔽し、筑紫の倭族なるを裝ひ、拓地移住の承認を得べく努むるに在つたのであらう。しかし新羅本紀に載せたる、瓠公の馬韓王に對する答辭は堂堂たる者であつて、我國二聖肇興と曰ひ（二聖は赫居世夫妻）辰韓の遺民より以て弁韓・樂浪・倭人（この倭人は加羅諸國を云ふ）に至るまで畏懷せざる無しといふてゐるが、この一段を後世の誇筆としても、其の筆意の裏に、從來の諸民に屬せざる別種族なる誇を含め居れるは、史學上注意すべき事相であらう。其の謂はゆる肇與は、辰韓の土地に於ての肇與なれば、辰韓の民こそ即その民であらねばならぬ、然るにそれを辰韓の遺民といふたのは、外より率來つた己の屬民を以て、從來の邦國を亡した言分である。若も現存韓史の言ふが如く、赫居世が六村の民（新羅この時此の民より外には有たぬ）を以て興れるものならば、換言すれば、六村合同して君を置き一小王國を肇興したのであるならば、其の民を稱して遺民と稱するわけがない、然るに斯かる言辭が史上に存するは、襲族が其の强を提げて從來の邦國を攻略し、肇與の勢を樹立したものと斷じなければならぬ。從つて六村立國談の如きは、襲族が其の襲族なるを隱蔽し、韓民族なるを假裝して、永く天下後世を欺瞞せんとする狡猾なる虛構に外ならぬ（馬韓へ遣使したは事實であらうが、瓠公の大言は、誇筆寓言なること勿論である、併し眞相は却つて誇筆寓言の上に發見さる）

襲族三次に渡來す

元來瓠公といふ不思議の者は、赫居世の影であつて二人ではないと思ふが、然し筑紫倭族の中に襲族に黨する者あつて、共に來つたともされやうから、韓史の所言に從つて其の倭人なるを承認しやうが、同時に蘇伐公も亦倭人なりとせねばならぬ、されどこの二人を姑く論外に去らしめ、襲族の本體に就て觀るに、彼等は三回に渡海し來れること明白にして、第一回は箔、第二回は籍、第三回は箘である。箔は蘇伐《ソホク》公てう名に於て、其の冠詞蘇に襲の三姓汎稱を寓し伐《ホク》公を朴《ホク》に作つて姓と稱したが、要するに伐公も朴も其の族の原稱なる箔《ハク》を顯彰したものである。籍《シャク》は其の母系の積《しゃく》なる

赫居世・蘇伐公・瓠公は本一個の形影

を宣明し、昔《シャク》を以て姓字として故稱の籍を之に寓し。胤はその族稱を將つて同音の金に作り、以て之を姓と爲し、且つ鷄林《キン》韓史に曰ふ、金閼智の生時、白鷄の祥あり、故に國を鷄林と號すとに故稱を寄せて國號とし、以て其の稱を偉にした。是れ固より其の漢譯は漢文字輸入以後、彼等子孫の技倆に成つたもので、子孫は各自その姓祖の志を巧に漢文字の裏面に承嗣し、肉を以て骨を裹むで、骨をして永く靈ならしめ、且有聲ならしめた。蓋し孝の道に於て、其の終を濟せる者に庶幾しと賞讃すべきであらう。

爰に再び蘇伐公《ソホク》と倭瓠公《イホク》の二人に反つて吟味するに、瓠の字音はコであるが、當時の方言に瓠を稱して朴《ホク》といふたとあれば、乃ちホの音を以て通稱されたのである、赫《ホ》居・伐《ホ》公・瓠《ホ》公は共に皆同名なるに於てこの三人を如何に見るべき歟、少くとも伐公と瓠公とは一人にして影が二つに分れてゐるに過ぎなからう。瓠公倭人ならば伐公も倭人ならざる可からずと云ふ所以こゝに在る、乃伐公が村長ならば瓠公も村長であらねばならぬ、伐公に蘇號を冠して蘇伐公《ソホク》と呼ぶべくあるならば、瓠公も亦蘇瓠公《ソホク》でなければならぬ、結局この二人は、赫居世《ホクセ》左右の影に過ぎない。赫居世は其義大國《ホク》主《ヤ》に取れるが、そのホクの訓義を三様に使分け。一は以て自體の尊稱として王號に當て。一は以て瓠の義として、瓠公《ホク》てう輔翼的臣格者を造り。一は以て城邑の義として蘇伐公《ソホク》新羅語ソボルは城邑の義てう發祥的開拓者を作り。總て之を合せて朴《ホク》即瓠に作り、以て子孫の姓と爲した。夫の閼智古西干が三様の義を兼有すると同一に、一種妙的のものである。要するに蘇伐公《ソホク》も蘇瓠公《ソホク》も赫居《ホク》の左右の影、即副國《ソフク》

籍族

に過ぎざるを以て、瓠《ホク》公が腰に瓠を繫いで海を渡り來たことは、是れ赫居《ホク》が瓠を帶び來たのであつて、その謂ふ瓠は一に兵戟《ホコ》の義に取れる、即矛《ホコ》執る强者《つはもの》を帶同し來つたことに違ひあるまい、是れ熊襲第一次の新羅侵入にして箚族の渡來である。

第二次は籍《シャク》族の渡來にして、之を率ゐた者は昔脫解《シヤクタケ》である。タケは熊襲健《たける》のタケに一致した尊稱で、赫居世と同じく本名ではない、彼は途中加羅に侵入し建國すべく志したが、加羅の英傑首露に擊退された、彼は新羅本紀に據れば髑髏の周圍三尺二寸、身骨の長さ九尺七寸、齒凝つて一の如く、骨節皆連鎖をなし、所謂天下無敵力士之骨也とあつて、異常の怪傑なるが。駕洛《から》國記の方では、身長三尺、頭圓一尺の侏儒《こびと》になつてゐる。是れ駕洛の方では何のこの小狹童《こわつぱ》がと下に見卸した意識の裏に侏儒が現じ、新羅の方では素晴しき英傑の渡來と上に見揚げた意識の表に金剛力士が現じたのであつて、意識の反映が雙方に現はれてゐるのは頗る面白い對象である。彼は加羅の始祖金首露王に面晤して、我れ爾の位を奪んと欲すと豪語し、脫解先づ己が變化の妙を示して雀に化すれば、首露鶻に變じ之を逐ひ、脫解鷹に變ずれば首露鷲に化し、恰も西遊記に見るやうな妙技を鬪はした末に脫解終に敵せずと知り、辭して新羅に赴いたとは駕洛國記の所言である。其の雀《ジャク》は昔《シャク》、鷲《シウ》は首《シウ》から取つた作爲の話であるが、兎に角戰つたには相違ない、かくして彼は船を飛ばし阿珍浦《アチホ》（閼智と同音）に至つて上陸した、阿珍浦は今の西生鎭である。それより陸行して吐含山（國訓の高見山によめる）に登り、國城を眼

冶匠の奇義

下に俯瞰して己の宜しく居るべき場處を觀相し、乃下つて之に就きたるに、そこは瓠公の宅であつた。瓠公と赫居世とを一個の形影とせば、瓠公《ホク》の宅は即赫居《ホク》の城であらねばならぬ、所が面白い事體が遺事に書かれてある。

脱解詰朝門に至つて云ふ是れ吾が祖代の家屋。瓠公云ふ否。爭訟決せず乃官に告ぐ。官曰はく何を以て是れ汝が家なるを驗せん。童（脱解なり、遺事の此編は、脱觧を以て卵生後僮に成長した者としてある、）曰はく我はもと冶匠なり、乍ち隣郷に出てたるに而も人取つて之に居るなりと。

右を一小童と國の大夫との家宅爭議と見ば、何の理窟をも成さぬ詰らぬ話なるが、韓史の卵生說に從ふ時は、脱解の化生は赫居世の三十九年にあたるを以て、此の訴訟は彼が十五の時なるべく、且つ海岸漂着の櫝中卵生兒に、訴訟の目的物なる父祖の家宅あるべき道理なければ、是れも亦神秘的或者の存在が考へ出されねばならぬ。其の謎の鍵は、彼が我はもと冶匠なりといへる其の冶匠に在る。只文字の上で見れば、鑄工を冶と謂ひ木工を匠と謂ふだけのことであるが、不立文字の上に「ヤソ」と觀ぜば、冶匠《ヤソ》即彌襲《ヤソ》なりと悟れる。彌は大なる意又優れたる義なれば、熊襲族中それ程の者なるを主張して、族位の正閏を論じたものとされる、故に隣郷とは筑紫を指していへるもの、瓠《ホ》公《ク》の宅とは赫居《ホク》の王位を謂へるものにて、已れ當に其位に居るべきを唱へたのであらう。赫居世が其の爭を熄め平和に治めたるは、解脱の背後に籍《シヤク》族の優勢が布陣し居たからとされる、即彼が赫居世の子南解《なげ》第二世の王の第一王女と婚し、大輔の位に登り、軍國の大事を委せられたるは、和親條件の實行されたるものなるべく、遂に第四世の王と爲りしは、王位繼承の條件に基けるものと知られる。古今の學者彼の謂へる冶匠の何たるを解しかね、單に詭計の言とのみ思惟するため、一切が不可解に落ちるのである。然かし虁族之優統者といふを、冶匠《ヤツ》の二字に藏めたる後昆の手腕には驚かざるを得ぬ。

金閼智の出現

第三次は虁族の渡來である、其の渡來は脱解王の九年三月遺事には四年八月とすなれば、赫居世建國より百二十四年後である、遺事に曰く。

八月四日。瓠公夜・月城の西里に行き。大光明を始林一に鳩林に作るの中に見る。紫雲あり天より地に垂る。雲中に黄金の櫃あつて樹枝に掛れり。光・櫃より出つ。亦白鷄あり樹下に鳴く。狀を以て王に聞す。駕して其の林に幸し。櫃を開けば童男あり。臥しゐて即起てり。赫居世の故事閼智古西干を叫べる也の如し。故に其の言に因り閼智を以て之に名つく。閼智は即ち郷言小兒の稱なり。抱き載せて闕に還る。鳥獸相從ひ喜躍蹌蹌。王吉日を擇むで太子に册立す。

また三國史記には左の通ある。

以其出於金櫝。姓金氏。改始林名鷄林。因以爲國號。

玄鳥の卵を墮すを見、これを呑むで契《セツ》湯王の祖を生めりとか、巨人の跡を見、これを踐むで棄武王の祖を生めりとか云ふ位のことは兎にも角にも、紫雲の舞下つた間から黃金の櫃が現はれて樹枝に掛り、大光明を放つて其の中より童男が生れたとは、釋迦の誕生にも優つた大袈裟のさま、古今無敵である。それ程に韓人は理智が幼稚であつたのであらうか、否々之を書いた者の文章力に察するに、理性練磨の功を積むだ大成人の筆である。其の大成の域に進むで居た者が、どうして斯かる愚にも附かぬことを眞面目に書いて遺したのであらうか、否々愚どころではない、史實ありの儘を寫したるもので、眞正の實狀これに過ぎたるは莫しである。然るに讀書子僅に行文に一瞥を與ふるに止め、御伽噺にも値らずとするは却つて古の韓人にも劣れる史學上の幼稚者たるを免れぬ。海上の暮雲を紫雲とし、錨綱を樹枝とし、之に繫がれる船を櫃とし、野營の篝火空を燒いて明かなるを大光明とし、金笳夜を警むるを白鷄の啼としたところは、詩趣森々で一の怪事も其の中に存してゐない。閼遠來《キンオチノ》の叫びの響き渡れるを約めて、金閼智《キンオチ》に作せるも、亦其の夜の實景からであつて、さもさうあつたらうと承認される所である。

昔姓に對する朴金二姓の連和

獨り怪むべきは瓠公である、彼の本體たる赫居世は既に六十餘年以前に死して居れば、其の影なる彼も本體の寂滅と共に消亡した筈。然るに百數十歲の長齡を維持して猶其の名を現はせるは何うしたわけか。影なる瓠公は本體と共に消失したのであるが、爾來その影から無數の瓠公（朴）が生れてゐる、それは赫居一門の親族《やから》等族《うから》であるが、漢字のない時代のことであつたから、後世から音に縁つてどういふ漢字でも當てられる、想ふにこの時の瓠公《ホク》は赫居《ホク》一門である（漢字輸入後は朴字を以て之を表す）この者どもが擧つて新來の匈姓を歡迎し、脫解を促がし出迎ふべく餘儀なくしたのも、當然の人情と謂はねばならぬ。何故ならば、始祖以來三世相續いて王位を占めたる赫居一門の者としては、籍族の脫解に第四世を占められたるを喜ぶわけがないからである。そこで箔匈二姓の連和が籍族に對して成立したので、流石の脫解も此勢に順從して親ら出迎を爲し、即日これを城內に案內し、講和條件として次の王位をキンに讓るべく盟ひ、キンを太子に册立したと見さへすれば、事情の明白なる掌を指すが如しである。それを何故怪奇の事相に造上げたかと云ふに、是れその子孫が族祖の外來種族なるを隱蔽し、倭韓民族の間に在つて其の上に立つべき神胄の優族なるを裝はん爲である。この新來のキンは容易ならぬ者であつたらしく、右の事あつてから十三年目に脫解は卒したれど、キンは己れ太子なるに關はらず位を朴に讓つた、蓋し金と朴との連和秘密條件にそれがあつた爲めでもあらうが、當時ハク・キン・シャク三姓の平和を保つには、それが最も賢明なる處置であつたからであらう。其の後朴四世籍四世合せて八世を經て後、キン族こゝに初めて第十三代の王と爲つたが、只一代だけにて次は亦シャクに讓り、又三世を經て第十八代の王位に即き、それより後三十五世間連續打通しに獨占した。故に大體から見れば、新羅はキンの新羅と言つても宜いくらゐである、是れ乘込んだ當初のキンが、王位を求めず德を積んだからであらう、大小の差はあらうが、周でいへば王季である。

此處で右三族を色別すると、箔は白旗族ではあるまいか、白馬が天から卵をもつて來て、それから生れたといふのであるから、白は天祥の色である。籍は赤龍舡を護れりとあるから赤旗族なるは疑ない。谿は黄金櫝の謂はれから黄旗族であらう。新羅の强はこの三色旗に在つたに違ない、後世の作ではあるが、谿《キン》と黄金《キン》。昔《シャク》と赤《シャク》 龍。箔《ハク》と白《ハク》馬。蓋し漢字渡來以後の文藻を古に溯らしたもので、作はなかなかに徹底してゐる。其の三族交立は彼等の古るき憲法なるべければ、筑紫にても同じくこの制を執つてゐたことゝ思へる。

新羅は三色旗族か

爰に謐つて之を考ふるに、韓の東南は太古よりシラヒキと稱し、白日別《シラヒキ》神を祭祀したのであれば、斯盧の古傳に六神天降して民の爲め君を立て、大國主《ほくせ》靈神《くしかむ》と爲したのは、極めて上代のものであらう。その左右の二神、蘇伐公《そほく》・倭瓠公《いほく》も之に伴つた古い傳說の者であつたらう、其の倭瓠公は日本よりの渡來なりと云ふ神話もあつたのであらう。所へ襲族入來つて此等過去の古傳を現在に引直し、箔賁自ら己を以てホクセクシカム（赫居世古西干）と爲し、ソホク・イホクの二神を取つて、赫居《ホク》（箔賁自稱）の形影に組合はすに及んで、古傳ここに亡びたるに庶幾い。籍賁に至つては敢然自ら己を遠來の龍種と宣し、生國を琓夏《カンカ》。父を含達婆《カンタハ》。母を積《シャク》氏と明言し、以て六神天降の古傳に背叛して少しも憚らなかつた。谿賁乃亦之に和して己を金櫝の所出と稱し、其の族音に因みて始林金櫝の掛れる林

三韓古傳の滅亡

新羅國史の故造改叛

を鳩林《キン》に作り、國號を鷄林《キン》に改め、斯盧の古名は爰に一たび亡びた。其のキンに鳩林《きうりん》・鷄林《けいりん》の文字を當てたるは漢字輸入後の事に屬し、其の渡來以前に在つては、只キン（閩）の族稱が國號として口頭に稱へられた外、他に意義はなかつたのである。學者往々赫居世以後の怪異傳と六神天降説とを一貫の傳説として取扱ふも、そは思はざるの甚しき者である、實情は新輸を以て古在を亡したのであつて、卵生説櫝生説は古代韓人思想に無つたものとしなければならぬ。韓人の古在は壇君神話の證する如く、又六村天降の所傳の如くあつたに相違ない。而して其の新輸は何處よりしたかと云ふに、重ねて述べるが灘渡を踏み蔚都に據り巨鍾を猾し遂に辰藩に及むだのである。その辰藩に入つた年代を現在韓史に照らし見るに、赫居世の出現は、崇神天皇二十九年皇紀五九二年漢の地節元年昔脫解の出現は垂仁天皇十一年皇紀六四二年漢の鴻嘉二年にして此間五十年の隔りがある、金閼智の出現は同九十六年皇紀七二七年漢の永平十年なれば、脫解の出現に後るゝこと八十五年、通計百三十五年間に於て三回に入來つたのであるが、この長期は頗る疑問であつて、彼等交歎の情誼たる、迎ふる者迎へらるゝ者互に熟知の間柄なりしは、前文既に證する所の如く、分れてから年月を隔てたる者にあらざるは、自ら明かなる所なれば、長くとも十年若くは十四五年間に前後して來つた者としか思へぬ。それに百三十五年間の今昔を附したる新羅本紀は、本紀その者に大なる疑問がある。元來新羅本紀は高勾麗よりも百濟よりも己の始祖を古になさねばならぬとの考から、世紀の初を更に以上古に溯らせて作つたものなることは、

學者間に略一定された觀察である。例へば三國遺事年表に、

第十六乞解尼師今《コケニシキン》皇紀九百一年の即位是王代、百濟兵始來侵。

とあつて百濟と新羅と兵戈始めて相見たるは、乞解王の代なるに、新羅本紀には、

脫解尼師今七年皇紀七二三年百濟王拓レ地至二娘子谷一。

同　八年　百濟遣レ兵攻二蛙山城一。

とあつて、乞解時代に始めて起つた事を百七十八年の古に溯らして脫解の世の事としてある。この一斑の露れに見ても全豹が判るであらう。又神功皇后の新羅征討は現存韓史に全然見えてゐないが、新羅本紀祇摩王のところに妙な記事がある。

十一年景行帝五一年皇紀七八一年夏四月。大風東來。折レ木飛レ瓦。至レ夕而已。都人訛言。倭兵大來。爭遁二山谷一。王命二伊飡翌宗等一。諭止レ之。

十二年三月與二倭國一講和。

神功親征の確徵

暴風に驚慌したその事の收束に、倭國と講和は變妙な關係である、而して此の騷動は神功の親征を受けたことを、八十年前の古に引上け、且暴風雨に取替たものではあるまいか、予は然かく思惟する者である。更に怪しいのは、此事あつてより百餘年間、對日本關係の事は平戰ともに本紀に筆を絕つてゐる、而して當代前後の事件と思はれることを百餘年後のことにして書き初めてゐる、即

襲族の新羅侵入年代

韓史不信の一根礎

一は八十年古に溯らし、一は百餘年後に降し、其の通計百八十餘年の開きを此にも露はして居て、遺事年表に據る百七十八年の開きに一致する。その遺事年表から發見した年代齟齬を取つて、以て始祖赫居世を百七十年の昔に溯らした者と判ずるも、四圍の副情況は之を否定しないで寧ろそれを確認する者に庶幾い。因て其の赫居世の出現が皇紀五百九十二年になつてゐるのを、百七十年引戻して皇紀七百六十二年とする時は、景行天皇三十二年に恰當する、即天皇が熊襲征討のため始めて筑紫に行幸即位十二年された時より、二十年後に當り、日本武尊の征討景行二十七年より六年後に當る、然らば熊襲が新羅に侵入したのは、この時代に在つたと推定して誤なからう。

熊襲侵入以前の新羅は、夫の六村天降説を奉じ來つた古からの新羅であつた、乃神話をも有し歷史をも有してゐたのであつた。所が襲族に支配されてから六村天降説終に破滅に墮ち、古在こゝに亡びて、新輸の卵生譚櫝生説之に代り、前代の歷史傳説悉く襲の有と爲り、而して新なる者がそこに構成された、其の變造歷史の構成は、新羅第三十世文武王名法敏の時に在つたらしい、三國遺事法敏篇の註疏に、

國史大改瓶。在ニ調露元年己卯一。

とある、調露は唐高宗の年號只元年一歲のみにして、我が天武天皇七年皇紀一三三九年新羅文武王一九年に當り、高麗百濟曩に亡びて、新羅ひとり文籍を領する時なれば、如何なる歷史でも其の撰集は心のまゝである。夫れ

史の史たる所以は輯むるに在つて改むるに在らず、撰むに在つて刪むるに在らず、今遺事の言ふ所を視るに、新羅國史は輯めたるに非ずして改めたのである、しかもそれが大に改めたのである、又撰みたるに非ずして刪めたのである、しかも亦それが大に刪めたのである、其の改刪の目的は十數年間に相踵いで至れる三姓の領袖を、卵櫝の神異に托するに在つたを疑はぬ、而して終に克くこれを百八十年の古に溯らせ、且百三十五年の長期間に配當し了つた。之に從ひ一切史跡の年次を繰上げ繰延べ繰下ぐるは必然の結果にして、是非さう仕なければならぬことである、既に之を成した以上、之に牴觸する一切の舊史を悉く湮滅に歸せしめなければ後昆百代を欺くことが出來ない、果せるかな彼等は之を慘行した、例へば駕洛《カラ》國史の如きもそれであつて、三國史記に只僅々左の文字を止むるに過ぎぬ、然かもそれが只地理志に於てのみである。

高靈郡。本大加耶國。自㆓始祖伊珍阿豉王㆒。至㆓道設智王㆒。凡十六世。五百二十年。眞興王侵㆓滅之㆒。以㆓其地㆒爲㆓大加耶郡㆒。

十六世五百二十年の歷史を有する駕洛國の榮枯得喪が、只これだけの文字とは世界無類の慘況である。又任那の名は一切見えぬ、好大王碑及支那の史書には見ゆるに又日本との關係も大事件は略抹消し盡されてゐて、好大王古碑に載つてゐる大史蹟如きも全然見えて居ない。まつり日本兵を陸上に登らしたことなく、其の來寇はいつも海岸防禦で擊退した筋書に作られてゐる。のみならず日本紀に記載ある史蹟を紛

我が國史の正確を證す

神功の征韓は熊襲族征討

淆せしめんため、同年代の自己の史實を他の年代に繰上げ又は繰下げ、以て後人をして日本紀を懷疑せしむべく仕向けてある、例せば神功皇后親征時の事の如き、日本紀には新羅王を波沙寐錦《ハサニシキム》としてあり、新羅本紀にも婆娑尼師今《ハサニシキム》があつて彼此同名なれば、當に同じ一人なるべきに、羅記の婆裟はその時より百年正しく前に死してゐて、學者間に大懷疑を起さしめてゐる、遺事年表の立證に據り、新羅初代の王が、實在時より百八十年の古に据えられ居ることが分つた以上、爾後各王皆々百八十年干支三運引戻すべきである、試に婆娑以前を百八十年引下げ婆娑以後を干支二運引戻し見ると、神功親征は正に婆娑尼師今の十三年に恰當し、我が國史と一致する、是が正しい見方であらう。更に痛惜に堪えぬは、三國以前即三韓時の神話古傳舊紀一切を擧げて湮滅に歸せしめたことである、恐くは古傳舊說が卵檳說と相容れざる者のみであつたからであらう、壇君神話が片鱗ながら後の世に現はれたは、秦火を經たる後の壁書と同じく希世の珍籍と謂はねばならぬ、若夫れ新羅の王統が眞の韓人種であつたならば、神話古傳の如きは之を失はざるに務めたること猶我れの如くあつたであらうに、卵檳說を持せる鳥人梏盟舒《クマソ》族なりしため、韓族萬年再ひ取返へしのつかぬ慘禍を演じたるは口惜しき限である。我が仲哀天皇が熊襲征伐を念とせられたる、それが爲め馬關海峽開鑿に六年の聖慮を勞せられたる、神功皇后の波濤を越えたまへる、いづれも皆熊襲の主體を新羅に認められたからである、當時筑紫には熊襲の叛は無つた。今ぞ知る皇后の征韓は、我と同族の韓人征討に非ずして、韓人に非ざる者を征討されたのであつたことを。

本節熊襲の新羅侵入は、我が國史及び韓史の裏面を深く討尋し、微に入り細を穿ちて具體的立證を爲すにあらざれば、恐くは我が史學界の公認を受け難かるべきも、願くは我が學界の士君子亦思をこゝに致さんことを。抑も新羅地方は我が神代史に幾多交通の事蹟を示し、國學史學の諸大家亦相互の關係を認むるに拘らず、新羅勃興以來の情勢は總て之を裏切り、我に親交の情誼一も認むべき者なく、狼頑兇戻是れ事とし、我と任那・百濟・高勾麗・渤海等との情誼ある親交狀態の如き、終始之を新羅に見ること能はざりしは、神代以來交通ありし地方の民情とは受け難く、大なる不可解事がそこに橫はつて居るのは何の故であらうか。又新羅の三姓交立は東洋史上絕無の奇現象なるに、それが現前せるは何の原由からであらうか。又三韓以前の神話古傳全然地を掃つて空しく一も存する者なきは、復あるまじき奇怪事なるが、其の此に至れるは如何なる情諉の存在に由るのであるか。此の三つの者にして闡明されざれば、學問上よりする日韓融和の基本信條は成立つまい。此に勉むべきを識らずして却つて改刪の餘に成れる不信の史に降り、それを所據として我が皇紀を引下げ、神功の懿績を否定し、崇神垂仁二朝の存在をさへ怪訝し、外に盲從にして內に懷疑なるは何ぞや、蓋亦襲族の遺孽ならん耳。

第十九章　日孫高天原に歸る

神祖親臨八百八十載登珍芳漾匾墜球淄蓋麰之峰祝曰辰沄穌提秩宸檀珂枳膠牟頡銍岬袁高密德溶晏髭戞賁莎戞終詣日祖之處永止非文紀旦賅墜阿旻潑例矣後經十有六連有瑺兢伊尼赫琿承嗣大統祖風重興河洛復盛焉疏曰宸檀珂枳猶言稻華神洲也戞日也餘義今不可攷

譯　文

神祖親臨、八百八十載にして。珍芳漾匾墜球淄盍麰《ちはやへちくしこむ》の峰に登り。祝して曰はく。辰沄《しう》穌提秩この三字讀めす宸檀珂枳《しなかき》。膠牟頡銍岬袁高密《かむかちかえかみ》、德溶晏髭戞賁莎戞《とよあしかひさか》。終に日祖の處に詣り。永く非文紀旦賅墜この六字讀めす阿旻潑例《あみはる》に止る。後十有六連運の誤寫なるべしを經て。瑺兢伊尼赫琿《たけいちはく》あり。承けて大統を嗣ぎ。祖風重ねて興り。河洛復た盛なり河洛は神族前に出づ疏に曰はく。宸檀珂枳《しなかき》は猶稻華神洲と言ふがごとし。戞は日なり。餘義今攷ふ可からず。

右譯文中、穌提秩は何の義とも稽へ得ず、但思ふ穌は和の古文なるべく、和提秩は若しやワタチと訓むのではないか、さうならば車轍《わたち》の義に取れて、辰沄《しう》和提秩《わたち》は東大率土の謂とされやう。非文紀旦賑墜も何と讀むべきか判らぬ、或は非文二字は、斐字を二字に誤寫したのかも知れぬ、さうとすれば斐紀旦賑墜は、ヒギタカチと訓め、我が神代史に存する古語に叶合する、讀めずとして擱くも本意ならねば、和提秩とこれとは此の卑見をとつて以下の解説に參へんとす、枉げてのことにあれど、讀者希くは諒せられんことを。

日孫在世の年數

神祖親臨八百八十載は、本と神に歲月の存在あるにあらねば、八千八百載と言ふも、八萬八千載と言ふも、論の外である、壇君でさへ一千九百八歲生きたといふのであれば、八百八十載は頗るつづまやかにて、且支那が毎に九九を唱ふるに對し八八を言へるは、是れ東族の東族たる所以、おのづから幽《ふか》いところのあるやうな氣がする、蓋その八八は彌彌《やや》の義で、本と數詞ではないのであらう。

我が神話には絕えて神の夭壽を言はず、絕えて其の上に數詞を置いてない、そこに神話の尊さがある、蓋神話は數詞なきを體とす、支那のは盤古の際の事からが數理攻めになつてゐる、その數理は支那人の有する誇なのであつて、四夷に超越せる所以の者の表示なるが、そのため眞の神話といふ者は支那に亡びてしまつた、今吾人は數理をも有す、而も猶且つ神話を有する、是れ吾人の誇である、世には我が神代史を數理攻めに扱はんとする者がある、冀くは自ら其の己の誇を毀はざらんことを。

珍芳漾匾《ちはやへ》は千穂八重《チホヤヘ》なるべく。球淄蓋麰《くしこむ》は異靈籠罩《クシコム》なるべし。辰沄繇提秩《しうわだち》は東大車轍《シウワダチ》の義なるべく、車轍の至る限を謂へる詞を以て、東大族に屬する東大率土の意を表はしたものであらう。宸檀《しな》珂枳《かき》を疏に稲華神洲の義と爲せるは、想ふに稲をシネと謂へば、それに花のナが添ふて稲花をシナと謂へる歟、腑に落ちぬ所もあれど疏に從へば斯く解する外なからう。珂枳《かき》の珂は前諸章に神の義に用ゐあればそれとして、枳はどう訓めば洲の義になるのであらうか、枳を洲の義とは判りかねる、想ふに枳《き》の一音を以て洲の義とはされないが、珂《か》と合はせて珂枳《かき》とせば、それに神洲の意味が湧くのであらう、即珂枳は神域《かみがき》・神籬《かみがき》の義で、其の約言なのであらう、推して以て神洲のこととされる、乃ち宸檀珂枳《しなかき》は稲華神洲《シナガキ》にて東大率土の美稱なのであつたらう。

膠牟頡銍岬袁高密《かむかちかゑかみ》は何の義とも解しやうがないが、其の語呂は頗るよく吐普加身依身多女《トホカミエミタメ》に似てゐる、假に之を横に讀んで見ると、上段は膠頡岬高《かかかか》で皆カであるが、下段は牟銍袁密《むちゑみ》である、乃ち日孫國祝の詞中から、トホカミエミタメの高密袁密《かみゑみ》が、摘出し得られるやうに思へる、蓋カムカチカヱカミは神呪であつて、誦すべく解すべからざるものであるのかも知れない。比喩の倫《たぐひ》ではないが、我が神話素尊勝佐備《かちさび》の吾勝勝《あかちかち》と謂ふ詞のふしが、日孫國祝の頡銍高密《かうかみ》に就て、何とはなしに想ひ出される。

トホカミエミタメ

我國でいふ吐普加身依身多女《トホカミエミタメ》は、もと骨卜の呪言である、骨卜とは鹿の肩骨を灼《や》いて吉凶を驗する卜法であつて、正卜考に。遠つ神世に、高天原の神事よりきこえ來れる、牡鹿の肩骨を灼《やき》て卜ふる卜事《うらわざ》は、皇孫尊の天降《みあもり》の時より傳はりて、神事の宗源《もと》として用ひさせ給へる、重き尊き故實なり。と曰ふてある、龜甲を灼いて卜ふは支那の故事なれど、東族のは鹿の肩骨を以てするを眞の故實とする、後に鹿骨に代へて龜甲を用ふることになりたれど、なほ魏志東夷傳に。其俗擧レ事。行來有レ所ニ云爲一。輙灼レ骨而卜。以占ニ吉凶一。と見えて居り、遙か後世になつても元史に。太祖以ニ耶律楚材明ニ天文之占一。屢有レ問。莫レ不ニ奇中一。故毎ニ征伐一。必令ニ楚材預卜ニ吉凶一。太祖亦燒ニ羊胛骨《ノカタホネ》一以符《アハセ》レ之ニ。然後行。といふこと見ゆ、これ等骨を燒いて卜ふの法我國にては早く廢れて、龜甲を燒く占法に換はりたれど、其の卜《うらへ》ざまは猶舊のままなりけむとの傳えあり、つまり龜甲を以て鹿骨に代へはしたれど、法は猶我が古のままなりと云ふのである。其の中に於て正傳と聞えたるは、對馬國の卜法なりとか、そしてトホカミエミタメは、龜甲に火をさす時の唱言《となへごと》なりと云ふ、然らば亦それは上古骨を灼《や》く時の唱へであつたと推論し得られやう、從つて其の唱への意味は分らねど、所傳に「トの方より火を指初《さしそめ》て、ホの方に指して通ずる事三度」とあり、また「トを北とし地とす、ホを南とし天とす」とある、また「カミを東とし陽とす、エミを西とし陰とす、タメを土とし人とし中央とす、或はタミと唱ふ」とある、是に由ればトホカミエミタメは、北・南・東・西・中央といふこと、また地・天・陽・陰・人と

大陸族の冠詞

靈異籠罩之峰

云ふことである、これに五行家の說が加つて江家次第などには、トは水、ホは火、カミは木、エミは金、タミは土と釋しある。多分これは古代の神呪であらうから、かう云ふわけでは無からうと思ふが、姑く北・南・東・西・中央の解說に依つて、本章の膠《か》牟《む》頡《か》銍《ち》岬《か》袁《え》高《か》密《み》に合はし、そして相互の意味が通ずるものと假定せば、本章の謂ふ所は、北原・南原・東原・西原・中原即ち日孫の五原にして支那の全土を悉く指して、祝福したことに取れる。

爰に意外なるは大陸族にも我と同じく枕詞冠詞のあつたことである、本章の珍《ち》芳《は》漾《や》匾《へ》墜《ち》球《く》淄《し》蓋《こ》麰《む》は、千《チ》穂《ホ》八《ヤ》重《ヘ》の靈《ク》異《シ》籠《コ》罩《ム》にて、「ちほやへち」は枕詞である。また斐《ひ》紀《き》旦《た》昄《か》墜《ち》阿《あ》旻《み》潑《は》例《る》は、氷《ヒ》椽《ギ》高《タカ》の天原《アマハラ》にて、「ひきたかち」は枕詞である。その墜《ち》は天津風《あまつかぜ》・時津風《ときつかせ》のツと同じで、上下の詞を繫ぐ「之《の》」の義と思はる、固よりチとツとは互に通音なれば、我がツといふを彼はチといひもしたらむ、後章第十四章の斡《あ》浸《し》播《は》及び耶《や》那《な》奈《な》も同じく枕詞と思へるが、蓋いづれも餘程の上代語と思へて絶妙である、枕詞とは誰も知る、サザナミの志賀、シロタへの富士、タクスマの新羅などで、今に傳はれるもの數百詞あれど、本と古代の用語なるが故に其の意義詳かならざるも多い、それが大陸族と共通の古代語であつたかと思ふと、何ともいへぬ興味が感じられる。

右珍《ち》芳《ほ》漾《や》匾《へ》の球《く》淄《し》蓋《こ》麰《む》のコムは籠《こむ》の義と解す。因に熊代と書いてカミシロと訓むも、熊《くま》は籠《こむ》の義にて幽邃《こむもり》した處を神の所在《ありか》と見ての詞である、壇君神話の熊女も同じ義なるべく、凡そ山川のコム

筑紫高千穂

モリとした處、林木の欝然として居る處は、神の所在とされたのであれば、蓋甕《こむ》も同一義にて神の所在の處を意義した名と思へる。乃ち其の千穂八重《ちほやへ》の異靈籠罩《くしこむ》之峰は、我が高千穂《たかちほ》之槵觸《くしふる》之峰と音義兩ながら同じ山の名である。因つて亦我が神話が我のみの神話でなく、東大神族共通のものなりとする概念を轉た確め得るわけなれど、孤峭ひとへに己をのみ異靈《くし》とする偏狭の神道家には、高千穂・高天原・大八洲など云ふを、獨り我が國のみの特有名詞に思はれ、予の釋明をば異端の言と爲すであらうが、いかにも

高千穂の槵觸《くしふる》の峰。高茅《ち》穂の槵生《くしふ》の峰。襲《そ》の高千穂の添山《そほりのやま》の峰。

など皆筑紫日向に限つての名と解されて居たのであれば、それと同じ名が他にあらう道理なしと思ふは、尤の次第にて、それが今支那の古に現はれたに就いては、一應の疑問なくては成らぬ所である。因つて此に古事記新講に引ける喜田博士の所論を借り、以て其の答解に資する、博士曰く。

石清水社所藏文書中、寶龜四年豐後國司文書に、八幡大神託宣の事を記した條に、

豐後・日向・肥後三箇國中、廣大野在、其野神五點定……件地等號㆓野郷北野高智保㆒、

と云ふ一節がある、これを見ると、古く此の地方に高千穂の稱があつたのである、而して天孫降臨の傳説は、古く此の三國に言ひ傳へられてゐるので、日向には和名抄の臼杵郡智保郷に、又肥後には和名抄の阿蘇郡知保郷に、各其の傳説を傳へてゐるのである、併し最も注意すべき

支那の泰山は千穗八重の靈峰

は豊後である、此の國には祖母山・久住山が高く相對峙して、其の中間は、阿蘇の裾に當つて（阿蘇の阿は接頭語で、蘇は蘇之高千穗の蘇と關係がある）豊後國司文書の謂はゆる「廣大野」の一部に當るものである、中にも祖母山は豊後と日向の境に聳えて、海拔五千八百尺の高峰であつて、其の山頂に登つて展望する時には、九州各地は元より、四國中國あたりを遠望することが出來、又西北の方は遙かに朝鮮の方を一眸に收めるやうな感がある、此の峰は即ち「此地は韓國に向ひ笠沙之御前に眞來通り……」と仰せられた詔の意義を最もよく會得することの出來る處であつて、書紀の添山は、つまり此の祖母山を指したものである、其の西麓日向西臼杵郡五箇所村に添利《ソホリ》山神社がある、此のソホリといふ語は「古く朝鮮にもありて、新羅の京城を徐《ソ》羅伐《ラブル》或は蘇伐《ソボル》と云つたのがそれで、都邑の義であり、又百濟の都の泗沘を所夫里《ソフリ》と言つたのも亦これと同じである、今も鮮人が京城をソウルと稱するのは、これも亦同義によるのである、然らば添山の添は即ち神都の義であつて、今の祖母山に其の名を留めて居るのである、次に久住山はクシフルの古名を傳へてゐるので、塵袋に引く日向風土記逸文に槵生村とあるのと同じ地名である、朝鮮に於ては三國遺事の駕洛國記に、大迦耶國の祖が龜旨峰に天降つたといふ古傳說があるが、龜旨はクシと訓むべきであるから、クシフルは即ち龜旨邑の義である、云々。

實に博士の言はれる通り、我が古言の添《ソホリ》及び槵《クシ》は日韓共通の言葉であつたのである、言葉の同じ所には名も亦同じ者のある道理なれば、チホヤへのクシコムと東族の名づけた靈峯が、支那のどこかにあるを怪しむことは出來ない。日孫の都したのが今の山東省であつたことから考へると、多分それは泰山をいふたのであらう、泰山は一に東嶽といひ、支那太古からの靈山であつて、帝者王者ここに祀をしない者は無いくらゐであるし、其の高いことは泰山に登つて天下を小とすとあるに因つても分る、この泰山が上古東族に由つてチホヤへノクシコム峯と名つけられて居たと思はれるのは、其のクシコムの稱が、後世永く泰山郡の縣名に遺つてゐたからである。

漢の高祖泰山郡を置き、其の土を二十四縣に分てる時、中に蓋《コ》縣今山東省沂州府沂州縣牟《ム》縣今山東省泰安府萊蕪縣といふがあつた、この縣名は東族古言の蓋斃《こむ》が分れて地名になつて居たのではあるまいか。地理志に牟は故國とあり、應劭は附庸也と註し、師古は春秋桓十五年牟人來朝は即此也と解し、以て此等の縣名が古來からの稱呼なるを證してゐる。また茌《シ》縣一に茬に作る、今山東省濟南府長淸縣の東北式《シ》縣今不明等があつた、地理志博縣今泰安府泰安縣の解に、博ニ有㆓泰山廟㆒、岱山在㆓西北求山上㆒とある、是に由れば泰山とは全稱で、中に求山があり、求山の峰を岱宗と云ふたやうに取れる、其の求《ク》山は東族古言の球淄《くし》に一致した名ではあるまいか、即ち球《く》の古音が求山のクに遺り、淄《し》の古音が茌《シ》縣のシに遺つたのではなからうか。其の泰山の峰名及び縣名を拾へば、求茌蓋牟《クシコム》と成り、本章の所謂球淄蓋斃《クシコム》の實在を立證するに庶幾い。又同じ泰山郡中に蛇丘縣今山東省泰安府肥城縣南といふがあつた、註に、師古曰蛇音移とあれば、蛇丘の古音イクにして、郁夷《オク》・斐伊岣倭《ヒイクイ》のイクに一致せる縣名と知られる、其の郁夷・斐伊岣倭は前に說きたれば反つて對照されたい、故に異靈籠罩《くしこむ》之峰を泰山と解するは、單に其の古代靈山なるに因つて漠然之を當てるわけではない、又日孫國祝詞の高密《かみ》は高密縣として山東に存し膠袁《かえ》は其の因みでもあらう膠州といふがある。猶詳かに調査せば珍芳漾匾の古音も泰山を中心としてゐる地方から遺音を發見し得るであらう。

支那てう稱呼の原義

日孫言祝《ことほぎ》の宸檀珂枳《しなかき》は、疏に因つて稲花神洲《シナカキ》と訓み得たが、爰に一大疑問の起るは、若しや支那てう稱呼の原義が、この宸檀《しな》に存するのではあるまいかと思はれる所に在る、常に支那とはいふて居れど、支那てう言の原義はまだ誰にもよくは判つてゐない、天竺を震旦といふから、その稱呼が支那に及んで、シナと爲つたらうといふ說もあれど、實は判つたやうで判らない說である。太古世界に於ける野生稲の分布がどうあつたか分らねど、支那の南原はその改良種の最も上古なる處であらう、そこで稲花を珍重して日孫の言祝と爲り、それが今に傳つて支那と稱してゐるのではないか、さうならば、支那とは稲花《しな》と云ふことである。又支那古典の謂はゆる神農《シナ》も其の本は稲花《しな》の義でなかつたか。

次の徳溶晏髭戞賁莎戞《とよあしかひさか》の戞が日の意味なるは、疏解を待つまでもなく、前諸章に於て其の意味に讀まされてある、若し此の疏義に捕はれず訓む時は、トヨアシカヒサカを豐葦芽榮《トヨアシカビサカ》の義ともされる、

アシカビてふ詞は、古事記開卷第一節に出て居て、

國稚《くにわか》く浮脂《うきあぶら》の如くして、久羅下那州《くらげなす》海月のやうに多陀川幣流《ただよへる》漂へる時に葦牙《あしげ》の如《ごと》、萠え騰る物に因りて成りませる神の名は、宇麻斯《うまし》善い美しい義阿斯訶備《あしかび》葦芽比古彦也遲《ち》美稱の接尾詞神、次に天之常立神《あめのとこたちのかみ》云々。

この謂はゆるアシカビと晏髭憂貴《あしかひ》とを同語なりとせば、日孫のトヨアシカビサカは萬物を葦芽《あしかび》と觀じてその榮え行くを祝した詞と解ける。

常世晨日久日

したが常世《トヨ》晨日《アシカ》久日《ヒサカ》とせば、いつも黄昏《たそがれ》なき久方《ひさかた》の旭《あさひ》の國なれと祝した詞に取れる。前者よりは後者の方が輝きがあつて、且つ天長地久の大象と其の祝福とを味ひ得やう。日孫のこの祝詞はそつくり我國の國祝語に移し用ひられもする、そこで疑問の生ずるは、我國號たる豊葦原の訓義を古今齊しく葦蘆の義に取つてゐることの是非である。

豐葦原の本義

トヨアシ原は果して葦の義であらうか、古事記開卷第一節のアシカビは確に葦芽であるが、その葦とトヨアシ原のアシと同じであらうか。從來の釋義の多くは、海邊に葦蘆叢生し中に五穀豊穰の沃土あるを稱して葦原中國《あしはらのなかつくに》と曰ふとあるが、それだと葦の中の國といふことにならう、宣長は高天原より下し瞰たさまが斯くあつたのであると言ふてゐるが、天上よりの所觀はいざ知らず、我が國へ初めて來て見た外國人の目に、先つ最初に映ずるものは葦であらうか、さうとは思へない、先づ目に入るものは魏々たる山岳であらう、欝々たる樹林であらう、これが支那大陸の古代なら渺として際涯なき葦原に義を取つて州名にもしやうが、我が國の古代では、攝津・河內・和泉あたりで

こそ廣き葦原の威を起しもすれ、その餘ではさまで葦を目出たがつたとは思へぬ、且つ中ツ國といふは四方に對する中央の意義で支那でいへば中國といふわけであらうから、葦の中の國とはされない、因つて思ふにトヨアシ原の古義を豊葦原と取つたのは、攝河泉地方當時の中國の思想に基いたもので、全民族思想の表現ではあるまい、全民族思想の表現は何と言つても旭日に對してゞある、國祝の語もそれから出なければならぬ、國名もそれに基かねばならぬ、從つて全民族の思想表現をトヨアシ原の釋義の上に爲さしめたら、常世晨明原《トヨアシハラ》と謂ふに違いない、それを豊葦原にしたのは、古の五畿内帝都の官人が、難波の葦の其の上から附けた解釋で、地方的且時代的のものであらう。或る神道の大家は、全地球の表面は嘗て一度葦で蔽はれ、後に樹木が立つたのであれば、豊葦原てう國名は、當時全地球の表面を稱する極めて原始的にして且廣大なる觀想の遺聲であると主張されてゐるが、どうであらうか。

前第十七章に、神祖地を斡浸渴《あしあ》に拓き區して五原と爲すとあつて、今の支那本土をアシアと稱してある。このアシアも其のアシは晨明《あし》の義であらうと想ふ、渴《あ》は我が古典に「營田《みつくた》の阿《あ》」とあり、阿は今いふ畔《あぜ》の義なれど、大きく謂へば國の界洲の界をもいふことになる、その界の義から國又は洲のこととも なる、即ちアシアは晨明洲《あしあ》であつて、我がアシハラと偶ま語調を同うするもの、乃ち我國のトヨアシも常世晨明《トヨアシ》なるべく、韓の平壤の古稱阿斯達《アシタ》も晨明《アシタ》國の義に解される。

近代の説によれば、亞細亞といふ語はセム語原のACÛに基因したのであらうと云ふ、而してそのアシアは「日出」を意味した詞なりとのことである。セム語とは亞細亞西部及び亞弗利加北部に昔時行はれ今もなほ行はるゝ言語の總稱で、ウラルアルタイ語族、インドユーロピアン語族と對峙して、世界言語中の重要なる一語族を形成するものなりといふ、百科大辭典に依る是れアシアの原義を「日出」の意義に於て著はせる偶然の暗合とは云へ、晨明洲《あしあ》の義に通へるは妙である。

常世の國

日孫の謂はゆる徳《ト》溶《ヨ》と、我が古代の謂はゆる常《と》世《よ》とは、嘗て同語であつたに違ひない、記紀にしるせる者を見るに、少名毘古那《すくなひこな》神の常世國《とこよ》より來れる、御毛沼命《みけねのみこと》の常世に渡れる、多遲摩毛理《たぢまもり》の常世國より還れる等、古に溯れば溯るほど實在の國土と思惟したるものの如く、後になればなる程理想の郷土に化したやうである、而して其の理想郷土は二つに分れ、一は常夜國と爲り、常闇にして日を見る能はざる幽冥界に做され、一は長へに光明に充たさるゝ無上國土と做された、其の光明裏には壽と富と高尚なる戀の存在が意識され、其の常闇方面には穢と無情と恐るべき死の魔が意識された、而して兩者とも極遠の處といふに一致し、或は海底の國といふやうにもなつた、又此の世と常世とは、一日の日の長さが尺度を異にすると思ふやうになつて、浦島子の常世三年の遊樂は、此の世の何百年になるか、計算の出來ないほど、日の長さの尺度が違ふやうになつた、何か知らねど常世國は恐しい面倒な國になつてしまつたのである。それでも垂仁天皇の御世の頃迄は、まだ行け

高天原の稱大陸神話に存す

ば行き得る實在國の考があつたものと見え、多遲摩毛理を橘を取らせに遣はされても居る、書紀によれば往復に十年を費したことになつて居り、又毛理復奏の語として、是の常世國は則神仙の秘區にして俗の臻る所に非ずと記してゐる、之に由つて見ると、書紀がこの事を書いた時代には、早己に常世國は理相鄕に爲つてゐて、往復十年といふ裏には、浦島子と同樣、彼の國の日の長さの尺度が、此の世と違ふやう妙に意識してゐたものであるらしい。史局がかういふ頭であつたから、毛理の叫《おら》哭び死も、國の大事に何の關係も無いことになつて了つた、時は恰も我が南韓の勢藩漸く將に渾沌に墮せんとする時であつて、而して彼は韓國より避難投歸せる天日矛《アメノヒホコ》の玄孫なのであれば、其の叫哭にそれ等の意味がなければならぬ。更に其の古を稽へると、神代記に時折り常世國の物語られて居るのは、時偶古い記憶が甦るからのことであつたらう、その古い記憶とは、日孫の謂ゆる德鎔《トコヨ》に一致したものであらねばならぬ。

日孫在世八百八十年にして、終に日祖の處に詣り、永く斐紀旦販《ひきたか》の阿昊潑《あみはる》例に止るとあるは、高天原である、アミとアメ。ハラとハル。單に音訛に過ぎぬ、日祖は申すまでもなく我が天祖にましまし、日孫はスサノヲノミコトに相違ないが、我が神話のミコトは韓國へ渡り復た韓國より歸られたことだけで、日孫のやうな大傳記が伴つてゐない。若もミコトに非ずとせば、高天原より出でゝ八百八十年、東亞の大經綸に當り、而して復た高天原に歸つた絶大の英雄神が別に無ければならぬ

堯の姓稱名號は凡て東族語

が、我が神話の上にそれを認むることの出來ないのは神話の闕如であらう。其の闕如を補はんと欲せば、我が國學界は現在の神話取扱方を改め、大陸を包擁する新たなる解釋に移るを要する。

日孫高天原に歸つてより十有六運（九百六十年）を經て、重興中興の祖あつて後復た中興するを重興と曰ふの偉績を煕め、祖風を宣揚し神族を隆盛にした瑲兢伊尼赫琿《たけいちはく》とは何者であらうか。其のタケは嶽《タケ》即ち「高シ」の義に解釋すべく、イチは稜威《いつ》の義と解す。研究之を久うして後に始めてそれと心附いたことであるが、瑲兢《たけ》とは漢民族の欽仰措かざる堯のことである、何故かと云ふに、字音その儘に讀むでの瑲兢《タウゲウ》は卽ち唐堯《タウゲウ》にて同聲である、而して堯は伊耆《イキ》一に伊祁に作る姓であつて、伊耆《イキ》と伊尼とは亦叶音の同聲である、漢族の書に依れば、堯初爲㆓唐侯㆒。後爲㆓天子㆒都㆑陶。故號㆓陶唐氏㆒とあるが、それにしても唐は號であつて姓でもなく氏でもない、今本頌叙は唐堯《タケ》と伊耆《イチ》とを合せて單に名として居るのである、諡法に翼《タスケ》㆑善傳㆑聖曰㆑堯とあれど、併し白虎通には。堯猶㆓嶢嶢㆒也。至高之貌。舊謂㆑諡非㆑是。周公始有㆑諡。堯時何嘗有㆓諡法㆒乎。とあつて諡は周以前に無かつたのである。乃ち漢族の當てた堯字は山の高々《たかだか》しき貌を意義してゐて、其の音ケウは東語嶽《たけ》の下半言ケに契合するものであり、其の上半言タは陶《タウ》又は唐《タウ》を以て表はされ、陶堯《たけ》と書くも唐堯《たけ》と書くも、ともに皆瑲兢《たけ》の同音異譯にしてタケイチハクてう一個主體の人の頭號タケを稱する客語に過ぎぬ。堯の姓といへる伊耆に就ては漢族に其の明解がない、本頌叙には次章に神の伊尼を說いて夷の原義を之に存すとしてある、伊尼は

日孫の出現は皇紀前三千五百年

即ち稜威《いち》。イキと謂ふも稜威《いきはい》のイキなれば即亦同義である、堯の伊耆・伊祁はこの義なりと知られる。又孟子が堯を放勳と稱したるを、朱子釋して、放は至、勳は功、本と史臣の堯を贊せる辭、といふてゐるが、それは漢族的解釋といふものであつて、放勳の二字は、單に假字に過ぎないのであれば、當にハクと訓むべく、本頌叙の赫琿《ハク》は正にその訓を表はしてゐるものである赫の音カクなるも、カとハは通音にして新羅本紀にも、赫を弗と訓ましてある想ふにハクは、國語ウシハグのハクと同義なるべく、領有の意なれば、承嗣ニ大統一とある通り、神統を受領《うしはぎ》たる名であらう。乃ち堯の姓氏名號なりとする所のものを集めて見れば、唐《タ》堯《ケ》伊耆《イチ》放勳《ハク》で、其の義は高き稜威を領《はき》たる神統繼承者と云ふことである。確に是れ堯は東族重興の帝者なるを、漢族に奪はれて其の誇にされたと知られる、其のここに至れるは、東語のすべてが漢字音の裏に包まれて葬り去られたるに因る、僅かに本頌叙によりて零言隻語を其の裏より掘り出したるは、貝塚の底より獲たる土器の珍らしきにも優りて、更に珍らしからんか。

堯の即位は我が皇紀一千六百八十年前の頃なれば、それに九百六十年を加算したものが、日孫の高天原に歸詣した年である、それに又八百八十年を加へたものが、日孫の天降つた時である、之に由ると日孫は皇紀三千五百二十餘年前に我が東表に生れ、二千六百四十餘年前に我が東表に歸つた者とされる、その年代の如きは必しも稽ふるに及ばぬことなれど、我が日出の處に生れ我が日出の處に歸つたと云ふことは、東大神族のすべての者の東にあこがれ居たことが分る、このあこがれの上に大陸神話が生れたとすべきか、大陸神話の下にこのあこがれが起つたとすべきか、蓋必ず本末のあることであらう。猶本章に於ける一大奇異は、日孫の祝言《ほぎこと》に在る辰沄和提秩宸檀珂枳《しうわだちしなかき》が、黄帝《ワダシ》神農庖犧《ナハキ》と讀め、漢族の所謂三皇が、この中に存することである、幷に辰沄が三皇の時の靈稱なる縉雲と同聲同音なることである。

第二十章　夷の族稱及び由來

神統志曰神統逖諸莫不恢處取義乎阿祺毗以爲族稱者曰阿靳曰泱委曰淮委曰潢耳曰潘耶也取諸暘靈毗者姚也陶也句黎也陶有暐陶唐三皐洛黎有八養洛奐取諸寧祺毗者和義也姒嬀也猶隗也取諸太祺毗者嶽也則號五族渾瀰爲句婁初有四嶽後爲九伯蓋其音相同也姜濮高昳諸委屬焉以上通稱諸夷因神之伊尼也廟旃爲汶率

譯文

神統志に曰く。神統逖諸《てきしよ》として恢《おほい》ならざる處なし。義を阿祺毗《あきひ》に取つて以て族稱と爲す者。曰

東大諸族の族稱起原

く阿《あ》斬《き》。曰く泱《わ》委《い》前に阿藝央委に作る、書異るため文字亦異る引曰く淮《わ》委《い》。曰く潢《わ》耳《に》前に弭に作る曰く潘《は》耶《い》なり。諸《これ》を陽《や》靈《ら》毗《ひ》に取る者は。姚《えう》なり陶《えう》なり句黎なり。陶《えう》に皐《かう》・陶《えう》・唐の三皐《か》洛《ら》あり。句黎に八養《や》洛《ら》あり。諸を寧《に》祺《き》毗《ひ》に取る者は。和羲なり姒《し》嫣《き》なり猶隗なり。諸を太《た》祺《き》毗《ひ》に取る者は。嶽（貊）なり。則五族の渾瀰を號して句婁と爲す此の義未詳初め四嶽あり。後九伯と爲る。蓋其の音相同じきなり。姜・濮・高・畎の諸委焉《これ》に屬す。以上通して諸《これ》を夷と稱するは。神の伊《い》尼《ち》に因るなり。伯弭(貊)を前には阿祺毘に因るとし、本章には太祺毘に因るとし、彼此相違を起せるは、古傳の出處同じからざるに由るべし旃《これ》を廟して汝卒と爲す此の義亦未詳

夷は神の稜威を原義とす

本章は、漢族の古典と全然其の言ふ所を異にし、高城に嘯いて四方に睥睨するの概がある。神統遜諸とは、神統の高遠にして宏恢なるをいふ、諸は助字とす、阿《あ》祺《き》毗《ひ》は和靈《アギヒ》なり其の義前に見ゆ、陽《や》靈《ら》毗《ひ》は和靈《ヤラヒ》にて和らげる御《み》靈《たま》をいふ、寧《に》祺《ぎ》毗《ひ》は我が古訓そのまゝにて和靈《にぎひ》のことである、以上三つの靈は稱を異にすれども、義は一にして齊しく神の仁慈の方面を謂へるもの、太《た》祺《き》毗《ひ》は武靈《タキヒ》ならん、我が古訓の荒魂《あらみたま》に同じであらう。我が日本上古の先民は、靈魂二元說をもつて居た者で、一を和魂《にきみたま》一を荒魂《あらみたま》と稱してゐた、この對神觀は大陸族と共通であつたに違ひないから、大陸族がアキヒ・ヤラヒ・ニキヒ・タキヒの四元說をもつてゐたとは思へぬ、何分にも多くの族が廣き範圍に擴がつてゐたのであれば、族稱を神之靈に取る時、詞の上に異同を生ずるは免かれがたき所である。各族の通稱なる夷《い》を神の伊《い》尼《ち》なりと謂へるは、實に破天荒の見であつて前古未聞である、イチは即ち稜《い》

威《つ》のことで、既に前章にも言へる通りである。我が古訓の解に逸《イチ》・稜威《イツ》・最《イト》は同じ語源より出たる詞なりとあるを考ふるがよい、而して伊《イ》・尼《チ》を反切すれば、其音正しく委・倭・夷のいづれにも歸納する、さらば稜威《いつ》は伊尼《いち》にて委倭夷の延音と謂ひ得る、換言すれば倭夷は稜威《いつ》の約音にして神威を體した自尊稱なのである。

本章は東大諸族のすべてを籠蓋して其の族稱の由緒を說ける者、其の範圍廣大なれば之を解き盡さんは容易の事にあらず、爲に別に一書東大族傳統史綱を編まんと志し、將に亦一大帙を成さざれば終始を整へ難き勢に在らんとす、されば今本章の疏解を爲さんにも、簡なれば事明かならず、備を求むれば其の說甚長く、他章との繁簡調節を失す、故にここに之を止め、他日別著を將つて此の責を塞がんと期す、希くば諒せられんことを。

日韓正宗溯源卷之四

神頌叙傳歷史編

第二十一章　東西兩種の雜擾

本第二十一章は前第二十章を繼げる者にて編著の便宜より卷を分つと雖本是一貫の古文のみ

費彌國氏洲鑑贊曰海漠象變而地縮于西乃后稜爲海而天遠於東矣又經洚火災西族漸入神牛首者鬼蛇身者詐吾神子號造犧農黃昊陶虞濫命蕃祀自謂予聖寧識堯與舜者東族翅報也渾族有君肇自夏禹雖然禹泫也夏繕也

譯文

費彌《ひみ》國氏洲鑑の贊に曰く。海漠象變して地西に縮まり。乃后稜《のころ》海と爲つて天東に遠し矣。又洚火の災を經て西族漸入し（漸は進なり）牛首を神とする者。蛇身を鬼とする者。吾が神子の號を詐り。犧（伏羲氏）農（神農氏）黃（黃帝）昊（少昊）陶虞を造り。自ら予を聖なりと謂ふ。寧んぞ識らん堯と舜とは。東族の翅報

しうかがみ

海漠象變

(君靈)なり。渾族混血族の義ならん漢民族の混血なるを云ふ君あるは。夏禹より肇む。然りと雖。禹は浤《う》(大)なり。夏は繒《く》(國)なり。

費彌國今詳かならず、馬韓五十四國中に卑離國あり或はその類の國歟、馬韓最後の王統貴彌《ひみ》氏後に出づにも亦思合はされる。洲鑑は書名にて辰《し》浤《う》戛《か》珂《か》旻《み》と訓ますのかも知れぬ、前第一章に鑑を稱して戛珂旻と曰ふともあり、辰浤は東大の義にもあれば、恰も我が東鑑《あづまかかみ》の如く東大鑑《しうかかみ》といふのであらう。東族の二音詞が一字音に收められた例は春秋にも見えてゐて、經に州公如《ユク》レ曹とあるを、傳に淳于公如レ曹としてある、即州《シウ》は淳于の二音を一字に收めたものとされる、是に由りて知る、東族の二音詞若くは三音詞が一字音にまとめられたる者多多あるべきを

因みに云ふ、高勾麗にては嬰陽王十一年皇紀一二六〇年推古天皇八年に留記一百卷を刪修して新集五卷を作れる由見ゆ。留記といふも東族的書名で、トメカキとでも訓みさうである。これ等の書は新羅の國史大改刪に由りて湮滅に歸した。馬韓にも古紀舊史が必あつたに相違ないが惜しいことをしたものである。

海漠象變とは、滄海が變じて沙漠となつたと云ふことであらう、滄桑の變とはいへど海漠の變とはまだ聞かぬことである、果してそれとせば上古の絶大事相であらねばならぬ、乃ち地が西に縮つたとも思はれたであらう。此の海漠象變のことは、近代往々學者間に論議されることで、古代亞歐

の中央大陸に大地變があつて、其の間に存在せる海湖を掀翻して沙漠を現出するに至れるならんと云ひ。亞歐の間に在つて大陸を隔離せる一大地中海が、海底の隆起に由る洪水の暴漲、又は氣候の劇變に由る水分の蒸昇飛散となり、幾多の天變地妖をつゞけて沙場大漠を遺せるならんと云ひ、一萬乃至八千年の古なるべしと考へられたりしてゐる。支那の古書にも、天柱くだけ地維缺けたり、女媧すなはち五色の石を錬り以て天を補ひ、蘆灰を聚めて以て滔水を止むとあつて、大なる天變地異の上代にあつたことを物語つてゐる、されど海が變じて沙漠に爲つたといふやうな、今の科學の推理から承認されさうなことは、一も傳へてゐない。東族が海漠象變を傳へたのは、然かあるべし然かあらざるべからずとする推理からでなく、天地の大變を實在に目擊しての叫喚が、怖れと驚きとに語り嗣がれて、後の世の古き譚草になつたのであらう。して見ると彼等祖先の親覩せる絶大の驚異は、やはり女媧氏といふくらゐの時代ではなかつたか。

日韓を繋げる舊大陸ノコロ

猶怪まれるのは乃后稜《のころ》海と爲つて天が東に遠ざかつたと云ふことである、その東といふに見れば、日韓をつないでゐた大陸の陷沒をいふたものかも知れない。日韓の間が嘗て陸つゞきであつたらうとは、地質學の方面から時に寄語されることであるが、其の大陸の名がノコロといふものであつたかどうかは、思索の及ぶ所でない。又ひとへに不思議の感に打たれるのは、我が神話に傳ふる淤能《おの》碁呂《ころ》が偶然にも本頌叙にいふ乃后稜《のころ》と殆ど同名に聞かれることである、オノコロは諸冊二尊が天浮《あめのうき》

出雲國引の謎を釋く

橋《はし》から沼《ぬ》矛《ほこ》を指し下して滄溟をかきまわした時、矛の末より滴たれた白《し》穗《ほ》（潮）の凝結によりて成れる島の名で、自凝島の義に解されてゐる、本頌叙の謂はゆるノコロと二尊のオノコロとに、何等かの古意が通ふて居るのではなからうか。しかし二尊のは此の時凝成せる新しき島。本頌叙のは陷沒して海となつた舊大陸。一は亡《な》くなつたこと、一は產れたことで、生滅相反してはゐれど、滅した舊き大陸へ、生れた新しき島の名を取つて溯り命じたとすれば、古代何等かの事が彼我の間に通ふてゐたとされやう、或は舊き大陸の名を襲いで新しき島に命じたとしても同じである、孰れにしても彼我に共通した何者かゞありさうに考へられる。出雲風土記に載つてゐる國引の古文詞《ふること》に依れば、出雲杵築のわたりは神代に新羅より引寄せて縫ひ足せる地だとある、新羅と言つては時代が新しく聞ゆるが、言ふこころは大陸國土の一部をば、神業《かみわざ》もて引寄せて我が國土に縫ひ足したと云ふのである。此方《こなた》へ引寄せて縫ひ足せば、彼方《むかふ》はそれだけ陸が無くなるわけであるから、是れぞ即乃《の》后《こ》稜《ろ》が海と爲つて、天が東に遠ざかつたことであらねばなるまい、されば出雲國引の古文詞は、日韓を繋いでゐた大陸の陷沒を傳へたる、最《いと》も古き物語の餘韻と聞かれる。果して中央亞細亞から蒙古に亘れる大漠が、海底の隆起に由るものであるならば、何處かに陷落の大陸がなければならぬ、それがノコロであるとしたら、陷落と隆起とが略同時代に起つたものと推想されやう、日韓が波濤の洶湧を以て隔てられたのは、乃亦支那でいへば女媧氏とかいふ時代の出來事なるべき歟。歐人の説に、北は我が千島のはてより起つて本州を經、南は琉球臺灣比利賓に亘つて連れる大小島嶼の點在は、亞細亞大陸古代外側線の殘骸なるべしとのことであるが、いかにも其の殘りかと思はれもする。されど其の阿殘《おのこり》の意味に於て二尊の自凝島《おのころじま》を考へるほどの牽强を敢てしたくない、また今の科學の智識を取つて本章の乃后稜を兎や角論する程の愚にも爲りたくはない、たゞ人類といふ者の絕大驚異の記臆と至大恐怖の記臆が、謂はゆる遺傳といふもの丶裏に包まれゐて、それが後昆の空想といふもの丶上に甦つて、文獻の表に露はる丶ことありとは信じたい、近代の科學は近代人の新發明と稱すれど、いづくんぞ識らん死せる祖先の記臆の甦れるにあらざるなきを。乃本章の「ノコロ海と爲り」は、出雲「國引」の古文詞と共に、上古に於ける彼我同趣の或る事を倶に語つて居たものとされやう。

洚火の災

次にいへる洚火の災は、洚は的然堯時の洪水を稱す、しかし火は何のこと丶も判らぬ、或は字畫の相似から水を火に誤つたものとも思はるれど、しかし莊子にも昔者十日竝出草木焦枯といふことがあり、汲郡竹書にも天有ニ妖孽一十日竝出との傳を載せ、淮南子には堯が羿をして十日を射て其の九を落さしめたともあれば、いつの世にかあつた山火野火の絕大なる者を傳へたのかも知れない。

蛇身牛首はもと西族の異形神

三皇本紀に伏羲を蛇身人首とし、之に代つて立てる妹の女媧をも亦蛇身人首と爲してゐる、この異形の神を神とし祀れる氏族の者は、十五世にして亡び、神農氏これに代つて立つたが、彼も亦人

東族神子の名を變造

身牛首の異形神であつた。後の學者これに顰眉し、聖人の神なる所以を頌揚せんとして却つて其の眞を壞れる者なりと慨すれど、然しその慨も顰眉も、後世理智の上から出たもので、上世嘗て其の異形なるを神とし鬼として祀つてゐた或る種族の存在を否定するわけには行くまい、今本頌叙が、牛首を神とする者蛇身を鬼とする者を擯斥してゐるのは、其の種族の西來なるを指彈し居るのである、若し漢民族の謂はゆる姓氏系統が、眞に上古よりの者ならば、風姓の族は蛇身人首を神とし祭つた者の遠裔であつて、魯の僖公の母成風は其の種族に屬し、論語に出てゐる顓臾氏も亦さうである。又姜姓の族は人身牛首を神とし祀つた種族の後胤で、齊の國氏・東郭氏・雍門氏などは皆その類別に入る、しかし蛇身の神を奉じて西から來つた種族の本姓を風とするには、何の證據も有たぬ、牛首を奉じて西來せる種族の姓を姜とするも亦さうであつて徵證はない、されど西來の諸族がこれ等の姓稱中に存在するを否定するわけにもゆかぬ、其の正しい所は先づ堯の姓制からであらう、而して其の謂はゆる堯を東族の君主なりとは本頌叙の力說する所である。謂はゆる西族とは、蛇身族及び牛首族のみのことでなく、東族或は他の先住族が、此等西來の種族と混同して成せる混血族をも、東族は己の立場より、之ひ西族としたのであるらしい、此の混血族の大成は夏禹より以後のことなれば、東族の神子名を詐つて羲農黃昊を造り、以て己のものと爲したといふは、此の混血族(即漢人族)の所爲とされやう。それは神子瑺兢伊尼赫《たけいちはく》琿の名が、陶堯伊者放勳《タケイチハク》に作られて、漢族古

舜の名重華は東族の語音

禹は西族より出て東化したる者

典の上に崇められてゐるので判る。尙審に對照するに、伏義《ハキ》一に庖犧に作る亦同音神農《シノ》は伯屹紳濃《はきしの》に神子の名第十七章に見ゆ以下同じ、を變造して兩代伏義十五世神農八世の始祖と爲せる者。黄帝少昊《ワタシカ》は泱汰辰戞《わたしか》の名を二人の名にした者とされる。その中我が神子の號を詐つてといへるは此等のことを謂ふのであらうが、併し未聞の怪事である。その中に於て堯と舜とは牛首・蛇身及び其の他の蕃神と異り、本頌叙亦其の實在を認めて、是れ東族の君《し》靈《ぶ》にして西族の者にあらずと論じてゐるのは、東族傳統史綱に詳述すべきも、此の兩帝の東族なるは漢族古典の裏よりも明白に認めらるゝ所である。即ち舜の名の重華《シワクハ》にしたところで明かに辰沄繾《しうく》報《は》（東大國靈）と訓め、又虞舜《グシユン》も繾翅報《くしふ》（國皇）の轉訛とされる。

渾族君あるは禹より肇むとあるは、漢族が夏の時代に在つて大成せるを云へるもの、渾族とは混血族の謂と解される、乃ち堯と舜と及び其の民とは純血なる東族であつたのである。禹は西族より登庸されたる君主なるも、而もその間に於ける東西兩族の關係は頗る親密であつて、人種的反感は殆ど無かつたやうである。これを史上より觀察するに、人種的黨同異伐の慘劇は、周武の侵入から始つたものである。されば禹は西族より出でたとはいへ、國號は依然東族の辰沄繾《しうく》（東大國）に從つて有夏《ウカ》と稱した夏はケと音しクとも音する爾來有商有窮などいふ有は、いづれも大の義にして正に東族語の沄《う》に一致した稱である、謚法に受ㇾ禪成ㇾ功曰ㇾ禹とあるは、前に引ける白虎通のいふ如く全然詐言で、禹の時代に謚法などはなかつた、禹はやはり沄《う》の義で大といふ意の美稱と解すべきである、或は禹の名を文命と作つた者があつたれど、帝王世紀はこれを非認して「按するに禹は名、字は高密」といふてゐる、しかし禹は本名でなく美稱であつて、字の高密も東族語のカミ（上）と訓むべきもの、即亦敬稱である、斯の如く禹は東族と風趣面目を一にしてゐた者であれば、帝位の禪讓も極めて平和に行はれ、四海の内に些の動搖も起さなかつた。

第二十二章　東西兩族の爭鬪ここに開かる

周族夏を猾す

及昌發帥羌蠻而出以賂猾夏戈以繼之遂致以臣弑君且施以咋人之刑

譯文

昌發・羌蠻を帥ゐて出づるに及び（昌は周文王の名、發は武王の名）、賂を以て夏を猾《みだ》し。戈以て之に繼ぎ。遂に臣を以て君を弑するを致し。且施くに咋人の刑を以てす。

漢族古典は文武を以て聖と爲せども、是皆孔丘及び其の徒の君國に事ふる禮にして、其の實質に至つては未だ遽かに聖とするに雷同し能はざるものがある。人も知る如く紂の亂行は（周の惡宣傳に出るもの多し）有蘇氏が妖女妲巳《ダツキ》を獻じてからが事の起りで、妲己は殷を亡すべく色香を以て紂を惑亂したる希代の

妖女己妲の眞相

膠鬲

女人であるが、これは周の陰謀が彼女の背後に經緯されて居て、先づ殷を其內部より破壞すべく企てたるものなること甚明かである。其の證據は周の散宜生が美女珍寳を求めて紂に進め、紂大いに之を悅べりとの史實あるのみならず、妖女を獻じた惡德の有蘇氏は、武王紂を亡すや乃大いに之を寵遇して司寇の官に登庸し、且つ溫に封じて諸侯と爲した。春秋の世に名を著した蘇忿生は、即妲巳生家の蘇氏である、有名な蘇秦も其の疏族で、代々洛邑に居つた家の子である。可哀想なは妲巳で、女性の身の己が上に深き企の置かれあるを知る由もなく、巳を悅ぶ者のために容つくつたのが、思ひきや古今無類の妖女にされてしまつた。非道なるは蘇氏であつて、周の謀の其の爲めに家の娘を犧牲にするに忍むだ。大姦なるは周で、魔の手を妲巳の背後にあやなし、殷の宮中を酒池にし肉林にし、尋いて之に繼ぐに干戈を以てした。猶天子の尊を失はざるは紂であつて、賊臣に降らず寶玉を衣《き》て自ら焚死した。是れ本章に賂を以て夏を猾し戈以てこれに繼ぐと言ふ所以である。敗者の歷史は敗と共に誣貶され、勝者の歷史は勝と共に美飾されるに定まつてあれば、貶と飾との中間に眞正の歷史あるべし。周が賂を以て夏を猾せりといふは、之を諸侯の間に用ゐ、以て紂に叛かしめたる幾多の奸計を取束ねて言ふてゐるのであらう、現に肅愼氏の如きも賂に欺かれ周に附いて遂に逐斥されたのである。周の魔の手が妲己の背後に經緯《あやな》された證據は國語にさへ。殷辛紂王伐有蘇。有蘇以妲己女焉。妲己有寵。于是乎。膠鬲與妲巳比而亡商。と記してある、膠鬲は人物考に殷之賢人也とあり、孟子には。微子・微仲・王子比干・箕子・膠鬲皆賢人也。相與輔ニ相之一。故久而後失レ之也。とあれば紂の臣下で輔佐の重職に居た者なることが判る。それが妲己に比《したし》んで剰さへそれを餌にし、紂の行を亂してそれを亡すに勉めたのであれば、紂は助かるわけがない、この膠鬲は竊に謀を周に通じて居たばかりでなく、遂に其の君紂に叛き身を將つて周に降つた、孟子はそれを體よく擧ニ於魚鹽之中一と言ひ、朱子亦註して膠鬲遭レ亂、鬻ニ販魚鹽一、文王擧レ之といふてゐるが、孟子が嚮に膠鬲を紂の輔相の臣と爲せるを取消すわけにゆくまい、又國語に妲己と比して商を亡せりといへるを蔽ふことは出來まい、これ等の點に頗る怪異多きは、是れ周の陰謀の露見にして、孔孟の徒が其の臭に蓋したる隙間からの漏である、膠鬲が魚鹽を販賣して歩くうち文王の目にとまり、賢として擧げられたといふは、太公望が渭濱に釣して文王に擧げられたと云ふに同じく、竝に小説に過ぎない。故に司馬遷は齊世家に於て、世の小説通り渭濱のことも載せてゐるが、或曰として太公望が文王の臣閎夭・散宜生等と謀を合はせ、美女奇物を求めて紂に獻じたことを記し、且つ以傾ニ商政一、其事多三兵權與ニ奇計一と評してゐる、奇計は裏面より敵を破るの奇計を謂ふ、是れ周の最も得意とせる智謀にして、膠鬲の事の如き亦それである。かくの如く有蘇の女妲巳は、周が紂を酒色に陷擠せんために獻じた者なるに、武王其の謀の熟するや乃ち紂の罪惡を數へ、婦人の言を用ひて自ら天に絕ち其の三正天地人を毀壞すと公表し。婦人を怡悦すと詰責し。婦人の言を是れ用ひて自ら其の先祖の肆祀を棄つと宣傳し。遂に其の君の首を大白の旗に懸け。其の君紂に殉して縊死せる妲己の屍を射たり撃つたり斬たり、慘々に辱しめて其の頭を小白の旗に懸けた。

咋人の刑

咋人之刑とは初耳である、咋にサクとソの兩音あれど、いづれも皆噛む・喰ふの義である、喰人の刑とは如何なる義か審かならねど、想ふに刑名の屠・烹・焚・脯醢《ホカイ》などをいふたのであらう、いかにも其の刑名は、割烹料理して喰ひでもするかのやう聞えもする、就て按ずるに、漢民族には上代に食人の風があつたのではないかと怪まれるふしが多い、今その例の若干を擧示せんに、帝王世紀に云ふ。

寒浞殺ニ羿於桃梧一。而烹レ之以食ニ其子一。其子不レ忍レ食レ之。死ニ於窮門一。

是れ夏禹五世の孫帝相が、有窮の后羿《きみゲイ》のために逐はれて國を失へる後、羿亦その臣寒浞《カンサク》に殺され、浞自立して帝と爲り有窮の號を襲ぎ、夏の世を中斷したる際の出來事なれば、(帝相の子少康、夏の遺衆を收め師を興して浞を滅し、夏の舊に回復するまで約四十年 綱鑑易知錄等には六十餘年 其の間支那に有窮といふ一朝廷が存在した）父を烹て其の子に食はしめたやうな慘劇もあつたかと思はれるれど、同紀の左の事には驚かざるを得ない。

文王其子を食へりとの說

紂・文王を羑里に囚ふ、文王の長子を伯邑考と曰ひ、殷に質となり、紂の御たり、紂烹て羹《あつもの》と爲し文王に賜ふ、曰く聖人は當に其の子の羹を食はざるべしと、文王之を食ふ、紂曰く、誰か

西伯を聖者と謂ふ、其の子の羹を食つて尚知らざるなりと。禮の檀弓には昔し文王・伯邑考を舍いて武王を立つとある

何だかこれだと文王は平素人を食つて居たやうで、只それが他人の肉ならば常の事で異とするに足らねど、知らずとはいへ自分の子を食つたといふ所を、紂が嘲つたやうな風趣である、史記殷本紀に云ふ。

西伯昌・九侯・鄂侯を三公と爲す、九侯に好女あり之を紂に入る、九侯の女淫を憙《このま》ず、紂怒つて之を殺し而して九侯を醢とす、鄂侯之を爭ふ、竝に鄂公を脯とす。

脯とは火に炙り乾かした肉の名で今いふ燻製肉のこと、醢は入念に作つた鹽辛のことである、周禮天官の註に、凡そ醢を作るには必先づ其の肉を乾かし、斬つて細くし、麴と鹽をまぜ、漬すに美酒を以てし、瓶中に密閉して藏置すること百日ならば出來るとある、これなら美味であらう、禮記に醢を啜るといふことも見えてあれば、鹽淡く造つたのは肉汁のやうに吸ひもしたらしい、一體人を殺して脯にしたり醢にしたりするのは何の爲めかと云ふに、禮記に次のやうなことが書かれてある。

鬼侯を醢にして諸侯を饗す

昔し紂・鬼侯を醢にし以て諸侯を饗す。

是では食ふためのことゝ見る外ない、鬼侯とは九侯のことで、徐廣は九侯一作ニ鬼侯一と註して居り、括地志には相州谷陽縣今河南省歸德府鹿邑縣西南五十里に九侯城あり亦鬼侯城と名つくとある、想ふに九と

子路食はる

齊の桓公臣下の子を食ふ

鬼とは同音であつたのである、又檀弓に。

孔子・子路を中庭に哭す。人の弔する者あり。夫子之を拜す。哭を既《お》へ使者を進めて故を問ふ。使者曰く之を醢にせりと。遂に命じて　を覆さしむ。弟子の子路が鹽辛になつたので、孔子哀むですきな鹽辛をくつがへさしたといふこと、すなはち孔門に其人ありと知られた子路は鹽辛にされて喰はれたのであつた。是れが蒙昧野蠻の國ならば兎も角、周の武王の同母少弟なる康叔の封ぜられた衛國の事なるに驚く。史記齊世家に曰く。

管仲病む、桓公問ふて曰く、羣臣誰をか相とす可きや、管仲曰く臣を知るは君に如《し》くは莫し、公曰く易牙は如何、對へて曰く、子を殺して以て君に適す、人情に非ず、不可なり。

史記正義これを詳かにして云ふ。

管仲病あり、桓公往て問ふて曰く將に何を以てか寡人に敎へんとする、管仲が曰く願くば君易牙を遠さけよ、桓公曰く易牙は其の子を烹て以て寡人を快にせり、尙何をか疑んや、對へて曰く人の情其の子を愛せざるに非ざるなり、其の子にすら之を忍ぶ又將《はた》何んぞ君に愛ならん、公曰く諾、管仲遂に盡く之を逐ふ、而も公・食甘からず、心怡ばざる者三年、曰く仲父己《はなはゞ》過《あやま》たずやと、是に於て皆即召し反す。

己の子を割烹して之を君に進め、君之を悦び食つて、寡人を快くしてくれた忠臣だと讃むるに至つては、苟も人文ある國で聞かれる話でない、それをどうして親戚も羣臣も國民も諸侯も、さのみに怪まなかつたのであらう、我が國の古にこんなことが一つでもあつたら、それこそ大變、全國擧げて鼎の如く沸いてしまう、それをさのみに怪まない當時の支那には、一大怪異の存在がそこに認められなければならぬ、その怪異は之を常の事のやうに思つて敢て異としなかつた國民心性の上に存する。史記晉世家に曰く。

重耳（後に晉の文公）大いに怒つて曰く、事成らざれば我れ舅氏（即咎犯なり舅咎同音）の肉を喰はん、咎犯が曰く、事成らざれば犯が肉腥臊《なまくさ》くして何んぞ食ふに足らんや。

今も支那人は怒つた時に、我れ汝の肉を啗はざれば已まずといふ、恐しい事である、かくの如く古から言詞の上に人を食ふ意を露はすは、夫の狂犬が其の牙に、家畜ならざりし以前の狠性を露はすに似ては居らぬか、十八史略に云ふ。

晉の文公從臣の肉を食ふ

重耳出奔十九年、後國に反る、嘗て曹に餒ゆ、介子推（從臣）股を割て以て之に食はしむ。

して見ると晉の文公は口に言ふたばかりでなく、眞に人の肉を食つたのである。降つて漢楚の際に至り、項羽の周苛を烹れる、田廣の酈食其《レキイキ》を烹れる、必しも食はん爲の料理とは思はねど、振つてゐるのは項羽が滎陽の戰に、高祖の父太公を俎に載せ、高祖に告けて曰ふ、急に下らざれば吾れ太公を烹んと、高祖對へて、我と汝とは嘗て約して兄弟と爲つた、是れ吾が父は汝の父である、汝もし汝の父を烹んと欲せば、幸に我にも一杯の羹を分てと言つたことである、當時實行には至らなかつたが、父親の肉をば食ふぞ食はせろと問答した例は、食人の風に慣れたる漢族國にあらざれば、他所では見られぬ圖であらう。それより後の世となつては、勅使を煮て食つた者もれば、糧は人肉より甘さは莫し彼の城を見ずや人肉これ滿てりと軍令した者もある。唐の張巡は妾を殺して士卒に喰ましめたと言ふことであるが、克くも士卒が食つたことである、水滸傳等には、旅人を殺し肉饅頭に造つて賣つたことなど多く載せてある、假令小說にもせよ讀者の諒とする事柄でなければならぬ。

漢民族中に食人の遺傳あり

さういふ譯で、如何なる種族の系統かは知らねど、漢人種の中には古代からの喰人遺傳があつて、時偶その遺傳性の發露が見られる。從つて刑名にも料理的割烹的のものがあつた。本章に謂ふ咋人之刑とはこれ等のことであらう。して見るとこれ等の刑名は、周族が西方より齎來したもので、以前には無かつたのかも知れぬ、若その以前にあらば、それは周以後の刑名を古に反用したものかも判らぬ。

明の崇禎の飢饉

漢族の血液中には、どこかに食人の遺傳性が潜むで居るものらしく、凶年飢歳といふやうな時には、それが擡頭し來つて人間界に鬼畜を現相すること、いつの世にもあることなれど、明の崇禎年間の事は近古だけに其の狀を詳にするを得。徐岳の見聞錄に依るに、崇禎壬午十五年癸未十六年の間天下皆凶にして河南山東最も甚しく所在人肉を以て飢を療し、至つて親しい者でも、極く仲の善い朋友でも、輕々には人の室に入ることが出來ない、それは食はれる恐があるからである、分限を守る律義の家では、老幼婦女相讓而食とあるが、其の讓り方はどういふ風にしたものか、老人が先づ其の肉を讓つて幼者の餌となつたのか、若い者が先きに讓つて老者の食になつたのか、孰れが讓つたにしても讓られた方が、然らばと言つてそれを殺して食つたとは、前代未聞の事で判じやうがない、强梁者搏ㇾ人而食、奸巧者誘ㇾ人而食とあつて、甚しきは母にして其子を食つた者もあつたと云ふ、これ等の人肉を食つた者は、次年麥の黃熟する時に到り、一様に惡疫を病み、死して殘る者なしと云ふさまに爲つたが、只獨り人を食ふこと頗る多かつた某といふ者のみは、順治十四年まで生存し、年七十にして尙死なずゐた、此の某は飢饉の最中なる崇禎壬午の除夜に、人の首・人の足・人の肝・人の肺を羅列して、それを飽食したとのことであるが、これなどは飢餓の極に人を食つたのと趣が違ひ、血液のどこかに潛在する先天の遺傳が、この機會に乘じて食人慾を肆にせしめたのであるとされる、彼は順治十四年の除夜に自ら火を失して燒死し、翌元日の夜、家人が棺及び必須の物を買ひ調へんため留守にした間に群犬が來て死骸を喰盡してしまつたと云ふことで、徐岳は、噫彼の作《な》せる孽《つみ》は歲飢に因ると雖、天の報施終に一もたがはず、畏れざる可けんやと言ふてゐるが、勿論であらう、一たい此の極慘の世相に對し、官は何をして居たのであらうか。灤陽消夏錄に、崇禎の末河南山東に大旱蝗あり、草根木皮皆盡き、乃人を以て糧と爲す、官吏禁ずる能はず、婦女幼孩、反接して市に鬻がる反接は後へ手を返してしばること之を棐人と謂ふ、屠者のこれを賣去るさま羊豕を割くが如しとある。是は父母とか良人とかゞ、其の婦女小兒を錢に替へて肉屋に卸賣にし、肉屋は客の需めに應じて屠つて切賣にした實況なるが、蒙昧の世の物語でなく、まだ間もない明の世の事であつて見れば、戰慄せずには居られない。支那人の習性には、今も猶思料に及べぬことが多い、娘子のまだ定まれる夫なきに妊娠した場合、その兒が生れると、娘子の父は直に鷄の首でもしめるやうな事をして、世に亡き者にしてしまう、人も怪まずに父なき子はさうする外なしと云ふ、驚入つた事である。又嘗て北京の逆旅で嬰兒を賣りに來たのを見た、聞けば幾らも賣つて通るさうである、某大官に貴國ではと問へば、捨て置くが仁政である、禁じもしたら、子を賣る程の者だもの、必定食つてしまうは知れたことなりと聞かされ、膽を拔かれた。

第二十三章　東族盡く頽る

伯唱而不成和征而不克陽勇于津防而易賣節畔之周師次牧焉淮徐方力于郊戰
而姜從内火之商祀終亡矣潢浮海潘北退宛南辟嘻朱申之宗毒賄倒兵東委盡頽

譯文

伯貊なり、堯代四岳の長伯夷の後唱へて成らず、和禹貢にいふ和夷の後か、其の傳詳かならず征して克たず。陽族名津防に勇なりしも。易族名節を賣つて之に畔き。周師牧に次す牧は商郊の牧野淮徐謂はゆる淮夷徐戎なり、漢族は南濊を淮と稱し、東族は南濊北濊ともに淮と書す、蓋淮濊同音也、方に郊戰に力め。而して姜齊太公望の氏族を云ふ内より之を火《や》き。商祀終に亡ぶ。潢潢弭族海に浮び。潘潘耶族なり、後に扶餘と稱す北に退き。宛越族南に辟《さ》く。嘻《ああ》朱申の宗朱申は所謂肅愼賄に毒せられ兵を倒にして。東委委は夷なり東族の汎稱盡く頽る。

殷周の際に於ける東族の嚮背

本章は殷周の際に於ける革命戰の大歷史を語るもの、我が東族が殷を奉じて其の祀を守り、周を拒いて如何に努力せしかを想見するに足る。尙書及び史記等には、單に武王の宣言のみ載せてゐて、殷の方面の事は何も書いてない爲め、殷王紂は深き酒色の底に醉眠狀態でゐて亡びたやうにあれど、本章によつて見れば決してそんな譯でなく、幾たびか血戰の後、天命終に殷を去つたのであることが知られる。先づ貊族は起つて大義を唱へて周の不臣を宣し。和族は周の叛逆を征討すべく其の境に臨むだれど、却つて逆擊に敗退した。そこで孟津の攻防と爲つて陽族これに勇戰したれども、昜族節を賣つて周に通じ、孟津の固め遂に破れて殷都兵を被るに至り、淮徐諸族方に牧野の血戰に力むる際、姜族内より火を縱つて周師之に乘じ、紂火中に死して其の祀ここに絕へたとは、本章の言ふ所である。昜の節を賣つて畔ける、姜の火を縱つて内より寇せる、蓋皆智を以て優れた周の謀に落ちたのであらう、是に於て潢族は海に浮んで行衞不明の者と爲り、潘族は北に退いて遠く北滿に僻在する者と爲り、越族は南に避けて沈寥の者と爲り、東族盡く崩壞に及んだのであるが、この慘禍は東族の不一致が内に存した爲で、武王から「紂その億兆の夷人を有するも離心離德」と看破されて、其の言の如く頽れたのであつた。この東族の不一致は、當時族中の宗家たる肅愼氏が、周の智謀に引込まれて心を賂に奪はれ、竊に欵を周に通じたに由る、易族が節を賣り周に降つたのも、蓋亦肅愼氏の意圖からであらう、又牧野血戰の際に、戈を倒にして周師を迎へ、共に殷を攻めたのも肅愼氏であらう。尙書等によつて見ると、流血杵を漂はす激しき戰の最中に、殷の後陣に裏切の者が起つて、全軍を崩潰せしめたとあれど、其の裏切つた者の何者なるかを語つてゐない、今それが肅愼氏と分つて見れば、成王が榮伯に命じて肅愼氏へ贈賄する爲の詔書を作らしめたことなど、皆ともに其の意義が擧つたわけで、史學への貢獻鮮少ならざる可しと思ふ。東族の宗家は斯くありたれど、族中の貊に至つては、其の大義の叫、千萬古を貫いて儼として存し、長へに秋霜烈日である。

貊は何と叫びしか。父死不レ葬。爰及二干戈一。可レ謂レ孝乎。以レ臣弑レ君。可レ謂レ仁乎。と叫んだ、夫の殷末周初に現はれた千古の奇男子伯夷叔齊は、貊族大義の叫が人格化された者で、この人格化された伯夷叔齊は、天地に橫はる大義を唱へて武王出陣の幸先《さいさき》を叩き控いた、それを孤竹の君の二子と爲せるは、孤竹の君が貊族なるに由る。

孤竹國の位置

漢族の舊史に由れば。伯夷姓は墨。伯は長に居るの稱。名は允。字は公信。謚して夷と曰ふ。とあつて全然漢人に作られてあるが、伯夷の姓を墨としたのは齊の即墨に孤竹の君の後と自稱する者がゐて墨氏を稱したからである、また後漢の世下邳に竹曾といふ者があつた、彼の家は伯夷の後といふことで竹を以て氏としてゐた（墨氏は姓纂に出て竹氏は廣韻に出づ）かういふやうに嘘が多いから、伯夷の姓を墨といふのも謂はゆる嘘《うそ》から出た眞《まこと》で、嘘の基礎の上に人の信ずる眞が傳つたとされる、しかし嘘にもせよ姓を竹としたのは孤竹の竹に緣つたのであらうから、墨としたのも何か緣る所がなくてはなるまい、想ふに墨にはハイの音がある、（莫佩切音昧）乃ち伯《ハイ》・貊《ハイ》・墨《ハイ》の同音なるを示し、また墨《ホク》・貊《ホク》・伯《ホク》の叶音でもあるから、墨氏とは即ち貊氏といふに當る。或は姓を墨胎と作すも、胎の古音台《イ》に叶へば、即亦墨《ハイ》胎は貊《ハイ》に通ずるのである、括地志には孤竹の姓を黠氏としてある、黠にはセンの音があつて、魯の豊黠《セン》・齊の飽黠《セン》の如く、人名にはセンと讀むを例としてあれど、伯夷の姓としては諒解しがたい、また黠にタの音もあれど、草の葉の壞れたことを云ふ音であるから、伯夷に緣ありとはされない、說文に黠《テンハ》小黑也とあつて、黑の黠じた義であれば、貊の音を墨に叶はせ、墨の義から黠を案出したのではあるまいか。元來伯夷の生國なる孤竹は、爾雅釋地に觚竹（孤竹に同じ）・北戸・西王母・日下これを四荒と謂ふとあつて、世界のはてのやうに考へられて居た、周書王會解を見ると、孤竹の貢物には虛居不（驢馬の鳴き聲から造られた獸名）の如き不可解の物が當てがつてあるくらゐに、不可審の國とされてゐたのである、故に孤竹に漢族的姓氏などのある筈はない、韓詩外傳に○孤竹君。是殷湯三月丙寅日所レ封。相傳至二夷齊父一。とあるも亦信《う》け難い、しかし殷の諸侯であつたといふのは或はさうかも知れない、東族の多くが殷の諸侯であつたのを見るとさうも取れるが、それは殷と東族との關係に於てのことで、遠く西方より入り來つて東族のすべてを夷狄と視た周族の目からは、孤竹をば夷狄のさきの叉夷狄とし、幽遠の國と觀じたのである、その孤竹はどこかと云ふに。前漢地理志に遼西郡令支縣に孤竹城ありとし、應劭の註に、故の伯夷の國にして今に孤竹城ありとある、括地志には、孤竹の故城は平州盧龍縣今直隷省永平府盧龍縣南十二里に在り、殷の時の諸侯にして、竹國なり、姓は黠氏云云とある、即ち今の關內昌黎の地方が孤竹・令支の所在であつた。

　高夷・孤竹・令支等の諸族は、いづれも皆貊族であつて、之を美稱文字に表はせば伯、之を貶稱文字に著はせば貊、ともに堯代の岳《ハク》なるを字音の上に彰はせる者、而して伯夷の名を公信《クシ》と爲せるは偶然ではあらうが東語の繦翅《クシ》（國君）に一致し、叔齊《シウシイ》はまた東語の辰沄翅報《しうしふ》（東大君靈）に一致してゐる、伯夷の夷を謚など云ふは、謚法もない時の堯や舜を謚といふに同じく、取るに足らぬ附會であつて、伯夷とは即是れ貊夷なのである、それを孤竹の君の子なりといふに於て、愈以て其の東夷なることが立證されてある。

貊族大義の叫

貊族蹶起して周を攻め、臣を以て君を弑する者よと叫び、大義を高唱したのには流石の周武も其の幸先《さいさき》を挫かれた、この叫は不朽である、されど叫びの主は首陽山の餓夫である、これを餓夫とし貶しはしても、その叫を滅することは出來ない。躬自ら聖を以て居らねばならぬ武王として、此の不朽の叫を如何に取扱はねばならぬか、流石に周には智者が多い、乃其の叫を人格化して夷齊兄弟に作り、孔孟の徒之を承けて夷齊を聖之淸者と讚美した、是れ實に賢明妙智の至策にして、千古不磨なる大義の唱首を東族より奪つて、西族一偉人の唱破に移替え、以て中華の誇に疵つかぬやう取扱つた。それが拵物だけに矛盾も亦多い。孟子の言ふ所に由れば、伯夷も太公望も西伯文王の稱善く老を養ふと聞き、養はれに周に赴いた者である、又伯夷も太公望も周の元老だとある、然らば二人とも周の廟議に參畫し其の興隆を輔けた者でなければならぬ、若し伯夷に紂を伐つを不義とする心あらば、夙に帷幄の中に於て其の意見の陳述がありさうなもの、それがなくつて、武王既に孟津に觀兵を行ひ、愈牧野に向つて前進といふ矢先に、馬を叩いて諫めたとは何たる事ぞ、明の宣宗が。伯夷太公は皆文王に歸したる者なるに、武王紂を伐つに當つて、一は之を輔け一は之を諫めたるは何ぞや。と問へるに對し、講官皆其の辭に窮したといふ程に、伯夷の生涯には矛盾がある。夫の首陽山の歌の如きも、露骨に過ぎた拙いもので、毛詩三百篇の融渾濫藉なるに比せば、時代相遠の作なること言ふまでもない、故に馬を叩いて諫めたといふも、薇を採つて餓死したといふも、皆小說で

湯武諂佞の儒流

あつて、其の本體は貊族の叫の裏に存する、本章に伯唱而不ㇾ成とあるは、善くも此の眞相を簡に盡したものかなと感歎される。

以臣弑君の四字は、武王の上に存する萬古不可拭の臭穢であつて、幾たび世が替つても其の臭なほ新たなるがごとしである、清の廖燕字は柴舟曲江の人の湯武論に。世に通識特達の士なければ則千古の是非隱れて彰はれず、予毎に怪む、儒者の湯武を論ずるや、明明其の君を放つて之が位を奪へるを猶ほ簒に非ずと曰ふ、必何者を以てして後之を簒と謂ふ乎、明明其の君の首を斬つて之を大白の旗に懸けたるを猶弑に非ずと曰ふ、必何者を以てして後之を弑と謂ふ乎、甚いかな儒者の湯武の爲めに諱むや。と曰へるは、古今の儒者擧げて湯武に諂諛なるを喝破したる者、蓋罕に覯るの文である、思ふに孔子が天地に逆ふ者は罪五世に及び、文武文王武王を誣ふる者は罪四世に及び、人倫に逆ふ者は罪三世に及び、鬼神を謀る者は罪二世に及び、手づから人を殺す者は罪其の身に止ると言ひ此の語孔子家語に見ゆ以て文武を誣ふる者を大罪と爲せるは、周の至親なる魯の長者としての警句であつて、百世の後までも人の口を塞いだのではない、而も孔子を百世の師といふ所から、儒者盡く其の師の糟粕に醉ひ周武に諂佞するのであつて、實は周武に聖人の資格あるわけでも何でもない、從つて我が東大族當年の氣魄は、周武を以て大逆無道の賊臣と爲したのである。

孟津の攻守

陽族が津防に勇なりしとは、殷のため周師を孟津に防いで敢戰したるを稱し、淮徐が郊戰に力めたりとは牧野の血戰を言へるのである。儒流の言に依ると文王既に天下を三分して其の二を有したれば、武王に戰といふ程のことはなく、王師向ふ所殷乃ち亡びたりと爲せど、武王の泰誓には、われ受紂の名に克つもとあり又受われに克たばともあつて勝敗の決いづれに在るかを疑つた風趣が見えてゐる。抑も武王が兵を孟津に觀《しめ》したのは、尚書には十一年のことになつてゐるのを、史記は之を、九年のこととしてゐる、儒流乃ち史記を違へりと爲すも、太史公の時は周を距る未だ遠からざれば、必所據あつてのことに違ない、想ふに九年にも出師し十一年にも出師し、十三年に遂に殷を滅したのであらう、其の十一年の出師の時、諸侯期せずして盟津に會する者八百、諸侯皆曰く紂伐つ可し、武王曰く女《なんぢ》未だ天命を知らず、未だ可ならざるなりと、乃師を還したとある。其の師を還したのは孟津の對岸に殷の防備即ち陽族の布陣があつて渡れなかつたのを、然かく勿體をつけて言ふたに相違ない、如何に紂が酒色に耽つてゐたからとて、陝西から周が大兵を率ゐて出てくるのを何も知らずに醉臥してゐるわけがない。從つて孟津に妙なことがある、此の時武王は文王の木主木像を兵車に載せて中軍に位置し、軍師太公望軍令を發して、爾の衆庶と爾の舟楫とを總べよ、後れて至る者は斬らんと曰へるは、是れ明かに金鼓地を動かして前進し渡河を企てたる作戰光景である。武王渡レ河、中流白魚躍入二王舟中一、武王俯取以祭。是れ何を寓意したものか、魚は鱗介の物で甲冑つけた戰士の象であり、白は殷の正色であれば、殷の戰士が武王の身邊近く斬込むださまを云へるものに違いない。旣渡、有レ火自レ上復二于下一、至二于王屋一、流爲レ烏、其色赤、其聲魄然。是れ明かに火攻に遇ふたものである、馬融は王屋を王の居る所の屋と爲し、流は行なりと解した、鄭玄は烏に孝の名あり、武王父の大業を卒る、故に烏瑞臻れるなりと爲し、赤は周の正色なりと解した、されど今文泰誓には流爲レ鵰とある、鵰は鷙鳥にて寧ろ惡鳥である、馬融は鵰を紂のこととし、武王の能く紂を伐てるを明かにしたものだと言ふて居る、いづれも皆武王を聖とし紂を惡人として、其の前提に合ふやうに勉めて解して居るのであれば、歷史の裏が見えない。この戰は恰も赤壁の役の如く、上流から火が來たのである、故に火あり上より下に復すとあり、又流れてとある、その火は武王の屋にまで至つたのであれば、其の猛勢にして喰止めがたきものであつたことが見える、それを烏の色の赤いのは周の正色の赤に叶へる祥瑞だとか、甚しきは王屋といへるを、王屋は山名にして河南の北五里に在りとまで强辯して、却て益尻尾を露はせるは笑ふべきであらう、又其聲魄然を安定意に解し魄をシヅカと訓むでゐるが、魄然はその字音どほり爆然で火勢猛烈の聲である。兎に角孟津十一年の戰は周の大敗に相違なく、文王の木主を載せ、後れて至る者は斬らんとまで號令し而して天命未だ可ならずと言つて師を還したのは、敗軍の實狀を自白して餘りありと謂ふべきである。

十一年の孟津出陣に失敗した武王は、一年有餘更に準備を整へ、十三年再び大擧出兵し、孟津に

牧野の血戰

至つて有らん限り紂の亂行を數へ立て、罪惡天地に貫盈すと宣傳泰誓の上し、時なるかな失ふ可からずと軍令した、此時の戰に易族が畔いて周に降つたのであらう、爲に殷軍の防戰終に功を失し、陽族も共に敗れたと思はれる、武王乃ち渡河に大捷して河朔に陣した時、嗚呼西土の有衆、咸く朕が言を聽け、商に戎《つはもの》せば必克たん、と重ねて軍令泰誓の中したのは、戰勝に乘じて直に殷の國都を屠らんとの意氣を露はした者である、儒流の書には、前年孟津の時諸侯期せずして會する者八百といひ、泰誓の序にも羣后師を以て畢く會すといふてあるが、武王の軍令には其の事實なく、毎に我が西土の有衆とか我が西土の人と呼んで、東土の諸侯に及んで居ない、而して河朔布陣翌日の軍令泰誓下に見れば、前に言へる如く、勝敗いづれに歸すべきかが疑惑される情況に變じた、思ふに殷善く前線の敗兵を取纏め、援軍も會して更に軍容を立直したのであらう、しかし幸にも牧野の血戰に大勝を博し得て、周の天下とは爲つたが、武成の篇に見れば、紂その軍旅を率ゐ林の如く牧野に會したとあり、血流れて杵を漂はすともあれば、國都近郊の激戰としては、秦漢唐宋元明の各最後史に見ざる大血戰が演出されたものに違いない、して見れば殷に謀臣猛將も居たであらうが、敗者の悲さには一人の名も遺つてゐない、只本頌叙にのみ僅に敗者の殘史が傳へられて居る。

周の淮徐征伐

徐はもと大國、蓋し殷の世に在つては諸侯中の雄なる者であつたらう、彼れ其の牧野の戰に破れ世は周の天下と爲つたが、なほ周に臣事せずして之と頡頏した。成王の之を伐てるは牧野戰捷の跡始末として是非なさねば爲らぬことであつた、詩の大雅常武の篇は、成王の其の功績を讃美したもので、四方既平。徐方來庭。徐方不レ回《タカハ》。王曰還歸《ココニ》。とあつて平定を歌つてゐる、然し徐は政略上の講和訂約を爲したに過ぎざれば未だ幾何ならざるに忽復た自ら王と稱した、これを杜氏通典に徐夷僭號といふ、かくて歴世自ら王と稱し、春秋の世に至つて偃王・駒王など最も名を著はせるも、周の史官がこれを徐子と書いてゐるのは、子爵對遇に取扱ひ、王號を聞かぬ振をしてゐたのである、後終に楚のために滅されたれど、子孫いづれも地方の豪族を以て居り、祖宗の祭を爲した。廣韻に徐を顓頊《センキヨク》高陽氏の後と爲せど、周から見れば異姓の族で即亦夷である、周は己の禮樂政刑に從はざる他姓の者を、蠻夷戎狄と稱し、其の大なる者に對しても爵を子に止め、伯以上を與へなかつた、徐の大を以てして其の子爵なるは即其の夷なる所以である、而して其の族の一部滿洲に移れる者の歴史は、後章に於て知るを得。

濆が海に浮んだとあるは、濆耳《わに》族が海に浮んで去つたことを謂ふのであるが、どの方面から去つて、どの方面へ往いたのか、遺憾のことには何の徵證もない、併し後章に至らば大いに思ひ當ることの發見もあれば、其の中の大部若くは一部は、我が國へ渡つたと想定される。韓の央委《わい》も或はそれでは無いかと一旦は思ひもしたれど、央委は央委で別にあるのであれば、さう見ない方がよからう。

伯夷は實在の者にあらず

按ずるに孔丘立教の大志は、五常を叙して其の極を君臣の義に結ぶにあつた、故に堯舜を祖述して王位繼承の簒奪に由るものにあらざるを明かにし、以て禪讓の美を顯彰したのであるが、同時にまた文武を憲章して百世の軌範としなければ、當代に於ける君臣の義の立てやうがない、乃ち勉めて文武を聖とするに務めたのであるが、之を聖とすればするほど、其の君を弑し位を簒つたことが聖の道となつて、天下後世をして之に倣はしめることになる、さうなつては孔丘立教の大志は亡びてしまう、さればと言つて其の身周の世に生れ魯國の民であつて見れば、自分の口からは簒弑を惡さまには言へない、しかし其の簒弑の不孝不忠なるを言はなければ立教の大志は成就しない、そこで之を言はんが爲に伯夷叔齊を假りたのである。

伯夷叔齊は實在の者ではない、されど孔丘立教の大志の上には、無くてならぬ簒弑非難の唱者である、其の唱者は孔丘出生五百五十餘年の以前に在つて、貊族に由りて唱破された聲の人格化である。蓋貊族は其の聲を以て周の鋭鋒を挫きたる者、その叫を人格化し而して之を東族より奪つて漢族の偉人と爲し、孟子の如きは之を周の大老と爲すに努めた、乃ち曰はく、伯夷紂を避《さ》けて北海の濱に居り、文王の作《おこ》るを聞き興《たつ》て曰く、盍んぞ歸せざるや、吾聞く西伯は善く老を養ふ者なりと。又曰ふ、伯夷は天下の大老なり、而も之に歸するは是れ天下の父之に歸するなり、天下の父之に歸せば其の子焉《いづ》くにか往かんと。斯く言ふて伯夷を周の者にしたれど、

伯夷に對する韓史の滑稽

武王が紂を伐つに及んで去つて餓死したは周の者なる伯夷にあるまじき行である、孟子乃亦辯じて、伯夷は惡人の朝に立たず、惡人と言はず、惡人の朝に立つて惡人と言ふは、朝衣朝冠を以て塗炭に坐するが如しと、それなら惡人なる武王と話をするも嫌で首陽山に去つたやうに取れ、平素孟子が武王を聖とするに矛盾した言分になる。そこで千百年眼は、是れ孟子が伯夷の思を推したもので亦只其の意向を描寫すること此の如くなるのみ、實事には非ずと辨じてゐる。いかにもさうで決して實事でない、要するに孟子のいへる伯夷は、總て是れ大義の呌の人格化された伯夷その者の意向を推思し且つ描寫した者で、一として事實の證明が其の上に置いてない、孟子は何事を論ずるにも、詩書其他を引いて所據を明かにするを例とすれど、伯夷には絕へてそれがない、益以て伯夷の實在に非ざることが知れる、孟子がそれを實在的に鼓吹し、聖之清者とまで激勵したのは、孔丘立敎の大志に徇つて、其の玉振に務めたのである。之に就て頗る滑稽を演ぜるは韓史である、高麗史地理志に。

安西大都護府海州。別號㆓大寧・西海㆒。又號㆓孤竹㆒。有㆓首陽山㆒。

其の謂はゆる海州は今の黃海道海州なるが、斯かる滑稽を何故敢てしたかといふに、要するに本地を昌黎に有する箕子朝鮮國を鴨綠江以內の自國へ取込まんために外ならぬ。箕子國は夷齊の國孤竹にあつたのであれば、これを取込むには孤竹の名をも取込まねば支那の舊記に牴觸する、そこで取込むだのであるが、餘計な事には首陽山までも擔込んで來た。抑も首陽山のことは小說的のものであるが、前後兩漢書とも、其の地理志に隴西郡としてゐる、兩漢の隴西郡は現今陝西・甘肅二省に分屬してゐて、かの隴を得て蜀を望むといふ諺の出處である、路史にも亦曹大家の考證を引いて、今隴西に地あり首陽と曰ふ、東に鳥鼠山あり、之を首陽山と謂ふと明示しあれば、黃海道とは萬里の相距がある。伯夷が韓半島に生れ、韓半島で餓死したとは誰も思ふまいに、それを取込むで黃海道に擬定したのは滑稽である。孟子に伯夷居二北海之濱一とあれば、成るなら黃海道を北海と爲したかつたであらうに、流石にさうも爲しかねて西海と爲せるところに亦滑稽が認められる、そして孤竹と首陽山とを一つ處と思つたのは論語義疏からであらう。義疏に遼西孤竹令支縣の某といふ者、蒲坂に往いて材を採る、夷齊に謂ふて曰く、汝周の粟を食はずとなら、なぜ周の草木を食ふかと詰りたるに、夷齊言を聞き即遂に食はず、七日にして死すとある。之に因つて首陽と令支とを同じ處と爲したのであらうが、義疏所載のことは只異聞を廣めただけのことで、其の異聞たるや、小說の又小說に過ぎない。

第二十四章　辰沄殷國の肇造及び遷都

惟武伯與智淮殿而止焉欲力保晋氳之原智淮奪子叔釐賖於虜城于葛零基以舍焉國號辰沄殷時人又稱智淮氏燕以別邵燕姫發降志賄以箕封殷叔郤之韓燕來攻乃徙翳父婁都焉傳云翳父婁者奚契旦爰麻岣秘處也又云奚契旦爰神子耆麟馭叡別號也

譯文

惟《ただ》武伯と智淮と殿して止る。力めて晋氳の原を保たんと欲す。智淮・子叔釐賖《きしよ》を虜より奪ひ。葛零基《かれき》に城き以て舍《お》く。國を辰沄殷《しういん》と號す。時人又智淮氏燕と稱し。以て邵燕に別つ。姫發志を降し。賄するに箕封を以てす。殷叔之を郤く。韓燕來り攻む。乃ち翳父婁に徙つて都す。傳に云ふ。翳父婁は奚契旦爰《ききたえ》の麻岣秘《まくひ》の處なりと。又云ふ奚契旦爰は神子耆麟馭《きりこゑ》叡の別號なりと。

第一節　殷叔

武貊智濊

武伯智淮は即武貊智濊で、當時この稱が東族間に行はれてゐたと思はれる、言ふこゝろは猛き貊・智ある濊といふことで多分當時の流行語であらう。嘗て北京の林氏より、太霍武渾台智と曰ふこと古書にありと聞けるが、未だ其の古書の那邊に在るを知らず、深く恨と爲す林氏名は長民。子叔は世に謂ふ箕子と實質相同じく思はるれど、箕子といふ名が果して當時にあつたか否は更に詮議を要する。子叔といふは殷湯の後裔にして其の姓の子なるに因る、叔は伯夷叔齊の叔に同じく紂の庶弟なるに因る、從來の歴史にては箕子を紂の諸父と爲し、紂より遙か老年の賢人にしてあるが、年齢關係よりすれば紂より若年である、故に今その叔を叔父の叔に解さず、庶弟の義に解し置く、釐賖《きしよ》は其の名であらう。虜より奪ふとは子叔が周の虜《とりこ》となつてゐたのを奪取つたといふことである。葛零基《かれき》に城くは城を構へて子叔を含いたことで、葛零基は古の交黎即ち今の昌黎と考定し得。國號の辰沄《しういん》殷は「東《シ》大《ウ》族の擁護建造せる殷國」といふ義で、紂は亡びたるも殷祀こゝに在りとの概を示し以て周に對抗したのである。ところが此のシウインの號は邵燕《セウエン》と頗る紛らはしく、殷にエンの音もあるのであれば古音では一つに聞えたに違ない、邵は召に同じで召公をいひ、燕は召公の封ぜられた國で、今の北京を殆ど國の中心位置としてゐたのであれば、子叔の新造國とは互に相隣接した間柄であり、寧ろ子叔は淮委に擁立されて燕の封土內に建國したといふ方が實際に近かい、そこで一を智淮氏燕《チワシエン》と稱し聞き紛らはしい邵燕と區別する必要を生じたものと思へる。殷叔は即子叔にて、子は姓を稱し

智淮氏燕

靈號辰沄の傳承

晉氳之原

箕子の眞相

殷は國號を稱したのである。

殷末周初の肅愼即朱申氏は、東大族に於ける一雄族の稱である歟、或は各族を主宰する一大聯合機關の美稱である歟、二者いづれとも判然しないが、前章に朱申之宗とあるに徴し、又本章に晉氳之原といへるに照らし見ると、或る一族の稱號でなく、各族連合の名であるかのやうに取れる、尤もこの時代のことであるから、其の稱號は最大雄族の處へ置かれたに相違あるまいが、如何に雄族でも起踣盛衰は免れぬ所なれば、その度每に次の雄族に移つて來たのかと思はれる、假へば堯が東族の最優者なりし時はその號も堯の處に置かれ、舜これに代つて立つに及んでは、舜の處に置かれたといふやうな譯ではなかつたか、更に其の以前に溯れば神農や黄帝の別號と考へられてゐる縉雲が亦それであらうから、傳統の頗る古いことが思はれる、其の晉氳之原といふは、古代縉雲氏の領域なる直隷・山東・山西河南の一部も加はるに跨つた地方名と推想する。

爰に何は措いても先づ箕子てう其の人の眞相を確むる必要がある、それには彼が殷の未だ亡びざる以前何處の國の領主なりしかを確めねばならないが、此の問題は文獻の上に徴す可からざるものなれば、如何に勉むるも徒勞に終るを免れぬであらう、且つ箕子の姓が殷の本姓の「子」なることは分つてゐれど、名を何といふたかは、古典正史の上に見えてゐない、只本頌叙に由りて釐睽と知れたれど、其の他に在つては儒流から異端と指斥される莊子にのみ僅にその名が胥餘と見えてゐるばかりである。東國史略には須臾としてあれど、胥餘・須臾は同音なれば、胥餘に依りて字を替へたのみのことであらう、同史に箕は邑名、齊東に在り、としてあるのは、西漢の世に箕侯國といふが瑯琊郡に在つた所から、その箕侯國の地を殷代に於ける箕子の邑と想像したに過ぎまい、又其の地が今の山東省沂州府莒州附近に當る所から、戰國時代の齊を標準にして齊東と稱したのであらうが、箕子の故邑たる旁證は何もない、單に箕字の附いてゐる地名を以て箕子の故邑と爲し得べくんば、山西省にも春秋時代箕といふ處があつた。魯信公三十三年秋、晋人敗₂狄于箕₁の註に、太原陽邑縣南有₂箕城₁としてあつて、今の太原府太谷縣の東南である、まさか箕子の故邑とも爲せまい。箕子と並稱された微子の故邑に就ては、論語殷三仁の註に「徐氏曰く、一統志によるに、東昌府城の東北に故の微子城あり、是れ微子は殷に在つて微に封ぜられたる者」とあれど、箕子に就ては、さういふ考證が一もない、併し殷代に於ける箕子の邑が何處かにある筈とは誰もさう思ふ所である。箕子と並稱された微子の世人誤つて箕子微子といふを、其の人の名の如く思つてゐる向もあれど、朱子が微・箕は二國の名、子は爵なりといへるに見て、自ら其の誤が悟れやう、即箕子とは國名と爵名とを併稱した者であつて姓名ではない、微子の例に依れば殷の時代に箕に封ぜられて居るべきであるが、事實上にそれが認められて居らぬ、して見ると朱子が箕を國名と謂ふたのは、その所在を認めてのことでなく、しかあらねば成らぬといふ論理的から出たものと思はれる。

箕子とは空名に終つた記錄上の國爵名

今本章の言ふ所に由りて之を觀れば、箕子とは周の史官の記錄に書かれただけの國爵名に過ぎないもので、其の國爵名は當時その國の君民から郤けられて、生命を得なかつた流產の畸兒名である。それといふのは殷叔が周の虜となつてゐたのを、淮族之を奪取り、葛零基に城いて之を舍き、國を辰沄殷と號したので、周武はそれに隨つて封冊するを賢明の策と思惟し、乃ち封じて箕國の君と爲し、且つ子爵を授けたところ、殷叔はこれを受けずに郤けてしまつたから、箕國といふは史官記錄の空名に終つたのであつた。されど周としては一旦封冊したものを取消すわけにゆかぬ、何處までも殷叔を箕子と稱して押し通す外ない、さうしなければ周の尊嚴も武王の面目も全潰である、この尊嚴と面目を骨折つて立てたは、當代に於ける周の史官及び後の孔丘門下の魯儒である、故に其徒の編述に成る古典を讀む者は、深甚の注意をこれに要する。

朝鮮てう名の出處

武王が箕子を朝鮮に封じたといふは、即この面目上の事に屬する、因つて以前よりあつた朝鮮てう地に箕國を封建し、其の君を子爵にしたと强情張るのである、所が其の地方は高夷・孤竹・令支等の國名で、朝鮮といふ名は嘗て存在しない、若も武王が新に朝鮮と命名して、そこへ殷叔を封じたとすれば、その朝鮮は魯・齊・宋・衞の如く、それが國名であらねば成らぬ、然らば朝鮮子とこそいふべきで、箕子といふ謂はれは無くなる、既に箕子といふからには、朝鮮てう在來地名の上に箕國を建てさせたと謂はなければ、一介の理窟も成立たぬ。後漢書東夷傳に昔武王箕子を朝鮮に封ずとあるは、朝鮮てふ在來地名のあつたことを認識してのことであらう、前漢地理志には殷道衰、箕子去之《ユク》二朝鮮一とあつて、武王に封ぜられて朝鮮に往いたとはない、即任意に往いたことに見えてゐる、故に師古の註に「史記曰、武王伐レ紂封二箕子於朝鮮一、與レ此不レ同」とあつて箕子の朝鮮行を武王に關せざるものと認めてゐる、伏生の尙書大傳にも、武王殷に勝ち箕子の囚を釋るす、箕子周に釋さるゝに忍びず、走つて朝鮮に之《ゆ》く、武王之を聞き、因つて以て朝鮮に之を封すとあれば、朝鮮の名が武王に因つて肇まつたのでないことは明かである。然らば其の以前からあつた朝鮮とは何處か、即それが辰沄殷なのである。辰沄は東大の義で朝の義に叶ふ、殷は周として許容し難き名なれば、殷に替ゆるに鮮を以てし、辰沄に替ゆるに朝を以てしたのであらう、且つ時人が邵燕と別つため智淮氏燕《チアシエン》と稱したのが朝鮮《チヤウシエン》と殆ど同音なれば、武王の謂はゆる朝鮮は取も直さず辰沄氏殷《シウシイン》であつて、その叶音に對する塡字を撰むだのみのこととされる。

辰沄殷敢然として周の箕封を郤く

殷叔が敢然として周の封冊を郤けたは寔に道理あることで、一には周の仕向け方の全然戎狄扱ひなるを憤慨したにも由らう、史記宋世家に、武王乃封二箕子於朝鮮一不レ臣也とあるは、臣と仕損《しそこな》つた裏面の意味を體よく書いたものと思はれる。それを俗學者は、箕子を貴び臣下とせず對等の禮を以て相見ることにしたのだと言つてゐるが、若さうならば箕子を王者あつかひにする譯になり、姫姓其他各諸侯の手前もあつて出來るわけのもので無い、禮記の坊記にも、天に二日なく、土に二王なく、家に二主なく、尊に二上なきは、民に君臣の別あるを示すなりとあつて、周に於ては最もこの區別を嚴格にしたのである、故に臣とせずとは夷狄の君と爲すことで、中國諸侯の列に加へざる意味なのである。曲禮に東夷北狄西戎南蠻に在つては大なりと雖子と曰ふとあつて、子は四夷の大なる者の資格名なれば、箕子と稱する子の價値の幾何なるかゞこれで判らう。徐國の如きは心に周を宗とせず歴世自ら王と稱し、禮記檀弓に徐國の使者容居の言を載せ、昔我が先君駒王西討して河を濟る云々と記しあれど、春秋には其の夷なるが爲め徐子とのみ記して其の以上の榮稱を容さなかつた、乃ち殷叔を箕子となせるは夷狄を以て取扱へるものなれば、それが周の封册を卻けた一理由と考へられるのである。

他の一理由は國名に就てであらう、辰沄殷は殷の祀を奉ずる所以の名であり、辰沄は之を擁立せる東族の汎稱であり、且その地に晉氳之原といふ古代歴史もあるのであれば、取つて以て辰沄殷と爲せるは、東族と殷とを併稱するに恰好な美號である、然るに周武は此の意義ある國號を地方名に貶して朝鮮と爲し、而してこれに代ふるに箕といふ子爵名の國を以てしやうとしたのであれば、受けられるわけのものでない。思ふに箕は分野の祭星名から取つた稱で、春秋元命包に箕星散じて幽州の分を爲し燕國を爲すとあるに見て、よく其の名の由來が分る、當時燕既に薊に都して箕星分野の大領主となり、其の地を與へられて居たのであれば、其の祭星の餘光を分與されて箕を國號とする

周の東方に對する情勢

のは、取も直さず燕の附庸に甘ずるわけである、周武の考は確にさうであつたに違ない、況して燕は周の同姓にて侯爵でもあれば、異姓を以て子爵に甘じて如何にして能く燕と比肩し得べき、國亡びたりと雖成湯の後胤なり、嘗ては天子の庶弟たり、焉んぞ之を忍び得べき、周の封冊を卻けたるは眞に其の所である。且つ周武を聖人と思惟するに至つたは後世儒者の盲信からで、當時誰が之を聖と思ふべき、殷叔及び東族の目に映ずる周武は、君を弑し國を簒へる大賊なのであれば、尙更のことである。こゝに熟ら當時の情勢を察するに、武王十三年殷を滅するや大いに封建し、周公を曲阜（今の山東省兗州府曲阜縣）に封じて魯と曰ひ、師尙父（太公望）を營丘（今の山東省青州府臨淄縣）に封じて齊と曰ひ、召公を薊北（今の直隷省順天府薊州）に封じて燕と曰ひ、以て大いに東方夷族の地に向つて經略を立策したるが、その中に於て燕は春秋元命包に箕星の分野とし、前漢志に尾箕二星の分野としてある。箕星の座（即ち星宿）は周天二十八宿中に於て、東北の第一座に位置し、尾宿は第二座に位置して、其の南に隣接してゐる、是れ天度に由りてそれに當該する地方を概想したもので、後世の統治區劃とは大いにその風趣を易へてゐた。武王在位七年にして殂し成王幼にして位を嗣いだのであれば、武王在世中これ等の諸侯が、何程の經綸を其の封內に行ひ得たかといふに、まだ緒についたか就かないかの界であつたらう、殷叔はこの間に於て東族に擁立され、箕星の分野內に新なる殷國を肇造し、高夷・孤竹・令支等の諸族に跨つて領土を置いたのであれば、燕としては自己生存に關する大問題か湧起したわけである、將又燕の

周の大國恥の彌縫

有する祭星分野内は、いづこも皆東族の邑邦を以て充されて居るのであれば、殷にして克く此等の邑邦を糾合して大を成すに於ては、燕は遂に其の存在を失はなければならぬ、殊に封内の經綸僅に緒に就いたか就かないかの時に當つて、憂これより大なるはない、是に於て流石の周武も本章のいふ通り、志を降し兜を脫ぎ、賂するに箕封を以てして體よく燕の附庸と爲し、謀を他日に委して一時を糊塗するの策に出でたのであらう、ところが無慘にも卻けられてしまつた、所謂中華の大國恥が演出されたのであるから、周の史官としては、是非その舞文を將つて之を彌縫せねば成らぬ。

按ずるに彌縫は演劇脚本の仕組に由つて作爲された、其の第一齣は、書經武成の編に一たび戎衣して天下大に定まる、乃ち商の政に反へし、政舊に由る、箕子の囚を釋《ゆる》し、比干の墓に封じ、商容の閭に式すとあるのがそれである。樂記に箕子の囚を釋し之をして商容を行《み》て其の位に復らしむ、とあるはその副産である。史記は之を受けて箕子佯狂して奴と爲り紂之を囚ふと記した。凡そこれ等の古典舊史には、紂これを囚へ周これを釋すとなつてゐるが、本頌叙には周これを囚へ濊これを奪つたとしてある、思ふに殷の亡びたる日、殷叔僅に逃れ、容を變じ名を佯り人の奴と爲り隱れゐたるを、周これを發見し、因つて虜と爲したのであらう。

第二齣は、書の洪範に惟十有三祀武王殷を滅した歳王訪㆓于箕子㆒とあつて、箕子から洪範の傳授を受けたと云ふのがそれである、これは洪範の由來を神異にせんため、理想的擬定の箕子に假托したもので、事實とは承認されない。

第三齣は、竹書紀年に武王十六年箕子來賓とあるのがそれである、十三年殷を滅しその年大いに諸侯を封じたことに成つて居るゆへ、なか二年を隔てた此の十六年の來賓は、箕子を周公・召公・太公等と同時に朝鮮に封じたとするに、是非なければならぬ一齣なれど、この來賓が打止めで、竹書にも史記にも漢書にも、其他一切の經史に一字一句箕子其の後の消息を傳へたものがない、張子房に太公の兵法を傳へたといふ烏何有の仙人でも、後年黄色の石になつてゐたとの消息はあるのに、武王に聖典を傳授した大賢人で而かも有土の諸侯である者が、只一回の來賓を打止めに失踪者と爲つて、何處からも失踪の屆出もなしとは、呆れたことである。若も周室と箕子との間に釋・封・賓等の情誼があつたものならば、かうしたわけは決してない筈である、故に箕子の失踪は來賓後の失踪でなく、周の虜から脱出しての失踪であらねばならぬ、箕子殷の墟を過ぎ。麥秀漸々兮。禾黍油々兮。彼狡童兮。不與我猶兮。と歌つたといふことであるが、是が亦頗る可笑しい、彼の狡童とは史記に紂也とある、勿論さうなくてはならぬ所であるが、紂を狡童と罵るは周族の心理からで、殷人の思想にはない筈である、況してその諸父たる箕子（假に所傳に從ふ）に於て、縱令狡童にもせよ、苟も天子であり主君であつた者を、其の亡後に狡童とは心ある者の口に出すべきことでない、こゝは孔子が、美哉水、洋々乎と言ふたやうに、命を歎ずべきで人を責むべきでない、此の麥秀歌は尙書大傳に微子の詠とし。麥秀蔪兮。黍禾蝇々。彼狡童兮。不二我好仇一。としてある、周に奔り周に降り周から封せられた微子ならば或はかうも歌つたか知れない、兎も角秀麥の歌は、武王を聖とし祭り上げん爲め、紂を屠つて犧牲に供せる周族の心理から出來たものなること勿論で、亦彌縫の副産物である。

韓燕の來攻
辰沄殷の遷都

韓燕が兵を連ねて辰沄殷に來攻せるは、成王十五年以後のこと、推定される、即武王が殷を滅してより二十二年後に該當す、かく推定される所以は、竹書紀年に左の如き歷年の記錄が存するに依る。

一、成王九年肅愼氏來朝。王使《ム》三榮伯錫《ハ》二肅愼氏《ニ》命《ヲ》一。

一、十二年王師・燕師城レ韓。王錫《フ》二韓侯《ニ》命《ヲ》一。

一、十三年王師會二齊侯魯侯一伐レ戎。

一、十四年齊師圍二曲城一克レ之　曲城は前漢の東萊郡曲成縣(成は城と同韻)にして、地理志東萊郡の註に、師古曰故萊子國也とあり、今の山東省萊州府掖縣の東北六十支里の地域である

地志の上より觀察するに、燕は東族の勢力圈內へ深く進出し過ぎて、齊晋との聯絡懸絕し、遂に孤立無援の悲境に陷るの餘儀なきに立ち至つた、蓋これは周武も豫想し得なかつたことで、召公を燕に封じた時の考には、そんなことは無い筈のものであつたらう、然るに意外にも東族擡頭し來つて優勢を燕と齊晋との間に漲らし、終に手の着けられぬ情況と爲つた。それは成王の子康王の後半紀からであるが、成王の初半紀に在つても早巳に其の情勢が現はれ、燕と齊晋との間に一雄國を置

辰沄殷第二の國都毉父婁

いて、以て相互の聯絡を確保するの急務が著しく周廷に感じられるやうになつた。是に於て成王はその弟を韓侯として韓に封し、燕の側背を保護して燕齊の聯絡を確實にすると共に、同時に其の間に在つて方に勢力を加へつゝある諸戎（戎といへども矢張東族）に對し、周齊魯の連合軍を以て掃蕩を行はんとの策を立て、齊先づ策動を起して曲城の萊夷に攻撃を加へた。萊夷はその以前から已に齊と戰つてゐて、史記に武王・師尚父を齊の營丘に封ず、萊人來り伐つ、之と營丘を爭ふとあるなど、以て證とすべきである　萊は殷代の侯伯で東族の雄なれば、昌黎に建國せる殷叔とは、當然提携すべき情誼の上に居り、海よりするも陸よりするも、頗る聯絡の取りよい關係にあつた。それが周の聯合軍に破られたとしたら、殷叔も攻撃を免かれるわけにはゆかぬ、果せるかな韓燕二國の來攻に遭ふたのである。周のこの策動の際には、肅愼氏猶存在し、周の賄命に曳かれて居た、恐らく周の爲めに謀り同族の頽敗を餘所に見てゐたのであらう。

韓燕の來攻に因つて國都を徙せる毉父婁は、周禮職方氏のいへる毉無閭である、同書に東北を幽州と曰ひ、其の山鎭を毉無閭と曰ふとあるは、東北觀が稍明かになつてからの溯筆であるが、其の稱する所の山は、今の遼西の閭山（俗稱）なりと知られる。前漢地理志遼東郡無慮の註に師古曰即所謂毉巫閭とあつて、而して又韻編に今盛京省錦州府廣寧縣とある、竝びに遼東志にも。廣寧衞○本漢遼東之無慮縣。北鎭毉巫閭山。在二城西五里一。舜封作二鎭幽州一。歳時致レ祭。本朝特加レ隆焉（本朝とは明朝を謂ふ）

とある、なほ同志に。石門在二閭山之麓一。由レ城西北經二平坂一。兩石屹立如レ門。有レ溪中出。雲壑窈窕。山巒廻合。有二武陵之幽一云。また蔡珪の詩に、幽州北鎭高且雄、倚レ天萬仭蟠二天東一ともあれば、以て其の概を想望し得られる。今本章にこの翳父婁を奚契旦爰《ききたえ》麻岣秘《まくひ》の處といへるを稽ふるに、奚契旦爰は後に見える神子奇契丹燕と同聲なるに由りてそれと知れるが、麻岣秘とは何事をいふのか分らない、但前に斐伊岣倭《ひいくい》を釋した因みに由りて、こゝも亦眞杙《まくひ》のことゝ解し置く、我が古典の「眞杙を打つ」は神を祭るための儀式ごとなれば、翳父婁にも神が何かそのやうの事を爲したといふ古傳があつたのであらう、つまり殷が靈勝の地に都を遷したと云ふわけなのである。

因に云ふ、本章の翳父婁は醫巫閭に相違なければ、翳は醫の誤寫とも思はれる、されど古音は今を以て忖り難きものあれば、翳と醫とは古音相通であつたかも知れない（エイの反イ）因つて翳を翳として其のまゝ保存したい、其の父婁は無慮・無閭・巫閭の同音なるを示し、汲冢周書（伊井四方令）に正東符婁、[illegible]髪文身とある符婁に一致す、韓史が壇君の子を符婁と爲せるは、之を假用せるあどけなき者とするも、鴨綠江の古稱が閼覆祿《アフロ》にして遼西の山名が翳父婁《イフロ》なるは、其の名に相通の古義が含まれゐるのではないか、其の他扶餘に天神の子解夫婁《フル》あり、高勾麗に沸流《フル》水あり、百濟紀に負兒《フル》嶽あり、而して我に高千穗のクシフル峰あるは、何を吾等に悟れよとの告なるか、蓋このフル（フロ）は歷史・言語・民族等の諸學が、古を探る或る一の鍵ではないか。

第二節　箕子

殷の三仁は孔教の理想に生る

謂はゆる箕子は、即本頌叙に稱する殷叔なること前節述ぶる所の如くなるが、王氏高麗朝に至り半島平壤に忽焉として箕子廟現出し、爾來韓人相傳へて以て國祖と爲し、今に至るも猶古の誇と爲せるは、眞に謂はれなき事にして、何の根礎もなき蜃氣的の者にあれど、旣にかく信ずる者のある以上は、其の謂はゆる箕子てう者の實在假定的に就て、一應の考究を爲すこと、蓋亦徒爾のわざではなからう、そして其の謂はゆる箕子は、何の傳記もない者なれど、孔子は左の如くいふて居る。

微子去レ之。箕子爲ニ之奴一。比干諫而死。殷有ニ三仁一焉。

理想的微子と實在的微子の相違

右三仁のうち微子は確に其の實在を認められ、史記は之がため宋微子世家を叙して居る、それによると、微子開者尙書には微子啓と作す、索隱に曰く、名を開となせるは、漢の景帝の諱を避くる也殷帝乙之首子。而紂之庶兄也呂氏春秋に曰く、微子を生む時母なほ妾たり妃と爲るに及んで紂を生む、故に微子は紂の同母庶兄なり、云云、微子嘗て紂の終に諫む可からざるを度り、死なんか去らんかと欲して未た自決する能はず、乃ち太師・少師に問ふ孔安國曰く大師は箕子也少師は比干なり太師若《シタガ》って曰く去るに如かずと、遂に亡《ニゲ》たり云々。乃孔子のいふ通り微子は亡げ去つたのである、然し其の去り方が甚だ怪しい、周武王伐レ紂克レ殷。微子乃持ニ其祭器一。造《イタリ》ニ於軍門一。肉袒面縛。左牽レ羊。右把レ茅。膝行而前《ススンデ》以告。於レ是武王乃釋《ユルシ》ニ微子一。復ニ其位一如レ故。とあれば去つたどころでなく、位に居て殷の最後に降伏の禮を執り、

疑問の比干

誅戮を乞ふ體を爲して、憫恕を仰ぎ求めた者であれば、孔子のいふ微子とは風趣が違つて居て事が變である、是より先き閎夭・散宜生の徒等殷の臣でありながら文王に歸服して周の謀に與つて居る周の謀のために美女珍寶を求めて紂に獻じたは此の徒又殷の太師疵・少師彊等は、其の樂器を抱いて周に奔り武王に降つて居る皆史記周本紀の所言實在の微子は乃亦其の徒の類ではないか、兎に角孔子の言ふ微子と實在の微子とは面目を異にしてゐる。且つ疑はしきは樂器を抱いて武王出兵の間際に周に奔つた太師疵・少師彊である、之を宋世家に見るに、太師は箕子であらねばならぬ、少師は比干であらねばならぬ、微子とあはせて三公なのであれば、外に紂の左右に三公のある筈はない、而して箕子も比干も其の實名の判らない所から考へると、箕子の本名は疵であつたのではないか、比干の實名は彊であつたのではないか、即ち二人は先に周に降り、微子一人は最後に降伏したのではないか、比干が果して紂に慘殺されたのなら、其の叛逆を紂に覺られて誅戮されたのではないか、故に實在の微子・箕子・比干には大なる疑問が存在する。

武王既に殷に克ち大いに諸侯を封じた時には、微子はそれに與つて居ない、微子の始て宋に封ぜられたは、武王の死後、管叔・蔡叔二人皆武王の弟武庚紂の子等兵を連ね亂を作し、周公・成王を相けて能く克平の功を擧げたるも、殷の遺民の難治なる所から、微子をして代つて殷の後を受けしめ、宋に國せしめたのである、されば微子は周の降臣を以て幸に國を得た者で、かういふ例は他にいくらもあるべく、孔子が特に激賞する程の事はない、故に孔子の激賞した殷の三仁は、之を外に求めなければ、此の間の理解が成立たぬ。

想ふに孔子の謂はゆる殷の三仁は、理想的臣道者を語つた者で、實在の某々を讃したものではなく、窮の又窮なる時に於ける理想的臣道の第一は、三たび諫めて用られざれば去る、第二は諫めずして身を貶《オト》す、第三は死を以て諫む、是れ臣道の理想である。孔敎の此の理想は巧に假想的實在者の上に描かれた。微子曰く、父子は骨肉なるも臣主は義を以て屬す、故に父に過あれば子三たび諫め、聽かれざれば則隨つて號《ナ》くあるのみ、人臣は三たび諫めて聽かれざれば、其義可二以去一矣である、微子はかう言つて遂に去つて亡げた。箕子曰く、人臣となり諫めて聽かれず而して去るは、是れ君の惡を彰はして自ら民に悅ばしむるもの、吾爲すに忍びずであると言つて、乃ち被髮佯狂而爲レ奴。比干曰く、君に過あるを死を以て爭はずんば、百姓何の辜《ツミ》かあると、乃直言して紂を諫む括地志に云ふ、微子の去り、箕子の狂せるを見て、比干乃歎じて曰く、王の過ち諫めざるは忠に非ず、死を畏れて言はざるは勇に非ず、過つては則諫め、用ゐられざれば則死す、忠の至り也、進んで諫め、去らざること三日、紂怒つて曰く、吾聞く聖人の心には七竅ありと、信に諸《これ》ある乎、乃遂に殺して刳視《サイナ》二其心一云云。是れ理想の描寫にあらずして何ぞ、夏侯玄曰く、微子は仕の窮なり、箕子・比干は志の窮なり、三仁同からざるも歸は其れ一揆なりと、乃この三人は一理想の三分影である。

故に韓人の尊しとする箕子は、孔敎上に理想された臣道者にして、窮の又窮なる時に處する三臣道中の一臣道を、假想的實在に現はした者と覺らねばならぬ。今その假想的實在者なる箕子の、其の實在を尋ねるに、史記宋世家に、箕子者紂ノ親戚也とある、親戚といふだけでは何の關係とも分らない、併しその分らないのが本體であらう、されど馬融・王肅等は紂之諸父と爲し、服虔・杜預等は紂之庶兄と爲してゐる、其の名は分らないが、司馬彪は箕子名ハ胥餘といふてゐる、是れ莊子の所言から取つたのであらうが、莊子は寓言の書なれば、箕子が奴と爲り紂に囚はれて居たといふ所から、胥餘と名けたものらしい、前漢書（楚の元王の傳）に、二人諫不レ聽、胥二靡ス之一とあるは、胥靡は輕刑のことである、莊子の胥靡登レ高而不レ懼の註に、胥靡ハ刑徒ノ人也ともあれば、箕子の名を胥餘としたのは刑餘の人といふことであらう。そして箕子の箕は前節に言ふ如く國名であらねばならず、子は爵名であらねばならぬが、二つとも實在の上に稽へやうがない、只杜預は梁國蒙縣に箕子の冢ありと言ふてゐる。

箕子の冢を河南省に在りとする説

杜預の謂はゆる晉の豫州梁國蒙縣は、東漢に在つてもその通りの名で、西漢の梁國蒙縣である、梁國は秦の碭郡にて、其の地に碭山のある所から出來た郡名なるが、漢の高祖五年に之を梁國とした、內に八縣あつて睢陽縣は微子の封ぜられた宋國の首府であり、蒙縣も宋の封內にて南宮滿（剛力で名ある者）が宋の湣公を棋局で擊ち殺した歷史のある處なれば、箕子の冢をそこに在りと爲すは、微子との關係から在つて然るべき由緒はある、その蒙縣の址は、今河南省歸德府商丘縣の東北二十二支里と云ふ。

果して蒙縣に箕子の冢があつたとすれば、箕子の墳墓が平壤に在るなどいふ話はそれで壞れてしまふが、それは姑く措いて、箕子の佯り狂したのは却つて人に餘計な手數をかけた嫌がある、その佯り狂したのは、紂から癈人と見られて棄てゝもらひたいため、それに因つて朝廷の事に與からない爲めであつたらうに、紂はそれと覺つて囚へた、そこで遂に武王に釋いてもらうやうな手數をかけた。

周武王遂斬㆓紂頭㆒。縣㆓之白旗㆒。殺㆓妲己㆒。釋㆓箕子之囚㆒。殷本紀命㆓召公㆒釋㆓箕子之囚㆒周本紀

これでは何にもならない、蓋箕子を描く者の描き方が拙かつたのであらう、此等は皆武王を美する所以にはなる、箕子を賢とする所以にはならない、但箕子を大賢に成せるは洪範を武王に傳授したにある、書に曰く。

惟《コレ》十有三祀。王訪㆓于箕子㆒。箕子乃言曰。鯀則殛死。禹乃嗣興。天乃錫《タマフニ》㆓禹洪範九疇《ヲ》㆒。彝倫攸㆑敍。

洪範の尊さは此の前書にあらう、それは天から禹に與へられたものだと云ふ所にある、孔安國曰く、天が禹に與へたとは、洛河名が書を出せることにて、神龜・文を負ひ出でゝ背に列す、數あり九に至る、禹遂に因つて之を第《ツイ》で以て九類と成す云々、是れがその貴いとこなのである、しかし其の

箕子に對する班固の新見地

内容を味ふと五行説に外ならぬ、そして易の所言と同趣である、故にこれは本と周の物なのを、其の由來を神異にせんため、理想的臣道者の箕子に結付けたものらしい、この結付けと共に箕子を朝鮮に封じてゐる。

於レ是武王乃封二箕子於朝鮮一。而不レ臣。（宋世家）

然るに前漢書の著者班固は此等の所傳を一蹴して、

殷道衰。箕子去之《ユク》二朝鮮一。（地理志）

と作した、是れ夏后氏政衰、不窋（周の祖先）奔二戎狄之間一（史記周本紀）と同じ筆法であり、又太伯虞仲亡《ニゲテユク》如二荊蠻一。と同一筆意であつて、殷の亡ぶるを豫知し紂を見限つて早く獨り朝鮮に遁れたわけになる。殷の三仁とも言はれる程の賢明人ならば、佯り狂して囚はれたり、吾が社稷を滅した敵から釋いて貰つたりするやうな痴呆は演じない筈である。それにしても班固はどうして此の新見地を開き得たか、それは朝鮮てう國名を遼東濊族の地に發見したからであらう、彼の書いた地理志は古今獨歩の名著だけに、彼の眼識は今の所謂歴史的地理に昭曉してゐた、周初に在つては今の山海關内なる孤竹の地すら暗黑界と思惟され、其の地の貢物に小説的不可思議なる動物が擬定される程、周の東北觀の幼稚なる時代に、武王がそれを踰へて遙か外方に朝鮮を想定する筈がない、故に遼東濊地の朝鮮は、武王の封建に因つたものでなく、箕子獨創の朝鮮であらねばならぬ、して見ると箕子のこゝに到つたのは、武王に何の關係もないことで、猶不啻が戎狄の間（今の甘肅）に奔りしごとく殷道の衰へたるを見て、獨り自ら遁れ來つて濊を其の民と爲した者と爲さねばならぬ、是れ班固が古今地志の情況に明いところから看破した史斷と思はれる、故に彼は此の見地より。殷道衰へて箕子去つて朝鮮にゆく。と爲したのであるが、是れは史記の所言に全然異つた史斷なので、師古乃ち曰ふ

史記云。武王伐レ紂。封二箕子於朝鮮一。與レ此不レ同。

班固の此の新史斷によれば、左の三件は全然ないことになる。

○武王箕子を朝鮮に封ず

○武王箕子の囚を釋く

○武王箕子に訪ふて洪範を受く

何となれば是れ皆殷の滅後のことで、箕子は其の以前に既に去つてしまつて其の時には居なかつたからである、從つて夫の麥秀之歌の如き、其の後人の假作なること轉た證明されるわけである、

拙なる假想的箕子

又箕子操といふものがある。

箕子。乃被髮佯狂而爲レ奴。遂隱而鼓レ琴。以自悲。故傳レ之曰二箕子操一

このまた箕子操といふものが頗る拙い。

嗟々。紂爲二無道一殺二比干一。嗟重復嗟。獨奈何。漆レ身爲レ癘。（遙か後世の豫讓の故事）被レ髮以佯狂。今奈二宗

廟一何。天乎命哉。欲二負レ石自投一レ河。（亦遙か後世の故事）嗟復嗟。奈二社稷一何。（史記評林所載）

紂無道を爲して比干を殺せりと歌つたとは驚き入つたことである、麥秀之歌で紂を狡童といへるさへ有るまじきことなるに、是れはまた餘りに亂暴に過ぎてゐる。

史記・竹書其他の古傳は、箕子を史上の失踪者にしてしまひ復た幽靈をも見せない、それより千有餘年を經て遼東濊族の地に料らずも朝鮮を認めた班固は、箕子を如何なる人格者と見たであらうか、此の觀察は箕子の民と思惟される濊族の遺風に就て睹る外ない。

班固は濊族の風より推して、それを箕子の化と爲し、箕子を仁賢と賛した、鮮人が箕子を國祖と爲すは自己を濊族と肯諾するわけなれど、さうまで了解し居る者は甚少なからう、實は箕子は半島に何の關係もない者で、其の民は皆遼土の濊貊なのである、故に魏志も後漢書も皆箕子を濊傳の中に叙して居る。謂はゆる箕子は其の全體を本節に盡し終つた、然れども班固が仁賢と賛した箕子は、史記等の謂はゆる箕子でなく、濊族に擁立された別人の殷叔である。流石の班固もそれを別人と覺るに由なく、古傳の箕子と見たのであるが、しかし周武の封冊に因つて遼東の朝鮮に來た者にあらずとしたは流石にて、本頌叙の所言に自ら一致する所がある。之を要するに從來半島韓人が實在と信じた箕子は、孔敎理想の臣道者にして實在の者ではない、而して漢魏の史に實在と思惟された箕子は、遼東濊國の君主にして、韓半島民族に君臨した史實を毫も有たぬ。

第二十五章　天孫遠征して同族を救援す

當武伯山軍糾合于冀跳破於南偶寧義雖以其舟師及弩旅會于渝濱高令擧國前走歌曰鄲納番達謨孟珂讃唫隕銍孟伊朔率秦牟黔突壓娜喃旺鳴孟

譯文

武伯山軍冀に糾合し。南に跳破するに當つて。偶ま寧義雖《にきし》其の舟師と弩旅とを以て渝濱に會す。高令國を擧げて前走し。歌つて曰く。鄲納番《たには》、達謨孟《たまも》。珂讃唫《かさき》、隕銍孟《いつも》。伊朔率秦牟黔突《いそすすみこと》。壓娜喃旺鳴孟（此六字讀めず）

天孫の御名を大陸史傳の上に昇す

渾べて是れ大なる謎である、辛うじて解き得て其の意外の大事件なるに獨自ら驚倒し、寧義雖を畏多くも我が天孫の御名と判じた。或はこの判じ方にどういふ誤があらうも知れぬ、只偏に諒恕を大方に希い己が私見を述んに、天孫は天邇岐志《あめにぎし》・國邇岐志《くにぎし》の美稱を有したまひ、そのニキシは饒《にぎ》の義にて天地の榮え行く意の美稱と承はる。寧義雖の三字のみにて他に何等の旁證もなくば、恐懼敢て爲さざる所なるも、直く續文に歌として載せたるタニハ・タマモ、カサキ・イツモが我國ならでは成らぬわけあれば斯くは忖度したのである。心して讀むで見るとタニハは丹波《たには》、カサキは笠沙崎《かさき》にて、天孫天降《みあもり》の條に「笠沙崎之御前《かさきのみさき》に眞來通《まきとほ》りて詔《のり》たまはく」とある其のカサキが、本章に珂讃唫となつて顯れてゐるのである、イツモは射手伴《いつも》なるべく即ち弩旅のことであり、タマモは海船伴《たまも》なるべく即ち舟師のことに解される、再言すれば丹波の舟師・笠沙崎の弩旅にて、天孫の統率したまふ兵戎《つはもの》の稱なのである、次の伊朔率秦牟黚突の七字は如何に讀むべきかを知らねど、伊朔率秦は五十鈴《いそすず》にて伊勢のことなるべく、牟黚突は命《みこと》にて其の軍の大帥を稱したものであらう、之を我が神代史に見れば、伊勢の猿田彦が天孫の降下を迎へて其の先鋒に立つた事を語つてゐる、それとこれとを思ひ合せ見ると、本章のいふ所も即亦それであらう、次の壓娜喃旺嗚孟は何事とも解せぬ、多分讃美の詞であらうとは思へど未だ其の徵據を得ない、暫く疑を存し措く。

舟をタマといふこと古訓にありやなしや不審《いぶかし》けれど、玉島里おのづから舟に因みある如く、玉《たま》津《つ》寶は浪振比禮《なみふるひれ》ヒレは呪の物、ナミフル比禮ヒレは浪を起てる比禮 浪切比禮《なみきるひれ》浪の靜まるひれ 風振比禮・風切比禮・奥津《おきつ》鏡・邊津《へつ》鏡共に航海の安全を祈る爲に船中に鎭祭する鏡なり等にて、玉津寶は舟之寶と義解し得ざるに非ず、今も船の神を船玉《ふなたま》といひ船の名を丸といふ、其の船玉《フナタマ》は船靈にて言靈《コトタマ》といふに同じと知れど、丸と稱するはタマの形を丸しとしてのことではあるまいか、暫く本章の「たまも」を舟師と解するに妨げなからう。

因つて想起さるゝは、前出二十三章の濆浮レ海のことである、即濆弭《わに》族の海に浮むで去つた結果が、天

神代に完全なる國家ありたり

天孫の二皇子海陸の大師となる

孫の遠征を導いたのであらうと思ふ、若しもそれと是れとに關係ありとせば、我國の神代に完全なる國家組織の存在したことが諒解される、丹波《たには》今の三丹の總稱の水師と薩摩の弩旅とを動員して海外へ乘出すといふことは、完全なる國家を有するにあらざれば出來ることでない、それが潢弭の急訴に因り、機を違へず忽ち出師ができたとすれば、神代に完全なる國家のあつたことを、肯定しなければなるまい、實に我が建國史上の由々しき問題と謂はねばならぬ。

翻つて之を我が古典の上に稽ふるに、天孫に就ては海外遠征の物譚傳はらざるも、親しく遠征を區處されたことは窺はれる、それは一の皇子火照命《ほてりのみこと》を海幸彦《うみさちひこ》として水軍の將とされ、弟の皇子火遠《ほを》理命《りのみこと》を山幸彦《やまさちひこ》として陸軍の帥とされたことである、日向より薩摩半島の南部なる笠沙崎に至りたまへる天孫の使命は、その御詞の中にある通り「から國」に向はせらるゝに在る、「から國」とは神族《から》國にて東大神族を汎稱せるもの、これを韓國と譯したは前にいへる通り、後の世の小さい頭になつてからのことで、古の我が大天地を忘れ去つた者のいとも耻かしき處爲である、されば此の使命を齎らせられた天孫は、二皇子を海陸兩軍の大帥とし、率ゐて「から國」に向はせられたことゝ思はれるが、然し我が古傳には全部それが失はれてある、失はれてはあれど、弟の皇子ホヲリノミコトの傳には、歴々として見えてゐる所のものがある。皇子は鹽椎《しほしい》といふ潮路を知つた神今の謂はゆる水先案内の敎に聽き、海の彼方なる綿津見神《わたつみのかみ》の國に赴かれ、海驢の皮の疊を八重に敷きたる上に、更に復た絹疊

鰐族隼人族

を八重に敷き重ねたる座に招請され、大歡迎を受け、其の女豊玉媛と婚し「三年といふまで其の國に住みたまひき」とある。是れ遠征三年なりしを語るものにあらずして何ぞ、且つ海神は海大魚《はたのひろもの》・海小魚《はたのさもの》を召び集め、或は悉く和邇《わに》魚どもを召び集めたとあるが、それは旗の大者《ひろもの》・旗の小者《さもの》・濊弭《わに》・淮委《わい》・伯弭《はに》諸族の集合なること亦甚だ明であつて、軍容の整頓を物語つたものとされる。而して比喩を滿珠・干珠の二寶玉に寄せて、敵を攻むる軍議を講ぜられても居る、皇子歸國の時には一尋和《ひとひろわ》邇《に》が、送つて來たとのこと、豊玉媛は後に八尋和邇に化したとのことであるが、このワニを鰐と譯する所から、海神國を海底の龍宮のやうに思はしめるのである。濊弭《わに》と譯せば支那大陸を直さま聯想され、亦薩摩隼人を貊弭人《はいと》と譯しさへすれば直ぐ其の族の何者なるかゞ判るのである。濊委《ワイ》・貊《ハ》委《イ》・濊委《アイ》等の東大族が、我西海へ來歸せるは自然の數にして、これを無しとするは寧ろ不自然であらう、思ふに天孫凱旋の日、貊族の一部は一の皇子ホデリノミコトに隨身して投歸したのであらう、ミコトを隼人阿多君の祖といふは此の緣故に因ることゝ思ふ、又ホヲリノミコトに隨身し來つたは多く濊委《ワイ》・淮委《アイ》であつたらう、鰐といひ倭といふはこれである。所が我が神話には以上の史實を兄弟二皇子の海幸山幸《うみさちやまさち》の爭に語り傳へ、不可解のものにして了《しま》つた、若も二皇子の間に爭があつたのなら、其の爭は海先鋒《ウミサチ》・陸先鋒《ヤマサチ》の先鋒《サチ》の爭で、先鋒を承りたしとの願の上のことであつたに相違ない。記紀にしるせる爭のさまは、遙か後世に至り、我か北委南貊の間に海領・山領に關する爭の生

高天原の四説

じたるを、其の起因を古に溯らして二皇子に及ぼし、二皇子の間に爭のあつたやう作爲したものであらう。それが作爲だけあつて、二皇子の爭は寔に不自然なものに成つてゐる、世の多くの學者も、二皇子の爭を以て九州民族間の戰爭となし、其の戰爭は神代の出來事でなく、遙か後の史實が神代の傳説に反映したものと解釋してゐて、如何にも尤もに聞えるが、併し眞實は大陸遠征中に於ける我が軍略と、大いに敵を惱ましたる或る戰術が、其の時代に於ける或る舞樂の筋書に仕組まれ、それが傳つたのであらうと予は信ずる。後に隼人が宮中に出て隼人舞を演した時、その舞の中に水に溺れるさまなどのあつたのも、敵を河に追込んだ戰功の誇を物語つてゐたのであらう、而して當時天孫の齎らせたまへる大使命が、支那に崩壞せる同族の救援に在りとせば、日向薩摩は大本營としての行在所にして高天原ではない、從て當代の高天原はどこか他に在つたに違ない。從來高天原に四説あつて、日向高天原最もよく聞え、大和高天原亦立證の資料に富み、伊勢高天原亦其の風趣を具へ、常陸高天原最も情況に乏しい、元來高天原は、宗敎想念の天國に其の原義を有して居たものであらうが、史學の範圍に存在する高天原は皇居のおわします國都の謂なれば、今では東京が高天原である。抑も天孫降臨以前の高天原を稽ふるに、其風趣は悉く大和の風貌で筑紫の情景が少しも見えて居らぬ、例へば天香山にしても大和の磯城郡に存し、天の高市にしても今に高市郡の名を留めて居り、猶も高天《タカマ》と稱する地が南葛城郡にある等、思合せられること尠くない、且これを大和のこと丶しなければ、神武天皇が何故にあれ程大和にあこがれ給ひしかを解するわけにゆかぬ、並に古典神話舊史の全般に渉り條理の貫通を得られぬ。若し夫れ日向高天原説を固持せんか、出雲神話とは全然沒交渉の者となり、夫の國讓《くにゆづり》の物語の如き何のわけとも解し兼ぬる結果に陷る、折角方法を盡して讓受けた中津《なかつ》國を、神武天皇東征まで歷世何の經綸も施さずに打棄て置き、唯だ日向に潛んで居たでは國讓を受けた甲斐もなく、又それを逼つてさせる必要もない譯になる。それには其の本に反つて大和高天説を研究すべきであらう。

天孫が日向に天降《あも》りしたまへりと謂ふは、大和より日向に御下向あらせられたと云ふことである、忍日命《おしひのみこと》・久米命《くめのみこと》が石靫《いはゆき》石は堅固の義靫は矢を盛る器を負ひ、頭椎《くぶつち》之大刀つか頭が塊狀をなしてゐる大刀を佩び、弓を持ち矢を挾みとあるは雄々しき武裝にて遠征の途に上らせれたことである、オシヒノミコトは大伴部の巨帥であり、クメノミコトは久米部の首領であつて、部は軍隊を意義する、喜田博士の説なりと云ふを聞くに、クメは肥人《クマビト》や熊襲《クマソ》と關係のある西南民族であつて、久米部は其の種族の者を以て編成した軍勢であると言はれたそうであるが、後の所謂熊襲てう者は當時まだ無かつたであらう、併し地方種族の者を以て編成したる軍勢と言はれたのは、如何にもさうであつたらうと思ふ、大伴部もやはり彼れの一族郎黨から編成した軍勢なるべく、即ち天孫は專ら地方豪族を驅り催して遠征軍を編制されたのであつた、本頌叙にいふ笠沙崎《カサキ》射手伴《イツモ》はそれである。

丹波《タニハ》海舶伴《タマモ》に就ては、我か古典の上に何の考證も得られないが、大和高天原の大陸に對する軍港は、地理的關係上今の三丹及若州海岸であらねばならぬ、此等のことは當時馬關海峽が、今のやうな海峽でなく、陸續きの地峽であつたことを頭に入れて見るべき事で、さうでないと當時に於ける軍港の位置も、天孫の日向降臨も、共に理解がつかなくなる、此軍港を發した水師は多分玄海洋岸の要津に假泊して天孫の節制に屬したのであらう、現在神話の上には、二皇子とも日向降誕になつて居るが、大和高天原を認識する以上、この二皇子を大和降誕としなければ理に叶はぬ、而して海幸彥の水軍大帥を丹波からの乘艦出發とせねば務に適はぬ、之を記紀の上で考へやうはないが、若丹地方の古傳説を精探せば、何等かの形で當代遠征の俤を偲び得られこともあらう。

天孫と宗像三女神

日本書紀に、天照大神が三女神を筑紫洲に降らしめたまふ時の勅に、汝三神は宜しく降つて海北道中に居り天孫を助け奉るべしとある。海北道中とは海の北の中間の處といふことで、皇都より指して近きを道の口《くち》といひ、遠きを道の後《しり》といふが例なれば、道の中《なか》とは其の中間である、勅を奉じた三女神は航海の要津に在つて天孫を助け奉る任務を負ひたまへるに、記紀所傳の如くならば、天孫に航海の御事蹟なく、從つて天孫と三女との間に海上の事に就て何の交渉も起らず、天祖が豫め慮る所あつて降されたる神勅も、恐れ多くはあれど、どうやら徒勞に終つたやうな不思議が感じられる、恰も素盞嗚尊と御交渉のあつた時なれば、尊《みこと》と韓國との關係に思合はせ、天孫とは尊をさしたるや明白なりとの說もあつて、吉田東伍博士も此の說を取られたれど、凡そ史傳には體のあるものにて、素盞嗚尊を天孫と申すは記紀の體にあらず、斯くも神勅を不可解に落したのは大陸遠征の懿績世に傳はらざるに因る、即吾人溫故の闕如に基く、さもあらばあれ神勅は、今猶昭かに當代の遠征偉勳を立證しゐたまふ。

されど大和高天原は出雲との關係上、現存記紀の所傳そのまゝを以てしては、理解せんにも不可能である、今その次第を明かにせんとせば其の說頗る長く到底本章の能する所にあらざるを以て左にその綱要を列叙し、以て大方の批判を仰くに止める。

高天原の大事變　山川悉く動き國土皆震へりとは是れ何の象を語り傳へたものなりや。天照大神遽に男裝し弓矢を執らせ給へるは何事の戒嚴なりや。十拳劍《とつかのつるぎ》が三段に打ち折れたは激しき戰のさまを謂へるのではないか。僕《あ》は邪心なし異心なしといへるを容れさせ給へるは、講和の一たび爰に成立ちしを語れるものと聞くは非か。我れ勝ちぬと勝ち荒《す》さびて、田の境を毀ち溝を埋めたるは、再度襲來して疆域破壞を爲せる者。服屋《はたや》の頂《むね》を穿ちて馬を逆剝《さかはぎ》に剝ぎて墮し入れたるは、宮垣《みやかき》の守旣に失へる者。高天原皆暗く葦原の中津國悉く闇く萬妖悉く發《おこ》れるは、大和高天原の晦光を傳ふるものに非るなき歟。其の間に在つて天香山《あめのかくやま》の名が頻頻見ゆるは、この大事變の場所が大和なるを證明しゐるものではあるまいか。

伊勢高天原

二皇女の高天原故墟の探査

高天原・伊勢に徙る　伊勢高天原は古來其の說あつて倒叙日本史亦これを言ひ、第一の天孫伊勢に在つて東方を治め、後に降誕ありし第二の天孫筑紫に下つて西國を治め給へりとするは、傳に於て審かならざるも理に於て適へる者。理に於て適へるは、古在の事實が然かありしを告ぐる者なるべく、書紀通稱亦天照大神の高天原を伊勢なりとするの說を載す。何事のおはしますに由りて、五十鈴の川上を天祖唯一の靈地とし崇め奉るかは、故さらなる人爲の然らしめたものでなく、自然なる史實の古在がここに運んだものであらねばならぬ。人皇第十代崇神天皇の六年、神器と床を同うし殿を共にするを神威を瀆す畏れありと思召され、大和國笠縫邑に神籬《ひもろぎ》を種《た》て、鏡劍二器を移しまゐらせ、天照大神を祭り、皇女豐鍬入姫《とよすきいりひめ》を御杖代《みつゑしろ》として齋《いつ》ぎ奉らしめられたるが、後幾ばくもなく神勅あり、更に大宮の地を覓めて齋《いつ》き奉れとのことに、豐鍬入姫神勅をかしこみ、地を覓めて丹波吉佐《よさ》宮に移し參らせ、四年の間此處に齋き奉れるが、神慮に適はずとあつて是より諸國に覓め步むこと二十一年、齡既に老ひぬれば、垂仁天皇の皇女倭姫《やまとひめ》を以て御杖代と定め代らしめらる。倭姫代りて大神を奉戴し、先づ大和國宇多の秋宮に移して齋き奉れること四年、次に同國宇多の佐佐波多宮に移りたまふ、時に復た神勅あり、曾て天上に在りし時定むる所の靈地に鎭祭すべしと、是に於て大和を出て東方を指し、先づ伊賀國へと入りたまふ、是より諸國を歷訊し、終に伊勢國五十鈴の川上に靈地を尋ね當て、茲に鎭座の盛典を擧げ給ひぬ、是れ實に垂仁天皇即位二十六年或は曰ふ二十五年九月

伊勢高天原の出現は大和高天原晦光の刹那

高天原の本義

にして、内宮と稱し奉るは即ちこれである。初め豐鍬入姫が笠縫邑に齋き奉りしより、ここに至るまで星霜實に八十九年、倭姫が代つてから既に六十八年を經て、その遷座の地は十有二國二十九ヶ所に及べりとのことである。因つて竊かに惟ふに、兩皇女の靈威に映せる神勅の大宮地《おにみやち》は、嘗て其の古の尊嚴なりし伊勢高天原皇居地の故墟ではあるまいか。亦その神勅の曾て天上に在りし時定むる所の靈地とは、乃亦それと同じ意味なるやに察しられるが、天上に在りし時と勅らせたまへる天上の義に就て竊に按ずるに、皇大神宮史（中村德五郎氏著）に左の一節がある。

天は國家統治の主權者の所在地たる高天原にして、天上の事とは一天萬乘の大君として萬機を總攬あらせ給へるを言ふに外ならず（中略）皇孫瓊瓊杵尊《ににぎの》が高天原より日向に赴かせられたるを、日向之高千穗之槵觸峯《くしふる》に天降り坐すと記されたり、之を要するに「天降り坐す」とは、後世に言ふ所の御下向《ごげいう》にして「天に上る」とは上洛若くは上京すと言ふに同じ云云

されば神勅の天上も、高天原と義解するに妨なかるべく、其の嘗て天上に在りし時定むる所の靈地とは、現に坐《ま》しませる高天原の外に別に定め給へる高天原ありと忖度するに過ちなかるべきか、即ち一は大和にして一は伊勢なりと言ひ得るであらう。然し高天原は一あつて二ある可からざる者なれば、伊勢高天原は大和高天原晦光の刹那に定めさせ給へるものと爲さねば其の理に協はぬ。因つて又竊かに稽ふるに、記紀の謂はゆる八百萬神の天安之河《あめのやすのか》原《はら》に神集《かむつど》ひせるは、五十鈴川の邊では

なかつたらうか、常世《とこよ》の長鳴鳥《ながなきどり》を集《つど》へ宇受賣命《うづめのみこと》の神樂《かぐら》したのも、其の時でなかつたらうか、但し手《た》力男命《ぢからをのみこと》が大神の御手を取りて天石屋戸《あめのいはやど》より引き出しまつれるは、大和の其の現場に於てのことであらう、イハヤは齋宮《いはひや》にて石窟《いはや》ではない、イハヤドも齋殿《いはひどの》と書くべきで、石窟戸ではない、大事變が齋殿にまで及びたれば、避けさせて殿内深く入り給へるを、御手を取りて扶け奉れるさま、眼前《まのあたり》見る心地せられ、是れに由りて高天原は伊勢に徙つたことゝ考へられる。之を夫の出雲神話の波の穂より現はれた少彦名《すくなひこな》神が、大和に近く紀の熊野に古傳を遺し、又海を光らして現はれた奇《く》しき神が、大國主命に「吾をば倭《やまと》の青垣《あをがき》東《ひがし》の山上に齋き奉れ」といへるに併せ考ふれば、大和大事變の性質も略ぼそれと諒解される、これと共に出雲氏族の勢力が、山陰山陽を呑み、北陸竝びに信濃に及び、大和紀伊をも支配したことを合はせ看取すべきである。

斯る神代の大事變も、崇神垂仁朝の時には早既に遠き古の事と爲り、天照大神を偲び奉る唯一の靈地が、何方にか在るならんとの自らなる靈の感動はあつても、歳月今古の悠久に隔てられそれを何處とも定め難く、此處か彼處かと櫛風沐雨八十九年、皇女の尊貴を以て花顏道途に老ひ、白髮秋風の九月に、漸くにして伊勢高天原の舊墟を捜し當てたる其の勞苦、思ひ奉るも涙である。二皇女が今の謂はゆる歴史地理を當代の古傳舊辭にたどつて、十有二國を歴訪せる其の蹤跡に考ふれば、吉備國にも思當ることのありしと見え、其の國へも遠く赴かせたまひ、或は近江に或は紀伊に、又或

日向高天原の現成

出雲の國讓は神武東征の際

は三河遠江にまで遷座したまふて居る、その績《いさはし》の御蔭にて、遠い神代の伊勢高天原を、現に其處に今も拜み得るのである。

天孫の凱旋に由り日向高天原成る、天孫天津日子番能邇々藝命《あまつひこはのににぎのみこと》、天之石位《あめのいはくら》を離れたまふと謂ふは、大和高天原を立たせたまへることにて、遠征の首途である。天《あめ》の八重多那雲《やへたなくも》を押分けてとは、遠き潮路にたなびける幾重の雲を押し開き押し開きて、進み行かるゝ雄々しき遠征の御姿である。幾年大陸に在らせられしかは別の考證に讓り、其の間に葦原の中ッ國は常夜《とこよ》のさまと成り、筑紫へは威風堂々御歸還相成りたるも、大和へは萬づ惡神《あらふるかみ》どもが、狹蠅《さはへ》の涌き起《た》てるごと路の先々に滿ちたれば、容易くは御凱旋相叶はず、こゝに於て天孫以降神武天皇前御半生迄の皇居が、日隅薩の間に存在する事になつた。世人概ね天孫の降臨を以て我が大和民族の最初となし、或は此時を以て始めて我が神系が、海外より渡航し來つたかのやう考ふるため、本末の顚倒と幹枝の紛淆を致し、總てが不理解に陷るのである、其の始めて海外より渡航されたかのやう何となく思はるゝのは、大陸より凱旋の倖がそこに存するためである、從つて天孫が日向に降つて薩摩に渡らせられたやうにも見え、亦薩摩へ降つて日向或は豐後方面へ遷幸されたやうにも見ゆるのは、往征と凱旋との二度の御成道がそこにあつて、それが孰れも伺はれるのである。

出雲の國讓物語は、天孫の凱旋より遙か後世のことである、是れ當代の大事件であつて、かりそめにも山陰山陽及び筑紫の北部、並に北陸信濃、今の五畿內紀伊等に亘つて大國を成せる其の國主に國を讓らせるといふことは、朞年の內談笑の間に能くすることでない。蓋し出雲がこの大を成したのは短期の成功でなく、長き年月の下に於ける努力の結果なること勿論であらうから、之に對し國を擧げて我れに讓れと命令するには、先づそれだけの歲月を積み彼に優る雄勢を握るにあらざれば出來ぬ、少くとも彼等の植ゑたる筑紫北部の勢力を驅除し、周防の全部・長門の南半を領略し、安藝吉備の諸族をして嚮ふ所を知らしめ、且つ阿波・愛媛・淡路を勢藩と爲すにあらざれば、縱令談判を開くとも成功の目途なく、空しく徒勞に終るは必定である。古人必しも愚ならず今人何んぞ必しも賢ならん、今人の以て然りとする所は古人も亦以て然りとする所であらう、筑紫皇居の雄圖は專こゝに存し、歷世寧日なく宏猷を四方に騁するに勉めたるを疑はぬ、然らざれば大和高天原の回復は決して出來ることではない。之を其の結果に觀れば則ち筑紫歷世の平生が想望され、古事記に書いてあるやうな戀物語ばかりで如何にして結果を生み得やう、神武天皇東征の懿績は其の結果を收獲されたるものにて、單に御一代の事業と申すわけのものではない。天皇日向より發《た》たして速吸《はやすひ》の瀨戶を過ぎ、宇佐國に到り、岡田宮遠賀河の海口蘆屋の地に一年坐《ま》しましたるは、日向皇居の勢力が北筑紫に及んでゐたから出來たことである、且この一年の駐蹕は出雲氏族の本據に向ひ大策を立てられたものと推考し得らるる。夫の出雲國讓の物語に、建御雷《たけみかづち》神に天鳥船《あめのとりふね》神を副へて、出雲國の伊那佐の小濱に遣はされたことの見えてゐるのは、此の岡田宮からと考へられる、即水陸二軍を編成して發遣されたのである、而して古事記に依れば、阿岐即安藝に七年吉備に八年大本營を駐めさせたまひた、書紀には安藝の駐陣を七十日計りに吉備の滯陣を三年に作してゐる、或學者は暦のない時代にそんなことの分る道理がないと言つてゐるが、さう輕卒に判ずべきでない、安藝といひ吉備といひ孰れも山陰の背面を威嚇する地勢に在れば、前面に向つた我が師旅のため、出雲の勢力をこの方面に牽制する必要が確かにある、建御雷が克く大國主をして國讓の誓を爲さしめたのも、此の大策の成功に依つたのである、而して建御雷の率ゆる諸軍が山陰諸國を平げつつ東上の策動を起したので、天皇乃ち禁衞の諸軍を帥ひて浪速に向はせられ、料らずも頑强の敵に出遇ひ、紀伊に迂回して大和に入り、嘗て其の古に存した大和高天原を爰に再び回復あらせられた。

故に出雲國讓の古傳説は、神武天皇の東征に併はせ考ふべき筋の者である、然るに記紀いづれも、此の古傳説を將つて天孫降下の前幕に仕組み、國讓を以て天降の露拂ひと爲せるより、總てが謎に落ちて了《しま》つた、流石學者の中には左の如く言ふてゐるもある。

從來の神話排列を其の正しきに回すを要す

大國主神の國土避讓の物語と天孫降臨の物語との間には、合理的な聯絡がないやうである、中略而して天孫降臨は其の事柄の性質を考へて見ると、是は我が皇祖の大神が、此の國土に君臨し給ふた最初の物語であるから、大國主の國土避讓即ち天孫民族と出雲民族との併合融和といふやうな、稍複雜な政治的意義を有する物語よりも、遙かに以前に起つた事のやうにも考へられるのである、要するに天孫降臨の神話は神代史上の難關であつて、天孫降臨以後に於ける高天原の傳說が傳らず、又天孫降臨以前に於ける筑紫の日本民族、若しくは西南種族の狀態が一部分より外窺はれない爲めに、此の大切な神話が永久の謎として殘されることになつたのである、

古事記新講

いかにも現在記紀の載する神話排列の順序では、永久の謎を解くわけにゆかぬが、それにしても右抄出の文中に、天孫降臨を國土避讓物語より遙か以前のことなるべしと看取されたは、流石に卓見にして謎の解決に幾步かを進めた者である、然るに世には次に記するやうな途方もない考を前提として、竊に調査の步武を進めつつあるものがある。

高天原神話を背景として發達したる種族は天照民族である、出雲神話を背景として繁衍したる種族は大國主民族である、筑紫神話を背景として優勝したる種族は高千穗民族である、天照民族と大國主民族とは或る某の時代に併合融和は成立した、高千穗民族は其の以後の渡來に係るも、終に優勝の勢威を以て各個の神話を一貫のものに作爲して、國の統一に成功した。

斯かる考を前提としては如何なる歸納に到著するや測られざるものがある、つまり是れは記紀が天孫遠征の古傳を失つたからのことで、若も之を失はずに高天原の晦光を天孫出征中の出來事に書

いたならば事は一切明白なのである。但し高天原大事變を神話中の最古代に置き且つ極めて神異的な事にしたのは、諱む所あるが爲めと諒恕しなければならぬ、併し今日となつては、なまなか諱み畏れては、却つて異端の説を大にする恐ある世なりと覺るを要する。

天孫遠征の年代

天孫の大陸遠征は皇紀四百餘年以前である……本章に武伯山軍冀に糾合し南に跳破すとあるは、貊族が山西省に集合を行ひ南に向つて進出を爲したことを謂ふのである。貊は九貊とも言はれた程であるから餘の各省にも存在してゐたであらうが、ここに云ふ武伯は、主として山西の貊を稱するものらしい、山軍の意義は詳かでないが、山西とも言はれる地方のこと故、山越しに進み出たのに因つた稱であらう。支那の古典に見ると、周宣王の世の頃迄は貊とも見え山戎とも見えてゐるが、爾後は貊とはなく只山戎とのみ見えて居る、山戎とは武伯山軍の稱から轉じた名ではあるまいか、成王が即位十二年に、己の弟應韓を今の直隷省固安縣に封じて韓國を立てさせ、燕の側背を防禦せしめたは、一には殷叔の自由建國に對し、一には山西貊族の糾合に對せしめたのであらう、翌十四年には周魯齊の三國聯合軍を以て戎と戰つて居り、又其の翌年には山東の萊夷に討伐を加へて居る、韓燕聯合軍が殷叔の辰沄殷王國に來攻したのは、此等の情況より考へ成王の十五年乃至二十年のことゝ思はれる、それより幾年か後れて我が天孫が丹波薩摩の兵を帥ゐて渝濱に會されたのであれば、假にこれを成王の三十年とせば、神武天皇即位紀元の辛酉の歳より數へて四百十年前の乙卯に該當する。

天孫遠征の上陸地

渝濱は山海關内の海岸を稱したものである。前漢地理誌に、遼西郡に交黎縣あり渝水首めに塞外に受け、南して海に入る云云、應劭曰く今の昌黎なりと、以て其の關内なることが判る、乃ち天孫の上陸は秦皇島附近と察しられ、當時にあつては無二の大遠征と申すべきである。僅かなる古語の片影ではあるが、古事記天孫降臨の條に、天浮橋《あまのうきはし》に宇岐士摩理蘇理多多斯氏《うきじまりそりたたして》といふ詞がある、ウキジマは浮洲にて島のことであり、ソリタタシは添り立たしの意で船を島に添へ寄せて其の島に立つことである、それだのに天の浮橋を天空の或物と考へたり、虚空を昇降する船と思つたり、或は虹のことゝ論じたりして、浮洲をも空中の洲と爲すに至つては、或る心的の妄作と謂はねばならぬ、決してそんなわけの事でなく遠征途上の風趣なのである、兎に角渝濱に至るまでには、處々の島處々の岸に船を寄せ立たして日數を經たまひたることならむ。

此の大遠征が皇紀四百餘年前にあつたのであれば、大和高天原は其の時既に完全なる國家組織の帝都であつた、それが亦其の時に於て暗く闇く且つ闇くなつて、五月蠅《さつきはへな》如す萬づ荒ぶる神の跳梁となつた、而してそれが神武天皇まで四百年間、古事記の「常夜《とこよ》ゆく」てふ詞が此の期間を蔽ふてゐたとされる。

世には畸人もあるもので、東洋諸國一般に各帝王の在世年數平均三十年以下なりと云ふを論據とし、それを以て我が歴代の平均在位年數と定め、神武天皇より以前の神代六世伊邪那岐尊・天照大神及び以下四代に之を乘じて其の總世紀を百八十年とし、天皇及び以下の歴代にも平均三十年を乘じて皇紀を引下げ、考定年表を作成した者がある、彼等は神武天皇即位元年をば紀元六百一年に引下げて、漢の宣帝の神爵二年と歲を同しうすと爲し、我が古史に天皇の在位を七十六年とせるを四十年に切詰め、紀元六百四十年を崩御の年としたのである、因つて亦伊邪那岐尊は皇紀四百二十一年の即位孝靈天皇三十一年となり秦の始皇の七年に該當し、天照大神は四百五十一年孝元天皇五年の即位となり、恰も秦始皇が殂落した歲に當り、四百八十一年同天皇三十四年の崩御となり、漢の呂后の殂せる歲に該當す、また天孫の高千穗降臨は五百十一年開化天皇八年となり、漢の景帝が太子榮を廢したる歲に當り、崩御は五百四十年となり、漢の武帝が霍去病を驃騎將軍と爲した歲に該當す、抑皇紀は國奠である、然るにその元年の辛酉を六百年干支五運後の辛酉に引下げ得得として其の考定を刊行し。且つ本書を草するに當り、先輩史家の說に負ふ所少なからず、謹んで玆に謝意を表すと附言してゐる、讀者其の詳なるを聞かんと欲せば對外日本歷史てふ一書を見よ

斯かる學者は世に少なからず存するやうであるが、何ぞ料らん天孫の尊號は皇紀四百十餘年以前に大陸に顯れて居て、右學者が其の考定年表に擬定せる天孫即位の歲より、優に一千餘年以前の史實となつてゐる。彼等は必ず言ふであらう、天孫は神武天皇の三世の祖にましませば、一世三十年と

すれば、天孫の降臨は、天皇の即位より九十年の古に在るべく、四百年の古とするは世數の許さざる所となりと、然れども神代の世數は語部《かたりべ》の古傳に過ぎず、また語部の古傳は、當代に於ける最も著名偉大の神にして永く人の記臆より亡せざる者に限らるるは必然の數である、孟子序說に韓愈の原道を引いて曰く、堯は是を以て之を舜に傳へ、舜は是を以て之を禹に傳へ、禹は是を以て之を湯に傳へ、湯は是を以て之を文武周公に傳へ、文武周公は之を孔子に傳へ、孔子は之を孟軻に傳ふと、是れ心法の傳統を列序したもので、年紀の外に超越した心法の授受者である、ためにこの九人だけは人の言辭の上に永く記臆されて居るが、其の餘の者は、史書文字の中に年月もろとも過去の者となつて、人の記臆からは皆遠ざかつてしまつた、若し或は文字なく、單に語部の語り傳へであるならば、この九人より外には何者も居ないことにならう、その居ないことになつてしまつた揚句に、之を文字の上に著はしたら如何なるものが、古傳記となつて出來上るであらうか、堯之が始祖となり舜之を繼ぎ、孔子第八世に居り孟軻第九世に坐するに違ない、そこで一世三十年を取つてこれに乘ずれば、王道傳統史の長さ僅かに二百七十年であらう、されど實際の長さは堯の即位より孔子の卒去迄一千八百六十四年である、我が語部の語り傳へた神代史は、恰も之れと同じ者と見ねばならぬ、何はあれ我が天孫の御名が、本頌叙によりて、皇紀四百餘年前の支那大陸に顯れたは、高天原を背景とする神話、出雲を背景とする神話、筑紫を背景とする神話の排列順序を、其の正しきに挽回すべき大磁鉞の現出と謂はねばならぬ、この大磁鉞によりて千古の謎は皆釋けるであらう、又この大磁鉞は學者の妄を膺懲すべき大權威の顯現である、國體今古を通じて愈昭かに、民心乃ち古の誇に反つて化に一なるを得ん乎。

學者の妄を膺懲すべき大權威の顯現

第二十六章　天孫肅愼氏を斬つて以て徇ふ

武伯追獲夏莫且寧義騅斬之以徇諸族喜躍響應傳謂俞于入之誅

譯文

武伯追ふて夏莫且《けむそ》を獲。寧義騅《にきし》之を斬つて以て徇ふ。諸族喜躍響應す。傳へて俞于入《ゆうに》の誅と謂ふ。

夏莫且は何者とも分らぬ、從つて如何に發音すべきかを知らねど、假にケムソと讀むで置く、而して之を情況に因つて判ずるに、前二十三章に嘻朱申の宗賄に毒せられ兵を倒にして我委盡く頽るとあり、亦本章に諸族喜躍響應とあつて、之を斬りたるを快絕の擧としたのであれば、諸族から惡まれ怨まれたる朱申宗家の主であらうと思ふ、彼は常に周室に出入してゐたことも見えて居り、淮夷の伐た

天孫諸軍を統監し俘を受く

れるのを餘所に見た許りでなく、周の克つたのを祝賀した程であれば、萊夷の攻伐にも周に與しゐたであらう、かういふ風であつたから、彼は東族でありながら東族の寇讐であると目されたに相違ない、此等の事を彼れ是れ併せ考へて、本章の云ふ所を玩味すると、夏莫且は朱申宗家の主であらねばならぬ。なほ傍證を求めると、是の時よりは遙か後世のことなれど、扶餘族に解慕漱といふ者が現はれて天神の子と言はれた、その解とこの夏とは、カと讀めば雙方ともカと讀め、ケにもクにも雙方ながらさう讀める、慕漱と莫且も雙方ともにマソ或はムソ又はモサに讀め、いづれにしても語呂はよく合ふてゐる、然らば夏莫且は扶餘族と語呂を同じうする種族と考へることが出來やう、即ち朱申種族と考へられるのである、朱申は即肅愼で、周に於ける肅愼氏は、周が賂して心を攬るに努めたことから察しても、其の大族なることが知れ、平素優勢な者であつたに相違なく、而して同族は皆それを憤つて居たであらうが、大族だけに手出もならず怨を呑むで居た所へ、流石は山西の貊族、大擧して南に跳出し、肅愼が當時どこに居たか今それを詳にし難いが、貊軍能く其の國を攻陷し走るを追ふてその君を俘虜とし、以て天孫に獻じたのであらうと察しられる。して見ると此役に天孫親しく諸軍高夷・孤竹・令支・貊・濊の諸軍を統監されたに違ない、さうでなければ俘虜を受けさせられる所以がない。當時これを殺すか生すかに就ては必議論のあつたことであらう、何にせよ大族の君でもあり庶族も多かつたであらうから、生殺を誤らば容易ならぬ事體を發生するかも知れない、然るに

兪于入の誅

天孫は周の賂に毒せられ我が族を賣つた罪を責め、斬つて大義を明にし、以て之を東族の一般に宣示されたことゝ思へる、其の結果として諸族喜び躍り、遠近響のごとく應ずる盛事を招徠したのであらう、傳へて之を兪于入《ゆうに》の誅と謂ふとあれど、ユウニとは何の意味とも分らぬ、察する所當時の詞で軍の首途の血祭をいふたものであらう。後の世の契丹の射鬼箭は此の古傳からではあるまいか、射鬼箭は軍の血祭である。

第二十七章　東族の戰圖

東族と應韓

於是降燕滅韓薄齊破周

譯文

是に於て。燕を降し韓を滅し。齊に薄《せま》り。周を破る。

周秦の古史を將つて本章の所言を稽査するに、燕を降せるは周の昭王皇紀前三七七年即位の末年に在るべく、若くは穆王皇紀前三二六年即位の初年に在るべし、韓の滅びたるは竹書紀年に依るに平王皇紀前一一〇年即位の十四年なるが如し、されば此等の史實が天孫出征中の事にあらざるは勿論なれども、燕と曰ひ韓と曰ひそれ

貊と共に併稱された追族

等の國が東族の攻圍を受けたるは、以前からのことで天孫出征中にある。而して燕は召公の封ぜられた國であるが、其の生存中（康王の二六年に卒す）から周室との聯絡を毎に絶たれて居る、又韓は前にも言ふた通り成王十二年（皇紀前四二九年）の立國にして、詩の大雅韓奕の章を看るとよく當時の狀勢が判じられる、それに依ると成王が弟の應韓を封じたのは因《ル》㆓時《コノ》百蠻《ニ》㆒とあつて、百蠻に對抗の爲めなるは明かなことで、押韻の具合から蠻字を下してゐるが、實は東族を指していふたのである、然るに韓は幾ばくも經ぬうちに東族から包圍され、周室との聯絡を絶たれてしまつた。韓でさへかうであるから其の東北に位置した燕は猶更のことである、宣王の周室中興（皇紀前一六七年即位）に至つて、當代の英傑尹吉甫の力で辛うじて韓までは聯絡をつけ得て、竹書に。宣王四年。王命㆓蹶父㆒如《ユカシム》㆑韓。韓侯來朝。と見えてゐる、是れその兵力を以て道を開いたのであることは、韓奕の詩に。蹶父孔《ハナハタ》武《タケシ》。靡《ナシ》㆓國《トシテ》不《ル》㆑到《チ》。と稱讃したので判る、蹶父は即吉甫にして字は異つて居れど同音である、されど流石の吉甫も遂に燕までは聯絡をつけ得なかつたので、燕は依然暗黑界に置かれて周室朝貢上の行衞不明國となつてゐた、それでも韓までは聯絡がついたので、詩に王錫《タモフ》㆓韓侯《ニ》㆒。其追《レ》其貊《レ》。奄《ココニ》受《ケ》㆓北國《チ》㆒。因《テ》以《ナ》其《レ》伯《タリ》。とあるは、久しく消息のなかつた韓侯の來朝により、宣王これに命を賜ふたを詠歌したものである、註に追は國名とのみで他の事は何も分らない、只僅に左に記するくらゐの心あたりがあるに過ぎぬ。

追の古音は隨と同じである、また隨の古文でもあつた、離騷の背《キ》㆓繩墨《ニ》㆒以追《シタガフ》㆑曲《ニ》の註に、追與㆑

應韓の滅亡

隨通とあり、集韻にも隨古通ㇾ追とある、又追は遂とも互に叶音であつた、今追隨同音の上から考へると、左傳隱公五年に翼侯奔ㇾ隨とある如く、追の故國は隨字によつて著はされてゐるかも知れない、その翼侯の奔つた隨は今稽へ難いが、僅かに杜預の註に由つて晉の地とは知られる、それならば今の山西省境内であらう、又左傳の桓公六年に楚武王侵ㇾ隨とあるは今の湖北省德安府隨州なれば、詩の謂はゆる追とは見られない、されど歷史上何等かの族系が連つてゐるかも知れぬ、又追と遂との近音の上に見ると、莊公十三年に齊人滅ㇾ遂而戍《ル》ㇾ之、また同十七年に齊人殲《ツク》二于遂一とあるのに意が注がれる、（傳に云ふ、遂の因氏・頜氏・工婁氏・須遂氏（皆東族）齊の戍を饗し醉はしめて之を殺し齊人みなごろしにさる）此の遂は今山東省泰安府肥城縣で、詩に云ふ追と少しく方向は違へど其の分族とは推想される、名にし負ふ貊と竝び稱されて詩にも載つてゐるのであれば、分族も各地に居たであらう、一統志に白河一名白遂河とあるは、詩に云ふ貊と追とを併稱した名のやうに聞える、或は名の起原がそこに在るのかも知れないが、今は旁く捜す暇をもたねば、他日重ねて稽ふることにしたい。

尹吉甫の功によつて一度聯絡の取れた韓も、忽復東族の重圍に落ち遂に滅亡に及んだ、凡そ支那の歷史は、夷狄に對して勝つたことは每に誇張しあるも、敗けた時のこと亡された時のことは、務めて書かないで、抹消するに勉め、春秋の如きも國恥は書かぬを史の禮としてゐた、故に韓の滅亡の次第を書いた者は一も存しない、僅かに韓之先、本與ㇾ周同姓、武王子韓侯之後也、國絕、其後裔事レ晉、爲ニ韓氏一とある許りで、どういふ事情のもとに國が絶へたのか、それは全然抹消されてゐて、司馬遷の史記も矢張その通である、只一奇聞を遺せるは竹書紀年にして晉人滅レ韓とある、ところが晉はこの時代、韓の所在地なる今の直隸省固安あたりへは手が延びて居ない、また韓の所在を河南省としても成王の弟の建てた己と同姓の侯國を滅すには、まだ時代が頗る早い、若し晉が滅ぼして其處へ頭を出せば、貊との大格鬪が始まらなければならぬ、晉は當時まだ其の勢なく、戎狄の歡心を求め、それと連和に勉めて居たのであれば、竹書の言ふ所は事情に適してゐない、然るを晉が滅したやう書いたのは、夷の爲めに亡されたるを隱蔽せん爲の曲筆なるべく、果して晉が亡ぼしたものならば、諸侯の間の出來事なれば、國語等にそれがありさうなもの、然るに其の記載なく、却つて史記韓世家に滅後苗裔、事レ晉得ニ封于韓原一とあつて、晉は韓を滅したのでなく、滅後を收容して韓祀の存續を圖つた者なるを示して居る。

燕の側背に位置した韓は、比較的中原に接近し宗周の勢力を背に負ふて居たのである、それさへ東族の滅する所となつたのであれば、燕の亡びない筈はない、それがどうして滅びずに居たかは確かに史上の疑問である、想ふに燕の孤立無援を以てしては社稷の維持法が立たない、必や辭令を卑うし禮を厚うし、以て他の歡心を買ふに努め、偏にその代價を以て命を保つたとする外考へやうがない、越王句踐が會稽山に棲むで呉に降を乞へる時の言葉に、身は臣と爲り妻は妾たらんとある、そして呉の太宰伯嚭に賂を贈り居中斡旋を叩頭以て懇願した、それで越は滅びざるを得て後遂に呉を滅すに至つた、燕の東族に對するも亦必この手段に頼つたものとされる、是れ本章に燕を降すとある所以で、當時の事情然かあらねばならぬ。抑も燕は春秋十二列國の一であるが、其の二百四十年の歴史の上に、燕は無存在の國といふも殆ど差支ない程の妙な存在を有つた國である。人の知る通り春秋は孔子筆を周平王の四十九年に起し、敬王の三十九年獲麟に絶つたのであれば、其の間二百四十二年であつて、十二列國はもとより其の餘の小國も、白狄・赤狄・徐夷・淮夷・介夷・陸渾の戎までも、皆それぞれに名を現はし、その會盟攻伐が記載されてゐるのに、燕ばかりは此の中に入つて居らぬ、只その名の見えたのは僅に次のことだけである。

◎魯莊公三十年冬。公と齊侯（桓公）と魯濟に遇ふ（魯濟は齊魯二國の界を劃して流るる濟水の、魯の領分の土地）齊人山戎を伐つ（山戎は貊）傳に曰く、魯濟に遇へるは山戎を謀るなり。其の燕を病ましむるを以ての故なり。

◎魯昭公三年。北燕の簡公嬖寵多し。諸大夫を去つて寵人を立てんと欲す。冬。燕の大夫比して公の外嬖を殺す。公懼れて齊に奔る。

◎同十有二年。齊の高偃（齊の大夫）師を帥ひて北燕伯を陽に納《い》る。註に云ふ。燕と言はざるは未だ國都に納るるを得ざればなり（燕の國都は今の直隷省順天府大興縣の西南、陽は同省保定府唐縣の東北）

春秋に燕を語つてゐるのは單にこれだけで、一は齊の桓公が覇業の勢力を以て燕を東族の圍中よ

東族の中に沒入せる燕

り救出したこと、一は燕の內亂に過ぎぬ、斯かる有樣なれば、燕は齊の桓公の時まで三百有餘年間（周穆王の元年を起算とす）全然東族の中に沒入してゐたのであつた。故に此の間には燕に一の歷史なしである、無いのではあるまい書き得ない程の事情の下に屈在したのであらう。されば東族も燕を以て殷叔の國と同じやうに自巳の國と思つてゐたに違ない、その三百年といふ長い年月の間、燕が東族の攻擊を受けなかつたのは全くその爲であつて、雙方ともに恩怨竝び亡せて、互に融合同化の域に達したことと思はれる、史記の齊桓公燕を救ひ北のかた山戎を伐つて還るの記中に、「燕をして共に天子に貢すること成周の時の職の如くならしむ、便《すなは》ち燕復た召公の法を修む」とあつて、この時始めて三百有餘年前の諸侯に立戾つたわけであるが、然し燕は是より後も春秋の世を終るまで約二百年間、周に朝貢もせず諸侯の會盟にも加はらなかつた、燕の存否が全然麟經に載つてゐないのは其の爲である、是れ東族との融合同化に成れる一種の隱れたる獨立國の風貌である、それが戰國の世と爲つて七大强國の一に成つたのは、要するに其の風貌の發展に外ならぬ、故に燕人の血管中には東族の濃厚なる血が流れて居るものと思はれる、否寧ろ燕を以て周の宗親と爲すを怪む、或は東族が立國の便宜より自ら進むで周の宗室と假稱したのではないか、其の方が實情に近いやうである、若くは周の宗親たる召公の社稷早く覆つて、東族之を領し其の社稷の主となつたのであらう、何にせよ其の民族の成分は、所謂東胡系の民族なるは確かである、要するに東族の國であつた。

東族と齊との關係は、齊の始祖太公望が營丘に封ぜられた時からのことで、萊夷の族がその建都を承知しないで攻伐を開始し、互に其の地を爭ひ合つた歷史がある、齊が勝ちはしたが結局講和に終り、萊夷はなほ其の雄勢を持續した。後五百四十餘年を經て魯の襄公の六年終に齊に滅されたが、隨分長い存在である、從つて其の間に幾たびか齊と戰ひまた魯とも戰つてゐて、いつも講和で收りがついてゐる。周の初政の大策は、斯かる大族をば力を以て亡さんは最も難きわざと悟つて、乃ち榮爵を與へ懷柔するに努めた、萊は夷と稱せらるゝも、名分上では諸侯であつて、箕子微子といふに同じく萊子子は爵名といはれ、國を今の山東省內に有しゐたのであつた。そこで此の萊族は、渤海を隔てゝ今の山海關內外に居る東族と交通をなし、聯絡を取つてゐたのは明かである。乃ち兩者互に策動してのことであらう、東族が齊の封域內を濶步し、且つ其の領土の大半を占有してゐた時代が隨分長かつた、齊の桓公以前約三百年に亘つてさうであつた、之を本章に於て齊に薄《せま》ると言つたのであらう。桓公が燕を東族の中から取出した歲より約四十年前のことであるが、東族は齊の國都を乘取るべく作戰を開始した事がある、史記の匈奴傳中に。山戎越レ燕伐レ齊。齊釐《き》公與戰二于齊郊一。とあるのが即ちそれで、郊の一字に依り、國都に肉迫したさまが善く現はされて居る、太史公は此の役のことをば、山戎が燕を越えて來たことに書いてゐるが、山戎本頌叙に云ふ武伯の山軍は韓を滅してから燕以南に勢藩を擴げ、之を齊の封域內に及してゐたのであれば、齊とは指顧呼應の間に在つた、支那の歷史は夷狄を中國以外の者と爲すに勉め、わざと筆を曲げる癖があるが、周の邦畿の内にさへ戎も居り夷も居つたではないか、何ぞ獨り山戎に之を怪まんやである、若も北疆以外の猛戎が燕を踏越ゑ齊の郊まで來たのであつたとしたら、燕は其の蹂躙の下に大破壞を受けてゐなければならぬ、然るに嘗て其の史實のないのは、燕南貊族の齊都攻伐なるに因る、此等貊族が常に齊に寇して燕に鋒を向けざりしは、燕を降して以來これを己の同族國と視てゐたからである。

東族と宗周

東族が直接に周の王都を蹂躙した事は書史の上に傳つて居らぬ、從つて本章に謂へる破周の事實を史學上より立證せんは頗る出來にくい、唯思ふに古來歷代の王都に於て、戎狄難の頻々起れるは周ほど烈しい國は莫い、その中の大珍事は何と言つても幽王が犬戎に殺されたことであらう。文武周召は聖賢の資に富める偉人と傳へられて居れど、召公死後僅か十四年にして周道漸く衰へぬとの聲が立ち、昭王は南征の途上、漢水の濱で膠づけの船に欺き載せられ、溺死してしまつた、宣王政に勤め周室中興すと言ひはすれども、その三十年には馬化して人と爲り兎ありて鎬京宗周の都に舞ふ不祥事が著はれ、嗣いで立てる幽王は怪しき忘八子《ワンパアヅ》龜の貶稱の精を受けて生れた女の、笑ふことの嫌《きら》ひなのに魅せられ、遂に犬戎に殺されてしまつた。何んだか王と犬と龜とを取組ましたやうな變な小說じみた物語であるが、併し驪山の下で殺されたのは事實であらう。驪山は今の陝西省西安府渭南縣の地で、もと驪戎の國である、高麗・高勾麗の麗を、支那の史書には往々驪と作して居る、驪はまた

高夷・孤竹・令支の通稱高令

萊夷の萊と古音相通であり、令支國名の令と叶音である。斯く觀じ來れば、西には陝西に驪戎あり、東には山東に萊夷あり、北には直隷に令支あつて、驪・令・萊の同一通稱をもてる古民族が、西北東に亘つて半月形を畫して居たと知れる、此等の種族が東族であつて吾人の祖先と太古を共にする者としたら、名詞にもあれ動詞にもせよ、單語の冠頭に羅行音《ラリルレロ》の附く筈はなからう、然るに驪も萊も令も、頭音の羅行なるはどうしたわけの結果か怪まずには居られない、因つて稽査したるに、直隷の古族令支はもと高夷と一つ者で、其の族の自稱は高令であつたらしい、本頌叙には每も高令とあつて高と令とを二者としてゐない、高夷・孤竹・令支と分つたは支那古典のしわざなるべく、二字名の一つ地を、一字名の二地にした例は枚擧に暇ない程あれば、汲冢發堀の伊尹四方令や、周書王解會の指稱する高夷・孤竹・令支は、一名稱の區域を三名稱に作つて王制の廣きに及べるを衒つたものと思はれる、即ち驢馬の啼聲を卬卬《キヨウキヨウ》・虛距《キヨキヨ》・蟨《ケツ》の三獸名に造つて、それを高夷・孤竹等の貢物に擬定したのと、同一筆法の細工であらう、而して高夷と稱したのは、今の直隷省天津府附迎に當る、乃ち其の遺稱と思はれるのは、同府の高城縣であつて、前漢の世には高城侯國と稱した、令支は令と黎との同音を以て昌黎の名の下に今猶古稱が保存されてゐる、昌黎は後の名で前漢の初には交黎とあつたのである、交黎は即ち高令であつて、これぞ古代の本稱呼なるべく、東族語に羅行の頭音がないのに一致する。然らば萊夷は如何といふに、萊夷の占據してゐた山東は、古代一に

萊夷の本稱は干萊

驪戎の本稱は圏驪

之を干と稱してゐた、從つて干國といふ名もあつた、その干と萊とを地理的に調査すれば、毎も同一地なることを發見する、それでは干が古の名で萊が後の稱かといふにさうではなく、萊の本名が干萊であつたと知れた。それを周人が或は干に或は萊に略稱し、尙書禹貢の上にも其の如く譯載したのであれば、本と其の族人の自稱ではない、斯う氣がついて見ると、干萊の干は神《カム》と同じで、カウとも發音し、干萊はカウレイ或はカウライにて、高令の同音異譯なりと知り得た、するとカウレイと稱した種族は渤海を取込んだ廣い地域に存在したものとされる。然らば驪戎は如何にといふに、未だ具體の考證には至らざるも、犬戎と驪戎とは本と一つ者であつて、犬戎の驪山に居るを驪戎と謂つたのであるが、其の族の自稱では圏驪と謂つたやうである、而して其の上半音の圏が上聲に呼ばれて犬と爲り、因つて犬戎の稱を生じ、下半音の驪から驪戎の稱が生れたらしい、即ち高令を分けて高夷・令支の二者とし、干萊を分けて干夷・萊夷と爲したに同じである、この圏驪もカウレイ或はカウライと訓むべきであれば、即ち高令と同聲の種族と思はれる、しかし考證猶未だ足らざるに因り敢て主張とは仕ないが、其の傾向だけは確かにある。周の幽王はこの族から殺されたのであるが、今それをかいつまんで云ふと、幽王初め申の女を娶つて后と爲し、之を申后といひ、太子宜臼を生めるが、後に褒姒を寵して后と爲し、申后及び太子を廢したので、太子は母の實家なる申に奔つた、幽王怒つて申を伐つに及んで、申侯乃ち犬戎を召いて反つて王を攻め、犬戎遂に王を驪山の下に殺したのである。この犬戎氏は潛夫論に黃帝の後とあるから、姬姓ではあるが周の祖先后稷から分岐した姬姓でなく、周よりは一頭地を抽ける姬姓である。又申侯は姜姓にして四嶽の裔冑といふのであるから、貊族と其の祖を一にしてゐる國である。且つ本頌叙にも犬戎氏を東族の一に數へ、貊に屬する者としてある所から考へると、貊夷も姜戎も犬戎も驪戎も、互に相近邇した種族であつて、貊に近き種族の犬戎が貊族の申國を助けて、異姓の幽王を驪山に殺したといふわけになり、同族間の好誼から相助け合つて周を破つたものである。是を以て高令千萊圈驪の三者はもと一種族であつたと想像し得られる、それが一は山東千萊に一は直隷高令に一は陝西圈驪に擴がり、春秋の世の終まで其の種稱を三樣の文字上に保有し居た者とされやう。若も山西に同一の現象を發見し得ば、東より北へ、北より西へ約百八十度の一大半圓線を畫する者となり、地理學上の民族分布系統を詳かにし得ることにもならう。要するに本章に謂ふ周を破るの一句は、驪戎犬戎が東族を以て幽王を殺したことを云ふてゐるのではあるまいか、若さうとすれば其の間に於ける東族に、或る聯絡があつたものと推想されなくもない。

第二十八章　天孫の皇子立つて辰沄殷の祀を繼ぐ

辰殷大記曰殷叔老無子當尉越之將旋于東養密矩爲嗣尋殂壽八十九督坑賁國密矩立時尹兮步乙酉秋七月也

譯文

辰殷大記に曰く。殷叔老て子なし。尉越《うゑ》の將に東に旋らんとするに當り。密矩《みこ》を養ひ嗣と爲す。尋いて殂す。壽八十九。督抗賁《とこひ》國密矩《みこ》立つ。時に尹兮步乙酉秋七月なり（尹兮步義未詳）

辰殷大記は書名なるべく、これを辰殷といへるは辰（三韓の全稱）と殷との二國を併稱したものか、辰沄殷の略言なるか定かならざるも、多分後者であらう、即辰沄殷の國史なるべしとおもふ、尉越はキヱと讀むのが本當かも知れぬが、尉にウツの音もあり、又思當ることもあればウヱと讀むだのである、それは契丹語に于越《ウヱ》といふ詞があつて、遼史に左の如く字解されてある。

東族天孫を于越と敬稱す

于越は貴官にして職とする所のこと無く、其の位北南の大上に居るものなり、大功徳ある者にあらざれば授けず（遼には北面南面の班あり）

思ふに于越は字解の言ふ如く大上《うへ》の義にして、我が國訓の上《うへ》と同じわけである、遼ではそれを無上官位の尊稱とし、大功德ある者でなければそれに爲さぬことにしてゐたのである、今本章に云ふウヱは、天孫にましますこと前後の關係に於て疑のない所である。然し天孫を稱してウヱといへるは官職の謂でなく、大上尊貴の謂であらう、當時天孫は各族を統監されて居たが、もともと客分にてあらせらるれば、國賓に對する無二の敬語として尉越《うゐ》てう詞が用ひられたのであらうと思ふ、本來の言詞からいへば、上はウヘであつてウヱではないが、漢字を以て音譯されたものは、其の聞えが同音ならさうと見ねばならぬ、假名書きの和歌に對するやうな詮議立は此際無用である。

密矩《みこ》は御子に解せられ、督抗賁國密矩《とこひこみこ》は督抗彥御子《トコヒコミコ》とも訓めるが、督抗の義は何とも解しかねる、或は督抗賁國は當時どこかの國名で皇子の親しく領せられてゐた處かも知れない、國を假字として訓むはいかがあらんと自ら危むで居る。因つて考ふるに、燕に督亢といふ處があつて、後漢郡國志の涿郡方城縣の解に。方城故《モト》屬二廣陽一。有二臨鄉一。有二督亭一。註に劉向別錄を引き、督亢は膏腴の地なり、史記に荊軻督亢の圖を奉して秦に入るとは是なりとある、史記を按ずるに、燕王喜十二年。趙使二李牧攻一レ燕。拔二武遂・方城一。註に徐廣曰く涿に屬す、督亢亭あり云云。然れども索隱は之に與せずして。督亢之田。在二燕東一。甚良沃。と曰ふてゐる、蓋燕の太子丹が、其の地圖を畫き秦に献ずる風を爲し、因つて以て秦王を刺さしめんとしたは、燕の東の土地であつたらう、方城は薊に

謂はゆる箕子の殂年及其の壽

趙の拔く所となり、後十六年にして趙滅び、其の地は秦に入つて居るはづなれば、其の方面の土地では秦王の興を惹くことが出來ない、燕の東とすれば天津より昌黎あたりの間にあつたと推想される、或は其の地方に督抗貢國といふが古しあつて、皇子は之を領し居られたのではあるまいか、愈出て愈奇なるは本頌敍である。

尹兮步は何の義とも解せぬ、乙酉は殷の曆によつたのであらう、之れを支那の古典舊史に引き合せ見るに、周武王の殂した歲が乙酉なるも、本章のいふ乙酉をそれとは思へぬ、成王の在位三十七年中には乙酉なく、康王の二十三年に乙酉がある、殷叔の殂をこの乙酉と見るのが、最も事情に適し且つ史實にも合ふやうに思はれる。さうすると武王の殂後六十一年、周公の卒後五十年、成王の卒後二十四年に該當し、召公の死に先立つこと四年前と爲る、そして壽八十九とあれば殷紂の十一年丁己の出生であらねばならぬ、然らば紂の亡びた時戊寅はまだ二十二歲の青年であり、武王の殂した時は二十九歲の壯者である。この年齡關係は支那古典に影響する所甚大で、第一に箕子を紂之諸父也と言つてゐるのが情理に叶はぬことになる、尤も己より年の若い叔父は世に幾らもあれど、箕子を紂の諸父と言ふのは、紂よりは遙か老年なる賢人といふ意味が含まつてゐる、ところがそれは事實に違つた物語なる事が本章に由つて露顯した。第二は武王箕子に訪ひ、箕子爲に洪範を述べて武王に傳授したといふことが事實でないことになる、武王は在位七年壽九十三で殂したのであれば、殷に克つたは八十七歳の老境である、この老境の戰勝者が二十二歳の青年の處へ教を受けに往つたとは何としても受取れぬ、尤も堯は八歳の蒲衣を師とし、項槖は七歳にして孔子の師となつたといふから、聖人の爲すことはいつも變つてゐて、年齡を以て律するわけにゆかねど、それにしても變である、其の他紂の象箸を作つたのを痛く歎じたとか、佯り狂して奴と爲つたとか、いづれも年齡に合せ見ると後世の作話に違ひない。翻つて一面の觀察をその年齡の上に下すと、殷の亡びたる日奔竄して忠義なる者の家に身を潛め、周の探偵の眼を避けん爲め、奴隷姿に身を窶したやうな事は當にありさうなことである、遂に免れ得ず俘虜についたことも亦ありさうなことである、本頌叙がそれを俘虜から奪取つて擁立したことに書いてゐるのは、支那古典の不自然なるに比して遙に自然に庶幾い。

天孫と箕子との奇遇

天孫の大陸駐軍三十年

それよりも更に大問題なるは、我が日本國史との關係である、天孫と殷叔即謂はゆる箕子との奇遇、是れが第一に前代未聞の珍事なるに、天孫凱旋の間際に殷叔が、殷の社稷の主に皇子を請ひ申して猶子と爲したといふことは、轉た又驚愕すべき史實である。本章の文勢から見ると、尋いて殂すとあれば、直ぐ間もなく殂落したのであつて、天孫の凱旋と此の間とにあまり隔たりがなかつたとされる、因つて凱旋をそれより三年以前と見て、癸未の歲とすれば、皇紀三百八十三年前に該當する、而して淤濱の會が前第二十五章に述べたやうに成王の三十年にあつたとしたら、天孫の大陸駐在は二十九年の久しきに亘り、之れに往復日數を加算すれば正に三十年である。古事記に皇子山幸彦《やまさちひこ》即ち日子穗穗《ひこほほ》手見命《でみのみこと》の海神國に住みたまへるを三年としてあるは、この三十年を物語つてゐるのではないか。三年と三十年、あまりに差があるといふかも知れないが、語部《かたりべ》の譚草《かたりくさ》としては、三十年はいつか三年につづまりもしやう、只三なる數は忘れ難く謬り難い數である。遠征が斯く長期に亘る豫想からのことと推察されるのは、天照大神始め太子天忍穗耳命《あめのおしほみみのみこと》に語らせ、天降せしめたまふべく御心を勞させ給ひたのであつたが、中止になつて天孫に天降すべく御命じになつた事である、いかにも皇太子は尊き御職分として御國を始め給はねばならぬ、因つて高天原皇居に止まらせ、皇孫を御遣はしに相成つたは、寔に其の所なりと拜察される。是で皇太子が天降《あまも》らせなかたわけが最もよく分る、今までのやうでは、何故に太子の御身分でありながら、厥の御國に降臨したまふことを御中止に成つたか、其の理由種々の解釋はあれど徒らに惑ふのみであつた。最初皇太子將に降臨せんと目論ませたまひし時の下界は「荒振る神どもいたく騷ぎてあるなり」の狀態であつた、是れ當時に於ける支那大陸の狀態であつて、天孫の遠征はこの狀態に對してである。然るに記紀ともに斯くとは知らず、神武天皇の時にあつた出雲折衝と、天孫遠征の古傳とを紛料混淆して一つに書き登せた爲め、木に竹をついだやうな條理の通らぬ者にしてしまつた。爲めに近頃の懷疑派學者から其の不合條理の箇所箇所を摘出され、或は尊嚴にも係はるやうな、紛紛たる議論を誘起するに至つた、之を本に反らしむる所

殷祀を嗣げる皇子の御名

以の道は獨り本頌叙を純正に釋明するに在る。

殷叔の猶子として、成湯以來紂に至るまで天子たること三十一世六百四十五年竹書紀年に據るの殷祀を繼承されたる皇子の御名は、密矩《みこ》とのみで單に敬稱を伺ふに止るは遺憾であるが、古の習なれば餘儀なし、何にせよ我が東亞史上の一大事體なるに、我が神代の古傳に何も見えぬとは不審の至なれど、それも高天原に大事變起つて三百八十餘年の久しき常夜《とこよ》の闇《やみ》を續け、何も彼も失はれた爲めとあきらむる外ない。それにしても天孫に三皇子のましましたことだけは傳つてゐて、いとも有難いことである。第一の皇子火照命《ほでりのみこと》と第三の皇子火遠理命《ほをりのみこと》とが、海先鋒《うみさち》・山先鋒《やまさち》に就いて先鋒を競はれたことは窺ひ知らるるも、第二の皇子火須勢理命《ほすせりの》に就ては何も窺はれない、但し古事記と日本書紀との間に、記事の紛淆があつて、記に據れば隼人阿多君の祖をホデリノミコトと爲し、書紀にはそれをホスセリノミコトと爲してゐる、記紀雙方の言分を立てれば、ホデリの命も、ホスセリの命も、共に隼族の祖に爲らせられたと見る外ないが、御一人は確にさうあらうと思はるれど、餘の御一人は如何であらうか、因つて古事記の方を信じ、ホデリノミコトが隼人阿多君の祖にならせられたりとして、さてホスセリノミコトの御行衞先きを考ふるに、殷の社稷の祀を繼がせ給ふたは此のミコトにはおはさぬか。就ては年齡の問題に移らねばならぬが、天孫は御凱旋の時幾何の御年齡にあらせられたらうか、前に申した海先鋒の皇子は三十歳、山先鋒の皇子は二十歳前後にあらせられたと假

天孫凱旋時御年齢の推算

謂はゆる箕子朝鮮は天孫の分系王國

定し、そして大陸に駐軍三十年とすれば、凱旋の時海の皇子は六十歳、山の皇子は五十歳に達せられてゐたものと考へられる、而してこの一の皇子を天孫二十三歳古人早婚の時の御出生とすれば、天孫は凱旋の時八十三歳にならせられて居らねばならぬ、すると中間の皇子ホスセリノミコトは五十四五歳にて、長壽を常とする古に在つては正に男盛である、殷叔が滅後の殷祀を東族間に再興し、更に進んで中原を克定し、故の殷都河南省を回復せんとするは頗る困難なる大業である、この雄志の達成と不達成の豫測は姑く擱くも、旣に再興せる殷國を強悍なる東族の間に維持し、其の寇掠より免れて永く殷祀を保全せんとするは、亦容易の事でない、運命は一に東族を籠絡し得るや否やの上に懸つて居る、故に後嗣は是非とも各族の衆望を身に集め居る者でなければならぬ、それには恩威三十年、各族を統監せる天孫の帷幄に在つて、攻城野戰の韜略に衆望を集めたる皇子に倚らねばならぬ。ホスセリノミコトは正に其の皇子にてあらせられたらうと思はれる。但し天孫の駐蹕三十年の久しきに亘れば、其の間に皇子皇女の降誕も必あつたに相違ない、されば箕子の懇望に依り授けたまふべき皇子は他にも必あらせられたであらうが、殷叔懇望の基礎が其の社稷の上に在つたとせば、幼若の皇子を枉げてもとは冀はなかつたであらう、爾後四十餘世八百餘年の辰沄殷王國はここに其の王基が確と築かれたのである。

古事記に、日子《ひこ》穗穗手見《ほほでみ》命天孫の皇子山佐知彦は高千穗宮に伍佰捌拾歳五百八十歳坐《ま》しまきとあるを、學者概ね

日向高天原の存在期間

歴史以前の言傳なれば事實とし見る能はずと云ふ。併し單に偶然に入つた無意味の數字とのみは見られない、何事か意味ある傳説の片鱗が、前後の照應を齎らさずに孤獨に顯はれた者と見るが妥當であらう。されど今までの神話解釋では前後の照應を發見するわけにゆかぬ、今本頌叙をとつて之を稽ふるに、天孫の支那に顯はれたまへるは皇紀四百餘年前であれば、日向高天原の創立と神武天皇即位元年との間には、四百何十年といふ相距あるは明かであらう、其の以前の日向は高天原の尊格ではないが、西海の要鎮として亦皇子等の欽差もあつたであらう、しかもそれは暫く言はずに、天孫の降下から見て、神武天皇迄四百幾年を日向高天原の存在期間とはされやう、五百八十歳は百餘歳長過ぎるやうであるが、固より概算として、此の數字は神武天皇に至るまでの日向高天原の壽命を語つたものではあるまいか、無意味の數字として打棄てるよりは、ここに考を運らすこと蓋古に忠なるわざであらう。

第二十九章　辰沄殷再度東遷

賛繼前言曰爾來跳嘯三百餘載時運漸不利伯分爲二一迍於弁一入于秦秦自是

盇豪燕亦加彊殷遂以孛涘勃大水爲界讓曼灌幹之壤而東

譯文

贊前言を繼いで曰く。爾來跳嘯三百餘載。時運漸く利ならず。伯分れて二と爲り、一は弁《ハン》に連り。一は秦に入る。秦是より盇豪。燕も亦彊を加ふ。殷遂に孛涘勃《はしほ》大水を以て界と爲し。曼灌《まは》幹《かむ》の壤を讓り而して東す。

東族跳嘯三百餘歳

贊は洲鑑の贊をいふ、第二十一章より此のかた贊の所言を擧け來つて、只前章だけに辰殷大記の文を抽將して挿み、本章よりまたもとの贊に反つたのであれば、そこで贊前言を繼ぐと言へるのである、即本章は第二十七章の文を承けたものとして讀まねばならぬ。三百餘歳は、殷叔の殂落より齊の桓公が諸侯を糾合して東族に打擊を加へた時まで、概ね三百八十年なるを約めていふたものであらう、此の間が東族の最も跳梁した時で、諸侯何れも屛息して偏に防禦に勉め、敢て進攻の勇を鼓する者はなかつた、故に概數からいへば跳嘯約四百年であつて、三百餘載といひしは頗る內輪である、但し本章の言ふ所が貊族の分裂までを指すのなら、或は三百餘年かも知れぬ、その分裂の何時起つたかは歷史にないことで、稽へやうがないから、本章の言ふ所に從つて、齊桓公覇業の幾年か前にその事があつたと想像する外ない。蓋し桓公の東族攻擊はこの弱點に乘じての成功なるべし、

齊桓山戎を伐ち孤竹君を斬る

又燕が急を齊に告げ救を求めたといふのも、此の分裂の際の出來事であつたかも知れぬ。若も貊族にして健全を保つてゐたら、桓公も容易に覇業を成し遂げ得なかつたであらう、桓公は孤竹の國今の昌黎の地まで來たらしく、孤竹の君の首を斬つたといふことも見えてゐる、こゝで氣の附かなければならぬ事は、伯夷叔齊の上である、夷齊は既にいへる通り、貊族大義の叫聲を人格化したものであるが、支那の古傳には孤竹の君の二子と爲つてゐる、然かも其の生國は依然周の勢範外に立つて居て、東族中の一國なるを誇とし、齊桓時代になつても、猶山戎と汎稱されてゐたのは、伯夷に對する支那の古傳を裏切つたものではないか、齊桓は山戎征伐の成功を諸侯に告ぐるに、孤竹の君の首を以てし、而して其の捷を誇つたのであれば、孤竹國の山戎なりしは明かである、而かもそれが周武の時代より約四百五十年後の孤竹であつて、猶且依然たる貊族の國なるに省れば、周初の勢力が遠きに及むで居なかつたことが分らう古今の學者多く此の情勢に通せず齊桓は孤竹あたりまで軍を進め、辰沄殷の西藩を蹂躙したれど、殷の本藩には一指も染め得なかつた、殷はその時翳父婁前出に在つて、天孫の皇子密矩嗣立以來早已に三百八十年の獨立國を不動の地に保有しゐたのであつた。

貊族の分裂

貊は如何なる情勢の下に分裂したか分らねど、一は弁《ハン》に連り一は秦に入つたとある、弁《ハン》は匈《ハン》で匈奴のことである、其の殘部は齊桓に破られ暫く頓挫の姿であつたが間もなく勢を盛返して燕を包擁し、殷と舊態を保持し、齊の高偃の軍を拒いで燕都に入るを許さなかつた史實もある。之を通觀するに、

辰沄殷千里の地を燕に奪はる

今の直隷に排陣した東族に、最も不安を與ふることに成つたのは、山西方面の諸族赤狄・白狄・鮮虞等が晋の爲屢々擊破されて、その脅威が次第に右側に逼り來つたのに在る、併し春秋の世の終までは克く其の位置を保つたが、戰國の世となり、燕趙遂に界を接して互に相支持する勢になつてからは、志を降して民戸に編入するか、然らざれば重圍に陷らざるうちに、早く東遷北徙を爲さなければ成らなくなつた、濊は主として東遷し貊は主として北徙し、而して東遷せる者は殷に倚り、北徙せる者は匈奴鮮卑に合した、是に於て殷の外藩盡く崩潰の狀を呈するに至れるも、猶能く戰國の後半まで翳父婁に在つて、遠く山海關内昌黎地方をも併せ領有しゐたれど、燕の秦開に謀られ、不意を襲はれて山河を縮少し、遂に復た東遷の餘儀なきに至つた、史記匈奴傳に曰く。

燕有二賢將秦開一。爲レ質二於胡一。胡甚信レ之。歸而襲破。走《ラス》二東胡《チ》一。東胡卻千餘里この胡は辰沄殷を稱す與二荊軻一刺二秦王一秦舞陽者。開之孫也。

魏略に曰く。

燕乃遣二將秦開一。攻二其西方一。取レ地二千餘里。至二滿潘汗一爲レ界。朝鮮遂弱。

右史記・魏略ともに同一事を記せる者、而して一は胡と爲し一は朝鮮と爲す、學者往々その東胡とその朝鮮との文字に瞑眩し、二書の言ふ所を以て方面を異にする別事と爲すも、實は一事である。之に由りて觀れば、時既に戰國の後半に屬し燕方に七大强國の列に在る秋に於て、猶人質を辰沄殷

燕の遼西遼東

に迻つてゐたのであれば、其の以前に於ける長き期間、辰沄殷と燕との關係亦知るべく、燕は弱小（史記の言）を以て自ら居り、殷は彊盛を以て自ら其の大に誇つてゐたことが見える。燕將秦開とは燕の何王の將なるか、傳がないので分らないが、燕の昜王が王を稱した以後の世の者なるは、魏略の他の記載によつて判斷され、又荊軻と共に秦王を刺さんとした秦舞陽は、其の孫だとあれば、秦開は燕の昭王の將であつたらう、昭王は人も知る如く、一擧齊の七十餘城を降したほどの明君で、謀臣にも富んでゐたから、多分其の世のことであらう。こゝに辰沄殷と燕との接壤關係を釋明する機會に達したが、それに先つて必要なるは、燕の所謂遼西遼東が、どこであつたかを知ることである、史記に曰く。

◎燕王喜二十三年。太子丹質ニ於秦一。亡歸レ燕。
◎二十七年。秦兵臨ニ易水一。禍且《マサニ》至レ燕。（徐廣曰く易水は涿郡の故安に出つ、前漢地理志涿郡に故安縣あり、今の直隷省易州にして易水流る）
◎二十九年。秦攻拔ニ我薊一。燕王亡。徙居ニ遼東一。斬レ丹以獻レ秦（薊は燕の都、今の北京の傍）
◎三十年。秦拔ニ遼東一。虜ニ燕王喜一。卒滅レ燕（遼東を拔くと云ふ、即遼東城を攻陷せる也）

右に謂ふ遼東を今の遼東と思惟する者比比皆然りであるが、若し今の遼東に王及び太子が逃げ出して居たのなら、燕は全然空虚で其の時に滅亡である、然るに猶三年燕本國の名を維持したるは、遼東が燕本國（今山海關内）内に在つたからである、燕の遼西遼東は秦開の功に由つて辰沄殷より得たる千餘里の地（魏略は二千餘里とす）に命名したもので、遼東城は今の昌黎（辰伝殷の葛零基、前漢の交黎）にて古の孤竹國である、但し遼東の名は今の遼西の大凌河まで達し居たと考へられるが、學者概して之を誤り、燕と朝鮮とが鴨綠江で界を爲してゐたかに心得、甚しきは江を踰えて尙内まで燕の勢力が來てゐたやうに言ひもするが、いづれも買冠りである。

大凌河の古稱沛水

さて本章の言ふ所を考ふるに、孛涘勃《はしほ》大水は東族語なれば、今に爲つてこの稱呼の河流を尋ぬるは徒勞である、去りながら幸にも前漢地理志に依つて、遼東郡番汗縣の下に沛水と云ふを尋ね出した。沛水出ニ塞外一、西南入レ海。この沛水は孛涘勃の古稱を傳へたものであらう、支那は河水の名を概して一字名に作れば、孛涘勃大水の頭音孛《ハイ》を取つて沛《ハイ》の一字名に作つたものと思へる、而して番汗縣の所在を尋ぬるに、前漢の遼東は今の遼西なれば、縣址は當に遼西にある筈である、後漢の末までは猶その縣名があつて、郡國志にも載つて居れど今は全く尋ねやうなく、又沛水といふ名の河もない、日韓古史斷には番汗を鴨綠江口支那側の土地と推定しあるも、さうすると鴨綠江を沛水と言つた時代がなければならないが、全然さういふ時代を發見し得ない、且沛水塞外より出でてといふ言にも一致しない、又今の遼東の河流、即言換えれば遼河以東の水流は、悉く遼河に注入し、一も單流して海に入るものなく、且つ塞外より出でゝと指稱さるべきものがない、故に塞外より出でゝ單流海に入る河水は之を遼西に求めねばならぬ、之を遼河以西に求めると、何としても大凌河に目が注かれる、古の沛水は必これであらう。但し遼河と大淩河の間に塔子河があつて單流海に注いでゐるが、これは地理志の西安平・沓津等の歷史に由りて證明さるべき水流にて、沛水ではなく鹽難水前出なれば、之と混じて考へるわけにゆかぬ。次に本章にいふ曼《ま》灌《は》幹《かむ》であるが、魏略の云ふ滿潘《マンハン》汗《カン》と頗るよく似て全く同音に聞ける、そこで魏略のいへる所を稽ふるに、前漢地理志に文縣と番汗縣とがあり、後漢郡國志にも汶縣と番汗縣とがある、文と汶とは同じであらう、乃魏略のいふ滿潘汗は、二縣名を併稱したものであらうが、漢の置郡以前には曼灌幹てう一の名であつたらうと思へる、それに因つて曼を文に作り灌幹を潘汗に作り、以て二縣にしたに違ひない、されど今と爲つては其の縣址を何處とも尋ねやうがない、地志韻編にも單に、文は當に奉天府の境内にあるべし、汶は當に盛京省の中にあるべしと計りで位置の不明を告げて居る、康熙字典には遼東に汶城あり即孤竹國なりとある、蓋亦今の遼西の中であらう。

因に云ふ地志韻編に番汗潘汗に同じは西漢の遼東郡・東漢の幽州遼東郡にして、今朝鮮京畿道・國城の西北なりとある、愚にもつかぬ囈語と思はれるが、これにも由來があつて、唐の魏徵が韓國を古の朝鮮なりとし、以て其の撰修の隋史に之を暗示し、唐の太宗之を帷幄の謀に採用し、以て善く韓國の地經攪亂に成功した結果が、この韻編に顯はれるやうなことに成つたのである、この地經攪亂を媚び迎へたのが現存韓史であり、この韓史に魅せられて、知らず識らず唐の攪亂

殷の國都險瀆及び滿潘汗の所在

せる地志に保證裏書しつゝあるは、我國多數の學者である、若し韻編の言ふやうに朝鮮京城あたりまで西漢の遼東郡が達してゐたなら、古朝鮮は其の南となり、それを滅して置いた漢の四郡だけは狹い地域内に何とか詐りの擬定も出來やうが、三韓の七十八國は對馬の海中へでも擬定しなければ成らなくなる。

古縣の遺趾は不明なるも、今の大淩河が漢の沛水であり、其の沛水は本章の孛《は》涘《し》勃《は》なるべしとは、大略考定し得る所である、されば殷は遼西の大淩河を界とし、それより以西の領土を燕に略取されたのであらうと思ふ、其の割讓地積を一に千里といひ一に二千里ともいふてあるが、それに由つても殷の舊領の昌黎に及んでゐたことは確かなりと謂へる。殷は燕の襲破に因り國都を陷落されたのかと思つたが、さうでは無かつたらしい。殷は初め葛零基昌黎に都し次に翳父婁無慮に從つたとあるが、この時代の翳父婁は地方の汎稱であつたらうから、西漢に爲つてからの醫無閭山や無慮縣に拘泥して國都の位置を判定するわけには往かない、しかし國都といふほどの者は、之に要する條件が具はつてゐなければならぬ、因つて更に後漢郡國志に據りその時代の遼東屬國を調べて見ると、昌遼を南疆とし、無慮を北疆とし、中に大淩河が流れてゐる、嚮に殷が昌黎より引退かつた情勢から考へても、大淩河を背にして都するわけがないから、必之を前面の要害として都したであらう、而して前漢の無慮は遼東郡西部都尉の居た處であれば、自ら其の要處なることも判る。韻編に無慮は西漢の遼東郡東漢の幽州遼東屬國にして今の錦州府廣寧縣なり云々。殷はそれに都したものと思へるが、猶一考を要するは遼東屬國中に險瀆縣のあつたことである、それは前漢地理志にも遼東郡の縣名に載つてゐて、應劭の註に朝鮮王滿都也、依二水險一、故曰二險瀆一とあるは、大淩河の水險に據つたのを言へるのである、韻編には此の險瀆を今錦州府廣寧東南とあつて、無慮と相離れざる地に考定してゐる、應劭がそこを朝鮮王滿の都となせるは、歷史の古今を分けずに辰沄殷と朝鮮とを混同視した過誤はあれど（魏略亦然り）辰沄殷の都であつたことは、それに據つた轉た確かめられるわけである。

要するに大淩河を前にしてゐた殷は、燕の奇襲にも攻略はされなかつたが、其の對岸までは蹂躪されたものと見られる、そして割讓した曼《ま》灌《は》幹《かむ》之壤といふは對岸なるべく、魏略の滿潘汗、西漢の文番汗（東漢は文汗を汶とす）と相待つて互に發明する所がある。

第三十章　辰沄殷復大に振ふ

於是殷大築味諏君德前孛斐禮水險背介盟敦海岱右踰薛葛柵于撻牟母而爲固託脇於大辰之親而爲依以孛涘渤爲外塹内新興神廟祭察賀亶唫號爲和饒城鞅

委王贈以蠙劍副之東表崛靈訥載龍髯所胎之物云又配祠宇越勢旻訶通宇越米旻訶通于占欝單密之山國復振焉

譯文

是に於て殷大に味諏君徳《みすきと》に築き、孛斐禮《はひら》の水險を前にし。介盟敦《かめと》の海岱を背にし。右は薛葛《さか》を踰へて摓牟母《とむも》に梱し。而して固めと爲し。脇を大辰の親に托し。而して依と爲し。孛渼渤《はしは》を以て外塹と爲す。內新たに神廟を興し。察賀亶唫《さかたき》を祭り。號して和饁《わけ》城と爲す。鞅委《わい》王贈るに蠙劍を以てして之に副ふ。東表の崛靈訥載龍髯《くるたしろす》貽る所の物と云ふ。又宇越勢旻訶通《うゑせみこと》と宇越米旻訶通《うゑみこと》とを占欝單密《せうせみ》の山に配祠す。國復振ふ。

味諏君徳《みすきと》は水城戸《みづきど》の謂なるべし、我が筑紫にも水城《みづき》の古蹟あり、百濟にも彌鄒忽《ミスク》仁川に近き水險の地の古傳あつて、其の義自ら相通ずべく思はれる、殷は水に據る要害の地を相してそこに築城したのであらう。孛斐禮《はひら》は其の義不明なれど、滿洲には往往之に類似の水名あつて、間島に海蘭《ハイラン》河あり、その他哈拉兒《ハイラル》の如き海林《ハイリン》の如き少からずある、孛斐禮は支那史書に浿江と音譯しあつて、浿《ハイ》と孛斐《ハイ》との同音を示してある。介盟敦《かめと》は第十六章に介盟奈敦《かめなと》と見えてゐて、それに解説を附せし如く、旅順地方の古稱である。薛葛《さか》は今も沙河の名に遺つてゐる、もと自ら兵略上の要地なれば、それを內に

東牟山と撻牟母

和餼城即王險城

取込んで更に其の外方撻牟母《とむも》に柵を樹て、以て固めとしたはさもあらう。されど其のトムモが今どこであるか詳でない、只名の似寄の者に挹婁の東牟山といふがある、渤海國の始祖大祚榮の父仲象乞乞が遼水を渡り挹婁の東牟山に據つたといふことが唐書等に見えてある、この挹婁を學者多くは三國志又は後漢書に言へる挹婁と思ひ、東牟山をば當に咸鏡北道の朔方にあるべしと考へ、現存韓史亦皆その方面に擬定し居れど、仲象の據つた挹婁は、金になつて東京路瀋州挹婁（一に樓に作る）縣と爲した處で、韻編に今奉天府鐵嶺府南六十支里と指示しある、殷が柵を樹てたトムモは其の挹婁の東牟と古今名を同うせる者ではなからうか、牟といふは萊夷の故地なる西漢の東萊郡にも同一の地名があつて、もと東語なれば古き稱呼とされる、乃ち挹婁の東牟は、本章の撻牟母《トムモ》が音譯された者とするに相當の理由ありとされやう、それには右脇を辰に托さなければならぬ、故に曰ふ脇を大辰之親に托して依と爲すと。大辰の親とは三韓の全稱なる辰國との親睦をいへるものにて、それを依《たより》となすとあるは、朝盟暮背のありふれた交でなく、姻戚關係等の深交に由るものと察しられる。

察賀亶唫《さかたき》は第十六章に見えた察賀阿餼《さかちけ》のことにて日孫西征途上の要津晏泗奈敦《あしなと》に築城した神子である、本章で見るとその神子の名はサカタキなのであれば、第十六章のサカは略稱なりと知り得た。

和餼《わけ》は阿解《アケ》・阿餼《アケ》・和氣と只譯字が違ふだけのことで、其の義は既にいへる通神子又は皇子或は別王といふことである、城名を和餼としたのは、其の城の位置が大古日孫時代に、サカタキワケの

鞅委王即倭王

孝靈天皇より鞅委王に贈れる名劍

辰沄殷の境域

日韓殷の共通國格

築城した靈地であるといふことからであらう、今の遼東の海城がそれであつて、海《ハイ》は不思議にも孛《は》斐禮《ひら》の孛斐《はひ》に一致してゐる。鞅委王は前に見えた央委族の君主のことで、大辰に於ける族稱上の王號なのである、即ち辰王は國を表する名、央委王は族を表する號と知るを要す、師古が倭の音を一戈反ワと爲せるは、辰の族稱央を考慮してのことであらう、つまり央委王は倭王なのである。

蠙劍とは眞珠で飾つた劍のことであらう、書經禹貢に、淮夷の蠙珠曁ひ魚とあつて 註に蠙は 蚌《はまぐり》の別名とあり、また玉篇には珠の名とある、或は海底の龍宮から得た靈劍とでもいふ由緒つきの物であるかも知れぬ。

東表はいふまでもなく日本を稱したのである、崛靈載龍髯《くるたしろす》は、驚くべし孝靈天皇を稱し奉れるのである、是濫に我が古典舊紀に懷疑する學界一方面の迷妄を打破するに足る鐵鎚なるが、後文に開化天皇の御名も現はれてあれば、其の義解の時に幷せ釋明することにする。

是に由りて之を觀れば、殷の新都は今の海城にして遼河を前にし、旅順・金州の海山を背にし、沙河を前面の據點として更に遠く鐵嶺の險に立柵し、而して右側背を馬韓當時未だこの稱なし、故に辰と稱するを正とするも、辰殷とまぎれ易きにつき、假に馬韓と稱す以下倣之との厚き親交に托し、以て固めとなしたものである。なほ燕との境界を孛涘渤遼西大凌河の線に嚴守してそれを外塹と爲した。就中馬韓との親交は殊に注意を要する、苟も國の右側背を托し以て固めと爲すといふは、國格互に相等しきに非ざれば出來ぬ、想ふに韓は後章に詳かなる

殷の三國都の所在

如く、其の上古の王統辰沄謨率《シウムス》氏は東表の阿斯牟須《アシムス》氏と一つ者であり、又其の最も顯れたる王者阿《ア》冐《メ》氏は、本と東表の牟須氏より出でたとあつて、日韓の同祖同裔が立證されてある、それに辰沄殷が我が天孫の神系なるのであれば、此の三者の同格なるは明かである、此點から考へると、我が孝靈天皇より贈りたまへる寶劍を、更に馬韓王よりサカタキワケ神の副體として殷王に贈りたる其の次第情誼甚だ善く諒得され、日韓殷三者の相互關係に、溫かなる情意の濃かに流れゐたるを疑はぬ。

殷の國都の所在に就ては、古朝鮮の名の上に古來學說區々である、然かも史記朝鮮列傳に王險城とあるは、正に本章の謂はゆる殷の新國都和餘城に當該する者である、史記王險城の註に徐廣曰、昌黎有二險瀆縣一。是れ不思議にも殷の初都を言ひ當てた者であつて、その昌黎の險瀆といふは、今の灤河の水險に據つた殷の初都の形勝を稱したものである、即ち本頌叙の謂はゆる殷の初都葛零基《かれき》が確かにそれと思はれる。次註に、應劭曰、地理志云、遼東有二險瀆縣一、朝鮮王滿都也、依二水險一、故曰二險瀆一。是れ既に前章に於て考證したれば爰に復說の要はないが、只一言にいへば、今の錦州府廣寧縣附近に在つて大淩河の水險に據れる殷の翳父婁の國都を、應劭はしかく言ふたのである。更にまた次註に、薛瓚曰、王險城在二樂浪郡浿水之東一、此自是險瀆也。樂浪郡は漢武が衞滿の古朝鮮を滅して置いた郡名である、其の郡下に王險城ありといふは、即ち本章にいふ和餘城で殷の第三次の國都である。その浿《ハイ》水といふは東語孛斐禮《ハヒラ》の上半音を字譯したもので、今の遼河の漢的古名で

遼河の古名浿水

ある。凡そ遼・梁・淩・欒の如き羅行頭音の水名は、漢語であつて東語ではない、乃ち淩・梁の如きは古しへ東語なにがしであつたのが、何時か廢棄されて漢語に改つたもの、遼河も其の一例で、ハヒラ河が浿水となり、浿水が遼河となつたのである。何を以て今の遼河を古の浿水とするやと云ふに、唐の太宗の凱旋路に渤錯《ハイサ》水といふがある、是れは浿《ハイ》水と薩賀《サカ》水一に薩賀水との合流地點を稱したもので、古の遼隊即ち今の三叉河の地に該當し、正に遼河即浿水渾河即薩水との合流點なりと知られる、之を以て見ても遼河の古名の浿水なることが知れる。次に古昔遼河の河口が今の營口より遙か上流にあつた時は、今の海城は河海の險要地であつたに相違ない、加ふるに海州河が城に沿ひ濠を成してゐるのであれば、益その水險の地なることが分る、即ち孛斐禮《ハヒラ》・浿《ハイ》水・海《ハイ》城・海《ハイ》州河皆同音であつて、海州河も亦是れ浿水、遼河も亦是れ浿水であつた、從て本章の謂はゆる味諏君徳《みすきと》は水城戸《みづきど》で水險の要地を意味すと知れ、薛瓚が「此れ自ら是れ險瀆」といへるに意義の契合が見られる、即ち險瀆とは水險の義で、殷の第三次國都の今の海城なること、浿水は今の遼河なること、又海州河なるは最早動かし難き所であらう。從來浿水を以て大同江と爲し、若くは淸川江となし、又は鴨綠江と爲し、古朝鮮を韓半島に取込んだ學者は、速に其の宿說を抛棄するを要する。

右述ぶるが如く史記の註に於て、徐廣は王險城を昌黎とし、應劭は遼東今の遼西とし、薛瓚は浿水の東とす、三子者は皆當代の碩學、必各據る所あつて言へるを疑はぬ、而して師古は瓚說是也といつ

險瀆の解

壇君の眞相こゝにも亦發見さる

てそれに與したが、是れ師古薛瓚は第三次の殷都を見たる者、應劭は第二次の殷都を言へる者、徐廣は殷の初都を證せる者、要するに時代を異にして現はれた殷都を、時代每に觀察した者で、三者の觀察たるや、其の揆一にして相戻らざる者。而して司馬遷が王險城となせるは、本章の謂はゆる和䭜城を音譯したものと思へる、即ち東語の和䭜《ワケ》が西耳に王險《ワケ》と聞えて、其の音に塡字したのが王險城なのである。想ふに殷人が「ワケノミズキド」と云ひしを漢人これに從つてワケを王險《ワケ》と音譯し、ミズキドを險瀆と訓譯したのであらう、或はミズキドの下半音を取つて險瀆《キド》と音譯したとも取れる。其の險瀆の稱呼が、徐廣の言ふ如く昌黎に險瀆縣を遺し、又應劭の言ふ如く遼西にも險瀆縣を遺したことから考へると、殷都は每に水險に據つて構へたものであり、亦いつもミズキドと稱したことが知れる、而してそのミズキドは、殷都撤退の後も地方住民の稱呼に殘つて、漢はいつも殷都の跡に險瀆縣を置き來つたものとされる。

爰に料らずも一つの副產物として壇君神話の由來を發見し得た、該神話に、號曰二壇君王儉一とあるを、東語に依りて假名づけすると壇君王儉《タキワケ》となる、タキワケは殷が海城に祭祀した察賀亶《サガタ》唫和䭜《キワケ》に一致し、又王儉《ワケ》は和䭜《ワケ》城の漢譯なる王險《ワケ》と字體音韻そのまゝである、又壇君の都したといふ平壤大同江の故名王城《アシ》江は、月支《アシ》國に一致した名であつて、そしてその上半音は和䭜《ワケ》の和と音通であり、都を阿斯達《アシタ》に移したと曰ふも、亦そのアシタは、サガタキワケの太古築城地

天孫と天孫妃を千山に配祀す

晏泗奈敦《アシナト》(第十六章)のアシに淵源して、それを移した名ともされる、して見ると壇君といふ者は、東大神族の古傳に存在したサガタキワケのことで日孫の子なりと知られる、且つその説話中には[illegible]都海城の風趣が點綴されてある。幷に殷の箕子が壇君王儉《タキワケ》から國都を譲受けたといふことも、サガタキワケの太古經營せる其の地を辰沄殷が國都に爲した意義を傳えたものともされる。壇君をタキと訓んで素盞嗚の子五十猛《イタキ》と爲せるは、古來我が國學者中に説のあることなれど、壇君の名王險に就ては未だ適説がない、或者は史記王險を平壤に持ち來らん爲め、先づ王險を壇君に附會して諱となし、此の諱が其の故都平壤の城名となり、箕子茲に來封したと云ふに歸着せしむる入念の詐筆なりと、曰ふて居るが、いかにもさう思へる、壇君の諱に王險の文字を當てた目的は、古朝鮮を韓國に取込む陰謀からと予も思惟する、併し元來の名がタキワケであつたことも承認せねばならぬ、ワケを我國の白日別の如く別《わけ》とするか、本頌叙の如く和氣若くは和篇とすれば論はなかつたのであるのに、ワケとあるのを是れ幸と、史記王險城の王險を取つて當てたのは、如何にも陋であつて、且陰謀の存する所以が見透かされる。

宇越は東族が天孫に對して稱し奉れる敬語なること前に見えてゐる、本章に宇越勢《うゑせ》・宇越米《うゑみ》とあるは、勢は夫君《せのきみ》のセ、米は女性の稱媛《め》であらう、旻訶通《みこと》は尊《みこと》である、匈奴語にも乃呵特《ミカト》若くは眠呵堆《ミコト》(字面は違へど國語のミカド(帝)或はミコト(尊))がある程なれば、天孫系なる辰沄殷に此の稱あるは怪しむに足らぬ、乃ち宇《う》越勢旻訶通《ゑせみこと》は夫君にまします天孫・宇越米旻訶通《うゑみみこと》は妃の君にましますこと明かで、辰沄殷としてこの二尊を配祀するは、さもあるべきで、亦疑を容るゝ能はざるものである。只これに由つて大に驚かるゝは、妃が夫君と共に大陸に在せられたと思はるゝことである、これもまた當然のことで夫君の遠征に隨はれたことを疑ふことは出來ぬ。二尊を配祀した占爵背密《せうせみ》の山は、其の名の原義詳かならねど、國語の背男背女《せをせみ》ミはイザナミ尊のミに同じく女性を稱する詞に通ずる稱呼なのではあるまいか、二尊を配祀したことからの名ならば、かく取り得る理由ありとされやう、この占爵單密《せうせみ》の山は漢人の耳にセンセンと聞えたと見え、單單《センセン》と音譯され、それが今猶遼東唯一の靈場千山《センセン》の名で、辰沄殷の古音古意が不思議にも保存されてある。

遼東志に曰く。千山。城遼陽南六十里。世傳。唐征二高麗一。駐二蹕於此一。峯巒秀麗。獨盛二遼左一。程啓充の記に云ふ。置二之中州一。當下與二五岳一等上。其博厚過レ之。僻二在東服一。高人詞客。好奇探討。不二一至一焉。往代金石無レ傳。文獻不レ足。遂成二湮泯一。

天孫さきに皇子をして殷叔の後を繼がしめたまひてより、子孫相承け其の社稷を保ち來れるのであれば、天孫は實に其の外祖にましませば、殷都遷徙のこの際、靈山を見立て廟祀したるは、最も其の道に適へるもの、之れに由つて見れば、遼西に都を有してゐた時も、醫巫閭山か何處かに祀つたに相違ないと思はれる、又この祭事に由つて、殷の王統が一系連綿嘗て革運に遭遇しなかつたことも判じ得られる。

玆に浿水に就て說き足らざる所を聊か補はんに、前漢地理志に云ふ。

遼東郡望平 大遼水出塞外。南至安市入海。行千二百五十里。

遼東郡遼陽 大梁水。西南至遼隊入海。

玄菟郡高勾麗 遼山遼水所出。西南至遼隊。入大遼水。

樂浪郡浿水 水。西至增地入海。

地理志遼東郡險瀆の註に。臣瓚曰。王險城。在樂浪郡浿水之東。自是險瀆也。

史記朝鮮列傳の註に。正義曰。浿水出遼東塞外。西南至樂浪縣。西入海。

右掲くる所に依りて考ふるに、地理志が遼水と浿水とを語るに、遼は塞外より出で南のかた安市に至り海に入ると爲し、浿は其の源を言はず西のかた增地に至り海に入ると爲す、その增地及び安市はともに縣名なれば二水の河口は縣を異にしてゐたのである、乃ち遼は遼にして浿にあらず、浿は浿にして遼にあらずと爲すべきである。されど正義の言ふ所に觀れば、浿は塞外より出て西南して樂浪縣に至り是れ遼西して海に入る是れ浿のであれば、遼と浿とは同じ流の名を異にせる者のやうである。日韓上古史裏面の著者は浿を以て遼なりとするに力めたるも、未だ地理志が河口を二安市と增地とする所以に就ては、其の異同を辨じてゐない、因つて稽ふるに、史記朝鮮傳の經緯を成せる浿水は確に遼河である、之を遼河と爲さゞれば其の戰跡と地理との契合を得ない、されど前漢地理志のいふ浿水は海州河をいふたもので遼河を稱していふたものではない、こゝの區別をよく明かにせざれば、現存韓史の妄大同江を浿水と爲す者を破るに隔靴搔痒なるを免れまい。想ふに漢武が古朝鮮を滅せる際の戰史には、遼河の名未だ存せずして只浿江の名のみ存したのである、故にその戰史に著はれたる浿江の遼河なるは紛れもないことであるが、地理志は昭帝盛時舊史に云ふ漢の封疆戸口は昭帝を以て極盛と爲すの狀態を將つて後漢の世に編著したるものなれば、其の間に生れたる遼河の名が、地理志の解說と爲つて其の上に顯れたと覺るを要す、前漢書の著者班固の編める朝鮮列傳は、史記の同傳を其儘寫して改めざる者なれば、遼河を舊名のまゝ浿水としたるも、其の時には既に遼河の名に改つてゐたのであれば、地理志には其の改つた名の遼水を擧げ以て之を審詳にしたのである、されば地理志の謂はゆる大遼水は、朝鮮列傳の謂ゆる浿水であつて、新名古名の異同に過ぎない。

然らば地理志が遼河の外に擧げた浿水は何かと云ふに、是れは現に海城の傍を流れてゐる海州河のことで、海《ハイ》・浿《ハイ》の同音なるを今に猶示し居るものである、大遼水の河口は今營口なるも、苟も彼の地方を知つて居る者は、二千餘年前の河口を今の處と思ひはすまい、何人と雖遙か上流に河口のあつたことを考へるであらう、少くも海城の名が其の名の如く海邊の城であつたと

唐の遼略

心づくであらう、若能く考を古今滄桑の變に置いて今の海州河を見るならば、海城を距る遠からざる地點に於て直接海に注いでゐたとの斷定に達するであらう、是れ地理志の謂はゆる「浿水西のかた增地に至り海に入る」ものである、固より遼河の如き大水ではない、從つて源も同じ樂浪郡中に在つて近ければ、志に其の源を書く必要もなかつたのである。

唐は朝鮮列傳浿水の古名が遼水に替つて、而して人の之を識るなきに乘じ、又地理志の浿水に源の明記なく、人のそれを海州河と覺るなきを利し、列傳の戰蹟を韓半島に移して王城江（大同江の古稱）を浿水と欺き、月支城（平壤の古稱）を王險城（海城の古稱和鐶城）と誣ひ以て、前漢の舊版圖と詐り、以て半島併呑の志に資した。

第三十一章　南方の徐族來つて滿洲に建國す

徐珂殷

譯文

先是宛之徐濟海艄臻倚殷居於宛灘闢地數百千里築弦牟達稱昆莫城國號徐珂殷

宛委國

是より先き。宛の徐。海を濟り船臻し。般に倚り宛灘《ゐな》に居り。地を開く數百千里。茲牟達《きみた》に築き。昆莫《こま》城と稱し。國を徐珂《さか》般《いん》と號す。

瑯邪國

夏禹が宛委山に登り治水の理法を得たと云ふ故事に考ふるに、本章の謂はゆる宛は越のことである、越は周になつて始めて當てた字で、上代に於ける宛委の國である、徐は謂はゆる徐戎にして、周初に於ける東南の大族、初より周の禮樂に從ふを肯んぜす、自ら王と稱して敢て降らなかつた、その同族に淮夷があつて常に行動を共にし、いづれが徐、いづれが淮と分ち難いほどの關係にあつた。

○成王三年皇紀前四三八年管叔・蔡叔・霍叔皆周の一族武庚紂の子及淮夷等叛す魯侯伯禽師を帥て淮夷徐戎を伐つ。

○穆王十七年皇紀前三一〇年王・徐戎を征して之に克つ。

○厲王十一年皇紀前二〇八年淮夷入寇す、虢仲に命じ師を帥て之征をせしむ。

○宣王二年皇紀前一六六年穆公虎を遣し淮南の夷を伐つ、王親ら淮北の徐夷を征す。

是の後約百年にして春秋の世となり。徐淮ともに名を諸侯の間に著はし、會盟に攻伐に諸侯の事に與つた、杜氏通典に曰く。徐夷僭號王と號す會・申二國の名與二楚王一同盟。後越遷二瑯邪一。遂陵二暴諸夏一。侵二滅小國一云云

瑯邪は山東省より江蘇省に亘れる廣き地名にして、西漢の瑯邪郡・東漢の徐州瑯邪國は、今の

鹽難河

山東省青州府沂州府に亘り、北魏の海州瑯邪縣、南宋の南徐州南瑯邪縣は江蘇省の海州及び江寧府に當る、皆是れ東族跳梁の州、

故に本章の來滿徐族をば、越から來たものとのみ狹く見難く、江蘇或は山東地方より來たかも知れないが、本章の宛といふを信據とし、主《もつぱ》ら福建省地方より渡來した者と認め置かう。宛灘は鹽難と同音なるに依り、鹽難河の流域地方と判斷し得。鹽難河は前漢書地理志玄菟郡西蓋馬縣の解に、鹽難水。西南至㆓西安平㆒入㆑海。過㆑郡二。行一千一百里。とあつて可なりの長流である、郡を過ること二つとあるは、玄菟・遼東今の遼西の二郡をいへるものにて、この河流が玄菟郡に在つては西蓋馬縣を過ぎ、遼東郡に入つては西安平縣に至つて海に入ることをいふてゐるのである、この西安平に隣接して沓氏縣といふがあつて、亦この河流に沿ふてゐた。應劭の註に、沓は水名なりとあり、又魏略には沓津としてある、即ち今の塔子河にて、塔子は即ち沓氏なることを示し、沓《タフ》と塔《タフ》との同音を證してゐる、それのみならず塔子河を措いては他に地理志のいふやうな河流がない、遼河の西方遼河東方の河流は皆遼に合して直接海に注かぬに在つては新民廳の西方に柳河等あれども、單流海に注がずして皆遼に合すれば鹽難水とは今の塔子河に相違なく、外にそれと認むべき河流を尋ね得ぬ、然らば徐族の居つた宛灘は塔子河の流域であつて、今の新民廳西北方の平原に建國したものと概定さる、且つその時のことであるから、千里の國といへば奉天地方にも接してゐたであらう、

昆莫城

玄菟郡稱呼の典據

現在世に行はれてゐる著書の中、漢の玄菟郡をば風馬牛も相及ばざる今の朝鮮咸鏡道と作し、西蓋馬縣を長白山西と爲し、鴨綠江源の地なるべしと言ふてゐるのがあれど、その謬妄なることは、前漢地理志に鹽難水を以て玄菟郡の西蓋馬及び遼東郡の西安平を貫流すと爲せるに照らして最も明白である。咸鏡道を流れる河が遼東郡に至つて海に入るとは風に誘はれる雲ならばいざ知らず、水の常性に於て能くする所でない、蓋前漢の西蓋馬縣は今の滿洲新民廳西方の平原、塔子河の流域に屬し、王莽の時玄菟亭と爲した處である。

右の諒解を得て始めて弦牟達《きみた》・昆莫《こま》の釋明が出來る、先づ昆莫は韓國をコマと謂へるに同じく一つ原義から出てゐるものと察し得られる、抑も遼の東西にはコマと稱する地名が多くあつて、地理志及び其の他の史書に據つて蓋馬《コマ》大山今の摩天嶺の山彙と蓋馬《コマ》縣とは明かに發見されて居れど、何故に此の縣にコマてう名を附したか、其の由來は全く不明であつたが、今本章によつて見れば蓋馬《コマ》は徐委の城名庫莫《コマ》を受けついだ縣名とされる、次に弦牟達《きみな》は壇君神話の今彌達《キミタ》と同義（君田《きみた》）に解釋されると共に、漢が其の地方の郡名を玄菟と爲したのも、此の弦牟達からと思ふことが出來る、本來キミタと讀むが原義に叶ふのであるが、音訛に因つて玄菟《ケムト》になつたのではなからうか、即ち弦牟達・玄《ケム》菟《ト》を同音異譯と謂へやう。予は暫く此の說を支持したい、同時に亦玄菟は馬韓の舊領烏厭旦《ウエント》、即後の高勾麗の丸都《ウエント》が、漢武の志であつた玄菟《ウエント》だらうとも思ふ、假に此の說をも保持して他日の考據に

徐珂殷の國義

資す。

徐珂殷の徐は其の族の自稱ではサ又はソであつたらう、珂は神の義で尊嚴の意に取れる、從つて徐珂殷は徐族と殷との結合を彰し、其の上に尊嚴を帶ばしめた國號なるべく、又徐珂《サカ》は察《さ》賀《か》亶《た》唫《き》和《わ》鹼《け》の神名にも緣《あや》かつて居るので、かたがた國名に採用したかと思はれる、後に漢がこの地方を蒼海郡（玄菟郡以前）としたのも蒼海《サカ》・徐珂《サカ》の同音からであらうと思ふ。

之を要するに南方の徐族が滿洲に來つて建國したといふことは、從來の歷史に全く無いことで、只本頌叙に於てのみ之が見らるるのである、その結果の如何成り行けるかは、次章以下に就き知ることが出來る。

第三十二章　二殷兵を連れて燕を破り秦と國疆を訂約す

至是燕築塞繞曼灌幹城曰襄平將又越孛渙渤强行阻斷二國伐燕克之踰渝及孤竹盡復殷故地及秦滅燕乃與之約郤地千里以孛水爲界如故

燕の襄平は大淩河上

譯文

是に至り。燕・塞を築きて曼灌幹《まはかむ》に繞らし。城きて襄平と曰ふ。將に又孛渎渤《はしほ》を越えて阻斷を强行せんとす。二國・燕を伐つて之に克ち、渝を踰ゑて孤竹に及び。盡く殷の故地を復す。秦・燕を滅すに及んで。乃之と約し。地を卻くる千里。孛水を以て界と爲す故の如し。

燕の長城を築けるは、史記匈奴傳に左の如く見えてゐる。

燕亦築二長城一。自二造陽一至二襄平一。置二上谷（今直隸省宣化府懷來縣）漁陽（同順天府密雲縣西南三十支里）右北平（同永平府盧龍縣東北四百支里）遼西・遼東郡一。以拒レ胡。

其の遼西・遼東郡を置いて襄平まで東進し得たは、秦開成功（前出）の結果に依るものなるが、ここに問題となるは、その謂はゆる襄平のどこなるかにある、韻編には奉天府遼陽州北七十里に在りと爲し、遼東志には遼陽城西北隅と爲し、古今史家擧げて皆しかく思惟すれど、熟ら燕當年の情況に察するに、そこまでの東進は爲し得べからざる實勢に在つた。

古來辰沄殷の存在が内外の史學界に知られざりしため、燕の古襄平を遼河の畔と爲し、燕と古朝鮮との境界なる滿潘汗を鴨綠江邊に擬定し、燕の勢力を其處まで延びて居たものと思ひ來つたのであるが、それは漢武以後になつて創めて擴大された漢人勢力を、燕の時に溯らしての觀察である、乃ち其の觀察の上に現來せる燕の滿洲は、漢の滿洲の反映なのである。其の謂はゆる襄平の如きも、それが今の遼陽と思惟されるのは、漢が大淩河畔にあつた燕の古襄平をば、遼東郡の進出と共に進出せしめたのを、燕のものとし考證するに由る。

燕二殷を阻斷せんとす

今本頌叙は、燕の襄平を以て、燕が嚮に殷から割取せる曼灌幹《まはかむ》に築塞を繞らし、そして大淩河に臨める要地に築城して、それを襄平と名づけたと爲して居る。蓋その築塞は長城式の者で、右北平・漁陽・上谷等の長城に連結したのであらう、史記に燕亦築㆓長城㆒、自㆓造陽㆒至㆓襄平㆒とあるは即是である、辰沄殷及び徐珂殷は此の脅威を感ぜずには居られない、加ふるに燕は大淩河を越へて其の勢力を延長し、以て二殷の親交を阻斷せんとしたので、二殷は遂に兵を連ね力を戮せて共に燕を伐つの已むを得ざるに立至つた、蓋二殷の親交は燕の憂とする所に違ない、故にそれを阻斷すべく試みたのであらうが、阻斷されては二殷別々に破壞されることになれば、二殷としては萬骨を將つて國命を賭するの決心に出でねばならぬ、是れその燕を伐つに至つた所以と考へられる。

當時燕は戰國七强の一つであつたが、他の六强との交戰に寧日なき時なれば、其の勢力は擧げて其の方面の攻防に集結されて居たに違ない、乃ち二殷は其の虚を窺つて蹶起急襲し、忽に渝を踰へ孤竹に及び、盡く辰沄殷の故地を回復し得たものと察しられる。

嚮に燕は秦開を辰沄殷に送つて質となし、殷の虚實を計らしめ、不意を急襲して千里の地を割取し、遼東の稱を大淩河畔まで擴張したるも、遂にまた其の復讐を受けて破れ、故地再び其の舊主に

遼東の外徼

復するに至つた、當時燕は對秦國防に肝腦を塗《まみ》らせ、刺客を送つて秦王を刺さねば、其の國助かり難しと氣狂へる程の急迫が感じられてゐた、殷が之に乘じたのは燕の太子丹が秦から逃げ歸つた五六年前の事と考へられる、即ち燕の亡ぶる十五六年前の頃と推定される。只こゝに怪まれるのは、本章のいふ通であると、燕は全然遼東を失つたことになり、燕の滅亡史に燕王遼東に走り太子丹を斬つて首を秦に獻ずといふに合はない、尤も燕が大淩河へ進出するまでの本來の遼西遼東は、兩ながら今の山海關内に在つたのであれば、燕王が身を寄せた遼東は關内に存在せしを疑はねど、昌黎までも殷に歸して居てはそれも出來ない、思ふに殷は一時孤竹をも過ぎたであらうが、兵を收めて關外へ引揚たのではなからうか、それに因つて燕王終末の遼東が山海關附近に現出したのであらう、而して間もなく虜となり燕は終に亡びた。

秦・燕を滅すに及むで殷即ち秦と約し、地を卻くる千里、孛水を以て界と爲す故の如しとは、孛水は沛水で殷燕既定の境界なれば、殷はその線まで退卻して秦に讓るを至當とし、秦は差當りその以外に慾望を馳せぬを賢明として、雙方の間に訂約が出來たのであらう、是れ史記に「秦・燕を滅し遼東の外徼を屬とす」とある所以で、其の所屬とせる外徼の界は、孛水即大淩河であつたとされる、當時秦の强を以てして最も恐れたは胡である、胡の汎稱中には二殷も共に含まる後に長城を築き山海關の險を以て國の固めとなしたるに見ても、故なく求めて胡の感情を傷ふ時代ではなかつた、此等の事から考へると、秦の遼東郡は當時大淩河を越なかつたと斷じ得られる。

辰沄殷と燕秦との關係以上の如くなるに、殷の名が漢史の上に一も著はれて居らぬは怪訝に堪えぬ所なるが、之と共に不思議なる稱呼の漢書に著はれて居るのが亦怪訝に堪へぬ、漢書高帝紀四年八月の條に、北貉《ハク》燕人來致二梟騎一助レ漢といふことが見えてゐて、註に應劭曰く、北貉は國なり梟は健なり、張晏曰く梟は勇なり、師古曰く、貉在二東北方一、三韓之屬、皆貉類也としてある、時は方に漢楚交戰の酣なる際、前後記事に何の照應もなくて、忽然現れて漢を助け、そして梟勇を知られた北貉燕人とは何者であらうか、凡そ史記漢書等の記載例は、燕國の軍ならば燕王盧綰の名に於て著はし、齊人の行動ならば齊王韓信の名に於て著はすやうになつてゐて、單に趙人とか魏人とかいふ書き方をしない、故に燕人とあるを普通にいふ燕とは見られない、それを北貉に續けて燕人といへるは、何かこれにわけがなければならぬ、故に北貉燕人とは一個の名詞で、北貉と燕人との二個に分つべきでない。由來辰沄殷は胡又は山戎てう汎稱の中に置かれてあるが、漢人の頭の中に有《も》つてゐる種族分類の上では殷は貉（貊）である。而して燕と殷とは通韻であつて、燕にインの音もあれば殷にエンの音もある古音の上でされば燕人とは殷人の訛であらう、北方貊種の殷人といふことなのであらう、すなはち殷は訛音ながらも燕として漢高紀に著はされてあるとされる、其の出師助漢が梟勇を以て稱されたるに見れば、平

百濟の遼西據有說

素の勁悍想ふべく、燕を破り渝を踰え長驅したのもさこそありつらめと肯《うなづ》かれる。

徐珂殷は後に扶餘に合し百濟の祖に爲つた者である（後章に詳か也）その百濟に就て、梁書に次のやうなことが載つてゐる。

晉世。句驪既略㆓有遼東㆒。百濟亦據㆓有遼西晉平二郡地㆒。自置㆓百濟郡㆒。（此の時の遼西は今の關內）

句驪の遼東を略有せるは固よりの事なるが、百濟が遼西を據有したとは、その意外事なるに驚く、されど宋書にも亦

百濟國。本與㆓高麗㆒俱在㆓遼東之東千餘里㆒。其後高麗略㆓有遼東㆒。百濟略㆓有遼西㆒。百濟所㆑治。謂㆓之晉平郡晉平縣㆒。

一讀呆然何の故とも解し難く、見て以て史家の夢なるべしと爲したが、更に考へると、百濟から發した使臣の矯語誇言が史料に爲つて、此の訛傳を產むだものとされる、よしそれが夢であつても、男子に孕める夢なしといへば、夢にも自ら筋のあるもの、その筋は何であらうかと考一考の末、思ひ浮んだは徐珂殷の事である、徐珂殷は確かに遼西を略有して居た、そして辰沄殷と倶に今の直隷省に出師し其の地を占領したことがある、それが百濟の先祖であつて見ると、其の後昆として之を夢みるは當然で、寧ろ夢の正しきものである、さればこれを誇大妄想狂の囈語とのみは笑へない、寧ろ古い記憶の蘇生と恕すべきであらう。それを古に在つた祖先の事

とせずに、現代自己の事のやう吹聴せるは沙汰の限にあれど、其の本の史實は、本章に言ふ所の事がそれであらう。料らざりき本章の史實が、斯かる囈語的云爲に依りて立證されんとは、蓋亦因は緣を生じ、緣は夢を成す者か。

第三十三章　秦の遺孤來つて辰沄殷に依る

秦忽諸不祀夫胥子有秩率其衆來歸殷舍之白提奚爲都岐越

譯文

秦は忽諸として祀らず。夫胥の子有秩。其の衆を率ひて來歸す。殷これを白提奚《はたき》に舍き。都岐《つき》越《ゑ》と爲す。

秦の始皇初て天下を並せ皇帝と稱したるは、我が皇紀四百四十年庚辰なるが、僅か十有五年甲午にして亡びたは、眞に忽諸として祀らざる者。夫胥は扶蘇をいふのであらうが夫胥とは珍らしい、扶蘇は始皇の太子であつたが、始皇の殂後、李斯・趙高等遺詔を矯めて殺してしまつた、本章にいふ有秩はその子と思はれる。白提奚とは何處のこととも分らぬが、前漢地理志に提奚といふは見えてゐて、樂浪郡中の一縣に數へて居り、晉書にはこれを帶方郡中の縣名としてある、又隋書を見れば高麗遠征二十四軍中の右第六軍の通路に提奚道といふのがある、都岐越は何の意義とも分らねど、若や次上《つぎへ》ではなからうか、即ち國王に次げる上方《うへつかた》の意味かも知れぬ。

秦始皇の正胤は日本に存す

古來我が國史の傳ふる所に據れば、秦始皇の正胤は我が國に存し、姓氏錄には左の記傳が載つてゐる。

太秦公宿禰《うづまさのきみのすくね》は秦始皇帝十三世の孫孝武王の後なり、男子息功滿王、仲哀天皇八年來朝す、功滿王の男融通《ゆづ》王一に弓月王と曰ふ、應神天皇十四年來朝、百二十七縣の百姓を率ひて歸化し、金銀玉帛等の物を獻す、仁德天皇の御世百二十七縣の秦民を以て諸國に分置し、即蠶を養ひ絹に織つて之れを貢せしむ、天皇詔して曰く、秦王獻する所の絲綿絹帛、朕服用するに柔軟にして肌膚《はだへ》に溫暖なり、姓を波多公《はだきみ》と賜ふ、雄略天皇の御世、絲綿絹帛悉く積むで丘の如し、天皇之を喜び號を賜ふて禹都萬佐《うづまさ》と曰ふ。

右に據り及び他の傳記に稽ふるに、始皇の子扶蘇、扶蘇の子孝德王、四世法成王、九世竹達王、十三世孝武王、十四世功滿王、十五世融通王と由緒正しく且明かである、新井白石之に就て言へらく。

昔秦長城を築く、公子扶蘇をして其の軍を監せしむ、始皇巡遊の途に殂す、李斯・趙高等便ち

秦をハタと訓み又ウヅマサと謂ふ所以

詔を矯めて扶蘇・蒙恬に死を賜ふ、蓋扶蘇に子あり伴はれて朔邊に在り、父の辜なくして死するを視、危惧して本土に返らす、茲歲陳勝・吳廣一呼して六國齊しく兵を擧げ、中原亂痲の如く、秦族譙夷の禍機目前に在り、關中又旣に敵手に落つ、扶蘇の兒輩便ち其の親信所從と共に、潛に趙・代・燕の北境を長城に沿ふて遼東に來り、遂に高麗に托せしものならん云云

想像ではあるが克く適中してゐる、又白石は百二十七縣を貊二十七縣ならんと疑ひ、其の百字は蓋貊の誤寫にして、高麗は卽貊、彼れ貊二十七縣の民を率ゐて歸化せるならんと言へるは、不思議にも本章の註釋に恰好である。いかにも百二十七縣は容易ならぬ縣數なれば何人もこれには疑惑せざるを得ぬ、そこで其の本に反つて見るに我が國訓では秦と書いて、ハタとよむでゐる、仁德天皇の御肌膚《はだ》の義を賜つて姓としたは、其の姓氏の名譽なれば、餘計なことは言ひたくないが、本章には殷これを白提奚《ハタキ》に舍いたとあれば、其の白提《ハタ》がハタ（秦）氏の起因ではあるまいか、白提奚は當時國名でもあつたらうから、自然それが姓氏となるは、我が氏族の稱に地名多きを見ても至つて自然のことのやうに思はれる。又太秦と書いてウヅマサと讀む所以も、絹帛の卷物が堆《うづた》かく積まれた所から、氏族の別號に賜つたとは如何にも譽れに聞ゆれど、本章に言へる扶蘇の子有秩の名が、妙にさう讀めるのが怪しい、卽ち有秩はウッと讀めさうである、秩《チツ》をツとよむは下半音を取る次第でなく、チ・ツを反切するとツに歸納するに因る、猶また白提《ハタ》二十七縣が白二十七縣と爲り、それが

また百二十七縣に爲つたのであらう。

第三十四章　辰沄殷亡びて朝鮮の稱起る

燕瞞說殷曰請背水而國以禦漢寇殷納封之姑邾宇瞞又說漢曰胡藏秦華冑請滅之爲郡以絕後患漢喜給之兵仗瞞襲取殷漢進郡阻徐珂殷王奔辰秦氏隨徙殷亡瞞乃案智淮氏燕故事以之紀國曰朝鮮始達周武之志也

譯文

燕瞞（漢史に衞滿に作り、韓史に或は魏滿に作る、今漢史に從ひ衞滿となし、釋明に之を用ゆ、）殷に說て曰く。請ふ水を背にして國し。以て漢冦を禦がんと。殷納れて之を姑邾宇に封す。瞞又漢に說いて曰く。胡・秦の華冑を藏す。請ふ之を滅して郡と爲し。以て後患を絕たんと。漢喜び之に兵仗を給す。瞞襲ふて殷を取り。漢・郡を進めて徐珂《さか》を阻す。殷王・辰に奔り。秦氏隨つて徙る。殷亡ぶ。瞞乃ち智淮氏燕の故事を案じ。之を以て國に紀して朝鮮と曰ふ。始て周武の志を達せるなり。

朝鮮國號の由來

周武が箕子を朝鮮に封じたといへるは、その朝鮮といふことからが、周の史官の記室に存した故紙の取殘されてである、謂はば夢幻劇の筋書に止り、實演された者でない、實在は殷叔であり辰沄殷である、然も其の辰沄殷は、史記等に山戎若くは東胡又は濊貊と書かれて、嘗て其の正名を史籍に顯はしたことがない、又誤つて朝鮮と稱されたこともない、それが朝鮮と言ひ觸らされたは漢武の世に始り、衞滿の事より起る、曰はく朝鮮王滿者故燕人也と

因に云ふ、史記匈奴傳に。秦時。東胡强而月氏盛。至二冒頓《ボクトツ》匈奴最彊大一。盡服二從北夷一。而南與二中國一爲レ敵。東接二穢貉朝鮮一。西接二月氏・氐羌一云云。是れその朝鮮といへるは、漢武の世になつてからの新知見に由る者なれば、以前より此の稱呼の存在ありたりと思はば誤る、されば其の以前に在りて燕が長城を築ける際の記載には。東胡却《クコト》千里。燕亦築二長城一。自二造陽一至二襄平一。以拒レ胡。とあつて、殷を胡として居る、故に朝鮮とは漢武以後の新知見に由りて東胡の中に一傳を立てた者と解するを要す。

魏略に曰く

昔箕子之後朝鮮侯。見三周衰《ヘ》燕自尊《ラテ》爲レ王、欲二東略一レ地。朝鮮侯亦自稱爲レ王。欲三興二兵逆擊《ヘテ》レ燕。以尊二周室一。其大夫禮諫レ之。乃止。使《ム》二禮西說一レ燕。燕止レ之不レ攻。後子孫稍驕虐。燕乃遣二將秦開一。攻二其西方一。取レ地二千餘里（史記には千餘里）至二滿潘汗一爲レ界。朝鮮遂弱。

右魏略の所言の如きは、謂はゆる眉に唾して見るべきものである、辰沄殷は殷叔が周武の賄封を

郤け自由建國を爲してより以來、嘗て周の諸侯を以て自ら擬したることなく、最初より王を以て自ら居たる者なれば、何ぞ燕の王と稱したるを見て遽に之に倣ふことを爲さん、且朝鮮侯とは義を成さぬ言である、周武は殷叔を箕國の主、子爵の君と爲さんとして郤けられたのであれば、周から見ても侯ではなく子である、又周室を尊ばんと欲すとあれど、既に燕の王と稱したるを見て己も亦王と稱したと云ふてゐるではないか、是れ諸侯の列を超越して己を周と同等の尊格に置いたと云ふことなのであれば、周室を尊ぶ云云は理由を爲さない矛盾であらう。燕が自尊して王と稱したるは周の顯王の四十六年皇紀三三八年なれば、其の時代に朝鮮王の名に於て燕に大夫を遣し、攻伐を互に止めたやうな事實があつて、それ程に朝鮮の名が燕に知れて居たのなら、列國の間にも亦聞えねばならぬ、從て亦史書にも顯はれねばならぬ、然るに八百數十餘年間、一介の消息も史上に著はれなかつたのは、朝鮮といふ侯國も王國も其稱號のなかつた立證である、即ち辰沄殷は嘗て彼等から國號を以て稱せられたことなく、寧ろ忌避されて單に東胡の概稱裏に鎖し置かれたのであつた。殷叔建國より燕の易王始て王と稱すまで約七百八十年、易王より漢武の建元まで約百八十三年、通計九百六十年の久しき、朝鮮てふ國號のもとには一の歴史なく、それより五十年の後に至つて成れる史記の上に、始めて漢武時代の朝鮮が露はれ出でたるを思へば、朝鮮てふ國號が此の時代に鑿造されたことが分らう、而して史記より約三百五十年後に成れる魏略が、史記にも前漢書にもない約五百九十年前の朝鮮侯を書がき出せるは、如何なる史料に據つたものか分らねど、迂濶に盲從は出來ない、要するに右に抄出せる魏略の文は、細密の注意を取つて讀むべきである、苟も因緣さへ附け得れば、何處の國の土地にもあれ、中國古聖垂仁の舊域と主張するに憚らざる漢史家の筆に、魅毒されてはならぬ。

史記朝鮮列傳に曰く。

朝鮮王滿は故と燕人なり、全燕の時より全燕は戰國七强の一なる燕を云嘗て略《ほゞ》眞番・朝鮮を屬とす朝鮮は衛滿朝鮮の新稱を古に反用したるものにて、辰沄殷のことである、眞番は辰番にて、三韓の全稱なる辰をいふ、然るに徐廣は遼西の番汗を指してそれと爲し、應劭は玄菟郡を以て本の眞番國となし、日本の或學者は朝鮮慶尙道方面と爲す爲に吏を置き鄣塞を築く鄣塞は燕塞にて、殷より割取せし大淩河以西の地に繞らせるもの（前出）然るに之を韓半島内とする者あり、我が史學界何んぞ畸人の多き秦・燕を滅し遼東の外徼を屬とす徼は境なり、殷が秦と約して卻きたる千里の地を云ふ、即大淩河以西の壤土漢興つて其の遠くして守り難きが爲に、復た遼東の故塞を修め即亦燕塞浿水に至り界と爲し燕に屬す、燕は漢の封じたる新燕國なり、その所屬としたるは郡と爲さざるを云ふ、浿水は魏略に溴水と作す、漢志に沛水に作る、本頌叙の孛渙勃大水にして、今の大淩河なり燕王盧綰反して匈奴に入る、その反して匈奴に入れるは漢高祖十二年にして、武帝か衛滿朝鮮を滅す八十八年前滿亡命し黨を聚る千餘人、東に走つて塞を出て、浿水を渡り大淩河秦の故空地に居り鄣を上下す、鄣は燕塞なり、秦の故空地とは、其の名よりすれば長城と大淩河の間に横はる地即ち殷が秦に讓歩せる土地と解するを正しとするも、浿水を渡りとあれば、大淩河より遼河に至る地を稱するものと解すべし、實は殷の領土なれば秦の故空地とは言ふ可からず、鄣を上下すとは、出入して漢郡に交るを云ふ、蓋通謀なり、稍次第に眞番・朝鮮辰沄殷蠻夷及び燕齊亡命の者を役屬して之に王となり、王險に都す、王險は辰沄殷の國都にして衛滿之を奪へるなり、衛滿朝鮮の終末に就ては、司馬遷特に朝鮮傳を立て、之が記を詳にせるも、辰沄殷が衛滿に奪はれたる顛末に就ては全く其の傳を失し、恰も滿が國なき空地へ新たに國を肇造したかの如く傳したるは、史料整はざりしに因らん、且つ滿の姓氏も判らなかつたと見え、單に滿とのみ記してある、

浚河遼河を混稱せる浿水

是れ辰沄殷の滅亡、古朝鮮の成立を語る者、而も漢が遼東の故塞を修め浿水に至つて界と爲しこれを燕の所屬にしたといふは、高祖の時であつて海内鼎沸し漢楚方に命を賭としてゐる最中なれば、其の時の浿水を今の遼河と見て以て燕王盧綰の國界とするは、當時の情況より推して決して容れらるべき事でない。多く讓つて見ても今の淩河即前漢地志の沛水に止めねばならぬ。而して衛滿が長城を出て大淩河を渡り、秦の故空地に居て勢力を養つたといふに徵しても、遼河を渡つたのでは秦の故空地といふべき者がない。將又それが漢武の古朝鮮攻略より八十餘年以前の事に屬すれば、遼河を以て當時を見るわけに行かぬ、遼河を以て歴史を考へるのは漢武當代の事からでなければならぬ、故に前抄史記の文は、其の心して讀むを要する、乃ち其の謂はゆる浿《ハイ》水が大淩河の古名沛《ハイ》水と同音なる爲め、只一概に浿水と聞き流されたことを、よく聽き分けて古を汲むを要する、爲めに從來史家が考定し居る所の者に、左の如き動亂が波及する。

一、鴨綠江を浿水と考定した者は、漢初の古燕塞修復が其の江邊に達し、そこまで漢燕の所屬地なるを承認しなければならぬ。乃ち衛滿の渡つた浿水は鴨綠江であつて、平安道は秦の故空地であらねばならぬ。若もそうとすれば、韓内に擬定された古朝鮮を大同江以南としなければならぬ、何となれば、古朝鮮は秦故空地の外に在らねばならぬに由る。

二、大同江を浿水と考定した者は、燕塞が平壤まで達し居たとしなければならぬ、そして秦の故空地を京畿道あたりと認めねばならぬ、乃亦亡命衞滿の所在をそこに肯定せねばならぬ。然る時は古朝鮮の位置を更に南方忠淸道に擬せずばなるまい、三韓の存在を何處に許容せんとはする。

請ふ其の本に反つて倶に其の正鵠に嚮つて誤射なきを期したい、要するに史記朝鮮傳初頁の浿水は、之を沛水大淩河と見て初めて能く史實に親炙し得やう、從て燕の襄平は今の遼陽にあらずして遙か西方なる大淩河畔に在りとする前章の考定は、是認を受くべき者に庶幾しとされる。然らば大淩河より遼河流域に亘り歴然遺跡を留めてゐる長塞は何かとの推問もあらんが、それは燕塞でなく漢塞である、漢武置郡後の遼東・玄菟等の諸郡が、謂はゆる夷貊に對する防禦のため比年築造したものである。

辰沄殷の滅亡

史記は漢武が衞氏朝鮮を征伐してより十九年後に大成せる者なれど、著者司馬遷は辰沄殷に就て何の史料をも得なかつたやうである、從て滿の姓も知らず滿が殷を簒つたことも知らずして、滿が次第に衆を得て大と爲り、新たに王險に建都したやうに書いた、因つて索隱には、滿は燕人姓は衞撃つて朝鮮王を破り而して自ら之に王たりと註し、以て其の足らざる所を補つてある、魏略は後の著書だけあつて、此の間の消息を餘程詳にし得た。曰く、

秦天下を幷すに及び蒙恬をして長城を築き遼東に到らしむ、時に朝鮮まだ此の稱あらず王否立つ、秦の之

を襲はんことを恐れ、略《ほぼ》秦に服屬せるも肯て朝會せず是れ殷と秦とが國境を約訂せる當時の相互諒解を云ふに似たり否死して其の子準一に淮に作る立つ、二十餘年にして陳項起り天下亂る、燕・齊・趙の民愁苦し、稍亡げて準に往く、準乃之を西方に置く遼河以西大淩河以東の殷の領土漢盧綰を以て燕王と爲すに及び、朝鮮・燕と浿水に界すここに云ふ浿水は沛水に當る即ち大淩河を云ふ綰反して匈奴に入るに及むで、燕人衞滿亡命して胡服を爲し殷に赴くに胡服すとあるは、殷の服裝を爲せる者にて、同時に殷を以て胡國と爲せるを證す東して浿水を渡り史説には浿水と爲す、沛水を云ふ也準に詣つて降り、準を說き求めて西界に居る、故に中國の亡命、朝鮮の藩屏と爲る滿亡命の身を以て朝鮮の藩屏と爲れるを云ふ乃朝鮮と漢との間に横はる者準之を信寵し拜して博士と爲す、賜ふに圭を以てして之を百里に封し西邊を守らしむ、その遼河大淩河の間に位置せること明白滿亡黨を誘ひ衆稍多し、乃詐つて人を遣し準に告げて言ふ、漢兵十道より至ると、求めて入つて宿衞し、遂に還つて準を攻む、準・滿と戰つて敵せざりき。

右魏略の文を承けて茲に始めて本章の語る所を理解し得、即ち滿が求めて西界に居り藩屏と爲つたとあるは、是れ本章に謂はゆる請ふ水を背にして國し以て漢冦を禦がんと言へるに當該する。その水を背にすとは孛斐禮《はひら》大水即浿水にして今の遼河の前面に國して漢の遼東郡大淩河を界とすに對せんとの意である、殷は此の請を納れ姑郲宇に封じたとあるが、其の古名の地は未だ捜り當てない。地理志に侯城といふがある、姑郲宇《コシウ》と侯城《コシヤウ》頗る近音なれば或はそれかも知れないが、侯城は漢の遼東郡中部都尉の居た處、今の奉天府承德縣の北なれば、滿の封地としては合はぬやうである、なほ考へて見やう。滿は巧に殷に取入り其の信寵を受けたれど、彼の志は殷を己の物とするにあつたので、乃又漢に說くに殷が秦の華胄を扶くるを辭とし、之を滅して漢郡と爲し以て後患を絕たんと請ふた、漢としては喜ばねばならぬ、そこで兵仗を給し且つ與に周到な策を運らしたことであらう、謀熟し機合した刹那に、內より起つて不意打をかけて殷の國都を乘取り、同時に漢は其の遼東郡を進めて徐珂殷と辰沄殷とを阻斷した。殷王僅かに免れて辰國に奔り、辰沄殷千年の社稷終にここに滅亡に及んだ。斯かる間に置かれた秦氏は元來が漢の御尋ね者でもあれば、安處すべきでない、そこで亦殷王に隨つて辰に移住した、是れ後年功滿王に率ひられて我國に歸化せる秦氏である。

秦氏韓內へ轉徙す

朝鮮の國號成る

　瞞乃ち智淮氏燕の故事前出を案じ、之を以て國に紀し朝鮮と曰ふとあるは、史學上の一大異聞なるも、眞正史學の推考よりする結論は終にここに到るべきである、然らざれば武王乃封二箕子於朝鮮一而不レ臣也とある朝鮮の稱呼は、先秦の小說として葬り去られなければ成らぬ、日韓上古史裏面は某大家以爲らくとして記して曰く。

　箕と云ひ朝鮮と云ふは是れ先秦の小說にして、箕星は東天の星宿、朝鮮とは東方夜先つ明くるの地方を意味す、蓋箕宿を以て謚號とせる箕子あり、之を以て朝鮮なる國名を假設し、箕子來賓し殷墟を過ぎ禾黍離々の歎を作れる者、終に固定して後世の朝鮮地方を生じたるなり、故に其の原地は史上不明にして、又其の四十餘世八百年の歷史が一字も傳はらざるは怪しむに足らず、元是れ烏有先生のみ、平壤の箕子墓、井田等は固より後世の贋造物にして、一も正經なる史的表徵を殘留せさるは之が爲なり。

箕子と稱するは其の人の志を破る

實に然りである、予も初はこの考で箕子の烏有なるを論證すべく其の資料の蒐集を試みた者であつた、危くも本頌叙の發見に由つて謂はゆる箕子に偉大なる歷史の隨伴を認めたのである、若夫れ是れ無からんか、我が史學界は終に箕子を烏有先生とし葬り去るべきであつた。然かし箕子てう名はつまり爵名は周の史官の記室上の張出に過ぎずして、貰受人が無かつたのであれば、箕子てう名は小說に終つたものである。朝鮮てう二字組立ての成語ももと、智淮氏燕《チアシエン》といひしを書替えて與へんとしたまでのもので、それも竣拒されたのであれば、同じく貰受人のない、辭令に終つたものである、故に箕子といふは箕子といはるる其の人の志を破る者で、宜しくまさに殷叔と稱すべきである、但その殷叔の名蘧𧽽《キショ》が箕子と殆ど同音に聞えるのは何かの緣であらう。又其の國を朝鮮といふも同じことで、朝鮮と書かれるのは其の國の志でない、宜しくまさに辰沄殷《しうかん》と稱すべきである、但その古音叶通を以てすれば、朝鮮が辰沄氏殷《チウシエン》に一致して聞ゆるを妙とする。故に猶且つ箕子といひたければ辰沄殷を簒奪した衞滿をさうい ふが宜い、彼は周武千年の後に生れて智淮氏燕の故事を案じ、周武の一度試みて手を燒いた朝鮮號を受け取り、以て其の志を成さしめた者なれば、箕子の名を甘受したは彼である。

戰國策に稱する朝鮮

直隷省永平府の朝鮮城

因に云ふ、戰國策に蘇秦・燕の文公に說いて曰く。燕東有㆓朝鮮・遼東㆒。北有㆓林胡・樓煩㆒。西有㆓雲中・九原㆒。南有㆓呼沱・易水㆒。地方二千里。帶甲數十萬。粟支㆓十年㆒云云。これを以て當時朝鮮てふ實在國が眞にあつたやう思ふ者もあれど、其の謂はゆる朝鮮は、武王の故事より名を引出して趣を添へたまでのことで、それを以て實在の證とは爲し難い、當時の遼西遼東は皆關內に在つて關外には殆ど出て居らぬ、而して其の遼東遼西とも最初は殷の領有であつて智淮氏燕と稱したのであれば、それを譯する時は周武の譚草なる朝鮮に一致させ得る、果して蘇秦が實在を意義して指稱したものならば、其の溯故的朝鮮をいふたものか、或は翳父婁大淩河畔に國都を有しゐた辰沄氏殷をいふたものであらう。而してその言ひ廻はし方が、朝鮮遼東となつて居るのに一應の注意を要する、普通ならば遠近の順序を以て近き遼東遠き朝鮮といふべきではないか、それを反對に朝鮮遼東と云へるは、朝鮮の方が燕都に近いやうに聞えもする、或は智淮氏燕の故事に因る當時の遺稱が、地方名にでもなつて殘つてゐたのかと調べ見たるに、北魏の平州北平郡に朝鮮縣あるを發見した、それは今の直隷省永平府盧龍縣の東なれば、殷叔が辰沄殷國を建設した領土內であり、武王から寄越した朝鮮の封冊を郤けた處である、大明一統志はこれを永平府境內の古蹟中に收め。朝鮮城。在㆓府境內㆒。相傳箕子受封之地。と示してゐる、旣に徐廣は昌黎永平府境內に古朝鮮の險瀆城あるを言ひ、以て辰沄殷の初都前出を證せるに、今復一統

管子の發
朝鮮

志も朝鮮城の古蹟を同一地方に證せるは、蓋皆辰沄殷の遺蹟を近邇音なる朝鮮を以て著はせる者、想ふにいづれも當該地方の住民によりて傳へられたものであらう、或は蘇秦の謂はゆる朝鮮も此の類のことなるべき歟、それならば遼東よりは燕京北京に近い道理である。又管子には發朝鮮とある、發《ハイ》は貊《ハイ》で、北音に白を背と云ふを參考にするがよい、乃ち貊朝鮮といへるは、漢書が辰沄殷を北貉燕といへるに同じ用字法である。

因に又云ふ、魏略の稱する溴水、すなはち燕滿が塞を出でて渡れる水名を、史記には浿水に作してある、蓋史記のこの浿水は宜しく沛水と爲すべきもの、沛浿《ハイハイ》の同音より乃ち不經意にも之を混同せる歟、本と二水にして一水にあらず、浿は是れ大遼河の前名にして東語孛斐禮《はひら》の上半音を漢譯せるもの、沛は即ち大淩河にして同じく東語孛湙渤《はしほ》の上半音を譯せる者、而して魏略がこの沛水を溴水としたるは、右東語の下半音湙渤《しほ》をば斯く譯せし舊紀あつて、それを考據にしたものと思へる、換言すれば大淩河の前名孛湙渤《はしほ》の上半音が沛と譯されて前漢地志に載せられ、下半音が溴と譯されて魏略に現はれたのであれば、右二書の名を一に寄せて沛溴《ハイシウ》と爲さば、東語孛湙渤《ハイシフ》に還原すといふわけなのである。韓史これを鴨綠とし或は以て大同と爲し、遼西の史蹟を内に徙して、之と共に燕秦の勢力を中韓に招延せるは、其の謬や乃亦千里である。

第三十五章　古朝鮮の滅亡及び濊君の自刎

於是瞞要漢反故漢去但巫志心甚啣之徐珂王淮骨令南閭峙欲爲殷報讐謀之於漢漢誓不郡許以王印爲證及洛兎出南閭峙憤恚自刎子淮骨令蔚祥峙襲破遼東斬其守彭吾率國合于潘耶潘耶乃大焉

譯文

是に於て。瞞・漢に故に反らんことを要む。漢但巫志《たふし》を去り。心甚之を啣む。徐珂《サカ》王淮骨令《アクリ》南閭峙史記に寺に作り漢書に等に作る殷の爲に讐を報せんと欲し。之を漢に謀る。漢・郡とせさるを誓ひ。許すに王印を以てして證と爲す。洛兎出るに及び。南閭峙憤恚して自刎す。子淮骨令《アクリ》蔚祥峙。襲ふて遼東を破り。其の守彭吾を斬り。國を率ゐて潘耶に合す。潘耶乃大なり。

朝鮮王漢を欺く

衞満既に漢を欺いて其の遼東郡を但巫志河の線に進ましめ、之を以て宛灘《えな》流域に國する徐珂を牽掣し、以て殷との聯絡を阻斷し、而して能く殷を襲奪して覬覦の志を達した。宛灘と但巫志とは一つ河流にした當時その上流を宛灘といひ下流を但巫志といふたものらしい、即ち今の塔子河佟氏・沓水・

沓津等に作る一也である。漢が滿のために此の努力を爲したのは、滿が殷を滅した上は漢の郡國に爲さんと說いたからのことで、滿の其の言を信じたに因る、然かしそれは滿の權謀であつた。それ故滿は殷を攻奪し終ると直に自ら王と稱し國を朝鮮と號し、漢に故《もと》の郡界に反らんことを要求した、故の郡界とは大淩河の線である、漢は欺かれたるを怒つたに相違ない、併しその遼東の兵力は朝鮮に及ぶべくもなかつた、それは後に朝鮮を滅す時、本國から大兵を輸送し辛うして目的を達成したのに由つて分る、殊に此の際徐珂の嚮背は漢の大事である、若し徐珂と朝鮮とに連合されたら、漢は側背を徐珂から攻擊され一溜《ひとたまり》もない結果に陷らねばならぬ、衞滿のことであるから定めて徐珂に禮を厚うし交を求めたであらう、乃ち漢としては但巫志以東に進出し居るは頗る危險の事である、想ふに滿は此の弱點に付入つて漢をもとの郡界に退却せしめんとしたのであらう、已むなく漢は郡を卻け但巫志を撤退したのであるが、之に類する多少の情況は史記朝鮮列傳にも見えてゐる、但し例の中國君臨四方夷狄の意であるから、其の心して讀まねばならぬ、曰く、

朝鮮と漢との協約

會《タマタマ》孝惠・高后時ノ孝惠帝在位七年、高皇后呂氏稱制八年、計十五年天下初定漢高即位より呂氏稱制まで十有九年遼東太守即約レ滿爲二外臣一是れ誘言保《ヤスンジ》二塞外蠻夷一。無レ使レ盜レ邊一是れ第一條件諸蠻夷君長欲三入見二天子一。勿レ得二禁止一是れ第二條件以聞。上許レ之。以レ故滿得二兵威財物一是れ漢の報償條件侵二降其旁小邑一。眞番臨屯皆來屬。方數千里是れ辰沄殷の故地

右に由りて之を觀れば、漢は朝鮮に兵器財物を歲給せし者、恰も匈奴に金銀絹帛を贈賄して邊警

を弛めたると同一形式、乃漢の遼東郡は當時猶微弱にして、僅に金帛の歳給に依りて侵寇を免かれゐたと知れる。古來漢史の例として、夷狄に對しては賄といひ賂といひ給といひ、夷狄よりするは貢といひ獻といふ、今朝鮮と漢との關係を地位を異にして書いたら、漢は朝鮮に貢を納れてゐた者となる。之を當時の大勢に觀るに、我が皇紀四六一年、漢の高祖自ら三十萬軍に將として匈奴を代谷に防ぎ、却つて平城今の山西省大同府大同縣の東に冐頓の四十萬軍に圍まれてより、皇紀五二一年漢武即位まで四帝六十年間、邊疆僅かに金帛の歳賂に依り岌岌乎として警なきを祈つてゐたのであれば、平城役後十四五年しか經ぬ呂后稱制の世に、遼東今の遼西郡の權威を高く買冠るわけには往かぬ、故に山海關外へ遠く進出してゐたとは何の點よりもさう思へない、從つて衞滿の殷を攻奪する際、よくも郡を但巫志まで進め得たことゝ疑はれる程である、これより約六十年後に現はれた一大事相は、濊君南閭峙と漢との連和にして、史書武帝本紀元朔元年皇紀五三三年開化帝三〇年の條に次の記載がある。

南閭峙と漢の連和

史記に曰く。濊君南閭寺。畔二朝鮮王右渠一。率二二十八萬口一。詣二遼東一内屬。

漢書に曰く。東夷穢君南閭等。口二十八萬人降。爲二蒼海郡一。

右渠は滿の孫にて朝鮮第三世の王、南閭峙は徐珂の王である、滿が辰沄殷を滅した時より已に六十年、殷の爲め讐を報ぜんと欲し之を漢に謀つたのが、即ち史記の謂はゆる内屬であつて、漢書に之を降と爲す、想ふに復讐は美名でもあり、父祖の志を繼いだものでもあらうが、其の他に何か右

蒼海郡

濊王之印

渠と相容れざる事情もあつたに相違ない、從つて右渠を亡し己れ代つて朝鮮王たらんとの志もあつたと見え、其の地を郡とせざるを漢に誓はしめてゐる。漢の憂とする所は徐珂と朝鮮との連合にあれば、平素これを離間すべく勉めて居たのであらうから、手段を擇ばす迎入れ、朝鮮を討滅する爲の助力はしても、其の地を郡とすることは斷じて爲さぬと請合ひ、其の證據に王の印璽まで作つて贈つたものと見へる。只一つの不思議は史記の續文に。

即置二蒼海郡一。數年而罷レ之。漢書には三年春罷二蒼海郡一

とあることで、其の直く罷めたのが頗る訝しい。想ふに南閭峙の志を寄せ來つたのを、遼東大守手柄顔に投降内屬と報告し、漢廷輕卒にもそれを眞に受けて蒼海郡と爲したのではあるまいか、所がそれは大なる間違にて、二十八萬口を有する大族に直に畔き去られる勢に在つたので、改めて王印を造り贈つたのであらう。漢が蒼海郡を置いたのは元朔元年の冬、罷めたのは三年の春、其の間僅に一年、必ず何かの齟齬に由るものに違ひない。王印は文に何とあつたか分らねど、魏略に扶餘を記して、其の國殷富、先世より以來未だ嘗て破壞せず、其の印文に「濊王之印」と言ふとあるは耳寄りの話にて、或はこの印がそれではなからうか。

僅か一年間のことではあるが、蒼海郡の名は史上に今も猶遺つてゐる、この蒼海は海邊を意義する名の如く聞ゆれど、さにはあらず學者以て朝鮮江源道と爲せるは妄の極である想ふに蒼海《サウカイ》は徐珂殷《サカイン》の類音異譯であらう。こ

百濟の姓アクリ

れと共に考究を要するは淮骨令南閭峙の讀方である、史記に濊君南閭寺とあるのは、濊の君の義で先秦の史書にある楚君・晋君・孤竹君などゝ同格の敬稱と思はるれど、本章に淮骨令とあるは字義の上からは何のことゝも訓めない、恐くは三音一串の東語であらう、若や是はアクリと訓むのではないか、思附きは百濟の姓稱からであるが、百濟は人も知る如く扶餘族の分岐にて、餘を以て姓と爲せる者、古來その餘をアクリと訓むで來た、扶餘の字面からは如何にするもアクリの音訓は出ない、故にアクリは扶餘族中の姓稱にして、其姓稱を扶餘てう文字に寄せたものと見ねばならぬ、猶日本をヤマトと訓ませるに同じであらう。蓋し是は徐族が滿洲に渡來する時、淮骨令《アクリ》てう敬語或は姓稱をば倶に齎來したのであらうと思ふ、且又それが南閭峙一人の稱でなく、子の蔚祥峙も同様にそれを稱したことから考へると、どうやら姓稱のやうにある。而して淮は其の族稱、骨《ク》はクミ（君）の約なるべく、令《リ》はアリ又はナリの「リ」に同じく、詞尾の添音であらう、史記が之を濊君と譯せるは音義ならび得た者である。

次に洛兎出つるに及び南閭峙憤恚自刎すとあるは、僅か十一文字であるが、滿洲に於ける當代の大歷史たる朝鮮の滅亡、漢武の置郡、皆此のうちに含まれてある。漢武の朝鮮攻略は元封二年及び三年皐紀五五三年開化天皇五〇年にして、南閭峙が漢と連合してより二十一年目に當る、其の間南閭峙に常に討鮮の志はあつたであらうが、朝鮮も亦彊大にして容易く之に兵を加ふる能はず、漢の準備亦之を援くるまでに整はず、爲に遷延二十年に及んだものと思はれるが、併し漢の其の準備の成つた時は、朝鮮は最早南閭峙の物でない、その努力は犬鷹であつて獲物は人に奪はるゝを免れぬ。但し漢の敢然出師に及んだのは、三十萬口を有する南閭峙の連合に待つ所多きは勿論の事であらう。史記に曰く、

滿・子に傳へ孫右渠に到る、誘ふ所漢の亡人滋《マスマス》多し（是を第一罪狀と爲す、若もこれが支那のことであつたら、徳に懷き來る者市を爲すと云はん）又未だ嘗て入見せず（是れ第二罪狀なるが、獨立の國に何ぞ入朝の義務あらん）眞番旁衆國（漢書には眞番辰國に作る）上書して天子に見へんと欲するも又雍閼して通せず（是れ第三罪狀なるも、眞に入覲を求めし國ありしや否）

勝者の歴史には敗者必罪あり、我が國の學者の中にも漢武の征討を當然と賛し、賴つて以て文明の輸入を得たりと頌する者あるに至つては、復何と言ふべき、史記又曰く、

元封二年、漢渉何をして右渠を誘諭せしむ、終に肯て詔を奉せず、何去つて界上に至り浿水に臨み御（車の御者）をして何を送れる朝鮮の裨王・長を殺さしむ（師古曰く、長は裨王の名なり、何を送つて浿水に至る、何因つて刺し殺せるなり）即渡り馳せて塞に入る。

右は全く挑戰である、裨王とは小王の義で太子又は王子であらねばならぬ、史に依るに朝鮮太子の名は長であつて、これと同一人のやうに見えるが、太子長は國の滅亡の末まで其の名が存してゐて殺されては居らぬ、想ふに何は殺すべく御者に策を授け、見届もせずに馳せて塞に入つたのであら

う。

遂に歸り天子に報して曰く、朝鮮の將を殺せりと、上その名の美なるが爲に郎詰らず、何を拜して遼東の東部都尉と爲す（漢始めて武力前進を行ひ、郡を遼河の畔に進む）朝鮮何を怨み兵を發し襲つて何を攻殺す、天子罪人を募り朝鮮を擊つ。

朝鮮が東部都尉府を强襲し何を殺戮したのは、漢が郡を進めた其の出端を打催いだ者と思へる、こゝに戰は開かれて漢は兵力を水陸二道に分ち、水軍は樓船將軍楊僕之が將と爲り其の兵五萬、齊（山東省）より渤海に浮むで遼河に入つた。

朝鮮の大勝

そこで楊僕は自ら齊兵七千を率ひて先づ王險（海城）に至れるに、朝鮮王右渠城を出でゝ逆擊し、進んで樓船軍を潰亂せしめた。陸軍は左將軍荀彘兵力不詳の軍に將として遼東郡を發し、朝鮮の浿水西軍（遼河の西軍）を討つたが是れ亦大敗した。武帝本紀に曰く、

漢講和を策す

天子爲㆓兩將未㆒レ有レ利。乃使㆘衞山因㆓兵威㆒。往諭㆗右渠㆖。

是れ明に衞山を勅使として和議の申込みを爲さしめた者である、而して權略は自ら此の裏に存しやう。朝鮮王も愚ではない、之を利用して軍機を操縦せんと欲し、詐つて言ふ、太子を遣はし入謝せしめ馬五千匹を獻し及び軍糧を饋《おくら》んと、乃ち其の護衞として兵萬餘人に武器を持たせ遼河を渡らんとした。是れ其の謀は水西の友軍へ兵糧を入れ同時に力を合をはせて漢軍を鏖殺せんとするに在つたらしい。漢としては之を渡したら大事件である、因つて武裝解除を要求した、太子若し勇斷の

漢將の乖離

將であつたら一擧敵を全滅に陷れ得たであらうに、計略敵に覺られたりと怯れて城に引歸した。こんなことで和議は成立に至らなかつたが、固より雙方に誠意がないのであれば、成立すべき道理もない、史に曰く山還報ニ天子一、天子誅レ山と。

勅使となるも亦難いかなで、和議成立に至らざりしを君命を辱かしむる者とされ、誅戮の辱めに命を隕してしまつた。凡そ戰は氣である、一たび休戰すれば其の氣餒えて再戰の勇を失ふを常とする、漢武の和議申込は朝鮮の士氣を弛緩せしむるに大功があつた、殊に本軍と隔絕した遼西の軍にあつては、其の間に糧食を空盡し再戰と爲つて矢種續かず、遂に其の守を破られて王城終に圍を受くるに至つたが、猶能く堅守數月降らず以て敵變を待つてゐた、果せるかな漢の左將軍と樓船將軍との間に反目乖離を生じた。

天子曰。今兩將圍レ城。又乖異。以レ故久不レ決。使《ム》ニ濟南太守公孫遂往征《タダサ》レ之《チ》。有ニ便宜一。得ニ以從レ事。

公孫遂は主將の任として、兩將の反目を和らげ同心戮力せしむるが其の務であるのに、軍に到るや左將軍の偏言に聽き、計を設けて樓船將軍を捕へ、其の軍を左將軍の軍に併合し、歸つて以て天子に報告した、武帝の激怒するも道理にこそ、乃ち史に天子誅レ遂とある。

戰は漢の負けである、然るに如何なる智策の行はれたるものか、城內では四大臣一將軍相率ゐて王

朝鮮王弑に遇ふ

武帝賞罰の奇異

に降伏を慫慂した、王は之を肯んじなかつた、すると此等の者は共に逃亡して漢に降つた、そして其の逃亡大臣中の一人なる參といふ者は、人をして王を殺さしめた、史に曰く、

元封三年夏。尼谿相參。乃使三人殺二朝鮮王右渠一。

王は弑されたれど、王険城未ㇾ下とあつて士民猶能く堅守した、されど太子長も亦降つて朝鮮遂に亡びたるも、漢の之を滅したのは戰の勝利でなく、智謀反間の結果なりとされる、從つて武帝の賞罰に頗る異様な色彩が見られる、逃亡四大臣一將軍を皆封じて侯と爲し、却つて戰局の終を濟した左將軍を死刑に處して殺し、樓船將軍を死一等を減じ庶人と爲した、因つてこの戰役に上將と爲り又勅使と爲つた者は、一人殘らず誅罰されたわけである。何故こんな不首尾を演したかと云ふに、天下死罪の囚人を集めて軍としたのが抑もの一因であり、之を統帥する將軍に人を得なかつたのが二因であり、朝鮮の勢力を誤算したのが三因であり、濊君南閭峙が傍觀して漢のために力を添へなかつたのが第四因であらう。南閭峙の初志は己自ら主動となり、そして漢の力を藉るに在つた、然るに漢自ら其の主動と爲つたので、南閭峙乃ち一兵をも之れがために提供せず、只立つてゐて勝敗の歸着を傍觀したやうである、是れ漢に在つては豫定戰略に大誤を招いたわけであらう。又南閭峙をして茲に至らしめたは、左將軍荀彘の人となりが與つて居るらしい、史記に左將軍もと侍中にして幸せらる、燕・代の卒の悍なるを將ひ、（罪囚軍にあらざる精兵）勝に乘じ軍に驕色多しとあり、又左將軍功を爭

漢の四郡その二郡は虚名

ひ相嫉むともある、而してその罪狀の一に「計に乖く」といふことが數へられてゐる。その計略に乖背したといふ中には重大の意義があるらしい、兎にも角にも最初より軍に將とし遂に克く終を濟せる上將を、市内人馬の街路に辱しめて斬に處すといふは普通のことでない。一面には之と反對に、國に畔き君を弑した朝鮮の四大臣一將軍を、殘らず侯に封じて地方懷柔の標榜に立てたことを思ふと、左將軍の計略乖背なる者は、地方に對する政策の上に在つたこと丶思はれる、即南閭峙に對する大なる過失が此の重罪の犯量であらう、而してこの過失は四郡設置の上に亦大なる禍と爲つた。

謂はゆる四郡とは漢書武帝本紀に。

元封三年夏。朝鮮斬二其王右渠一降。以二其地一爲二樂浪・臨屯・玄菟・眞番四郡一。

右四郡のうち樂浪・玄菟は其の實在を認め得るも、臨屯・眞番は之を認むるに由なきもの、唯是れ漢武の豫定計畫に過ぎざると、戰勝の獲得を誇張して民を欺けるものなるに過ない、要するに此の二郡は架空のものであつた、故に戰後二十七年、即ち照帝の始元五年に空名整理を行つて曰く

始元五年。罷二眞番臨屯二部一。幷二樂浪玄菟一。

そこで本頌叙は二郡より認めない、即ち洛兎といふはそれである。洛とは潛夫論に武皇帝攘レ夷折レ境、面數千里、東開二洛浪一即樂浪西置二燉煌一とあるに一致した用字法である、この洛浪玄菟二郡の出來たのを見て、南閭峙が憤恚自刎して死せるは、誤つて漢に連合し、遂に漢をして其の封豕の

遼東の大守を斬つて父讐を報す

慾を成さしむる結果に立至つたのを慨恨してのことであらう。そこで淮骨令《アクリ》蔚祥峙其の國を率ゐて潘耶扶餘に合體し漢に讐するに至つた。復た重ねて言ふが、扶餘族より岐れた百濟の姓アグリと、扶餘の庫中にあつた濊王之印とは、此の時の合體に因つて、後に扶餘に現はれたとされるのである。猶その父子ともに南閭峙《ナロシ》・蔚祥峙《ウサシ》とシの附くのは、多分敬稱若くは美稱の意であらう、又百濟始祖の名溫祚《ウサ》と蔚祥《ウサ》との字音相通ずるも、何か裏に相通ずる意味のことがあつて然るのであらう。彼れ蔚祥峙が其の國を率ひて扶餘に合體する行懸けに、遼東郡を襲破し郡の太守彭吾を斬つたは、漢に對して父の讐を報ぜる快擧である、其の彭吾といふは平準書史記に彭吳と見えてゐるのがそれであらう。

彭吳賈滅㆓朝鮮㆒。置㆓蒼海郡㆒。索隱に曰く、彭吳は人の姓名、始めて其の道を開いて之を滅せるもの、朝鮮は番名なり云云

蒼海郡は旣にいへる通、朝鮮滅亡以前只僅に一年のみ存した名なるを、朝鮮滅後の郡名のやう書いたは、其意得難しと雖、彭吳賈といふ者が、武帝に勸めて之を爲さしめたことは分る、食貨志漢書には

彭吳穿㆓穢貊朝鮮㆒。置㆓蒼海郡㆒。師古曰く本皆荒梗なり、始めて之を開通す、故に穿と言ふなり

想ふに南閭峙が殷の爲めに讐を報ぜんと欲し、之を漢に謀つたといふは、初め此の彭吳に相談したのであらう、そこで彭吳は武帝をして其の志を東方に向けしめたものと思はれる、平準書も食貨

漢武征戰
紛々無狀

志も齊しく其の續文に則燕齊今の直隷山東之間、靡然發動とあつて民心の騷擾を語つて居る、兩書とも武帝が兵を窮め武を汚し、賦稅己に竭きて猶以て戰士に奉するに足らざるを誹れる者なれば、帝の志を東方に向けしめた彭吾を以て該方面騷擾の罪首としてゐるのである、彼はもと賈人なるが功に因つて遼東の太守になつたのであらう、蓋南閭峙はこれに誅られたる者、乃ち蔚祥峙は彼を以て父の讐と爲し怨を報じて去つたのである。

太史公の贊に曰く、右渠は固《かたき》を負《たの》みて國以て祀を絕ち、涉何は功を誣ひて兵の發首と爲り兵端を開くを云ふ樓船は狹を將《ひき》ひ、其の將ゆる軍の狹少を云ふ難に及び咎に離《かか》る、荀彘勞を爭ひ、遂と皆誅せられ、兩軍俱に辱められ、將率侯たるもの莫し矣と、實に不首尾のことであつた、索隱述贊にも紛紛無狀の四字を以て此の役の評語に當ててある。

第三十六章　辰（馬韓）漢を拒いて置郡の志を碎破す

於是辰以蓋馬大山爲固以奄淥大水爲城拒漢碎破其眞敦之志

譯文

是に於て辰蓋馬《こま》大山摩天嶺山彙を以て固めと爲し、奄淥《あふりよく》大水鴨綠江を以て城となし、漢を拒いて其の

眞敦の志を碎破す、

眞番臨屯二郡設置の志

漢武が遼東の古朝鮮を亡ぼした時、辰（馬韓）は眼と鼻との近い間にあつた、然るに其の十九年後に大成せる司馬遷の史記には、馬韓の名は固より辰としても其の名が見えてゐない、更に其の後百七十年を經て成れる班固の前漢書には、眞番辰國として辰の名が只一箇所に只一字だけ點出されてゐるが、馬韓の名は全然見えてゐない。之と同時に名のみ著はれて全然その正體の分らぬ者に眞番といふがある、即ち一は正體明かに存して全然其の名なく、一は頗る著名にして全然其の正體分らずとは、何たる不可解事であらう、此の不可解に對しては別に解説する所あつて、其の不可解にあらざる所以を辨じたれど、今本章を釋明するには再び其の幾分を複説する必要がある。

正體あつて名なき辰

名あつて正體なき眞番

この正體の分らぬ眞番を漢武は郡と爲したと云ふことで、前漢書武帝本紀に朝鮮の地を以て樂浪・臨屯・玄菟・眞番の四郡と爲すと書いてあるが、併し之をさう書いた班固も、眞番臨屯二郡へは地理志も附けず解説をも附けて居ない、而して昭帝本紀になると此の二郡を罷めて樂浪・玄菟二郡に合併したと書いて居る、即この二郡の壽は戰後僅に二十七年なれど、それでも王莽の簒位期間よりは十一年長い、この壽命の二郡は、之を樂浪・玄菟に合したと云ふが、その爲め樂浪・玄菟の郡領が擴がつたわけでもなく、縣數が増したわけでも無く、戸口が殖えたのでも無い、樂浪は依然として最初よりの二十五縣、玄菟もその通で最初よりの三縣である、これが合併によつて增加した後の現在縣數ならば、其の縣名の下に故屬《モト》ニ眞番一とか故屬ニ臨屯一とか書いてなければならぬ、さういふ場合にはそれを書くのが地理志の例であつて、夫の王莽が僅かの簒位期間に更革して忽復光武に故の名に引戻された地名さへ、悉く漏さず書いてゐるのを見ても、眞番・臨屯の二郡が眞に置かれたのであつたならば、其の事が見えてゐなければ成らぬ、然るにそれが書いてない、爲に眞番も臨屯も何處のことを云ふたものか一向に分らぬ。

前漢書地理志燕の章東邊の狀を記せる文中に、左の一節がある。

北隙《ハシ》ニ烏丸・夫餘《ニ》一。東賈《ハス》ニ眞番之利《チ》一隙は中立地帯の設あるを云ふ玄菟樂浪《ハ》。武帝時《ノ》置《ク》。皆朝鮮・濊貊・句麗・蠻夷この朝鮮は遼東の古朝鮮

是れ明かに眞番が、烏丸・夫餘と同じく玄菟樂浪二郡の外なるを述べたものである、して見ると眞番が漢武嘗郡の内になかつた立證とならう、從つて漢武の四郡は實際只二郡のみで眞番と臨屯とは、架空的幻想に終つたものとの結論を生む。

吉田東伍氏は、漢の眞番郡を今の朝鮮江原道春川府と思惟した結果、前揭漢書の一節を頗る妙に讀むで、眞番之利とあるを眞番と之利とに分け、之利・斯盧音相通ず同國を指す也と言はれた。即博士は眞番之利とあるを眞番・斯盧と讀むで前揭の一節を『東は眞番・之利・玄菟・樂浪に賈す、武帝の時置く所、皆朝鮮濊貊句麗の蠻夷也』とされたのである、博士は亦漢書評林

の註に引ける茂陵書に依據し、同書に「臨屯郡治ニ東暆《イ》縣一、玄ニ長安一六千一百三十八里、十五縣、眞番郡治ニ雪《ザウ》縣一、去ニ長安一七千六百四十里、十五縣」とあるに從つて居られるが、同書のこの記事は、武帝の幻想を基礎に脚色したものと視るべきで一個好事の言である、故に班固前漢書も陳壽魏志も范曄後漢書も之を擯け一も採つて居らず、眞番臨屯の位置及び所屬縣を初より終まで不問で通したのは、本その幻想的なるを知悉し居た爲と思はれる。

眞番臨屯が空名にして實なき者なる上に、玄菟も亦半成に終つた形跡がある。樂浪の所屬二十五縣なるに對し、玄菟は僅か三縣、餘りに不均衡ではないか、これでは郡は成立せぬ筈である。この故であらう、後漢郡國志に依れば、安帝即位三年、遼東今の遼西から高顯・侯城・遼陽古遼陽の三縣を分屬し、在來のものと共に六縣にした史實がある、これから見ても漢武の玄菟郡は何分の一にも足りない未成品なることが判らう。抑も漢武の征鮮役は其の兵力といひ財力といひ、極めて不如意であつて、餘力の甚乏しいものであつた、若も人心離畔の朝鮮でなく、以前の辰沄殷であつたならば、漢武のこの役は窮兵汚武に終つたに相違ない、彼は獅子の全力を鷄と侮つた朝鮮に消耗し盡したのであれば、大風の末力鴻毛をも揚げ難き風勢なるに、いかでか能く古國なる辰（馬韓）を拔き得べき、即彼の頓挫は辰國の抵抗に因つたもので、本章に謂ふ所は、正にその事である。

眞番の正體は是れ

蓋眞番は辰蕃で辰國に外ならぬ、眞は辰と同韻同聲でともに東語辰沄《しう》の音譯であり、番は蕃と亦同韻同聲で蠻といふに同じ貶稱に過ぎない、史記索隱に朝鮮番名也とある番も、蕃の義である。故に漢武のいへる眞番郡は文字を替へていへば辰蕃郡で、辰國を滅して郡と爲さん豫定計畫上の者なるは明かである。されば眞番に名のみあつて正體なきは正體なきにあらず、辰國即その正體である。また辰國に正體のみあつて其の名なきは名なきにあらず、眞番即その名である。久しいかな學者の此の間に惑へるや。

辰と眞とは本と一なるに二と思惟され、漢武亦幻想の眞番郡を畫がき出して又一を添へ、遂に學者の腦中に三個の眞番を生ぜしめた、而して本尊の辰は却つて其の眞番の名の上に認められず、有名無正體の眞番が辰の外に實在を意識され。漢武空想の眞番、亦其の空名の上に實在を意識され。其の意識が今日まで學者を惱まし來つたのである。其の漢武空想の眞番を事實の上に空名に終らしめたは、辰國當年の毅魄であつて、摩天嶺を固めと爲し、鴨綠江を城と爲し、漢を拒いて其の志を碎破したるに因る。

第三十七章　古韓の王統日韓の一域を證す

蓋辰者古國上代悠遠也傳曰神祖之後有辰沄謨率氏本與東表阿斯牟須氏爲一

辰沄謨率氏有子伯之裔爲日馬辰沄氏叔之裔爲干靈辰沄氏干靈岐爲干來二干隔海而望干來又分爲高令云然有今不可得攷焉其最顯者爲安冕辰沄氏本出東表牟須氏與殷爲姻讓國於賁彌辰沄氏賁彌氏立未日漢寇方薄其先入朔巫達擊退之淮委氏沃委氏竝列藩嶺東爲辰守郭潘耶又觀兵亞府閭以掣漢

〰〰〰〰〰〰〰〰〰〰〰〰〰〰〰〰〰〰〰〰

譯文

蓋辰は古國。上代悠遠なり。傳に曰く。神祖の後に。辰沄謨率《しうむす》氏あり。本と東表の阿斯牟須《あしむす》氏と一たり。辰沄謨率氏子あり。伯の裔を日馬辰沄《こましう》氏と爲し伯は兄也叔の裔を干靈《から》辰沄氏と爲す叔は弟也干靈岐れて干來《から》と爲り。二干海を隔て而して望む韓半島の干と、山東半島の干と、海を隔て聲息相通せるを云ふ干來又分れて高令《から》と爲ると云ふ。然れども今得て攷ふ可からざるものあり。其最も顯かなるを安冕《あめ》辰沄氏と爲す。本と東表の牟須氏に出て。殷と姻たり。國を賁彌《ひみ》辰沄氏に讓る。賁彌氏立つて未だ日あらす。漢寇方に薄《せま》り。其の先・朔巫達《さふた》に入る。擊つて之を退く。淮委氏濊族沃委氏沃沮族竝に藩を嶺東に列ね。辰の爲に郭を守る。潘耶又兵を亞府閭《あふろ》に觀《しめ》し。以て漢を掣す。

本章は日韓の最古が一にして二ならざることを判じ得られる實に珍らしい奇特のものである。韓は古國なるべく其の上代は悠遠なるべしとは、豫てさう思ふ所であつたが、それを示すべき何の文獻もなかつたところ、今本章に見れば、上代に辰沄謨率《しうむす》氏といふがあつて東表の阿斯牟須《あしむす》氏と本と一であることが知れた。東表の阿斯牟須氏は前に顯二于東冥一者、爲二阿辰沄須《あしむす》氏一と見えてゐて、我が神話の神產靈《かみむすび》・高產靈《たかみむすび》のムスがそれであらうとは、其の章に考證し置いた所なるが、今また本章の謨率《むす》・牟須《むす》と相待つて、倶にそれが日韓最古の共同姓稱なりと知れ、日韓が此の共同姓稱の下に嘗て一域の同族なりしを確信し得るに至つた。我が國學の先覺は、出雲神話に由つて日韓の上古一域なりしを推想せしが、韓郷にも亦古昔、同一傳說の存在して其の祖を語りゐたことが分つた。以下節を分つて猶考究する所あらむ。

日韓は嘗て是れ一域の同族

第一節 辰の五王統

本章に從へば、韓には謨率《むす》氏日馬《こま》氏干靈《から》氏安冕《あめ》氏賁彌《ひみ》氏の五王統ありしを知る。高麗百濟新羅は其の最後王統の末に起つた分列對峙である。現存韓史は只この三國以下の事のみを記したもので、其の以前の事は全然載せて居らぬ、幸に本頌叙に賴り右五王統のあつたことが分りはしたが、其の最古の謨率氏といふは、韓土に於ける如何なる地位に立つて如何なる傳說の源泉を成せる者か、知るに由なきを遺憾とする、日馬《こま》氏も亦さうであるが、其の日馬は高天使鷄《こまかけ》に起因する廷名蓋瑪耶《こまや》に泉源を有する名なるべしとは推想される、蓋これには必幾多の神話が添ふてゐたことであらう、その

日馬氏

高天使鷄が日孫を載せて來たのは東海からであれば、日馬氏てふ姓稱の上にも、日韓の上古が一域であつたことを證明し居るものとされやう、されば日韓の正宗を尋ねて其の源に溯れば、日馬氏あり謨率氏あつて、祖を同うし域を同うし神話を同うしてゐた或る某の時代に必然到達すべきである。

日馬氏が幾代續いたか考へやうはないが、韓國を後世長くコマといひ傳へたことから思ふと、日馬氏の名の民心に浸透しゐたことが知れ、地名山名等にコマの稱の遺つてゐるのに見て、更によくそれが判る。

干靈氏

日馬氏を續いだ干靈氏は、神話の辰沄固朗《しうから》・韃珂洛《たから》・河洛《から》等に淵源する名なるべく、而してこの干靈氏一族の岐れた者が、支那山東省の古代民族干來《から》なりとは、嘗て何人の推想にも浮ばぬ珍傳なるが、事實は必さうであらうと思ふ、又この山東の干來氏から直隸の高令《から》氏を生じ、高令氏の領土内に高夷・孤竹・令支等種々の國名を生じたのも、亦必さうあらうと信ずる、但しさう信ずるのは、古韓の上代にさういふ持說のあつたことを信ずるのである。之を日孫西征して支那の古五原を闢いたといふ神話に考へると、神話とこの持說の間に、共通意義の經緯されてゐたことが想はれる、而して韓をカラと呼び傳へたるは、其の古の干靈氏を偲ぶ民の心の遺芳が、水名山名にまで薫りを留めたものと思へる。

安冕氏

干靈氏を繼げる安冕《あめ》氏は、日孫の名阿珉美《あめみ》に淵源してゐるのであらう、即安冕は阿珉と同義で天《あめ》の

日韓同祖の一證例

再び天日槍に就て

義なるべく、其の家系は日馬・千靈二氏にも優つて最も古き源泉を神話に有しゐたとされる。我が忌部氏大伴氏等の祖が亦神話の中にアメを稱したるに觀ればおのづから其の揆の一なるが知れるではないか、加ふるに安冕氏を以て本と東表の牟須《むす》氏に出つと爲せるに至つては、我が神話の產靈《むすびの》神が、韓の安冕氏の祖神であつて、亦我が國の祖神でもあり、日韓一域にして共に祖を同うする所以のものが、此にも亦證明された次第である。韓國に安冕氏のあつたことは天日槍《あめのひほこ》によつて夙に我が國に知れてゐて、其の國を以て弟知古《ちこ》に授け歸化せりとの事が史に見えてゐる。或學者は朝鮮人に天日槍などいふ名のあるべきやと舊史を一蹴し去り、又或學者は其の名ホコの上に天日《あまつひ》の尊稱を贈與されたるものと做し、辨じて曰ふ、

多遲摩比多訶(但馬の日高)てう美稱も亦神功皇后の追謚たることは天日槍に同じ、天日・日高の二語共に、彼等の生前に許さるべきことにあらず、槍《ほこ》は其の始祖たり、日《ひ》高《たか》は神功の外祖父たりしが故に、共に追謚を得しなり、齋部宿禰廣成の古語拾遺に、其の文字を貶下して、新羅王子海檜槍《あまのひほこ》と書したるは、即ち彼亦中心此の疑問を解釋する能はず、漫然彼を海人系と爲せるは先づ誤り、且檜槍てう字面も餘りに無意義なりと雖、兎も角も其の此の如き注意は、千古一人の卓見たるを失はざるべし、彼等は海人系に非ざるなり（日韓上古史裏面天日槍の節抄錄）

蓋し古語拾遺が天日槍てう文字の餘りに尊稱に過ぎたるを取らずして、海檜《あまのひ》槍《ほこ》と作したるも韓に

安冕氏あるを知らぬ爲であり、谷川士清の通證に槍《ほこ》を其の持ち來れる寶物による名とし、天日《あめひ》を海槍とするに同意せるも亦同一の轍である。安冕を天と譯しヒホコを日槍と譯したるは、其の擇字の上に追諡の意味も見らるれど、何は兎もあれアメてう姓氏が韓の王者の統號に在りたりとせば論は終であらう。その漢字輸入後專ら支那に摹倣して子女に命名せるものと風趣を異にして、我に同じなるところに、其の以前の韓人氏名が在る、而して其の歸化は漢武が古朝鮮を滅した歳より若干年以前のことで、開化天皇四十八年の頃と思へる、そのわけは本章に貢彌氏立つて未だ日あらず、漢寇方に薄るとあるに因る、即ち貢彌氏が安冕氏を繼いで未だ日あらざる時が、漢武の朝鮮を滅し辰を眞番郡と爲すべく壓迫し來つた際なれば、安冕氏が我に歸化せるは其の若干年前と見られるからである、それは我が國史のいふ所より八十餘年以前の事になるが、その方が寧ろ當代の事情に適合しやう、この事は第一卷に述べたれば復た複說の要なけれど、只一事重ねて言ひたきは、我が姓氏錄の中に日槍を以て神皇產靈《かみむすび》の後裔と認めたことである、簡單にいへば、天日槍の後なる三宅連を以て滋野宿禰と同祖とし、カミムスビ神五世の孫なるアメノミチネの後なりと言ふ所に在る、それは日槍だけではなく、韓より渡來し韓へ歸還した少名毘古那《すくなひこな》神をも、古事記には神產巢日御祖《かみむすびみおや》神の子と著はしてある、して見ると韓に在つて其の祖先をカミムスビと爲す者と、日本に在つて同じくそれをさう考へる者とが、相遇ふて自然の契合を雙方が是認したとする外ない、斯う云ふ例は他にまだ多々あつたであらう、即ち日槍がその祖をカミムスビ神とするその神は、我がカミムスビの神なることを、當時我が朝廷も然かく認め、日槍の子孫之を傳へて遂に姓氏錄に載つたものと信《う》けられる、旣に我にこれだけの證徵のあるのに加へて、今復安冕氏本出二東表牟須氏一と提唱されて見れば、韓の安冕氏の我より出でゝ我に歸れる者なること、大陸史傳の手前に對しても懷疑的論議はもう廢《よ》すが善からう。

賁彌氏

安冕氏より國を讓り受けた賁彌氏も、矢張り辰沄姓であつて、最古よりの一貫汎稱を有する者なれば、其の國讓は支那の革命と同じからず、神統一系の上の禪讓であつたらう、我が國史には之を弟知古《ちこ》に讓つた者としてある、父母を同うする連枝の兄弟であつたか否やは分らねど、氏族關係が兄弟の親しきに在つたものとは推想される、賁《ひ》は日槍と同じ日の義であらう、彌《み》は神殿《ミアカラ》などのミで尊嚴を敬ふ意の詞から出てゐるのであらう。

第二節　辰國當年の强盛

辰の對漢策戰

賁彌氏の對漢策戰は蓋馬大山より內へは入れじと努めたものである、前正面は安東縣より本溪湖に至る路上の橋頭若くは連山關より內へは入れまじ、左側は大孤山港に流入する大洋河の線に抑止せんと心懸けたものらしい、而してこの防禦には專ら濊族と沃沮族とが當り、辰は鴨綠江の線に內陣を張つて兵力を集結したものと思はれる。この濊族は濊君南閭峙の領民たりし者でなく、遠く古に溯れば周書王會解に正北方稷愼・穢人とある其の種族で、辰沄殷千年の國家に終始し、幷に之に代れる古朝鮮を守禦した者である。其の亡ぶるや漢の民戶に編入さるゝを悦ばざる者は、擧げて辰に歸して山彙内に立籠つたと考へられる。沃沮族は元來有力の族でなく、今の千山以東に居住したる辰沄殷の舊民にして、其の亡後約八十年古朝鮮に屬し、漢が古朝鮮を亡してからまた山彙内に移住したやうである。故にこれ等の族が山險に據つて漢の侵入を防禦するは、當時に於ける彼等心理の當然であり、殊に濊は二箇年に渉り漢と戰つても居れば、其の鋒鋩に銳氣を含むこと亦必然である、而して漢は古朝鮮を滅すに慘々な目に遇ひ、上將を殘らず誅戮するやうな無狀を演じた揚句なれば、山彙内に侵入するやうな勇氣ある行動は取り得ない情勢にあつた。想ふに漢武當初の考では、朝鮮は一擧これを扳くに難からず、眞番辰國如きは一皷の威以て克く之を降伏せしむべしと思惟したのであつたらうが、案に相違の結果を致して、樂浪郡だけは豫定計畫どほり之を置き得たるも、玄菟に至つては停頓久しきに渉つた末、奉天以北及び新民屯を連ねる方面に設置して、遼東郡今の遼西の側面を防禦するに汲々たる有樣となつた、是れ潘耶が進出して鐵嶺方面に兵威を示した爲である、この設置は眞番・臨屯二郡の空名整理を行ひし昭帝の始元五年に在つた。

◎後漢書東沃沮傳に曰。武帝滅㆓朝鮮㆒。以㆓沃沮地㆒爲㆓玄菟郡㆒。後爲㆓夷貊所㆒㆑侵。徙㆓郡於高句

漢武三郡の大頓挫

麗西北一。更以二沃沮一爲レ縣。屬《ス》二樂浪東部都尉一ニ ここに云ふ沃沮は今の遼東千山以東の者を稱す

◎同書濊傳に曰。昭帝始元五年。罷二臨屯眞番一。以并二樂浪玄菟一。玄菟復徙居二句驪一。自二單單《センセン》大領一以東。沃沮·濊貊悉屬二樂浪一。後以二境土廣遠一。復分二領東七縣一。置二樂浪東部都尉一。領は嶺に同じ

右單單《センセン》大嶺は東語占欝單密《せうせみ》第三十章をそのまゝ音譯せる者今猶千山《センセン》に作つて古音を以て其の山を呼むでゐる、即後漢書は今の千山以東を沃沮・濊貊の地と爲し、漢武置郡より二十七年後始元五年に其の地が樂浪郡に編入されたと爲す者、後又その地に東部都尉を置き千山以東の七縣を統べさしたと謂ふのである。是に由りて見れば其の地の樂浪郡編入は、玄菟を新民屯方面に徙した結果の移管なるは明かにて、同時に眞番臨屯を罷めたのである、乃ちこの三郡は二十七年間幹部員だけで此の七縣内に窒居屛息しゐたものと知られる、今之を茂陵書等に見るに。

樂浪郡。治《ス》二朝鮮縣一。是れ古朝鮮の國都和龢《ワケ》漢譯王險にして海城なれば史蹟正しくして且つ明かである。

臨屯郡。治《ス》二東暆《イ》縣一ニ茂陵書に依る。是れ其の縣は樂浪郡東部都尉の管する七縣の一である、前漢地理志に據る即臨屯郡が樂浪郡より外に出で得なかつたことが分る。

眞番郡。治《ス》二霅《ザウ》縣一ニ茂陵書に依る。前同斷七縣の一康熙字典に樂浪に在る地名と爲す、

玄菟郡。初治《メス》二沃沮一ニ三國志に依る。沃沮は千山以東の地なれば樂浪郡中七縣所在内なること明瞭である

後漢書には、郡治所在の沃沮を、樂浪所屬の沃沮縣の如く記してゐるが、前漢地理志に沃沮縣なく夫沮縣あり、蓋是れであらう、

是れに由り右三郡は悉く千山以東七縣の中に存在したること明白である、茂陵書に臨屯と眞番との相距を五百里臨屯去長安六千百三十八里、眞番去長安六千六百三十八里、となせるは兒戲である。

茂陵書の不信

茂陵書に「眞番郡は霅縣に治す」とあるを何處ぞと尋ねて、而して終に尋ねあぐんだ結果は、例の韓史も到底尋ね得ざる者として匙を投げたが、それも其の筈、空名の眞番郡を樂浪郡の外に擬想して、其の擬想境内を尋ねるのであるから、如何にしても尋ね出だす道理はない、康熙字典が之を樂浪郡内の地名としたは流石である、茂陵書は之を縣名と爲せるも前漢地理志に斯かる縣名はない、然し霅《サウ》と云ふ地名は、實在のものに相違なく且當時漢人に記憶されるだけの事のあつた處であらう、本章にいふ朔《さ》巫《ふ》達《た》がそれなのではないか、初め辰を侮つて無頓着に侵入して擊退された土地であるから、記憶には殘るべきである、霅《サウ》は即ち朔《サ》巫《ン》に塡字したものと思へるが、もと是は南方鳥人の國と傳へられた小說的孟舒氏の地名である、それを其の同聲の故を以て朔巫に當てたのは、つまり茂陵書のいたづらであらう。

之を要するに辰の强は、漢の豫定を打破して一郡を他に轉徙せしめ、二郡を廢案に歸せしめたのである、他日高句麗の强は辰（馬韓）を主力としての强であり、靺鞨の强は馬韓變體の强なれば、漢を避易せしむるだけの强は確に辰にあつた。

扶餘が兵を觀《しめ》して漢を牽制せる亞府閭《あふろ》は今の鐵嶺である、このアフロといふ稱呼は、鴨綠江の古名閼覆祿《あふろ》及び族稱挹婁《あふろ》と本と相通じた名で、嘗て挹婁族が韓滿の間に横つて居た時の名殘の跡である、金が鐵嶺南方の地を挹樓縣としたのも亦其の名殘に因つたのであらう、唐書にいふ挹婁の東牟山も亦其の方面に於ける山地の稱なれば、これ等に考へて扶餘觀兵の處を鐵嶺の兵略要地と推定した。

第三十八章　辰遠く貊を招く

先是弁那有二汗落曰縉耘伊逗氏曰縉耘刀漫氏伊逗氏者殷密矩王孫所入而繼淮伯諸族合于弁者具瞻爲宗中微兒孫或爲刀漫氏所鞠育繆突幼有異相刀漫忌憚之質於鞅氏而急襲繆突亡奔迂而依殷殷善外計伯陰內應繆突入爲浤翅報圍漢幾獲轉掃弁殷之間殷乃爲康及繆突死於賂伯復坎軻久潛漠邊至是辰招以牽發符婁之谿曰斯旦鳥厭旦之壤高令乃臻

譯　文

天孫の皇曾孫匈奴の王統を嗣く

是より先き。弁那《ハンナ》匈奴に二汗《か》落《ら》あり二の神族あるをいふ。曰く縉耘《シウ》伊逗《イツ》氏シウは辰沄にて東大を義とし、イツは稜威を義とす、史記に匈奴其の先祖は夏后氏の苗裔なり、淳維と曰ふとある、匈奴を桀の後と爲せるは貶なれども、淳維は縉耘伊の音譯なるべし、曰く縉耘刀漫《トマ》氏トマは、史記に曰く、匈奴の單于を頭曼と曰ふ云云、蓋是れなるべし伊逗氏は殷の密矩王の孫の入つて而して繼げる所なり、密矩王は天孫の皇子にして殷の第二世なること前に見ゆ、然らば天孫の曾孫入つて匈奴の一王統を繼げるなり、淮伯濊貊諸族の弁《ハン》匈奴に合せし者。具に瞻て宗と爲す。中ごろ微にして兒孫或は刀漫氏の鞠育する所と爲る。繆突《ボクトツ》匈奴の冒頓なり、伊逗氏にして天孫系に屬す、幼にして異相あり。刀漫之を忌憚し。鞅氏月氏なり、月を東族はアツと發音すに質として急に襲ふ人質に送つて置いて急に月氏を襲へるは月氏をして怒つて殺さしめん謀なり、史記に云ふ所亦同じ、但史記は冒頓を以て頭曼先妻の子とするを異とするのみ繆突亡奔し。迂して殷に依る史記には月氏の厩馬を奪ひ直に匈奴に歸還すと爲す、殷善く外に計り。伯陰《ひそか》に内に應ず冒頓を頭曼の子に非ずとし、幷に殷善く計りて之を匈奴に入れたりとするは、漢史の識らざる所、全く異聞たり繆突入つて沄翅報《うしふ》と爲り翅報を漢人音譯して單于と爲し、且天の義と解す、蓋し沄翅報は大君靈の義なれば、天の義として叶ふべし漢を圍むで幾ど獲漢高祖を平城に圍み殆んど虜にするまでに爲したるを云ふ轉じて弁殷の間を掃ふ史記に曰く、東胡王を滅し、其の民人及ひ畜産を虜にす云云、是れ匈奴と殷との間に在つて强に誇れる者、鮮卑族是なり殷乃爲に康し是れ冒頓の殷の恩に報ずる所以繆突賂に死するに及び冒頓は壽を以つて終れる者、蓋此に之を云ふは、漢力めて金帛を賂し、冒頓之に中てられて自ら其の志を殺せるを云ふ伯復た坎軻。久しく漠邊に潛む。是に至り辰招くに率發符婁の谿、臼斯旦烏厭旦の壤を以てす。高令乃ち臻る。

本章は主として前章を嗣ぎ、高令即高勾麗の原史を説き、其の滿州出現の因由を叙せるものなるが、其の中に於て、匈奴の冒頓が我が天孫の神血を其の脈管内に通はし居たとは、千古の異聞である。蓋之に驚愕されるのは、吾人未だ東大族の往古に於ける嫁娶關係を審かにせざるため、尋常事を聞かされても、其の卒然なるに打たれて魂の驚悸を禁じ得ざる故であらう。既に天孫と殷叔との奇遇に於て、皇子が殷叔の後を嗣ぎたる以上、其の王孫が嫁娶の常事に由つて、入つて匈奴の一王統を嗣ぐくらゐのことは、當然あり得べきことに屬す、其の他殷八百餘年の長き間には、如何なる處に向つて嫁娶が行はれゐたか分ることでない、若し聞くことを得ば一として驚異ならぬは莫しであらう。

高勾麗の原史

匈奴冒頓が漢祖を平城に圍んだ時より、辰が高令を招くに至る迄、其の間幾年なりやは、招いた年が分らないので正しい計算は出來ねど、古朝鮮滅後十年以內の事とすれば早己に百年を經てゐる、この間高令は砂漠附近に雌伏し居たのであらう。抑も辰と漢との關係は到底兩立し難く、結局我れ降つて國を郡とし捧ぐるか、然らされば彼れを遼東遼西より掃蕩するか、二者孰れをか擇ばねばならぬ場合なれば、遂に强悍の聞えある貊を招くに土壤分與を以てしたものと思はれるが、この招きに應じて來つた者は、思ひきや辰國の古王統なる干靈氏より分れた同一血族の高令であつた。この高令は句驪・高麗・高勾麗この勾は助聲と書かれ、招來された當初の志を違へず、漢民族を滿洲より掃蕩するを任とし、この任のために終始其の節を改めざりし者、故に彼は南下して百濟新羅を攻略するを其の本志として居なかつた、而して支那に對しては長城を踰へて直隸山西まで侵入して居る、若も彼がこの精悍を以て志を南韓に專らにしたら、百濟新羅の如き到底その敵ではない。然るに彼は之

沸流水と富爾江

卒本扶餘

を顧みず、最後まで志を枉げずに支那に對してのみ其の鋭き鋒鋩を向け、隋の煬帝の百萬軍を擊破する等の壯擧に專らなりしは、招來されたる當初の使命に忠實なるが故であらう。彼れ高令が辰の招きに應じて來臻してより、高勾驪の始祖朱蒙が卒本に建國（皇紀六二四年）するまで約六十五年、この間高令はどこに國してゐたかといふに、本章に示せる率發符婁の谿がそれである。鴨綠江へ滿洲領より會流する渾江《ホン》は符婁《フル》がホルに訛つてからの塡字なるべく、其の上流に今も富爾江《フル》といふがある、而して諸史皆高勾麗始祖を以て沸流《フル》水に興れりと爲す、乃本章の謂はゆる符婁の谿は、富爾江の流域なりと知れる、夫の朱蒙は此に衆心を總攬して建國したる者、其の國號を高麗と爲せるは勿論高令に因つたのである。

右の如く符婁の谿は富爾江の谷なること明かであるが、それに率發を冠しあるは、其の谷地を率發符婁と稱したのであらう、其の位置から推すと卒本扶餘であるらしい、乃ち率發はソホと訓むのであらう（發の入聲尾韻ツは、ル又はムに響けば、ソホル或はソホムと發音されたのであらう、即亦ソホである）して見ると率發符婁《ソホフル》は即ち卒本扶餘《ソホフヨ》である或は忽本扶餘といふは、忽を忽に誤寫したのが本で、後世さうなつたのではあるまいか。

一、三國遺事。朱蒙行至二淹水一（原註に云ふ今未詳）至二卒本州一（原註に云ふ玄菟郡之界）遂都焉。未レ遑レ作二宮室一。但結二廬於沸流水上一居レ之。國號二高句麗一。因以レ高爲レ氏（原註に云ふ、本姓解也、今自言是天帝子、承二日光一而生、故自以レ高爲レ氏、）時年十二歲。

一、東國通鑑。至二卒本扶餘沸流水上一都焉。國號二高勾麗一。因姓レ高。

丸都及び烏厭旦

一、朝鮮史略ニ至ニ毛屯谷一遇ニ三賢一。倶至ニ卒本扶餘一（原註に云ふ今成川府）其王無レ子。王薨。朱蒙嗣。自稱ニ高辛之後一。國號ニ高句麗一。因姓レ高。

乃ち朱蒙は扶餘に生れて卒本沸流に至り、其の國を嗣いで高勾麗を興せる者、謂はゆる其國とは高令である、馬韓が招致せる貊である、而して卒本沸流《ソホフル》は本章の謂はゆる卒發符婁《ソホフル》である、それを成川府のことだなどいふは韓史の妄であり、高辛氏の後だから國を高勾麗と稱したなど、亦皆妄の妄である。

次に臼斯旦《クシト》・烏厭旦《ウアント》の二地であるが、普通ならば此の旦をタと音し、安斯達・今彌達などの達《タ》に合はして國の義とすべきであるが、この二地名を併稱したやうな名が、魏志に臼斯烏旦國と見え、馬韓五十四國の一に數へられてゐるので、旦《タ》を國《タ》の義とすると、臼斯烏旦國は國の義が重複した稱となるので、假に旦をトと讀むで見るに、烏厭旦《ウアント》は高勾麗の國都丸都《ウアント》と雙方同名に取れる、その厭をエンの音に讀めば、丸都亦從つてウエントと讀め其の音同じく相協ふ、蓋漢武の玄菟郡も當初の目的は烏厭旦に在つたのであらう、今の滿洲懷仁縣地方の稱である、即樂浪郡を以て遼東半島を固め、玄菟郡を以て其の北方の重鎭として扶餘を制し、馬韓を降して眞番郡を韓半島内に置かんとの豫定計畫であつたと思へる、然るに馬韓の頑拒に遇ひ、韓内は勿論烏厭旦にも志を行ふ能はずして止み、四郡悉く樂浪郡内に停頓蹇塞し、眞番と臨屯とは遂に空名に終り、玄菟僅に方面を轉じて西蓋馬に徙り、單に三縣のみの一郡として存在を持續し得たのである、所謂郡を高勾麗の西北に徙すとは是である。其の此に至れるは、馬韓が牢乎たる決心を以て高令を招致したるに因るであらう。蓋馬韓當年の決心は、漢をして封豕の慾を遂げしめんよりは、寧ろ壤を高令に與へて漢を掃蕩せしむるに如かずと爲したのであらう、是れ其の率發符婁の谿・臼斯旦烏厭旦の壤を高令に惜まざりし所以と思はる、是に由り當年の馬韓は、今の懷仁・寬甸・永陵・興京等を其の疆域内に抱擁し居たと知れやう、臼斯旦はまだ稽へぬ。

第三十九章　日韓古代の高遠なる親善

又遣使伊鍛河咩載龍髯酬以遠鍛河及頌卑離乃亦令勃婁達修杜都那置納祇米行高密帥志禳冠云鑑罄乎此矣

譯文

又使を伊鍛河咩《いさかは》に遣す。載龍髯《しろす》酬ゆるに遠鍛河及頌卑離を以てす。此の七字讀めず亦勃婁達《もろた》に令し。杜《と》都那《つや》を修し。納祇米《たきみ》を置き。高密帥志《かみそし》を行じ。寇を禳《はら》はしむと云ふ。鑑こゝに罄《つ》く此の一句は撰者羽之の添語

開化天皇より韓國への賜予

伊鍛河畔を伊鍛てう河の畔と訓むで久しく其の何處なるかに惑ひ、幾たびか匙を投げては復取りあげて、遂に尋ね當てたは開化天皇の宮號にましますす率川《いさかは》である。大和國春日山より發する能登川の一名を率川といひ、又奈良市子守町に率川神社あり、天皇は古事記に春日《かすが》之《の》伊《い》邪河宮《さかはのみや》に坐《ま》しまして、天《あめ》の下治《したしろ》しめしきとある。乃ち載龍髯《しろす》は天の下治《しろ》すの「しろす」を帝《みかど》の義と心得斯く謂へるのである、遺憾なるは遠鍛河及頌卑離を何の義とも訓み得ざるに在る、天皇は何物を以て遣使に酬ひられたのであらうか、何か意味ある物と思へど、解くべきすべがない。只憶ふ辰國より我への遣使は、國難を報じて同族の高誼に訴へ、一には貢彌氏立つて新に王統を繼げるに由る其の聘禮の爲めなるべく、又想ふ此の遣使と天日槍の來朝とに相通ずる意義の事あらんかを。猶よく審かに稽へて見たい。

孝靈天皇の御事

前第三十章に見えたる崛靈諦載龍髯《くるたしろす》は、古事記に、黑田盧戸宮《くるだのいほどのみや》に天《あめ》の下治《しろ》しめしきとある孝靈天皇の御事にて、天皇より辰王安晃氏なるべしへ鑌劍を貽りたまひしを、辰王より殷王に贈り神の副體に爲せること、該章の語る所なるが、是に由りて見れば我國と辰國との親交は世々の事で、孝靈開化二朝だけの偶發事件とは思へない、而して雙方の年代が又よく符合する。

燕の樂毅が齊の七十餘城を下せるは孝靈天皇の七年。秦の燕を滅せるは同六十九年。燕の將秦開が辰沄殷の地を略し、殷乃ち東遷して海城に築きし等の事も皆天皇の御代である。又漢の武帝が古朝鮮を滅したるは開化天皇の五十年にして、天皇の御代は其の年より猶十一年續きたれ

我が國史と東族古傳の年代契合

ば、辰國が貊族を招致せしも我が朝へ使者を發せしも、皆御世の事に相違ない。

斯くも我が國史と本頌叙との年代符合を認め得たるは、史學上に於ける實に珍らしい發見と謂はねばならぬ。所が韓と我國との間に於ける此等の事柄が、一も我が國史に存せず、また何の古傳にも遺つてゐない、想ふに蘇我氏滅亡の際史實の記錄渾べて灰燼に歸し、僅に帝室の御系圖のみ殘つた爲めであらうが、それにしても餘りに闕史に過ぎる、併し闕史の中にも開化天皇の世については、古來學界に往々研究を齎らす人がある。

大槻修二の開化天皇考に云ふ、開化の諡號に因つて考ふるに、開は易經に開物成務の語あり、化は禮記に化民易俗の語あり、即帝は文物を開き異民をも化したまへる德のましませること明かなり、然るに紀記の二史には其の事を傳へず、蓋缺けたるなり、思ふに天平年中に歷代の諡號を定めまつれる當時には、なほ其の逸傳ありて之を以てかく開化と稱し奉れる者なり、弘仁私記一說に合考すべし、（弘仁私記一說に、開化天皇御宇大伽羅人歸化而以來既有二文字一云云）又此の天皇より以前は紀・記二書ともに皇子を某の命に書けるに、此の天皇より初めて王の字見ゆ、古事記傳に之を論じて、記紀ともに王とあればいとどむかしの傳へのまゝと見ゆと曰へり、是又文字記錄の此の頃ほひより起りたる故にや、其の他、立皇后また山陵の制などの變遷を按ずるに、いかにも帝の時伽羅の國俗の入り來りて變化されたるにや、云々。

如何にもさうあつたらうと思ふ、のみならず本頌叙の言ふ所に據り、其の以前よりの交際いと親厚なりしに考ふれば、文字も早くより傳はり暦も傳はつたことゝ推想されるが、朝廷で公式に此等を採用されたるは後の世のことゝ見ねばなるまい、また爰に最も大切なる一事相は、學界に簇々として萠芽せる私考紀年といふ者である、某博士の如きも濫に私考紀年を製し、日韓古史の對照に展開し、我が國史が皇紀元年を周惠王の十七年辛酉に該當すと爲せるを、漢武帝の元封二年壬申（漢が古朝鮮を亡ぼせる前年）に降せるは、心なきわざの極みである、茲にその引下げ年數の概を示し、之に對する予の所論を添へて見たい。

皇紀引下げ説の妄を辨ず

一、神武即位元年を……開化四十九年とし、引下ぐること五百五十二年
一、孝靈即位元年を……景行六年とし、引下ぐること三百六十五年
一、開化即位元年を……成務十七年とし、同じく三百三年
一、景行即位元年を……應仁三十九年（神后攝政）とし、同じく百六十八年
一、神功征韓を……應仁百二年とし同じく百二年引下ぐ

凡て此の例の如くにして、神武（紀元）より孝靈（崩御）まで七世間、國史之を四百四十六年と爲せるを二百餘年に縮め。孝元・開化・崇神三朝百八十五年なるを九十二年に縮め。垂仁・景行・成務・仲哀四世二百二十九年なるを百四年に縮め。通計（皇紀元年より神功征韓まで）八百六十年なるを三百九十六年と

爲し、列聖の在位年數中より四百六十四年を無妄にも減殺したものである。且つ云ふ、皇孫降臨三世の間は西偏にましませり、皇孫凡三世とす、故に今考定して百年許りとなすなり、神武帝より崇神帝まで凡十世とす、故に今考定して三百年と爲すと、即亦一世平均三十年と做すものである、假に之に從つて神武帝即位を五百五十二年引き下げ、其の百年前が天孫降臨の國初とせば、國初は現皇紀四百五十二年にして、秦の二世皇帝胡亥の元年に該當す、即周武が箕子を朝鮮に封じたと云ふ歳より我の後るゝこと九百年、而かもそれが我が遠き神代の古と追慕する天孫降臨國祝《くにほぎ》の第一年である、國民としてかゝる論定に聽從さるべきものなりや、鮮人二千萬に對し教育勅語を捧讀し、國を肇むること宏遠にと宣し、而して爾等が祖とする箕子より九百年後が其の肇めなりとは、さてもさても。心なきわざと謂ふはこゝのことである、それも事實ならば人を欺くことは出來ぬが、單に學界の妄想に過ぎずして、眞正の事實は他に赫灼として輝き居るをや。

本頌叙は、我が天孫が殷叔と奇緣を結び、皇子を以て其の社稷の主に立てたまへるを證して居り、孝靈天皇が蠙劍を辰王に賜予したまへるを頌して居り、今又開化天皇の宮號を顯はして居る、而かも其年代は我が國史に恰當し、私考紀年の如きを容るゝ餘地はない。勿論古事記と日本書記との比較研究に於て、二史の稱する所に紀年上の相違あるは予も亦之を覺知す、又歷世の在位年數が他國君主の平均數に比し長壽にましますことも識つて居る、伴信友の比古婆衣《ひこはえ》・石原正明の蔀首考、それ等も聊か玩索して見た、若夫れ二史の紀年異同に疑を起さば、その疑を轉じて、若しや列聖の御名にして隱れて顯はれざるもの無きやと考究し、その發見に勉むるが學者の務ならずや。記紀ともに古を稽へ疑を決する際に、一蔀二十一元、積年一千二百六十年說に據つたでもあらうが、併し實を距ること遠からざる範圍に於てと前提して、其の論證を擧ぐるが學究の權威であらう、皇紀を五百年引下ぐる考が成立つなら、之を五百年引上ぐる考も成立たねばならぬ。予は本頌敍により、天孫が偶周初と年代を俱にせらるゝを見て、筑紫皇居四代の世數以外に、隱れて顯はれざる幾世かが必ずあるべしと推想する者である、例を支那の古史に取つて譬へて見れば、周の始祖后稷より武王に至るまで千二百年なるに、國語に擧ぐる所十五王、司馬遷の史記亦十五世、即每世在位八十年、之を不合理と論じた學者もあれど之を每世三十年に換算して、古來千二百年としてあるものを、四百五十年に短縮して紀年を作つた者はない、何故と云ふに、后稷は果して一人の名なりや、或は尊稱にして其の尊稱の下に、幾何の世數が含まれ居るや測られざる者があるからである、苟も信疑の間に置かれたる事は、其の一面の疑を將つて、古典の然りとする所の者を然らずとし、以て他の一面の信を破るは、學に益なく民に害あるを慮らねばならぬ、是に於て楊愼の徒の如きは、呂梁碑の發見に據つて、后稷武王十五世間に猶幾多の世數あるを證し、謂はゆる十五世は皆其の賢にして聞ゆることある者のみを指したのであると斷じ、以て學界の疑を解くに努めた。我が古典に於ける列聖在位年數の裏にも、亦この比喩に似たる者必あるべく、未だ年數の長きを理由に、其の長きを縮むる理由を認めぬ、況んや我に對する故意を挾んで以て國史の大改竄を行へる餘に成れる、不可信の韓史に盲從して、それに契合を求めん爲め、我が國史の紀年を改變せんと企つる如き妄矣のわざをや。

納祇米を置き高密帥志を行ず

勃斐達は不明なるもモロタと訓みて暫く諸國《モロタ》の義に解し置く。杜都那《とつや》は外宮《トツヤ》、納祇米《たきみ》は巫女《ナキメ》、高《か》密《み》帥《そ》志《し》は神勤《カミイツシ》であらう。寇は漢寇をいふ。漢魏書志の韓傳に、諸國各別邑あり之を蘇塗《ソト》と爲すと見ゆ、蘇塗は外《ソト》の義、俗に外宮をソトツミヤといへど、古言にてはトツミヤである、此に謂ふ杜都那《とつや》(那は耶と通音)は即それであつて、我が古言と全然一致である、殊に其の都《つ》は名詞と名詞との係屬を示す詞で「之」の意を表はし、天津《あまつ》風・國津《くにつ》神の津《つ》に同じ古言なるに、それまでも日韓同一であつたのは驚くべき事である。納祇米《たきみ》は韓傳の謂はゆる天君《タキム》なるべく、蘇塗の神事を司る者の事である、我が古言の巫《なき》と同詞なるを懷ふ、米《み》は女《メ》にて、我國にても巫は女の事に定つてゐた、納祇はまたネギとも訓め、神職の名を禰宜《うぎ》といへるにも當る、それに賴りて漢寇擊攘を祈り請へるは、我が元寇の事に似てもゐたらう、何にしても古韓の祭祀風光は我と相似たものであつた。

鑑此に磬く《つ》とは。鑑は費密國氏洲鑑を云ひ、磬はツクルと訓じ、洲鑑の記載の終と爲れるを云へるのである、之に依りて觀れば洲鑑には辰沄殷滅後も猶九十年引續き記載があつたと思へる、惜いことには賛に王號・暦數等の記載がない、それ等は洲鑑の本文にはあつたであらうが、賛としては其の本文のある爲め、復た記述の要なしとしたのであらう、若も洲鑑が今の世に何處かで發見されもしたら、我が東大神族古來の歴史を詳かに聞くを得、殷末周初の實情、滿韓古代の風色等亦明かに觀るを得て、我が國史の闕をも補ひ、其の貢獻絶大であらうに、實に惜しい事である。

第四十章　逸豫乙女その民を率ひ靺鞨となる

洲鮮記曰乃云訪于辰之墟娜彼逸豫臺米與民率爲末合空山鵑叫風江星冷駕言覽乎其東藩封焉彼丘不知是誰行無弔人秦城寂存噫辰沄氏殷今將安在茫茫萬古訶綫之感有坐俟眞人之興而已矣

譯文

洲鮮記に曰く。乃云《ここ》に辰の墟に訪ふ。娜《だ》たる彼の逸豫臺米《いよとめ》。民と率ひて末合《マツカツ》と爲り。空山鵑叫……茫々たる萬古。訶綫んで。風江星冷か。鶬して言《ここ》に其の東藩に覽《み》る。封焉《おほいなる》彼の丘。知らず是れ誰なるを（大なる丘塚の主の誰なるを知らずとの意）行《みち》に弔人なく。秦城寂として存す。嘻《ああ》辰沄氏殷。今將《はた》安《いづ》くに在りや。茫々たる萬古。訶綫の威（訶綫義未詳）。有生《またそぞろ》に眞人の興るを俟つ而已《のみ》矣。

卑彌呼の宗女逸豫臺米

馬韓の絕大領域

本章は洲鮮記の所言を籍りて上來叙傳の一切を爰に一先づ收束して幕と爲し、其の餘韻の「眞人の興るを俟つ」といふを木鐸にして、俟たるる眞人こそは契丹の吾后《わがきみ》なれと、爰に又新に東族の大舞臺を上演せんとする文の企みと察しられる（本頌叙の撰者が、古傳舊志の蒐集に偉なると、之が叙列を立つるの巧慧なるには、驚歎せしめらる）洲鮮記を書いた者の何人なるかは知らねど、辰（古韓）の墟に悲しみ、殷の冢に泣けるは緣田《ゆかり》深き者であらう、そして其の文釆は靺鞨か渤海かの特種詞藻であらう。そして其の辰の墟といへるは月支の古城、卽今の平壤にやあらん、逸豫臺米は馬韓王統賁彌《ひみ》氏最後の女王卑彌呼《ひみこ》の宗女にて、魏志後漢書に壹與と爲せる者。末合は史記正義に引ける肅愼國記に靺鞈となせるに同じ用字法にて、靺鞨のことである。

馬韓境域の頗る廣大なりしは、北史に勿吉國在高勾麗北、一曰靺鞨とあつて、其の中に載せたる莫盧國（漢魏志書馬韓傳五十四國中に莫盧國四あり）、庫婁國（同上古離國・古臘國）覆鍾《フシ》國（同上不斯國）の如き、時代によつて譯字を異にするも、皆馬韓境域の內と知れ、又晉書に裨離國在肅愼西北と言つて之と共に擧げたる十國中の裨離國（馬韓傳に卑離國八）芝惟離模盧國（同上咨離牟盧國）等の如き、亦其の境域のことに達せるを見る。これ等諸國に

馬韓に頼れる辰沄殷王

渉れる大地積の嘗て辰沄翅報《しうしふ》の名に蔽はれたるを、肅愼《シウシフ》と譯して其の故地の限りなきを稱《たゝ》へたるに見ば、辰沄殷の東遷し來つて遼東に建國せるも、其の本をただせば馬韓の故地なるべく、扶餘・挹婁・沃沮等が國を分つて滿洲に據れる、亦皆然らざるは無からう、乃ち滿韓の區別なく、悉く辰沄の一域なれば、諸族に分領されし餘に在つても、逸豫が其の民を率ひて末合となるに、猶天地の優に廣きを覺えたであらう、彼女の名逸豫は、岐嶷《いよよか》の義にもあらんか、臺米《とめ》は乙女にて姫の義、そのまだ年若き婀娜の姿を以て、勁悍無類の靺鞨民衆を率ひ、縱橫三千里に健鬪せるさま、如何なる風姿《みやび》であつたやら、されど其の命や數奇、空山に鵑叫び風江に星冷かなるの恨、そぞろ人をして涙ぐましむ。

東藩は辰の東界のことで江原道あたりならんか、辰沄殷亡びて殷王乃ち馬韓に倚り、秦氏これに隨從して倶に移れること前に見ゆ、之を諸史に稽ふるに、三國遺事に曰く。

魏志謂。魏滿撃㆓朝鮮㆒、朝鮮王準率㆓左右宮人㆒。越㆑海而南。至㆓韓地㆒。開㆑地號㆓馬韓㆒。

右遺事の言ふ如くならば、馬韓の稱は此に始めて起つたもので、辰沄殷の亡主が其の亡後に韓地に入つて、馬韓國を肇造したとされるが、何はあれ魏志にさう謂ふてゐるとのことなれば、魏志をを調べるのが一番早わかりである。

魏志に曰く、侯淮朝鮮侯名淮は準の意既僭㆑號稱㆑王。爲㆓燕人衛滿所㆓攻奪㆒。將㆓其左右宮人㆒。走入㆑海。居㆓

韓地一。自號二韓王一。其後絶滅。

韓史の故造

魏略に曰く、其子及親。留在レ國者。因冒二姓韓氏一。淮王二海中一。不下與二朝鮮一相往來上。

乃ち魏志にも魏略にも開レ國號二馬韓一の五字はない、亦以て韓史の妄を知るに足らう。

後漢書に曰く。初朝鮮王準。爲二衞滿所一レ破。乃將二其餘衆數千人一。走入レ海。攻二馬韓一破レ之。自立爲二韓王一。準後絶滅。馬韓人復自立。爲二辰王一。

これに依つて見ても、馬韓は馬韓として存在しゐた者で、遺事の云ふ知きものではない。

韓史の誣罔せる馬韓

東國輿地勝覽に曰く、全羅道釜山郡。本馬韓國。後朝鮮箕準。箕子四十一代孫也。避二衞滿亂一。浮レ海而南。至二韓地一開レ國。仍號二馬韓一。今郡益山郡龍華山上。箕準城在焉

是亦妄を以て妄に繼げる者、その開國の二字は遺事から得來つたものなれば再び論ぜずとして、馬韓國を全羅道と爲せるが抑も誣罔である、辰王治二月支國一とは漢魏の史の證明する所、辰は即馬韓、月支は平壤の古稱、これのみにても輿地勝覽の誣罔を立證して餘ある、然るを我國有數の大家まで擧けて韓史の誣罔に罹り、馬韓を最も大に見る者も、今の全羅忠淸二道及び京畿道の大部を抱有すと爲すに過ぎない、其の餘の地方はどうかと云ふに、江原道春川府地方を貊國とし、其の沿海地を濊國とし、咸鏡道を沃沮國とし、黃海平安二道を朝鮮國としてゐる、想ふに此等諸大家はいづれも左列韓史の所言を信じてのことであらう。

一、三國史記に曰く、溟州ハ本ト何西良國。賈耽ノ古今郡國志云。今新羅北界。蓋濊之古國也。前史以二扶餘一爲レ濊。蓋誤。漢魏の史の扶餘に濊城ありとするを誤れりとする者

一、又曰、古今郡國志云。勾麗之東南、穢之西。古ノ貊之地。蓋念フ新羅北朔州。今春川府也。

一、東國輿地勝覽に曰く、江原道本濊貊之地。江陵府本濊國。一云鐵國。又蘂國。

一、八城志に曰く、鐵嶺東北。以二豆滿一爲レ限。長過二二千里一。其所二海逼一。東西不レ滿二百里一。舊屬二玄菟郡一。長白之脉。截レ天爲レ嶺。嶺東古沃沮。

右は皆遼東の古朝鮮を韓國內に取込むでのことで本是れ地經破壞の餘である、濊も貊も沃沮も東沃沮を稱す北沃沮は咸鏡北道に在り皆滿洲地境內に國し居たもので、未だ嘗て韓半島內に國したことはない、然るを遼東海城に都して居た古朝鮮をば、平壤に取込んだため、滿洲に在つて嘗て之と歷史地理の關係を有しゐた濊・貊・沃沮を共に取込んで來なければ、新なる夢幻的歷史地理の虛構が出來ない、因つて之に努めたので、例へば後漢書に單單《センセン》大嶺より以東の沃沮・濊・貊悉く樂浪に屬すとあるは、即ち遼東の千山《センセン》大嶺以東の諸族を指したのであるのに、その大嶺を平安咸鏡二道の間に取込んで來て、沃沮・濊・貊を咸鏡道江原道等に擬した類である、是に於て彼等は左に列記する如き諸說に對しては耳を掩ふて聞かざらんことを希ふ餘儀ない者となつた。

一、後漢書註に曰く、樂浪郡。故朝鮮國也。在二遼東一。

一、宋史に曰く、遼陽府。即古朝鮮國。據レ之則箕子之所封。非二今朝鮮一。蓋襲二故號一耳。

一、水經註疏要刪清人楊守敬著に曰く、平壤城。非二王險城一審矣。雖二蕃使自言二本土一。亦不レ得二其詳一也

古朝鮮國王險城の平壤にあらざるは明かなり、朝鮮使節自らさうだと言ふが、分つたことでないと

一、朝鮮國史清人著に云ふ、眞番城。在二國西北一今の朝鮮國外西北徐廣曰。遼東郡有二番汗一。漢縣恐是徐廣の云ふ遼東は

今の遼西なり、韓内に眞番郡ありとする者とは撰を異にす、

ロッス、グリフス氏高麗史を著はし、古朝鮮は今の國境の西方、遼東を掩有し、一時その盛なるや、遼西の大部分をも籠めたりと論證せるは、是れ辰沄殷が遼西の大淩河を以て燕・秦と界し、衛滿朝鮮亦之を守持せる史實に一致す、外人にして能く此の見を立てたるは眞に敬服である、之に反し現存韓史はいづれも左の如き史論に立脚してゐる。

高麗史に曰く。西京留守官平壤府。本三朝鮮舊都。唐堯戊辰歲。神人降二于檀木之下一。國人立爲レ君。都二平壤一。號二檀君一。是爲二前朝鮮一。周武王克レ商。封二箕子于朝鮮一。是爲二後朝鮮一。逮二四十一代孫準時一。有二燕衞滿一。來奪二準地一。是爲二衛滿朝鮮一。

又曰く。安西大都護府海州今の黄海道海州本高句麗內米忽。別號二大寧・西海一。又號二孤竹一。有二首陽山一。○大寧は遼西に、孤竹は直隷に、首陽山は陝西・甘肅の境にあり、支那に合體せん爲に、箕子計りでなく、何でも取込むこと此の如し

是に於て彼等韓史は馬韓をば南韓に徙し、衛滿朝鮮を入れる餘地を京畿・黄海・平安道に作り、

古韓の舊魂を蘇す

馬韓に僑居せる秦氏

洲鮮國

漢武四郡の爲め更に之を擴大し、咸鏡江原二道をも濊・貊・沃沮の地として明け渡した、徒にこれ筆先の事にて、實際は衛滿も四郡も其の他の者も、鴨綠江を渡つて入つて來ては居らぬ、そこには辰（馬韓）が固めてゐて一歩も漢を入れなかつた。故に辰の眞正史が顯はれもせば、現存韓史は悉く崩壞すべき運命に在る者、乃其の崩壞に遇はざらん爲め三韓以前の史傳をば、一字一句存在せしめず、無慘にも其の一切を湮滅に葬り去つた。今や本頌叙の出現により、湮滅に葬られたる舊魂を再び世に甦《よみがへ》らせることに爲つた。

爰に遼東王險城に四十餘世の長き王業を承傳した辰沄殷の亡後を稽ふるに、漢史にいへる如く海に浮んで行衛を晦ましたのであらう、左右宮人を隨へて立退いたのであらう、其の衆五千を率ゐて去つたのであらう、それは宿交ある辰國に奔つたのであつた、そこで辰はこれを東藩に封じ、殷の祀を保たしめたと考へられる、それに隨從して倶に移つた秦氏の事は、漢韓諸史に證されてある。

乃ち秦氏のことは善く分れど、天孫の血脉を相傳した辰沄殷亡後のどうなつたかは詳に分らない、僅に辰韓十二國中に州鮮國《シウシエン》といふがあつて、辰沄氏殷《シウシエン》と同音なるが、せめてもである、多分其の地が辰沄殷の僑寓した邦であらう、而して本章に引ける洲鮮記といふは、此の邦の遺跡を主題にした記錄なるべく、其の辰沄氏殷今いづくに在りやと問ひ、秦城寂とし存すと歎けるあたり、感慨無量察しやられる。その殷の子孫の我國に來歸したるは、姓氏錄に麻田連は朝鮮王淮之後也とあるによりて知られる、其の名の淮は魏志の侯淮或は王淮から取つたのであらうが、後漢書には王準としてあり、韓史には箕準としてある、韓史が箕準と爲せるは箕子の箕を姓と思つた誤で謂れなきことなれど、準といふ名のみは多くの書に著はれて居る、されど何の書にも姓は見えてゐない、また其の父王もその名否とのみで姓がついて居ない。因つて想ふに準といふは國號なるべく、辰《し》沄《ろ》殷《いん》がシウンにつまつて準《シュン》と著はされたのであらう、父王の否《ヒ》も殷叔を嗣いで立てる貢《ヒ》密《ミ》矩《コ》の貢と同義で、尊稱の略言かと思はれる、又準を淮と書くが、淮は正音クワイ便音アイ、又はワイで濊と同音なれば、殷國民衆の實質なる濊の稱が、乃亦王名として著はされてゐるのではないか、淮は準の古文なりといふ説もあつて聞えなくはないが、淮と準とは其の音全然異れば、未だ遽に從へない。

因に按ずるに、辰沄殷本系の我國に來歸したのは、秦氏の歸化以前なるべく、前三十九章に掲げた開化天皇考の韓人歸化が或は殷氏かも知れない、而して痲田連を其の後裔と爲せるは何か因緣のあることであらうが、其の痲田の訓みが辰沄殷故國の人卽樂浪人を阿殘と稱したるに思合はされるのも亦何かの緣であらう、是れ韓にゐた秦人が遼東故國の人を呼むだ稱なるが、阿殘と痲田（阿《ア》殘《サタ》國）は一に聞える。

潜夫論に曰く。昔周宣王亦有二韓侯一。其後韓西亦姓レ韓。爲二衞滿所一レ伐。遷二居海中一。是れ辰沄殷最後の王淮を西と稱し周成王の弟應韓の後と爲す者にて、極めての異説なるが、其の淮

辰沄殷王準の名西

を西となせるは、淮《クワイ》・西《サイ》が漢代に在つて近音なるの致す所であらう、今に於て猶ほ通音である、乃之に由つて見ても、淮を準の古文とし若くは淮として讀むに從へない、然し淮にせよ西にせよ韓を姓としたとは勿論信《う》け難い、されど今の半島諸族が昔し相呼んでカラ（神族）と稱したるに對し、其の稱呼に韓字を當てたるは潛夫子の時代（後漢中葉）からと考へられはする。

第四十一章　丹鷄の祥に因り契丹古頌を得

天顯元年元朔太祖天皇王拜日平東閣丹鷄從日邊降翔旋閣上勅使旁求其所止未得會同元年六月乙酉丹鷄復現因得奎瓏石于毉巫閭山紅紫綫細自然成文即古頌也

譯文

天顯元年元朔。太祖天皇王。日を東閣に拜す。丹鷄日邊より降り。閣上に翔旋す。勅して旁《あまね》く其の止まる所を求めしむ。未だ得ず。會同元年六月乙酉。丹鷄復た現はる。因つて奎瓏石を毉巫閭山に得。紅紫綫細。自然に文を成す。即古頌なり。

太祖阿保機

天顯は契丹の太祖阿保機の年號である、太祖立つてより未だ年號を用ひざりしが、十年目に皇帝と號し、建元して神册といふ、神册七年春二月改元して天贊元年と爲し、五年二月また改元して天顯元年皇紀一五八六年、醍醐天皇延長四年と稱す。是の歲七月大星幄前に隕つ、是の日太祖殂す年五十五とは遼史の言ふ所。して見ると本章にいふ丹鷄の祥は、その歲の正月元旦にあつたことである、而して史には天顯元年春正月己未白氣日を貫くとあつて、丹鷄とは色のちがつた白氣であるが、何か知らぬ日に就ての異象を語つて居る。しかし軍事に何の不祥もなく、渤海國を降して東丹國と改め、長子突欲を册して人皇王と爲し、東丹國主と爲した。この東丹てふ名と丹鷄の祥との間に、當時何等かの祝福が假托されてはゐなかつたか、それより會同元年までは足かけ十三年である、また丹鷄の祥があつたのでその行先を突きとめやうとして、料らずも奎瓏石を鹽巫閭山前出の騶父妻に同じに得た、其の石の表面に紅と紫の細かい綫で自然に文章が露はれてゐたと云ふ、それが後章に出てゐる古頌なのである。凡そ英雄は其の時代の人智に相應した方便を造り、以て軍民及び與國の心を總攬する者であるから、さう見て然るべきであるが、契丹王の東方を尊び日を拜するに嚴格なりしは方便や詐でない、爲に契丹には祭といふ意義を示すに祭東といふ熟語があつた程である、國字解にも國俗凡《ツ》祭《ニハ》皆東《ニ》向《フ》故曰二祭東一とある、又五代史にも契丹好レ鬼而貴レ日。每月朔旦。東向而拜レ日。其大會聚視《シテ》二國事一。皆以二東向一爲レ尊。とあつて、支那の謂ゆる天子南面とは風俗を異にし、尊者東面であつた、是れ恐くは

東向拜日

再生儀

東大神族古代信仰の遺傳であらう。然るに宋の北部大半を占有し、宋の博士學士を重用して儀禮を制するに及んでからは、皇帝受冊儀の如き南面御坐の式に替つてしまつた、されど猶臣僚の班を南面の臣僚北面の臣僚に分つて改めず、樞密院をも南北二院とし、北院は兵機・武詮・羣牧の政を掌り契丹の軍馬皆之に屬す南院は文詮・部族・丁賦の政契丹の人民皆之に屬すを掌らしめて居た。最も感服されるのは再生儀といふ儀禮である、これは十二年目毎に皇帝の行ふことで、其の儀式は不容易《なかなか》に面倒であるが、要するに母后を招請し、先帝の神主輿像を入れた輿を安置し、產婆及び老人を立たし、皇帝其の衣服を釋き跣足となり、生れたまゝの御姿で、そこに倒まに植てある三岐《みつまた》の木の下を三たび通拔け、產婆の拂拭を受く、この時老人は男子生れたりと叫び祝す、それより群臣の進むる襁褓を受納し、先帝の像を肅拜し母后に跪拜し、終つて臣僚に宴を賜ふのである、之に就き元の脫々中書右丞相は次のやうに賛して居る。

善い哉阻午可汗の訓を後嗣に垂るるや、切なる孺子の慕、將に油然として中心より發すること有らんとする者、感發の妙は言語文字の能く及ぶ所にあらず、善い哉阻午可汗の訓を後嗣に垂るるや、之を始むるに三たび岐木を過ぐることを以てするは、母氏の劬勞念ふこと無きを能くせんや、之を終るに先帝の御容を拜することを以てするは、敬承宗廟の宜、何如ぞや。

天子のこの儀範は自ら下民に及ぶのであれば、契丹道德の粹は孝の上に存すと知られる、從つてその國風の孝に篤かりしを思はないわけにゆかぬ。然るに歐陽修は五代史に云ふ。

歐陽修の契丹誣貶

契丹は他の夷狄に比して尤も頑傲、父母死するも哭せざるを以て勇と爲す（女女しく聲をあげて哀號せざるは東族一般の風也）其の尸を深山に載《はこ》び大木の上に置き、後三歳往いて其の骨を取り、之を焚いて酹し、而して呪して曰く、夏時は陽に向つて食はん、冬時は陰に向つて食はん、我が射獵をして猪鹿多く得せしめよと。

妙腕の文を以て、父母の骨を酒に和して呑みでもするかの如く書いて居る、されど太祖阿保機及び太宗德光の其の母后に孝順にして兄弟に友愛なりしは、史上稀に見る異彩であつた。

阻午可汗

因に云ふ、脫々の所言中に阻午可汗とあるは、契丹氏といふことである、由來契丹は耶律七部・審密五部及び外に八部、合して之を遙輦阻午可汗の二十部と稱した、そこで亦耶律氏の首長を阻午可汗といふのである。

第四十二章　契丹の太宗古頌を神廟に進む

皇上喜然曰朕之先者出自神子奇契丹燕矣所謂炎帝者是也五原於今不克復之何以能見哉朕當輒善也於是新興神廟于明殿之領親齋進頌

譯　文

皇上太宗徳光喜然として曰く。朕の先は神子奇契丹燕《ききたえ》より出でたり。謂はゆる炎帝は是なり。五原日孫の支那古五原今に於て之を復する克はずんば、何を以て能く見へんや。朕當に輙ち善くすべきなりと。是に於て新に神廟を明殿の領に興し。親ら齋して頌を進む。

本章は上來逐叙せる神話及び歴史の歸結を、契丹帝室に收め、之を基礎として東大族を往古の最盛に復興せんとの雄志を示したる者、蓋本頌叙は此の雄志を賛翼すべく撰輯されたのであらう。神子奇契丹燕《ききたえ》は譯字こそ異れ、前に見えたる奚契且炙《ききたえ》と同一の者なるべく、遼史太祖本紀に。

是歳即位九年君基太一神數《シバシバアラハル》見、詔圖㆓其像㆒。

とあるのも亦是れであらう、抑も太一とは星經に天一星の南のかた半度に在る星の名としてある、又神の名としての君基太乙は、五福太乙などゝ共に、漢族の福神財神とする所の者である、故に東族のキキタエといへる神は、本とそれではないのであらうが、文字の上のことになると支那に引きつけらるゝを常とすれば、それを字譯するに當つて、音の近い所から漢族の稱する君基太一に合はされたのであらうと思ふ、そして契丹族はこの神に對し如何なる信仰をもつて居たかと見れば、

君基太乙神。福神名。其神所㆑臨之國。君能建㆑極。孚㆓于上下㆒《マコトトセラル》。則治化升平。民享㆓多福㆒。

とあつて、全然漢族的言ひごとである、即ち君基太乙は君位の守護神にて、君位安泰ならば民其

君基太一神

の餘福を被むると云ふのであるから、推究的理窟が籠つて居る、凡そ民間信仰のものは、情意の上にあつて智察の下には無い筈である、故に契丹の眞のキキタエ神は、漢族思想が本となつて書かれた國字解にいふ如き者でなく、矢張り前に見えた蘇命遮癘二十四般禁厭の法を立てた異相の神であつたのであらう、それが漢族的の君基太乙にされてゐたのを、本頌叙で奇《き》契《き》旦《た》燕《え》と字を改めたは、古傳奚《き》契《き》旦《た》爰《え》の音上に契丹を點入したのであらうと思ふ。

因に云ふ、君基太乙の乙は古音燕である、燕を乙鳥と書くのでも分つてゐる、古書に燕ハ乙也とあり、又乙音燕也ともあれば、古は乙と燕とが同音であつたのである、今では乙と一とを同音に扱つてゐるが、一にもイ又はケイの音が殘つてゐて、韻補に於利切音懿《イ》に叶ふ、又弦雞切音兮《ケイ》に叶ふとある、乃ち古音では一・乙・燕ともに相通じて其の音イなりしことが判らう（イはエに通ず）ついでながら契丹語に就て聊か知り得た所を述べんに、契丹語は不思議にもよく我と語呂を同うして居る、（上段は契語 下段は國語）

契丹語と我國語の近似

○于《ウ》越《ヱ》　上《ウヘ》

○暴《ハ》里《ル》（惡人）　惡《ワル》

○撻《ト》馬《モ》（扈從之官）　扈《ト》從《モ》

○梅《モ》里《リ》（職掌不明）　衞《モリ》・守《モリ》にはあらざるか

○奪里本《タリホ》（討平）　平《タヒラグ》
○阿斯《オシ》（大）　大《ウ》シ
○撒刺《サラ》（酒樽）　皿《サラ》（酒瓶《サラ》）
○敵烈麻都《トリモツ》（掌禮官）　周旋《トリモツ》・欵待《トリモツ》
○得失得本《トシトホ》（孝）　老人負《トシトオフ》（欵）
○蒲速盌《ホサエ》（興旺）　大幸榮《オホサエ》

契丹の古系

太宗が此のキキタエを炎帝と謂ひしは、其の意甚だ得がたきも、本頌叙神話のキキタエは、或時は長白に在り又或時は寧古塔に在つた神で、其の本居の長白は、古代噴火の傳えを存して火神山《ホカム》といひ、山海經には不咸山フとホは通音と著はしてもあれば、其の山神なるキキタエは支那式にいへば火德の王である、太宗の言は斯かる所に因緣をもつて居るのではないか、而して契丹を炎帝神農氏の後となすは、遼史世表に左の如く著はしてある。

庖犧氏より降《このかた》。炎帝氏黃帝氏の子孫衆多となれるが、王畿の封建には限あつて。王政の布濩には窮りなし。故に四方に君たる者に二帝の子孫多し。之を宇文周の書に考ふるに遼は本と炎帝の後なりと。而も耶律儼は遼を稱して軒轅の後と爲せり軒轅は黃帝儼の志《シ》は晩く出でたり。盍んぞ周の書に從はざる。蓋炎帝の裔葛烏菟と曰ふ者。世《よよ》朔陲に雄たり。後冒頓《ボクトツ》可汗の襲ふ所となり。鮮卑山を保つて以て居り。鮮卑氏と號す。既にして慕容燕之を破り。其の部を析《わか》つて宇文と曰ひ。庫莫奚と曰ひ。契丹と曰ふ。契丹の名。昉《はじ》めて此に見はる。

本頌叙と契丹帝室

是れ漢族が古帝王を黄帝より出づと爲すに對し、更に其の以前の帝系より出でたりとする者、即黄帝の後とされるのを屑しとせずに、更に其の先住者なる炎帝の後なりと主張したのである、本頌叙が東大神族を以て支那古五原の先住者なりとする精神に一致して、明かに之を史上に宣明したる者、竝に其の支那本土以外に溢出して四方に君たる者の多くは、炎帝黄帝の子孫にして、もと出を同うすと爲せるは、亦本頌叙が東大神族の各種屬を廣く網羅して、同祖同裔を説くに一致す。只異る所は、頌叙は日孫を以て神祖とし東方に發祥して西征せりと云ひ、世表は支那を本とし外に溢れ出でたりと云ふ點に在る、然れども本頌叙は本章に於て太宗の言を記し、所謂炎帝は日孫の神子なる奇契丹燕神なりと論證して敢て降らずに居る。ただし世表としては、史學界の未だ公認せざる此の主張を取つて載することは出來まい、勢ひ支那の古典舊史に壓倒されて、それに從ふ結果とならざるを得ない、況んや遼史は遼自らの編述でなく、元の世に降つてから他人の手によつて編輯されたるものなれば、猶更のことなるをや、而も太宗が炎帝を日孫の王子と爲せるは、本頌叙が伏犧・神農・黄帝を指して、我が神子の名を竊案し模造せる者と爲せるに、亦一致した所言である。斯くも遼史と多くの點に於て一致する本頌叙は、即亦本頌叙と契丹帝室との關係を、一種不思議に感じ

明殿の峻嚴

させる。

そこで太宗は支那の古五原を我に回復し能はずんば、何を以てか吾が先世に見へんとの大抱負を顯露し、明殿の領域内に神廟日孫の神廟と想像すを新建し、親ら齋戒して、醫巫閭山にて得たる古頌を神前に進めた、明殿は太祖の墓側に在る宮屋の名にして、五代史には左の如くいふてある。

其の國君死して葬れば則其の墓側に屋を起す、之を明殿と謂ひ、歳時表を奉り起居生に事ふる如くす、明殿學士一人を置き、答書詔を掌らしめ、國に大慶弔ある毎に、學士「先君之命」として書を爲《つく》り、以て國君に賜ふ、其の書常に「兒皇帝に報す」と曰ふ。

以て明殿の如何に尊嚴なりしかを知るに足る。

第四十三章　古頌之一

頌云

辰沄繾翅報斡南易羅祺駿蓼冉謨律辨扈陪藴杜乍喃吟綿杜乍喃蜜伊寧枚薰汶

枚氣冉滿婆載娜摩矩泥克羊袁暘弭沚緬

曰若は東語のアナ

音　譯

辰沄繾翅報《しうくしふ》。斡南易羅祺《あなやらき》。駿蔘冉讃律辨扈陪《すきなもるべ》。藴杜乍喃吟《をときなき》。綿杜乍喃蜜《めときなみ》。伊寧枚薰汶枚氣冉《いなめくもめ》。滿婆載娜摩矩泥克《まはしなまくぢく》。羊袁暘弭沚緬《やをえにしめ》。

此等神頌は音誦すべく義解すべからざる者なのであらうから、之が義解を試みんは當らぬことであらう、されど何も考へずに已まんは口惜しき限なればせめてもの心やりに型《かた》ばかりの註釋を試みんに、辰沄繾翅報《しうくしぶ》は日孫スサナミコの號にして亦國皇の稱なること、前に疏解もあることなれば、こゝでは日孫を頌する敬語と見るべく、其義は東大國君靈《しうくしふ》である。

斡南易羅祺《あなやらき》の斡南は我が古言の阿那邇夜志《あなにやし》の阿那に同じ歎美詞と解す、易羅祺《やらき》は和神なるべく和靈《にきみたま》と云ふに同じ意味の詞と思ふ、歎美の意を表はす詞を、大陸族も我と同じやうに「あな」と言ひしや否未だ他に傍證を得ざるも、思ひ合せらるゝは支那最古の記傳と信ぜらるゝ尙書堯典の冒頭に、曰若稽古帝堯とあることである、この曰若は「ココニ」と訓み來つてゐるが、書集には曰若者發語辭とある、即ち於越の於、勾吳の勾と同じ發聲詞である、但し其の於と勾とは單に發聲詞であつて何といふ意味もないのであらうが、曰若は意味ありげの聲である、そこで「ココニ」と訓むで意味をさう取つたものらしい、本是れ音を露はす爲めの假字であるから、曰に代へて同音の越字を當てもした、周書に越若來三月とあるも其例なるが、こゝに至ると餘程念が入つて來て「越《ココ》ニ若《シタガ》フ」と訓む學者も出て、最早發語の辭ではないかのやうに爲つてしまつた、今其の本に反つて見るに、曰は漢音エツ吳音ワツである、ワはアの叶音であるから曰をアッと音するに不可はない、若は般若《ハンニヤ》といふので分る如くニヤの音がある、ニヤを反切すればナに歸納す、されば曰若はアナと讀むで然るべき音法のものである、蓋し其の曰若《アナ》てう發語の辭は、我が古言に同じき歎美の意の表はれであらう、我が東族が嘗て支那本土に在つて今の漢民族の先住民であつたと云ふ古傳に照らし稽へると、堯典冒頭の曰若《アナ》てう發語辭は、もと我族の詞であつたのが漢民族に繼承されたものと言ひもされやう、其の論斷は猶多くの類語を覓めて順序に分析研究を爲した上でなければならぬが、爰には只斡南《あな》てう詞の現はれに因みて其の語の偶然ならざるを證せんため聊か辯を添へたのである。

駿蔘冉は「スサナ」と讀むのであらう、日孫の名順瑳檀《すさな》に因める清白穗波《すさはな》前巻第二章のことかと思ふ、讃律辨は「盛《も》る邊《べ》」でなからうか、清白波盛《すさなも》る邊《べ》は淸き波の寄り來る海濱のさま、若くは海中の巖などの事であらう。扈陪は讀めぬ、前巻第十三章第十四章に見えてゐる扈枚《こめ》を女性の稱（媛）と解したる因みからは、こゝの扈陪もさう解したくはあるが、それだと駿蔘冉讃律辨扈陪《すさなもろべこめ》は一個の女性の名となり、前後の意味が通じなくなる、或は扈陪は「越《こ》ゑ」といふやうな意の詞か。

蘊杜乍喃吟《をとさなき》、綿杜乍喃蜜《めとさなみ》の杜蘊綿杜は、雄鳥雌鳥《をとめと》と解して見たい、乃ち乍喃吟乍喃蜜《さなきさなみ》は、誘《さ》

電女雲女

啼《な》き誘啼《さな》みと解されるのである、然る時は前の謨律辨は森邊《もりべ》と解すべきものかも知れない。

伊寧枚薫汶枚《いなめくもめ》の枚は女性の稱と解して見る、日孫の事であるから、これに和隨する天津乙女は、電女《いなめ》雲女《くもめ》であつたのであらう。氣冉は讀めぬ。滿婆載娜摩矩泥克《まはしなまくちく》は何の義とも解し得ぬ。されど前に女性の名のあるのと、古代の婚儀に柱を廻つた事などある所から聯想を起すと、若しや滿婆載娜《まはしな》は眞柱《まはしら》であるまいか、摩矩泥克《まくぢく》は廻來《めぐりく》であるまいか、娜《な》は羅行音の奈行に叶轉せるもの、泥《ち》は同じく陀行音に轉じたものとされなくもない。

羊袁暘弭沚緬《やをえにしめ》は、八百《やほ》限りなき意愛和《えに》し召すであらう。以上をつゞめて忖度するに本頌の意は、

東大國君靈《しうくしふ》は和《やは》げる御靈《みたま》にまします、雄鳥誘啼《をとさな》き雌鳥誘啼《めとさな》みておのづからなる春の日の麗はしき戀の世界に電女雲女《いなめくもめ》

と眞柱《まはしら》を廻りて八百《やほ》限りなく愛和《えに》し召《め》したまふ。

と云ふのであらう、詩でいへば關雎の篇である、多分これは彝倫の本なる男女の會を神に掛けて頌し歌つたものと思へる。

我が神話の世界に尊き所以

抑も我が大和神話の世界に尊き所以のものは、世界に二とない所の原始思想が其の裏に存在するからである。從つて人文智識が或る程度まで進むでから畫かきだされた宇宙獨創神のやうな者は存在しない、又神が大洪水を捲起して生物一切を殲にしたといふやうな事も存在しない、因つて前世界といふものもない、其の聖人賢者の智嚢から案出された神話でない所に眞の神話の存在が認めら

れる、是れが其の最も尊い所である、取分け原始的なるは人間婚交の所作を鳥から教へられたとする所にある、いかにも太古天空を仰ぎ觀て大自然の靈異を體得した際には、鳥類を以て神の眷屬と觀じたに相違ない、人間には及びもされぬ大空への翺翔が、いとも尊く看取されたであらう、それに虹に現はれる五彩を羽毛にあつめて着飾り、美妙の音を發するのであれば、鳥を以て神と人間との間を使する者と爲すは、當にさうあらねばならぬ自然觀である、今も尙飛鳥と書いてアスカと訓むは天使《あすか》の義で、原始思想が言辭の上に傳誦されてゐる、鳩を八幡神の眷屬《つかひ》（使）といふも其の義である、我が神話の大極獨生の神、天御中主《あめのみなかぬし》は原始人が大自然の中心所在を觀想したものであらうが、高御產巢日神《たかみむすびノ》・神產巢日神《かみむすびノ》は、鳥に對する原始心理から化生した神とされやう、產巢《むす》のムは生成の義苔むすのムに同じスは棲《す》の義、高御《たかみ》は鳥の巢の高きに在るを美稱せるもの、神は上で高御《たかみ》と同義の美稱、又產巢《むす》の下に附いてゐる日は靈《ひ》で靈妙なる物を表す語である、鳥に對するこれ等の思想は今に猶傳はり、鳥居は神の前に是非なくてはならぬ。

はた又鳥は皆求婚を啼鳴に由りて行ひ、雄これを唱へて雌之に和する自然教が、そこに人間に啓示されてあつた、推して以て其の初めは人間も原始求婚を鳥と同じく啼鳴に由つて爲したものとされる、古事記に阿那邇夜志《あなにやし》とあるは是れ人間求婚の原始鳴であつて、男（雄鳥《おと》）は誘啼《いざな》きの神、女（鳥雌《とや》）は誘啼《いざな》みの神と申す。

諸冊二尊の名の本義

從來國學界の所説は多岐にして、イサは「勇む」の約言、ナは助辭、キは君即ち男神、美は女即ち女神の稱とも説き、書紀通證には伊《い》樂《さ》者相誘之言とあり、イサナキ・イサナミは「誘ふ」の語幹に岐《き》・美《み》を添へて男女の性を區別した者なりとの説もある、今この後者の説に倣ひ「誘《いさ》啼《な》」の語幹に岐・美を添へたと爲したい。アナニヤシはアナニ・ヤ・シの三詞に分けて讀むべく、アナニはあやに賢しなどのアヤニと同義の副詞、ヤとシは二つの感動の助詞を重ねたものと解されて居る、今之に從ふ、卽ちこの三詞一串の意味は「眞《ほん》にまあ」と云ふことである。

大自然教の啓示

今吾人が夢に乘じて太古の絶對的自然界に立戻つたとしたら、鳥より自由なるはなく、鳥より美なるはなく鳥より靈なるはなしと思念するにちがひない、そして鳥への要求は其の天地間を上下する靈動に賴つて、神と吾人との聯絡をつけて欲しいといふに在らう、從つて鳥より學ぶ所のものが必多いにちがひない、是れ大自然教の啓示である、我が大和神話は此の大自然教の啓示に基礎を据ゑて發展したものである、この啓示をイサナキ・イサナミ二神のこととして語り傳へたのであれば、神話の基礎は此の二神の上に存する、從つてそれより以前の獨生神・耦生神もこの基礎を離れて現顯したのでなく、やはり此の基礎の上に化生したのである、基礎とは誘啼岐《いさなき》・誘啼美《いさなみ》・阿那邇夜志《あなにやし》である。

今本章の古頌も亦雄鳥誘啼岐《おとさなき》・雌鳥誘啼美《めとさなみ》・八百愛和志《やほえにし》である、この契合は我が神話が古代大陸族と共通であつたとする外他に思案の爲しやうがない、このサナキ・サナミの鳥の唱和から日孫と電媛《いなめ》・雲媛《くもめ》の愛和《えに》が歌出されてゐる所は、支那古典の關雎と同一風趣であるが、しかし日孫の淑女とする所のものは電と雲であつた、そして鳥の唱和は清白波盛《すさなも》る海中の巖か或は海岸で靈精の氣に充されてゐる。そして其のイナ媛《め》は出雲神話の稻田媛《いなだ》に近邇した名であり、クモ媛《め》は壇君神話の熊《くま》女《め》と同名に聞えるのが極めて怪しい、世の篤學の士と共に研究を盡した上でなければ、これ等契合の徑路を斯くと判斷するわけにゆかぬ。

韓土神話の一片鱗なる壇君王儉《タキワケ》は、日孫の神子察賀亶唫和饌《さかたきわけ》の名の現はれなること前に言ひし如くなれど、壇君敎を奉ずる者、若しも本頌叙の絶大英雄神日孫の名順瑳檀彌固《すさなみこ》に因《ちな》まんと要せば、壇君をスサナキと訓むがよい、檀木のことを上代で何と謂つたに關はらず、其の香《な》の清《すが》々《すが》しきと其の木質の白《さ》なるに因り、清白香木《スサナキ》と稱するに不自然はない、香は國訓カなるも韓語にてはナなりすると本章古頌の清白波盛邊《すさなもろべ》は檀木森邊《スサナモリベ》と取れる、雄鳥雌鳥の誘啼《さな》き合ふ處としては、寧ろ其の方がふさはしい、只夫れ日孫は日祖の清白穗波《すさほな》の禊に生れたといふので、本章の釋明には清白波としたのであるが、壇君神話の景情が或は此の古頌の裏にあるのかも知れない。

なほ鳥に就て平田篤胤は、大凡そ諸鳥は天《ツ》御國に成始めたるを、國土に降し給へる物ならんと思ふ由あり古史傳と謂ひ、婚交の動作を鶺鴒の敎ふる所なりと極めて露骨に語り、寂蓮法師の歌「女郎

鳥は神の師

花多かる野邊の庭たゝき（庭たたきは鶺鴒）さがなき事な人に教へそ」まで引いてある。雅言音聲考（鈴木朗著）には、原始言語の最初の發生を鳥の啼鳴に倣へること多しと考證し、谷川士清は神而學二於鳥一、豈其偶然乎、道之於レ物皆然、と論ぜし程に、後世なほ鳥に就てしかく理解されたのであれば、上代人の鳥に對する觀念の、如何に敬虔的であつたかが推し量られる、因つて本章の蘊杜綿杜を鳥のことゝし取つたのである。

善知鳥

因に云ふ上代人は、吾人死後の靈が、動物になることありと信じて居た、犬にもなり狸にもなり大蛇にもなる、叡山の僧頼豪は死して鼠と爲り園城寺の經卷を喰破つたとのことであるが、この信仰は佛教渡來後の因果説に起つたものでなく、神代からのことであるらしい、其の内に於て人から濃厚なる同情を寄せらるゝ者は鳥になれるが、惡人や無道の者は鳥になれないやうである、日本武尊の靈が白鳥になつたと云ふは誰も之を識る。陸奥の善知鳥神社縁記に、昔善《う》知《た》鳥《ふ》中納言安方といふ者、罪あつて勅勘を蒙り、陸奥に來り小祠を營み、宗像三女神を祀り、都の空へ歸りたしとのみ念じ居たるに、其の事かなはずに死去したれば、魂魄此の土に止つて一つがひの異鳥となり、雄は「うたふ」と鳴き雌は「やすかた」と鳴きたるを、里人これを安方の靈と爲して祭れりとある。

鳥海山神人の卵生

それとは事かはれど羽後國鳥海山の傳説に、太古に巨鳥あり、左翅に二卵を抱き右翅に一卵を擁し、雲路遥に飛び來つて此の山上に止まり、左翅の二卵は鳥海・月山の神にます兩所大菩薩を生み、右翅の一卵は此の國の祖なる丸子親王を生み、再びもとの鳥となつて北嶺の池に沈む その所を鳥の海といふ山の半腹に在る湖水 因つて丸子氏はこの鳥を祖とし、家の定紋には二鳥が嘴と翼とを合はせて丸くしたるを用ひ、此の神の氏子は鳥を食ふを忌むとのことである。何さま鳥は、古代に人と神との間に位置したものと思へる。

猶念の爲に申すが、諾冊二尊の名を鳥啼に出づとする卑見は、二尊を以て鳥の啼鳴を人格化したものと爲すのではない、勿論二尊は現神にましませど、この神を頌するに原始的對禽觀念、即ち鳥より優れたるは莫く鳥より靈なるは莫く鳥より戀なるは莫しとする主客兩觀を以てしたと云ふわけなのである。

第四十四章　古頌之二

辰沄繾翅報斡南遏浿祺億巵瑪尹冉濟紆凱湄烏架樂遊絕旂麗奄旂例斡浸播圭
婁可洛資旂麗絆旂例耶那奈資婁可洛固牟畢滿呂魏克遏浿讃納岐緬

音　譯

辰沄繾翅報《しうくしふ》。斡南《あな》遏浪祺《あらき》。億屠瑪尹冉濟《おこめいなせ》。紆凱湄烏架樂遊《うけひをかりゆ》。絶旂麗《せふり》。奄旂例《ちふる》。斡浸播圭婁可洛《あしはきろから》。
賫旂䴡《しふり》。絆旂例《はふる》。耶那奈賫婁可洛《やななしろから》。固牟畢滿呂魏克《こむひもろぎく》。遏浪謨納岐緬《あらもなぎめ》。

祈狩

前章は蘊杜綿杜《をとめと》を雄鳥雌鳥と解し、これを基礎として辛くも全章の意を髣髴し得たれど、本章は更に難解であつて、こゝぞといふ捉處《つかまえどころ》を見出し得ない、只一つ紆凱湄烏架樂遊《うけひをかりゆ》に於て紆凱湄《うけひ》は神功記の祈《うけひ》と同語ならんか、架樂《かり》は狩《かり》の同語なるべしと見て、そして考ふるに、書記通證に祈狩《うけひかり》は神に祈り狩を爲し其の獲ものに因りて以て吉凶を占ふ名なりとある、本章の紆凱湄烏架樂遊《うけひおかりゆ》は多分その意味の事であつて、祈遠狩征《うけひをかりゆ》であらう、烏《を》は遠方《をち》の遠《を》、遊《ゆ》は征行《ゆく》の征《ゆ》と思ふ、狩に依る太占《ふとまに》の法を以て吉凶をトひ遠征に出掛けた事をいふのであらう、若しさうとすれば、本章は日孫の遠征を歌つたものとされのであるから、一章の意味をそれに合せて解して見やう。

辰沄繾翅報《しうくしふ》は前解の通り日孫を崇め稱した詞、斡南《あな》は嘆美詞である、遏浪祺《あらき》は荒神《あらき》であらう、日孫遠征の勇猛靈《あらみたま》を讃美《たたへ》た詞と思ふ、億屠瑪尹冉濟《おこめいなせ》は讀めないが、前に屠枚《こめ》を媛《ひめ》の義に解した因みによれば、こゝの屠瑪もやはり女性の稱かと思はれもする、億《お》は辛國大目命《からくにおほめのみこと》（豐前鹿春神社三座の一）などいふ大《おほ》の義ではないか、大目《おほめ》は大母《おほめ》の義にも解かれてあれば、こゝの億屠瑪《おこめ》も何かさういふやうな女性の稱かと思はれる。尹冉濟《いなせ》は何の義とも解き得ぬ。但し次句に祈《うけひ》といふことがあるから、億屠瑪尹冉濟《おこめいなせ》は神巫《みこ》のやうなわけのことかとも思はれる。神巫は上代に於ては女人の勤行《いそし》であつた、伊冉濟はイナ

東族の五旗制

セと讀むのではなくイツシと讀むのかも知れない。

次の絶《せ》斿《ふ》麗《り》・奄《あ》斿《ふ》例《ろ》は、黒《せ》振《ふ》り青《あ》振《ふ》るであらう、黒をセと音すること、我が古言の中にはまだ發見しない、しかし支那では黒衣を緇《し》衣と云ふ、シ（緇）とセ（絶）とは叶音に近ひ、古代東族には其の言詞があつたかも分らぬ、兎も角假に絶を黒と解し置く、すべて是れ旗の色と見る。

幹《あ》浸《し》播《は》圭《き》婁《ろ》可《か》洛《ら》の幹《あ》浸《し》播《は》は圭《き》の枕詞であらう、圭《き》婁《ろ》は黄色である、可《か》洛《ら》は前に見えてゐる固《か》朗《ら》前巻と同じ神《か》族《ら》の義であらう。資《し》斿《ふ》麗《り》・絆《は》斿《ふ》例《ろ》は白《し》振り丹《は》振るである。

耶《や》那《な》奈《な》資《し》婁《ろ》可《か》洛《ら》第四章河《か》洛《ら》同第十章及び第十九章の耶《や》那《な》奈《な》も資《し》の枕詞であらう、資婁は白《し》色《ろ》である。大陸の東族に枕詞のあつたことは前にも第十九章摘出し置いた、それで幹《あ》浸《し》播《は》圭《き》婁《ろ》可《か》洛《ら》とは黄旗を振ふ神《か》族《ら》、耶《や》那《な》奈《な》消《し》婁《ろ》可《か》洛《ら》とは白旗をもてる神族のことなるべく、絶《せ》婁《ろ》（黒）奄《あ》婁《ろ》（青）絆《は》婁《ろ》（赤）の神族と合せ五旗制であつたことが知れる、蓋日孫が拓いたといふ支那古五原の古傳に一致するものなのであらう。幷に夏殷時代の夷名に玄夷・藍夷・黄夷・白夷・赤夷・竹書紀年などあるも、本章の絶《せ》・奄《あ》・圭《き》・資《し》・絆《は》に一致した稱呼かも知れない、かう云ふことになると考證なほ百端なるを要す。

固《こ》牟《む》畢《ひ》滿《も》呂《ろ》魏《ぎ》克《く》は何の義とも解き得ぬ、日孫遠征の成功を祝した詞であらうとは推すれど、いかに訓まば其の義に適ふか解せぬ。

遏《あ》浪《ら》謨《も》納《な》岐《き》緬《め》は荒《あら》魂《たま》凪《な》ぎ召すであらうと思ふ、出征の折には荒《あら》神《き》であつたが功成つて今は和《な》き召して常の和靈《にぎみたま》に返りゐますとの意であらう。以上をづゞめて丶本章を訓譯すれば。

東大國君靈《くろくしふ》は勇猛神《あらき》にましまして、遠く征行《いでゆ》きたまひ、黑旗靑旗黃旗白旗赤旗を打ち振り打振る威勢の神族《から》を統《す》べさせ、功成つて今は此の神殿の内に常の和靈《やらき》にて居まし召す。

と云ふにあらう、いかにも神に對する頌歌らしい。

第四十五章　古頌之三

辰沄繾翅報案斜蹴岐賁申螒倪叔斿厲珂洛秦弁支廉勃刺差笏那蒙緬

音譯

辰沄繾翅報《しうくしふ》。案斜蹴岐賁申螒倪叔斿厲《ちやしきひしりにしふる》。珂洛秦弁支廉《からすべしら》。勃刺差笏那蒙緬《むらしこなもめ》。

訓譯

東大國君靈《しうくしふ》。神《あや》しき聖《ひじり》にしふる。神族統治《からすべしら》す。群醜猶召《むらしこなもめ》す。

本頌は前二頌とすこぶる歌調を異にすれど、やはり東大國君靈《しうくしふ》と起し、召《め》すと結んであるから、同一時代に於ける同格の歌頌に相違なからう、それにしても「聖《ひじり》にしふる」が頗る妙である、前二頌にはこの「にし」といふやうな助副詞が見えて居ないのに、本章にこれがあるのが不思議でならぬ、是は全く我が古言である、その「ふる」の意も千早振《ちはやふる》る神、櫛振《くしふ》る稲田姫《いなだひめ》などの振るである、群醜《むらしこ》は異族に對する貶稱にて、神族を統治し且異族をも治《しろ》しめすと讃美したるもの、古韓語に海島の異種を州胡《しこ》と云ひしも亦醜《しこ》の意に解される、本頌は魏志韓傳にも載つてゐる。

本章	魏志
辰沄繾翅報《しうくしふ》	臣雲遣支報《しうくしふ》
案斜踧岐貣申釐倪叔斿厲《あやしきひしりにしゝる》	安邪踧支濆臣離兒不例《あやしきひしりにふる》
珂洛秦弁支廉《からすべしらす》	拘邪秦支廉《からすしらす》
勃刺差笏那蒙緬《むらじこなもめ》	（魏志になし）

右對照に於て、魏志は第二句に叔《し》を脱し第三句に弁《べ》を脱し、第四句は全然載せてゐない、そして珂洛《から》（神族）を南韓の拘邪《から》韓國と解し秦弁《すべ》（統べ）を秦韓のことに取つて其の心で塡字したものらしい、第四句の全然見えないのは魏志の脱漏であらう、これ等の相違はあれど、本頌と魏志の言へる所との同一なるは知れる、したが魏志は之を以て馬韓の公侯が馬韓王（辰王）に對する優呼だといつて居る、優呼は頌詞である、いかにも神を讃美する辭としては意の足らぬものなれば、魏志のいふ通り辰王に對する優呼かも知れない、されど魏志が群醜猶召《むらしこなもめす》の一句を脱し居る所から考へると、

古韓語と我が古言の一致立證

本頌叙も亦その間に於ける幾句かを脱し居るのではないか、それで神頌としては意の足らぬものに爲つてゐるのかも知れない、想ふにこれは本と神頌であつたのであらう、そして其の頌の内から第三句の支廉《しらす》までを斷章取義して辰王を頌するに用ひたものかも知れない。已に魏志にこれが載つてゐる所から見ると前二章も夙に世にあつたものに相違なく醫巫山の奎瓏石から始めて現はれたのでないことは明かである、同時に神頌は三章とも古韓の物であることも立證された。

此に大いなる獲物は、魏志が「神《あや》しき聖《ひじり》にふる」だの「治《しら》す」だのといふ辭を、馬韓語と證明し置いてくれた事である、この證明によりて前二頌も亦馬韓語を以て綴られてあることが分つた、此等によると名詞ばかりでなく動詞副詞助詞までも我と同一であつたとされる、これは今の韓半島に於ける幾年前の言語狀體かと云ふに、魏志の韓傳は漢末魏初を傳の時代中心として居れば、皇紀八百八十年神功攝政二十年西紀二二〇年ごろの事とされる、即ち今より約一千七百年前である。されど韓傳に依つて其の時代の馬韓を稽ふるに、言語が全然我に一致すとは信《う》けられない、故に動詞副詞助詞までが我と同一であつたは、更にそれより遠き時代の事と思はねばならぬ、乃ち辰王に對する優呼の如きも、魏時代に於ける今樣の詞でなく、我々が古事記の所言を古調ゆかしとして有がたがるやうに、遠き古しへの靈語として辰王の頌詞にもしたのであらうから、本頌叙の神頌は魏の時代より遙に古の物と測度さるべきである、其の時代のいつなるかは知るすべなけれども、洲鑑賛が我が開化天皇五十五年皇紀五五八年西紀一〇三年ごろに筆を止めてあつて、而して其の記する所の東語が概して我が古言を以て解き得る所から見れば、神頌は確かに其の時代以前の物と推想される、即ち今を距る二千數百年前に在らう、是れ予が韓の言語たる古に溯れば溯るほど我に同じと言ひし所以である。而して契丹の耶律羽之が本頌叙を編したのは會同五年であつて皇紀一千六百一年西紀九四一年なれば、今より約一千年前である、されば其の編纂はそう古い事ではないが、其の蒐集したる舊紀は概してそれよりも一千餘年以前のものと知られる、從つて其の蒐集に因りて著はれた多くの東語が、契丹の時代語とは甚しき距離のあるものであつたらうと思はれる、それを羽之が時代語に改譯せずに原語のまゝ擧げたるは、古傳の眞を保存するに勉めた彼の用意と知れる、之によりて古を知るを得るは、其の用意の到れる爲と感謝しなければならぬ。

第四十六章　契丹の應天太后神頌を琴曲に上す

應天太后徵諸學士曰太祖有言我先世葛禹圖可汗冒稱乎神賚之甲可汗其義猶言日神之體也誰能究源流辨宗支者因問頌義學士恐惶對曰隔世既杳語音亦革

雖旁求匪懈古義未可遽攷也太后曰韻心所通神必能格輙攬而上諸琴命樂人作譜嚠渺森嚴眞是神韻也臣羽之謹錄竝爲之叙傳云會同五年六月日

譯文

應天太后。諸學士を徵して曰く。太祖言へることあり。我が先世葛禹圖《カウト》可汗遼史には葛烏菟可汗稱を神賚の甲《かぶと》に冐し葛禹圖は即かぶと可《カ》汗《カム》その義猶日神之體《かかみ》と言ふが如しと本頌叙冐頭に鑑を掲揚し、中間に洲鑑を引いて東族史傳の終始を明かにし、此に可汗の原義の鑑なるを謂ひ、以て收束す、照應頗る妙、誰か能く源流を究め宗支を辨ずる者ぞ。因つて頌の義を問はる前出古頌の意義學士恐惶して對へて曰く。世を隔つること旣に杳かに。語音亦革まる。旁求懈るにあらずと雖。古義未だ遽に攷ふ可からざるなり。太后曰く。韻心通ずる所。神必能く格《いた》らんと。輙ち攬《と》つて而して諸《これ》を琴に上せ。樂人に命じて譜と作らしむ。嚠渺森嚴。眞に是れ神韻なり。臣羽之謹んで錄し。竝に之が爲に傳を叙づと云ふ。會同五年六月日。

應天太后は遼契丹の太祖阿保機の妃にして、氏は述律、名は平、小字を月理朶といふ、太祖即位のとき羣臣尊號を上り地皇后といひ、神册元年號を加へて應天大明地皇后と曰ふ、太祖殂するや、制を稱し軍國事を攝行す、後晋五代の石晋嘗て使を遣し、表を奉じ臣と稱し、以て和好を修めんと請ふ、其の時に於ける太后の言分は實に振つたもので、呼んで漢兒と爲し、左の如く宣した。

太后の氣焰

自レ古聞ニ漢來和レ蕃。不レ聞ニ蕃去和レ漢。若漢兒實有ニ回心一。則我亦何惜レ通レ好。（五代史）

周秦このかた和好はいつも漢の方から勉め、金帛の歳給によりて邊警を弛ぶるを常として來た、即漢來つて蕃に和するを聞く、蕃去つて漢に和するを聞かずと言ふ所以、氣焰萬丈である。

太后右腕を斷つ

太后傳中、殊に人の注目を惹くは、五代史の左の記事である。

述律人と爲り多智にして忍、阿保機の死するや、悉く從行大將等の妻を召し、謂つて曰く、我今寡婦と爲れり汝等豈夫あるべけんやと、乃その大將百餘人を殺して曰く往て先帝に從ふべしと、左右過ある者は多く木葉山に送り、阿保機の墓隧中に殺す、曰く我が爲に先帝に地下に見へよと、大將趙思溫はもと中國の人、材勇なるを以て阿保機の寵する所と爲る、述律後に事を以て之を怒り木葉山に送らんとす、思溫辭して行くことを肯んぜず、述律曰く、爾は先帝の親信なり安んぞ往いて之に見へざるを得ん、對へて曰く、親しきは后に如くは莫し后何んぞ行かざるや、述律曰く、我本より先帝に地下に從はんと欲するも、子幼く國中多故なるを以て未だ能せざるなり、然らば吾が一臂を斷つて以て之を送るべしと、左右切に之を諫む、乃ち其の一腕を斷ち、而して思溫を釋して殺さず。

己の腕を斷ち而して初め殺さんと欲した者を釋すほどの英明なる述律が、己れ寡婦に爲つたからと言つて、大將百餘人を殺して悉く其の妻を寡婦にしたとは思へない、且つ其の時次子堯骨は年二十六にして天下兵馬大元帥の位に居り、長子突欲は東丹國主として國の重鎮を成してゐた、子幼しといふは、五代史それ自身の矛盾である、之を遼史に視れば、

太祖崩ず、葬に及んで身を以て殉ぜんと欲す、親戚百官力諫す、因つて右腕を斷つて柩に納む。

とあつて斷臂は趙思溫の事に關係がない、歐陽修が處々に舞文して、契丹には近づく可がらずと爲すは、其の時代宋の文武の官僚、南を去つて北に投ずる者尠からざりしに因り、爲にする所あつてのことであらう。

葛禹圖可汗

東大族の正語獨り日本に存す

太后が太祖の言なりとして謂へる葛禹圖可汗のことは、東亞民族史上に大なる考據を與へたものである、即葛禹圖《カウト》といふは神より賚《たまは》つた甲《カブト》から得た稱とあつて、我が國訓と彼の古言との一致なるに頗る興味が感じられる、又可汗其の義猶は日神之體《かがみ》と言ふが如しとあるを、本頌叙開卷第一章に、鑑を稱して日神體《かかみ》といふ讀むで戞珂旻《かかみ》の如しとあるに合はせ見る時は、可汗はカカミと讀むが原義なのである、凡そ東大族の正しき語幹語脉語根は獨り我國にのみ古語として殘存してゐるのであれば、學者須らく先後する所を知つて本末を誤らざるを要す。

太后が諸學士に頌の義を問へる時、世を異にし音も亦革まつてあれば、古義は今遽に判じかねると對へたのは、確にさうあつたらうと思ふ、現に今いふ兜のことでも、國字解に契丹冑を胡木鍪《コムブ》と言ふと見えてゐる、乃ちカウトの古言が太祖時代には、早巳にコムブに轉訛したと知れる、況して

本頌叙は古韓語の基礎の上に構成された者であれば、契丹學士に訓めないのも無理はない。これ程に難解の者を、不學寡聞を以て一とほり訓み終つたは我ながら怪まれるが、要するに前提が良かつたからだと思はれる、前提とは日韓共通の古代言語を、異民族の蹂躙を受けざる我が國にのみ殘存すと爲す信念である、同時に此の信念の上に、同祖同裔は單に韓に止まらず濊貊扶餘肅愼皆悉く同一の東大神族にして、上古に於ける支那大陸の先住氏なりと聞き得たは、東大神族の共通古言を原語とする我が帝國に生れたからのことで、無限の光榮に浴する身の幸によるのである。

耶律羽之

本頌叙を撰びたる羽之といふは、姓は耶律、幼にして豪爽不羣、長じて學を嗜み諸部の語に通ずとあれば本頌叙を撰ぶに足る先天の材質を具へた者とされる。天顯元年太祖阿保機の渤海國を亡すや、東丹國と改め、長子突欲を其の國主となし、羽之を以て其の國の中臺省右次相とした、是れぞ羽之が辰沄殷・馬韓・渤海國等の舊史古傳を蒐集するに最も都合よき位置を與へられたものである、

東丹王

加ふるに東丹王はまた頗る藏書癖のある貴公子であつた。

宗室傳に曰く。義宗名は倍。小字は圖欲（五代史に突欲と爲す同音也）太祖の長子。母は淳欽皇后蕭氏（即ち述律）幼にして聰敏學を好む。天顯元年從つて渤海を征し。扶餘城を拔き。夜忽汗城を圍む。大諲譔（渤海國王）窮蹙して降を請ふ。其の國を改め東丹と曰ひ。其の城を天福と曰ひ。倍を以て人皇王と爲して之に主たらしめ。仍て天子の冠服を賜ふ。

地理志に曰はく。顯州は本と渤海の顯德府の地なり。世宗置いて以て顯陵を奉ず（世宗は東丹王の長子）顯陵は東丹主人皇王の墓なり。人皇王好んで書を讀み。射獵を喜ばず。書數萬卷を購ひ。醫巫閭山（即ち古頌を得た山）の絶頂に置き。堂を築いて望海と曰ふ。山南海を去る一百三十里。
其の藏書の富以て知るべきである、かくの如く山水奇秀の間に書を樂むでゐた王は、唐（謂はゆる後唐にて李存勗の稱せる唐）の密聘に遇ひ、木を海上に立て、左の小詩を刻してひそかに國を遁れ出で、唐に入つた。

小山壓二大山一。大山全無レ力。羞レ見二故郷人一。從レ此投二外國一。

小山は弟の太宗をいひ、大山は兄なる己をいふ、己れ兄でありながら、弟に帝位を占められた不平から去つたことに爲つてあるが、是には深謀遠慮のあつたことゝ思へる。史に異國に在りと雖常に其の親を思ひ問安の使絶へずともあり、又唐の明宗の養子從珂が明宗の第三子閔帝を弑して自立した際の如き、竊かに太宗を促し、從珂其の君を弑す、盍んぞ討たざるやと申送つてゐる。そこで太宗は石敬塘の兵を幷はせて從珂を攻めた、從珂大に破れ將に自焚せんとする際、東丹王を招き倶に死すべく逼つたが、王はこれを肯んじなかつた、從珂乃ち壯士李彥紳に命じて王を殺さしめた、時に年三十八、一僧あり遺骸を收め私かに瘞めたのを、醫巫閭山に改葬して顯陵と崇めたものである。王は陰陽の學に通じ、音律を知り、醫藥鍼灸の術に精しく、遼漢二國の文章（漢文の外に遼文のあつたことが知れる）を工にし、嘗て陰符經を譯し、又畫をも善くし、射騎獵・雪騎・千鹿圖の如きは名畫として後に宋の

千載一遇に成る珍籍

秘府に藏められた。是が契丹の始祖阿保機の長子なりと知らば、契丹文學の侮る可からざる者あるを思はしむるであらう、五代史にも次のやうに書いてある。

東丹王突欲。喜二賓客一。好二飲酒一。工《ニシ》レ畫《チ》。頗知レ書。其自二契丹一歸二中國一。載二書數千卷一。樞密使趙延壽。每《ニ》假《ル》二其異書《ト》醫經《チ》一。皆中國所レ無者。

乃ち支那に無い異書が尠からず契丹にあつたことを證明する、想ふに馬韓變形して靺鞨と爲り、而して靺鞨善く書契を知ると稱せられ、大成して渤海國と爲り、渤海終に契丹に併はせられ東丹國と爲つたのであれば、辰沄殷・馬韓・靺鞨・渤海の舊記古傳が東丹國に存在し、若くは蒐集し易かつたことは、當に其の所である。

補史記の註に柯維騏曰く。三皇五帝之書。迨《チ》レ經《ルニ》二秦火《チ》一。全書不レ見二於世一。孔安國以二伏羲神農黃帝之書一爲二三墳一。宋元豐中。毛漸奉《シ》二使《チ》契丹《ニ》一。於二民間一得レ書。曰二山墳・形墳・氣墳一。其說與二安國一同。是に由つても契丹民間に、支那に希なる珍籍の存在したことが知れる、是れぞ靺鞨渤海相傳へ來れる文學ではなかつた。

加ふるに藏書癖に富む東丹王に副ふるに、學を嗜み諸部の語に通ずる右次相耶律羽之を以てしたのであれば、本頌叙の編纂が賢くも天晴れ出來上つたわけである、眞に是れ千載一遇の機會に於て、千載一遇の人に賴れる珍籍と謂ふべく、しかして其の編纂の大目的は、徒に珍籍を玩ばん爲でなく、大遼帝業の眞基礎をこの上に据ゑん爲めなりと察しられる。抑も遼の帝業たるや、克く之を濟す者は東族の會同一致である、會同一致は各族齊しく同祖なりと信ずる上に神乃ち顯現し、同裔なりと信ずる上に皇極乃ち興る、神をこゝに顯現せしめ、皇極をこゝに興隆するのが本頌叙編纂の目的にして、丹鷄最初の祥は東丹國を尊からしめ、丹鷄二次の祥は毉巫閭山を靈ならしめ、古頌を以てこの靈よりの賜賚としたるは、知者善く之を內に謀つての結果なること、寧ろ言はずもがなであらう。その毉巫閭山が東丹王數萬卷の書庫なるに於て、古頌のその內より露はれたるは何の怪しいこともない。太后乃ち古頌を攬つて之を琴曲に上せ、韻心通ずる所、神必能く格《いた》らんと宣せしは、軍國哲理に於ける微妙の天籟である。されど本頌叙に引ける諸の古傳舊紀は、眞摯質實に吾人に其の眞を語つて居るもので、何の政略的意味もなき極めて眞面目な者である。

神頌叙傳後序

神頌叙傳は傳末に會同五年羽之これが叙傳をつくると署しあれば、其の契丹の物なること明かなるも、凡そ紀傳といふ者は必その歸納の處に一大格の存在がなければならぬ、例へば古事記の歸納は帝室に存し日本記の歸納は大和に存す、すなはち帝室と大和とは記紀歸納の一大格である、今之を本頌叙に見るに契丹は果して其の歸納たる大格の者なりや、これに疑問のないわけにゆかぬ。

渤海は本頌叙歸納の一大國格

本頌叙は第六章に於て東大族の傳統的稱呼汎例として馬韓《マカ》・靺鞨《マカ》・渤海《マカ》の同聲繼承なるを彰はして居る、この傳の歸納はまさに渤海國に在るべく契丹に在りとは信《う》けられない、言ひ換えれば渤海を以て本頌叙歸納の一大國格者と爲されるのである、何となれば契丹には「マカ」の傳稱がない。又珠申《シウシン》・肅愼《シウシウ》・朱眞《シウシン》同音相襲ぐとあるも、契丹には其の稱呼の傳承がない、これ亦傳の歸納は渤海國に在りとされる、何となれば彼が王號を震と稱したるは其の繼承なるに由る、震は即辰沄翅報《シウシフ》珠申肅愼朱眞は皆これ也である、是れ本頌叙を以て契丹の物とするに疑問とされる第一である。

本頌叙は東大族の各種族稱をば一貫せる釋義の上に擧げてゐて其の數實に少からずである、契丹は此等族稱のどれに已を置いてゐるのか、見渡す限り置き所がないやうである、但し傳の初に、神祖初め毉父の陰に降りこゝに肇めて辰沄氏ありといふことがあるから、其の宗族を以て自ら居れる者か、又武貊智濊と謂ふことがあつて武といひ智といふは倶に讃稱なれば暗に己を古の武貊と爲せる者か、鮮卑契丹の貊なるは漢史も亦さう認めてゐた、されど本頌叙の貊は二つに分れて一は秦に入り一は匈奴に合し、その匈奴に合した者が後に高勾麗に爲つたのであれば、この歸納も亦渤海國に在つて遼契丹の國號にはない、つまり契丹は本頌叙に擧げたる諸族のどれにも位置を有たない者のやうである、是れ本頌叙を以て契丹の物とするに疑問とされる第二である。

匈奴の冐頓が、匈奴と辰沄殷との間を掃蕩して殷の恩に報じそれをして康からめたと云ふことは、契丹祖族の轉覆を語るに同じである、何とならばその掃蕩されたるは彼の祖族なるに由る、されば之を自己に語るは人情でない、是れ本頌叙を以て契丹の物とするに疑問とされる第三である。

辰の墟を訪ひ其の東藩に覽《み》て辰沄殷を弔せるは、古を懷ふ者誰も皆しかあるべきであるが、其の感慨の歸納する所は、高勾麗を經ての渤海國であらねばならぬ、契丹は緣遠し、是れ本頌叙を以て契丹の物とするに疑問とされる第四である。

神頌三章のうち其の一章は明かに馬韓の物である、推して以て他の二章も馬韓の物と知られる、此の敬神的一貫の心思は馬韓より靺鞨に靺鞨より渤海に傳はるが其の順序である、乃これ等の歸納も皆まさに渤海國に在るべし、是れ本頌叙を以て契丹の物とするに疑問とされる第五である。

本頌叙歸納徑路上の六事

以上の推論を以てすれば、本頌叙の原料たる諸傳説は總べて渤海國を目的格として、其の國格に歸納せる者なるを疑はぬ、而して其のここに歸納に到れる諸徑路の上には

第一、上古日韓一域の際に於ける共通言語。

第二、同じく倶に有せる共同神話及びその史説。

第三、漢民族以前に於ける先住東族の殘魂。

第四、辰沄殷の餘魄。

第五、古韓王統の記臆。

第六、高勾麗の原史。

以上の者が横はりゐて、而して日韓共有神話及びその史説の上に古韓の存在が證明され、其の證明の繼承に辰國の現成を見、其の現成より馬韓の稱を生じ、其の稱の變形に靺鞨の名を體し、其の體の大成が即渤海國なれば、本頌叙の神話及び史傳は源を日韓一域の上古に發して途に辰沄殷の長流と高勾麗の奔湍とを合せ、而して渤海國に歸納したるもの、その傳統すこぶる明かである、予はこの傳統を稱して我が大陸神統といふ。

契丹自ら大陸神統繼承者を以て居らんとす

契丹は其の帝業の爲め東大族の糾合に勉めたる者、乃ち彼は我が大陸神統の繼承者を以て己れ自ら之に居らんと志せる者なれば、渤海國を目的格として其の國格に歸納せる古傳舊紀を、更に延い

て已に歸納せしめんと企てたるは明かである、是れ本頌叙が其の族人に依つて編輯された所以と思はれる、彼のこの企圖は左の諸點に於て明かに讀まれる、

第一、日孫天降の處を醫無閭の陰とす第五章

第二、醫無閭の族を辰沄氏二大宗の一とす同前

右も亦古傳であつて支那の東北方に據れる古代東族の主張なるを疑はぬ、されど其の天降の處を長白山とする說第十五章。蓋是れ鴨綠江に跨れる辰氏の主張には、之を傳へたる舊紀の名を擧げあるに、醫無閭のは單に「或云」とのみあつて出典を明にしてないここに多少の作爲が挿まれてはゐないか

第三、長白の神者麟馭叡《キリコエ》を奚契旦爰《キキタエ》に同じとす第二十四章

第四、太宗自ら己の先を神子奇契丹燕《キキタエ》と爲す第四十二章

本と契丹は其先を炎帝神農氏より出づと爲す者、その神農は人身牛首であり長白の神も頭に双角があつたと云ふのであれば、聯想の結附けにはなる、されど大宗當時に於ける契丹信仰の福神君基太一《キキタイ》と同名なる奇契丹燕《キキタエ》を以て、長白山神の別號奚契旦爰《キキタエ》に同じと爲せるはいかに、たゞ「傳云」とのみで徵據たる書名が亦示されてない。

いづれも木に竹の感がする、されば其等の接合點を除いて純乎たる本頌叙の主體を觀る時は、確にそれは渤海國の物で決して契丹の物でないとされる、乃ち第一章より第四十章までは渤海國の

一名匠の巨作

本頌叙編纂の三大目的

百世の師は當に大神傳の復古を策すべし

編纂に成つた者で、只僅に之を次げる六章（神頌三章を除けば只是三章）だけが契丹の增添に成つたものではないか、疑へば斯くも疑はれる。しかし猶よく考へて見ると、開卷第一の章に「鑑を稱して日神體と曰ふ」と提擧し、章を累ねて後「鑑こゝに磐《つ》く」の一句を點じて古徃を收束し、餘韻に弔古の幽愁を響かして眞人の興るを促し、之を破家の一磬として契丹帝業の風雲を捲起し來り、終に「可汗其の義猶日《か》神《が》之體《み》と言ふがことし」と結むで遙に文の初に照應して姿致を取れるは、一名匠の正しき規矩の下に書かき出されたる一幅の大圖なりと信じないわけにゆかぬ、一信一疑迭に相逐ふと雖、歸する所は渤海に存した古るき原料を以て契丹之を織成せりとするを最も庶幾しとするであらう。更にまた本頌叙編纂の目的に就て觀るに、第一は契丹帝業の基礎を東大族古來惟一の神傳に据ゑんとするに在つた、言換えれば自己を以て日孫神系の傳統帝者と信ぜしむるに在つた。第二は漢族に對する東大族の威嚴を已の民に自負せしむるに在つた。第三は日孫古五原の回復に西進する諸族の上には神眷の存するあるを宣示するに在つた。以上は皆軍國當年の權略に屬すと雖、同時に又撰者の意中には百世の師の此間に興らんことを要望したであらう、それは古代東族の全體を籠盖せる大神傳の復古である、それには先づ現代東族のすべてに通じて相戻らざる神義を昭明するを捷徑とする。當時契丹に現在した神話のやうな者が、毫も其の風趣を本頌叙に露はさないのは、撰者の志こゝに在つたと知られる。

契丹には契丹の神話あり

遼史及び契丹國史等に見れば、契丹にはまた契丹の神話があつた、例せは契丹の八部族の如きその八部の存するわけは、神人と天女との配偶によりて生れたる八王子から系統を引いてゐると云ふ類の事である、傳に依れば、神人は白馬に乘りて馬盂山より下り土河に浮むで東し、天女は青牛車に駕して平地松林より出で潢河に泛むで下り、二水合流のほとり（木葉山所在の處）に至り相遇ふて配偶し、八王子を生むだと云ふのである。太祖の妃述律の傳に、后嘗て遼土二河會流の處に至れるに、青牛車に乘れる一女子の倉卒路を避けて見えずなれるあり、未だ幾くならざるに童謠あり、曰はく青牛嫗曾避レ路と、この青牛嫗は即ち昔話に殘れる潢河の天女であらう、それが路を避けたと云ふは太祖妃の偉なる所を語つたものなるが、兎に角斯の如き神話傳說が契丹には契丹だけにあつたのである、本頌叙にこれ等の風趣が一も添加されてゐないのは、契丹人の編述に成る本頌叙としては、怪むべき事のやうであるが、いかにせん此等は契丹だけの小神話に過ぎずして關係地域甚だ狹く、東族のすべてに通じた者でない。

契丹帝室と長白山神

太宗の言に朕の先は長白山神の別號なる奚契旦爰《キキタエ》（即ち奇契丹燕）より出つと爲せるは、神頌を醫無閭の奎瓏石より得たといふに同じ寓言であらうが、それかあらぬか、契丹帝室が長白山を尊崇したは契丹國志等にも見えてゐる確かな史實である、そして又白色を尙んだ、本頌叙に見れば長白山神の宮を芝辣漫耶《シラマヤ》といふ、即白山宮《しらまや》の義である、これと倶に太宗は（遼史に太祖とす今遼史拾遺に從ふ）白衣觀音を家神として木葉山に祭つた。この觀音の緣起は、太宗嘗て晝寢し夢に白衣神人の天より下るを見、寤めてこれを母后に告げたるに、后これを巫に命じて筮せしめたところ、太祖の靈の現はれたまへるなりと曰ふ、太宗後に幽州城中に至り大悲菩薩佛の像を見、驚きて母后に告げて曰ふ、これさきに夢に現はれたる神人なり但服色同じからざるのみと、因つて之を木葉山に祭つたと云ふのであるが、その服色同じからずとあるに見れば觀音は白衣でない、されど白衣觀音と呼んだものらしく、契丹國志に長白山は白衣觀音の居る所としてある、之に因つて見ても山神の宮號芝辣漫《シラマ》とは、名の上に深い關係があるやうである。初め之を天より降れる神人といひ、また太祖の靈の現れといひ、そして歸納は觀音である、言はば佛體を假りて神魂を寄せた風趣である、出師興軍の際つねに之に祭告したは、軍神としての威力を此の神に置いて崇めたので、觀音に對する普通の崇め方とは異つてゐた。これ等の事から考へると白山宮《しらまや》の神をば觀音像を假りて招請したやうにもある、勿論二者の異體なるは分り切つてゐるが、信仰心理の上からは、山神は是れ本地、觀音は是れ垂跡とされる、若し契丹に假すに長き國祚を以てしたら、我國と同じやうな神佛一體の敎義成立がそこに見られたかも分らない。太宗が長白山神を稱して朕が家の先といへるは、何か他にまだ理由のあることかも知れぬ。

何はあれ本頌叙編纂の目的には中に大なる物ありと知られる、而して節覇耶《シホヤ》第十三章撫期範紀《ムコハキ》第十四章は予これを我が西海及び山陰と解した、しかし編者はかく解せりや否。阿辰沄須氏《アシムス》第五章阿斯牟須氏《アシムス》第三十七章は予これを我が産靈《ムスヒ》の神系と解した、しかし編者はこれを識れりや。寧義雖《ニキシ》第二十五章尉越《ウヱ》第二十八章宇越勢《ウヱセ》旻訶通《ミコト》第三十章を予は我が天孫と知つた、しかし編者はさうと知るまい。これ等は皆有史以前の古韓及び辰沄殷《シウイン》王國の傳《つたへ》が、世を歷て渤海に歸納し、轉じて契丹に收められたのであれば、雲烟遠く古今を隔てたる後の世の能く解する所でない。また嶇靈訷載龍髯《クルタシロス》第三十章伊鍛河畔載龍髯《イサカハシロス》第三十九章は予これを我が孝靈開化二朝の事とし見たれど編者はいかに之を見たるか。さもあらばあれ編者が此等を古傳として載せたる以上、これを如何に見るも見る者の自由であつて、編者の知見範圍を忖度してそれに拘泥する必要はない。

乃爰に本頌叙の釋明を終りたれば、燕言聊か自ら之を結ばんに、日韓遼燕齊魯淮徐吳越及び其の海洋島嶼は、有史以後猶能く我が東大族意氣磅礴の聯邦であつた、其の以前に在つては支那全土を抱擁して其の先住民であつた。嘗て幾時ぞ族を聯ね土を列ねたる者、擧げて皆凋殘し、遺蹟復た尋ぬ可からず、僅に東表に內鮮七千萬の一族のみ存して古粹を保持し居る。敢て好むで不祥の言を爲すに非るも、此の一族は嘗て東亞を奄有せし大族の其の敗殘を承けて其の道筋に遺れる者、之を古往の成敗に卜すれば決して芽出度い者で莫い、知らず今後の利鈍何如、勉めず和せざれば惟亡これに繼がんのみ、されど民衆七千萬は前漢極盛時の人口五千九百五十九萬に比すれば猶甚だ優つて居る、

內鮮七千萬民衆の上に實融の神を現ぜよ

復何をか憂へんと自ら奮へども、漢は當時我に百倍する空豁の土壤に富殖の如意を有した、我は列强より遮斷を四圍に施されてゐる。乃ち亦方今の務は自已の厥の族勢を開悟して鐵石心腸を固むるに在る、何ぞ必しも世の謂はゆる學問的理想とやらに聽いて、世界の人たるを敎へらるるに在らん、蓋內鮮の眞和實融は世界の人たる上にはない、政治法律の威力下にもない、財貨百物の間にもない、只獨り東大神族の殘魂舊夢裏にのみ存する、誰か能く其の源を明かにして旣に喪はれたる厥の族の毅魄を、鮮族二千萬民衆の懷に甦らしむる者ぞ、誰か又其の本に反つて方に失はれつつある厥の族の雄魂を、日族五千萬民衆の意氣に取留むる者ぞ、雄魂毅魄相合する所、神乃ここに顯現し、神の顯現する所、融然として復內鮮の差別あるなし。

日韓正宗溯源畢

神頌叙傳後序

日韓正宗溯源跋

坤輿上。有史以來國を建てしもの數百を以て數ふべく。現在にては五十九國ありと云ふ。斯く興亡常無き多數の國の中にて。天地の始めて闢けし際を肇國の時として起り。天地の寄合の極に存立するを以て理想とし。その理想の現實せられつゝあるもの。わが皇國を除きて他に存することなし。世に之を人類社會の奇蹟として驚歎し稱讃す。洵に宜なりと云ふべし。而して其のこに至れる因由について。一部の學者は。皇紀六七百年代頃より漸次結構し完成せられしものゝ如く説けり。天高原に千木彌高く高知れる大宮の眞柱は、底津岩根に彌深くこそ杵築き立つべけれ。わが國體の、日月と幾萬斯年、悠久する所以も亦これと同じく。歴史に存する以外に。猶より深く、より遠き根强き基礎の上にあるべしと思はるるなり。これ予が多年心を潜めて覓る所の問題たり。畏友濱名翁は。日清日露の戰役に仕へ。陸軍主計監として武勳を立てられしことと人の普く知る所。而も和漢の學に造詣深く。所謂文武兼備の將たり。一日、其著、日韓正宗溯源の後半(第三卷第四卷)を持來りて予に示し、批評を需めらる。予歡びて之を披見するに。これ、翁か平素邦家を念とせらるゝ赤誠の凝りて成れる大著述たり。翁は曾て滿蒙の地を蹈破し。殊に朝鮮については細大となく實地に調査せられ。日韓の併合は併合にあらずして復古なることを盛に唱道せられたりしが。此著亦熱心に其の旨を古に稽へて演義せられたるものなり。書中に載せられし所の、古篇の元書を逸せられしは。翁自らにも遺憾なりとされ。其の譯解せられしことの中にも。臆斷を遁れざるものありと自遜さるるも。然れども其は枝葉の問題たり。其の結論に至りて。日、韓、遼、燕、齊、魯、淮、徐、呉、越の地、及び其の海津、並に其の島嶼は。有史以後に至りても猶能く東大神族意氣澎湃の聯邦にて。其の以前に在りては支那全土を抱擁して。其の先住者たりしなり。然るに今や漸く日韓七千萬の一族のみ存して古粹を保持せるなり。との一大斷案を下されしは。活眼達識の學者にあらざれば。いかでか觀破することを得む。國學の大家、平田氏は。大扶桑國考を著して、扶桑の日本の地なることを辯し。三五本國考を書きて三皇五帝の日本より出でて彼土を經營せしことを立證せられたり。平田氏の所説と、濱名翁の東大神族説とは。其の説く所異るが如しと雖。その眼識の大なると。立論の愛國的精神に出でたるとは同一にして。唯、時代の相違によりてその説の相違あるのみなり。平田氏をして若し今日に在らしめば。更に、科學的に考證し。東大神族説を高唱せられしならむ。而して予が多年國體の上に心を潜めて覓めし問題は。この東大神族説によりて解決せられんとす。何となれば、東大神族の開拓せる歴史以前の文化によりて、我が國體は磐石の基礎に据られ、永く日月と共に光輝を放つに至りしことを、信せんと欲すればなり。果して然らば、此の著の國家社會に益する所多大なりと謂ふべし。併しながら。事や遼遠なる太古に屬す。猶一段の研究を要すること勿論なりとす。敢て一言して之を卷末に附す。

大正十五年九月上浣

靖國神社官舍にて　加茂百樹

日韓正宗溯源跋

日向の青島を見た人は、その植物が潮流の關係上南洋系統のものであつて、この脉絡は獨り植物ばかりでないことをも感ずるであらう。支那燉煌甘粛の邊境で日本古代の勾玉や刀劍と同じやうなものが堀り出されたのを見ては、これ亦外處ごとゝは思はれぬであらう。朝鮮曾尸母犁の傳説は言ふも愚か、支那泰山に祀られて在るのは海神で、山東磽确の僻陬の地に、綠一點の小地を珍らしげに認めて、これを青島と名けた程の、風光明媚の自然界に對する憧憬から考へれば、彼の秦の始皇が徐福を遣した當時、東瀛の表に想望された神仙境も、漠然ながら追憶されぬことではない。

それはさて措き、この亞細亞東部彼我の民族は、要するに彼方から此方に來たのか、我れが彼れに往つたのか、南から我が日本に來て、この國土から更に北に移つて行つたか、或は後にそれが又北から南に、西から東に轉々したのであるか、これは實に興味ある問題と謂ふのみではない。我が建國の歴史に對し、我等が祖國愛の執着に多大の關係あるは勿論、これを明確にして置くことは、亞細亞民族の中堅たる日鮮支同胞の連鎖として、極めて大切の事柄でなくて何であらう。併し我等の遠祖が、南から來たとしても、北から移つたとしても、それは兎も角、我等に取つて重く感ぜられることは、我等祖先がこの東海の樂土に居を定め、この山川風物に親み、此處に自己の新天地を造り、特異の民族として國を成したことに因つて、其處で始めて我等に價値づけられたそれであつて、その遠い始の祖たる人々が、全體何處から來たか、それが南であつたか北であつたかと云ふことによつて、我等日本民族の價値は軒輊されるものではなからう。寧ろその秀麗なる風土と、天眞爛熳なる民族とが、融合陶冶されて、爰に特殊の民族性までを作りそれが亞細亞東部に於ける彼我同根一體の本を成したとすれば、其處に大に考慮を須ゆべきものがあるのではなからうか。而して此等の事に就き、昔から日韓日支の關係に於て、或は素盞嗚尊或は大己貴・少彥名二神のことなど、我れより彼れに押出した傳説の多いことは、是れ亦否定すべからざる事實である。

此等の研究に一新機軸を開き、茫乎たる古代史の上に、一道の光明を與へたのが、祖光濱名君の新著日韓正宗溯源それである。本書に據れば日韓素よりその祖宗を同じくし、脣齒輔車、兄弟相親むべきは、肇國のときより既に事實の明示する所である。君陸軍主計監の要職に在り、常に憂國慨世の情禁へ難く、殊に心を日鮮の融和に用ひて居られたのであるが、偶々滿洲某寺に於て珍奇なる古文書を發見し、刻苦その音義を研覈し、其の意の在る所を討究して、竟にこの一大著述となつた次第である。惟ふに天照大神の八紘に光被する爀々たる神德を受け、我が大和民族が生々潑溂たる意氣を以て、夙に亞細亞東部を往來し、それが日韓兩つながら別異の民族ではなくて、皆同一宗族から出た事實の同胞であるとは、本書の説く所であつて、君が如何に祖國に忠實にして、又その信ずる所に篤きかを景仰すると共に。余は又平素考ふる所により、大體その説に左祖する者なれば、敢て一言を取つて茲に跋するのである。

大正十五年神無月二十日

神道管長　神崎一作識す

大正十五年十二月七日印刷
大正十五年十二月十二日發行

日韓正宗溯源
定價金四圓

著作者　東京市小石川區關口町一九九番地　濱名寛祐
發行兼印刷者　東京市日本橋區箔屋町八番地　宮崎喜三郎
印刷所　東京市日本橋區箔屋町七番地　喜文堂印刷所

發賣元　東京市日本橋區箔屋町八番地
振替口座東京六七五八七番
喜文堂書房
電話大手七三九三番

解題

明治三十八年、鴨緑江《おうりょくこう》軍兵站《へいたん》経理部長として奉天城外の黄寺（黄帽派ラマ教の寺院？）に駐屯していた浜名寛祐《はまなひろすけ》は、広部精という博識の軍人から奇妙な巻物を見せられた。それは古陵墓より発見された秘物であり、兵禍を恐れていずこかに移動した後に、その寺に厳重に託されたということであった。

漢字で綴られているものの、言辞は漢語と異なり、寺僧にも広部にも理解することはできなかった。寺僧は書写を堅く拒否したが、好奇心旺盛な広部は庫院の管理者の一人を籠絡して、その写本を作成し、浜名にも貸し与えた。これが「契丹古伝《きったんこでん》」発見の端緒である。

浜名は漢学者の家に生まれたこともあり、漢文には堪能であったが、この難解な古巻には句読点さえつけることができないまま数年が経過したが、たまたま「魏志東夷伝」を読み、馬韓《ばかん》の古語と上代日本語に共通の語彙があることを発見、それを緒として「契丹古伝」の解読を試み、大正十五年、その結果を『日韓正宗溯源《にっかんせいそうそげん》』と題して世に問うた。それが本書の原本である。

ちなみに、数十年後、浜名は原本の写真撮影を試み再び黄寺を訪ねるが、すでに原本はなかったという。本来の所有者のもとに戻ったものと推測されるが、現在に至るまでその行方は不明である。浜名写本、広部写本も所在不明であり、いまや本書のみが「契丹古伝」に関する唯一の信頼できる史料となっている。

「契丹古伝」は、十世紀初頭に成立した契丹国の名臣耶律羽之《やりつうし》が、会同五年（九四二）に撰録したものとされる。

契丹族は内蒙古シラムレン河畔にいたモンゴル系遊牧民であるが、九一六年、太祖耶律阿保機《やりつあほき》が皇帝を称し、モンゴル高原の諸族を併呑、渤海国《ぼつかい》を滅ぼし、長城内に侵入、満州、内外蒙古を含む北方帝国を形成した。二代目太宗《たいそう》の時代には華北の燕雲十六州を併呑し、国号を中国風に「遼」と称した。

契丹は渤海国を分国となし、耶律阿保機の長子耶律倍《やりつばい》が王位につき、東丹国《とうたんこく》と称した。耶律羽之はその東丹国の大官であり、撰録の経緯は、本書六五一頁以下に詳述されているが、おおよそ次のような次第であった。

――天顕元年、太祖が東閣に登り、太陽を拝すると、朱色の鶏が飛来し城郭の上を飛んだ。その行方を探索させたが、みつからなかった。ところが、会同元年六月にふたたび朱鶏が顕れ、その行方を追うと近くの山で霊石を得た。その霊石には紅と紫の模様で自然に神頌《しんしよう》が浮かびあがっていた。太祖はこれを喜び、「わが先祖は神祖奇契丹燕《ききたえ》より出たもので、いわゆる炎帝である。五原の地を回復せずんばご先祖さまにあわせる顔がない」と言って、神廟を建て自らこの霊石を奉斎した。後に太祖の妃応天皇太后は、宮廷に諸学者を集め、神頌の意味を問うたが、学者たちは、はるか昔のものであり、いまは語音も変化してしまい、古義を明らかにすることは不可能であると答えた。そこで皇太后は、語韻の心が通ずれば神は必ずこれを明らかにされようとて、楽人に命じて譜を作らせ琴の調べに乗せられた。それは幽々森厳としてまさに神の調べであった。ここに耶律羽之は、頌詞を謹んで録し、これを解明するために古伝を撰録した。

撰録に際して、羽之は『秘府録』『費弥国氏洲鑑』『神統誌』『辰殷大記』『耶摩駘記《やまとき》』『洲鮮記』などの諸書を参考にしている。このうち『耶摩駘記』の筆者は塢須弗《うすほつ》で、宝亀四年（七七三）に日本に渡来した渤海使烏須弗と同一人物と推定される。つまり、これらの古伝の多くは旧渤海国系のものと推定され、契丹古伝中の固有名詞の音借表記は契丹音なのか渤海音なのか音価の同定が著しく困難であるが、日本古語による解読を許容すると推定される部分がかなりあり、浜名もそこに注目したのである。

「契丹古伝」によると、太古に日孫（神祖）が鶏に乗って長白山に降臨し、その後裔（浜名はこれを東大古族と称した）は中国五原に広がり分拠した。堯・舜・殷すべて東大神族系であったが、「海漠象変《かいばくしょうへん》」といわれる天変地変のために西族が侵入、やがて周が起こり、殷は滅ぶ。武伯・智準の二大勢力は殷の一族を奉じて国を保つが、戦国時代になり秦や燕に圧迫を受け、朝鮮半島に退却する。その後、満州の地に辰沄殷《しういん》として再興するが、これも秦に圧迫された燕人・衛満に滅ぼされ、辰韓の地に奔る。いわゆる辰王朝である。

『唐書』などによると、高句麗が滅んだのち、ツングース系の靺鞨《まっかつ》の王祚栄が高句麗の遺民とともに朝鮮半島北部から満州・沿海州におよぶ渤海国を建てる。渤海国は振、震とも称したが、これを辰を継承したものと理解するならば、渤海を滅ぼした契丹は、渤海の伝承を骨格に「契丹古伝」を編纂し、辰につながる王権を主張したといえよう。

契丹の祖神・奇契丹燕は、本書第二十四章（五〇三頁）では「耆麟馭叡《きりこあ》」という神格の別称とされる。第十五章（四〇四頁）によると、耆麟馭叡阿解《あけ》は、神祖の子であるが生まれつき頭上に刃角を有する異相であり、長白山を治めるよう命じられ、山神となり禁呪二十四法を制した。つまりは、「耆麟馭叡」は東大神族の至上の聖地を守る神であり、その末裔である契丹族もまたその聖地によって東大神族を再興すべき民族であるという主張がそこには看取される。

かりに契丹古伝が根も葉もない単純な偽書であれば、このような複雑な構成をとる必然性はなんらなく、はじめから渤海人の手になる史料という形式をとったはずであり、この点には深く留意する必要があろう。

長白山は韓民族の祖とされる檀君降臨の聖地である。しかも異相の神耆麟馭叡は牛頭天王を連想させ、この伝承はスサノオ＝檀君説を背景に読めば、非常に興味深いものがある。スサノオを名乗る出口王仁三郎の入蒙は本書刊行の二年前、大正十三年のことであった。

本書原本は菊判上製函入の立派な本であるが、今回の復刻にあたっては、できるだけ廉価に提供するため、並製本とした。また原題の『日韓正宗溯源』も、ずばり『契丹古伝』とした。「契丹古伝」が辰王権と倭王権の関連を多々示唆していることは事実であるが、それは日韓に限定される伝承ではなく、殷代に遡る、古代東アジア全域にかかわる伝承と判断されるからである。

なお、「契丹古伝」中の固有名詞は倭語で解釈できるところが多いのは事実であるが、本書では、その伝承をストレートに記紀神話にとりこもうとするあまり、かなり恣意的な解読に走っている部分が見受けられる。東大神族が周に反撃する際に船団を提供した「寧義騅《にぎし》」がニニギノミコトであり、殷王朝はニニギの皇子ホスセリによって継承されたといった解釈などは、その一例である。

ただし、浜名はあらかじめ自分の読解は完璧なものとはいえないと断ったうえで、かりにも恣意的な読解が読む人の先入主となれば、あたら真実を傷つける恐れありとして、各章ごとにまず原文を提示している点は評価に値する。今後の本格的な研究を期待したいところである。

編集部

神頌
契丹古伝
日韓正宗溯源

昭和六十一年八月八日 初 版第一刷発行
平成十三年九月十四日 新装版第一刷発行
令和 五 年二月 五 日 新装版第二刷発行

著 者 浜名寛祐

発行所 八幡書店
東京都品川区平塚二―一―十六
KKビル五階
電話 〇三(三七八五)〇八八一
振替 〇〇一八〇―一―四七二七六三

ISBN978-4-89350-561-3 C0021 ¥6800E

八幡書店 DM や出版目録のお申込み（無料）は､左 QR コードから。
DM ご請求フォーム https://inquiry.hachiman.com/inquiry-dm/
にご記入いただく他、直接電話 (03-3785-0881）でも OK。

八幡書店 DM（48 ページの A4 判カラー冊子）毎月発送

①当社刊行書籍（古神道・霊術・占術・古史古伝・東洋医学・武術・仏教）
②当社取り扱い物販商品（ブレインマシン KASINA・霊符・霊玉・御幣・神扇・火鑽金・天津金木・和紙・各種掛軸 etc.）
③パワーストーン各種（ブレスレット・勾玉・PT etc.）
④特価書籍（他出版社様新刊書籍を特価にて販売）
⑤古書（神道・オカルト・古代史・東洋医学・武術・仏教関連）

八幡書店 出版目録（124 ページの A5 判冊子）

古神道・霊術・占術・オカルト・古史古伝・東洋医学・武術・仏教関連の珍しい書籍・グッズを紹介！

八幡書店のホームページは、
下 QR コードから。

チグリス、ユーフラテス河の葦原中国《あしはらのなかつくに》
祇園縁起、蘇民将来説話に秘められた出雲神族の記憶とは？

歴史及言語より見たる 日本の民族

戸上駒之助＝著　音田一路＝解説　A5 判　並製　ソフトカバー

定価 6,380 円（定価 5,800 円＋税 10%）

『天孫人種六千年史の研究』と並ぶ、日本民族シュメール〜メソポタミア渡来説の稀少資料を完全復刻。著者の戸上駒之助は、森鴎外と親交のあった医者で、明治 34 年に小倉市民病院の院長として赴任、医業の傍ら海外のオリエント史文献を広く渉猟し、『契丹古伝』を媒介に日本上代史の再構築を試みたのが本書である。
葦原中国とは岸辺に葦が生い茂るチグリス、ユーフラテス河間の大平原であり、根の国はアデン河上流の Kutu、神代史上の比婆山はハムリン山であるとし、少名彦とサルゴン大王の出生説話を比較し、少名彦の乗る天乃羅摩船（アメノカガミノフネ）は古代メソポタミアのグーファ船であると説き、さらに『旧約聖書』創世記第二章の「川の名はギホンといい、クシの全地をめぐるもの」という記述から､『簠簋内伝』の祇園縁起に注目し、蘇民将来説話にはギホン川、すなわち今日のケルカ河畔の Susa に君臨したスサノオ率いるクス族が中央アジアの九相国（タクラマカン地方）を本拠にホータン（＝コタン）地方を征服し､ソミ州の王（蘇民将来）を封じたるも「海漠変象」によりさらに東方の朝鮮、日本へと向かった歴史的記憶が反映されていると説くなど、他の起源論異説にはないユニークかつ複眼的な視点が提示される。

ジンギスカン＝義経伝説の原典　A5 判　並製

成吉思汗は義経なり

小谷部全一郎＝著

定価 3,520 円（定価 3,200 円＋税 10%）

衣川で自刃した義経が北海道から大陸に逃れたという伝承は古くから知られているが、小谷部全一郎はさらに、義経が大蒙古帝国の創始者ジンギスカンになったことを詳細に考証する。この伝説については高木彬光「成吉思汗の謎」で有名になったがすべて本書が種本。小谷部は北海道に渡りアイヌ問題にかかわった人物で、現地で義経伝説を耳にしたことが研究の契機になった。なお、昭和 14 年版の本書には、追録として大正 13 年の初版以降に明らかにされた、日露戦争従軍中に公主嶺付近で笹竜胆の墓碑を見たとの証言や軒下に「源義経」と記す符を掲げる部落があるとの証言などが多数収録されいっそう興味がつのる。また、追録には、荒深道斉が源義経の霊を降ろし、小谷部は静御前の末裔であると語った実録なども記される。